Meinen Eltern

Angela Schorr

DIE VERHALTENS-THERAPIE

Ihre Geschichte von den Anfängen bis zur Gegenwart

Beltz Verlag
Weinheim und Basel
1984

Die Autorin:

Angela Schorr, Dr. phil., Dipl.-Psych., Jahrgang 1954, ist Wissenschaftliche Rätin für Klinische Psychologie an der Universität Eichstätt.

CIP-Kurztitelaufnahme der Deutschen Bibliothek

Schorr, Angela:
Die Verhaltenstherapie : ihre Geschichte von d. Anfängen bis zur Gegenwart / Angela Schorr. – Weinheim ; Basel : Beltz, 1984.
ISBN 3-407-54654-8

Lektorat: Roland Asanger
Gesamtherstellung: Beltz Offsetdruck, 6944 Hemsbach über Weinheim
Umschlaggestaltung: E. Warminski, Frankfurt/M.
Printed in Germany

ISBN 3 407 54654 8

Inhaltsverzeichnis

Vorwort

Wie keine andere Form der Psychotherapie ist die Verhaltenstherapie ein in seinem Ursprung *psychologisches* Behandlungsverfahren. Aus unserer heutigen Perspektive gehört sie sicher zu den weitreichendsten Exkursionen, die die wissenschaftliche Psychologie je in einen Anwendungsbereich unternommen hat. Allein schon durch die früh sichtbaren Anwendungserfolge haben sich unsere Vorstellungen von dem, was ein psychologisches Problem ist und wie man damit umgeht, grundlegend verändert. Viele Erklärungsansätze, denen medizinische Modellvorstellungen zugrundeliegen und die lange Zeit ganz selbstverständlich auf klinische Fragestellungen angewandt worden sind, erscheinen uns heute fragwürdig und in manchen Bereichen sogar völlig überholt. Verhaltenstherapeutische Techniken sind insbesondere in den letzten zwei Jahrzehnten zur Lösung persönlicher und sozialer Probleme weit über ihre ursprünglichen Einsatzgebiete in der Klinischen Psychologie und Psychiatrie hinaus in fast jedem nur denkbaren sozialen und institutionellen Kontext schon einmal angewandt worden.

Historisch gesehen ist die Verhaltenstherapie das Ergebnis einer komplexen Interaktion pragmatischer, wissenschaftlicher und professioneller Überlegungen. Vielfach als Anwendung von Ergebnissen der Grundlagenforschung, speziell der Lernpsychologie auf klinische Fragestellungen, definiert (vgl. Ullmann u. Krasner 1969, Wolpe 1969, Eysenck 1976, Kazdin 1978), tauchen in ihrer Geschichte wiederholt bestimmte Motive auf, die die Entstehung dieser neuen Richtung in der Klinischen Psychologie entscheidend beeinflußt haben. Faßt man Psychotherapie als einen Prozeß der gezielten Veränderung von Kognitionen, Emotionen und Verhalten auf, so liegt es nahe, auf einen lernpsychologischen Erklärungsansatz zurückzugreifen, dessen Grundthema ja die Beschreibung und Erklärung von Verhaltens*änderungen* ist. Solche einfachen, pragmatischen Überlegungen, die sich bereits zu Beginn dieses Jahrhunderts vor dem Hintergrund eines allgemeinen Optimismus bezüglich der Anpassungs- und Veränderungsfähigkeit des Menschen finden lassen, wurden durch institutionelle Gegebenheiten begünstigt. So gab es in den USA z.B. bis Mitte der vierziger Jahre keine eigenständige, an den Universitäten fest installierte klinisch-psychologische Forschung. Es war also kein ungewöhnlicher Gedanke, zur Lösung praktischer Probleme auf die Ergebnisse der vorhandenen Grundlagenforschung zurückzugreifen.

Damals wie heute stand hinter den Versuchen einer therapeutischen Nutzung lernpsychologischer Prinzipien häufig das Bemühen, konkrete klinische Probleme lösen zu wollen. Ab und zu spielte aber auch der Gedanke eine Rolle, durch einen solchen Ausflug in die Praxis den unmittelbaren Nutzen der Grundlagenforschung nachweisen zu können und diese damit strategisch besser abzusichern. Auch war man sich im „Jahrhundert der Wissenschaft" (Burnham 1978a) durchaus des hohen Stellenwertes bewußt, den die Zeitgenossen einer rationalen, wissenschaftlichen Basis praktischen Handelns beimaßen, und bediente sich immer wieder gerne des vergleichsweise ultrawissenschaftlichen Appeals eines behavioralen Standpunktes in der Klinischen Psychologie.

Die in der historischen Entwicklung dominierenden Motive für die Wahl des verhaltenstherapeutischen Ansatzes waren jedoch *berufspolitischer* und *wissenschaftlicher* Natur. Bereits in den zwanziger und dreißiger Jahren beriefen sich Klinische Psychologen zur Legitimation ihrer therapeutischen Arbeit im traditionell hart umkämpften Gebiet der Psychotherapie auf lernpsychologische Perspektiven. So meinte Arthur Poffenberger noch 1939: „... das Konzept der Konditionierung, traditionsreich und dem Psychologen im Grunde wohlvertraut, schien vielen von uns (...) eine mögliche Therapieform zu sein, zu deren Anwendung der Psychologe berechtigt ist" (Poffenberger 1939, S. 757). Zwei Jahrzehnte später fand sich dieser Anspruch in der Argumentation der Pioniere der modernen Verhaltenstherapie am Londoner *Maudsley Hospital* wieder (vgl. Eysenck 1957, Jones 1958). Und noch heute hat die Verhaltenstherapie als originär *psychologisches* Behandlungsverfahren in der berufspolitischen Diskussion um Berufszulassungs- und Abrechnungsfragen eine bedeutsame legitimatorische Funktion.

Doch sollte darüber eine zentrale Forderung nicht vergessen werden, die für viele Wissenschaftler das eigentlich begeisternde Moment des verhaltenstherapeutischen Ansatzes darstellte und sie dazu motivierte, sich in diesem Bereich zu engagieren. Einzigartig in der Geschichte der Psychotherapie versuchten verhaltensorientierte Kliniker aus ganz unterschiedlichen historischen Situationen heraus ihre Zeitgenossen von dem Sinn und dem letztendlichen Nutzen einer kontrollierten wissenschaftlichen Entwicklung psychotherapeutischer Verfahren zu überzeugen. Darin liegt die erstaunliche Zeitlosigkeit auch sehr früher Aussagen mancher Forscher, mit deren Zielen – wenn auch nicht mehr mit der Art ihrer Realisation – wir uns heute noch identifizieren können. Während man sich lange Zeit darum bemühte, bereits vorhandene therapeutische Technologien, allen voran die klassische Psychoanalyse zu verwissenschaftlichen, kamen entscheidende innovative Beiträge erst zum Tragen, nachdem man sich dazu entschlossen hatte, sich konsequent von der Tradition klinisch-psychologischen Denkens abzuwenden und das Potential der neuen Perspektive unabhängig von anderen Theorien und Überzeugungen zu erkunden.

Das Land, das für den historischen Betrachter ganz selbstverständlich im Mittelpunkt der Analyse steht, sind die USA. Zwar bildete die Parallelität der in den fünfziger Jahren geleisteten innovativen Beiträge in England, Südafrika und den USA ein entscheidendes Moment der wissenschaftlichen Entwicklung der Verhaltenstherapie. Doch bleiben die USA, das Land, in dem der Optimismus in bezug auf die große Wandlungsfähigkeit des Menschen Tradition hat, wichtigster Schauplatz der historischen Entwicklungen. Dort entstand, früher als in allen europäischen Ländern, die Klinische Psychologie als ein zentraler Anwendungsbereich der wissenschaftlichen Psychologie. Von dort kamen auch die Lerntheorien, deren sich die Wissenschaftler in Südafrika und Europa nach dem zweiten Weltkrieg bedienten, als sie ihre klinischen Ansätze formulierten. Viele Pioniere der modernen Verhaltenstherapie wanderten Anfang der sechziger Jahre in die USA aus, um ihren Ideen dort eine bessere Chance zu geben. Und bis heute bildet Nordamerika nicht nur den bei weitem größten Markt für die Umsetzung verhaltenstherapeutischer Methoden; von dort kommt auch ein Großteil der Innovationen auf diesem Gebiet.

Schreibt man über die Geschichte der Verhaltenstherapie, so ist es nicht möglich, einen anderen einflußreichen Standpunkt, die Psychoanalyse, zu vernachlässigen. Freuds Theorie setzte nicht nur inhaltliche Maßstäbe, die die wissenschaftliche Psychologie auf unabsehbare Zeit in Konflikt mit dem psychologischen Verständnis vieler interessierter Laien bringen sollte. Auch seine therapeutischen Richtlinien und Erkenntnisse entwickelten sich bald zu „Wahrheiten“, die über einige Psychologengenerationen hinweg unverrückbar erschienen.

Doch soll nicht der Eindruck entstehen, daß dieses Buch auch einen Abriß über die historische Entwicklung der klassischen Psychoanalyse und nachfolgender Schulen geben kann oder will. Sofern auf die Psychoanalyse Bezug genommen wird, fällt ab und zu ein kritisches Wort. Dabei handelt es sich nicht um meine eigene Kritik an dieser Theorie. Nicht etwa, weil es mir an einer solchen kritischen Einschätzung fehlt, sondern vielmehr, weil es im Grunde darum geht, die Psychoanalyse so darzustellen, *wie sie von verhaltensorientierten Wissenschaftlern im Kontext ihrer Zeit gesehen wurde.* In der historischen Entwicklung der Verhaltenstherapie wechseln Phasen der Akzeptanz mit solchen der heftigen Kritik am psychoanalytischen Standpunkt ab – eine argumentative Struktur, die für das Verständnis des geschichtlichen Ablaufs von großer, auch zukunftsweisender Bedeutung ist. In diesem Kontext muß jedoch die Auseinandersetzung mit den Leistungen Freuds und seiner Nachfolger notgedrungen undifferenziert und oberflächlich bleiben. Denn es ist ein historisches Merkmal dieser Diskussion, daß verhaltensorientierte Wissenschaftler ihre eigenen Überlegungen vorzugsweise mit den heute „klassischen“ Überzeugungen Freuds konfrontierten und neueren Entwicklungen in diesem Bereich kaum Beachtung schenkten.

In dem Versuch, die historische Entwicklung der Verhaltenstherapie in sich schlüssig zu rekonstruieren, ist möglicherweise ein homogeneres Bild entstanden, als es die Realität zeigen würde. Viele Entwicklungen, die hier auf bestimmte Fragestellungen hingeordnet wurden, wirkten in ihrer Zeit eher ungezielt und in sich heterogen. Doch sollte anhand dieser Analyse auch erkennbar werden, welches Potential an wissenschaftlicher Erkenntnis darin liegt, wenn man die Geschichte der Psychologie *als Forschungsgebiet eigener Art* begreift. Während viele Einzelanalysen der historischen

Entwicklung angesichts der überwältigenden Fülle von Daten nur im Ansatz ausgeführt werden können, bleibt es doch ein Ziel dieses Buches, dem Leser einen Überblick zu geben und ihn mit einer Geschichte vertraut zu machen, die wir heute, in einer Zeit zunehmender Professionalisierung in der Klinischen Psychologie soeben erst beginnen, wiederzuentdecken.

Dieses Buch ist mit der freundlichen Unterstützung vieler Wissenschaftler zustandegekommen, mit denen ich gesprochen und korrespondiert habe und durch die meine historische Sicht von der Entwicklung der Verhaltenstherapie entscheidend beeinflußt wurde. Herzlich bedanken möchte ich mich bei: Nathan Azrin, Donald Baer, Warren R. Baller, Albert Bandura, Beatrice H. Barrett, Johannes C. Brengelmann, Joseph Cautela, D. F. Clark, Gerald C. Davison, Michael Dinoff, John Dollard, Albert Ellis, Hans J. Eysenck, Richard S. Feldman, Charles B. Ferster, Cyril M. Franks, Marvin Goldfried, Israel Goldiamond, Arnold P. Goldstein, Raymond P. Harrison, Ernest R. Hilgard, H. Gwynne Jones, Mary Cover Jones, Frederick H. Kanfer, Leonard Krasner, Arnold A. Lazarus, Frederick Lemere, Ogden R. Lindsley, Perry London, O. Ivar Lovaas, S. L. Lovibond, Michael J. Mahoney, Robert B. Malmo, Isaac M. Marks, Barclay Martin, Victor Meyer, Neal E. Miller, C. Scott Moss, David Mostofski, O. Hobart Mowrer, E. Lakin Phillips, Stanley Rachman, Michael Raymond, Judith Rhodin, Andrew Salter, Bruce McA. Sayers, Robert R. Sears, M. B. Shapiro, Joseph G. Sheehan, B. F. Skinner, Albert J. Stunkart, Dorothy Susskind, Susan Salzinger, Paul Wachtel, J. Graham White, Gerald T. Wilson und Joseph Wolpe.

Bedanken möchte ich mich auch bei den Mitarbeitern der Archive, deren Sammlungen ich einsehen und verwenden durfte und die mich durch ihre große Hilfsbereitschaft in dem Vorurteil bestärkt haben, daß sich die nettesten Menschen unter denjenigen befinden, die unsere Geschichte verwalten. Dazu gehörten die *Archives of the History of American Psychology* in Akron, Ohio, die *Biblioteca Centrale Universitara* in Bukarest, *The Alan Mason Chesney Medical Archives* der Johns Hopkins University in Baltimore, die Manuscript Division der *Library of Congress* in Washington, D.C., die Rare Books & Manuscripts Division der *Francis A. Countway Library of Medicine* in Boston, die Historical Library der *Yale Medical Library* in New Haven, die *State Central Scientific Medical Library* in Moskau, die Special Collections der *Teachers College Library,* Columbia University, New York, die Manuscripts and Archives Division der *Sterling Memorial Library,* Yale University, New Haven, sowie die University Archives der *University of Washington Libraries* in Seattle.

Ebenso gilt mein Dank Elizabeth Chase, Board Member der *Douglas A. Thom Clinic, Inc.,* Boston, die mir als langjährige Mitarbeiterin Douglas Thoms viele wertvolle Informationen zugänglich machte; Neal E. Miller, der mich einen Blick in seine persönlichen Unterlagen werfen ließ; M. B. Shapiro, der mir Protokolle von informellen Seminaren am Londoner *Institute of Psychiatry* aus den frühen fünfziger Jahren zugänglich machte; Dorothy Susskind, die mir eine vollständige Sammlung aller *AABT Newsletter* überließ; Johannes C. Brengelmann, der mir durch einen Blick in seine persönlichen Unterlagen Einblick in die Anfangszeiten der *European Association for Behavior Therapy* (EABT) gab; Michel Valentin, dem Secrétaire générale der *Société Française D'Histoire De La Médicine,* der mir bei der Suche nach Aufsätzen über G. Marinescu behilflich war; Paul Roth, der mir einige frühe Arbeiten V. M. Bechterevs aus dem Russischen übersetzte; sowie meinem lieben Freund Cedric Larson, der mir seine in der Welt wohl umfangreichste Sammlung über John B. Watson zur Verfügung stellte. Roland Asanger vom Beltz Verlag danke ich für die ausgezeichnete Betreuung des Manuskripts.

KAPITEL I

1895–1920: Die Anfänge

Erster Einstieg: Die Mediziner, 1895–1920

Die moderne Medizin um die Jahrhundertwende bildete das Sprungbrett für die historische Entwicklung der Verhaltenstherapie. Im Rahmen der traditionellen medizinischen Forschung entstanden damals völlig neue Ansätze zur Behandlung psychisch kranker Menschen, die durch ihre inhaltliche Kontinuität zu heutigen Entwicklungen und die moderne Perspektive überraschen. Während die Initiatoren dieser neuen Richtung die wissenschaftlichen, philosophischen und sozialen Strömungen der Zeit innovativ verarbeiteten, entwickelten sich ihre Überlegungen dennoch in einer Art sozialer Nische – in einem Freiraum der Respektabilität, den sie sich durch erfolgreiche Karrieren in der medizinischen Forschung erarbeitet hatten.

Ihre Ausgangsbasis war der im auslaufenden 19. Jahrhundert in den Naturwissenschaften populäre Materialismus[1], ein Standpunkt, der es ihnen möglich machte, die noch recht undeutlich verlaufende Grenze zur Psychologie zu überschreiten, ohne dabei die eigene fachliche Identität aufgeben zu müssen. Setzte man voraus, *daß psychische und physische Phänomene derselben materiellen Realität angehörten,* so mußten sich einige der in der medizinischen Forschung erarbeiteten Konzepte und Methoden auch auf sogenannte „psychische" Phänomene anwenden lassen. Beflügelt von diesem Gedanken entstanden frühzeitig moderne, am objektiven Verhalten orientierte Behandlungsansätze, die jedoch – dem medizinischen Denken im Grunde ungewohnt – in der Geschichte der Medizin später keinen Anschluß fanden.

Pavlovs Entdeckung

In den neunziger Jahren des vergangenen Jahrhunderts beschäftigte sich der russische Wissenschaftler Ivan Petrovic Pavlov (1849–1936) an der St. Petersburger militärmedizinischen Akademie mit Untersuchungen zur Physiologie des Verdauungsapparates. Pavlov war ein fähiger Experimentator und bekannt für seine große Präzision (Makarov 1966); so gelang es ihm, mit Hilfe verschiedener Techniken die Sekretion der

Drüsen am lebenden Organismus zu studieren – Untersuchungen zur Physiologie der Hauptverdauungsdrüsen, die er 1897 zunächst in russischer, 1902 in englischer Sprache veröffentlichte und für die er im Jahre 1904 als erster Wissenschaftler seines Spezialgebietes den Nobelpreis erhielt.

Doch noch während seiner Studien zur Pathologie und Therapie der Verdauung, mit denen er sich fast zwei Jahrzehnte beschäftigt hatte, machte er folgende Beobachtung: Seine Versuchstiere – Pavlov experimentierte ausschließlich mit Hunden – reagierten nicht nur dann mit Speichel- und Magensekretionen, wenn er sie fütterte; allein schon die Schritte des Experimentators, die die bevorstehende Fütterung ankündigten, konnten solche Reflexe auslösen. Anfangs bewertete man diese „psychischen Sekretionen" als Ausdruck des Wunschdenkens der Versuchstiere und suchte ihren Einfluß auf die experimentelle Situation auszuschließen. Doch Pavlov, überzeugter Materialist und entschlossen, auch an dieses Problem deterministisch[2] heranzugehen, fühlte sich bei dem Gedanken nicht wohl, daß seine Tiere irgend etwas „dachten" oder „wollten". War dies nicht eine allzu bequeme Strategie, auf psychologische Erklärungen zurückzugreifen, sobald sich die experimentellen Daten auf der physiologischen Ebene nicht mehr erklären ließen? Für ihn als Physiologen konnten psychische Faktoren keine echten Ursachen für physiologische Prozesse sein, und er betrachtete das psychologische Deuten – man sprach damals bezeichnenderweise von der „subjektiven Methode" – daher konsequent als eine „Methode des ursachenlosen Denkens" (Pavlov 1911).

So machte Pavlov sich gemeinsam mit seinen Mitarbeitern S. G. Wulfson und A. T. Snarski daran, das Problem der „psychischen" Erregung der Speicheldrüsen genauer zu untersuchen. Als hilfreich erwies sich dabei die 1898 von Wulfson wesentlich verbesserte Methode zur Messung der Speicheldrüsensekretion (s. Abb. 1 und 2). Doch überraschenderweise entspann sich während des Projekts eine heftige Kontroverse zwischen I. P. Pavlov und Anton Snarski. Denn während Pavlov nach einem

Abbildung 1: Hund mit Dauerfistel der Ohrspeicheldrüse. 1 = Ohrspeicheldrüse; 2 = Ausführungsgang der Drüse; 3 = Trichter; 4 = Gummischirm über dem Reagenzglas (aus: Pavlov, I. P., Sämtliche Werke, Bd. V, 18).

objektiven Weg der Interpretation der Fakten suchte, wollte Snarski die imaginäre innere Welt der Versuchstiere berücksichtigt wissen, deutete das experimentelle Geschehen also anthropomorph. „Wir gingen in unserer Deutung dieser Welt scharf auseinander“, berichtete Pavlov später „und konnten uns durch keinerlei weitere Versuche auf irgendeine gemeinsame Schlußfolgerung einigen. Dr. Snarski blieb bei der subjektiven Deutung der Erscheinungen. Ich aber, betroffen durch das Phantastische und die wissenschaftliche Nutzlosigkeit einer solchen Einstellung zur gestellten Aufgabe, begann einen anderen Ausweg aus der schwierigen Lage zu suchen. Nach beharrlichem Nachdenken über das Problem, nach einem schweren geistigen Kampf habe ich endlich beschlossen, auch gegenüber der sogenannten psychischen Erregung

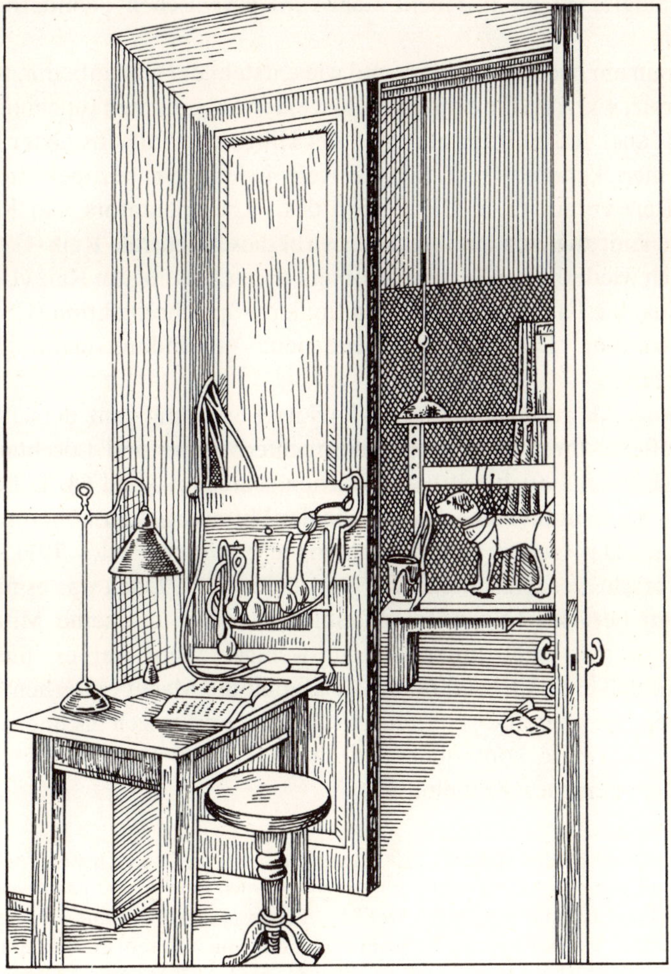

Abbildung 2: Blick vom Platz des Experimentators durch die geöffnete Tür in den Versuchsraum (aus: Pavlov, I. P., Sämtliche Werke Bd. IV, 373).

in der Rolle des reinen Physiologen zu bleiben, d.h. in der Rolle des objektiven äußeren Beobachters und Experimentators, der es ausschließlich mit äußeren Erscheinungen und ihren Beziehungen zu tun hat" (Pavlov 1923)[3].

Pavlov beschränkte sich fortan auf das, was er beobachten konnte, versuchte also, die experimentelle Situation völlig neu zu sehen. 1903, als er auf einem Kongreß in Madrid über das Thema „Experimentelle Psychologie und Psychopathologie bei Tieren" sprach, konnte er bereits auf erste Erfolge verweisen: Zwar habe er sich, so meinte er damals, als Physiologe im Grunde psychologischen Fragestellungen zugewandt, doch sei es durchaus möglich, dabei Physiologe zu bleiben. Pavlov bezeichnete das Phänomen der psychischen Reflexe als der objektiven Erforschung zugänglich und „im wesentlichen durchaus" physiologischer Natur[4]. Erstmals verwendete er auch die neue Terminologie, sprach also nicht mehr von „psychischen", sondern von „bedingten" Reflexen.

Was ist nun ein bedingter Reflex und wie entsteht er? Ein unbedingter (angeborener) Auslösereiz, wie z. B. Fleischpulver, löst einen unbedingten (angeborenen) Reflex (Speichelfluß) aus, dessen Intensität man mit Hilfe von Wulfsons neuer Meßmethode exakt bestimmen konnte. Geht diesem Reiz jedoch ein bezogen auf den Reflex „neutraler" Reiz voraus (z. B. die Person des Experimentators, ein Klingelzeichen o. ä.) und erscheint zugleich mit ihm, so erwirbt dieser neutrale Reiz (CS, conditioned stimulus)[5] nach wiederholter Kombination mit dem unbedingten Reiz (UCS, unconditioned stimulus) die Fähigkeit, eine konditionierte Speichelreaktion (CS, conditioned reaction) auszulösen. Die so entstandene neue Verbindung nannte Pavlov einen bedingten Reflex.

In den folgenden Jahrzehnten galt Pavlovs Forschung ganz dem Phänomen der bedingten Reflexe, ihrer Entstehung, Aufrechterhaltung und Löschung. Es gelang ihm, in der Zeit von 1901 bis 1913 – zwischen seinem 52. und 64. Lebensjahr – das empirische Fundament für seine „Lehre von der Physiologie der höheren Nerventätigkeit" zu legen. „Das Gebiet der Erscheinungen", schrieb Pavlov 1911, „die vor uns lagen und erforscht werden sollten, war grenzenlos ..."[8]. Doch war es nicht allein die Vielfalt der zu berücksichtigenden Variablen, die ihn und seine Mitarbeiter bald hoffen, bald zweifeln ließ. Innerhalb nur weniger Jahre war es ihnen gelungen, nachzuweisen, daß eine Vielzahl neutraler Stimuli die Macht erwerben konnten, den konditionierten Speichelreflex auszulösen. Aber es erwies sich als unerwartet schwierig, die neue Sichtweise konsequent beizubehalten und nicht in die alten Interpretationsgewohnheiten zurückzufallen.

„Es kam vor", schrieb Pavlov später, „daß ich mir die Frage stellte: Ist unser Verhalten, daß wir die Tatsachen nur von der Außenseite her betrachten, auch richtig oder ist es besser, wenn man sie vom alten Gesichtspunkt aus betrachtet? (...) Jedesmal, sobald nur eine neue Reihe von Tatsachen, und zwar eine schwierige Reihe erschien, die von unserem Gesichtspunkt aus schwer verständlich war, verstärkten sich sofort die Zweifel. (...) Als wir dann diesen Zusammenhang geklärt hatten, als wir sahen, daß aus dieser Ursache das und das folgt, fühlten wir sofort eine Befriedigung, eine Beruhigung"[7].

„Wird das auch als wissenschaftlich anerkannt werden?“ war eine weitere Frage, die sich Pavlov im Laufe der Erforschung der bedingten Reflexe häufig stellte[8]. Pavlov, aufgrund seiner Verdienste für die Physiologie und in seiner Eigenschaft als Nobelpreisträger schon zu Lebzeiten eine Legende (Hill 1936), fand tatsächlich mit diesem Forschungsprogramm in seinem eigenen Fach kaum Anerkennung (Miller u. Buckhout 1973). Denn seinem eigentlichen Ziel, der Erforschung physiologischer Prozesse im Gehirn, konnte er mit Hilfe der Methode der bedingten Reflexe nur rein spekulativ näherkommen[9]. Tatsächlich hatte er doch nur das *äußere* Verhalten des Organismus beobachtet, *wo* die bedingten Reflexe geschlossen wurden, blieb letztlich unbekannt (Hand 1972). Dies hinderte die Psychologen des 20. Jahrhunderts jedoch nicht daran, Pavlovs Theorie – ganz entgegen seinen eigenen Intentionen (Pavlov 1932) – für die Psychologie zweckzuentfremden.

Worin bestand nun Pavlovs „Entdeckung“, seine – wenn auch unfreiwillige – Leistung für die Psychologie? Gewiß nicht in der Umdeutung psychischer Prozesse in Reflexe. In der historisch weit zurückreichenden Geschichte des Reflexbegriffes (Fearing 1930) hatte es solche – rein spekulativen – Umdeutungsversuche immer wieder gegeben. Nicht zuletzt durch den Vater der russischen Physiologie, Ivan Michailovič Sečenov (1829–1905), der 1866 „ein(en) Versuch, die Ursachen psychischer Phänomene physiologisch zu erklären“, unternahm – so der ursprüngliche, von den Zensoren nicht genehmigte Titel seines in der Folgezeit vieldiskutierten Werkes „Reflexe des Gehirns“ (Kazdin 1978).

Pavlov hatte durch sein zähes Ringen um eine konsequente und detaillierte Beschreibung der objektiv beobachtbaren Fakten erstmals gezeigt, welches Potential an wissenschaftlichen Erkenntnismöglichkeiten allein in der *Beobachtung von Verhalten* lag. Dabei war er auf ein grundlegendes Prinzip gestoßen, das die Philosophen und Psychologen seiner Zeit unter dem Begriff der „Assoziation“ bereits kannten. *Mit dem Konzept des konditionierten Reflexes lag nun erstmals eine Operationalisierung des Assoziationsbegriffes vor,* waren assoziative Prozesse der objektiven Beobachtung und Experimentation zugänglich gemacht worden.

Aber der konditionierte Reflex bildete nicht nur ein brauchbares *Erklärungsprinzip,* er war zugleich auch eine sehr nützliche *Methode* zur objektiven Untersuchung psychischen Verhaltens unterschiedlichster Art, die in der klinischen Diagnostik ebenso mit Erfolg angewendet werden konnte, wie in der psychologischen Grundlagenforschung. Auch Pavlov selbst wandte sich in späteren Jahren angewandten Fragestellungen zu. Auf seine Theorie zur höheren Nerventätigkeit und die Untersuchungen zur experimentellen Neurose soll noch eingegangen werden (s. S. 87ff.).

Als Vladimir Michailovič Bechterev (1857–1927) sich für die von seinem Kollegen Pavlov erstmals beschriebenen bedingten Reflexe zu interessieren begann, befand er sich in eben derselben Zwangslage, wie nur wenige Jahre später der amerikanische Psychologe John B. Watson. Bechterev, ein Psychiater von internationalem Ruf, hatte seit 1893 den Lehrstuhl für Psychiatrie an der militärmedizinischen Akademie in St. Petersburg inne. Trotz der räumlichen Nähe zu Pavlov gab es offensichtlich zwischen beiden Wissenschaftlern kaum Kommunikation, denn Bechterev erfuhr erst 1905 auf einem Vortrag vor der Gesellschaft russischer Ärzte in St. Petersburg von der Existenz der Methode des konditionierten Speichelreflexes (Boldyrev 1905). Er selbst hatte sich viele Jahre mit der experimentellen Erforschung der Gehirnfunktionen beschäftigt, sich parallel dazu aber auch der Klinik der Nerven- und Geisteskrankheiten gewidmet. Noch vor der Jahrhundertwende hatte er begonnen, Neurosen, Hysterie, hypnotische und suggestive Zustände ganz gezielt anhand objektiv feststellbarer Körperreaktionen, wie z.B. der Atmung oder der Pupillenreaktion, zu beschreiben und zum Teil sogar photographisch festzuhalten (Bechterev 1897, 1900, 1901).

Bechterev wollte die Natur psychischer Krankheiten vom biologischen Standpunkt aus beleuchten. Seine frühen Objektivierungsversuche überzeugten ihn jedoch nur davon, daß es notwendig war, sich zunächst einmal mit der Funktionsweise des normalen Bewußtseins vertraut zu machen, bevor man sich mit den Störungen desselben befaßte. Und da das, was die damalige Psychologie an konzeptionellen Vorstellungen anbieten konnte, seinen wissenschaftlichen Ansprüchen nicht entsprach, entschloß er sich zu einem völlig neuen Ansatz. So entstanden erste Traktate über eine „Objektive Psychologie“, 1904 in russischer, 1906 in französischer Sprache veröffentlicht und 1907 als Buch erschienen. Bechterev faßte darin das Bewußtsein noch recht vage als Produkt der Energie der cerebralen Zentren auf und interpretierte psychische Prozesse in ihrer Entstehung analog zu komplizierten Reflexen, die sich wie diese nie von ihrer materiellen Basis lösten (Bechterev 1907).

Damals, als Bechterevs Überlegungen publik wurden, steckte die experimentelle Psychologie bereits weltweit in einer Krise. Mehr als ein Vierteljahrhundert nach der Gründung des ersten experimentalpsychologischen Laboratoriums durch Wilhelm Wundt in Leipzig entwickelte sich die psychologische Forschung zunehmend diskontinuierlich, wurden zentrale Konzepte abrupt aufgegeben und neue Forschungsthemen eilig übernommen. In Frankreich verwandelte sich die Psychologie unter dem Einfluß der von Alfred Binet initiierten Testbewegung mehr und mehr in eine angewandte Wissenschaft, während in Deutschland philosophische Strömungen dominierten (Kostyleff 1910a). In den USA wurde die Methode der Introspektion bereits um die Jahrhundertwende in weniger als 3% aller veröffentlichten experimentellen Arbeiten verwendet (O'Donnell 1979).

In dieser Phase noch unausgesprochener Veränderungen stellten Bechterevs Überlegungen zunächst keinen wirklichen Fortschritt dar. Zwar plädierte er für eine kompromißlose naturwissenschaftliche Betrachtung psychischer Phänomene, doch durch welche objektiven Untersuchungsmethoden konnte man die Methode der Introspektion ersetzen? Und wie sollte man die hinter so zentralen Begriffen wie dem des Willens, des Bewußtseins oder des Wunsches stehenden Phänomene in einer „objektiven Psychologie" berücksichtigen? *In Pavlovs konditionierten Reflexen erkannte Bechterev 1905 den Schlüssel zur Lösung dieser Probleme.* Bereits 1913, in seinem in deutscher Sprache erschienenen Buch „Objektive Psychologie oder Psychoreflexologie" – Bechterev kürzte den Begriff später auf „Reflexologie" ab – findet sich der programmatische Satz: „In der objektiven Psychologie oder Psychoreflexologie (...) finden die Fragen der subjektiven Vorgänge oder Bewußtseinsvorgänge keinen Platz"[10]. Ziel der neuen Richtung sollte es sein, das Verhalten „ganz unabhängig von subjektiven Erlebnissen" zu studieren. Denken, Sprache, Emotionen und Verhalten wurden gleichermaßen als aus bedingten Reflexen zusammengesetzt erklärt, die sich durch Erziehung und Erfahrung auf der Basis gewöhnlicher Reflexe gebildet hatten (Bechterev 1912, 1913). Die objektive Beobachtung und das Experiment sollten im Mittelpunkt der Reflexologie stehen und nicht, wie bisher, lediglich als Zulieferer einer introspektiven Psychologie dienen.

Im Kern hatte Bechterev, der diese Überlegungen erstmals 1909 in russischer Sprache veröffentlichte, damit Watsons behavioristisches Manifest von 1913 schon vorweggenommen. Und ähnlich wie bei Watson entstanden seine Überlegungen in dem Bemühen, *aus der Psychologie eine für praktische Fragestellungen zugänglichere Wissenschaft zu machen.*

Die Reflexologie auf dem Wege zur Gesellschaftslehre

Bechterevs Reflexologie entstand in einer Zeit, als es im zaristischen Rußland nach einer Liberalisierung der Zensur erstmals wieder möglich war, politische, soziale und kulturelle Fragen öffentlich zu diskutieren. Frühe sozialrevolutionäre Bewegungen, meist getragen vom gehobenen Bürgertum und der Intelligenz, verstärkten Ansätze zur genaueren Beobachtung der (sozialen) Umwelt und ihrer naturwissenschaftlichen Erfassung (Kohn 1957).

Bechterev selbst erkannte schon früh die Bedeutung seiner Theorie für Fragen der psychischen Hygiene und Prävention, der Kriminologie, Pädagogik, Rechtsprechung und des sozialen Lebens. Er „empfand tief die verschiedenen Defekte des modernen Gesellschaftslebens und reagierte schnell darauf" (Pines 1928). In Zeitungsartikeln, öffentlichen Reden und auf wissenschaftlichen Kongressen engagierte sich Bechterev für die in sein Fach hineinreichenden sozialen Probleme der Zeit. Er begann, mit Hilfe der sogenannten „genetischen Methode", d.h. durch die exakte Beobachtung von Säuglingen und Kleinkindern, den Aufbau konditionierter Reflexe im Prozeß zu studieren, und betonte in seinen Arbeiten die Bedeutung der Umwelt für die Entwicklung der Persönlichkeit. So waren auch die kriminellen Handlungen eines

Menschen für ihn nur eine „einfache Abspiegelung des Milieus" – ein Grund also, die Abschaffung der Todesstrafe zu fordern und die „Ausrottung der zum Verbrechen führenden Bedingungen" (Bechterev 1912a).

Bevor Bechterev jedoch mit umfassenden Forschungsarbeiten beginnen und so die Grundlagen für eine neue Disziplin legen konnte – man richtete in der UdSSR verschiedentlich Lehrstühle für Reflexologie ein (Pines 1928) – galt es zunächst, eine Konditionierungstechnik zu entwickeln, die für die Experimentation mit menschlichen Versuchspersonen geeigneter war als die Methode des konditionierten Speichelreflexes. Nachdem er und seine Mitarbeiter einige Varianten erprobt hatten, fand man schließlich das Verfahren, das Bechterev als „Motilitätsmethode" bezeichnete (Bechterev 1912b).

Ein auf die Handfläche, die Fingerspitzen oder die Fußsohle verabreichter elektrischer Schlag (UCS) löst eine Vermeidungsreaktion (UCR) aus. Kombinierte man nun diesen unkonditionierten Stimulus mit verschiedenen visuellen, auditorischen oder taktilen Stimuli (CS), so erwarben diese nach kurzer Zeit ebenfalls die Fähigkeit, eine solche Vermeidungsreaktion (CR) auszulösen (s. Abb. 3). Die Motilitätsmethode wurde in Bechterevs Institut technisch vervollkommnet, so daß eine „streng objektive Registrierung und graphische Abnahme des Reflexes" außerhalb des Experimentalraumes gewährleistet war (Bechterev 1912b). Gegenüber Pavlovs Verfahren hatte sie den Vorteil, daß ein operativer Eingriff nicht vorgenommen werden mußte und der Grad der Deprivation oder Sättigung des Versuchstieres bzw. der Versuchsperson ohne Einfluß auf die experimentelle Situation blieb.

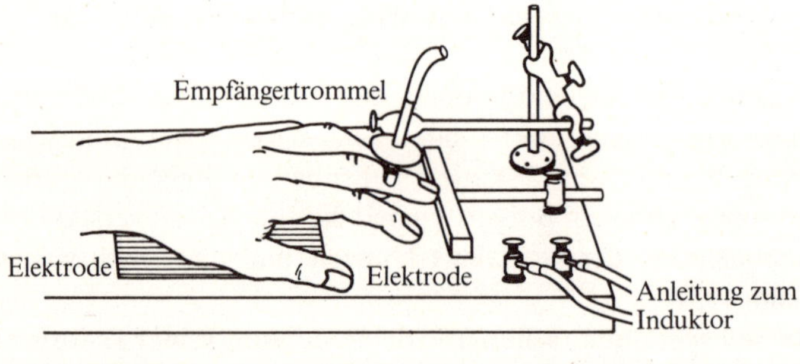

Abbildung 3: Methode zur Aufzeichnung motorischer Assoziationsreflexe, wie sie von dem Amerikaner John B. Watson wenige Jahre später nach den Angaben Bechterevs entwickelt wurde. Unter der Hand befindet sich eine große Elektrode, unter dem Mittelfinger eine kleinere. Wird der Kontakt durch den Experimentator ausgelöst, bewirkt ein Stromschlag das Abheben des Fingers von der kleineren Elektrode. Eine Empfängertrommel, gegenüber der ein sattelförmiger Knopf zur Aufzeichnung auf Platte befestigt wurde, ermöglicht die graphische Aufzeichnung dieser Bewegung. Nach: Watson, J. B. (1916). The Place of the Conditioned Reflex in Psychology. Psychological Review 23, 105.

Bechterevs Forschung galt in den folgenden Jahren einer Fülle von Fragestellungen im Bereich der „objektiven Erforschung der Persönlichkeit in ihren normalen und krankhaften Zuständen" (Bechterev 1927a). Für ihn, der nicht nur ein engagierter Forscher, sondern auch ein geschickter Wissenschaftsorganisator war, wurde sogar ein eigenes Forschungsinstitut gegründet, dessen Aufbau man (etwa ab 1905) aus Privatmitteln finanzierte. Das „Psychoneurologische Institut" entwickelte sich innerhalb weniger Jahre zur ersten großen Privatuniversität des zaristischen Rußland, deren Fakultätenstruktur – eine medizinische, eine chemisch-pharmazeutische, eine juristische und eine pädagogische Fakultät – in generalisierter Form die inhaltlichen Schwerpunkte der Bechterevschen Forschung widerspiegelte.

Frühe klinische Anwendungen

Für die historische Entwicklung der Verhaltenstherapie von besonderer Bedeutung und aufgrund der Unzugänglichkeit früher Schriften nur wenig bekannt sind Bechterevs Pionierleistungen in der Umsetzung der Konditionierungstheorie auf Probleme der Entstehung, Diagnose und Behandlung psychischer Störungen: So berichtete Bechterev bereits 1912 über „Die Anwendung der Methode des motorischen Assoziationsreflexes zur Aufdeckung der Simulation", für die er auf der Dresdner Hygieneausstellung mit einem Diplom ersten Grades ausgezeichnet wurde.

> „Die von mir vorgeschlagene Methode besteht darin, daß zuerst der motorische Assoziationsreflex auf einen bestimmten Reiz gebildet wird; nachdem der letztere stabil geworden ist, verringert man den Reiz, der den Assoziationsreflex hervorruft, bis zu einem Grade, wo der letztere überhaupt ausgelöst werden kann" (Bechterev 1912c, S. 186).

Simulierte Taubheit, Blindheit, Anästhesien und Lähmungen konnten so zweifelsfrei durch eine anerzogene Furcht vor aversiver Reizung aufgedeckt werden. Aber auch hysterische Formen von Taubheit oder Lähmung ließen sich auf diese Weise untersuchen und – was noch bedeutsamer war – *behandeln!* (Bechterev 1917, 1918). Gerade die Anwendung dieser besonderen Technik, erklärte Bechterev 1927, habe die Mehrheit seiner hysterischen Patienten eher überzeugt als das von ihm alternativ dazu verwendete Verfahren der hypnotischen Suggestion (Bechterev 1927a).

Bechterev analysierte die Hysterie wie die allgemeinen Neurosen konsequent vom Standpunkt der Reflexologie, behielt sich jedoch, dem damaligen Erkenntnisstand der Psychiatrie entsprechend, die Annahme einer bei diesen Störungen vorliegenden, durch Degeneration verursachten, besonderen Eindrucksfähigkeit vor. Dies galt auch für den Komplex der Phobien und Zwänge, mit denen er sich zwischen 1913 und 1916 wiederholt befaßte. Die Errötungsfurcht, zwanghaftes Weinen oder Lachen, verschiedene Tics, die Furcht vor sexuellem Verkehr, von Unreinlichkeit, Platzängste etc. sowie einzelne professionelle Phobien, wie z. B. die Furcht vor dem Auftritt während des Gottesdienstes bei Priestern, waren nach Bechterev u. a. dadurch gekennzeichnet, daß die Patienten die Unsinnigkeit ihres Gefühls durchaus einsahen. Daher erwies sich die „rationale Therapie", d.h. die Aufklärung des Patienten über den seiner Furcht zugrundeliegenden Entstehungsmechanismus, häufig als wirkungslos.

Bechterev arbeitete in diesen Fällen immer mit einer Kombination physischer, medikamentöser und psychotherapeutischer Methoden. Um die „Übersensibilität des Nervensystems" zu beseitigen und den Stoffwechsel des Patienten zu normalisieren, griff er zu therapeutischen Maßnahmen wie Bädern und Duschen, Elektrisierung (d.h. einer meist unspezifischen Behandlung mit statischer Elektrizität) und beruhigender Medikamentation. Parallel dazu versuchte er, mit Hilfe der damals bekannten psychotherapeutischen Techniken erworbene konditionierte Furchtreflexe abzubauen und den inneren Widerstand des Patienten gegen ihre erneute Entstehung zu stärken. Auch die Psychoanalyse war seiner Meinung nach eine durchaus erfolgversprechende therapeutische Technik, sofern sie durch das Aufsuchen der Ursache einer Störung und durch die damit verbundene Verwendung verschiedener Reizworte zur Enthemmung der gehemmten mimisch-somatischen Reflexe (d.h. Affekte) beitrug. Doch warnte Bechterev auch davor, daß das „Herumwühlen in der Seele" des Patienten in der Praxis manches Mal zu einer Verschlechterung seines Gesundheitszustandes geführt habe (Bechterev 1915, 1927).

Bechterev interpretierte den theoretischen Prozeß, unabhängig von der jeweiligen Technik, die er verwendete, auf der Basis der Theorie der konditionierten Reflexe. Bezogen auf die Palette der traditionellen therapeutischen Maßnahmen – vom einfachen Gespräch über Hypnose und Suggestion bis hin zu einer eher globalen Form der Psychoanalyse – fügte er aus seiner eigenen theoretischen Perspektive jedoch auch einiges Neue hinzu: Da gab es einmal die Technik der Anerziehung konditionierter Reflexe auf der Basis aversiver Reizung, die er bei hysterischen Störungen einsetzte und die man heute wohl unter dem Begriff der Aversionstherapie fassen könnte.

Weiterhin stellte Bechterev zur Behandlung phobischer und zwanghafter Störungen 1915 erstmals ein mit Willensstärkung verbundenes „ablenkendes Verfahren" vor, das einige Merkmale heutiger Desensibilisierungstechniken trägt: Dem Patienten wurden in einer angstfreien Situation, bei geschlossenen Augen und im Zustand völliger Passivität furchtauslösende Inhalte suggeriert. Nach einer Reihe von Sitzungen und unterstützt durch die beschriebenen physischen und medikamentösen Begleitmaßnahmen stellte sich meist ein völliger oder zumindest teilweiser Abbau der Angst ein. Zugleich betrachtete Bechterev es als wünschenswert, die äußeren Lebensbedingungen, unter denen der Patient lebte und die mit der Entstehung seiner Furcht zusammenhingen, zu verändern (Bechterev 1915, 1917).

Mit Hilfe der Theorie der konditionierten Reflexe erschloß sich Bechterev auch einzelne Symptome psychotischer Erkrankungen, wie z.B. halluzinative Erscheinungen, impulsive Handlungen und den „Wortsalat" bei der Schizophrenie. Darüber hinaus ermöglichte sie eine völlig neue Erklärung für so unterschiedliche Phänomene wie sexuell abweichendes Verhalten (Bechterev 1914, 1927b), den Alkoholismus und das Rauchen (Bechterev 1927a). Doch gelang es Bechterev nicht mehr, seine Überlegungen und praktischen Erfahrungen schriftlich zu fixieren. Sein letztes Buch zur „Pathologischen Reflexologie" blieb unvollendet, als er 1927 starb. Viele seiner Beiträge zur Entstehung und Behandlung psychischer Störungen wurden international nicht bekannt; und noch heute ist es sehr schwierig, an die russischen Originalschriften heranzukommen. Obwohl Bechterev in seiner Laufbahn eine Vielzahl von Schülern ausgebildet hat, die später die russischen Lehrstühle für Neurologie und Psychiatrie besetzten, blieb seine Wirkung auf die damalige Psychiatrie letztlich diffus. Trotz der großen Popularität erwies sich die Reflexologie sehr rasch als das kurzlebige Produkt ihrer Zeit, ein Fach zwischen Biologie und Soziologie (Bechterev 1926), das den Übergang vom zaristischen Rußland zum „realen Sozialismus" wissenschaftlich begleitet hatte. Über das Schicksal der klinischen Arbeiten Bechterevs ist heute nichts mehr bekannt, obwohl seine grundlegenden theoretischen Schriften die moderne sowjetische Psychologie nachhaltig beeinflußt haben (Kussmann 1974).

Unbenommen davon kann Vladimir Bechterev als einer der Pioniere der modernen Verhaltenstherapie gelten. Seine frühen theoretischen Arbeiten nahmen Kernstücke des behavioristischen Programms Watsons vorweg. Einige in Europa veröffentlichte Schriften haben später sogar dazu beigetragen, den Behaviorismus auf ein empirisches Fundament zu stellen (s. S. 43). Allein mit Hilfe des noch recht simplen Konditionierungskonzepts ist es ihm gelungen, das Potential einer „objektiven Psychologie" im Bereich der Diagnose und Behandlung psychischer Erkrankungen zu explorieren und in einer Zeit allgemeiner Spekulation in der Psychiatrie einen Beitrag zur rationaleren Betrachtung dieser Phänomene zu leisten.

Zweiter Einstieg: Die Psychologen, 1895–1920

Die Grundlagen für die Entwicklung der modernen Verhaltenstherapie als psychologischer Therapie wurden in der amerikanischen Psychologie um die Jahrhundertwende gelegt. Die in den USA zwischen 1880 und 1900 eingeleitete, umfassende Reform des Erziehungswesens brachte die Psychologie nicht nur an die Universitäten, sondern ließ das Erziehungswesen und die Pädagogik auch zu einem ihrer wichtigsten Anwendungsbereiche werden. Die neue genetische Psychologie bildete neben Wundts europäischer, experimenteller Psychologie den zweiten Grundpfeiler der amerikanischen Forschung. Eine Psychologie, die sich mit den Gesetzen des Erwerbs von Verhalten beschäftigte, hatte damals, als man die Umstellfähigkeit des einzelnen als wesentliche Voraussetzung für den gesellschaftlichen Fortschritt erkannte, unmittelbare praktische Relevanz.

Für die amerikanischen Psychologen, die an den Universitäten erstmals die Chance erhielten, Grundlagenforschung in einem größeren Rahmen zu betreiben, kam das Nutzungsinteresse verschiedener gesellschaftlicher Gruppen an der Psychologie einfach zu früh. So auch der Versuch der Führer der neuen, sozialen Psychiatrie, die damals entdeckten, daß man von der Psychologie profitieren konnte, und die Psychologen für ihre eigene Forschung zu gewinnen suchten. Watsons Behaviorismus war das Produkt eines seit langem schwebenden Konfliktes zwischen der faktischen Notwendigkeit zu grundlegender Forschung und den „Versuchungen" der Praxis. Unter dem politischen Druck zu einer stärker anwendungsorientierten Forschung, aber auch beeindruckt von den sensationellen Theorien Freuds entschlossen sich die ersten Behavioristen zu grundlegenden Forschungsprojekten von unmittelbarer praktischer Relevanz und siedelten ihre Untersuchungen in dem für die historische Entwicklung der Verhaltenstherapie wichtigen Bereich zwischen Pädagogischer und Klinischer Psychologie an.

Die Universitäten und die junge amerikanische Psychologie

Als die Psychologie an den amerikanischen Universitäten Einzug hielt, hatte man im Zuge der Hebung des allgemeinen Ausbildungsniveaus zu den *Colleges* sogenannte *Graduate Schools* gegründet, die eine intensivere wissenschaftliche Schulung gewährleisten und die Wissenschaftler der Zukunft ausbilden sollten. Die Psychologie gehörte damals zu den neuen Fachgebieten, die man ohne eine bereits vorhandene, intellektuelle Tradition rasch aufgriff, um die Forschung anzukurbeln (vgl. auch Ben-David 1977).

In den ersten zwei Jahrzehnten ihres Bestehens entwickelte sich die amerikanische Psychologie expansiv. Im Jahre 1903 gab es an den Universitäten bereits 48 psychologische Laboratorien, und man rangierte in der Anzahl promovierter Absolventen an vierter Stelle, gleich hinter der Chemie, Zoologie und Physik (Napoli 1975). Der Markt für Forscher war groß, und es lag nahe, daß sich die Psychologen in diesem Bereich zuerst professionalisierten. 1892 wurde die *American Psychological Association* (APA) mit dem ausdrücklichen Ziel der „Förderung der Psychologie als Wissenschaft" gegründet. Zugleich sorgte eine Vielzahl neuer Fachzeitschriften für die Kommunikation von Forschungsergebnissen und eine verstärkte Identifikation mit dem Fach selbst. Mit der Gründung der *Graduate Schools* an den Universitäten hatte man erstmals eine Möglichkeit geschaffen, Grundlagenforschung zu betreiben, für die in der damaligen amerikanischen Gesellschaft eigentlich kein Bedarf feststellbar war. Die Psychologen, die ihre berufliche Karriere fast ausschließlich an den Universitäten suchten, waren entschlossen, diese Chance zu nutzen und die Psychologie als Wissenschaft auf eine solide Basis zu stellen.

Doch war es ihnen häufig nicht möglich, sich auf Grundlagenforschung zu beschränken. Immer wieder – das zeigen u. a. die Beiträge auf den Mitgliederversammlungen der *American Psychological Association* – mußte man sich auch „praktischer Themen" annehmen. Denn in der amerikanischen Gesellschaft hatte man bereits vor der Jahrhundertwende den großen Nutzen anwendungsorientierter Forschung für den technologischen Fortschritt erkannt. Erfolge der Wissenschaft schienen auf einem besonderem wissenschaftlichen Vorgehen zu beruhen; und dieses war – so meinte man optimistisch – auf alle menschlichen Probleme anwendbar (Burnham 1978). Bei der Arbeit in der modernen industriellen Produktion, bei der Umstellung auf eine neue, städtische Umwelt, bei den sozialen und menschlichen Problemen, die mit der Eingliederung eines schier unabsehbaren Stroms europäischer Emigranten einhergingen, – bei all diesen Fragen war die Psychologie gefordert. Die amerikanischen Universitäten, die sich auch nach der Reform in erster Linie als Serviceeinrichtungen der Gesellschaft und nicht als Bastionen wissenschaftlicher Forschung verstanden (De Vane 1965), und zudem als freie Wirtschaftsunternehmen vom Wohlwollen finanzkräftiger Sponsoren und den Zahlungen der Studenten abhängig waren, unterließen es nie, auf das große Anwendungspotential auch der psychologischen Forschung hinzuweisen.

Die akademische Psychologie und ihr Verhältnis zur Anwendung

„Auch die standhaftesten Befürworter einer enthaltsamen Wissenschaft haben sich nie gescheut, Versprechungen zu machen. Im Grunde jede Rede vor Fachpublikum und jeder populäre Artikel verwiesen darauf, daß die Allgemeinmedizin, die Psychiatrie, die Neurologie, Pädagogik, Wirtschaftswissenschaften, Anthropologie, Kriminologie und Jurisprudenz aus der Psychologie Nutzen ziehen könnten“[11]. Doch nur eine kleine Minderheit der amerikanischen Psychologen hatte echtes Interesse an angewandten Fragestellungen. Die damals häufig geäußerte Überzeugung, *daß die angewandte Psychologie ihre Kraft nur aus der Grundlagenforschung beziehen könne,* war u. a. ein gutes strategisches Argument, um die Grundlagenforschung abzusichern. Zugleich war es naheliegend, angesichts noch nicht vorhandener praxisrelevanter Ergebnisse auf die Ergebnisse der psychologischen Grundlagenforschung zurückzugreifen. So wurden Konzepte aus der experimentellen Psychologie kurzerhand auf praktische Fragestellungen übertragen. Manches psychologische Versuchsgerät fand sich im Industriebetrieb oder in den an vielen Universitäten nach 1900 errichteten psychologischen Kliniken wieder. Auf eine intensive angewandte Forschung war man damals an den Universitäten nicht eingerichtet. Dieses Bild sollte sich erst nach 1945 ändern, als man in den USA begann, eigene Curricula für Bereiche der angewandten Psychologie, insbesondere der Klinischen Psychologie, zu erstellen. So ist es nicht verwunderlich, daß die in der Frühzeit der psychologischen Forschung entstandenen anwendungsorientierten Untersuchungen häufig nicht den Standards entsprachen, die man der psychologischen Grundlagenforschung zugrundelegte. Nicht selten fehlte es an Zeit und Mitteln, aber auch Interesse für diesen Forschungsbereich. Anwendungsorientierte Untersuchungen stellten für viele Psychologen lediglich eine gute Möglichkeit dar, die kargen Universitätsgehälter durch zusätzliche Einnahmen zu verbessern (O'Donnell 1979). Harry L. Hollingworth, einer der Pioniere der angewandten Psychologie in den USA, gab am Ende seiner Karriere z. B. ganz offen zu, „niemals wirkliches Interesse“ an angewandten Fragestellungen gehabt zu haben[12]. Und wo finanzieller Druck nicht das auslösende Moment war, geriet mancher Wissenschaftler durch den politischen Druck von seiten der Universitätsleitung auf ein neues Gleis.

Opfer des Legitimationszwanges der Universitäten gegenüber Geldgebern und Gesellschaft waren z. B. die Tierpsychologen. Auch aus der Sicht vieler Psychologen galt die Tierpsychologie zunächst nur als ein unerwünschtes Nebenprodukt ihrer eigenen Wissenschaftspolitik. Um die Etablierung der Psychologie im universitären Rahmen zu fördern, hatte man den Mythos von der besonderen Wissenschaftlichkeit der psychologischen Methodologie aufgebaut. Die Tierpsychologie entstand als Ausläufer der genetischen Psychologie und zeichnete sich durch eine bis dahin unerreichte naturwissenschaftliche Exaktheit aus. Junge Wissenschaftler der zweiten Generation wie Robert Yerkes und John Watson begeisterten sich für die neue Forschung, die bei der etablierten Psychologie auf ambivalente Reaktionen stieß[13]. „Und das soll Psychologie sein?", diese Frage eines angesehenen Kollegen bei einem Blick in sein Laboratorium klang John Watson noch in den Ohren, als er sein behavioristisches Manifest formulierte (Watson 1913). Denn auch unter den akademischen Psychologen war man allgemein der Meinung, daß Untersuchungen an Tieren nur wenig dazu geeignet waren, Einsicht in menschliches Verhalten zu gewähren.

Der geringe Rückhalt unter den Kollegen und die Tatsache, daß die tierpsychologische Forschung teuer und zu Ausbildungszwecken nur begrenzt einsetzbar war, machten diesen Bereich der Psychologie besonders angreifbar. So sah sich Robert Yerkes 1911 dazu gezwungen, sich nebenberuflich zu seiner Tätigkeit an der *Harvard University* zur Organisation der psychologischen Forschung am neugegründeten *Boston Psychopathic Hospital,* einer hochmodernen Klinik für psychiatrische Frühstadienfälle zu verpflichten. Man hatte ihm damit gedroht, seinen Studenten keine Abschlüsse mehr zu geben, wenn er sich weiterhin ausschließlich in der tierpsychologischen Forschung engagierte[14]. Auch John Watson, der 1908 von der *University of Chicago* zur *Johns Hopkins University* in Baltimore wechselte, mußte wenige Jahre später sein Laboratorium in der *Phipps Psychiatric Clinic* aufschlagen, einer mit der Universität assoziierten Nervenklinik.

Doch war das frühe Engagement der Psychologen im Bereich psychischer Störungen und Erkrankungen nicht allein das Ergebnis solcher Kompromisse. Mehr als ein Jahrzehnt vor Robert Yerkes und John Watson gab es bereits Wissenschaftler, die in diesem Problembereich eine neue Aufgabe, eine neue Verantwortung für die Psychologie erkannten.

Die Anfänge der Klinischen Psychologie in den USA

1897 gründete Lightner Witmer an der *University of Pennsylvania* die erste psychologische Klinik: Witmer, der auch den Begriff „Klinische Psychologie" prägte[15], wollte eine Einrichtung schaffen, die zur individuellen Behandlung von Kindern mit Schulproblemen geeignet war. Den Plan für die Errichtung einer solchen Institution und einer angegliederten *Hospital School* legte er seinen Kollegen bereits 1896 auf der vierten Jahresversammlung der APA vor. Hier stieß er zunächst, wie es nicht anders zu erwarten war, auf Unverständnis und Kritik. Doch ließ er sich nicht entmutigen, realisierte seine Vorstellungen und hatte Erfolg. Nicht zuletzt die 1908 erstmals veröffentlichte Zeitschrift *The Psychological Clinic* sorgte dafür, daß sein Modell überall bekannt wurde (Levine u. Levine 1970). Andere Universitäten zogen nach, und 1914 existierten bereits neunzehn solcher Kliniken an amerikanischen Colleges und Universitäten. Im Zuge der sich rasch formierenden „psychoklinischen Bewegung" (Wallin 1914) wurden Psychologen erstmals auch an Nervenkliniken, Institutionen für Schwachsinnige, Jugendgerichten und öffentlichen Schulen tätig.

Die Entstehung der Klinischen Psychologie im Randbereich der Pädagogik war so früh möglich, weil die Pädagogik damals zu den renommiertesten Anwendungsbereichen der Psychologie zählte und die Legitimität der Bemühungen von Psychologen dort außer Frage stand. Diese Konstellation sorgte auch in späteren Jahren dafür, daß sich Pioniere der Klinischen Psychologie in ihrem therapeutischen Anspruch auf pädagogische bzw. lerntheoretische Formulierungen stützten, die dem Besitzstand der Psychologie zugerechnet werden mußten (z. B. Mitchell 1932, Poffenberger 1939). Denn man versuchte schon relativ frühzeitig, den Anspruch der Psychologen auf den klinischen Anwendungsbereich in Frage zu stellen. Die Gründung unabhängiger psychologischer Kliniken, in denen man ohne ärztliche Supervision arbeitete, beunruhigte die Mediziner. Es sei an der Zeit, schrieb Edward Taylor bereits 1907, daß die Medizin ihre Verantwortung für den Bereich der Psychotherapie erkenne, da er sonst „primär in andere Hände übergehen" werde (Taylor 1908). Nur wenigen Psychologen gelang es damals, sich im medizinischen Kontext unabhängig zu etablieren. Zu ihnen gehörte Shepherd Ivory Franz, der 1904 am *McLean Hospital,* einer Nervenklinik, das erste psychologische Laboratorium gründete. Wo Franz in seiner traditionellen Rolle als Forscher auch in der Medizin großes Ansehen erwarb (Dunlap 1934, Reisman 1976), versagten viele seiner Kollegen in der Definition ihrer Rolle und arbeiteten unter der fachlichen Supervision von Ärzten (Napoli 1981).

Während sich andere Anwendungsbereiche der Psychologie, die Betriebspsychologie und die Pädagogische Psychologie, vielversprechend entwickelten, wurde die Klinische Psychologie schon frühzeitig zum Zankapfel zwischen Medizinern und Psychologen. Eine 1915 in führenden medizinischen und psychologischen Fachzeitschriften veröffentlichte kritische Stellungnahme der *New York Psychiatrical Society* zu den Aktivitäten „sogenannter klinischer Psychologen" schärfte erstmals das berufspolitische Bewußtsein[16] und führte 1917 zur Gründung der *American Association of Clinical Psychologists* (AACP), die jedoch 1919 wieder aufgelöst wurde bzw. in der Sektion für Klinische Psychologie der APA aufging (Reismann 1976).

John Watsons behavioristisches Manifest war das Produkt vielfältiger Strömungen und Konflikte in der amerikanischen Psychologie dieser Zeit. Er selbst meinte dazu später:

„Eines meiner stärksten Motive zu versuchen, einen einfachen, unpolemischen Standpunkt in der Psychologie zu formulieren, bestand darin, daß die Studenten, die in unser Fach kommen, durch logisches Zurechtstutzen ruiniert werden, bevor sie überhaupt fähig sind, irgend etwas zu tun. Viele von ihnen entwickeln sich zu Wortartisten, Logikern und Pseudophilosophen und zu pseudoklinischen Psychologen – sie werden später jede sich ihnen bietende Chance nutzen, ohne daß ein System sie daran *hindert.* Das ist die Ursache für den Testboom, für Testhändler und ähnliche Entwicklungen. Doch brauchen wir unsere Reserven auf – die Welt der Wissenschaft läuft weiter, und die wissenschaftliche Psychologie sollte nicht nur den Kontakt zu anderen Wissenschaften halten, sie muß auch Fortschritte in ihren eigenen Gebieten erarbeiten. Wollen wir uns unsere Studenten erhalten, so müssen wir einen einfacheren, stärker realitätsorientierten Einstieg in die Psychologie anbieten. Tun wir dies nicht, wird es nie zu praktischen und sozialen Anwendungen der Psychologie kommen. Mit anderen Worten, eine technische oder angewandte Psychologie kann es wie die angewandte Chemie ohne Forschung im Laboratorium nicht weit bringen“[17].

Dieser Auszug aus einem zwischen 1916 und 1917 verfaßten Diskussionspapier für die Mitarbeiterbesprechungen in der *Phipps Psychiatric Clinic* zeigt uns einen ganz anderen John Watson als den, den wir aus psychologischen Lehrbüchern kennen. Wo bleibt hier der radikale Behaviorist, der sein tierpsychologisches Forschungskonzept aus fachlicher und beruflicher Unzufriedenheit einfach auf den Menschen übertrug und damit die Psychologie revolutionierte? In Watsons Plädoyer für eine wissenschaftlich kontrollierte Praxis liegt der Schlüssel zum wirklichen Verständnis der historischen Entwicklung des Behaviorismus.

Als John Watson begann, sich mit Fragen der Angewandten Psychologie zu befassen, tat er dies unvoreingenommen und mit großem Optimismus. Watson lehrte und forschte seit 1908 an der *Johns Hopkins University* in Baltimore, wo er erstmals unabhängig arbeiten konnte. Es gelang ihm, die Universität für die experimentelle Tierforschung zu interessieren (Watson 1936) und den Kontakt zu gleichgesinnten Kollegen, wie z. B. Robert Yerkes, enger zu knüpfen (Yerkes u. Watson 1912).

Mit finanzieller Unterstützung Walter S. Hunters und Gilbert V. Hamiltons gründete man 1911 eine eigene Fachzeitschrift, das „Journal of Animal Behavior“[18]. Und bereits zwei Jahre später veröffentlichte Watson sein erstes Buch „Behavior: An Introduction to Comparative Psychology“, mit dem er auch unter kritischen Fachkollegen Anerkennung fand (Haggerty 1916, Watson 1914). Watsons Karriere verlief trotz seiner Außenseiterposition als experimenteller Tierforscher zunächst recht erfolgreich. Es gelang ihm, die Universität für seine Forschung zu interessieren und Kontakte zu knüpfen, die ihm weiterhalfen. Auch erklärte er sich schon bald dazu bereit, sich mit angewandten Fragestellungen zu befassen. Obwohl es zunächst den Eindruck machte, als handele es sich dabei um ein rein strategisches Manöver, zeigte sich jedoch später, daß Watson zu sehr ein Mensch seiner Zeit war, als daß er diese neuen und aufregenden Entwicklungen in der Psychologie hätte ignorieren wollen.

Adolf Meyers soziale Psychiatrie

Von großer Bedeutung für John Watson war sein Kontakt zu Adolf Meyer, der ebenfalls an der *Johns Hopkins University* lehrte und damals bereits als *der* führende Psychiater Amerikas galt. Meyers pragmatische Konzeption psychischer Störungen und ihrer Ursachen wirkt aus heutiger Sicht wie ein vorwissenschaftliches Abbild Watsons späterer Überlegungen und blieb nicht ohne Wirkung auf ihn.

Meyer, ein Emigrant aus der Schweiz, hatte zu Beginn seiner Karriere einige Jahre in der neuropathologischen Forschung verbracht, in die die amerikanische Psychiatrie um die Jahrhundertwende große Hoffnungen setzte (Deutsch 1945, Ebaugh 1945). Er erkannte jedoch bald, daß Neurotiker, Hysteriker und Psychotiker an denselben körperlichen Krankheiten starben wie normale Menschen. Statt also weiterhin in einer Sackgasse zu forschen, engagierte sich Meyer gemeinsam mit gleichgesinnten Kollegen wie Elmer E. Southard und William A. White für die damals dringend notwendige Reform des Klinikwesens und der Versorgung psychisch Kranker. Anstelle der großen, unter dem Gesichtspunkt rationeller Verwaltung organisierten und meist völlig überfüllten, staatlichen Nervenkliniken[19] forderten sie kleinere, behandlungs- und forschungsorientierte Institutionen – Kliniken für Frühstadienfälle, in denen es möglich war, therapeutisch, aber auch präventiv tätig zu werden (Quen 1978). So entstanden zwischen 1907 und 1913 drei der bedeutendsten Kliniken dieser Art, das von Elmer E. Southard geleitete *Boston Psychopathic Hospital,* das *Psychopathic Hospital* der *University of Michigan* und die auf Anregung Meyers von dem Stahlmagnaten Henry Phipps finanzierte *Phipps Psychiatric Clinic* in Baltimore.

Meyer vertrat in bezug auf die Entstehung psychischer Störungen einen psychogenen, im Grunde behavioralen Standpunkt, der später unter dem Schlagwort „Common Sense Psychiatry“ (Lidz 1966, Muncie 1969) in die Geschichte der Psychiatrie eingegangen ist. Im Zentrum seiner Überlegungen stand das Konzept der „Gewohnheitsstörung“ („habit disorder“), unter dem er alle Formen psychischer Krankheit zusammenfaßte, von leichteren phobischen Erscheinungen bis hin zur schizophrenen Erkrankung (Meyer 1907a). Seine Mitarbeiter und Studenten ermutigte Meyer, die gewohnten medizinischen Sichtweisen zurückzustellen, sich des gängigen „Asyl-Vokabulars“ (Meyer 1908) zu entledigen und zu versuchen, die Krankheit des Patienten unvoreingenommen *als Teil einer Anpassungsreaktion auf eine bestimmte Situation* zu betrachten (Meyer 1908, 1917).

Um die eigene Handlungsfähigkeit zu erhalten, mißtraute er den traditionellen Klassifikationssystemen, unbewiesenen Verursachungsfaktoren wie dem der Degeneration und der psychiatrischen „Ein-Wort-Diagnose“. Statt dessen wandte er sich „positiven“ Faktoren der Verursachung zu, befaßte sich mit der Umwelt und den familiären Verhältnissen der Patienten, dem Erwerb abnormer Gewohnheiten, aber auch Faktoren wie traumatischen Erlebnissen, falscher Ernährung und körperlichen Erkrankungen. In seinen Augen war der Patient ein „Experiment der Natur", und er glaubte daran, daß man durch die Analyse gestörten Verhaltens als Reaktion auf eine bestimmte Situation der fundamentalen Formel systematischer Erfahrung, dem Experiment, sehr nahekommen konnte (Meyer 1903, 1906a, 1908). Seine Studenten forderte Meyer dazu auf, die am Patienten erhobenen Daten sorgfältig nach Situation, Reaktion und abschließender Anpassung zu gliedern. Er favorisierte breite, beschreibende Kategorien wie die der „Gewohnheit" („habit"), des „Gewohnheitskonfliktes" und des „Instinktes" und bezeichnete einzelne Symptome unvoreingenommen als „Reaktion" oder „Reaktionstypen", statt sie, wie in der Medizin üblich, einem bestimmten Krankheitskonzept zuzuordnen (Meyer 1908).

Je länger Meyer sich mit dem abnormen Verhalten seiner Patienten in Form von Situations-Reaktions-Analysen befaßten, um so deutlicher entfernte er sich vom traditionellen medizinischen Denkansatz. 1907 schließlich stellte er fest, man müsse sich von dem „dogmatischen Konzept der Krankheit" lösen, wenn es gelingen solle, psychische Störungen unvoreingenommen und unter dem Gesichtspunkt der Prävention zu betrachten (Meyer 1907b). Das Konzept der Krankheit führe solange in eine „Sackgasse", wie es nicht möglich sei, es in „konkrete Ereignisse" aufzulösen (Meyer 1908).

Meyers pragmatischer, die Systematisierung von Verhalten auf phänomenologischer Basis suchender Denkansatz richtete sich, wie alle großen psychiatrischen Theorien seiner Zeit, primär auf den Bereich der Ursachenfindung und die praktische diagnostische Arbeit. Die zahlreichen von ihm entworfenen „clinical guides" sollten den jungen Psychiatern als Gedächtnisstütze dienen und stellten einen ersten Schritt zur Standardisierung und Objektivierung der psychiatrischen Diagnose dar (Zubin u. Zubin 1977). Seine Aussagen zur Therapie hingegen blieben spärlich und notgedrungen undifferenziert. Wie viele seiner im Vorfeld der großen staatlichen Kliniken tätigen Kollegen[20] betrachtete Adolf Meyer die Therapie als einen Prozeß der „Erziehung" oder „Neuerziehung" („education" bzw. „reeducation") und bevorzugte breite, edukative Behandlungsansätze. Das „Gewohnheitstraining" („habit training") bildete für ihn das Rückgrat jeder Psychotherapie, wobei er jedoch wiederholt betonte, daß nicht das therapeutische Gespräch, sondern das Ausführen der Dinge, das „wirkliche Handeln" entscheidend sei. „Psychotherapie bedeutet Regulation von Handlungen und ist erst abgeschlossen, wenn ein Handeln erreicht wurde. (...) Reales Handeln ist das einzig sichere Kriterium effizienter psychischer Aktivität, und Handlungen und Einstellungen und ihre Anpassung sind das Thema der Psychotherapie" (Meyer 1908, S. 175).

Während Adolf Meyer sich in späteren Arbeiten zum Thema Psychotherapie nicht mehr äußerte, berichteten Lehrbücher für Klinische Psychologie in den dreißiger Jahren wiederholt über seinen besonderen therapeutischen Ansatz, den man als „distributive Analyse und Synthese" beschrieb (z. B. Dorcus u. Shaffer 1934, 1939). Trotz des eklektischen Einsatzes einzelner Techniken wie der Suggestion, der Hypnose, der Katharsis, Neuerziehung und Desensibilisierung[21] vertrat Meyer mit diesem Verfahren gegenüber der später populären Psychoanalyse eine eigenständige, systematische Auffassung.

„Ziel der Therapie (...) ist eine Synthese verschiedener Faktoren und Strebungen, die dem Patienten Sicherheit bieten. Obwohl die pathologischen Reaktionen, die der Patient dem Arzt präsentiert, eine bestimmte Bedeutung erhalten können, wird das Material für die Synthese durch Analyse aller Faktoren und Situationen, die für die Untersuchung der menschlichen Persönlichkeit von Bedeutung sind, erworben. Die Analyse wird entsprechend den Richtlinien psychobiologischer Integration aufgeteilt; die Behandlung orientiert sich an dem Ziel, eine gesunde Integration der gesamten Persönlichkeit wie auch verschiedener Funktionen zu erreichen" (Dorcus u. Shaffer 1939, S. 485/86).

Statt wie die Psychoanalytiker nach unbewußten Motiven zu suchen, betonte Meyer die aktuelle Situation und die Symptome des Patienten. Die Beziehung zwischen Arzt und Patient war durch Kooperation und Zusammenarbeit gekennzeichnet, wobei dem Arzt im Vergleich zum Psychoanalytiker eine deutlich aktivere Rolle zukam. Einzelne Probleme wurden in den Therapiesitzungen gemeinsam besprochen und analysiert und neue, rationalere Sichtweisen vorgeschlagen. Zum Abschluß jeder Sitzung war es die Aufgabe des Arztes, das analysierte Material mit einer konstruktiven Formulierung zusammenzufassen. Ziel der Behandlung war es, den Patienten zu einer objektiven Einschätzung seiner Beschwerden zu führen, ihn selbstsicherer zu machen, aber auch zu befähigen, sich an seine Umwelt anzupassen (Dorcus u. Shaffer 1939).

Entsprechend seiner evolutionären Perspektive, nach der alles Leben Reaktion war, sei es auf Stimuli von außen oder von verschiedenen Teilen des Organismus, ignorierte Meyer die traditionelle Unterscheidung zwischen Neurosen und Psychosen, d.h. er machte auch in bezug auf ihre Behandlung keine Unterschiede. In seinen Formulierungen zur Therapie nahm er manches pragmatische Element verhaltenstherapeutischen Vorgehens vorweg, ohne jedoch einen einseitigen Behaviorismus zu vertreten. Denn trotz der Hervorhebung der Bedeutung von Verhaltensaspekten hatte der Begriff der „Gewohnheit" für Meyer und seine Zeitgenossen noch eine wesentlich breitere Konnotation und stand für organisierte Denk- *und* Verhaltensmuster (Zubin u. Zubin 1977)[22]. Meyers diagnostische und therapeutische Arbeit richtete sich sowohl auf das Verhalten seiner Patienten, wie auch auf ihre Kognitionen (Meyer 1907, 1908). Sein leicht verständlicher, handlungsorientierter Ansatz fand damals unter den jungen Psychiatern und bei interessierten Laien zahlreiche Anhänger und stieß auch innerhalb der traditionell organizistisch ausgerichteten Psychiatrie auf erstaunlich wenig offene Ablehnung[23].

Ähnlich wie in der UdSSR waren die Jahre zwischen 1900 und 1915 in den USA eine Zeit frühen sozialen und politischen Reformdenkens. Den Optimismus der Zeit, den Glauben an die grundsätzliche Veränderbarkeit des Menschen in einer ihm gemäßen Umwelt und an die positiven Folgen des wissenschaftlichen Fortschritts teilten die damaligen Mediziner mit Pädagogen, Juristen, Priestern und engagierten

Laien, die sich für so unterschiedliche Reformen wie den Abbau der großen Trusts, die Einrichtung von Schulhygieneprogrammen, von Kliniken für verhaltensgestörte Kinder und öffentlichen Spielplätzen einsetzten. Die Ärzte unterstützten viele dieser Bewegungen und arbeiteten gemeinsam mit Laien in den neuen, freiwilligen Gesundheitsorganisationen, die nach 1904 zum Abbau von Tuberkulose, Kindersterblichkeit, psychischen Krankheiten, Krebs und Geschlechtskrankheiten entstanden (Mowry 1962, Levine u. Levine 1970). Und während die hochangesehene europäische Psychiatrie die Faktoren der Vererbung und der Degeneration in der Entstehung psychischer Störungen hervorhob, betonten die amerikanischen Psychiater verstärkt die Bedeutung auslösender Bedingungen in der Umwelt und entwickelten pragmatische, umweltorientierte Behandlungsansätze.

Adolf Meyers „soziale Psychiatrie“ (Quen 1978) paßte gut in das Klima dieser Zeit und ließ die jungen Psychiater neue Hoffnung schöpfen. Denn seine Bemühungen galten nicht nur der Reform des psychiatrischen Denkens, sondern auch einer Reform von Forschung und Ausbildung. Psychiatrische Forschung hatte man bisher, wenn überhaupt, fast ausschließlich an den überfüllten, personell und finanziell schlecht ausgestatteten staatlichen Kliniken betrieben (Whitehorn 1945). Die führenden *Medical Schools* des Landes zeigten nur geringes Interesse an der Vermittlung psychiatrischen Wissens. Und eine geregelte, berufsqualifizierende Ausbildung für Psychiater gab es nicht (Ebaugh 1945). Mit der Leitung der *Phipps Psychiatric Clinic* in Baltimore, die 1913 eröffnet wurde, übernahm Adolf Meyer eine der ersten psychiatrischen Kliniken, die mit einer Universität assoziiert war und zugleich Ausbildungs- wie Forschungzwecken diente. Hier, in einer modern ausgestatteten 60-Betten-Klinik, waren die Voraussetzungen für eine persönliche Atmosphäre gegeben und für die Entwicklung therapeutischer Maßnahmen, die den Bedürfnissen der Patienten entsprachen (Meyer 1913).

Die Verdienste Adolf Meyers für die amerikanische Psychiatrie waren umfassender Art und reichten von der institutionellen Reform bis hin zur Konzeptionalisierung erster Maßnahmen zur Prävention psychischer Störungen. Für all diese neuen Aufgaben, mit denen er die institutionelle Emanzipation der Psychiatrie von den staatlichen Nervenkliniken einleitete, brauchte man eine am Normalen, statt am Abnormen, Krankhaften orientierte Verursachungstheorie. Adolf Meyer gelang es, den psychogenen Orientierungen in der amerikanischen Psychiatrie erstmals Gehör zu verschaffen. Dazu zählte jedoch nicht allein sein eigener, pragmatischer Handlungsansatz. Eine neue, alternative Theorie, die Meyers Perspektive an Attraktivität bei weitem übertraf, erregte damals das Interesse vieler Mediziner – die Psychoanalyse.

Verfolgt man die historische Entwicklung der Verhaltenstherapie, so ist es nicht möglich, die Geschichte der psychoanalytischen Bewegung und den Einfluß der Theorien Freuds auf das psychologische und psychiatrische Denken dieses Jahrhunderts auszuklammern. Noch heute kann die Psychoanalyse und die von ihr abgeleiteten Ansätze als einflußreichster psychologischer Standpunkt in den USA bezeichnet werden. Ihre historische Entwicklung soll in diesem und in späteren Abschnitten, soweit sie für die Geschichte der Verhaltenstherapie von Bedeutung ist, kurz skizziert werden.

Die amerikanischen Psychoanalytiker waren eine kleine, aber ungeheuer engagierte und aktive Gruppe, als sie begannen, in der Psychiatrie Fuß zu fassen. Auf die Arbeiten Freuds war man in den USA sehr früh aufmerksam geworden (James 1894; Meyer 1905, 1906b; Putnam 1906). Und trotz mancher Kritik an Methodologie und Theorienbildung ergriffen bald einflußreiche Psychologen und Psychiater für die neue Position Partei, weil sie ihre Lebensnähe und Freuds Sinn für die klinische Realität schätzten und bewunderten. 1906 berichtete James Putnam über erste praktische Erfahrungen mit der neuen Technik. 1908 erwarb der Amerikaner Abraham Brill, ein Schüler Adolf Meyers, die Übersetzungsrechte für Freuds Werke in Amerika. Und 1909 lud G. Stanley Hall in seiner Eigenschaft als Präsident der *Clark University* Freud in die USA ein, wo man ihm die Ehrendoktorwürde verlieh. Erste Aufsätze amerikanischer Psychoanalytiker, wie die von C. F. Oberndorf, E. J. Kempf und A. A. Brill, erschienen bereits 1908 im *New York State Bulletin*. Das neugegründete *Journal of Abnormal Psychology* entwickelte sich rasch zu ihrem bevorzugten Publikationsorgan.

Die Psychoanalyse fiel in den USA auf fruchtbaren Boden. Ihr späterer Erfolg läßt sich jedoch nicht allein auf das besondere soziale Klima und den Umbruch im Wert- und Moralgefüge der amerikanischen Gesellschaft zurückführen (s. S. 80ff.). In Europa standen Freud und seine Anhänger einem übermächtigen Establishment in Psychiatrie, Neurologie und Medizin gegenüber. Eine Handvoll frei praktizierender Ärzte kämpfte dort gegen eine lange wissenschaftliche Tradition. In den USA hingegen fehlte die wissenschaftliche Einbindung. Was man vorfand, war eine verstaatlichte, institutionell kränkelnde Psychiatrie ohne Ansehen und Perspektive sowie eine Handvoll undogmatischer, für neue Entwicklungen offener Mediziner, die wie Adolf Meyer den ersten amerikanischen Psychoanalytikern eine faire Anhörung garantierten. Hier konnte man vorhandene Kontakte nutzen, den neuen Standpunkt diskutieren und veröffentlichen und blieb dennoch ein respektiertes Mitglied seines Berufsstandes (Burnham 1967).

Es war der „front-page glamour“ der Psychoanalyse, der Adolf Meyer bewog, die Bewegung zu unterstützen. Von ihr erhoffte er sich eine Stärkung des psychogenen Standpunktes in der Psychiatrie (Meyer 1928) und war daher bemüht, zwischen den Psychoanalytikern und den amerikanischen Psychiatern und Psychotherapeuten zu vermitteln, die sich bald heftige Streitgespräche lieferten. Während die Mehrheit der amerikanischen Mediziner eklektisch orientiert war und daran gewöhnt, neue, aus Europa kommende Theorien und Techniken rasch in den eigenen Ansatz zu integrieren, stieß man bei den Psychoanalytikern ganz unerwartet auf heftigen Widerstand. Damals, zu einer Zeit, als die Einzelfallstudie das einzige Instrument der Forschung darstellte, ließen sich Beweis und Gegenbeweis anhand konkreter Fälle nur schwer führen[24]. Und in den fachlichen Diskussionen wehrten sich die Psychoanalytiker hartnäckig, auch nur geringfügige Modifikationen ihrer Theorie zuzulassen. Selbst Adolf Meyer mußte damals trotz seiner liberalen Haltung zugeben, daß „es vielleicht eine mehr oder weniger legitime Aversion gegenüber jedem extremen Dogma gibt, das sich zu ausschließlich auf den sexuellen Ursprung oder die Bedeutung von Komplexen beruft, und auf spezielle Verschiebungsmechanismen“ (Meyer 1909, S. 256). „Es wird ein gutes Stück völlig objektiver Arbeit notwendig sein, um das Gefühl der Überlegenheit der unabhängigen Geister zu überwinden“, mahnte er 1911 wohlwollend in einem Brief an Ernest Jones, neben Abraham Brill einer der Führer der psychoanalytischen Bewegung in den USA[25]. Meyer war optimistisch, daß sich das auch in seinen Augen zu „geschlossene“ System der Psychoanalyse in den folgenden Jahren noch ändern würde.

Aber die amerikanischen Psychoanalytiker empfanden ihren Ansatz nicht als modifikationsbedürftig. Im Gegenteil, ihre wesentlich intensivere und für Patienten wie Therapeuten anstrengende Suche nach den „wahren Ursachen“ neurotischer Erkrankungen vermittelte ihnen das Bewußtsein, sich ihrer Aufgabe besonders wissenschaftlich zu nähern. Ohne Anbindung an die europäische Psychoanalyse, ohne eigenen Mentor hatten sich viele von ihnen die Einsicht in die Richtigkeit der Freudschen Theorien mühsam erkämpft. Der Prozeß der Selbstanalyse, die immer wiederkehrenden Zweifel und „langwierigen Phasen emotionaler Anpassung“ wurden für sie zu einer neuen Dimension wissenschaftlich-kritischer Überprüfung[26]. Gab es überhaupt eine Möglichkeit, wissenschaftlicher vorzugehen, als sich selbst in den Prozeß der Forschung einzubringen?

Die amerikanischen Psychoanalytiker definierten in ihren Diskussionen mit Psychiatern und Psychotherapeuten das, was im Bereich von Psychopathologie und Psychotherapie als „wissenschaftlich“ beschrieben wurde, völlig neu. Die noch vagen Kriterien der theoretischen Sparsamkeit, der Exaktheit der Beschreibung und des therapeutischen Erfolges wurden durch neue Bewertungen ersetzt, die dem vorwissenschaftlichen Status der damaligen psychotherapeutischen Praxis in den USA entgegenkamen. Die persönliche Analyse und Freuds Gebot der Neutralität spielten dabei eine große Rolle „Die Männer“, so erklärte James Putnam 1909 in seinem sensationellen Vortrag vor der *American Neurological Association,* „welche sie (die Psychoanalyse, erg. v. Verf.) durchgeführt haben, sind nicht bloß Psychotherapeuten, sie sind in hohem Grade wissenschaftliche Forscher“[27]. Auch Freud selbst bezeichnete die Psychoanalyse als eine „junge Wissenschaft“, und sein Schüler Sandor Ferenczi kommentierte in einem Brief an Putnam aus dem Jahre 1911 frühe Abspaltungen wie die C. G. Jungs und Alfred Adlers mit den Worten: „Der Prozeß der Spaltung darf nicht künstlich aufgehalten werden; in der Wissenschaft muß man Kompromissen aus dem Wege gehen“[28]. Auf die Frage, ob die Psychoanalyse präzise Gesetze habe, meinte der amerikanische Psychotherapeut Isador Coriat 1917 schließlich: „Ja, so definitiv wie die Gesetze der Schwerkraft ..." (Coriat 1917, S. 27). Gerade in bezug auf die Frage der Wissenschaftlichkeit entwickelten die amerikanischen Psychoanalytiker einen Grad an Überzeugtheit, der vielen Außenstehenden verschlossen blieb.

Dies galt jedoch nicht nur für den Bereich der Theorienbildung. Auch die praktische therapeutische Arbeit erfuhr eine Neubewertung. Während sich die Mehrheit der psychotherapeutisch tätigen Mediziner damals suggestiver und persuasiver Techniken bediente und in der Therapie eine aktive Rolle einnahm, handelten die amerikanischen Psychoanalytiker nach Freuds Gebot der Neutralität. „Die Analyse muß unpersönlich bleiben, der Arzt handelt als Wissenschaftler", schrieb Coriat 1917. Denn Freud verurteilte den erzieherischen Ehrgeiz des Therapeuten und bezeichnete es als falsch, dem Analysanten Aufgaben zu stellen. Statt sich in die Rolle eines Lehrers zu begeben, sollte der Arzt seine Aufgabe einzig und allein darin sehen, den Patienten zu begleiten , wohin ihn seine eigene geistige Aktivität, sein „unbewußtes Ich" führte (Jones 1911). Der Verzicht auf jede bewußte Einflußnahme gab der psychoanalytischen Therapie eine Aura besonderer Wissenschaftlichkeit, die auch die Psychotherapeuten späterer Generationen immer wieder faszinierte.

Watsons behavioristisches Manifest

Als Adolf Meyer begann, zu John Watson Kontakt aufzunehmen, war er sich der Unwägbarkeiten und Schwächen der psychiatrischen Forschung durchaus bewußt. Bereits 1907 hatte der Mediziner und Psychotherapeut Edward Taylor seine Kollegen eindringlich dazu aufgefordert, sorgfältig zu beobachten, Daten sachlich zu erheben, sich um eine sparsame Theorienbildung zu bemühen und „in der Interpretation von Ergebnissen eine Haltung des Konservatismus aufrechtzuerhalten, wie sie auch bei anderen Problemen der Naturwissenschaften gefordert würde" (Taylor 1908, S. 847). Als John Watson wenig später feststellte, die Psychoanalytiker verwendeten Methoden „auf eine sehr unausgereifte und unbefriedigende Art" (Watson 1912), empfand Meyer dies zwar als Einmischung, mußte ihm jedoch in der Sache Recht geben[29]. Das Beispiel der Psychoanalytiker mahnte ihn, nach „respektablen Methoden" für die psychiatrische Forschung zu suchen, und wie alle Vertreter der neuen sozialen Psychiatrie knüpfte er seine größten Hoffnungen an die Psychologie (Meyer 1912, Southard 1912, White 1907). Bereits 1907 hatte er sich bei Edward Thorndike nach Vertretern einer „dynamischen Psychologie" erkundigt, woraufhin dieser ihn auf die moderne lern- und tierpsychologische Forschung verwies[30]. Mit John Watson schien Meyer den richtigen Mann für seine Zwecke gefunden zu haben.

Meyer versuchte, Watson für die psychiatrische Forschung zu interessieren, und versorgte ihn fortlaufend mit Informationen über neue Entwicklungen in diesem Bereich. Über ihn erfuhr Watson erstmals von den faszinierenden Theorien Sigmund Freuds, dessen Aussagen er mit seinen persönlichen Erfahrungen verglich (Watson 1936). Watson pflegte den Kontakt zu Meyer und erklärte sich 1911 bereit, sich an

Ivan Petrovich Pavlov (1849–1936)

Vladimir Michailovič Bechterev (1857–1927)

Clark University, im Jahre 1909. Stehend von links nach rechts: A. A. Brill, Ernest Jones, Sandor Ferenczi. Sitzend: Freud, G. Stanley Hall, C. G. Jung.

Abendliches Dinner, Johns Hopkins University. Von links nach rechts (sitzend): Knight Dunlap, ?, J. B. Watson, Eduard Griffin, ?, Paul Haupt, Thomas Cullen, Harvey Cushing, Adolf Meyer.

einem Modellprojekt zur psychologischen Ausbildung von Medizinstudenten zu beteiligen, von dem Meyer sich positive Rückwirkungen auf die Psychiatrie versprach. Während er noch intensiv mit seinen Untersuchungen zur Wahrnehmung bei Tieren beschäftigt war, zwang ihn dieses Versprechen, sich erstmals mit der Frage zu befassen, was die Psychologie anderen Anwendungsbereichen sinnvollerweise an praktischen Erkenntnissen anbieten konnte.

Angesichts der wenigen Ansatzpunkte, die er fand, griff Watson in bewährter Weise auf die psychologische Grundlagenforschung zurück. Im Rahmen der „praktischen Psychologie“, so argumentierte er auf einem gemeinsamen Symposium 1911[31], müsse man zunächst die vorhandenen psychologischen Prinzipien im Kontext praktischer Fragestellungen erforschen, um für die Angewandte Psychologie Grundlagen zu schaffen. Einen Schwerpunkt legte Watson dabei auf die experimentelle Analyse von Lernprozessen, denn gerade das Studium des Lernens sei für den Psychiater von erheblicher Bedeutung. Damit könne er sich den Weg zu einem „normalen Verständnis“ psychischer Störungen erschließen, *„die Einprägung und Aufrechterhaltung falscher Reaktionsformen und die Wirkung von Emotionen auf den Erwerb und die Ausübung von Gewohnheiten“* exakter analysieren (Watson 1912, S. 918). Erstmals und noch eher beiläufig formulierte Watson damals einen Zusammenhang zwischen lerntheoretischer Grundlagenforschung und dem Problem psychischer Störungen und versuchte, das Potential seines Faches für klinische Fragestellungen zu erkunden.

Bei der Konzeption des gemeinsamen Kurses mit Meyer muß Watson aber klargeworden sein, wie weit die psychologische Forschung hinter den Anforderungen der Praxis herhinkte, daß auch nicht das einfachste praktische Problem mit Hilfe vorhandener Forschungsergebnisse, d.h. ohne zusätzliche Anstrengungen, wissenschaftlich gelöst werden konnte. Um wieviel besser gelang dies doch schon damals der Freudschen Psychoanalyse, deren methodologisches Vorgehen Watson zwar heftig kritisierte, deren inhaltliche Aussagen er jedoch meist als intuitiv richtig und lebensnah bewertete. Auch gehörte er zu den wenigen Unvoreingenommenen, die die Kritik der Psychoanalyse an der sexuellen Moral ihrer Zeit enthusiastisch begrüßten (Watson 1912). Die Methoden von Freud und Jung, schrieb Watson 1912, „enthalten ein Potential, mit dem es möglich ist, die medizinische Praxis, die Psychologie und die Arbeit der Gerichte enorm voranzubringen" (Watson 1912, S. 916). Wie machtlos nahm sich im Vergleich dazu die wissenschaftliche Psychologie aus!

Im Jahre 1912 beschloß Watson, seinem Unmut über das eigene Fach Luft zu machen. Er brachte seine Besorgtheit um die Zukunft der Psychologie mit der schon seit langem in ihm gärenden Unzufriedenheit mit der psychologischen Forschung in einen inhaltlichen Zusammenhang und präsentierte diese kritische Bestandsaufnahme in einer Serie von Gastvorlesungen, die er im Herbst 1912 an der *Columbia University* begann. Und da er nicht geplant hatte, einen populären Beitrag zu leisten, wunderte er sich anfangs noch über die für damaligen Verhältnisse ungewöhnlich große Anzahl von 150–200 Zuhörern, die seine Vorlesungen regelmäßig besuchten[32].

Schuld an dem Debakel der psychologischen Forschung trägt die introspektive Psychologie, diagnostizierte John Watson wenig später in seinem berühmten Aufsatz „Psychology as the Behaviorist Views It" (Watson 1913). Durch die Methode der Introspektion hatte sich die Psychologie in eine Fülle spekulativer Fragen verstrickt, bei deren Beantwortung sie sich fast zwangsläufig von den Problemen entfernte, „die menschliche Interessen unmittelbar berühren". Zugleich war es ihr nicht gelungen, psychische Zustände mit naturwissenschaftlicher Exaktheit zu erfassen. *Mit dem Versagen, sich als Naturwissenschaft zu erweisen, ging auch die Unfähigkeit einher, konkrete alltägliche Probleme wissenschaftlich zu lösen.* Die inhaltliche Verknüpfung dieser beiden zentralen Mißstände in der damaligen wissenschaftlichen Psychologie bildeten das entscheidende Argument, mit dem Watson seine behavioristischen Forderungen begründete.

In seiner für viele überraschenden Argumentation konnte Watson sich tatsächlich schon auf die neuen angewandten Psychologien, die experimentelle Pädagogik, die Psychologie der Drogen, die Werbepsychologie, die Psychologie des Rechts, die Testpsychologie und die Psychopathologie berufen, die von der traditionellen psychologischen Forschung – allerdings eher unbeabsichtigt bzw. aufgrund mangelnden Interesses – stärker abgerückt waren und sich daher, so Watson, erfolgreich und expansiv entwickelten. Er kritisierte die ablehnende Haltung seiner akademischen Kollegen gegenüber anwendungsorientierten Fragestellungen und warf ihnen vor, den wissenschaftlichen Charakter dieser Probleme nicht zu verstehen oder nicht an einer Psychologie interessiert zu sein, die sich mit dem menschlichen Leben befaßt.

„Wir versuchen nicht, unsere Ergebnisse anzuwenden", wehrte er zugleich den Verdacht ab, einer vorschnellen Anwendung psychologischen Wissens Vorschub leisten zu wollen. Gegenwärtig seien diese Gebiete, die man fälschlicherweise als Angewandte Psychologie bezeichne, in ihrem Charakter „wirklich wissenschaftlich" und „auf der Suche nach breiten, verallgemeinernden Kategorien, die zur Kontrolle menschlichen Verhaltens führen können" (Watson 1913, S. 169). Watsons erstaunlich eindeutige Parteinahme für die Angewandte Psychologie, die man angesichts der traditionellen psychologischen Geschichtsschreibung in seinem behavioristischen Manifest nie vermutet hätte, darf jedoch nicht darüber hinwegtäuschen, daß er zusammen mit dieser attraktiven Seite seines Programms ein wissenschaftliches Ideal zu verkaufen suchte, dessen Realisation viele unpraktische Aspekte in sich barg.

Für den Behavioristen war das Verhalten, nicht das Bewußtsein, der zentrale Forschungsgegenstand der Psychologie. Als der wissenschaftlichen Untersuchung zugänglich galt nur das, was sich objektiv beobachten ließ. Sogenannte subjektive Daten, durch Selbstbeobachtung oder Befragung gewonnen, waren tabu. „Die Psychologie, wie der Behaviorist sie sieht, ist ein wahrhaft objektiver, experimenteller Zweig der Naturwissenschaften. Ihr theoretisches Ziel ist die Vorhersage und Kontrolle von Verhalten", formulierte Watson die Eingangssätze zu seinem ersten Aufsatz über den Behaviorismus (Watson 1913, S. 161). Doch war es wirklich möglich, pragmatisch, praxisorientiert und wissenschaftlich zugleich zu sein?

Watsons Behaviorismus, mit dem er der Psychologie einen neuen Gegenstand und eine neue Methode gab, stieß bei den akademischen Psychologen zunächst auf eine moderate Reaktion. James R. Angell, sein früherer Lehrer an der *University of Chicago,* der zeitgleich mit ihm einen Artikel über das „Verhalten als eine Kategorie der Psychologie" veröffentlicht hatte (Angell 1913), vermerkte darin kurz, daß er den Behaviorismus im Grunde für ein konstruktives Programm halte, obwohl ihm einige Aspekte als „recht utopisch und unpraktikabel" erschienen. Auch Hugo Münsterberg und John Dewey reagierten positiv, und G. Stanley Hall, einer der großen Protagonisten der wissenschaftlichen Psychologie in den USA, erwähnte den Behaviorismus bereits 1913 als einen der vier neueren Trends in der Psychologie, – gleich neben dem Introspektionismus, der Psychoanalyse und Pavlovs „erstaunlichen" Arbeiten zum konditionierten Reflex[33]. Enge Freunde und Kollegen Watsons wie Robert Yerkes, Knight Dunlap und Adolf Meyer verhielten sich abwartend. So bezeichnete Meyer Watsons Artikel als „faszinierend" und „brilliant", bewertete die gesamte Argumentation aber dennoch als ein „Ausweichmanöver" und äußerte die Hoffnung, daß Watson seine Position noch ändern werde[34].

Meyers Optimismus bewahrheitete sich jedoch nicht. Und nachdem Watson seinen Ansatz nicht weiter modifizierte, schlug das anfängliche Wohlwollen der

Fachkollegen, das sicherlich auch seiner Person gegolten hatte, in Desinteresse um. Dunlaps Umfrage zur psychologischen Terminologie (Dunlap 1916) zeigte, daß nicht nur keiner der etablierten Psychologen zum Behaviorismus übergewechselt war, sondern auch, wie selbstverständlich der theoretische Eklektizismus die Psychologie dieser Zeit beherrschte. Sieht man von Watsons eigenen Bemühungen ab, blieb der Behaviorismus bis zum Beginn der dreißiger Jahre ein unerfülltes Forschungsprogramm, das allein dazu geeignet schien, die Argumentationslust seiner Kritiker zu befriedigen (Samelson 1981). Diese nahmen im Laufe der Jahre so zu, daß Walter S. Hunter, obwohl selbst kein Behaviorist, sich 1922 dazu aufgefordert fühlte, einen „Offenen Brief an die Anti-Behavioristen" zu schreiben. Außer Albert P. Weiss hatte Watson bis zu diesem Zeitpunkt noch keinen in der Forschung tätigen Kollegen für seinen neuen Standpunkt gewinnen können (Weiss 1925).

Ganz anders war die Reaktion auf den Behaviorismus bei Watsons Studenten und unter den jüngeren Psychologen. „Sie fühlten, daß Watson die Atmosphäre in der Psychologie veränderte, indem er die alten Mysterien wegräumte, all die Unsicherheiten, Komplexitäten und Schwierigkeiten, die das Erbe der Philosophie waren und die die älteren Psychologen nicht hatten abschütteln können", schrieb Robert Woodworth 1931 (Woodworth 1931, S. 891). Und die Kinderpsychologin Mary Cover Jones meinte rückblickend auf die Zeit nach dem ersten Weltkrieg: „Ich erinnere mich noch gut an die Aufregung, mit der wir Doktoranden in Columbia Watsons Lehrbuch ‚Psychology from the Standpoint of a Behaviorist' (1919) begrüßten. Es zeigte uns den Weg heraus aus der veralteten, philosophischen Psychologie hin zum Handeln ..." (Jones 1975, S. 182).

Schützenhilfe erhielt Watson auch aus der noch relativ kleinen Gruppe der Angewandten Psychologen. Während angesehene Vertreter der etablierten, introspektiven Psychologie wie E. B. Titchener ihn beschuldigten, eine Technologie zu kreieren (Titchener 1914), meinte einer der Pioniere der klinischen Psychologie, Fred Wells 1914, Watson habe eine „ungewöhnlich konkrete Darstellung eines zentralen Gedankens" vorgestellt, der unter den Psychologen schon immer „einige Anhänger" gehabt habe (Wells 1914, S. 434). Generell tat sich die Angewandte Psychologie mit dem Behaviorismus Watsons leichter. Seine Schriften ermutigten manchen jungen Psychologen, in die Praxis zu gehen. Und dorthin nahm man den Behaviorismus mit, weil es eine wissenschaftliche Psychologie war, mit der sich auch Angewandte Psychologen identifizieren konnten. Den rigiden Anteilen des behavioristischen Programms, wie z. B. dem geforderten Verzicht auf introspektive Berichte, fühlten sich die Angewandten Psychologen nie verpflichtet (s. z. B. Wells 1920, Wallin 1927). Und so waren sie es, wie sich später zeigen wird, die dem Behaviorismus Watsons eine erste Chance gaben, in der amerikanischen Psychologie Fuß zu fassen.

John B. Watson und Gilbert V. Hamilton – Grundlegende experimentelle Arbeiten

Mit der Formulierung seiner behavioristischen Thesen 1913 war es John Watson zwar gelungen, die Fachwelt aufzuschrecken, doch fehlte es ihm noch an positiven Ansätzen, um sein Programm auf eine solide Grundlage stellen zu können. War es in der psychologischen Forschung tatsächlich möglich, auf die Methode der Introspektion zu verzichten?

Watson, der sich mit seinen radikalen Forderungen selbst unter Zugzwang gesetzt hatte, erkundigte sich in der Folgezeit nach jeder neuen psychologischen Untersuchungsmethode, die ihm auch nur annähernd „auf objektiver Linie" zu liegen schien[35]. Anfang 1914 wurde er fündig. Er besann sich auf die von Robert Yerkes und Sergius Morgulis bereits 1908 durchgeführten Experimente zu Pavlovs konditioniertem Reflex (Yerkes u. Morgulis 1909), ließ sich einige Arbeiten Bechterevs aus dem Französischen übersetzen und begann gemeinsam mit seinem Schüler Karl S. Lashley erste Untersuchungen zur Bechterevschen Version der klassischen Konditionierung. Watson wollte beweisen, daß es auch mit Hilfe objektiver Methoden möglich war, traditionelle Forschungsprobleme der Psychologie zu untersuchen. Die Methode des konditionierten Reflexes verhalf ihm dazu, diesen Beweis exemplarisch zu führen. Auf der APA-Konferenz 1915 demonstrierte Watson seinen Kollegen, daß es durch die Konditionierungsmethode möglich war, Unterschiedsschwellen objektiv zu bestimmen. Wollte man z. B. die Diskriminationsfähigkeit eines Menschen bei Glockentönen unterschiedlicher Tonhöhe ermitteln, war man nicht mehr auf den introspektiven Bericht angewiesen. Sie ließ sich anhand einer erworbenen Vermeidungsreaktion objektiv beobachten (Watson 1916a).

Zum Konzept der „psychischen Krankheit"

Watsons Interesse an Pavlovs konditioniertem Reflex galt zunächst der objektiven Untersuchungsmethode. Doch noch in seinem Vortrag vor den Mitgliedern der APA erklärte er beiläufig, daß sich dieses Prinzip auch als Erklärungsprinzip eigne – insbesondere für den Bereich der Psychopathologie hysterischer Erkrankungen und zum Verständnis verschiedener Tics (Watson 1916a, S. 95). Diesen Gedanken führte Watson 1916 in einem Artikel mit dem Titel „The Concept of ‚Mental Disease'" weiter aus. Durch Adolf Meyer hatte Watson Zugang zu den informellen Zusammenkünften der Psychotherapeuten Baltimores gewonnen und erkannte die Chance zu einer kritischen, behavioristischen Neukonzeption dessen, was die Ärzte als „psychische Krankheiten" definierten.

Für Watson gab es keine „psychischen Krankheiten", sondern lediglich „Gewohnheitsstörungen", die er im Gegensatz zu Adolf Meyer jedoch konsequent behavioristisch als *unangemessene, falsche oder fehlender Reaktionen auf bestimmte Situationen oder Objekte* beschrieb und von denen er annahm, daß sie über Prozesse der Konditionierung erworben und aufrechterhalten würden. Als illustratives Beispiel für seine Überlegungen präsentierte Watson mangels eigener klinischer Erfahrung noch recht naiv die Fallgeschichte eines „neurasthenischen“ Hundes, der dem Tierarzt vorgeführt wurde, nachdem ihm sein Besitzer einzelne Symptome gezielt antrainiert hatte. Ob absichtlich oder unabsichtlich bewirkt, konnte ein solches Training zu Fehlverhalten führen, daß sich nur mit Hilfe eines entsprechenden „Retrainings“ wieder abbauen ließ. Der Erfolg dieser Maßnahme war laut Watson wiederum davon abhängig, wie lange die Störung bereits bestand, ob man die günstigste Methode gefunden hatte, den Reflex „aufzubrechen“, und inwieweit der zu behandelnde Organismus noch lernfähig war (Watson 1916b).

Mit diesen noch recht einfachen Überlegungen, ohne je einen klinischen Fall gesehen zu haben, wurde John Watson zum Vorreiter eines neuen Trends in der Psychopathologie. Nur wenig später veröffentlichten Knight Dunlap (1917) und das Forschergespann Stevenson Smith und Edwin R. Guthrie (1922) erste konkrete Fallstudien auf lerntheoretischer Basis. Und auch der Arzt und Psychoanalytiker Edward J. Kempf schrieb eine heute zu den Klassikern der modernen Psychopathologie zählende Fallstudie (vgl. Kempf u. Burnham 1974), in der er die Symptome einer Patientin auf der Basis konditionierter Reflexe interpretierte (Kempf 1917).

Wissenschaft und Praxis – der klassische Konflikt

Jemand, der sich über diese Erfolge Watsons weniger freute, war Adolf Meyer. Er bewertete die Überlegungen, die seinem eigenen Ansatz im Grunde sehr nahekamen, lediglich als „weiteres halbausgegorenes Pionierschema“ und lehnte sie aufgrund ihrer „hoffnungslosen theoretischen Enge“ kompromißlos ab[36]. Meyers ungewöhnlich heftige Reaktion wird verständlich, wenn man sich seine Situation genauer vor Augen führt. War es nicht eine Ironie des Schicksals, daß er, dessen Verdienst es war, die psychogenen Theorien in der amerikanischen Psychiatrie erst populär gemacht zu haben, sich nun von einem Psychologen sagen lassen mußte, daß es keine „psychischen“ Reaktionen und damit auch keine „psychischen“ Krankheiten gebe, sondern nur das beobachtbare Verhalten?

Zwischen Adolf Meyer und John Watson bahnte sich in den folgenden Jahren ein geradezu „klassischer“ Konflikt an. Adolf Meyer vertraute auf seinen naturalistischen, an der sorgfältigen klinischen Beobachtung orientierten Handlungsansatz und war nicht bereit, seine Auffassungen einer empirischen Überprüfung zu unterziehen (Hamilton 1914). Aus seiner Perspektive als Praktiker war Watsons Streben nach naturwissenschaftlicher Exaktheit eine überflüssige, rein akademische Übung, die den Weg zu sinnvoller angewandter Forschung versperrte. John Watson hingegen, von seiner Mission für die wissenschaftliche Psychologie erfüllt, konnte und wollte damals keine Kompromisse mit der klinischen Praxis schließen. Er wehrte sich gegen Meyers

Bestrebungen, seinen radikalen Kurs zugunsten einer erhöhten Praktikabilität abzumildern, und verdoppelte seine Anstrengungen, ihm den Unterschied zwischen einer einfachen „Common Sense Prozedur" und dem, was wissenschaftliches Vorgehen ausmachte, deutlich zu machen (Watson 1917a). Adolf Meyers vorwissenschaftliche und John Watsons ultrawissenschaftliche Perspektive, den „gesunden Menschenverstand" und den Behaviorismus auf einen Nenner bringen zu wollen, glich einem Versuch der Quadratur des Kreises. Doch ließ Adolf Meyer in seinem Bemühen nicht nach. Nachdem der gemeinsame Psychologiekurs aufgrund der Spannungen zwischen Watson und Meyer bereits 1915 ein unrühmliches Ende gefunden hatte[37], bot er Watson neue Räume in seiner Klinik an, als die Psychologen 1916 ihre Gebäude wegen der schlechten Finanzlage der Universität räumen mußten. Watson zog in die *Phipps Psychiatric Clinic* um und konnte dort seine tierexperimentellen Laboratorien zunächst nicht weiterführen. Dennoch blieb er Behaviorist. Der wachsende Erfolg, mit dem er seinen Standpunkt an der *Johns Hopkins University* propagierte, zwang Adolf Meyer sogar dazu, für seinen im Grunde sehr ähnlichen Ansatz ein neues Schlagwort zu kreieren, den Begriff „Psychobiologie" (Meyer 1915, 1928).

„Zwischen den beiden Wortführern in Hopkins wurde eine regelrechte Schlacht ausgetragen", beschrieb Curt Richter, ein Schüler Watsons, die Situation an der Universität später. „Auf der einen Seite stand Meyer, der den Slogan ‚Psychobiologie' verbreitete und diese beiden Disziplinen (Psychologie und Biologie) integrieren wollte, ohne seine eigenen Auffassungen zu testen; auf der anderen Seite Watson, dessen Slogan der Behaviorismus war. (...) Watson sprach sehr offen über seine Geringschätzung für Meyer"[38].

Gilbert V. Hamilton, Behaviorist und Psychiater

Während John Watson nach seinem Umzug in Meyers Klinik noch nach einem neuen Ansatz zur Forschung Ausschau hielt, gab es in Kalifornien bereits einen Wissenschaftler, der seine Forschung wie auch ihre klinische Anwendung auf behavioristischer Basis betrieb.

Gilbert V. Hamilton war Psychiater und hatte nach Abschluß der medizinischen Ausbildung bei Robert Yerkes in Boston begonnen, die Methoden der tierpsychologischen Forschung zu erlernen. In ihm gewann Yerkes einen treuen und zugleich auch engagierten Anhänger für seine Wissenschaft. Nachdem Hamilton kurz nach Abschluß seines zweiten Studiums nach Kalifornien umgezogen war und dort eine Praxis eröffnet hatte, schrieb er 1910 an Yerkes:

> „Jung und Freud sind brillant, und Adolf Meyer ist sehr vielversprechend, doch ihre ganz legitimen Bemühungen, die vordringlichsten und naheliegendsten Probleme in der Psychotherapie zu lösen, gelten nur wenig im Vergleich zu der Arbeit, die ihr, Du, Jennings und Watson mit Euren akademischen Idealen leistet. Laß einen Mann nur einmal einen verstohlenen Blick in die Welt kritischer, arbeitsamer, akademischer Wissenschaft tun, und er wird für immer mit den Methoden der medizinischen Psychologie unzufrieden sein"[39].

Hamilton erwies sich als außerordentlich erfolgreicher Therapeut und war schon bald in der Lage, sich mit Hilfe der Geldspenden seiner Patienten eine private Primatenstation einzurichten. Sein Plan bestand darin, Verhalten in seinen einfachen Manifestationen zu untersuchen und sich zugleich durch klinische Beobachtung und sorgfältige Fallstudien den Kontakt zur praktischen Realität zu erhalten, um, wie er 1913 meinte, den Bereich nicht aus den Augen zu verlieren, für den er eine wissenschaftliche Grundlage suchte[40]. Seinen Erfolgen als Psychotherapeut stand er kritisch gegenüber und versuchte, sich „so weit wie möglich von allem fernzuhalten", was seine Vorstellungen „auf eine Handvoll ärztlicher Rezepte" zu reduzieren drohte[41]. Doch blieb es ein mühseliges Unterfangen. Neue Hoffnung schöpfte Hamilton, als Watson 1913 sein behavioristisches Manifest veröffentlichte und in seine Überlegungen alle, auch die Angewandte Psychologie, einbezog. Watsons Thesen bestätigten ihn in der Richtigkeit seiner eigenen Gedanken, und bereits im April 1914 konnte er Yerkes schreiben:

> „Du wirst Dich darüber amüsieren, wenn ich Dir sage, daß ich Patienten in mein Laboratorium gebracht habe, ihnen die Manifestation verschiedener substitutiver und kompensatorischer Tendenzen oder auch von Reaktionen der Gekränktheit erklärte und dann ihre eigene Situation mit meiner besonderen Version des Behaviorismus analysiert habe. Die Ergebnisse waren sehr erfreulich"[42].

Der springende Punkt bei dieser neuartigen, dem Laboratorium im Sinne des Wortes noch nicht entwachsenen Therapie lag für Hamilton darin, daß man gestörtes menschliches Verhalten ebenso behandeln konnte wie gestörtes Verhalten bei Tieren und daß die tierpsychologische Forschung tatsächlich Ergebnisse erzielte, die für die praktische Arbeit von Relevanz sein konnten.

Doch beschränkte sich Hamilton nicht allein auf die naturalistische Beobachtung von Verhalten. Warum, so fragte er sich, verfällt ein Mann, der seinen Beruf bisher völlig souverän ausgeübt hat, plötzlich und ohne ersichtlichen Grund in eine tiefe Depression? Und warum versucht ein anderer, der sich im Klub lächerlich gemacht hat, zu Hause seine Frau und im Betrieb seine Angestellten zu beleidigen? Es mußte doch möglich sein, solche generellen Verhaltenstendenzen oder „Reaktionstypen" zu isolieren und Wege zu finden, dieses Verhalten unter Kontrolle zu bringen. Hamilton konstruierte ein Thorndikes „Puzzle Box" sehr ähnliches Untersuchungsgerät, das er als „Vierfachwahlmethode" bezeichnete und mit dem er die unterschiedlichen Reaktionen auf einen „unverständlichen Nachteil" testen wollte.

Der Apparat bestand aus einem Raum mit vier Ausgängen, von denen während des Experiments nur jeweils ein Ausgang geöffnet war. Die Situation war so angelegt, daß es nicht möglich war, Anpassungsgewohnheiten aufzubauen. In zwei Drittel aller Fälle mußten das Versuchstier oder der Proband erfolglos bleiben. Der sogenannte „unverständliche Nachteil" war nach Hamiltons Auffassung der wichtigste generelle Stimulationstyp für eine abnorme Reaktion. Mit Hilfe seiner Versuchsanordnung gelang es ihm, zur Isolation der verschiedenen Reaktionstypen die wohl umfangreichste Untersuchung in der damaligen vergleichenden Psychologie durchzuführen. Mit jeweils modifiziertem Versuchsgerät testete er zwischen 1907 und 1917 u.a. Ratten, Mäuse, Katzen, Hunde, Pferde, Affen, Kleinkinder sowie normale und gestörte Erwachsene (Hamilton 1907, 1911, 1914b; Yerkes 1913). Mit diesen ersten Untersuchungen zur Entwicklung neurotischer Verhaltenstendenzen konnte Hamilton in insgesamt 9310 Versuchsdurchgängen fünf generelle Reaktionstypen isolieren, angefangen bei einer Reaktion, die in der ständigen Wiederholung unangepaßter Verhaltensweisen bestand, bis hin zur rationalen Auswertung der im Experiment gemachten Erfahrungen, einem Reaktionstyp, den Hamilton insbesondere für die therapeutische Arbeit als bedeutsam bewertete (Hamilton 1925). Generell traten die verschiedenen Reaktionstypen in der experimentellen Situation nicht nur einzeln, sondern häufig nacheinander auf oder standen miteinander im Konflikt (Hamilton 1914). Indem er sie in seiner klinischen Arbeit verwendete, kam erstmals in der Geschichte der Psychiatrie ein experimentell fundiertes, am objektiven Verhalten orientiertes Klassifikationsschema zur Anwendung. Doch was war mit diesen Untersuchungen gewonnen? Warum strebte Hamilton eine solche Klassifikation von Verhalten überhaupt an?

„Zur Zeit“, schrieb Hamilton 1913 an Yerkes, „möchte ich grundlegende Arbeiten für eine kohärente Wissenschaft vom Verhalten leisten“[43]. Wie Watson plädierte auch Hamilton schon frühzeitig für einen ultrawissenschaftlichen, d.h. behavioristischen Ansatz, wie er sich einem experimentellen Tierpsychologen geradezu aufdrängen mußte. Bereits 1907 hatte er nach ersten gemeinsamen Experimenten mit S. I. Franz am *McLean-Hospital* den Standpunkt vertreten, daß Experimente mit dem Ziel der Erhellung des Zwischenstücks der Formel „Stimulation – innere Elaboration – Reaktion“ sowohl für die psychologische wie auch die psychopathologische Forschung nur wenig Sinn hätten und daß es sinnvoller wäre, sich mit dem dritten Teil der Formel, der Reaktionsseite, zu befassen (Hamilton 1907). Doch trotz dieses frühen, fünf Jahre vor Watsons behavioristischem Manifest formulierten Vorschlags war Gilbert Hamilton auch in erster Linie Psychiater und als solcher in den Sichtweisen seines eigenen Faches befangen. Damals, in der Ära der großen psychiatrischen Klassifikationssysteme, suchte er den wissenschaftlichen Fortschritt in einem verbesserten, empirischen Ansatz zur Klassifikation von Verhalten. Mit Hilfe seiner experimentellen Anordnung wollte er Reaktionstendenzen erfassen, die über die gesamte phylogenetische Skala hinweg nachweisbar waren und von grundlegender Bedeuteung für das Verhalten sein mußten. Hamiltons Forschungsziel lag nicht in der Produktion unmittelbar anwendbaren Wissens. Auch die therapeutische Nutzung seiner experimentellen Studien war mehr ein Nebenprodukt als ein Ergebnis seiner wissenschaftlichen Forschung. Einflußfaktoren wie die des Instinktes oder der Erfahrung hatten für ihn nur einen sekundären Stellenwert. Anders als Watson, der durch seine berufliche Sozialisation in der psychologischen Forschung die praktische Bedeutung erfahrungsbildender Prozesse kannte, dominierte bei Hamilton wie schon zuvor bei Adolf Meyer der klassische, diagnostisch-klassifikatorische Ansatz (Hamilton 1925).

Über den Lernprozeß bzw. der Prozeß der Gewohnheitsbildung wußte man damals auch in der Psychologie noch recht wenig. Pionierarbeit leistete Edward L. Thorndike, dessen „Effektgesetz“ der Behaviorist John Watson jedoch ablehnte, weil der Erfolg einer Handlung seiner Meinung nach nur über einen introspektiven Prozeß erfahrbar war. Watsons eigene „Lerntheorie“ war recht simpel, denn er beharrte darauf, daß die Prinzipien der „Neuheit“ und der „Übung“ ausreichten, um den Prozeß der Gewohnheitsbildung zu erklären (Herrnstein 1967).

Auch John Watson begann sein neues Forschungsprojekt im Jahre 1916 mit einem Klassifikationsversuch. Seine Arbeit galt, angeregt durch die Freudsche Psychoanalyse, der Untersuchung emotionalen Verhaltens. Nach einigen Jahren Seminarerfahrung mit dieser Theorie wußte er zwar, daß ein Appell an die „forschungsorientierten Psychoanalytiker“ (Watson 1912) angesichts des dort vorherrschenden Dogmatismus wohl kaum auf fruchtbaren Boden fallen würde, war jedoch davon überzeugt, daß sich viele in der psychoanalytischen Theorie beschriebenen Phänomene anhand „normaler biologischer Richtlinien“ erklären ließen.

„Glücklicherweise“, schrieb er 1916, „ist die Wissenschaft objektiv, und was immer an der Arbeit eines Mannes gut ist, kann normalerweise verifiziert werden, obwohl im Prozeß der Verifikation dann üblicherweise Modifikationen vorgenommen werden müssen, die graduell zu einer befriedigenden Arbeitsgrundlage führen“[44].

Als „zentrale Wahrheit“ der Freudschen Theorie bezeichnete Watson die Erkenntnis, daß bereits das frühe Training, die Lernprozesse der Kindheit, das Verhalten des Erwachsenen unweigerlich (und zuweilen in unerwünschter Weise) beeinflußten und den Erwerb neuer Verhaltensweisen determinierten. Die Psychoanalyse hatte sein Interesse auf die frühe Kindheit gelenkt. Im Zentrum seiner Überlegungen stand jedoch nur ein bestimmter Verhaltensbereich: die Emotionen bzw. das emotionale Verhalten. Hier war es der Psychoanalyse frühzeitig gelungen, das populäre Interesse zu wecken, suchten Ärzte, Pädagogen und Juristen Aufklärung bei der wissenschaftlichen Psychologie (Watson 1917c). Watson erklärte den neuen Untersuchungsbereich zum Notstandsgebiet der psychologischen Forschung und begann fast zeitgleich mit dem russischen Forscher Bechterev mit naturalistischen Beobachtungsstudien an Säuglingen und Kleinkindern. Mit seiner bekannten Trias „Liebe“, „Wut“ und „Furcht“ glaubte er 1917 die drei fundamentalsten und ursprünglichsten emotionalen Reaktionen beim Menschen gefunden zu haben (Watson u. Morgan 1917). Es bedurfte nun lediglich eines weiteren multiplikativen Mechanismus, um das Auftreten dieser Emotionen in unterschiedlichen Situationen zu erklären. Das Prinzip des konditionierten Reflexes bot sich an. Watson hatte z. B. anhand vorstrukturierter Situationen festgestellt, daß Kleinkinder, die in einem dunklen Raum einem „Blitzstrahl“, d. h. einem plötzlichen, hellen Lichtstrahl ausgesetzt wurden, keinerlei Furchtreaktionen zeigten. Laute Geräusche hingegen, vergleichbar dem Donnern während eines Gewitters, erzeugten Furcht. Es schien also plausibel, anzunehmen, daß die bei Erwachsenen häufig feststellbare Furcht vor Blitzen im Laufe ihrer Entwicklung erworben wurde, und zwar durch das gemeinsame Auftreten von Donner und Blitz während eines Gewitters.

Eine solche erworbene, konditionierte emotionale Reaktion (CER, conditioned emotional reaction) erkannte Watson z.B. auch in dem psychoanalytischen Konzept der Übertragung, und er gab Freud daher ausdrücklich den Vorrang in der Entdeckung der Bedeutung des Lernprozesses für das emotionale Verhalten. Es sei nicht richtig, meinte er 1917, zu behaupten, daß niemand bisher versucht habe, das Konzept der Gewohnheitsbildung für den Bereich der Emotionen zu nutzen, „weil das Konzept der *Übertragung,* unabhängig davon, wie mystisch und unklar die Freudianer es gestaltet haben, nicht mehr und nicht weniger als Gewohnheitsbildung ist ..." (Watson u. Morgan 1917, S. 168).

Freuds Theorien hatten Watson dazu inspiriert, emotionales Verhalten aus lerntheoretischer Perspektive zu analysieren. Doch wurde er damit keineswegs zu einem unkritischen Anhänger dieser Theorie. Schon seine ersten Beobachtungsstudien bei Kleinkindern gemeinsam mit John Morgan zeigten ihm, daß Freuds Aussagen zur frühkindlichen Sexualität empirisch nicht nachweisbar waren, und veranlaßten ihn zu einer schonungslosen Kritik an der offensichtlich unzulänglichen Beobachtung realen Verhaltens in der Psychoanalyse (Watson u. Morgan 1917).

Sein erstes Laborexperiment zur Untersuchung emotionalen Verhaltens führte Watson im *Harriet Lane Home for Invalid Children,* ganz in der Nähe der *Phipps Clinic,* durch. In verschiedenen Standardsituationen überprüfte er die emotionalen Reaktionen von Versuchskindern und wählte schließlich nach sorgfältiger Exploration den elf Monate alten Albert aus, dessen geringe emotionale Anteilnahme ihn für die Untersuchung besonders geeignet erscheinen ließ. Albert hatte während der Routinetests lediglich auf einen einzigen Reiz mit Furcht reagiert, nämlich auf das Geräusch, das beim Schlagen eines Hammers auf einen Metallblock entstand. Diese im Alter von 8 Monaten und 26 Tagen aufgetretene Furchtreaktion bildete eine Ausnahme und stellte sicher, daß es sich bei den im Experiment zu erzeugenden emotionalen Reaktionen in jedem Fall um konditionierte Reaktionen handeln würde und nicht um solche, die bereits im Verhaltensrepertoire des Kindes vorhanden waren. Tatsächlich erwarb Albert die konditionierten Furchtreaktionen auf einen zuvor für ihn harmlosen Stimulus, eine Ratte, relativ rasch. Bereits im zweiten Versuchsdurchgang, nach sechsmaliger kombinierter Präsentation des Tieres mit dem unangenehmen Geräusch reagierte er mit heftiger Furcht, weinte und versuchte wegzukrabbeln. Fünf Tage später lösten auch ein Hase, ein Hund, ein Pelzmuff und die bärtige Maske des Weihnachtsmannes die Furchtreaktionen aus, und noch einen Monat später konnte man sie in abgeschwächter Form beobachten. Das Phänomen der Generalisation – Watson sprach vom „transfer", der Übertragung – war Watson aus der psychoanalytischen Theorie heraus völlig plausibel, so daß er es als qualitatives Faktum hinnahm, ohne nach einer besonderen lerntheoretischen Erklärung zu suchen (Razran 1949).

Gilbert Hamiltons Primatenstation in Montecito, Kalifornien.

Robert Yerkes während eines einjährigen Aufenthalts auf der privaten Forschungsstation Hamiltons in Kalifornien, um 1915.

Watsons gelungene Laborstudie, die er 1920 gemeinsam mit seiner späteren Frau Rosalie Rayner veröffentlichte (Watson u. Rayner 1920), hat die Pädagogik der zwanziger Jahre stark beeinflußt. Wohl wissend, daß diese Untersuchungen in bezug auf das Thema, den methodischen Zugang und die Studienobjekte selbst einzigartig sein würden, gelang es Watson, der Universität finanzielle Mittel abzuringen, die eine Dokumentation seiner Arbeiten mit Hilfe eines völlig neuen Mediums ermöglichten – des Films. Mit seiner Studie „Experimental Investigation of Babies" hielt er zahlreiche öffentliche Vorträge vor Eltern, Pädagogen und interessierten Laien und machte die Ergebnisse seiner Untersuchungen im ganzen Land bekannt (Harris 1980).

Doch sah Watson die Relevanz seiner Arbeit nicht allein im pädagogischen Bereich. Bereits in dem 1919 veröffentlichten, ersten programmatischen Werk „Psychology from the Standpoint of a Behaviorist" (Watson 1919) hatte er die letzten Kapitel klinischen Fragestellungen gewidmet. 1920, ein Jahr später, meinte er mit Blick auf seine experimentellen Ergebnisse: „Es ist möglich, daß viele Phobien in der Psychopathologie tatsächlich konditionierte emotionale Reaktionen direkter oder generalisierter Art sind" (Watson u. Rayner 1920, S. 14). Ursprünglich hatte Watson geplant, die dem kleinen Albert ankonditionierten Furchtreaktionen auch wieder abzubauen. Doch wurde das Kind vorzeitig aus der Klinik entlassen, so daß er dieses bedeutsame Vorhaben nicht mehr realisieren konnte. Die Autoren der Studie gingen 1920 davon aus, daß die erworbenen Furchtreaktionen stabil bleiben würden und nur

Untersuchungsraum in der Phipps Psychiatric Clinic, Baltimore, wie man ihn John B. Watson zur Verfügung gestellt hatte, mit einer für die damalige Zeit vorbildlichen Ausstattung.

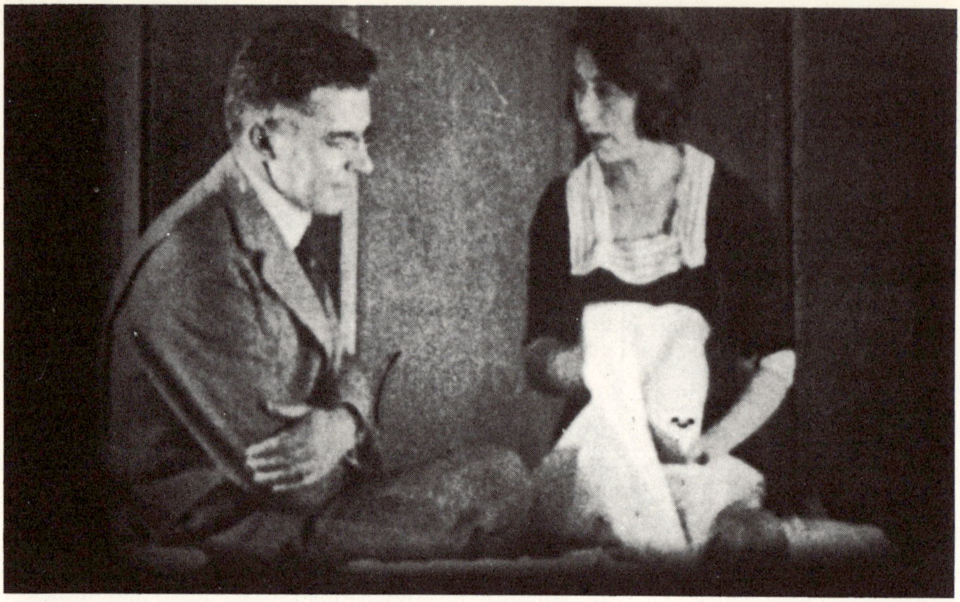

John B. Watson und Rosalie Rayner während ihrer Untersuchungen zum emotionalen Verhalten von Kleinkindern, ca. 1918.

Nicht selten verwendeten Watson und seine Mitarbeiterinnen bei ihren Untersuchungen Kinder aus der schwarzen Unterschicht, was auch filmtechnisch ein Problem darstellte.

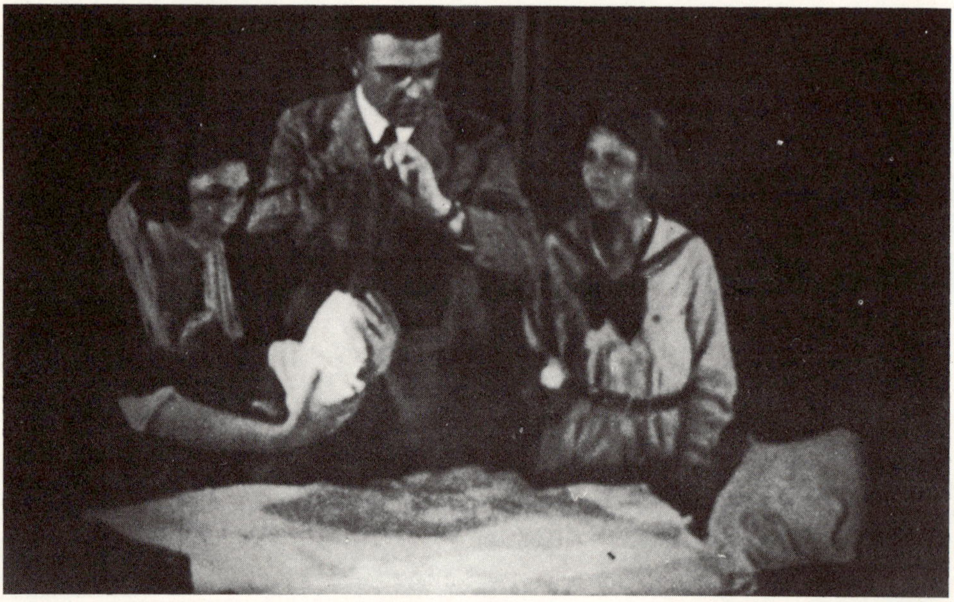

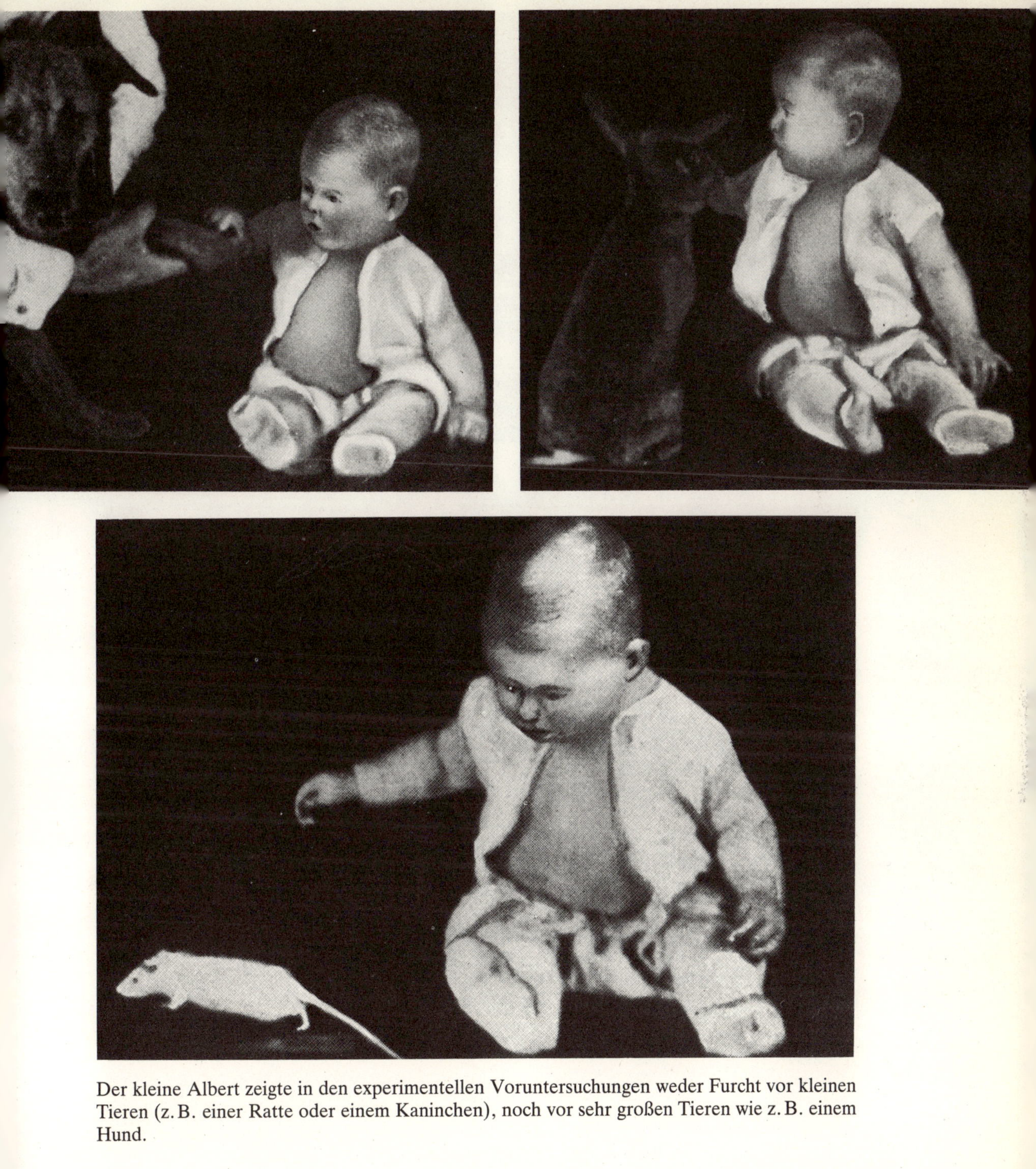

Der kleine Albert zeigte in den experimentellen Voruntersuchungen weder Furcht vor kleinen Tieren (z. B. einer Ratte oder einem Kaninchen), noch vor sehr großen Tieren wie z. B. einem Hund.

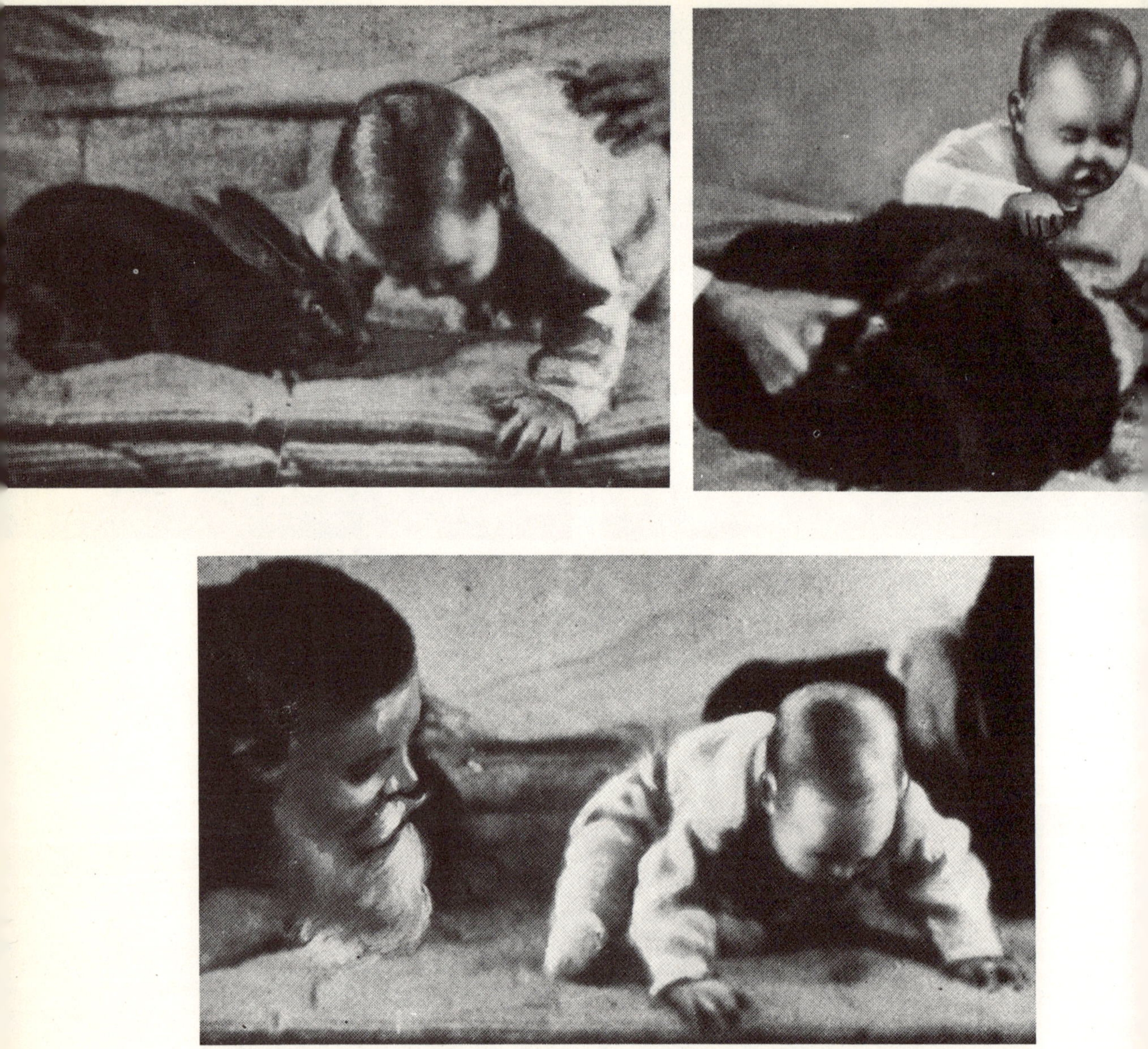

Nach dem Experiment flüchtete Albert vor dem Kaninchen; seine Furcht weitete sich auf vieles Haarige aus, wie z. B. einem Pelzmuff oder einem Bart.

durch zufällige Dekonditionierungsprozesse in der häuslichen Umgebung des Kindes abgebaut werden konnten. Den ethischen fragwürdigen Ansatz der Untersuchung rechtfertigten sie damit, daß das Kind, sobald es die behütete Umgebung der Säuglingsstation verlassen hätte, mit großer Sicherheit im Alltag ähnlichen Lernprozessen ausgesetzt worden wäre.

Natürlich stand dieses Argument auf schwachen Beinen. Doch wundert es, wenn man die populäre und wissenschaftliche Literatur des kommenden Jahrzehnts zu diesem Thema durchforstet, daß an Watsons grundsätzlichem Vorgehen nicht die mindeste Kritik laut wurde. Offensichtlich schien der erzielte Erkenntnisfortschritt das Opfer zu rechtfertigen, war die Sensibilität für die bei der Forschung am Menschen auftretenden ethischen Probleme noch zu gering. Versucht man, Watsons Experiment im Kontext der Zeit zu betrachten, in der es entstanden ist, so muß man sich vergegenwärtigen, wie sehr sich die moralischen und ethischen Standards der Industriegesellschaften der zwanziger Jahre von unseren heutigen unterschieden.

Dies betraf insbesondere ihre Anwendung auf die wissenschaftliche Forschung. Sicher hat es auch damals schon Kollegen gegeben, die Watsons Vorgehen nicht gutheißen wollten, aber nachweislich auch solche, die in seinem Behaviorismus den Ansatz zu einer neuen „wissenschaftlichen“ Ethik sahen (Weiss 1928). Noch war das Vertrauen der Menschen in die Forschung völlig ungebrochen, sah man in ihr ein Medium zur Lösung der großen technischen, wirtschaftlichen und sozialen Probleme der damaligen Zeit (Burnham 1978); und gerade die medizinische Forschung, in deren Kontext Watsons Untersuchungen realisiert wurden, legte sich bedeutend geringere Beschränkungen auf als heute üblich (Diener u. Crandall 1978). Erst mit Bekanntwerden der medizinischen Experimente in deutschen Konzentrationslagern und den Atombombenabwürfen auf Hiroshima und Nagasaki wandelte sich die öffentliche Einstellung gegenüber den „Segnungen“ einer Forschung ohne Restriktionen, rief man nach mehr Kontrolle und nach Wissenschaftlern, die ihr ethisches Verantwortungsbewußtsein dem Forschungsinteresse voranstellten (Katz 1972, Diener u. Crandall 1978).

Als John Watson 1917 die Auffassung vertrat, die zentrale Aufgabe des Psychologen läge darin, die Vorhersage und Kontrolle von Verhalten entsprechend den Richtlinien der „organisierten Gesellschaft“ zu ermöglichen, und damit auf die Formulierung unabhängiger, ethischer Standards für die Psychologie verzichtete, löste er keinerlei Widerspruch aus (Watson 1917a). Im Gegenteil, die Angewandten Psychologen der zwanziger Jahre schlossen sich seinem unreflektierten, im Grunde naiven Standpunkt an und machten die „Anpassung“ bzw. „Neuanpassung“ des Individuums an die Gesellschaft zum erklärten Ziel ihrer Arbeit (vgl. auch Napoli 1981). Weder in der praktischen Anwendung noch in der wissenschaftlichen Forschung hatte man damals die Aufgabe der besonderen ethischen Verpflichtung des Psychologen erkannt. Vielmehr suchte man ihr auszuweichen. Sich dieser Frage nicht zu stellen, sich von diesen „unwissenschaftlichen“ Kriterien zur Beurteilung einer Handlung freizumachen, wurde zum Ausweis der neuen, wirklich wissenschaftlichen Perspektive der Psychologen.

KAPITEL II

1920–1940: ... und dann wurde die Psychoanalyse populär ...

Durch die Entstehung des Behaviorismus in unmittelbarer Nähe zur Psychiatrie und die enge Anbindung der Klinischen Psychologie an die traditionelle Pädagogik hätten die USA der zwanziger Jahre bereits zum Geburtsland der modernen Verhaltenstherapie werden können. Tatsächlich waren die behavioralen Strömungen in der Angewandten Psychologie, aber auch in der Psychiatrie damals so stark wie nie zuvor. Verkompliziert und später sogar völlig zum Stillstand gebracht wurde diese Entwicklung jedoch durch die populäre Psychoanalyse, die sich damals zu *der* Psychologie des modernen Amerika entwickelte. Doch war es nicht allein diese faszinierende neue Theorie, auch berufspolitische Motive spielten später bei der Wahl des theoretischen Modells für die praktische Arbeit eine Rolle.

Zu Beginn der zwanziger Jahre steuerten Klinische Psychologen und junge Psychiater zunehmend identische Arbeitsfelder an. Denn beide Disziplinen, die Psychologie wie auch die Psychiatrie, hatten durch den Kriegseinsatz und ihre Leistungen bei der Auswahl und Rehabilitation von Rekruten erheblich an Ansehen gewonnen und öffneten sich nun den neuen Chancen, die man ihnen im Rahmen umfangreicher Vorsorge- und Gesundheitsprogramme bot. Viele Psychiater kehrten der Hoffnungslosigkeit der großen staatlichen Kliniken den Rücken und fanden neue Arbeitsplätze an öffentlichen Schulen, Allgemeinkrankenhäusern und psychiatrischen Ambulatorien, in privaten Praxen, Beratungskliniken für verhaltensauffällige Kinder[1], aber auch in Gefängnissen und in der Industrie (Bond 1930, Kline 1927). Angesichts der neuen Aufgaben bevorzugte man pragmatische, psychogene Erklärungsansätze und sprach unter Berufung auf Adolf Meyer von einer „behavioristischen oder psychologischen Haltung gegenüber Verhaltensstörungen“ (Menninger u. Adler 1923)[2]. So verkündete Albert M. Barrett als Präsident der *American Psychiatric Association* 1922, daß der psychiatrische Standpunkt überall dort vertreten werden solle, wo „Verhaltensprobleme“ eine Rolle spielten; und Lawson G. Lowrey machte seine Kollegen 1927 an gleicher Stelle darauf aufmerksam, „daß man den enormen Einfluß externer Situationen als Stimuli für das Verhalten im Organismus“ berücksichtigen müsse (Lowrey 1927). Je eindeutiger sich die moderne Psychiatrie auch für die Behandlung neurotischer Störungen zuständig erklärte (Whitehorn 1945a) und auf breite behaviorale Handlungskonzepte zurückgriff, desto schwieriger wurde es, getrennte Aufgaben für Klinische Psychologen und Psychiater zu definieren. Und obwohl beide Berufsgruppen personell nicht in der Lage waren, alle sich ihnen bietenden Chancen zu nutzen, blieben Konflikte um die Priorität in den neuen Arbeitsfeldern nicht aus. So beschreibt Seashore die Atmosphäre auf einer bereits 1920 vom *National Research Council* einberufenen Konferenz über die Beziehungen zwischen Psychologie und Psychiatrie mit den Worten:

„Die Konferenz war wie ein Krieg. Beide Gruppen kämpften um ‚Lebensraum'. Jede betrachtete die andere als Eindringling. Keine von beiden verfügte über eine angemessene Konzeption, um mit der Situation (d.h. mit den klinischen Aufgaben; Anm. d. Verf.) fertig zu werden. Jeder fehlte es im Grunde an personeller Ausstattung, um sie zu bewältigen. Sehr wenige (Konferenzteilnehmer; Anm. d. Verf.) hatten eine Vorstellung von der Größe und der Natur der damit verbundenen Verantwortung"[3].

So kennzeichneten berufliche Konflikte z.B. auch die Tätigkeit Klinischer Psychologen in den neuen *Mental Hygiene Teams,* die im Rahmen des *Commonwealth Fund Program,* dem Präventionsprogramm einer privaten Stiftung, zum Einsatz kamen. Psychiater, Psychologen und Sozialarbeiter wurden hier erstmals im Team eingesetzt, um dem Problem psychischer Störungen mit psychologischen, psychiatrischen und sozialen Techniken zugleich zu begegnen (Stevenson 1934). Mit *Child Guidance Kliniken* zur Behandlung verhaltensauffälliger Kinder wollte man versuchen, durch ein frühzeitiges, an den „sozialen Ursachen" ansetzendes Behandlungsprogramm zur Prävention psychischer Störungen beizutragen. Doch arbeiteten die Mitglieder des Teams nicht gleichberechtigt zusammen. Die Leitung der Kliniken oblag dem Psychiater, ihm allein wurde therapeutische Kompetenz zugestanden (Stevenson 1945, Tulchin 1939). Die Rolle des Psychologen im Team war eng definiert: Er wurde vorwiegend als „Tester" eingesetzt. Therapeutische Aufgaben kamen ihm nur bei schulischen Problemen zu, was viele Klinische Psychologen dazu veranlaßte, *an einer lernorientierten Konzeption ihrer therapeutischen Arbeit festzuhalten* (Levine u. Levine 1970, Reismann 1976). Die Sozialarbeiterin – die Sozialarbeit war damals ein reiner Frauenberuf – sollte die Kontakte zur Gemeinde und zu den wichtigsten Institutionen herstellen; ihre Aufgabe war die „soziale Situationsanalyse".

Nicht selten akzeptierten die Psychologen ihre Rolle in den Kliniken und Mental Hygiene Bureaus nicht und beklagten sich darüber, „second-string jobs" bekleiden zu müssen, während die Psychiater in leitenden Funktionen arbeiteten (vgl. Wallin 1955). Aber es fehlte ihnen an Unterstützung aus den eigenen Reihen. Daran konnten auch Männer wie James McKeen Cattell nichts ändern, der seine Kollegen 1921 energisch dazu aufrief, sich die „Geschäftspraktiken" anderer Berufsstände zu eigen zu machen und eine freie Berufsausübung anzustreben, statt wie „Domestiken" in der Rolle als Wissenschaftler zu verharren (Cattell 1921). Denn noch war die *American Psychological Association* nicht bereit und nicht fähig, die Klinischen Psychologen in berufsständischen Belangen angemessen zu vertreten; und man vertraute weiterhin auf den expandierenden akademischen Arbeitsmarkt (Napoli 1981).

Eine Berufsgruppe, die die Notwendigkeit einer Absicherung der eigenen Position im Bereich der psychotherapeutischen Versorgung schon frühzeitig erkannte, waren die amerikanischen Psychoanalytiker. Wie keine andere Psychologie hatte die Psychoanalyse das politisch und sozial konservative Klima der Nachkriegszeit in den USA beeinflußt und revolutioniert. Ihre Ideen erreichten die amerikanische Öffentlichkeit, als sich die Sitten und das moralische Gefüge der Gesellschaft im Umbruch befanden (Hale 1971). Damit einher gingen erste Veränderungen in der Rolle der Frau. Immer mehr junge Frauen wurden berufstätig, und mit ihrer wachsenden Selbständigkeit fielen auch die ungleichen moralischen Standards, die die Gesellschaft für Männer und Frauen bereitstellte (Cochran 1964). Viel diskutiert wurde das Thema Sexualität, zu dem die populäre Psychoanalyse einen entscheidenden Beitrag leistete. Noch Jahrzehnte später galten Psychoanalytiker unangefochten als Experten auf diesem Gebiet. Die Annahme, daß die sexuelle Unterdrückung die wahre Ursache neurotischer Störungen sei, paßte gut in den Trend der Nachkriegsjahre, den Doppelstandard von Moral und Sitten zu eliminieren und den Frauen mehr Freiheit zu gewähren. Viele von ihnen, die Freuds Ideen zu Leitlinien ihrer eigenen Emanzipationsbestrebungen machten, kamen aus einer gebildeten, städtischen Mittelschicht, hatten studiert und wurden Lehrerinnen, Sozialarbeiterinnen und, sofern sie sich der Psychologie zugewandt hatten, zu Pionieren der neuen angewandten Psychologie[4].

In dieser Zeit, als sich die Psychoanalyse durch ihre Popularisierung in Filmen, Bühnenstücken, Kurzgeschichten und Romanen in den Augen des Durchschnittsamerikaners zur psychotherapeutischen Technik par excellence entwickelte (May 1976), nutzten die Psychoanalytiker ihre Stärke, um die eigene Ausbildung neu zu ordnen und Nichtmediziner aus ihren Reihen auszuschließen. Bereits seit 1923 nahm die *American Psychoanalytic Association* nur noch Mitglieder mit medizinischer Vorbildung auf. Ungeachtet des Vorwurfs, allein ökonomische und berufsständische Motive stünden hinter ihrer Forderung[5], beharrten sie in der Frage der „Laienanalyse" auch auf dem 9. Internationalen Psychoanalytischen Kongreß in Bad Homburg 1925 auf ihrem Standpunkt. Und tatsächlich versprach man ihnen dort – allerdings, ohne sich immer daran zu halten –, Amerikanern nur noch dann eine Lehranalyse in Europa zu gewähren, wenn die Einwilligung der örtlichen psychoanalytischen Gesellschaft vorlag. So wurde die psychoanalytische Theorie in den USA zum exklusiven Tätigkeitsfeld einer einzigen Berufsgruppe, der Mediziner. Tatsächlich verlieh die enge Anbindung an die medizinischen Wissenschaften der Psychoanalyse einen Status, mit dem keine andere psychotherapeutische Richtung der damaligen Zeit dauerhaft konkurrieren konnte. Noch Jahrzehnte später strebten junge, ambitionierte Mediziner den Beruf des Psychotherapeuten in der Rolle des Psychoanalytikers an (Ebaugh 1945).

Der unterschiedliche professionelle Status der verschiedenen, im psychotherapeutischen Bereich engagierten Berufsgruppen, ihre inhaltlichen Überzeugungen und ihre beruflichen Ziele haben, wie sich im folgenden zeigen wird, die Rezeption des Behaviorismus in der Klinischen Psychologie der zwanziger und dreißiger Jahre entscheidend beeinflußt.

John B. Watson und die entwicklungspsychologische Forschung der zwanziger Jahre

Doch zunächst zurück zu einigen grundlegenden Forschungsarbeiten der zwanziger Jahre, zu John Watsons „Erfahrungstheorie der Gefühle“ (Humphrey 1922), die für viele Klinische Psychologen einen ersten Einstieg in ihr neues Berufsfeld darstellte.

Die wissenschaftliche Karriere Watsons war 1920 bereits beendet. Denn bevor er seine Untersuchungen zum Erwerb emotionalen Verhaltens fortsetzen konnte, verlor er seine Professur an der *Johns Hopkins University*. Ein Scheidungsskandal und die dabei aufkommenden Gerüchte über Experimente zur menschlichen Sexualität, die er damals begonnen hatte, setzten seiner Karriere ein rasches Ende (Magoun 1981). Inzwischen bereits über vierzig und finanziell völlig ruiniert, ging Watson nach New York, begann noch einmal ganz von vorne und arbeitete sich innerhalb weniger Jahre zum Vizepräsidenten einer New Yorker Werbefirma hoch (Watson 1936). Und obwohl nur wenige seiner Kollegen auch nach dem Skandal zu ihm hielten, sorgte er bis Ende der zwanziger Jahre dafür, daß sein behavioristischer Ansatz in der Psychologie stets präsent blieb. Wann immer es ihm neben seinem Beruf möglich war, schrieb er Bücher und populärwissenschaftliche Artikel für Zeitschriften wie *Harper's Magazine, McCalls* und den *Cosmopolitain,* hielt Vorträge und lehrte an der *New School of Social Research* in New York. Die *New School* und die *Columbia University* wurden zu Zentren des Behaviorismus. Doch obwohl sich hier wie andernorts fanatische Anhänger und fanatische Gegner der neuen Psychologie unzählige Redegefechte lieferten und der Behaviorismus für eine emotionsgeladene Diskussion immer gut war (Hull 1936), stieß er in der psychologischen Forschung weiterhin auf geringe Resonanz (Samelson 1980). In seiner kurzen akademischen Laufbahn hatte Watson nur wenige Studenten ausgebildet, die seine wissenschaftliche Arbeit hätten fortsetzen können; und auch weiterhin bewerteten führende Mitglieder der Profession den Behaviorismus als Utopie. Lediglich mit seiner Kampagne gegen das Instinktkonzept gelang es Watson im Laufe der zwanziger Jahre noch einmal, auf den Gang der wissenschaftlichen Entwicklung Einfluß zu gewinnen (Watson u. McDoughall 1928).

Watsons Betonung der Bedeutung von Umweltfaktoren für die Entwicklung des Kindes, sein Feldzug gegen instinktive, erbliche Komponenten war Teil eines generellen Trends dieser Zeit. Damals erreichte der „child centrism“ (Cochren 1964), die Sorge um die Wohlfahrt der Kinder, ihren Höhepunkt, und viele Mittelschichteltern entwickelten ein Bedürfnis nach verbesserter, wissenschaftlicher Information und Beratung. Das populäre Interesse richtete sich primär auf Verhaltensauffälligkeiten und Verhaltensstörungen, ein Zwischenfeld zwischen Pädagogischer und Klinischer Psychologie, das sich in diesem Jahrzehnt expansiv entwickelte. Entscheidenden Anteil an dieser Entwicklung hatte der *Commonwealth Fund,* der durch den gezielten Aufbau von Beratungskliniken besorgten Eltern und Erziehern einen völlig neuen Service anbot. Ebenso beteiligt war jedoch auch die *Rockefeller Foundation,* die die entwicklungspsychologische Forschung finanzierte (Sears 1979). Hier bot sich John Watson

Anfang der zwanziger Jahre eine letzte Chance, empirisch zu forschen, eine Untersuchung durchzuführen, von der er später meinte, sie sei sein einziger Versuch gewesen, „ein genetisches, experimentelles Programm zu skizzieren, das den Behaviorismus als Methode rechtfertigen würde“ (Watson 1925, Vorwort).

Untersuchungen zum Abbau von Furcht: M. C. Jones und J. B. Watson

John Watson mit seinem sicheren Gespür für neue Themen und gesellschaftliche Entwicklungen gehörte zu den wenigen Experten, auf die man zurückgreifen konnte, als die *Rockefeller Foundation* dem *Teachers College* der *Columbia University* erstmals und befristet bis zum Jahre 1925 finanzielle Mittel für die entwicklungspsychologische Forschung zur Verfügung stellte. Nach Meinung Edward L. Thorndikes gab es keinen geeigneteren als ihn, um den praktischen Wert einer solchen Forschung zu demonstrieren[6]. Watson griff mit beiden Händen zu, als man ihm am eigens neugegründeten *Institute of Child Welfare Research* die Möglichkeit bot, bei Mary Cover Jones, einer Doktorandin des Instituts und früheren Studienkollegin seiner zweiten Frau ein neues Forschungsprojekt beratend zu begleiten. „Es wirkt wie eine schrittweise Rückkehr zur Respektabilität“, schrieb er an seinen Freund Robert Yerkes und ergänzte überschwenglich: „Wenn ich die Baby-Forschung in Gang bringen kann, bin ich bereit, Hungers zu sterben“[7]. Dem Institut stellte er die Bezahlung seiner Arbeit völlig frei. „Die Hauptsache ist“, schrieb er an den Dekan Russell, „daß die Arbeit nicht durch zu viele und zu große Lücken behindert wird“[8].

Die Voruntersuchungen zu dem Projekt wurden an der *Manhattenville Nursery* durchgeführt, die spätere Studie fand in der *Heckscher Foundation* statt. Watson plante sie und nahm auch an den samstäglichen Behandlungssitzungen teil, die Mary Cover Jones im Rahmen der Untersuchung durchführte. Insgesamt siebzig Kinder im Alter von drei Monaten bis zu sieben Jahren wurden einer Reihe standardisierter Verhaltenstests unterworfen, die ihre spezifischen Ängste aufdecken sollten. Ziel des Projektes war es, diese „natürlich erworbenen“, nicht experimentell erzeugten Ängste anschließend zu eliminieren[9]. Bereits in seiner 1920 mit Rosalie Rayner veröffentlichten Studie hatte Watson erste Möglichkeiten zum Abbau konditionierter emotionaler Furchtreaktionen skizziert. So beschrieb er als eine Möglichkeit die *Methode der konstanten Konfrontation mit dem gefürchteten Objekt,* die heute unter dem Begriff Reizüberflutung bekannt ist und auf der Annahme basierte, daß die Furcht durch einen Prozeß der Gewöhnung zum Erliegen kommen würde. Einen zweiten möglichen Ansatz sahen Watson und Rayner in der *Rekonditionierung* durch Präsentation des gefürchteten Objekts (visuell) bei gleichzeitiger Stimulation der erogenen Zonen des Kindes (taktil), beginnend mit den Lippen etc. (s. dazu auch S. 81ff.). Watsons dritter Vorschlag bestand in einer Abwandlung dieser Technik: Statt die Reizung der erogenen Zonen als positiven Stimulus zu verwenden, sollten dem Kind Süßigkeiten präsentiert werden. Eine vierte Technik war die des *Aufbaus „konstruktiven“ Verhaltens mit dem gefürchte-*

ten Objekt, das über imitative Prozesse erlernt werden sollte. So wußte Watson aus eigenen, unveröffentlichten Untersuchungen zum kindlichen Verhalten, daß bei Kindern in Alberts Alter noch eine starke Neigung zur Imitation offenen, motorischen Verhaltens vorhanden war. Daher schlug er vor, daß der Experimentator als Modell dienen, zugleich aber auch verhaltensanleitend aktiv werden sollte, indem er die Hand des Kindes während des Umgangs mit dem gefürchteten Objekt führte (Watson u. Rayner 1920).

In der Studie von Mary Cover Jones kamen einige neue Techniken hinzu, wobei es jedoch nicht möglich war, sie getrennt anzuwenden. Wichtiger als die Feststellung der Effektivität einzelner Methoden war es damals für Jones und Watson, überhaupt erst einmal den Nachweis zu führen, daß es möglich war, erlernte Furcht systematisch abzubauen. Daher wurden die verschiedenen Techniken je nach Bedarf und Lernfortschritt in einzelnen Phasen der Behandlung eingesetzt, was natürlich den Nachteil hatte, daß man nicht mit Sicherheit sagen konnte, welches Verfahren den Erfolg bewirkt hatte, oder ob er nur durch eine Kombination der Techniken zustandegekommen war. Neu hinzu kamen in dieser zweiten Studie die Methode der Elimination von Furcht durch Nichtgebrauch, die der verbalen Ansprache („verbal appeal"), die Methode der „sozialen Repression" sowie die Methode der Ablenkung.

Die *Methode der Elimination von Furcht durch Nichtgebrauch* basierte auf der Annahme, daß ein Fernhalten des Kindes vom gefürchteten Objekt die Furcht löschen konnte. Watson hatte sie bereits in früheren Untersuchungen verwendet, und M. C. Jones kam wie er zu der Auffassung, daß sie unzuverlässig sei. Die *Methode der verbalen Ansprache* bestand darin, sich mit der Furcht quasi auf symbolischem Wege auseinanderzusetzen, d.h. fürchtete sich das Versuchskind z.B. vor Kaninchen, so sollte der Experimentator versuchen, Geschichten über Kaninchen zu erzählen, ihm Bilder von Kaninchen zu zeigen, es mit einem Plastikkaninchen spielen lassen. „Es ist wahrscheinlich", schrieb Mary Cover Jones in ihrem 1924 veröffentlichten Bericht, „daß viele Stunden des Trainings in der Tolerierung solcher Symbole wenig oder überhaupt keine modifizierende Wirkung auf die Massenreaktion in Reaktion auf den primären Stimulus haben" (Jones 1924a, S. 386). Das Kind lernte bei Anwendung dieser Methode zwar, über das gefürchtete Objekt zu sprechen, doch blieb sein Verhalten in der Regel unverändert. Nach Watsons Erfahrung erwies sich die verbale Ansprache häufig erst dann als wirksam im Abbau von Furchtreaktionen, wenn sie mit Verfahren zur manuellen und viszeralen Anpassung kombiniert wurde (Watson 1930). Die *Methode der „sozialen Repression"* bestand darin, das Versuchskind mit einer Gruppe von Kindern zusammenzubringen, die sich vor dem gefürchteten Objekt nicht fürchteten, um es durch den entstehenden Gruppendruck dazu zu veranlassen, seine Furcht zu unterdrücken. Jones stellte 1924 jedoch fest, daß diese Methode keineswegs zur Elimination der Furcht führte, da die Furchtreaktion an einem bestimmten Reizpunkt immer wieder ausbrach. Auch Watson bewertete sie als wenig effektiv und nicht ungefährlich, da ja die Möglichkeit bestand, daß die anderen Kinder die Furcht imitativ erwarben (Watson 1930). *Die Methode der Ablenkung,* die nur in den

Untersuchungen von Jones (1924a) beschrieben wird, stützte sich auf den Mechanismus der Rekonditionierung und suggestive Effekte. Durch verbale Ablenkungsmaßnahmen und andere Anreize sollte der Versuchsleiter versuchen, das Kind das gefürchtete, im Raum vorhandene Objekt vergessen zu lassen, um so die Substitution des alten durch ein neues S-R-System zu ermöglichen. Nach Jones hatte diese Methode den Nachteil, daß sie die Kinder dazu anleitete, sich auf den Schutz von Erwachsenen zu verlassen (Jones 1924a).

Als wirklich wirksam erwiesen sich nach Aussagen von Jones (1924a, 1925) und Watson (1930) allein die Methode der Rekonditionierung und die Technik der (sozialen) Imitation. Für Watson selbst ohne Zweifel die bedeutsamste Methode war die der Rekonditionierung, die sich unmittelbar aus seinem theoretischen Erklärungsansatz ableitete und die er nicht zuletzt deshalb als „die erfolgreichste Methode zur Furchtbeseitigung, die bisher entdeckt worden ist" (Watson 1930, S. 183) bezeichnete[10]. Jones (1924b) stellte diese Technik exemplarisch an der Fallgeschichte von Peter (2 Jahre, 10 Monate) vor, der in den Voruntersuchungen besonders heftige Furchtreaktionen auf ein Kaninchen gezeigt hatte. Sie versuchte zunächst, Peters Furcht mit Hilfe der Methode der sozialen Imitation abzubauen, d.h. ihn gemeinsam mit drei nichtängstlichen Kindern im Raum spielen zu lassen, während sie das Kaninchen immer näher an ihn heranrückte. Um einen Fortschritt im Abbau der Furcht feststellen zu können, hatte die Autorin zuvor eine Ratingskala für das Verhalten des Kindes entworfen, die die unterschiedlichen Grade der Toleranz gegenüber dem gefürchteten Objekte abbilden sollte und von sechs Kollegen mit einer Interraterübereinstimmung von .70 verwendet worden war. Im Verlauf der Behandlung erkrankte Peter und fiel für zwei Monate aus. Zu diesem Zeitpunkt war er bereits in der Lage gewesen, das Kaninchen dem Vorbild seiner Spielkameraden folgend anzufassen. Beim Rücktransport von der Klinik wurde Peter von einem großen Hund angefallen. Erste Untersuchungen zeigten dann, daß Peters Lernfortschritte verflogen waren und man noch einmal ganz von vorne beginnen mußte. Jones ging daher zu einer neuen Behandlungsmethode über, der Technik der Rekonditionierung. Während Peter gefüttert wurde, näherte man ihm das Kaninchen schrittweise an, um die positive Reaktion auf das Essen auch auf das Tier generalisieren zu lassen. Tatsächlich machte Peter mit dieser Technik rasche Fortschritte, wobei Jones die „Toleranzgrade" des Kindes mit Hilfe objektiver Verhaltensbeobachtungen exakt aufzeichnete und wiedergab, z.B. „toleriert Kaninchen 4 Fuß entfernt im Käfig"; „Kaninchen frei im Raum, toleriert" (Jones 1924b).

Im Gegensatz zu Watson bevorzugte die Autorin selbst jedoch die Methode der sozialen Imitation, weil diese in bezug auf den Abbau von Furcht in den Untersuchungen als erste positive Ergebnisse gezeigt hatte und sie der Meinung war, daß die sozial induzierte Furcht wahrscheinlich „die häufigste Quelle fehlangepaßter Furchttrends" sei (Jones 1924a, S.390). Jones hatte die Methode im Vergleich zu Watsons erstem Vorschlag von 1920 etwas abgewandelt, indem Kinder und nicht der Experimentator dem Versuchskind als Modell dienten. Auf diese Weise sollte die Entwicklung abhängigen

Verhaltens vom Erwachsenen verhindert werden; zugleich bestand jedoch die Gefahr, daß die Furcht des Versuchskindes sich auf die anderen Kinder ausweitete (Watson 1930). Für Mary Cover Jones war die Methode der sozialen Imitation aus ihrer Interpretation des Entstehungsprozesses von Furcht heraus die logischste Eliminationstechnik. Gegenüber der Technik der Rekonditionierung äußerte sie frühzeitig Bedenken, da auch hier die Gefahr bestand, daß sich die Furcht des Kindes auf ein harmloses Objekt, z.B. das Essen, ausweitete (Jones 1924b). Die unterschiedliche Beurteilung des Wertes der beiden Methoden durch die am Projekt beteiligten Wissenschaftler spricht für ihre verschiedenen theoretischen Positionen – auch später war Mary Cover Jones nicht bereit, das Prinzip des konditionierten Reflexes in seiner Simplizität ihren differenzierten Beobachtungen voranzustellen (Jones 1925, Jones u. Jones 1928) –, war jedoch auch eine Folge der Konzeption der Studie, durch die es nicht möglich war, gesicherte Erkenntnisse bezüglich der Effektivität einzelner Techniken im Vergleich zu gewinnen.

„Wissenschaftler suchen Heilmethode für kindliche Ängste“

Die Untersuchungen von Watson und Jones fanden unter Fachleuten, aber auch in der breiten Öffentlichkeit, viel Resonanz. Nur wenige Wochen nach ihrem Abschluß berichtete die *New York Times* unter der Überschrift „Scientists Seek Cure for Childhood Fears“ über das Projekt an der *Columbia University*. Die Feststellung, daß Furchtreaktionen offenbar nicht angeboren, sondern weitgehend erworben seien, gab Eltern und Erziehern Anlaß zu neuem Optimismus. Viele Laien urteilten wohl so wie der Journalist George A. Dorsey, der 1928 meinte: „Wir hören heutzutage viel über die Probleme von Kindern. Hier wird uns zum ersten Mal eine problemlösende Technik geboten“[11]. Darin lag auch John Watsons eigener Erfolg begründet, der bis Ende der zwanziger Jahre eine Vielzahl von Aufsätzen und praktischen Ratgebern zur Kindererziehung veröffentlichte. *McCall's Magazine* nannte ihn 1927 „den meistdiskutierten Psychologen des heutigen Amerika“. Die Artikelserie, die die Grundlage für das Buch „Psychological Care of Infant and Child“ bildete, beschwor eine „nationale Diskussion“ herauf[12], und das Buch selbst war innerhalb kurzer Zeit mit einer Auflage von 100000 Exemplaren vergriffen. Auch das *U.S. Department of Health* nahm einige Grundgedanken Watsons in seine Schriften auf, und Leitfäden zur praktischen Kindererziehung wie die von Arlitt (1930), Blatz u. Bott (1929) und Faegre u. Anderson (1929) empfahlen auf der schmalen Basis der Laborexperimentation die Methoden der direkten Konditionierung und der sozialen Imitation.

Währenddessen stand man dem Behaviorismus im Kontext der psychologischen Forschung weiterhin ambivalent gegenüber und neigte eher dazu, seine Popularisierung im Bereich der praktischen Kindererziehung und der psychischen Hygiene abfällig zu beurteilen (z.B. Jastrow 1929). Zahlreiche Replikationsstudien zur Konditionierung emotionaler Reaktionen, u.a. durchgeführt von Moss (1924), English (1929),

Jones (1931) und Bregman (1934), waren z. T. bestätigend, teilweise brachten sie widersprüchliche Ergebnisse. Horace B. English hatte 1929 in Baby Helen, seiner vierzehn Monate alten Probandin, einen nervenstarken Partner, der auch nach mehr als 50 kombinierten Präsentationen einer Spielente mit dem durch das Schlagen auf einen Metallblock entstehenden Geräusch keinerlei Furchtreaktionen zeigte; immerhin beschwerten sich Professoren und Studenten in den anliegenden Gebäuden über den Lärm. Elsie Bregman, die ihre Untersuchung auf Anregung Thorndikes durchführte[13], verwendete als aversiven Stimulis eine elektrische Klingel und zur Übertragung positiver (!) emotionaler Reaktionen eine Spieldose, die die Melodie „Two Sunny Little Blue Birds" produzierte. Beide Untersuchungen führten zu einem negativen Ergebnis, das man damals, gegen Ende der zwanziger Jahre, schon beinahe als Erfolg bewertete. Denn nicht nur methodische Mängel, auch die veränderte Grundeinstellung der entwicklungspsychologischen Forscher gegenüber dem Konzept der Konditionierung spielten eine Rolle. Als Elsie Bregman Harold Jones 1934 von ihrer mißglückten Studie berichtete, schrieb er ihr zurück, daß er zwar überzeugt sei, daß es möglich ist, konditionierte emotionale Furchtreaktionen experimentell aufzubauen, meinte jedoch weiter: „Ich habe dennoch immer das Gefühl gehabt, daß die Konditionierungserklärung in ihrer Anwendung begrenzt ist und neige eher dazu, die negativen Ergebnisse der Studie zu begrüßen ..."[14].

Watsons Untersuchungsansatz hatte relativ rasch zu praktischen Ergebnissen geführt und eignete sich gut, den großen Stiftungen wie der *Rockefeller Foundation* den Wert entwicklungspsychologischer Forschung deutlich zu machen. Waren die Forschungsmittel jedoch langfristig bewilligt worden, konnte man sich von der praxisorientierten, an der Wohlfahrt der Kinder ausgerichteten Perspektive der zwanziger Jahre lösen und sich den Forschungsthemen zuwenden, für die man sich eigentlich interessierte. Während es Anfang der zwanziger Jahre für den Bereich der psychischen Hygiene von Emotionen notwendig war, den erworbenen Charakter emotionalen Verhaltens gezielt überzubetonen, um sich von den veralteten Instinktkonzepten lösen zu können, erwies es sich nun als ebenso wichtig, die Übertreibungen dieser Position durch neue Fakten zu korrigieren (Hilgard u. Marquis 1940). Das Konzept der „Reifung" gewann in der entwicklungspsychologischen Forschung zunehmend an Bedeutung, und bald standen die großen Forschungszentren in *Minnesota, Iowa, Yale* und *Berkeley* ganz unter dem Eindruck aufwendiger Längsschnittstudien, die ihre Forschungskapazitäten auf Jahre hinaus festlegten (Sears 1979).

In bezug auf den Erwerb von emotionalem Verhalten erwies sich die neue entwicklungspsychologische Perspektive als durchaus nützlich. Beispielhaft seien hier nur die Untersuchungen von Harold und Mary Cover Jones (1928) sowie von Arthur Jersild und Frances Holmes (1936) genannt. Das Ehepaar Jones war Ende der zwanziger Jahre nach Kalifornien gegangen, wo Harold Jones die Leitung des neuen *Institute of Child Welfare* in Berkeley übernahm. 1928 veröffentlichten sie eine erste Studie zum Thema „Furcht".

Die Autoren untersuchten die Reaktion von 51 Kindern verschiedenen Alters und ca. 90 Erwachsenen auf eine Schlange. Die Schlange befand sich in einem Korb, den die Versuchsperson öffnen sollte. Dabei stellte sich heraus, daß Kinder bis zum Alter von zwei Jahren keinerlei Furchtreaktionen zeigten, die Furcht erst bei Kindern ab vier Jahren auftrat, und bei Erwachsenen generell stärker ausgeprägt war als bei Kindern. Eine Erklärung dieser Phänomene im Rahmen des Konditionierungsparadigmas schien nicht möglich, weil die Kinder alle aus demselben Heim kamen und zuvor niemals eine Schlange gesehen hatten. Die Autoren kamen zu dem Schluß, daß ein allgemeiner Reifungsprozeß vorlag, der mit zunehmendem Alter zu erhöhter Sensitivität und einem vermehrten Auftreten diskriminativer Reaktionen führte. „Furcht tritt dann auf, wenn wir genug wissen, um die potentielle Gefahr eines Stimulus zu erkennen, aber noch nicht einen Punkt des völligen Verstehens und der Kontrolle erreicht haben, um die Situation zu verändern" (Jones u. Jones 1928, S. 143).

Überraschend waren auch die Ergebnisse der Untersuchungen zum *Abbau von Furcht.* Während Kinder im Vorschulalter ihre Furcht bei Anwendung der Methode der sozialen Imitation rasch verloren und auch lernten, mit der Schlange umzugehen, bedurfte es bei Jugendlichen und Erwachsenen langwieriger Trainingsprozesse, um die Furcht zu beseitigen. Ihre Furcht hatte sich über die Jahre gefestigt, war durch Konditionierungsprozesse verstärkt und möglicherweise durch symbolische Schrecken unterschiedlichster Art verkompliziert worden (Jones u. Jones 1928).

Auch die Untersuchungen von Arthur Jersild und Frances Holmes in New York zeigten, daß Veränderungen im emotionalen Verhalten nicht nur durch Lernprozesse, sondern auch durch Prozesse der Reifung beeinflußt werden (Jersild 1933, Jersild u. Holmes 1936). Das von Frances Holmes 1936 vorgestellte Verfahren zum Abbau von Furcht bestand, ähnlich wie bei Mary Cover Jones 1924, aus einer Kombination verschiedener Techniken und betonte den aktiven Umgang des Kindes mit der Furcht. Zur Aufdeckung von Furchtreaktionen wurden zwanzig Kinder zwei experimentellen Standardsituationen unterworfen, in denen Holmes die Furcht vor Höhe und die Furcht vor Dunkelheit untersuchte. 14 Kinder zeigten entsprechend den zuvor festgesetzten Grenzwerten furchtsames Verhalten bei Dunkelheit, zwei der Kinder fürchteten sich vor großen Höhen. Holmes Technik zum Abbau der Furcht bestand darin, dem Kind zu helfen und es anzuleiten, mit bestimmten Furchtsituationen fertigzuwerden, wobei auch die Techniken der verbalen Ermutigung, der graduellen Annäherung an die gefürchtete Situation und der gezielten Belohnung nach jedem Lernschritt zum Einsatz kamen. Bei 13 der 14 Kinder, die die Dunkelheit fürchteten, war dieses kombinierte Vorgehen erfolgreich, ebenso bei einem der beiden Kinder mit Höhenangst (Jersild u. Holmes 1935, 1936).

Anfang der dreißiger Jahre verfügte die entwicklungspsychologische Forschung also bereits über eine Reihe praktischer Maßnahmen zum Abbau von Furcht, von der auch die Klinische Psychologie hätte Gebrauch machen können. Um jedoch die Wirkung behavioristischer Konzepte auf die Klinische Psychologie dieser Zeit zu verstehen, ist es hilfreich, sich zunächst einmal mit dem Einfluß der Psychoanalyse auf die Psychologie der zwanziger Jahre zu befassen.

Behaviorismus und Psychoanalyse paßten gleichermaßen gut in das soziale Klima des Nachkriegsamerika. Konzepte wie „Bewußtsein" und „Rationalität" hatten an Gültigkeit verloren. Desillusioniert durch den Krieg griff man nach Erklärungsansätzen, die das Bewußtsein und seine Begleitererscheinungen in Frage stellten und dem Zweifel der Menschen an der Objektivität des Verstandes Rechnung trugen. Sowohl der Behaviorismus wie auch die Psychoanalyse erfüllten diese Forderung, jener durch die Negation des Bewußtseins, diese durch die Infragestellung seiner Bedeutung (Napoli 1981). Aufklärende, leicht verständliche Literatur zur Psychoanalyse wie André Tridons „Easy Lessons in Psychoanalysis" (1921) oder A. G. Tansleys „The New Psychology and Its Relation to Life" (1922) überschwemmten den Büchermarkt. Eine Vielzahl von Karikaturen in Zeitungen und Zeitschriften kündeten vom Siegeszug der Psychoanalyse. Und auch die wissenschaftliche Psychologie, an den Universitäten inzwischen gut etabliert, konnte sich dem neuen Trend nicht entziehen.

Ihre Aufgabe war es, die Natur des Menschen zu erforschen und einen vollständigen Überblick zu geben. So mußte man sich immer häufiger die vorwurfsvolle Frage gefallen lassen, warum es der Psychologie bisher nicht gelungen sei, eine ebenso lebensnahe und faszinierende Theorie zu entwerfen. Viele Studenten fanden damals erst über die Psychoanalyse zur Psychologie. Da hieß es für manchen Wissenschaftler, diplomatisch zu bleiben und zu versuchen, den Erwartungen von Kollegen und Studenten zu entsprechen (Shakow u. Rapaport 1968). Währenddessen beruhigten Bücher wie Knight Dunlaps „Mysticism, Freudianism and Scientific Psychology" (1920) und A. Wohlgemuths „A Critical Examination of Psychoanalysis" (1923) das

Rosalie Alberta Rayner Watson im Jahre 1919. Rosalie Watson starb 1935 im Alter von nur 36 Jahren.

Mary Cover Jones (geb. 1896) als Absolventin des Vassar College 1919, das sie gemeinsam mit Rosalie Rayner besucht hatte.

Harold Ellis Jones (1894–1960), der gemeinsam mit seiner Frau das *Institute of Child Welfare* in *Berkeley* aufbaute.

wissenschaftliche Gewissen. Insbesondere Dunlaps Buch, ein minutiöser Verriß der Psychoanalyse, wurde zur Sensation. Und das nicht nur, weil sein Verfasser die Psychoanalytiker mit Mystikern verglich und ihnen die wissenschaftliche Psychologie als Spiegel vorzuhalten suchte, sondern auch, weil sich der Veröffentlichung einige bissige Kommentare bekannter Psychoanalytiker anschlossen (Woodworth 1922). Für viele Psychologen war die Psychoanalyse damals bestenfalls eine Pseudowissenschaft (Klein 1933), die allem widersprach, auf das die wissenschaftliche Psychologie stolz war. Dennoch verfehlte Dunlaps Kritik ihre ideologische Wirkung. Denn von seiner mit dem negativen Beispiel der Psychoanalyse verknüpften Forderung nach einer sparsameren Theorienbildung, präziser Definition von Begriffen und sorgfältiger Experimentation war die wissenschaftliche Psychologie noch weit entfernt. Der Theorienpluralismus in der Psychologie machte auch den Wissenschaftspolitikern Sorgen (Murchison 1926, 1930) und forderte kritische Kommentare geradezu heraus (Dunlap 1927). Erwartungsgemäß vorsichtig äußerte man sich daher gegenüber der Psychoanalyse auf einem 1924 von der APA veranstalteten Symposium „On the Contributions of Freudism to Psychology". Die Teilnehmer, L. L. Thurstone, James A. Leuba, Karl S. Lashley und Joseph Jastrow, die ausnahmslos dem wissenschaftlichen Establishment angehörten, übten zwar Kritik an der Methodologie, waren jedoch auch bereit,

Aus den Untersuchungen des Ehepaars Jones zur Furchtentwicklung und zum Furchtabbau. Neben Schlangen wurden den Kindern auch Frösche und Schildkröten präsentiert (vgl. Jones u. Jones 1928).

zuzugeben, daß der Psychoanalyse das Verdienst zukomme, schwerwiegende Mängel in der psychologischen Theorienbildung, insbesondere im Bereich der Motivation, aufgedeckt zu haben[15].

Während man sich in der offiziellen Zurückweisung der Psychoanalyse weiterhin auf ihre methodologischen Unzulänglichkeiten berief, sahen sich die Universitäten gezwungen, den Erwartungen ihrer Studenten nachzugeben und einen neuen Typus von Kurs einzuführen, der meist unter dem Oberbegriff „Human Adjustment" lief, jedoch auch „Freudsche Themen" einschloß (vgl. auch Shakow u. Rapaport 1968). Diese Kurse fanden häufig isoliert von den übrigen Veranstaltungen statt und wurden jungen, unerfahrenen Kollegen überantwortet, die klinische Phänomene meist auch nur aus Zeitschriftenartikeln und Lehrbüchern kannten.

Die mangelnde klinische Erfahrung vieler Psychologen, die sich mit der Psychoanalyse beschäftigten, war ein wichtiges Moment für ihre Rezeption in der Psychologie. Ohne den Rückhalt klinischer Beobachtung konnte man ja lediglich auf introspektive Prozesse zurückgreifen, um sich von der Existenz des einen oder anderen Mechanismus zu überzeugen. Und da Konzepte wie das des Konfliktes, der Verdrängung, der Rationalisierung, Projektion und indirekten Wunscherfüllung heuristischen Wert hatten und im alltäglichen Leben zu genüge illustriert schienen, fanden sie schon bald in das professionelle Denken der Psychologen Eingang (Klein 1933). „Es ist diese obskure Bedeutung für die alltägliche Erfahrung, die Freuds Lehren dem Mann auf der Straße glaubwürdig, wenn auch nicht immer akzeptabel erscheinen ließen; und in dieser Rolle, nicht auf der Grundlage seines speziellen Wissens, beachten die Psychologen Freud", schrieb Heidbreder über das Verhältnis der Psychologen zur Psychoanalyse (Heidbreder 1940, S. 192). In diesem Punkt zollten auch die Kritiker der Psychoanalyse Freud Bewunderung, indem sie ausdrücklich davor warnten, sich nicht von spekulativen psychoanalytischen Hypothesen verwirren zu lassen, „wie attraktiv sie auch in ihrem Appell an die menschlichen Gefühle sein mögen" (Burnham 1924, S. 158). So kommentierte Dunlap den Erfolg der Psychoanalytiker mit der Feststellung:

> „Wenn durch die einfache Anwendung von *a priori* Prinzipien eine emotional befriedigende Erklärung des Universums erreicht werden kann ohne die frustrierende Arbeit wissenschaftlicher Analyse und Experimentation, dann ist einsehbar, warum wissenschaftliche Methoden nicht angewandt werden" (Dunlap 1920, S. 93).

Wie viele seiner Kollegen hat auch John Watson den Einfluß der Psychoanalyse auf sein eigenes Denken nie geleugnet (Watson 1916c, Watson u. Morgan 1917). Doch blieb er – im Gegensatz zu manchen von ihnen – in seiner kritischen Haltung konsequent und fand auf der Basis seines behavioristischen Standpunktes zu einer Kritik, die für den klinischen Bereich als die wohl bedeutsamste der zwanziger Jahre gelten kann.

Watson hatte den Kontakt zu amerikanischen Psychoanalytikern auch nach seinem Ausscheiden aus der Universität immer gepflegt und suchte geradezu die kontroverse Diskussion mit ihnen[16]. Eines seiner Seminare an der *New School of Social Research,* die aufgrund ihrer prominenten Gastredner aus Psychiatrie und Psychologie immer hoffnungslos überfüllt waren, galt im Herbst 1926 ausdrücklich dem Thema „Behaviorismus und Psychoanalyse". Bekannte Psychiater und Psychoanalytiker wie Adolf Meyer, Smith Ely Jeliffe, William A. White und Edward J. Kempf beteiligten sich daran und sorgten dafür, daß Watson die klinische Perspektive psychoanalytischen Denkens nicht aus den Augen verlor[17]. Watsons Sorge galt einer undifferenzierten Annäherung beider Standpunkte, wie sie in der Klinischen Psychologie der zwanziger Jahre nicht selten anzutreffen war und durch seine eigene Theorie zum Erwerb emotionalen Verhaltens auch nahegelegt wurde.

So meinte er 1928 ausdrücklich, es gebe „weit mehr als nur einen rein terminologischen Unterschied zwischen dem Behavioristen und dem Psychoanalytiker" (Watson 1928. S. 108). Denn während man psychische Störungen im Rahmen der behavioristischen Auffassung als erlerntes Fehlverhalten betrachtete, wurde es in der Psychoanalyse als Krankheit aufgefaßt.

„Zuerst führte Breuer, später dann viel gründlicher Freud *die Idee eines erkrankten Geistes in einem gesunden Körper ein.* Freud ist in dem zu seiner Zeit üblichen Mystizismus des Geistes ausgebildet worden – eines Geistes als Ding oder Wesenheit, verschieden vom Körper. Auch ist er als Mediziner ausgebildet worden, was bedeutete, daß er in *Krankheitseinheiten* zu denken hatte. Da mit dem Gehirn dieser ‚psychisch' kranken Individuen alles in Ordnung war, mußte etwas mit ihrem Geist nicht stimmen. Es mußte so etwas wie eine wahre *Pathologie des Geistes geben.* (...) *Seine Theorie des Unbewußten war und ist eine Theorie, die dem alten Konzept* der Krankheitseinheit entspricht" (Watson 1927, S. 95).

Watsons Kritik am Krankheitskonzept der Psychoanalytiker, verbunden mit seinem Argument vom „Mythos des Unbewußten", ließ auch die hinter den Theorien liegende unterschiedliche Struktur psychoanalytischer und lerntheoretischer Auffassungen deutlich werden.

Doch kritisierte Watson die Psychoanalyse nicht allein als theoretisches System. Auch als therapeutische Technik konnte sie seiner Meinung nach kaum effektiv sein. Dazu muß man wissen, daß der Psychoanalyse in den zwanziger Jahren ein Ruf unübertroffener Effektivität vorausging, dem auch Anhänger und Sympathisanten des behavioristischen Standpunktes in der Klinischen Psychologie glaubten. So meinte George Humphrey, einer der frühen Propagandisten des Behaviorismus in der Psychologie, 1920 noch recht naiv, die psychoanalytische Behandlung habe schon eine „Vielzahl von Leidenden" erlöst (Humphrey 1920). Und William Burnham bewertete sie, obwohl als theoretisches System kritisierbar, als eine effektive therapeutische Technik, weil sie dem Patienten Gelegenheit zu einer „konkreten und interessanten Reaktion" gebe (Burnham 1924). Auch Daniel Leary, ansonsten ein Kritiker der Psychoanalyse, war davon überzeugt, daß sie als Prozeß oder Form der Lernerfahrung häufig „enorme Persönlichkeitsveränderungen" produziere (Leary 1928). John Watson hingegen meinte 1927: „Als Behavioristen sind wir auch gegenüber der Psychoanalyse als vernünftiger *Methode* kritischer geworden" (Watson 1927, S. 108). Es gebe keine unbewußten Inhalte und daher auch nichts, das man sich von der Seele reden müsse. Und er führte seinen Gedanken weiter:

„Es ist die Entkonditionierung und das Retraining, das Zeit kosten sollte – nicht die *Analyse.* Zur Zeit erzieht der Psychoanalytiker die Patientin oder versucht sie zu erziehen, und das mit erstaunlich hohem Zeitaufwand, und zwar allein oder überwiegend auf verbaler Ebene. Er würde nicht einmal zugeben, daß er selbst sie erzieht. Ihre Neuerziehung muß nach der Überzeugung des Behavioristen auf körperlicher, verbaler und viszeraler Ebene stattfinden. Ihr muß ein neues körperliches mit einem neuen verbalen und einem neuen viszeralen Leben gegeben werden. Ihre alten Gewohnheitsmuster funktionieren nicht. Aber allein das Sprechen darüber wird ihr nie das notwendige Rüstzeug geben" (Watson 1927, S. 106).

Doch erfüllte sich Watsons Vision vom Zurückweichen der Psychoanalyse zugunsten einer neuen Therapie auf experimenteller Basis in den folgenden Jahrzehnten nicht – nicht zuletzt aufgrund der stark eklektischen Ausrichtung, die die Klinischen Psychologie der zwanziger und dreißiger Jahre prägte.

Behaviorismus und Psychoanalyse – Die zwei Gesichter der Klinischen Psychologie

John Watsons Kritik an der Psychoanalyse galt 1927 nicht allein der sensationsträchtigen Konfrontation beider Standpunkte – sie hatte einen realen Hintergrund. Denn in der Klinischen Psychologie der zwanziger Jahre verstärkte sich damals der Trend, die paradigmatischen Unterschiede zwischen Psychoanalyse und Behaviorismus zu ignorieren. Mit ihren ersten eigenständigen Formulierungen löste sich damals die neue „Klinische Psychologie" von der traditionellen „abnormal psychology", und es entstand ein völlig neuer Typ des Lehrbuchs, der den theoretischen wie praktischen Eklektizismus der Zeit dokumentiert.

„Wie kein anderer hat Watson die systematische Psychologie in ihrem Kontakt zum Leben und zur Arbeit vitalisiert", schrieb Fred Wells, einer der Pioniere der Klinischen Psychologie in den USA (Wells 1920, S. 459). Durch Watsons extreme Thesen und sein unrühmliches Ausscheiden aus der akademischen Psychologie war das Klima gegenüber Behaviorismus und Psychoanalyse in der wissenschaftlichen Psychologie ganz ähnlich. 1923, nur zwei Jahre nach Dunlaps Kritik der Psychoanalyse, widmete A. A. Roback dem Behaviorismus einen vergleichbar bissigen Kommentar (Roback 1923). Dennoch entwickelte sich der Behaviorismus, die einzige Psychologie, die die psychologische Praxis als legitimen Aufgabenbereich der wissenschaftlichen Psychologie anerkannte, zu einem zentralen Orientierungsmodell der neuen Klinischen Psychologie. Wie war das möglich?

Die jungen Psychologen, die damals in die Klinische Praxis gingen, waren im Grunde Autodidakten. Ihre Kenntnisse stammten aus der psychologischen Grundlagenforschung, ihre Legitimation war ihr wissenschaftliches Studium. Das Studium selbst war nicht die schlechteste Voraussetzung für den Einstieg in die Praxis, denn damals, im „goldenen Zeitalter der Wissenschaft" (Burnham 1977), eignete es sich dazu, der Anspruch auf exklusive Kompetenz in den neuen Anwendungsbereichen zu untermauern. Die Wissenschaft stand hoch im Kurs, und so unterließen es die

Angewandten Psychologen nie, ihr in Lehrbüchern und Einführungstexten ganze Kapitel zu widmen und sich auf die Laborexperimentation und die neuen statistischen Methoden zu berufen (Napoli 1981). Der Behaviorismus war eine handlungsorientierte Psychologie, allgemeinverständlich und zugleich ultrawissenschaflich. Mit ihm konnten sich Angewandte Psychologen identifizieren, ohne die Komplikationen auf sich nehmen zu müssen, die sich für die wissenschaftliche Forschung aus Watsons Ansatz ergaben. So bekannte Wallin in dem 1927 für Erzieher, Psychologen und Angehörige sozialer Berufe geschriebenen Einführungstext „Clinical and Abnormal Psychology": „Ohne die Deduktionen der extremen Behavioristen zu akzeptieren, steht dieses Buch dem behavioristischen Ansatz wohlwollend gegenüber" (Wallin 1927, S. 11).

Angewandte Psychologie – Psychologie der Anpassung

Unter dem Eindruck pragmatischer, behavioraler Strömungen in der Psychologie formulierten die Angewandten Psychologen damals erstmals ihre Aufgaben, die Dienstleistung, die sie der Gesellschaft anbieten wollten[18]. „Das gesamte Leben eines Menschen ist ein Prozeß der Anpassung an seine Umwelt, eine Serie von Reaktionen auf Situationen, auf Verhaltensweisen. Erfolgreich oder ein Versager zu sein bedeutet, erfolgreich oder erfolglos in der Anpassung an die eigene Umwelt zu bleiben", schrieb Poffenberger 1927 in seinem Buch „Applied Psychology" (Poffenberger 1927, S. 6). Die „zufriedenstellende Anpassung oder auch Neuanpassung des Individuums an die Umwelt" galt als erklärtes Ziel der neuen Klinischen Psychologie (Louttit 1936, S. 5). Dieses Grundthema, die Anpassung („adjustment") des Menschen an eine ihm vorgegebene Umwelt, an die Familie, die Schule, den Arbeitsplatz, fand sich auch in den Titeln der ersten klinischen Basistexte wie John Morgans „The Psychology of the Unadjusted School Child" (Morgan 1924) oder Laurence Shaffers „Psychology of Adjustment: An Objective Approach to Mental Hygiene" (Shaffer 1936) wieder.

Die Psychologen näherten sich dem Phänomen psychischer Störungen oder Erkrankungen von der Seite der Normalität. Damals, als der Gedanke der Prävention und der psychischen Hygiene populär wurde und man nach theoretischen Konzepten suchte, die geeignet waren, „leichtere" Verhaltensstörungen zu erfassen, bot sich die lerntheoretische Perspektive an. Hier brauchte man nach einem Handlungsansatz nicht lange zu suchen; da man glaubte, neurotischen Entwicklungen durch präventive, erzieherische Maßnahmen vorbeugen zu können, lag der Gedanke nahe, auch die Entstehung früher Verhaltensauffälligkeiten lerntheoretisch zu erklären. Diese Überlegungen riefen Anfang der zwanziger Jahre zahlreiche pädagogische Psychologen auf den Plan, die sich speziell mit den psychischen Problemen von Kindern und Jugendlichen befaßten.

So entstand William Burnhams „The Normal Mind" (1924), ein Buch, das sich entgegen seinem Titel mit der Entstehung, Behandlung und Prävention leichterer Verhaltensstörungen befaßte. Als einer der ersten stellte Burnham das Konzept des konditionierten Reflexes in das Zentrum seiner Analyse. Erziehung war für ihn der

„systematische Versuch des Aufbaus konditionierter Reflexe, die die normale Anpassung an die Umwelt und ein effizientes Verhalten repräsentieren ..." (Burnham 1924, S. 145). Die Kontroverse zwischen Behavioristen und Introspektionisten kümmerte Burnham damals wie viele seiner anwendungsorientierten Kollegen wenig. Hier war ein objektiver Weg, eine Möglichkeit, auch in der Anwendung wissenschaftlich zu bleiben. Und solange die Forschung keine weiteren Fortschritte erzielt hatte, mußte der Bereich der psychischen Hygiene mit den „bestmöglichen Schlußfolgerungen" arbeiten, zu denen man aufgrund der vorhandenen Fakten gelangen konnte. „Der Beitrag des konditionierten Reflexes zur Pädagogik, psychischen Hygiene und Psychiatrie ist ein fünffacher", schrieb Burnham 1924. „Erstens durch die objektive Untersuchungsmethode; zweitens im Aufzeigen der Elemente des Problems im einzelnen; drittens in dem Hinweis, wie man gesunde Assoziationen entwickelt und pathologische vermeidet; viertens, indem er uns davor schützt, irrtümlichen Interpretationen zu erliegen; und fünftens als Methode, durch die schädliche Hemmungen beseitigt werden können" (Burnham 1924, S. 145).

John B. Watson kam auch nach seinem Ausscheiden aus der wissenschaftlichen Forschung als einer der wohl bekanntesten Psychologen seiner Zeit mit vielen wichtigen Persönlichkeiten des öffentlichen Lebens zusammen. Hier eine Aufnahme mit dem bekannten Kriminologen Clarence Darrow (1857–1938), entstanden gegen Ende der zwanziger Jahre.

Psychology Settles a Point

Established methods of teaching psychology will still do, according to the audience's verdict at a debate on fundamentals, held recently in Washington.

In den zwanziger Jahren schlug die Debatte um das Instinktkonzept zuweilen hohe Wellen. Diese Karikatur aus *Public Affairs,* April 1924, spielt auf eine von der *Washington Psychological Society* veranstaltete öffentliche Diskussion zwischen John B. Watson und William McDoughall an, die damals zugunsten des wortgewaltigen Harvard-Professors ausging. Mehr als 1000 Zuhörer – Politiker, Wissenschaftler, Studenten und Mitglieder der Washingtoner Gesellschaft – votierten damals für ihn. Dennoch besiegelte sein Sieg nicht Watsons Niederlage. Noch Jahre später beklagte er die ungebrochene Popularität des Behaviorismus und seines Erfinders (vgl. Watson u. McDoughall 1928).

Der neue Standpunkt der Klinischen Psychologie – Eklektizismus mit System?

Nur wenige Kollegen Burnhams teilten damals seinen Enthusiasmus und sahen in Watsons Behaviorismus ein komplettes System zur Diagnostik, Therapie und Prävention psychischer Störungen. Doch welche Alternative gab es? Kaum einer der neuen Klinischen Psychologen, ob er nun in den Psychologischen Kliniken der Universitäten oder in psychiatrischen oder unabhängigen Einrichtungen arbeitete, war bereit, sein

John Watson liebte es mit seinen Händen zu arbeiten. Als Sohn eines Farmers erwarb er vierzig Morgen Land in Weston, Connecticut und baute darauf ein Farmhaus, Stallungen und begann den Boden zu seiner eigenen Entspannung zu bewirtschaften.

*"Treat them as though they were young adults. . . .
Shake hands with them in the morning."*

„Behandelt sie, als ob sie erwachsen wären... Gebt ihnen am Morgen die Hand" – einer der vielen Ratschläge aus Watsons populärwissenschaftlichen Werken zur praktischen Erziehung. Beeinflußt von den Theorien Freuds lehnt er jede Zärtlichkeitsbezeugung von seiten der Eltern, die über das Händeschütteln hinausging, ab. Aus: *Life,* 25.6.1950, 116.

Die beiden Söhne Watsons aus zweiter Ehe, die von ihrem Vater konsequent „along behavioristic lines" erzogen wurden. Links William Albert Watson (geb. 1921), der Mediziner wurde und 1962 freiwillig aus dem Leben schied; rechts James Broadus Watson (geb. 1924), heute Vizepräsident der *Hunt-Wesson Foods,* Inc.

akademisches Studium über Bord zu werfen, um dann Psychoanalytiker zu werden – zumal die Praxis der Psychoanalyse den Ärzten vorbehalten war. Zugleich stand man einer Fülle klinischer Fakten gegenüber, die sie hervorgebracht hatte und die unabhängig davon rational erklärt werden wollten. In der Praxis noch recht unerfahren, schätzten viele junge Psychologen die von seiten der Psychoanalyse zumindest eindeutig psychologische Auflösung des Bildes, das ihnen ihre Patienten boten. „Mit den Fakten, die diese Gruppe befähigter Kliniker aufgedeckt haben", schrieb George Humphrey 1920, „haben wir keine Probleme. Auch ist die Klassifikation von Handlungen unter Überschriften wie Kompensation, Rationalisierung etc. praktisch nützlich"[19]. Während Humphrey mit der psychoanalytischen *Theorie* nicht einverstanden war, schien ihm die psychoanalytische Nomenklatur von hohem klinischen Wert (Humphrey 1921a). Er wie auch seine Kollegen English Bagby, John Morgan, F. A. Moss, Gilbert Hamilton, Daniel Leary und Laurence Shaffer versuchten, *Freudsche „Mechanismen" im Rahmen konditionierungs- und lerntheoretischer Konzepte zu erklären* – ähnlich, wie es bereits Holt mit dem psychoanalytischen Begriff „Komplex"

(Holt 1915) und Wells (1916) und Watson (Watson u. Morgan 1917) mit dem Begriff der „Übertragung“ getan hatten.

Aus unserer heutigen Sicht wirken die damals verfaßten Lehrbücher zur Klinischen Psychologie daher recht seltsam. Geht man allein von den Kapitelüberschriften aus, erscheinen sie psychoanalytischer, als sie es tatsächlich waren. So befaßte sich English Bagby in seinem 1928 veröffentlichten Buch „The Psychology of Personality; an Analysis of Common Emotional Disorders“ mit Abschnitten über „Abwehrreaktionen“, „Minderwertigkeitskomplexe“, „Rationalisierung“, „Tagträumen“ und anderen „Reaktionen“. In Morgans „The Psychology of the Unadjusted School Child“ (1924a) finden sich Kapitel über die „Entwicklung des normalen Ich“, den „Kampf mit der Realität“, über „Kompromisse mit der Realität“, „Vergessen und Tagträumen“ etc. Und auch der Behaviorist und Psychotherapeut Gilbert Hamilton befaßte sich in seinem 1925 erschienenen Buch „An Introduction to Objective Psychopathology“ mit Problemen wie „Reaktionen auf Minderwertigkeit“ und „indirekter Responsivität“ (Hamilton 1925). Dahinter standen erste mühsame Versuche, mit Hilfe von Watsons noch recht simplem theoretischem Modell der Fülle von Fakten Herr zu werden. Sie alle interpretierten abnormes Verhalten als im Grunde „abnorme Gewohnheiten“, d.h. als konditionierte Reflexe und die Therapie als einen Prozeß der Erziehung und Neuerziehung. So schrieb English Bagby 1928 in seinem mit „leichteren Störungen des Denkens und Verhaltens“ befaßten Buch: „Eines der wichtigsten Probleme (...) liegt in der Notwendigkeit, Techniken zu skizzieren, die zum Aufbrechen konditionierter, emotionaler Reaktionen verwendet werden können“ (Bagby 1928, S. 39). Und John Morgan (1924a) betonte, viele psychische Eigenheiten, die als abnormes Verhalten klassifiziert würden, seien nichts anderes als falsche Gewohnheiten, die durch Reedukation, d.h. durch das Erlernen neuer Reaktionsmuster verändert werden müßten. Morgan hob auch die Bedeutung falscher Einstellungen für die Entstehung abweichenden Verhaltens hervor (Morgan 1928, 1929) – Einstellungen, die er wiederum als konditionierte Reflexe interpretierte.

In der Therapie bediente man sich nicht allein der von Watson und Jones vorgeschlagenen Techniken, auch manches andere damals bekannte therapeutische Verfahren wurde unter lerntheoretischen Gesichtspunkten analysiert und angewandt. So wundert es nicht, wenn John Morgan bei Phobien, Fetischismus und „ödipalen Fixierungen“ Watsons Methode der negativen Anpassung empfahl, jedoch auch den möglichen Nutzen der „kathartischen Methode“ nach Freud erwähnte (Morgan 1928). Daniel Leary, der die „weniger detaillierte“ Interpretation der Behavioristen bevorzugte, weil sie deutlicher in Übereinstimmung mit allgemein akzeptierten wissenschaftlichen Standards stand, empfahl seinen Lesern sogar, einige psychoanalytische Fälle selbst zu studieren, um die behavioristische Seite auch der orthodoxesten Psychoanalyse zu erkennen (Leary 1928).

Ein Buch, das viele damals behavioristisch orientierte Kliniker von der Richtigkeit des eingeschlagenen Weges überzeugte und ihnen neue Hoffnung gab, war Gilbert Hamiltons 1925 veröffentlichte Studie „An Introduction to Objective Psychopathology". T. V. Moore bezeichnete es später als „die beste amerikanische Arbeit in der Psychiatrie, die auf behavioristischen Prinzipien basiert" (Moore 1945, S. 461). An vielen für den behavioristischen Standpunkt offenen Universitäten wurde es enthusiastisch aufgenommen und galt lange Zeit als Geheimtip. Dem Psychiater und Psychoanalytiker Harry Stack Sullivan war es 1926 immerhin einen dreizehn Seiten langen, vernichtenden Kommentar wert (Sullivan 1926).

Das Projekt, das Robert Yerkes im Vorwort zu Hamiltons Buch optimistisch als „erstes Kapitel einer neuen und vielversprechenden Psychopathologie" beschrieb, war so ungewöhnlich, daß Hamilton dafür keine finanzielle Förderung finden konnte[21]. Wie viele Behavioristen hatte auch er sich intensiv mit der Psychoanalyse befaßt und war von einigen ihrer Aussagen sehr beeindruckt. Sein Versuch, eine völlig neue, objektive Psychopathologie zu schaffen, hatte zum Ziel, „die unverifizierbaren psychomorphen Interpretationen neurotischer Nervosität abzuschaffen, ohne dabei etwas von dem Wertvollen zu opfern, das die Psychoanalyse zu bieten hat" (Hamilton 1925, Vorwort).

Mit der konventionellen Forschung im Bereich der Psychopathologie ging Hamilton damals streng ins Gericht. Bisher habe sich die Psychopathologie nicht den gleichen Idealen ehrlicher und exakter Forschung verschrieben wie die Medizin – schlimmer noch:

> „Wir erlauben unseren neurotischen Patienten, uns durch ihren unkritischen Enthusiasmus über unsere individuell entwickelten therapeutischen Lehren zu täuschen. Die meisten von uns sind in der Lage, bei einer überzeugenden Anzahl von Patienten erfolgreich zu sein; wenn wir nichts dagegen tun, lassen sie uns in dem Glauben, daß wir über eine außerordentliche und unheimlich wissenschaftliche Einsicht in die menschliche Natur verfügen. Darin liegt eines unserer größten Hemmnisse, um *die* besondere Ehrlichkeit zu erringen, die den guten Chirurgen oder den guten Internisten dazu zwingt, zuzugeben, daß er nicht versteht, wenn er nicht versteht, und daß er nicht heilen, sondern nur Leiden lindern kann, wenn er nur lindern kann" (Hamilton 1925, S. 205).

Hamiltons Plan, in Newark/Ohio, einer kleinen Industriestadt mit 26 000 Einwohnern, „eine Art selbstfinanzierter Forschung unter der arbeitenden Bevölkerung" durchzuführen, brachte Untersuchungsergebnisse über die psychischen Probleme einer Bevölkerungsgruppe, die bis zu diesem Zeitpunkt von der Forschung nicht erfaßt worden war. Hamilton ließ sich mit seiner Praxis für die Dauer des Projektes in Newark nieder und behandelte seine Patienten kostenlos oder zu sehr niedrigen Sätzen. Insgesamt konnte er für seine Studie, die er als „grob exploratorisch" bezeichnete[22], 200 Fälle auswerten. Es handelte sich überwiegend um leichtere Störungen, die er unter der allgemeinen Kategorie „nervousness" faßte. Ziel der Untersuchung war u. a. die Anwendung des von ihm empirisch entwickelten Klassifikationssystems, eine erste

Statistik, die der Entwicklung neuer Hypothesen dienen sollte. Wie auch in früheren Arbeiten richtete er seine ganze Energie auf die Abklärung der Entstehungsursachen psychischer Störungen. Die therapeutischen Maßnahmen bestanden daher lediglich darin, „dem Patienten anwendbare Kenntnisse über die objektive Psychopathologie (...) zu geben" (Hamilton 1925, S. 208), und hatten in seiner Untersuchung einen sekundären Stellenwert.

Wie auch andere Behavioristen, die sich mit klinischen Fragestellungen befaßten, fühlte Hamilton sich versucht, im Rahmen der psychoanalytischen Theorie beschriebene Phänomene behavioristisch neu zu fassen, was ihm von seiten H. S. Sullivans den Vorwurf eintrug, lediglich eine „terminologische Auffrischung Freudscher Ideen" hervorgebracht, d. h. störende „psychomorphe" durch „biomorphe" Formulierungen ersetzt zu haben (Sullivan 1926). Tatächlich fehlte vielen Ausführungen Hamiltons die empirische Grundlage; doch unterschied er sich darin in nichts von Klinischen Psychologen wie z. B. John Morgan und English Bagby. Hamiltons konsequente interpretative Leistung, gestützt von ersten experimentellen und klinischen Untersuchungen, ließ seine Zeitgenossen hoffen, daß es möglich sein würde, die „Farblosigkeit und Unzulänglichkeit der idealen behavioristischen Reedukation" (Jeliffe 1917, S. 269) zu überwinden und durch solide empirische Forschung zu einer Theorie zu gelangen, die die Psychoanalyse ablösen konnte. Die Klinischen Psychologen der zwanziger Jahre bewunderten Freud, und sie schätzten seine Theorie. Aber sie suchten auch nach Möglichkeiten, die praktische Arbeit mit ihrem Wissenschaftsverständnis in Einklang zu bringen. Hamiltons Buch zeigte erstmals den Weg dazu auf.

Exkurs: Die moralische Revolution und ihre Experten

Ein Thema, das in den zwanziger Jahren für eine gebildete Mittelschicht und die damit befaßten Experten in unmittelbarem Zusammenhang zu Fragen der Kindererziehung, abweichendem Verhalten und Psychotherapie stand, war das Thema Sexualität. Auch im Denken der Klinischen Psychologen bildete es einen Schwerpunkt eigener Art und begünstigte die Rezeption der Psychoanalyse.

Als Freuds Theorien die amerikanische Öffentlichkeit erreichten, befanden sich die moralischen Normen, die gesellschaftliche Moral in einer Phase grundlegenden Wandels. Nach dem Motto „Reinheit durch Wissen" veranstalteten eine Vielzahl staatlicher und lokaler Gruppen in den Jahren zwischen 1905 und 1917 sogenannte „Reinheitskampagnen", getragen von Ärzten, Erziehern, Psychologen, Priestern und engagierten Frauen, deren Ziel die Bekämpfung der Prostitution war. Ihre Forderung nach freier und offener Diskussion aller Fragen, die mit diesem Thema zusammenhingen, führte erstmals zu einer nationalen Diskussion über die Probleme der sexuellen Aufklärung, über Geschlechtskrankheiten etc. Die Kreuzzüge der „purity crusaders", ursprünglich dazu gedacht, die bestehenden moralischen Normen der amerikanischen Gesellschaft zu festigen, hatten zur Folge, daß sich im Zuge der allgemeinen Diskussion liberalere Einstellungen durchsetzten und einen grundlegenden Wandel einleiteten (Hale 1971).

Die Psychoanalytiker, die die falsche Moralität der Industriegesellschaft anprangerten, wurden bald zu Wortführern der neuen Bewegung. Auch boten sie erstmals ein Therapieverfahren an, das die so verursachten psychischen Störungen zu beheben versuchte. Die therapeutische Auflösung ödipaler Bindungen war für die Anhänger Freuds eine wesentliche Voraussetzung für den späteren Lebenserfolg; daher richtete sich ihre Kritik insbesondere auf die Rolle der Frau und Mutter, die in der amerikanischen Familie in Fragen der Erziehung und Moral traditionell dominierte.

Liberal gesinnte Mediziner wie Adolf Meyer mahnten ihre Kollegen damals zu Toleranz und Offenheit gegenüber den psychoanalytischen Thesen zu Fragen der Sexualität (Meyer 1906). Doch ließ es sich nicht vermeiden, daß das Thema in der polemischen Diskussion um die Psychoanalyse eine wichtige Rolle spielte. Gegner der Psychoanalyse benutzten es, um die Psychoanalytiker zu verleumden; und die Psychoanalytiker selbst machten davon Gebrauch, indem sie ihren Kritikern eine extrem prüde Einstellung unterstellten. So auch im Falle G. V. Hamiltons, dem H. S. Sullivan empfahl, seine objektive Psychopathologie erst einmal von den „anmaßenden Postulaten eines puritanischen, ethischen Absolutismus“ zu befreien (Sullivan 1926). Die amerikanischen Psychoanalytiker betrachteten sich damals auf dem Gebiet der Sexualität als Experten und behandelten alternative Erklärungsansätze als Übergriffe in ihren eigenen Kompetenzbereich.

Von den Deutungen der Anhänger Freuds blieb der Bereich der Kindererziehung und der psychischen Hygiene nicht verschont. Verwirrung stiftete in diesem Zusammenhang Freuds sehr breites Konzept der Sexualität, mit dem er schon beim Kleinkind „polymorph-perverses“ Verhalten postulierte. Jeder, der sich damals mit klinischen Fragestellungen befaßte und Freuds Arbeiten nicht vollständig ignoriert hatte, mußte sich diesem Bereich mit einer deutlich „sexualisierten“ Perspektive nähern. Heute nur noch schwer nachvollziehbar, stand das Thema Sexualität auch für die frühen Behavioristen im Mittelpunkt ihrer wissenschaftlichen und praktischen Überlegungen. Engagierte Wissenschaftler wie John Watson und Gilbert Hamilton betrachteten die Erforschung der menschlichen Sexualität für Pädagogik und Psychopathologie als von grundlegender Bedeutung.

John Watson und Gilbert Hamilton – Empirische Untersuchungen zur menschlichen Sexualität

John Watson, erinnerte sich Curt Richter später, „explorierte die Freudsche Theorie vom Standpunkt der Sexualität“[23]. Bereits 1914 sprach Watson den Psychoanalytikern enthusiastisch das Verdienst zu, die Bedeutung sexueller Aspekte des Verhaltens richtig erkannt zu haben (Watson 1914). Wenige Jahre später modifizierte er seine Auffassung; anhand eigener Untersuchungen bei Kleinkindern hatte er festgestellt, daß diese keineswegs „süchtig sind, mit ihrem Urin, dem Stuhl oder (ursprünglich) sogar mit dem Anus oder den Sexualorganen zu spielen“ (Watson u. Morgan 1917, S. 167). Damals erkannte Watson, daß es sorgfältigerer empirischer Untersuchungen bedurfte, um auf diesem Gebiet Aussagen machen zu können, – daß man sich auf die Beobachtungen Freuds allein nicht stützen konnte. Komplexere Situationen wie das Zusammenleben in der Familie, die Formen der Bestrafung, wichtige Lebensereignisse, die Entwicklung der Sexualität, Formen sexueller Befriedigung etc. sollten berücksichtigt werden (Watson 1919). Nachdem Watson im ersten Weltkrieg einige Aufklärungsfilme zur Bekämpfung von Geschlechtskrankheiten bei Soldaten gesehen hatte, nahm er gleich nach seiner Entlassung die Gelegenheit wahr, praktisch noch in den Wirren der Nachkriegszeit, eine Fragebogenaktion im Auftrag des *U.S. Interdepartmental Social Hygiene Board* zu initiieren, die der „Untersuchung des informativen und pädagogischen Effekts von Filmen, die bei den verschiedenen Kampagnen zur Kontrolle, Elimination und Prävention von Geschlechtskrankheiten verwendet wurden“ (Watson u. Lashley 1920, S. 769), dienen sollte. Natürlich war Watson nicht wirklich daran interessiert, die Wirkung solcher Kampagnen zu untersuchen. Doch bot sich hier erstmals die Möglichkeit, über die experimentelle Erforschung des Sexuallebens von Ratten, Hasen und Meerschweinchen hinauszukommen (Watson 1929) und eine neue Form der Grundlagenforschung unmittelbar am Menschen zu betreiben. Eine „Expertenbefragung“ – man verschickte Fragebögen an Mitglieder verschiedener medizinischer Gesellschaften – sollte den Anfang machen. Das pädagogische Programm, das man aus den Expertenmeinungen ableiten wollte, sollte jedoch nicht nur der Vermeidung von Geschlechtskrankheiten dienen, sondern vielmehr der *Prävention von Fehlanpassungen in der Ehe* (Watson u. Lashley 1920). Parallel dazu ließ Watson die *Anti-VD Filme* mehr als 5000 Zivilisten vorführen, um ihre Wirkung kennenzulernen; gemeinsam mit Karl Lashley verteilte er während der Aufführungen Fragebogen und beobachtete das Publikum (Magoun 1981). Doch kam er selbst nicht mehr dazu, seine weiteren Projekte zu planen und zu publizieren. Als er 1920 die Universität verließ, schien es zunächst niemanden zu geben, der seine Arbeit weiterführen konnte.

Das günstige Schicksal, dem John Watson die Möglichkeit verdankte, im Rahmen einer stets auf ihren guten Ruf bedachten amerikanischen Universität Untersuchungen dieser Art durchführen zu können, traf wenig später Gilbert Hamilton, der Watson über Robert Yerkes kannte. Hamilton war damals bereits einer der wenigen, empirisch arbeitenden Experten auf dem Gebiet der Sexualität. Angeregt durch Freuds „Drei Abhandlungen zur Sexualtheorie“ (Freud 1905) hatte er in den Jahren zwischen 1910 und 1915 eine Reihe naturalistischer Beobachtungsstudien an Affen durchgeführt, die ihn zu der Erkenntnis führten, daß das, was man damals noch als pervertiertes sexuelles Verhalten bezeichnete, an anderen Orten der phylogenetischen Skala eine völlig normale und biologisch angemessene Manifestation von Sexualität darstellen konnte (Hamilton 1914b, 1916). Wie auch der Psychoanalytiker Edward J. Kempf, der Hamiltons Untersuchungen wenige Jahre später am *St. Elizabeth's Hospital* in Washington replizierte (Kempf 1917), suchte er nach einem Weg, den Bereich der

Sexualität aus biologisch-wissenschaftlicher, statt aus moralischer Perspektive zu betrachten. 1924, vier Jahre nach Watsons Ausscheiden aus der akademischen Psychologie, erhielt er erstmals die Chance, eine solche Forschung „offiziell" zu betreiben. Das auf Initiative John Watsons und Adolf Meyers 1921 gegründete „Committee for Research on Sex Problems", das dem *National Research Council* unterstand und aus Mitteln des *Bureau of Social Hygiene* finanziert wurde, veranlaßte 1924 die Gründung der *Division of Psychobiological Research,* deren Direktor Gilbert Hamilton wurde (Zinn 1924). Die von ihm durchgeführte, erste große nichtpsychoanalytische Untersuchung sexuellen Verhaltens an 100 verheirateten Männern und 100 verheirateten Frauen bildete einen Vorläufer des spektakulären Kinsey-Reports. Innerhalb von drei Jahren schuf Hamilton mit Hilfe strukturierter Interviews eine Datenbasis, auf der es erstmals möglich war, die Institution der Ehe neu zu bewerten.

Im Zentrum seiner Untersuchung stand wie bei Watson die Frage, ob die Ehe als Institution noch funktionstüchtig sei oder ob sie die Verbundenheit und den ursprünglich hohen sexuell-reaktiven Wert der Partner füreinander eher zerstörte oder behinderte. Anhand seiner Ergebnisse stellte Hamilton fest, daß die Institution der Ehe „für einen ernstzunehmend hohen Prozentsatz amerikanischer Männer und Frauen keineswegs in erträglicher Form" funktionierte (Hamilton 1928, S. 555). Hamiltons mehr als 300 Fragen, die er jedem seiner Interviewpartner zur finanziellen und familiären Situation, zur Aufklärung, zu sexuellen Erfahrungen vor und in der Ehe, zur außerehelichen Sexualität, Orgasmusfähigkeit und zu bestimmten Sexualpraktiken stellte, förderten eine Fülle bis dahin unbekannter Einflußfaktoren zutage, die die Anpassung in der Ehe beeinträchtigen konnten. Besonders beeindruckt war er selbst von einem erkennbaren Zusammenhang zwischen Orgasmusfähigkeit bzw. -unfähigkeit und neurotischem Verhalten. Insgesamt 46 der in seiner Studie erfaßten Frauen hatten nie einen Orgasmus erlebt; von diesen klassifizierte er 24 als „schwer neurotisch". In der Gruppe der 54 sexuell normal reagierenden Frauen klassifizierte er hingegen nur eine einzige als neurotisch (Hamilton 1928).

Gilbert Hamilton veröffentlichte seine Untersuchungsergebnisse in zwei Büchern, einer wissenschaftlichen Fassung („A Research in Marriage") und einer populären, gemeinsam mit Kenneth McGowan verfaßten Version mit dem Titel „What's Wrong with Marriage?" (Hamilton 1928, Hamilton u. McGowan 1929). Doch hinderte ihn die spektakuläre öffentliche Reaktion daran, seine Forschung fortzusetzen[24]. Die Mitglieder des Komitees, angesehene Wissenschaftler wie Carl E. Seashore, F. E. Williams, Walter B. Cannon, William A. White und R. M. Yerkes lehnten es mit Blick auf ihre akademischen Positionen ab, im Vorwort genannt zu werden, und auch der *National Research Council* zog sich aus dem Unternehmen zurück. Lediglich John Watson erklärte sich bereit, die Einführung zu Hamiltons Buch zu schreiben (Hamilton u. McGowan 1929), in der u. a. zu lesen ist:

„Die Erforschung der Sexualität ist immer noch mit Gefahren verbunden. Offen kann sie nur von Forschern durchgeführt werden, die nicht mit einer Universität assoziiert sind. Was für ein

Eingeständnis! Es ist anerkanntermaßen das wichtigste Thema im Leben. (...) Diese Autoren ihre Arbeit aufgeben und zu ihren alltäglichen Pflichten zurückkehren zu lassen heißt, ein wissenschaftliches Verbrechen zu begehen" (Hamilton u. McGowan 1929, Vorwort).

Die Behavioristen der zwanziger Jahre, an ihrer Spitze John Watson und Gilbert Hamilton, entwickelten ihre Wissenschaft in enger Anlehnung an die Bedürfnisse der Gesellschaft, in der sie lebten. Ihr Forschungsdrang machte vor moralischen Vorbehalten und Vorurteilen nicht halt, was sie der (z.T. berechtigten) Kritik ihrer Zeitgenossen aussetzte. Doch waren viele von ihnen in der damaligen Zeit noch zu schwach, noch zu sehr Einzelkämpfer, um der übermächtigen klinisch-psychodynamischen Praxis standhalten zu können. Gilbert Hamilton kehrte nach Abschluß seiner Untersuchungen nach Kalifornien zurück und begann dort wieder als Psychotherapeut zu arbeiten. In den dreißiger Jahren veröffentlichte er nochmals einige Aufsätze zum emotionalen Leben der Frau (Hamilton u. McGowan 1928, Hamilton 1931) und zur Homosexualität (Hamilton 1936); seine ganze Energie galt jedoch nun seinen Patienten, die er traditionell *psychoanalytisch* behandelte.

Dieser Sinneswandel mag verwundern, doch muß man berücksichtigen, daß Hamiltons Kritik an der Psychoanalyse immer ihren Methoden und weniger ihren Inhalten gegolten hatte – eine Sichtweise, die auf viele Behavioristen der zwanziger Jahre zutraf. Langfristig gesehen konnte er seine eigenen Vorstellungen ohne jede Unterstützung von außen nicht durchhalten. Als Psychotherapeut, nicht als Wissenschaftler, brauchte er einen plausiblen, praktikablen Ansatz, ein möglichst homogenes System zur Diagnostik und Therapie unterschiedlichster Störungen. Darin lag die Stärke der Psychoanalyse, das war es, was sie Klinischen Psychologen und Psychiatern anbieten konnte – ein komplettes, in sich schlüssiges Konzept für die praktische Arbeit. Und es war die Klinische Praxis, die Beratung und Behandlung psychischer Störungen, nicht die Forschung, die die Klinischen Psychologen der zwanziger Jahre primär beschäftigte. Hamilton blieb auch in den folgenden Jahren ein interessierter Beobachter der wissenschaftlichen Szene. Die Arbeiten der Forscher am *Institute of Human Relations* in Yale Mitte der dreißiger Jahre bestärkten ihn in seiner Hoffnung, daß eines Tages sowohl eine Theorie wie auch eine Technologie zur Diagnose und Behandlung psychischer Störungen auf objektiver, empirischer Grundlage entwickelt würde[25]. Doch meinte er über seine eigene Arbeit 1931 leicht resignativ in einem Brief an W. S. Taylor:

„Tatsächlich betrachte ich sie (die Psychoanalyse; Anm. d. Verf.) als die beste erklärende Formulierung, die es zur Zeit gibt, und sie entspricht den Fakten klinischer Erfahrung genug, um meine Tätigkeit als Psychoanalytiker zu rechtfertigen. (...) In der Behandlung meiner Patienten halte ich mich nicht länger mit der Terminologie auf. Ich warne sie lediglich, daß ich als Psychoanalytiker häufig auf Freudsche Metaphern zurückgreife und objektivere Erklärungen möglich sind"[26].

Gegen Ende der zwanziger Jahre hatte die Psychoanalyse in der Psychologie wie auch in der Psychiatrie erheblich an Boden gewonnen. Die wichtigsten Protagonisten eines objektiven Standpunktes, John Watson und Gilbert Hamilton, zogen sich aus der aktiven Forschung zurück. Und man wußte nun, daß es besserer und intensiverer empirischer Forschung bedurfte, um dem Behaviorismus in der Klinischen Psychologie zu Ansehen zu verhelfen.

Auf der Wende zu einem neuen Jahrzehnt

Der 25. Oktober 1929, der „schwarze Freitag“[27] an der New Yorker Börse, war das Signal für eine weltweite Wirtschaftskrise, die das Klima der dreißiger Jahre prägte. Die „Furcht bannen“ wurde laut dem amerikanischen Präsidenten Roosevelt zur wichtigsten politischen Aufgabe des kommenden Jahrzehnts, denn viele Amerikaner traf der wirtschaftliche Niedergang nicht nur unvorbereitet, er war ihnen im Grunde unverständlich (Cochran 1968). 1932 waren mehr als zwölf Millionen Amerikaner arbeitslos, und die Gesamtsumme der in diesem Jahr ausbezahlten Löhne lag um 60% niedriger als im Jahre 1929 (Allen 1954).

Mit der rapiden Veränderung der gesellschaftlichen Lage wandelte sich auch das Bild der Wissenschaft im öffentlichen Bewußtsein. Während die wirtschaftliche Verschlechterung die Universitäten und die wissenschaftliche Forschung weit weniger traf als den einzelnen, sah man in ihr nun deutlicher den Verursacher all dieser Produktivität, die so viele Menschen arbeitslos gemacht hatte. Erstmals wertete man die wirtschaftliche Depression als Zeichen dafür, daß Wissenschaft und Technologie außer Kontrolle geraten waren (Burnham 1977).

Auch die Psychologie blieb von den Entwicklungen der Zeit nicht unberührt. Die Chancen, im Bereich von Lehre und Forschung eine Anstellung zu finden, nahmen im Verlauf der dreißiger Jahre rapide ab; zugleich wuchs die Zahl derjenigen, die nach Abschluß ihres Psychologiestudiums eine Stelle suchten. Während die APA 1931 noch 1100 Mitglieder zählte, hatte sich diese Zahl bis zum Jahre 1939 verdoppelt. Bereits 1935 arbeitete ein Drittel aller Psychologen außerhalb der Universitäten, bis 1939 erhöhte sich ihr Anteil auf ca. 40% (Napoli 1981, Reismann 1976). Die Klinische Psychologie erwies sich, wie auch in späteren Jahren, als eines der aussichtsreichsten Anwendungsgebiete für angehende Psychologen; bereits 1935 gab es 676 Psychiatrische und 87 Psychologische Kliniken (Louttit 1939). Doch kam nun auch die mangelnde berufliche Absicherung der Klinischen Psychologen zum Tragen. Viele von ihnen arbeiteten unter der Supervision von Psychiatern, die damals, Anfang der dreißiger Jahre, ihr Verhältnis zur Klinischen Psychologie bewußt verschlechterten, um ihre eigenen professionellen Interessen durchsetzen zu können. Während Anfang der zwanziger Jahre die überwiegende Mehrheit der amerikanischen Psychiater in den großen staatlichen Kliniken arbeitete, machte diese Gruppe 1932 nur noch 54% der Mitgliedschaft der *American Psychiatric Association* aus (Russell 1932). Für die Arbeit in den neuen, extramuralen Bereichen brauchte man eine überzeugende Legitimation; und so wuchs der Druck auf die *American Medical Association,* endlich die Voraussetzungen für eine geregelte Facharztausbildung zu schaffen. Die abschreckende Vision Klinischer Psychologen als Konkurrenten der Psychiater spielte in den Diskussionen um diese Frage eine zentrale Rolle (z.B. Healy 1925, Orton 1929, May 1933). So entschloß sich die *American Medical Association* schließlich 1934, mit dem *American Board of Psychiatry and Neurology* die Basis für eine berufsqualifizierende Ausbildung zu schaffen.

Auch in den dreißiger Jahren, so stellte J. E. W. Wallin 1955 rückblickend fest, zeigten sich die Klinischen Psychologen weit weniger aggressiv und engagiert in bezug auf die Vertretung professioneller Interessen als die Psychiater (Wallin 1955). Noch wandelten sich die Tätigkeitsfelder und Aufgaben rascher als die Politik der traditionellen Organisationen und ihrer Funktionsträger. Und die *American Psychological Association* konnte sich damals zu keinerlei konsequenter berufspolitischer Vertretung durchringen. Denn „akademische Psychologen betrachteten die Klinische Psychologie häufig als einen niedrigen Dienst, verrichtet in einer untergeordneten Rolle" (Napoli 1975, S. 118). Obwohl ein Großteil der Psychologischen Kliniken an Universitäten und Colleges eingerichtet worden war, zeigte man in diesen Institutionen relativ wenig Interesse für die Klinische Psychologie. Weder ermutigte man die Studenten, sich mit praktischen Fragestellungen zu befassen, noch bemühte man sich um berufsqualifizierende Ausbildungsprogramme (Davies 1929, Tulchin 1930). So verwundert es nicht, wenn Fred Keller rückblickend auf seine Studienzeit an der *Harvard University* über Henry A. Murray, der dort an der Psychologischen Klinik arbeitete, meinte, er sei zwar der diskussionsfreudigste und zugänglichste seiner Lehrer gewesen, aber zugleich feststellte: „Er war natürlich kein *echter* Psychologe wie die in Emerson Hall ..." (Keller 1970, S. 30). Angesichts des geringen Interesses akademischer Psychologen, sich für die Belange der Klinischen Psychologie zu engagieren, vertiefte sich die Kluft zwischen beiden Gruppen.

Die theoretische Orientierung der Klinischen Psychologen wandelte sich nun deutlich. Anfang der dreißiger Jahre, mit wachsender klinischer Erfahrung, bemühte man sich verstärkt um eine aus damaliger Sicht „professionelle", d.h. „psychodynamische" Perspektive – damit einem allgemeinen Trend in Psychiatrie und Sozialarbeit folgend, der sich wohl am deutlichsten in dem gewandelten Handlungsansatz der *Child Guidance Kliniken,* der vom *Commonwealth Fund* finanzierten Kliniken zur Beratung verhaltensauffälliger Kinder, widerspiegelte. Dort verlor sich zu Beginn der dreißiger Jahre der breite behaviorale Ansatz, der den Psychiatern der zwanziger Jahre als Einstieg in die neuen Anwendungsbereiche gedient hatte. Die psychoanalytische Perspektive war der bevorzugte Ansatz der in den Kliniken arbeitenden Sozialarbeiter, die sich im Zuge ihrer eigenen Professionalisierung stärker mit den therapeutischen Zielen der Medizin zu identifizieren suchten (Cohen 1958, Lubove 1964). Er paßte gut zu den Problemen der Mittelschichteltern, die das neue Stammpublikum der Kliniken bildeten, nachdem diese aus der Förderung des *Commonwealth Fund Program* entlassen worden waren und sich selbst unterhalten mußten. Immer häufiger wurde die *Child Guidance* zu einer Therapie für Mütter (Stevenson 1934) und machte damit die

Rolle des Psychologen als „Tester“ im Team der Klinik überflüssig. Der Trend, auf psychologische Diagnostik ganz zu verzichten (Moore 1945), mahnte viele Klinische Psychologen, sich rechtzeitig dem medizinisch-psychiatrischen Kontext anzupassen, in dem fast 50% aller Vollzeitstellen bereitgestellt wurden. Während man sich in den zwanziger Jahren noch an der akademischen Psychologie orientiert hatte, begann man nun verstärkt, sich mit der psychiatrischen Praxis zu identifizieren, in der man arbeitete. Das Rollenverständnis der Klinischen Psychologen veränderte sich.

Ivan Petrovich Pavlov in Amerika

Als I. P. Pavlov 1929 in seiner Eigenschaft als Präsident des Internationalen Kongresses für Physiologie nach Boston kam, mischte sich auch ein junger Wissenschaftler namens Fred Skinner unter den Kreis von Bewunderern, die Pavlov bei jedem Ereignis, zu dem er erschien, begeistert umringten (Skinner 1966). Wie kaum einem Wissenschaftler war es I. P. Pavlov gelungen, die amerikanischen Psychologen in Erstaunen zu versetzen und zu neuen Leistungen anzuspornen. 1927 erschien Anreps Übersetzung von Pavlovs Vorlesungen über die Großhirnhemisphären, die erste systematische Darstellung seiner Forschungsergebnisse in englischer Sprache. 1928 brachte W. Horsley Gantt seine gesammelten Aufsätze und Vorlesungen heraus, die einen Überblick über die fünfundzwanzigjährige Forschungstätigkeit Pavlovs enthielten (Pavlov 1927, 1928). Pavlovs Studien zum konditionierten Reflex gaben den amerikanischen Wissenschaftlern neue Rätsel auf und machten zugleich deutlich, wie sehr man die objektive Experimentation zugunsten pragmatischer Anwendungsversuche vernachlässigt hatte. Großangelegte Untersuchungen zum Phänomen der „experimentellen Neurose“ und die Arbeiten so bekannter Lerntheoretiker wie Clark Hull, Edward C. Tolman[28], Edwin R. Guthrie und B. F. Skinner waren Produkte der Wirkung Pavlovs in Amerika.

Amerikanische Untersuchungen zum Phänomen der „experimentellen Neurose“ I

Die tierexperimentelle Forschung, die im Amerika der dreißiger Jahre eine Blütezeit erlebte, war noch ganz nach dem Vorbild der Pavlovschen Untersuchungen angelegt. 1926, nachdem er Pavlovs Laboratorien in der UdSSR besucht hatte, gründete H. S. Liddell an der *Cornell University* seine *Behavior Farm.* Wenige Jahre später kam der amerikanische Arzt W. Horsley Gantt aus der Sowjetunion zurück, um an der *Johns Hopkins University* das *Pavlovian Laboratory* zu eröffnen. Die Forscherteams beider Universitäten leisteten in den kommenden Jahren harte Aufbauarbeit. Man sammelte Erfahrungen, machte sich mit den Tieren, ihrer Aufzucht und Haltung vertraut, entwickelte geeignetes Versuchs- und Meßgerät. Das Phänomen der experimentellen Neurose entstand dabei, ähnlich wie in Pavlovs Laboratorien, mehr zufällig – ein Ergebnis der Überforderung der Versuchstiere (Broadhurst 1960).

Erstmals beschrieben wurde eine experimentelle Neurose in der Dissertation von Marija Erofeeva im Jahre 1912. Eine neue Methode der Herstellung ergab sich in den Untersuchungen von Natalja Šenger-Krestovnikova (1921). Beide Wissenschaftlerinnen waren damals als Mitglieder in Pavlovs Forschungsstab intensiv mit der Analyse des Aufbaus und der verschiedenen Einflußfaktoren auf konditionierte Reflexe beschäftigt. Marija Erofeeva versetzte ihrem Versuchstier zunächst einen leichten elektrischen Schlag (CS), um eine ursprünglich auf Futter (UCS) auslösbare konditionierte Speichelreaktion hervorzurufen. Im Verlauf des Experiments steigerte sie die Stärke des elektrischen Schlags und die konditionierte Speichelflußreaktion blieb bestehen; als sie jedoch die Stimulationsorte auf der Haut mehrfach veränderte, gebärdete sich das Tier plötzlich unruhig und aufgeregt. Auch schwache elektrische Schläge konnten nun keine konditionierte Reaktion mehr auslösen.

Natalja Šenger-Krestovnikova erzeugte bei ihrem Versuchstier ähnliche Reaktionen, nachdem sie seine Diskriminationsfähigkeit bei zunehmend ähnlichen Stimuli – die Form einer Ellipse wurde stufenweise der eines Kreises angenähert – überforderte. Nach einigen Wochen korrekter diskriminativer Leistungen, d. h. Speichelfluß auf den Kreis, jedoch nicht auf die Ellipse, verschlechterten sich die Leistungen des Versuchstieres plötzlich, es bellte, war aufgeregt und wehrte sich gegen das Versuchsgerät. Auch ein „Retraining" konnte die erworbenen emotionalen Reaktionen nicht abbauen. Sobald das Tier nach einigen Probeläufen mit einfacheren Diskriminationsaufgaben wieder vor die schwierige Aufgabe gestellt wurde, reagierte es „neurotisch" (Kazdin 1978).

Pavlov, der sich ab 1921 intensiv mit der Untersuchung experimenteller Neurosen beschäftigte, interessierte jedoch nicht das Phänomen an sich. Wie auch schon im Falle des konditionierten Reflexes diente es ihm lediglich dazu, Rückschlüsse über die ihm zugrundeliegenden, hypothetisch angenommenen kortikalen Prozesse zu ziehen. Pavlovs Theorie basierte auf der Annahme zweier gegensätzlicher, aber komplementärer Prozesse der Erregung und der Hemmung, die in der Hirnrinde einen Zustand der Balance aufrechterhielten. Wird ein konditionierter Reflex geformt, so erwirbt der konditionierte Stimulus excitatorische Kräfte; zur Differenzierung dieses Stimulus von anderen, ähnlichen Stimuli ist jedoch ein zweiter, inhibitorischer Prozeß notwendig, durch den alle nichtverstärkten Stimuli gehemmt werden. Verschiedene Stimuli erregten nach Pavlovs Vorstellungen unterschiedliche Orte auf der Gehirnoberfläche, wobei er bei ähnlichen Stimuli davon ausging, daß auch ihre neuralen Repräsentationen nahe beieinanderlagen. Hatte ein Ort der Hirnrinde durch den Prozeß der Konditionierung erregende oder hemmende Fähigkeiten erworben, so erzeugte die Stimulation dieses Punktes eine Welle der Erregung oder Hemmung, die sich auch auf benachbarte Orte der Hirnrinde ausdehnte. Je ähnlicher zwei Stimuli, desto näher beieinander lagen ihre neuralen Repräsentationen und desto größer war die Interaktion zwischen ihnen (Miller u. Buckhout 1973).

Im Falle einer experimentellen Neurose lag die Ursache für den Zusammenbruch des Verhaltens nach Pavlov in der Unfähigkeit der Gehirnzellen begründet, rasch genug von dem einen auf den anderen Prozeß umschalten zu können. Der Konflikt zwischen beiden Prozessen wurde letztlich durch die Dominanz eines Prozesses gelöst, was beim Tier zu extremer Agitation (Dominanz des excitatorischen Prozesses) oder zu Apathie (Dominanz des inhibitorischen Prozesses) führte. Der Zusammenbruch des einen oder anderen Systems war laut Pavlov häufig nur temporärer Art; doch konnte es bei wiederholter Stimulation zu einem chronischen funktionalen Schaden des Gehirns kommen.

Pavlov ging davon aus, daß die von ihm und seinen Mitarbeitern beobachteten Reaktionen auch für gestörtes menschliches Verhalten von Bedeutung waren. Wesentlich später als Bechterev wandte er sich nun psychotischem Verhalten zu, untersuchte Patienten und theoretisierte über die Ursache spezifischer psychiatrischer Symptome wie Apathie, Negativismus, Bewegungsstereotypien, von Ängsten und Katalepsie.

Die unterschiedlichen Reaktionsformen, die seine „neurotischen" Versuchstiere entwickelten, führten ihn auf der Basis des Erregungs-Hemmungs-Paradigmas zu seiner Typologie der Nervensysteme (Baader 1972, Kazdin 1978). Mitarbeiter Pavlovs wie N. F. Krasnogorski und A. G. Ivanov-Smolenski setzten seine Untersuchungen zur Physiologie der Großhirnhemisphären bei Geisteskranken fort, führten Konditionierungsexperimente an psychotischen Patienten durch und analysierten die pathologischen Veränderungen ihrer Reaktion als „Äußerungen der pathologischen Tätigkeit der Rinde der großen Hemisphären, (...), als pathologische Veränderungen in den Prozessen der Erregung und Hemmung in der Rinde" (Ivanov-Smolenksi 1928, S. 347).

Gilbert V. Hamilton (1877–1943)

I. P. Pavlov und Walter B. Cannon in Boston, 1929. Nachdem Pavlov auf der Grand Central Station in New York die gesamte Reisebörse von 2000 Dollar abhanden gekommen war, wohnte er während seines USA-Aufenthalts bei seinem Freund Cannon. Wie viele Wissenschaftler dieser Zeit verständigten sich die beiden auf deutsch.

Zahlreiche Publikationen in deutscher, französischer und englischer Sprache machten ihre Überlegungen vor dem Hintergrund der Pavlovschen Theorie unter Neurologen und Psychiatern der zwanziger und Anfang der dreißiger Jahre bekannt (Ivanov-Smolenksi 1924, 1927a, b und c, 1928; Krasnogorski 1925, 1933). Doch während man das Konzept der „experimentellen Neurose" in den USA akzeptierte, ohne es zu hinterfragen, scheiterten diese Beiträge an der Kritik der Amerikaner an Pavlovs spekulativer Theorienbildung. Die Analogie neurotischer Störungen beim Menschen zu den im Tierexperiment künstlich erzeugten „experimentellen Neurosen" hingegen schien plausibel, nicht zuletzt aus der Sicht der damals populären Psychoanalyse, die ebenfalls auf einem Konfliktmodell basierte.

Wie auch in der UdSSR konzentrierte man sich in den USA zunächst ganz auf Fragestellungen zur Ätiologie. H. S. Liddell hatte den konditionierten Reflex ursprünglich nur als objektive Untersuchungsmethode einsetzen wollen. Auf das Phänomen der experimentellen Neurose aufmerksam geworden, widmete er sich

Gheorghe Marinescu (1863–1938)

jedoch bald ganz seiner Erforschung. Für ihn war das Tier ein „einzigartiges Versuchsobjekt“, mit dem es erstmals möglich war, grundlegende biologische Verhaltensmuster zu beobachten, die bei psychisch gestörten Menschen bereits durch ethische Standards, soziale Traditionen etc. überformt sein mußten. In seinen Untersuchungen verwendete Liddell eine Reihe eher unüblicher Versuchstiere wie Schafe, Schweine und Kaninchen. Er war davon überzeugt, daß die experimentelle Neurose durch Bedingungen ausgelöst wurde, die denen einer Konfliktsituation beim Menschen ähnelten. Wie auch andere tierexperimentelle Forschungszweige für bestimmte Spezialgebiete der Medizin unersetzlich waren, glaubte Liddell an die unmittelbare Bedeutung seiner Arbeiten für die Psychiatrie (Liddell 1938).

Das Interesse an dem neuen Forschungsbereich verstärkte sich in den dreißiger Jahren. So befaßte sich der *National Research Council* gleich zweimal mit diesem

Thema: Man veranstaltete eine „Conference on Experimental Neuroses and Applied Problems", deren *Proceedings* 1937 veröffentlicht wurden, und ein Jahr später gab Walter R. Miles das Buch „Problems of Neurotic Behavior; the Experimental Production and Treatment of Behavior Derangement" als Publikation des *National Research Council* heraus (Broadhurst 1960). „Wir haben nun einen wunderschönen Beweis für das, was wir schon vermutet hatten, nämlich, daß diese experimentellen Neurosen das Ergebnis eines Konfliktes sind, wie unsere klinischen Neurosen auch", erklärte der Psychoanalytiker Thomas M. French 1937 im Anschluß an einen Vortrag Liddells vor der *American Psychiatric Association*[29]. Und auch Ernest Hilgard und Donald Marquis schrieben in ihrem 1940 veröffentlichten Buch „Conditioning and Learning": „... es ist offenkundig, daß die experimentelle Neurose, die er (Pavlov; Anm. d. Verf.) beobachtete, von einem Zustand abhängig war, der konfligierende Tendenzen beinhaltete" (Hilgard u. Marquis 1940, S. 288). Empirisch orientierte Psychologen wie Psychiater setzten damals große Hoffnungen in die neue Forschung Liddells und Gantts (s.a. Hunt 1936, Dunlap 1943). Zugleich trugen ihre Arbeiten jedoch dazu bei, die Überzeugung der Amerikaner zu festigen, *neurotisches Verhalten entstehe auf der Basis eines Konfliktes* – ein Denkansatz, der der lerntheoretischen Perspektive Watsons aus den zwanziger Jahren widersprach.

Die Lerntheoretiker

Die dreißiger Jahre gaben den Auftakt zu den vier großen Lerntheorien Hulls, Tolmans, Skinners und Guthries, die die psychologische Forschung der nächsten Jahrzehnte nachhaltig beeinflußten. Weniger durch den persönlichen Kontakt, als beeindruckt von der enormen Fülle der empirischen Forschungsergebnisse der russischen Wissenschaftler begannen sie, den Behaviorismus Watsons auf eine empirische Basis zu stellen. „Vollkommen selbständig", so reflektierte der in Paris weilende Russe N. E. Ischlondski 1930 die Entwicklung in den USA, „setzte sich die objektive Untersuchungsmethode bei der Erforschung neuropsychischer Phänomene in Amerika durch.

Sie begann mit den schönen Arbeiten von Thorndike, an die sich dann die Arbeiten von Yerkes, Parker, Watson u.a. anschlossen. Bemerkenswert sind die Motive, die die Amerikaner zu der neuen Problemstellung bestimmten. Nach Ansicht der amerikanischen Forscher wird die objektive Methode durch die Forderungen des praktischen Lebens gerechtfertigt. Im Leben des Menschen und *für* dasselbe sind nicht die *subjektiven Zustände* der Mitmenschen, sondern einzig und allein die *Äußerungen* dieser Zustände wichtig, wie sie in *Zeit und Raum* verlaufen ..." (Ischlondski 1930, S. VII).

Doch während die Europäer noch über die pragmatischen Motive der Behavioristen staunten, war in der lerntheoretischen Forschung bereits ein grundlegender Wandel eingetreten. Entkleidet man die Theorien Hulls, Guthries und Skinners ihres Lehrbuchcharakters, so werden ursprüngliche Ziele und Beweggründe dieser Wissenschaftler wieder sichtbar.

Clark Hull begann gleich nach dem Erscheinen von Anreps Übersetzung, Pavlovs Experimente mit den in den USA üblicheren Versuch-und-Irrtums-Experimenten zu vergleichen. In dem Bemühen, das Auftreten und die starke Verknüpfung zwischen konditioniertem Stimulus und konditionierter Reaktion zu erklären, gab es damals zwei alternative Standpunkte, die Annahme eines Verstärkungsprozesses und die Erklärung mit Hilfe des Prinzips der Substitution. Wie E. R. Guthrie war auch Clark Hull zunächst davon überzeugt, daß ein Verstärkungsprinzip zur Erklärung des Lernprozesses überflüssig sei, und vertraute allein auf das – im Sinne von Watsons Behaviorismus einwandfreie – Prinzip der Substitution. Hulls experimentelles Programm galt den Faktoren, die den Prozeß des Lernens beeinflußten. Doch seine experimentelle Praxis zeigte ihm, daß es nicht möglich war, motivationale Faktoren zu vernachlässigen. Seine Versuchstiere ließen sich häufig nur in depriviertem Zustand zu bestimmten Handlungen motivieren – ein Faktum, das er aus seinen theoretischen Überlegungen nicht ausklammern konnte.

Hulls Forschungsinteresse galt nicht allein der experimentellen Untersuchung quantitativer Aspekte des konditionierten Reflexes. Zwar vermerkte er in seinem Tagebuch am 4. Juni 1933, daß er nun erstmals beginne, über die russischen Arbeiten hinauszugehen und neue Phänomene zu entdecken, doch entschied er sich im September desselben Jahres dafür, zunächst die Theorie auszuarbeiten und Untersuchungen zum konditionierten Reflex lediglich von Zeit zu Zeit durchzuführen[30]. Hulls theoretische Bemühungen zielten auf die Rettung der im Theorienpluralismus erstikkenden, wissenschaftlichen Psychologie. Sie galten ihrer Systematisierung nach bestimmten, wissenschaftlichen Prinzipien der Theorienbildung. In seinem Aufsatz „Simple Trial-and-Error Learning: A Study in Psychological Theory" (1930) legte er erstmals seine Auffassungen nieder. Fortschritte in einer Wissenschaft waren nach Hulls Meinung nur durch Beobachtung und wissenschaftliche Experimentation, und darüber hinaus durch – so seine Formulierung – *Gedankenexperimente* möglich, deren er sich in seinen späteren Aufsätzen (Hull 1931, 1934, 1935 a) bevorzugt bediente, um sein komplexes wissenschaftliches System aufzubauen (Hull 1930). Hulls Ziel war eine übergreifende Theorie vom Verhalten, ein Ansatz, der auch sogenannte „psychische" oder „kognitive" Phänomene einschießen sollte. Herausragendes Prinzip seiner theoretischen Arbeit war das Prinzip der Deduktion. Durch die Deduktion einzelner Hypothesen von bekannten Erklärungsprinzipien sollten wissenschaftliche Systeme erweitert werden; für die abgeleiteten Hypothesen galt jedoch die Forderung, daß sie experimentell überprüfbar sein mußten. Hull war davon überzeugt, daß das paradoxe Auseinanderklaffen von wissenschaftlicher Theorienbildung und Experimentation nicht auftreten könnte, wären die damals verwendeten Theorien in ihrem Charakter wirklich wissenschaftlich (Hull 1930). Er, der sein „Magnum Opus" bis zu seinem 50. Geburtstag im Jahre 1934 geschrieben haben wollte[31], beeindruckte seine Zeitgenossen nicht zuletzt durch das „grand design" seines wissenschaftlichen Ansatzes (Mills 1978).

Clark Hulls inhaltliche Leistung bestand jedoch in der theoretischen Lösung seines experimentellen Problems, in der Zusammenführung der Konditionierungstheorie Pavlovs und der Verstärkungstheorie Thorndikes. Hulls spätere einfaktorielle Lerntheorie beruhte auf der Annahme, daß den Problemlösungsphänomenen Thorndikes und der klassischen Konditionierungssituation bei Pavlov ein gemeinsames Element zugrundelag, nämlich die Reduktion eines starken Triebes oder Stimulus, d. h. das Moment der Verstärkung (Lindzey 1954). Im Herbst 1936, auf der Konferenz der *American Psychological Association,* deren Präsident er damals war, konnte Hull Theorie und experimentelle Fakten erstmals in Einklang bringen und ein „Miniatursystem" seiner späteren Lerntheorie vorstellen (Hull 1937). Die Verstärkungstheorie bildete das zentrale Element der Hullschen Lerntheorie. In ihrer „informellen Version", wie sie von John Dollard und Neal Miller verbreitet wurde (Miller u. Dollard 1941, Hilgard 1948, Dollard u. Miller 1950), spielten vier Komponenten für den Lernprozeß eine Rolle, nämlich der Trieb („drive"), der Stimulus („cue"), die Reaktion („response") und die Verstärkung („reward"). Assoziative Verknüpfungen wurden nicht mehr allein durch Stimulus und Reaktion, sondern durch Trieb und Belohnung geregelt.

Auch Edwin R. Guthries lerntheoretische Überlegungen stellten in mancher Hinsicht eine Reaktion auf die Lage der wissenschaftlichen Psychologie der dreißiger Jahre dar. Bereits 1921 betrachtete er den konditionierten Reflex als grundlegende Einheit des Lernens und versuchte, Thorndikes Lerngesetze aus diesem Prinzip zu deduzieren (Smith u. Guthrie 1921). In einem aufsehenerregenden Dialog mit I. P. Pavlov (Guthrie 1930, Pavlov 1932, Guthrie 1934) verteidigte er ein Jahrzehnt später das Recht der Psychologen, den konditionierten Reflex als Faktum zu betrachten und auf weitergehende Analysen zur Funktionsweise des zentralen Nervensystems zu verzichten. Guthries zentrales Lernprinzip war das Prinzip der Assoziation von Stimuli und Reaktionen durch Kontiguität. Er postulierte eine „Alles-oder-Nichts-Verbindung" (Guthrie 1933) und damit ein generelleres Lernprinzip als das der klassischen Konditionierung. Für seinen Standpunkt war es nicht wichtig, ob eine Reaktion in einer vorangegangenen Trainingsphase durch einen unkonditionierten Stimulus ausgelöst worden war, um dann auf einen konditionierten Stimulus gelernt zu werden, oder ob die Verbindung auf andere Weise zustandegekommen war. Während Pavlov den Prozeß der Reaktionssubstitution nur unter bestimmten Bedingungen und in Abhängigkeit von der Situation variierend postulierte, faßte Guthrie ihn als jederzeit möglich und immer vollständig auf (Hilgard u. Marquis 1940). „Stimulusmuster, die zur Zeit einer Reaktion aktiv sind, tendieren dazu, wenn sie wiederholt werden, diese Reaktion auszulösen", lautete Guthries einfache Lernregel (Guthrie 1938, S. 37). Und es ist auch heute noch erstaunlich, wenn man seine Bücher liest, wie viele Fakten er mit diesem einfachen Lerngesetz erklärte.

Der unmittelbare Nachteil der Lerntheorie Guthries lag in ihrer experimentellen Unzugänglichkeit. Doch war die Experimentation auch nicht Guthries Sache. „Solange es einen bequemen Weg gibt, um über die Dinge zu sprechen, ist quantitative Präzision nicht wesentlich", interpretierte Ernest Hilgard 1948 Guthries eigene Intentionen (Hilgard 1948, S. 63). Erst sehr spät, in den Jahren 1936–1939, führte Guthrie gemeinsam mit G. P. Horton einige experimentelle Studien durch, um seinen Standpunkt zu belegen (Sheffield 1959). Im Grunde war er immer damit zufrieden, die Ergebnisse anderer im Sinne seiner eigenen Auffassungen zu interpretieren, und hat selbst nie eine Konditionierungsstudie durchgeführt. Um so mehr erstaunen der Einfluß und das Ansehen, die sich Guthrie mit seiner Position innerhalb der wissenschaftlichen Psychologie errang. Guthries theoretische Sparsamkeit und sein konsequenter Peripheralismus galt seinen Zeitgenossen als Garant für eine dennoch wissenschaftliche Einstellung. Nicht zuletzt aufgrund der vielen lebensnahen und humorvollen Beispiele erreichten seine Bücher hohe Verkaufszahlen. Seine Enthaltsamkeit hatte System, denn er vertrat den Standpunkt, daß wissenschaftliche Gesetze, um nützlich zu sein, annähernd wahr sein sollten, aber auch durchlässig genug, um selbst dem Anfänger in der Psychologie verständlich zu sein (Guthrie 1935, 1938). „Das Prinzip der Assoziation oder Konditionierung ist keine Erklärung für einen noch so kleinen Verhaltensausschnitt. Es ist lediglich ein Hilfsmittel, das die Erklärung unterstützt. Ein Hilfsmittel kann nicht wahr oder unwahr sein; es ist nützlich oder nutzlos", schrieb Guthrie 1935 in seinem Lehrbuch „The Psychology of Learning" (Guthrie 1935, S. 232).

Guthries Skepsis gegenüber der Validität deduktiv bewiesener „Wahrheiten" und dem Nutzen formalisierter Systeme wurde auch von B. F. Skinner, dem dritten im Bunde der vier großen Lerntheoretiker der dreißiger Jahre, geteilt. Wie bei diesem zeichnete sich auch Skinners theoretischer Ansatz durch asketische Sparsamkeit aus. Im Gegensatz zu Guthrie war er jedoch ein engagierter Experimentalist. Pavlovs Experimente hatten ihn gelehrt, auf die sorgsame Kontrolle der experimentellen Bedingungen zu achten und den einzelnen Organismus genau zu beobachten (Skinner 1966). Und dazu hatte Skinner zunächst reichlich Gelegenheit. Von 1931 bis 1936 gelang es ihm, sich an der *Harvard University* ganz seiner tierexperimentellen Forschung zu widmen. Ergebnis dieser Bemühungen war u. a. das Buch „The Behavior of Organisms", das er 1938 veröffentlichte. Obwohl noch ein Newcomer in der wissenschaftlichen Forschung, griff er Clark Hull darin offen an. Es könne nicht darum gehen, möglichst viele theoretische Ansätze in einer „Supratheorie" zu vereinigen, sondern man müsse dem beobachteten Gegenstand, dem Verhalten, durch die Forschung gerecht werden. Aufgabe der Forschung sei die möglichst theoriefreie Beschreibung; die deduktive Methode und das Testen theoretischer Aussagen seien lediglich untergeordnete Prozesse in einer deskriptiven Wissenschaft (Skinner 1938). Auch kritisierte er die Verwendung hypothetischer Konstrukte in der Theorienbildung[32]. Tatsächlich war dies eine Schwachstelle der Hullschen Lerntheorie. Wie auch Edward C. Tolman hatte sich Hull in seinem Bestreben, eine allgemeine Verhaltenstheorie zu entwerfen, hypothetischer Konstrukte, d. h. nicht beobachtbarer Variablen bedient, um den Lernprozeß zu erklären. So handelte es sich bei der Identifikation des Verstärkungsprozesses mit dem Prozeß der Bedürfnisreduktion (Reduktion eines starken Triebes oder Stimulus) um eine reine Hypothese, deren Gültigkeit experimentell nur indirekt erschließbar war (Hilgard 1948). Doch gelang es auch Fred Skinner zunächst nicht, auf die Verwendung solcher unbeobachtbarer Variablen zu verzichten. Wie zuvor Clark Hull stieß auch er bei seinen Experimenten Mitte der dreißiger Jahre auf das Problem, daß seine Versuchstiere nicht reflexiv, d.h. in einer Eins-zu-Eins-Beziehung auf bestimmte Stimuli reagierten. Um das Prinzip des konditionierten Reflexes zu retten und die Verhaltensschwankungen erklären zu können, war auch er gezwungen, kurzfristig auf die Annahme eines im Verhalten wirksamen Triebes zurückzugreifen (Scharff 1980).

Dieses Vorgehen widersprach Skinners grundlegenden Überzeugungen. Die Aufgabe der Psychologie lag in seinen Augen darin, empirische Beziehungen zwischen Umweltereignissen und Verhalten aufzudecken. Mit Guthrie verband ihn die Überzeugung, daß Psychologie und Physiologie unterschiedliche Ziele haben, es also die Aufgabe der Psychologie ist, auf der Verhaltensebene zu bleiben, statt mit intervenierenden Variablen zu arbeiten, seien sie nun physiologischer oder psychologischer Natur. In zwei Aufsätzen aus den Jahren 1935 und 1937 vollzog Skinner den entscheidenden Schritt zur operanten Lerntheorie. Er unterschied erstmals zwischen respondentem Verhalten (Konditionierung vom Typ S), einem Verhalten, bei dem der auslösende Stimulus beobachtbar ist, und operantem Verhalten (Konditionierung vom Typ R), einer spontan auftretenden Reaktionsform. Das operante Verhalten, insbesondere der Zusammenhang zwischen operantem Verhalten und seinen Folgen sowie die Möglichkeiten seiner Manipulation, stand von nun an im Zentrum der wissenschaftlichen Forschung Skinners.

Fred Skinners konsequent induktiver Forschungsansatz widersprach nicht nur dem damals enthusiastisch gefeierten hypothetisch-deduktiven Vorgehen Clark Hulls, sondern in seiner Umsetzung auch der gängigen statistischen Konvention (Finan 1940). Denn seine Aussagen von 1938 basierten lediglich auf der Beobachtung von *vier* Organismen. Skinner vertrat den Standpunkt, daß man die interindividuelle Variabilität, die seine Kollegen durch die Experimentation mit größeren Gruppen von Versuchstieren auszugleichen suchten, auch durch verbesserte experimentelle Bedingungskontrolle ausgleichen konnte. Bestimmte Lernprozesse, so argumentierte er, wie z.B. der Prozeß der Verhaltensformung („shaping of behavior"), seien mit Hilfe des traditionellen Untersuchungsdesigns gar nicht faßbar (Skinner 1938). Dennoch war es gerade dieser Aspekt, den man in seinen damaligen Arbeiten kritisierte. Skinners Lerntheorie fehlte in den dreißiger Jahren noch die Differenziertheit, die sie in späteren Jahren auszeichnete; zwar war das Talent ihres Erfinders bereits unübersehbar, doch sollte Skinner noch lange im Schatten Clark Hulls stehen[33].

Bereits 1911 wies der am *Gisela-Kinderspital* in München tätige Mediziner J. Ibrahim auf die Bedeutung pathologischer Bedingungsreflexe als Grundlage neurologischer Krankheitsbilder hin. Er faßte die Arbeiten von Bogen (1907), Krasnogorski (1909) und Czerny (1910) zusammen und erläuterte die Rolle des konditionierten Reflexes bei der Entstehung hysterischer Störungen im Kindesalter, für pathologisches Erbrechen, Enuresis, Enkopresis, Nieskrämpfe, den sogenannten „Keuchhustentic", das Wegbleiben der Kinder, d.h. Ohnmachtsanfälle, die er selbst als „respiratorische Affektkrämpfe" bezeichnete, und eine Reihe anderer kindlicher Störungen. Aber auch spezifische Verhaltensprobleme bei Erwachsenen, u.a. Beschäftigungsneurosen wie der Schreibkrampf, das Stottern, verschiedene Tics und der Vaginismus schienen ihm mit Hilfe des Prinzips der Konditionierung plausibel erklärbar (Ibrahim 1911).

Aufgegriffen wurden Ibrahims frühe Erklärungsversuche von den europäischen Medizinern jedoch erst wieder zwanzig Jahre später, als zu diesem Thema erstmals eine Vielzahl von Aufsätzen in deutscher, französischer und italienischer Sprache publiziert wurden (z.B. Kostyleff 1927, Hansen 1928, Tinel 1929, Delmas 1930, Katsch 1930, Morhardt 1930, Pieraccini 1930, Meignant 1932). Internisten wie Gerhard Katsch (1930), aber auch Nervenärzte wie Karl Hansen (1929), M. J. Tinel (1929) und P. E. Morhardt (1930) explorierten die Bedeutung des Konditionierungsprinzips für die Entstehung von Organneurosen wie z.B. Darmneurosen, Übelkeits- und Asthmaanfällen, chronischen Hautrötungen, Allergien und Erkältungen. Ihre Arbeiten waren inspiriert von den zahlreichen Veröffentlichungen Pavlovs und insbesondere Bechterevs in deutscher und französischer Sprache, knüpften jedoch nicht unmittelbar an die Forschungsergebnisse der russischen Wissenschaftler an, da sich ein Großteil der Literatur, wie Gerhard Katsch es 1930 umschrieb, bereits als „außerordentlich unzugänglich" für die europäischen Forscher erwies (Katsch 1930). Wie beim Erwachsenen ging man auch bei Kindern von einer Disposition zur Ausbildung pathologischer konditionierter Reflexe aus (z.B. Zappert 1923, 1924, 1927a, 1927b; Hansen 1928; Katsch 1930; Marinesco u. Kreindler 1933, 1935).

Zu einem Zentrum der damals aufkommenden europäischen Bewegung konditionierungstheoretisch orientierter Mediziner in der Psychiatrie entwickelte sich Anfang der dreißiger Jahre Paris. M.J.Tinel (1929), Achille Delmas (1930), L. Cornil und Z. Goldenfoun (1930) plädierten wortreich und mit vielen Fallbeispielen auf den Sitzungen der *Société De Psychiatrie De Paris* für eine konditionierungstheoretische Analyse bekannter Störungsbilder wie Phobien, Zwangshandlungen, verschiedener Suchtformen, Pyromanie, Kleptomanie, Tics und Sprachstörungen. Die Mediziner Rouquier und Michel präsentierten 1934 einen Fall von Anorexia, N. Kostyleff (1927), M. de Fleury (1930) und P. Meignant (1935) befaßten sich mit der Entstehung sexuell abweichenden Verhaltens aus der Sicht der klassischen Konditionierung. Einen Höhepunkt erreichte diese Entwicklung 1935 mit der Verleihung des Preises der *Académie française* an die rumänischen Wissenschaftler Gheorghe Marinescu und A.

Kreindler für ihre Monographie „Des Réflexes Conditionnels. Études De Physiologie Normale Et Pathologique“, zu der Georges Dumas das Vorwort schrieb (Marinescu u. Kreindler 1935).

Gheorghe Marinescu, Begründer der rumänischen Schule für Neurologie, war bereits ein international anerkannter Wissenschaftler, als er sich Anfang der dreißiger Jahre den Theorien Pavlovs zuwandte. Damals, als das bürgerliche Regime Rumäniens es noch als einen Akt der Feindseligkeit betrachtete, wenn man sich mit den Ergebnissen der sowjetischen Forschung befaßte, begann er, Experimente Pavlovs und seiner Schüler bei gesunden und psychisch gestörten Kindern und Erwachsenen zu replizieren sowie neue Methoden zur Analyse funktioneller Charakteristika der nervösen Zentren zu entwickeln (Marinescu u. Kreindler 1935, Kreindler 1963). Marinescu sah in Pavlovs Theorie eine Möglichkeit, neurotische und psychotische Erkrankungen einer materialistischen und damit wissenschaftlichen Erklärung zuzuführen. Wie viele seiner europäischen Kollegen glaubte er nicht an eine Psychogenese neurotischer Störungen und war ein überzeugter Gegner der Ideen Freuds (Kreindler 1963, s. auch Kostyleff 1927, Delmas 1928).

Doch waren dies auch Überzeugungen, die den Aufbau einer homogenen Forschungstradition verhindern konnten. Die Annahme einer starken dispositionellen Komponente bei der Entstehung psychischer Störungen ließ den konditionierungstheoretischen Ansatz als von lediglich sekundärer Bedeutung erscheinen. Nicht zuletzt darauf ist es zurückzuführen, daß nur wenige europäische Mediziner konkrete Vorschläge zur *Behandlung* neurotischer und psychotischer Erkrankungen auf der Basis des Prinzips der Konditionierung machten. Zudem hatte die psychoanalytische Theorie Freuds auch in der europäischen Psychiatrie Fuß gefaßt; und so mancher Psychiater war der Meinung, daß die Interpretationen Achille Delmas und seiner Kollegen im Grunde das Prinzip des konditionierten Reflexes überstrapazierten (Delmas 1930). Mit dem Tode Gheorghe Marinescus im Jahre 1938 und angesichts der politischen und sprachlichen Barrieren, die den Informationsaustausch zwischen europäischen und osteuropäischen Wissenschaftlern behinderten, verlor die Bewegung bereits gegen Ende der dreißiger Jahre ihren Elan und zerstreute sich.

Aktive Psychotherapie

Zu den wenigen Medizinern, die aus dem Konditionierungsparadigma konkrete therapeutische Schritte ableiteten, gehörten der Berliner Arzt und Psychotherapeut Simon Fleischmann und die Amerikaner Walter L. Voegtlin und Frederick Lemere.

Fleischmann veröffentlichte 1927 den Aufsatz „Psychotherapie auf behavioristischer Basis“, in dem er erstmals sein auf der Basis von Behaviorismus und Alltagserfahrung entwickeltes Verfahren der „aktiven Psychotherapie“ (Fleischmann 1930) vorstellte. Diese auch mit dem Begriff „Vorbildtherapie“ beschriebene Technik hatte zum Ziel, Reaktionen, die gewöhnlich den Ausgangspunkt neurotischen Verhaltens bildeten, „künstlich" zu unterdrücken. Den Behavioristen sprach Fleischmann das Verdienst zu, die Bedeutung des *Verhaltens* „ins rechte Licht gerückt" zu haben, und kritisierte den vorherrschenden Trend unter seinen Kollegen, in der Behandlung neurotischer Störungen lediglich auf die unbeobachtbaren Vorgänge zwischen Stimulus und Reaktion einwirken zu wollen (Fleischmann 1930).

Doch blieb das aktive Herangehen an die Krankheitssymptome, das er selbst praktizierte, auch nicht ausschließlich auf das Verhalten des Patienten gerichtet. „In dem hier empfohlenen Verfahren soll sich der Patient durch eine künstliche unwirkliche Einstellung zu einer natürlichen, ungehemmten (...) Gefühls- und Reaktionsweise durchringen", schrieb Fleischmann 1927 (S. 182). Worin bestand nun diese „künstliche Einstellung", die „aktive" Psychotherapie? Der Autor beschrieb sie 1930 u.a. an folgendem Beispiel:

> „Eine Dame, die an Platzangst litt, wählte sich zum Vorbild eine energische Frau aus ihrem Bekanntenkreise, der keine Phobien zuzutrauen waren. Jedesmal, wenn die Patientin eine Straße kreuzen wollte – was ihr früher Qualen bereitete und oft mißlang – machte sie eine für ihr Vorbild charakteristische Bewegung, raffte in entsprechender Weise ihren Rock, worauf die ‚Tat' vollbracht werden konnte. Das wurde so oft wiederholt, bis die Überquerung der Straßen und Plätze auch ohne diesen Kunstgriff gelang" (Fleischmann 1930, S. 1920).

Die „aktive Psychotherapie" war also im Grunde ein verhaltensübendes Verfahren, das zur Erleichterung und Motivierung des Patienten mit einem kognitiven „Vorbild" arbeitete, das Arzt und Patient vor der Behandlung gemeinsam bestimmt hatten. Diese „Vorbilder" mußten nicht aus der unmittelbaren Umgebung des Patienten stammen, sie konnten auch der Literatur oder Geschichte entnommen sein. Wichtig für den Erfolg der Behandlung waren die gute Kooperation zwischen Arzt und Patient, die sorgfältige Planung der einzelnen Aktionen sowie der „Wille zur Mitarbeit". Neben der unmittelbaren Behandlung des Symptoms sollte sich der Therapeut auch mit den Lebensbedingungen, d.h. der familiären und beruflichen Situation des Patienten auseinandersetzen und versuchen, sie in positivem Sinne zu beeinflussen (Fleischmann 1930).

Fleischmanns pragmatisches, aber auch amüsantes Behandlungsverfahren blieb in Deutschland ein Einzelfall ebenso wie die Arbeiten der Mediziner Walter L. Voegtlin und Frederick Lemere, die die Konditionierungstherapie des Alkoholismus in den USA einführten.

Zur Konditionierungstherapie bei Alkoholismus

Die Untersuchungen der Mediziner Walter L. Voegtlin und Frederick Lemere, die in ihrer Art als beispielhaft für eine frühe verhaltenstherapeutische Forschung gelten können (Yates 1970, Kazdin 1978), entstanden fernab der traditionellen Psychiatrie. Das *Shadel Sanatorium,* in dem sie arbeiteten, wurde 1935 in Seattle als privates 20-

Betten-Hospital gegründet. Walter Voegtlin und Frederick Lemere lernten den Gründer, Charles A. Shadel, erst 1936 kennen, als dieser die örtlichen medizinischen Gesellschaften um Unterstützung bat, um das Sanatorium „medizinisch und ethisch akzeptabel zu machen“[34]. Shadel hatte zuvor bereits mehrere solcher Behandlungszentren eröffnet, die er von Chicago aus leitete und in denen er die Formel für die dort verwendeten Injektionen zur Erzeugung von Übelkeit geheimhielt. Walter Voegtlin ließ die Injektion daraufhin chemisch analysieren und fand heraus, daß es sich um die Droge Apomorphin handelte. Lemere und er haben nie aufgeklärt, woher Shadel seine Idee zur Konditionierungstherapie von Alkoholismus hatte. Doch gelang es ihnen innerhalb weniger Jahre unter Hinzuziehung der einschlägigen Fachliteratur (Lemere et al. 1942), die Methode weiterzuentwickeln und zu verbessern. Charles Shadel ließ sich davon überzeugen, daß es besser sei, auf die Geheimhaltung und die medizinisch unseriöse Aufmachung seiner Behandlungszentren zu verzichten, stellte einige qualifizierte Mediziner ein und ernannte Walter Voegtlin zum medizinischen Leiter der Klinik. Frederick Lemere wurde in den Mitarbeiterstab aufgenommen, weil die örtliche medizinische Gesellschaft auf der Anwesenheit eines beratenden Psychiaters bestand.

In seinem ersten Artikel über die Konditionierungsbehandlung von Alkoholismus wies Walter Voegtlin 1940 auch auf frühere Studien französischer und sowjetischer Herkunft hin. Der erste veröffentlichte Bericht über eine solche Therapie stammt von Kantorovich aus dem Jahre 1929; er verwendete als unkonditionierten aversiven Stimulus einen elektrischen Schlag. Über den Einsatz einer Erbrechen auslösenden Droge (Apomorphin) durch Markovnikov (1934) berichtete noch im selben Jahr, im November 1934, G. Ichock in dem französischen Fachblatt *Le Progrés Médical.* Markovnikov berief sich in bezug auf seine Behandlungsstrategie auf die Arbeiten Pavlovs. Ichock (1934) beschrieb sie folgendermaßen:

> „Es geht darum, in dem Kranken bei einem einzigen Blick auf ein alkoholisches Getränk das normale Verlangen zu erzeugen, sich zu erbrechen. Beim kleinsten Schluck wird das Erbrechen eine unausweichliche Strafe sein. Man baut also einen konditionierten Reflex auf, auslösbar durch den Anblick der verbotenen Flüssigkeit“ (Ichock 1934, S. 1744).

Fünf bis sechs Sitzungen dieser Art sollten nach Ichocks Darstellung ausreichen, um den konditionierten Reflex aufzubauen. Wichtig sei jedoch darüber hinaus – und darum stritten sich später die Fachleute –, zur Aufrechterhaltung des Behandlungserfolges auch psychotherapeutische Techniken anzuwenden, „um den Alkoholiker in seinen guten Vorsätzen zu bestärken“ (Ichock 1934).

Auf eine gezielte psychotherapeutische Behandlung verzichteten die Ärzte des *Shadel-Sanatoriums* ganz; doch teilten sie mit Ichock die Auffassung, daß es sich bei der Konditionierungstherapie um eine rein *physische* und keineswegs psychologische Therapie handelte, die lediglich durch psychologische, d.h, suggestive Faktoren unterstützt wurde (Voegtlin 1940). Um dieses Faktum noch eindeutiger zu machen, ersetzte man in Seattle die Droge Apomorphin teilweise durch Emetin, das keine hypnotischen Effekte erzeugte, dem allerdings weiterhin eine kleine Dosis Apomorphin hinzugefügt werden mußte, um eine möglichst starke Übelkeitsreaktion zu erzeugen. Im Voegtlins erstem Bericht schilderte er die Behandlungsprozedur folgendermaßen: Der Patient wird zur Behandlung in einen schalldichten Raum geführt, der lediglich mit einem kleinen Licht beleuchtet ist, um die Konzentration zu steigern. Man erklärt ihm, daß es sich bei der Injektion um eine Stimulanz handelte, die ihm beim Eintreten der Übelkeit helfen solle. Auf diese Weise wollte man die Injektion als mögliche Quelle der Übelkeit verdecken und dem Patienten suggerieren, es sei eigentlich der Alkohol, der bei ihm die Übelkeit erzeuge. Wichtig war es nach Voegtlin, den richtigen Moment beim Aufkommen der Übelkeit abzupassen, zu dem der Patient beginnen sollte, Alkohol zu trinken, damit sich ein konditionierter Reflex herausbildete; ein falsches Abwarten dieses Moments konnte den Effekt der Behandlung völlig annullieren (Voegtlin 1940).

Bereits in seinem ersten Bericht konnte Walter Voegtlin auf beachtliche Behandlungserfolge verweisen: Bis 1940 hatte man in Seattle insgesamt 185 Patienten behandelt, von denen nach sechs Monaten 97,3% und nach einem Jahr immerhin noch 65,7% abstinent waren. Rückfälle nach Behandlungsabschluß waren seiner Meinung nach in dem „natürlichen Abbau“ des konditionierten Reflexes begründet, der, sollte er dauerhaft erhalten bleiben, eigentlich hätte regelmäßig verstärkt werden müssen (Voegtlin 1940). 1941 berichteten Voegtlin und seine Kollegen erstmals über die Effektivität sogenannter „Verstärkungssitzungen“, die nach Abschluß der Behandlung zur Stärkung des Reflexes durchgeführt wurden (Voegtlin et al. 1941). Man hatte am *Shadel-Sanatorium* inzwischen eine Stiftung für Forschung gegründet und beschäftigte sich nun ganz gezielt mit Technik und Effektivität der Konditionierungstherapie, mit den Gründen für Rückfälle, mit dem Klientel, für das sie besonders geeignet erschien, und anderen wichtigen Einflußfaktoren (Voegtlin et al. 1940, 1941a, 1941b; Lemere et al. 1942a, 1942b, 1943; Lemere 1947). Vorbildlich für die damalige praktische Psychiatrie war auch die Langzeitkontrolle des Therapieerfolgs, die Walter Voegtlin und Frederick Lemere z.T. über einen Zeitraum von mehr als 10 Jahren praktizierten (Lemere u. Voegtlin 1950).

In der amerikanischen Psychiatrie fanden die Arbeiten der Mediziner aus Seattle aufgrund ihrer wissenschaftlichen Sorgfalt und des ungewöhnlichen theoretischen Ansatzes erhebliche Resonanz. Frederick Lemere, als Psychiater eher organizistisch denn psychogen orientiert, wandte sich eindeutig gegen die damals übliche Auffassung. Alkoholiker seien im Grunde Neurotiker. Die relativ rasche Heilung vieler seiner Patienten bestärkte ihn in der Ansicht, daß die Annahme einer dem Alkoholismus zugrundeliegenden Neurose nicht haltbar sei (Lemere et al. 1942). Vielmehr handle es sich, so Lemere, vermutlich um ein ererbtes Merkmal, eine „angeborene Empfänglichkeit für Alkohol“, vergleichbar etwa der Diabetes (Lemere et al. 1943).

Obwohl also die Ursache für die Entstehung des Alkoholismus in keiner Beziehung zur praktischen Behandlungsmethode stand, stellte diese in den Augen Lemeres eine durchaus logische Strategie dar. Denn solange es keine Möglichkeit gab, der

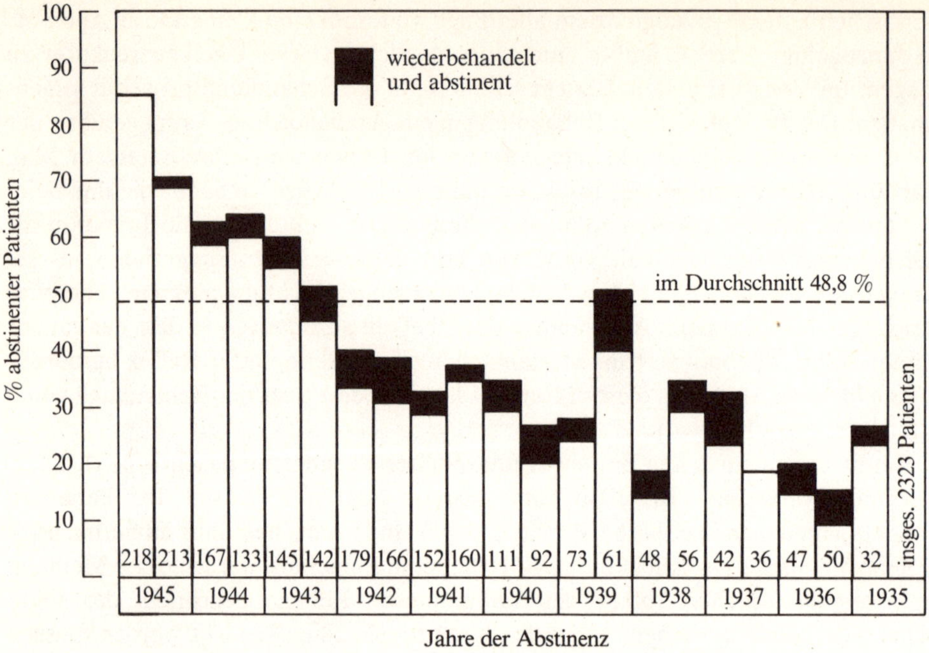

Abbildung 4: Prozentuale Abstinenzraten in Sechs-Monats-Raten über einen Follow-up-Zeitraum von zehn Jahren (vgl. Voegtlin & Broz 1949).

ererbten Empfänglichkeit entgegenzuwirken, mußte die Lösung des Problems im Abbau der Attraktivität des Alkohols selbst liegen.

Die Patienten des *Shadel-Sanatoriums* erhielten keinerlei begleitende Psychotherapie, wie sie später von Thimann (1943) und Kant (1944 a) empfohlen wurde; doch gab es z. B. sogenannte „rehabilitation counsellors", zumeist ehemalige Patienten oder ihre Angehörigen, die in der Nachsorge tätig wurden und die Patienten gegebenenfalls zu Verstärkungssitzungen in die Klinik zurückriefen (Shadel 1944, Lemere u. Voegtlin 1950). Insgesamt lag die Erfolgsquote Voegtlins und seiner Kollegen nach mehr als zehnjähriger Erfahrung bei 48,8% (Voegtlin u. Broz 1949) (s. Abb. 4). Mediziner wie Joseph Thimann, J. V. Edlin, Fritz Kant und Anton J. Carlson setzten ihre Technik mit unterschiedlichem Erfolg bei Patienten staatlicher Kliniken ein (Thimann 1943, 1949 a, 1949 b; Thimann u. Price 1946; Edlin 1945; Kant 1944 b; Carlson 1944). 1944 veranstaltete man ein spezielles „Symposium on Therapy of Alcohol Addiction"[35], in dessen Mittelpunkt die Diskussion der neuen Konditionierungstechnik Walter Voegtlins und seiner Kollegen stand. Wenige Jahre später konnte man ihre Methode in jedem psychiatrischen Lehrbuch wiederfinden (Voegtlin u. Lemere 1950).

Doch trotz des relativ hohen Behandlungserfolges kam es nicht zu einer verbreiteten Anwendung dieser Technik. Zwar wurden den Medizinern in Seattle nun vermehrt von einzelnen Kollegen und medizinischen Organisationen Patienten überwiesen, doch blieb die Konditionierungstherapie in den Augen vieler Psychiater eine reine „Symptomkur“ (Carver 1942, Weiss 1942, Weil 1944) und die Behandlung eines Patienten mit dieser Technik ein im Grunde fragwürdiges Unterfangen (Tiebout 1951).

Psychoanalyse und konditionierter Reflex – Ansätze zur Verwissenschaftlichung der Psychoanalyse

Auch in den dreißiger Jahren ließ die Gegensätzlichkeit von Psychoanalyse und Konditionierungstheorien die Amerikaner nicht ruhen. Pavlovs Veröffentlichungen (Pavlov 1928, 1929) trugen zur Wiederbelebung einer Debatte bei, die man bereits überwunden zu haben glaubte. Während das Herausarbeiten von Ähnlichkeiten zwischen Behaviorismus und Psychoanalyse in den zwanziger Jahren unter Psychologen fast zur Mode geworden war und es für kurze Zeit so ausgesehen hatte, als befinde sich die Psychoanalyse in Gefahr, stückchenweise und halbherzig in die eklektischen Ansätze von Psychiatrie und Klinischer Psychologie integriert zu werden, verstärkte sich zu Beginn der dreißiger Jahre der Einfluß konservativer Kräfte innerhalb der psychoanalytischen Bewegung. Mit zunehmender Etablierung in der Psychiatrie und dem nachlassenden Einfluß eklektisch orientierter Pioniere gewann nun die Forderung nach mehr „Werktreue“ in Theorie und Praxis an Boden (May 1976). Erhalten blieb lediglich eine spezifisch „amerikanische“ Interpretation des therapeutischen Prozesses, den die Mehrheit der Psychoanalytiker im weitesten Sinne als „Lernerfahrung“ auffaßten.

Die amerikanischen Psychoanalytiker und Pavlovs Konditionierungstheorie

Doch saß der Vorwurf der Unwissenschaftlichkeit tief, und einige wenige, vor allem junge Psychoanalytiker, waren nicht bereit, auf neue Interpretationsmöglichkeiten zu verzichten, wenn sie den wissenschaftlichen Charakter ihres Unternehmens unterstrichen. Grundsätzlich gab es zwei Möglichkeiten, Bezüge zwischen beiden Ansätzen herzustellen: Entweder man versuchte, die analytische Theorie bzw. Technik mit Hilfe der Pavlovschen Theorie zu analysieren, oder man interpretierte die experimentelle Situation bzw. das Verhalten der Versuchstiere im Rahmen psychoanalytischer Konzepte neu. Ersteren Weg wählten Thomas French (1932, 1936) und Lawrence S. Kubie (1935), zu letzterem entschlossen sich Isador Coriat (1929) und der Wiener Arzt und Psychoanalytiker Paul Schilder (1935).

Schilder hatte bereits Ende der zwanziger Jahre, während eines Forschungsaufenthalts an der *Phipps Psychiatric Clinic* in Baltimore einige Untersuchungen zum konditionierten Reflex am Menschen durchgeführt, um festzustellen, was Versuchspersonen während des Konditionierungsprozesses dachten. Seine Experimente hatten gezeigt, daß hinter dem simplen Konditionierungsmechanismus komplizierte Einstellungen verborgen waren, die in der traditionellen Interpretation der Fakten völlig unberücksichtigt blieben (Schilder 1929). 1935 vertrat Paul Schilder den Standpunkt, daß die neurotischen Störungen der Pavlovschen Hunde nur mit Hilfe der psychoanalytischen Theorie erschlossen werden könnten – eine Auffassung, der Pavlov selbst auf seinen „Mittwochskolloquien" in Leningrad heftig widersprach[36].

Schilder wandte sich jedoch gegen ein Vorgehen wie das Thomas Frenchs (1932), der einzelne Konzepte beider Theoriengebäude als einander korrespondierend interpretierte und damit Teile der Pavlovschen Theorie akzeptierte. Paul Schilder, wie auch vor ihm bereits Isador Coriat (1929), ging es lediglich darum, experimentelle Phänomene aus psychoanalytischer Sicht zu reinterpretieren und damit das Erklärungspotential der Psychoanalyse unter Beweis zu stellen. Die Ergebnisse dieser Reinterpretationsversuche brachten keinerlei neue Erkenntnisse, führten jedoch zu einigen amüsanten Formulierungen wie z. B. zu der Coriats, der 1929 zur klassischen Konditionierungssituation meinte: „Zu Beginn manifestiert sich die Haltung des Versuchstieres gegenüber dem ‚Analytiker' in den bekannten Widerstands- und Übertragungsphänomenen, beides ein instinktiver Widerstand gegenüber dem Analytiker. (...) Es scheint, daß das, was ‚Erregungsmechanismus' genannt wird, eine Form der Übertragung darstellt, während im Gegensatz dazu die ‚Hemmungsmechanismen' Widerstandsphänomene sind"[37].

Lediglich Thomas Frenchs Interpretationen gingen über die reine Analogienbildung hinaus. Wie auch Lawrence Kubie versuchte er, den therapeutischen Prozeß unter Verwendung konditionierungstheoretischer Prinzipien zu erklären (Kubie 1935, French 1936). Während Kubie sich dabei jedoch auf Pavlovs spekulative Theorie kortikaler Erregungs- und Hemmungsprozesse stützte, legte French 1936 erstmals eine konsequent lernpsychologische Analyse vor. In „A Clinical Study of Learning in the Course of a Psychoanalytic Treatment" interpretierte er Fallmaterial aus den ersten Wochen einer analytischen Behandlung. Die therapeutische Situation betrachtete French als einen Prozeß fortschreitender Anpassung. Die Furcht vor der analytischen Aufgabe zu überwinden und sich an die Behandlungssituation zu gewöhnen war das erste Problem, das der Patient in der Therapie zu lösen hatte. Gelingen konnte ihm dies nur, wenn er ausreichend befähigt war, auf die Situation mit diskriminatorischer Einsicht zu reagieren. Neurotische Störungen – auch die experimentellen Neurosen der Pavlovschen Hunde – bestanden laut French in einer permanenten Fixierung auf eine bestimmte Frustrationsreaktion, die die Folgeerscheinung eines traumatischen Erlebnisses bildete, eingetreten zu einem Zeitpunkt in der emotionalen Entwicklung des Patienten, als er noch unfähig war, den von ihm geforderten Lernschritt zu vollziehen.

War die Neurose ein Produkt gestörten Lernens, d. h. eines zu großen Lernschrittes, so mußte die Aufgabe des Therapeuten darin liegen, diesen Lernschritt in mehrere kleinere umzuwandeln. Und nichts anderes tat nach der Meinung Frenchs der Psychoanalytiker. Indem er eine angstfreie Situation erzeugte und dem Patienten ein erreichbares Ziel vorgab, nämlich die Anpassung an die analytische Situation selbst, sollte der Patient lernen, sich an die Behandlungssituation anzupassen, statt, was ihm bis dahin nicht gelungen war, an das wirkliche Leben (French 1936).

Die Ansätze Thomas Frenchs und seiner Kollegen reflektieren nicht nur ein Unbehagen innerhalb der psychoanalytischen Bewegung; sie sind auch der Ausdruck des in den dreißiger Jahren wie zu keiner späteren Zeit ausgeprägten Bedürfnisses, die Psychoanalyse in den Alltag der wissenschaftlichen Forschung zu integrieren. Hauptinitiatoren dieser neuen Bewegung waren jedoch nicht Mediziner, sondern forschungsorientierte Kliniker, allen voran Henry Murray (1935, 1937), dessen Buch „Explorations in Personality" und die ihm zugrundeliegenden Untersuchungen an der psychologischen Klinik der *Harvard University* eine junge Generation Klinischer Psychologen begeisterte (Wyatt 1948). Doch nicht nur er, auch Experimentalpsychologen wie Robert Sears, O. Hobart Mowrer, John Dollard und Neal Miller versuchten damals, den „Gordischen Knoten" zu lösen. Ihre Ansätze, die Anfang der fünfziger Jahre ihre größte Durchschlagskraft erreichten, entstanden vor einem ungewöhnlichen institutionellen Hintergrund und waren zunächst, wie sich im folgenden zeigen wird, noch recht konventioneller Art.

Das Institute of Human Relations, 1929–1935

Am *Institute of Human Relations* in Yale entwickelte Clark Hull in den dreißiger Jahren seine monumentale und über Jahrzehnte hinweg einflußreiche Lerntheorie; dort entstanden die gemeinsamen Forschungsarbeiten John Dollards und Neal Millers, die u. a. 1950 in ihrem wohl bekanntesten Werk, „Personality and Psychotherapy", ihren Niederschlag fanden; und von dort kam O. Hobart Mowrer, dessen theoretische Aussagen zum Lernprozeß und zur Neurosenentstehung die Forschung der fünfziger Jahre entscheidend beeinflußten.

Das *Institute of Human Relations,* Ende der zwanziger Jahre auf Initiative von James R. Angell, dem Präsidenten der *Yale University,* Robert Hutchins, dem Dekan der rechtswissenschaftlichen Fakultät, und Milton Winternitz, dem Dekan der medizinischen Fakultät, gegründet, war eine völlig neuartige und später vielkopierte Forschungseinrichtung. Damals, zu einer Zeit, als man praktische Interessen noch unverhohlener an die Forschung herantrug, entstand die Idee zu einer neuartigen Integration aller Sozialwissenschaften. Für die Lösung der bedrückenden sozialen Probleme dieser Jahre schien ein Frontalangriff durch die gemeinsamen intellektuellen Quellen und Talente einer großen amerikanischen Universität am besten geeignet zu sein (May 1971).

Mit dem neuen Institut wollte man vieles zugleich: Einerseits sollte hier das alte Ideal der vollkommenen Freiheit der Forschung realisiert werden, d. h. man hoffte auf die „spontane" Zusammenarbeit der beteiligten medizinischen, juristischen, sozialwissenschaftlichen, pädagogischen und theologischen Fachbereiche. Andererseits wollte man Fortschritte in der Grundlagenforschung enger mit der Ausbildung von Studenten für praktische Aufgaben in Verbindung bringen. Denn man was davon überzeugt, daß die Absolventen eines juristischen oder medizinischen Studiums besser auf ihre beruflichen Aufgaben vorbereitet sein würden, wenn sie auch ein intensives Training in „human relations" erhalten hätten (Dollard 1964). So entstand Ende der zwanziger Jahre aus den Mitteln der *Rockefeller Foundation* das *Institute of Human Relations,* ein Forschungsinstitut mit interdisziplinärem Charakter, ein damals vieldiskutiertes und vielkritisiertes institutionelles Novum (Flexner 1932). Der Ansturm von Aktivisten ließ nicht lange auf sich warten: Das erste Bulletin des Instituts wies bereits 12 Forschungsprojekte auf, an denen 120 Wissenschaftler aus 25 Fachbereichen beteiligt waren. Doch blieben Erfolge zunächst aus. Denn weder organisatorisch noch inhaltlich hatte man konkrete Vorstellungen davon, wie der Anspruch einer neuartigen, interdisziplinären Forschung realisiert werden sollte. Angesehene Wissenschaftler wie der damals gerade an die Universität berufene Münchner Psychiater Eugen Kahn, der Mediziner Arnold Gesell oder der Anthropologe Edward Sapir hatten sich bereits in ihrem eigenen Fach einen Namen gemacht; und so lag es nahe, daß sich vor allem jüngere Wissenschaftler in den vom Institut finanzierten Projekten engagierten.

Zu diesen jungen Wissenschaftlern gehörten die Psychologen Ernest Hilgard, Donald Marquis, Robert Sears, der Psychiater Louis Cohen und der Physiologe G. R. Wendt. Sie planten und realisierten erste kollaborative Studien der Fachbereiche Psychiatrie und Psychologie, die dem kooperativen Geist des Instituts zu entsprechen suchten und mehr zufällig auch für die historische Entwicklung der Verhaltenstherapie bedeutsam wurden[38].

Wie auch andernorts hatten die Psychologen auf den Mitarbeiterbesprechungen der Mediziner, die damals im Institut abgehalten wurden, nicht viel zu sagen. Doch war die Psychiatrie an dem *methodischen* „Knowledge" der Psychologie interessiert und so überließ ihnen Eugen Kahn ab und zu einen Patienten[39]. Als Robert Sears, der bereits in einem Hypnoseprojekt Clark Hulls mitgearbeitet und dort u. a. Reaktionen auf schmerzhafte Stimulation bei hypnotisch induzierter Anästhesie gemessen hatte, der Gedanke kam, man könne diese Reaktionen auch einmal mit denen eines Hysterikers vergleichen, fand man in der Psychiatrie eine Patientin, die sich für diese Untersuchungen eignete.

Durch ein sorgfältiges, mit experimentellen Kontrolldaten von normalen und hypnotisch beeinflußten Versuchspersonen versehenes Design stellten Robert Sears und Louis Cohen bei einer 45jährigen Patientin, die an hysterischer Analgesie, Anästhesie und Astereognose in der linken Hand litt[40], fest, daß die bei hysterischer Analgesie (Schmerzunempfindlichkeit) auftretenden Reaktionen denen einer hypnotisch induzierten Analgesie entsprechen. In einem zweiten Schritt untersuchten Sears und Cohen die Anästhesie (Taubheit, Empfindungslosigkeit) mit Hilfe der von Vladimir Bechterev 1912 vorgeschlagenen Methode des Aufbaus motorischer Assoziationsreflexe. Zunächst mißlang die Herstellung der konditionierten Vermeidungsreaktion auf einen elektrischen Schlag (UCS), bei dem die Berührung der linken, anästhetischen Hand als konditionierter Stimulus eingesetzt wurde. Nachdem die Reaktion jedoch bei Berührung der rechten Hand fast unmittelbar erfolgte, gelang es, sie auch auf die linke Hand zu transferieren, wobei in der Folge die Anästhesie verschwand – ein auch für die Experimentatoren überraschendes Ergebnis (Sears u. Cohen 1933).

Eine weitere, von Louis Cohen gemeinsam mit Ernest Hilgard und G. R. Wendt durchgeführte Untersuchung bei einem hysterisch blinden Patienten hatte nicht den gleichen Erfolg. Die in diesem Fall verwendete, von Ernest Hilgard und Donald Marquis im Tierversuch entwickelte und bereits bei einem organisch sehbehinderten Patienten erprobte Methode zur Messung konditionierter Augenlidreaktionen (Hilgard 1931, 1933; Hilgard u. Wendt 1933) zeigt zwar, daß der Patient sowohl in seinem „blinden“ wie auch in seinem sehfähigen Feld normal reagierte, doch bestand dieser weiterhin darauf, in seinem „blinden“ Feld nichts zu sehen (Cohen, Hilgard u. Wendt 1933). Die Hysterie blieb erhalten, ein Faktum, das damals die Wirksamkeit des Aufbaus konditionierter Vermeidungsreaktionen, d. h. einer im Grunde aversionstherapeutischen Behandlung hysterischer Störungen in Frage stellte[41].

Die methodisch vorbildlichen Studien der jungen Wissenschaftler in Yale wurden nicht zum Ausgangspunkt einer neuen therapeutischen Bewegung. Denn man interessierte sich damals vorwiegend für die *physiologischen* Aspekte hysterischer Störungen. Die Anwendung der Methode der Konditionierung bedurfte eines experimentell gut geschulten Psychologen oder Mediziners. Und nicht zuletzt die relative Seltenheit hysterischer Störungen trug zum therapeutischen Desinteresse bei. So hatte Robert Sears vor seiner Studie vergeblich einen langen, heißen Sommer in New York verbracht, ohne daß man ihm in den großen Nerevenkliniken auch nur einen einzigen Fall von Hysterie hätte vermitteln können.

*Das Institute of Human Relations 1936 –
Zu den Ursprüngen einer wissenschaftlichen Vision*

Die Arbeiten Robert Sears' und seiner Kollegen waren also eher Zufallsprodukte gemeinschaftlicher Bestrebungen der Fachbereiche, dem Auftrag zu interdisziplinärer Forschung nachzukommen. Generell lag der Schwerpunkt der vom Institut finanzierten Projekte auf Fragestellungen mit sichtbarer Praxisrelevanz, Themen also wie Jugendkriminalität, Arbeitslosigkeit, Verkehrsunfälle, psychische Gesundheit etc. (May 1971). 1935 kündigte sich jedoch eine Wende in der Politik des *Institute of Human Relations* an. Die von der *Rockefeller Foundation* bereitgestellten Mittel waren weitgehend aufgebraucht, viele Fachbereiche zogen sich aus der aktiven Forschung zurück, und die verbleibenden, meist jüngeren Mitarbeiter des Instituts wie John Dollard, Neal Miller, Robert Sears, Carl Hovland und O. Hobart Mowrer mußten sich überlegen, wie man die Stiftung dazu bewegen konnte, in einer Zeit höchster Arbeitslosigkeit neue Gelder zu bewilligen (Dollard 1964).

Mark May, ab 1937 offiziell zum Leiter des Instituts bestellt, zog damals Bilanz. Man wußte nun, daß ein „multiscience approach“ erst dann sinnvoll sein konnte, wenn ein Gebiet theoretisch hinreichend aufbereitet war, daß der Einsatz von Spezialistenteams unterschiedlicher Disziplinen lohnte[42]. Auch mit Blick auf die geringen noch verbliebenen finanziellen Mittel schien es daher sinnvoll, zunächst eine Integration auf konzeptioneller, statt auf empirischer Ebene zu suchen. Im Frühjahr 1935 begann man, über mögliche Themen für ein solches koordiniertes Forschungsprogramm nachzudenken[43]. An Vorschlägen fehlte es nicht. Bereits 1929 hatte Donald Schlesinger als Sekretär des Exekutivkomitees ein Memorandum erarbeitet, in dem er vorschlug, die psychoanalytische Theorie zum Ausgangspunkt eines interdisziplinären Forschungsansatzes zu machen und sie damit endlich wissenschaftlich zu erschließen. Sein Gedanke, das Projekt mit Hilfe von drei Vollzeitanalytikern zu realisieren, stieß bei einem anderen Mitglied des Komitees, der Juristin Dorothy Thomas, auf wenig Gegenliebe. Es sei unwahrscheinlich, daß, wenn Psychoanalytiker die Psychoanalyse erforschten, das Ergebnis ein wissenschaftliches sein würde. Dorothy Thomas schlug vor, dieses Projekt in die Hände von in den Verhaltenswissenschaften gut ausgebildeten, jungen Wissenschaftlern zu legen, die über ein ausreichendes „Arbeitswissen" zur psychoanalytischen Theorie verfügten, ohne jedoch indoktriniert zu sein[44]. Beide Vorschläge ließen sich in der Anfangszeit des Instituts nicht durchsetzen. Doch verfolgte man in der Aus- und Weiterbildung der am Institut beschäftigten jungen Wissenschaftler eine Politik, die es möglich machte, das Konzept von Dorothy Thomas Mitte der dreißiger Jahre in die Tat umzusetzen.

Der Soziologe John Dollard, über den Anthropologen Edward Sapir mit dem Institut in Kontakt gekommen, überbrückte die Anfangszeit, als man ihn noch nicht fest anstellen konnte, mit einem Stipendium des *Social Science Research Council* für Sozialpsychologie, das ihm zu einem einjährigen Aufenthalt in Berlin und zu einer Analyse bei Hans Sachs verhalf (1931–1932). Er meinte später über die Psychoanalyse: „Ich habe immer geglaubt, daß die Psychoanalyse etwas wirklich Bemerkenswertes über den Menschen aussagt. Als ich begann, die psychoanalytische Literatur zu lesen, glaubte ich, das alles schon einmal gehört zu haben"[45]. Dollards frühe Vorschläge zur Reorganisation der Forschung des Instituts richteten sich auf ein eindeutig klinisches Forschungsprogramm[46].

Neal Miller, der mit John Dollard mehr als 15 Jahre lang das wohl erfolgreichste Forscherteam des Instituts bildete, gewann über L. M. Terman, bei dem er in Stanford seinen Masters Degree erworben hatte, Interesse an der Psychoanalyse. Terman gehörte zu den wenigen Professoren, die gegenüber der Psychoanalyse positiv eingestellt waren. Er betrachtete Freud als den größten lebenden Psychologen seiner Zeit. Nachdem Miller bei Walter Miles in Yale mit einer Arbeit über den psychologischen Hautreflex promoviert hatte, riet ihm dieser angesichts der damaligen Stellenknappheit, sich doch um das Stipendium des *Social Science Research Council* des Jahres 1935 zu bewerben. Tatsächlich akzeptierte man ihn dort als experimentellen Psychologen, und Neal Miller konnte ein Jahr in Europa zur Analyse bei dem Wiener Psychoanalytiker Hans Hartmann verbringen. Eine der Ursachen für die besondere Anziehungskraft der psychoanalytischen Theorie für Experimentelle Psychologen und Behavioristen sah er damals in ihrem kritischen Hinterfragen introspektiver Aussagen. Seine frühesten Überlegungen galten der Vergleichbarkeit von Konzepten wie der Extinktion und der Verdrängung, d. h. der Frage, inwieweit eine erlernte Gewohnheitsverbindung nicht wirklich zerstört, sondern bewahrt wurde und unter bestimmten Umständen enthemmt werden konnte[47].

O. Hobart Mowrer, wie Neal Miller ein hochbegabter Experimentator, hatte sich bereits 1929 aufgrund persönlicher Schwierigkeiten in analytische Behandlung begeben. 1934 gelang es ihm, bei Raymond Dodge ein *Sterling Postdoctoral Fellowship* zu bekommen, und ab 1936 begann er, neben seinem Lehrauftrag in Yale auch als *Research Associate* des *Institute of Human Relations* zu arbeiten. John Dollard analysierte ihn in den Jahren von 1935 bis 1938, und seine positive Einstellung gegenüber der Psychoanalyse wuchs. „Ich glaubte daran und wünschte mir sehr, daß es wahr wäre“, beschrieb er seine damalige Einstellung zur psychoanalytischen Theorie später[48].

Robert Sears hatte, bevor er an das *Institute of Human Relations* ging, bereits einige Jahre an der *University of Illinois* gelehrt. Die ihm dort als jüngerem Fakultätsmitglied übertragenen Kurse in „abnormal psychology“ brachten ihn auf den Gedanken psychoanalytische Konzepte mit Hilfe objektiver experimenteller Techniken zu testen. 1934, 1936 und 1937 veröffentlichte er einige experimentelle Untersuchungen zum Konzept der Projektion, auf die Clark Hull aufmerksam wurde und die ihm die Rückkehr nach Yale einbrachten.

Earl Zinn, seit Herbst 1935 am Institut beschäftigt, war der erste professionelle Vollzeitpsychoanalytiker, den man damals einstellte. Zinn, ein Protégé Gilbert Hamiltons und Robert Yerkes, konnte dort seine Aufzeichnungsstudien über die Psychoanalyse verschiedener Patienten fortsetzen, die er im Auftrag des *National Research Council* gegen Ende der zwanziger Jahre begonnen hatte. Auch er verbrachte 1931 ein Jahr zur Analyse in Berlin bei Hans Sachs und stand den wissenschaftlichen Bemühungen der Forscher in Yale positiv gegenüber[49]. Seine Aufzeichnungen der Analyse einzelner konkreter Fälle galten als einmalig, nicht nur im konzeptionellen, auch im technischen Sinne.

Eine weitere zentrale, möglicherweise die wichtigste Figur in der Gruppe der Wissenschaftler, die die Seminare der bald berühmten *Monday Night Group* in Yale initiierten und gestalteten, war Clark Hull. Auch Hull war von der Psychoanalyse beeindruckt und hatte bereits 1933 Pläne für ihre experimentelle Erforschung gefaßt[50]. Für ihn stellte sie eine Herausforderung dar, eine neue Möglichkeit, das wissenschaftliche Potential seiner streng deduktiven Methodologie unter Beweis zu stellen. In seinem Kurs über „Habit Dynamics and Motivation“ entstand Anfang 1936 der Gedanke, *Psychoanalyse und Lerntheorie in einen gemeinsamen konzeptionellen Rahmen zu integrieren.* Es gelang ihm, im Verlauf dieses ersten, turbulenten Seminars John Dollard und seine Kollegen davon zu überzeugen, daß ein systematischer, großangelegter Ansatz zur Verwissenschaftlichung der Psychoanalyse auf der Basis seiner eigenen Lerntheorie sinnvoll sein könnte[51].

„Der Behaviorismus und die Psychoanalyse werden allgemein als unabhängige Disziplinen betrachtet; dennoch befassen sich beide mit dem Verhalten ein und desselben Organismus – dem Menschen. Vermutlich liegen allem menschlichen Verhalten dieselben elementaren Gesetze zugrunde", schrieb Clark Hull wenige Jahre später[52]. Grundsätzlich ging er davon aus, daß die psychoanalytische Theorie valide Aussagen über den Menschen machte und die Integration von Lerntheorie und Psychoanalyse hilfreich sein könnte, Irrtümer und Lücken in beiden Ansätzen aufzuspüren und zu überbrücken (Hull 1939). Je stärker die beiden Ansätze auf der theoretischen Ebene zur Deckung gebracht werden konnten, desto größer erschien der potentielle wissenschaftliche Fortschritt. Denn Hull interpretierte den wissenschaftlichen Fortschritt als fortschreitende Integration und zahlenmäßige Reduktion wissenschaftlicher Theorien.

Hulls Seminar, das erste einer Serie von Seminaren der *Monday Night Group*[53] – man traf sich jeweils Montag abends zu informellen Sitzungen –, war noch von heftigen Kontroversen zwischen Psychoanalytikern und Experimentalisten gekennzeichnet. Doch war Hull von der stimulierenden Wirkung der freien Diskussion begeistert[54], und auch die anderen Mitglieder des Instituts erkannten bald, daß sich hier ein neues Forschungsprogramm anbahnte, eine Serie experimenteller und theoretischer Studien von Lernexperimenten über klinische Untersuchungen bis hin zur Erforschung einzelner Phänomene wie dem der Aggression. Die Vision einer Integration von Psychoanalyse und Lerntheorie überzeugte nicht nur die *Rockefeller Foundation,* sie begeisterte eine ganze Generation von Psychologen, die über zahlreiche, frei zirkulierende Manuskripte, über Berichte und Veröffentlichungen von der Arbeiten der Wissenschaftler in Yale erfuhren[55]. Erstmals wurde ein solches Unternehmen von einem etablierten und hochangesehenen Experimentalpsychologen, von Clark Hull, unterstützt, ein Faktum, das für sich allein bereits eine Sensation darstellte.

Erste Ergebnisse

Die Triebreduktionshypothese Hulls, die Aggressions-Frustrations-Hypothese von Dollard, Doob, Miller, Sears und Mowrers Stimulus-Response-Analyse der Angst gehören zu den zentralen Ergebnissen der Integrationsversuche der Wissenschaftler in Yale.

Clark Hulls Engagement für die Psychoanalyse war nicht ganz uneigennützig. Zwar interessierte er sich für sie und für die Erhaltung des Instituts. Doch erhoffte er sich auch einige neue Einsichten für seine eigene Arbeit. Clark Hull suchte damals, Anfang 1936, nach der Lösung seines „Motivationsproblems" (s. S. 93ff.). Zu dieser Zeit war Hull noch ein „incentive-motivation"-Theoretiker, d.h. er ging von der motivierenden Wirkung des Stimulus zur Reaktion aus. Da sein Ziel jedoch eine konsequent deterministische Theorie des Verhaltens war, durfte die Belohnung nicht etwas sein, das der Organismus anstrebte. Während des Seminars über Motivation und

Lerndynamik, dem ersten, das der Integration beider Ansätze dienen sollte, vertiefte er sich begeistert in die „Ausbeutung" der psychoanalytischen Theorie. Hinter diesem Ansatz, einer echten Motivationstheorie, mußten Strukturen verborgen liegen, die ihm bei der Lösung seines zentralen theoretischen Problems helfen konnten.

Und tatsächlich, in der Auseinandersetzung mit dem Freudschen Konzept der Libido kam Hull der entscheidende Gedanke. Trotz heftiger Gegenwehr von seiten Earl Zinns, John Dollards und anderer Seminarteilnehmer interpretierte Hull, wie auch vor ihm C. G. Jung, die Libido als eine eher unspezifische, psychische Energie, gespeist von körperlichen Trieben, die bald dieses, bald jenes Objekt „besetzte". In Analogie dazu postulierte er für seine Lerntheorie ein allgemeines Trieblevel D, gebildet aus den Einzeltrieben, die er als starke Stimuli definierte. Er unterschied zwischen primären und sekundären, d.h. erworbenen, Trieben und stellte die Hypothese auf, daß die Reduktion eines durch D ausgelösten Triebstimulus verstärkend wirkte. D war das aktivierende Agens, das Clark Hull in seiner Lerntheorie gefehlt hatte (Hull 1937, Hilgard 1948, vgl. Schorr 1984).

Die durch Hulls Talent für hypothetische Denken und seine für jeden theoretischen Ansatz offene Methodologie bewirkte Erweiterung seiner Lerntheorie war eine notwendige Voraussetzung dafür, daß man den Versuch einer Integration von Lerntheorie und Psychoanalyse überhaupt wagen konnte. Denn unabhängig davon, welche Lerntheorie man verwendete, mußte es doch, wie John Dollard und Neal Miller später feststellten, „eine Verstärkungstheorie im weitesten Sinne des Wortes" sein (Dollard u. Miller 1950, S. 42). Das zeigte sich auch in Hulls 1939 veröffentlichtem Aufsatz „Modern Behaviorism and Psychoanalysis", in dem er zentrale Konzepte der psychoanalytischen Theorie in sein lerntheoretisches Begriffssystem übersetzte. Aber nicht nur der Brückenschlag zwischen Lerntheorie und Psychoanalyse, auch die frühen Ansätze von Vertretern der modernen Verhaltenstherapie Mitte der fünfziger Jahre profitierten – wie später noch erkennbar wird – von diesem strukturellen Merkmal der Hullschen Lerntheorie.

Ein weiteres Produkt der Integrationsbestrebungen in Yale war das 1939 von Dollard, Doob, Miller und Sears gemeinschaftlich verfaßte Buch „Frustration and Aggression". Freuds Hypothese, daß Frustration Aggression erzeuge, wurde formalisiert – „die Stärke von Antrieben zur Aggression variiert direkt mit der Höhe der Frustration" (May 1971, S. 163) – und in ein kleines Postulatensystem nach Hullschem Muster gefaßt, das Aussagen in bezug auf aggressionshemmende Faktoren, Faktoren, die die Stärke der Aggression determinierten, und solche, die sich auf das Objekt der Aggression bezogen, enthielt. „Es schien einfach eine Hypothese zu sein", schrieb Neal Miller später, „die viele tierexperimentelle Ergebnisse, viele klinische Daten und viele soziologische und anthropologische Beobachtungen zusammenpassen ließ" (Miller 1976, S. 182). Praktisch näherte man sich ihr mit einem für die späteren Arbeiten in Yale typischen, kreativen Ansatz. Dem peniblen Befolgen enger empirischer Forschungswege stellte man die Ausarbeitung einer zentralen Idee, die immer provisorische Herstellung eines großen Zusammenhangs unter Verwendung einer Fülle unterschiedlicher qualitativer und quantitativer Fakten voran. Zwar hatten Neal Miller und John Dollard einige Experimente zum Zusammenhang von Frustration und Aggression durchgeführt. Doch flossen auch Forschungsergebnisse aus der Soziologie und der Anthropologie in die Überlegungen ein, und man versuchte, aggressives Verhalten mit so heterogenen Phänomenen wie Krieg, Mißernten und Lynchjustiz in Verbindung zu bringen (Dollard et al. 1939).

Der dritte zentrale theoretische Beitrag aus Yale stammte von O. Hobart Mowrer. Seine im März 1939 vor der *Monday Night Group* vorgetragene Theorie „A Stimulus-Response Analysis of Anxiety and Its Role as a Reinforcing Agent" zielte darauf ab, die simplen lerntheoretischen Auffassungen Watsons zum Erwerb von Angst oder Furcht (Watson u. Rayner 1920) anhand von aus der psychoanalytischen Theorie gewonnenen Einsichten zu modifizieren und zugleich eine Formulierung zu finden, die in die modernere Hullsche Lerntheorie paßte (Mowrer 1939).

Wie Watson ging Mowrer davon aus, daß Angstreaktionen – er setzte die Begriffe Angst und Furcht gleich – erlernt sind, d. h. daß es sich um konditionierte emotionale Reaktionen handelte, die auf Schmerz erworben wurden. Als Warnsignal für Schmerz war Angst biologisch sinnvoll; doch empfand Mowrer diese Konzeption als zu einseitig. Verglich man sie mit Freuds Konzeption der Angst in seiner zweiten Angsttheorie, d. h. der Angst aufgefaßt als Signalangst, so konnte diese eine Vielzahl unterschiedlicher Reaktionen auslösen. Nach dem Prinzip der Stimulussubstitution blieb hingegen die konditionierte der unkonditionierten Reaktion immer gleich, unabhängig davon, durch welchen Stimulus sie ausgelöst wurde. Betrachtete man die Angst nun als motivierende oder verstärkende Kraft, vergleichbar anderen Triebzuständen wie Hunger oder Durst, so war es möglich, Hulls Prinzip der Verstärkung, verstanden als Lernen durch Motivationsreduktion, in die Analyse einzubringen. Ähnlich wie bei Freud konnte Angst auf diese Weise unterschiedliche Reaktionen auslösen, die gelernt wurden, sofern sie dazu beitrugen, die Angst selbst zu reduzieren. „Diese Analyse", erklärte O. Hobart Mowrer damals, „befindet sich in Übereinstimmung mit dem Alltagsverständnis solcher Prozesse und steht nicht im Widerspruch zu irgendeinem bekannten empirischen Faktum. Schließlich hat sie den Vorteil, der objektiven Untersuchung zugänglich zu sein" (Mowrer 1939, S. 564). Da Freud die Angst als das zentrale Problem neurotischer Störungen definiert hatte, waren Mowrers Überlegungen für die Klinischen Psychologen seiner Zeit von unmittelbarer Relevanz. Neal Miller konnte sie 1948 durch entsprechende Experimente belegen (Miller 1948). Seine Theorie blieb ein akzeptiertes Faktum, bis er selbst 1947 mit seiner „Zwei-Faktoren-Theorie der Angst und Vermeidung" einen erneuten theoretischen Vorstoß wagte (Mowrer 1947).

Die Arbeiten von John Dollard, Neal Miller, O. H. Mowrer, Robert Sears und nicht zuletzt auch Clark Hull sorgten dafür, daß sich die Haltung der in der wissenschaftlichen Forschung tätigen Psychologen gegenüber der Psychoanalyse veränderte. Sie kombinierten die Respektabilität der behavioristischen Psychologie mit ungewöhnlichen, von der Psychoanalyse inspirierten Fragestellungen. Da sie als Teil des „behavioral movement" in der Psychologie hohes Ansehen genossen, gelang es ihnen, indem sie die psychanalytische Theorie offen als Ideenquelle verwendeten, ein erhebliches Maß an noch vorhandener Opposition zu neutralisieren. Positive Neubewertungen des Verhältnisses von Psychoanalyse und wissenschaftlicher Psychologie, wie sie z. B. J. F. Brown (1940a, 1940b) und Gustav Bergmann (1943) vorlegten, waren die Folge.

Aber die Bemühungen Hulls, seiner Kollegen und Schüler fanden nicht nur Beifall. Die erste grundlegende Kritik, die 1943 veröffentlicht wurde, kam aus den eigenen Reihen. Auf Anfrage des *Social Science Research Council* legte Robert Sears damals eine umfassende Bewertung der Ergebnisse psychologischer Beobachtungs- und Experimentalstudien zur Untersuchung psychoanalytischer Konzepte vor, die er durch einen weiteren Aufsatz 1944 ergänzte (Sears 1943, 1944). Er setzte sich kritisch mit der Frage auseinander, von welcher Art und welchem Wert die Studien seiner Kollegen in Yale – seine eigenen Untersuchungen nicht ausgeschlossen –, aber auch die zahlreicher Wissenschaftler an anderen Universitäten zu Problemen und Konzepten der Freudschen Theorie für diese und für die psychologische Forschung waren bzw. potentiell sein konnten.

Sears definierte die Psychoanalyse als „eine Wissenschaft der Persönlichkeit" und stellte zunächst fest, daß es nicht möglich sei, die vielen wichtigen Aspekte menschlichen Verhaltens, die sie aufgedeckt habe, in der wissenschaftlichen Forschung zu ignorieren. Wie sie berücksichtigt werden könnten, diese Frage war nach Sears jedoch noch völlig ungeklärt. Denn seine Analyse zeigte, daß es häufig nicht gelungen war, ein bestimmtes Konzept oder einen Mechanismus experimentell überzeugend zu überprüfen. So war z.B. die im Tierexperiment untersuchte Regression für die klinischen Phänomene, die Freud unter diesen Begriff faßte, einfach nicht repräsentativ. Die experimentellen Studien zur Verdrängung hatten weder einen Beitrag zur Differenzierung der Theorie noch neue, relevante Variablen oder Techniken hervorgebracht, die geeignet waren, die Probleme, die Freud in diesem Bereich sah, zu lösen. „Tatsächlich" kommentierte Sears die Forschungsergebnisse insgesamt, „bietet die Trivialität der erzielten Differenzen in diesem Gebiet ein höchst entmutigendes Bild; und die Grobheit der zur Zeit verfügbaren experimentellen Methoden, um die feine Dynamik der Verdrängung einzufangen, verheißt wenig Gutes für die Zukunft" (Sears 1943, S. 120). Konzepte wie das der Hemmung, Sublimierung, Reaktionsbildung und Projektion blieben hinter den objektiven Daten verborgen. Nichts stützte sie, nichts widerlegte sie – ein Problem, das Sears als „Funktion der Natur der Konzepte selbst" bewertete (Sears 1943, S. 75).

Den an der analytischen Theorie interessierten Wissenschaftlern riet Robert Sears, sich auch weiterhin Hypothesen und intuitive Einsichten der psychoanalytischen Theorie zunutze zu machen, ihre Kräfte jedoch auf die Entwicklung einer eigenen, behavioralen Wissenschaft der Persönlichkeit zu konzentrieren. Die Psychoanalyse sei für eine solche Forschung einfach „nicht gebaut" (Sears 1943). Sears' kritische Bewertung wurde von vielen seiner akademischen Kollegen mit Beifall begrüßt, auch in Yale, wo man seine Analyse keineswegs als Infragestellung des eigenen Vorgehens interpretierte. Denn im Grunde hatten John Dollard und seine Kollegen nie versucht, die Psychoanalyse als Ensemble zu erhalten. Doch wollte man sich in ihrer Nutzung auch keinerlei Beschränkungen auferlegen. Für viele Psychologen war die in Aussicht gestellte Möglichkeit der Verwissenschaftlichung der Freudschen Theorie das begeisternde Moment der neuen Forschung. Und so vertrat Clark Hull noch 1940 den Standpunkt:

„Es scheint kaum glaubhaft, daß verschiedene Verhaltenswissenschaften wie die Pavlovsche Reflexologie, der amerikanische Behaviorismus und die psychoanalytische Theorie sich weiter unabhängig voneinander entwickeln können, ohne eine Integration, die umfassender sein wird als jede einzelne für sich"[56].

Die im Grunde ambivalente Haltung, die hinter den Bemühungen der Wissenschaftler in Yale stand, war gegen Ende der dreißiger Jahre einmal mehr ein Symptom für die schwierige Situation der akademischen wie der Angewandten Psychologen in Amerika. Nur wenige Universitäten konnten sich in einer Zeit wirtschaftlichen und gesellschaftlichen Niedergangs eine „freie" Wissenschaft leisten. Die Integration theoretischer Ansätze versprach einen kürzeren Weg zur Praxis; und es war die der praxisorientierten Forschung zugrundeliegende Hoffnung auf eine bessere Zukunft, die die Universitäten damals verstärkt in das öffentliche Bewußtsein rufen wollten. Neben den eklektischen Strömungen in der Klinischen Psychologie gab es auch einige Beispiele dafür, wie man unter konsequenter Verwendung der vorhandenen lerntheoretischen Prinzipien innovative Beiträge zur klinischen Praxis leisten konnte.

Von der Lerntheorie zur Lerntherapie: Erste Anwendungen

Knight Dunlap und Edwin R. Guthrie gehörten zu den ersten, die ihre lerntheoretischen Perspektiven in den dreißiger Jahren auf klinische Fragestellungen übertrugen. Beide Wissenschaftler vertraten Standpunkte, die zu Beginn dieses Jahrzehnts bereits relativ abgeschlossen und zugleich so unkompliziert waren, daß einer Umsetzung auf angewandte Fragestellungen im Grunde nichts im Wege stand; und beide waren in ihrer Einstellung gegenüber der Psychoanalyse so kritisch, daß ihre praktischen Überlegungen von den Inkonsequenzen der damaligen Klinischen Psychologie frei blieben.

Knight Dunlap, Watsons ehemaliger Kollege an der *Johns Hopkins University*, war ursprünglich kein Lerntheoretiker, sondern Experimentalpsychologe. Sein Enga-

Mitglieder des Exekutivkomitees des *Institute of Human Relations*. Von links nach rechts: George P. Murdock, Carl I. Hovland, Clark L. Hull (1884–1955), Mark A. May, John A. Dollard (1909–1979), Clellan S. Ford.

Neal E. Miller (geb. 1909)

O. Hobart Mowrer (geb. 1907)

Knight Dunlap (1875–1945)
in seinen späteren Jahren

„Practice makes perfect!“ – Karikatur auf Knight Dunlaps Prinzip der negativen Praxis. Knight Dunlap-Collection, Akron, Ohio.

gement im Bereich der Klinischen Psychologie war eher unfreiwillig. Dunlaps Arbeitsbedingungen hatten sich nach dem Ausscheiden Watsons im Verlauf der zwanziger Jahre kontinuierlich verschlechtert. Man verübelte ihm seine kritische Einstellung zur Psychoanalyse, seine im Grunde konservative, forschungsorientierte Haltung. Auf Veranlassung der Universitätsleitung sah er sich schließlich gezwungen, sich stärker angewandten Fragestellungen zuzuwenden und auch in der klinischen Beratung von Studenten tätig zu werden, eine Aufgabe, die er mit den Worten kommentierte: „Diese Arbeit ist natürlich nur auf Kosten unserer täglichen Routine möglich; und wir nehmen kein Honorar“[57].

Dunlap war davon überzeugt, daß der Lernprozeß durch Bewußtseinsvorgänge, d.h. durch kognitive Prozesse, entscheidend beeinflußt wurde. Indem er dem behavioristischen wie auch dem introspektiven Standpunkt gerecht zu werden versuchte und alles geistige Leben als Reaktion auffaßte, wurde er zu einem Hauptvertreter der sogenannten „Reaktionspsychologie“ (Dunlap 1926). So unterschied er zwischen „Wahrnehmungsgewohnheiten“, „Denkgewohnheiten“ und „gefühlsmäßigen Gewohnheiten“. Wie viele seiner empirisch orientierten Kollegen betrachtete Dunlap die Prinzipien der Neuheit und der Übung als für den Lernprozeß fundamental (Dunlap 1928). Auch war es für ihn als Experimentalpsychologe selbstverständlich, unangepaßtes oder neurotisches Verhalten aus lerntheoretischer Perspektive zu analysieren.

> „Der Erwerb unerwünschter Gewohnheiten besteht in den meisten Fällen in einem Lernprozeß. Sie können nur durch einen Lernprozeß beseitigt oder korrigiert werden. (...) Die Erlösung des Neurotikers liegt in der Anwendung der Ergebnisse der wissenschaftlichen Psychologie. Unter diesen Ergebnissen sind die Lernprinzipien die bei weitem bedeutsamsten, ...“ (Dunlap 1932, S. 192).

Doch erlebte Dunlap in der praktischen Anwendung seiner Überzeugungen eine Überraschung. Das „Gesetz der Übung“, d.h. die Annahme, daß sich mit der Häufigkeit einer Reaktion auf ein bestimmtes Stimulusmuster die Wahrscheinlichkeit dieser Reaktion auf die Stimulation erhöht, schien in der Praxis nicht uneingeschränkt gültig zu sein. In seinem 1928 veröffentlichten, aufsehenerregenden Aufsatz „A Revision of the Fundamental Law of Habit Formation“ beschrieb Dunlap, wie Alltagserfahrung und Beobachtung ihn auf die eingeschränkte Gültigkeit dessen, was er als „*Alpha-Hypothese* der positiven Praxis“ bezeichnete, aufmerksam gemacht hatten. Theoretisch, so führte er aus, sei nun der Weg frei für eine *Beta-Hypothese,* die besagt, daß kein Zusammenhang zwischen Reaktionshäufigkeit und Reaktionswahrscheinlichkeit besteht, sowie für die *Gamma-Hypothese,* in der mit steigender Reaktionshäufigkeit eine Verminderung der Reaktionswahrscheinlichkeit postuliert wird[58].

Die „Gamma-Hypothese der negativen Praxis“ bildete die theoretische Grundlage für Dunlaps therapeutisches Vorgehen. Dabei spielten kognitive Prozesse eine entscheidende Rolle. Dunlap berief sich in diesem Zusammenhang auf die Tatsache, daß der Lernprozeß dem gelernten Verhalten nicht gleichzusetzen war, d.h. daß die eingeübte Reaktion nicht derjenigen entsprach, die letztendlich gelernt wurde. Sollte es also einen Prozeß der negativen Praxis geben, d. h. einen Lernprozeß, bei dem durch die Wiederholung der S-R-Kombination eine Verbindung aufgebrochen werden konnte, so ließ sich dies nur durch den Einfluß *kognitiver Faktoren* erklären, etwa durch die empfundene Befriedigung, ein unangenehmes Verhalten loszuwerden, die Erwartung, ein bestimmtes Ziel zu erreichen, oder den Wunsch, zu diesem Ziel auch tatsächlich zu gelangen. Dunlap bezeichnete diese Komponenten zusammenfassend als „nützliche negierende Faktoren" (Dunlap 1928). Trafen seine Überlegungen zu, dann lagen in der Gamma-Hypothese völlig neue Möglichkeiten für die therapeutische Arbeit. So gab es z. B. Stotterer, die nie eine Phase hatten, in der sie nicht stotterten, d. h. *Stottern war das, was sie am besten konnten,* ein Faktum, das sich die Therapie nach der Hypothese der negativen Praxis zunutze machen konnte. Gleiches galt für die Behandlung anderer Sprachdefekte, motorischer Tics, das Daumenlutschen, Bettnässen, die Masturbation und sogar für die Therapie homosexueller Neigungen (Dunlap 1928).

Wie viele seiner in der Praxis tätigen Kollegen neigte Dunlap dazu, sich trotz gegenteiliger Aussagen mit den Anwendungserfolgen seines neuen Lernprinzips zufrieden zu geben (Dunlap 1928, 1930); empirische Untersuchungen zum Prinzip der negativen Praxis stammten ausschließlich von forschungsorientierten Kollegen (z. B. Holshopple u. Vanouse 1929). Auch plädierte Dunlap mit zunehmender klinischer Erfahrung für die Anwendung von Lernprinzipien „auf der Basis eines umfassenden psychologischen Verstehens der Situation des Patienten und der Prozesse" (Dunlap 1932, S. 193). Als wichtigste Voraussetzung für eine erfolgreiche Therapie nannte er bereits 1928 den Wunsch des Patienten, sich von seiner unangepaßten Gewohnheit zu befreien, sowie die Überzeugung, daß die willentliche Einübung des Fehlverhaltens tatsächlich zu seinem Abbau beitragen werde (Dunlap 1928).

Konkret wurde z. B. der Stotterer aufgefordert, zweimal täglich ca. 15 Minuten absichtsvoll zu stottern; nach einer Behandlungsdauer von 3 bis 6 Monaten trat gewöhnlich ein Erfolg ein. Bei Gewohnheiten wie dem Nägelkauen wies Dunlap seine Patienten an, lediglich die übliche Kaubewegung um die Fingerkuppe herum auszuführen, um den Nagel nicht weiter zu beschädigen. Ethische Probleme ergaben sich in der Behandlung sexuell abweichenden Verhaltens, ein Gebiet, auf dem Dunlap ohne Erfolg blieb (Dunlap 1932, Carr 1933).

Generell fehlte Dunlaps Darstellungen über Einzelfallberichte hinaus jegliche Statistik oder Spezifikation seiner therapeutischen Erfolge. Obwohl sein dem gesunden Menschenverstand widersprechendes Vorgehen durch Zeitungen, Zeitschriften und Radiosendungen erhebliche Publizität erhielt[59] und auch in die Lehrbücher der Klinschen Psychologie Eingang fand (z. B. Dorcus u. Shaffer 1934, 1939), war sein 1932 veröffentlichtes Buch „Habits. Their Making and Unmaking" (Dunlap 1932) kein besonderer Erfolg (Carr 1933, Johannsen 1934, McGeoch 1933). Das neue Lerngesetz konnte viele Psychologen nicht überzeugen (Carroll 1929, Fletcher 1932), und seine fehlende Aufgeschlossenheit gegenüber der Psychoanalyse paßte nicht mehr in das Klima der dreißiger Jahre. Therapeutische Anwendung fand das Prinzip der negativen

Praxis in der Folgezeit primär in der Behandlung von Sprachdefekten (z. B. Fishman 1936, Rutherford 1940).

Der eigentliche Nachteil des Dunlapschen Ansatzes lag jedoch darin, daß die Klinischen Psychologen der dreißiger Jahre nicht mehr davon zu überzeugen waren, daß eine einzige Technik ausreichte, um einen Abbau von Fehlverhalten unterschiedlichster Art zu erreichen. „Insgesamt", schrieb David Wechsler 1933, „ist es von dem unterschiedslosen Versuch des Autors, neurotische Störungen auf der Basis schlechter Gewohnheitsbildung zu erklären und zu heilen, klar, daß es ihm an psychiatrischer Erfahrung mangelt; ..." (Wechsler 1933, S. 164).

Auch Edwin Guthrie, dessen Buch „The Psychology of Human Conflict" (Guthrie 1938) in dem Bemühen entstand, den Studenten für seinen an der *University of Washington* regelmäßig veranstalteten Kurs in „Abnormal Psychology" ein leicht verständliches Lehrbuch anbieten zu können[60], war kein erfahrener Kliniker. Wie Dunlap hatte er sich von Zeit zu Zeit der Beratung von Studenten gewidmet, und wie er interpretierte er den Prozeß der Therapie als Lernprozeß. Im Gegensatz zu Dunlap akzeptierte Guthrie jedoch die psychoanalytische Auffassung, daß neurotische Störungen auf der Basis eines Konfliktes entstehen. „Unentschlossenheit oder Unfähigkeit, einen Konflikt zu lösen, ist die Basis beinahe jedes neurotischen Verhaltens" (Guthrie 1938, S. 181). Ungleich vieler klinischer Kollegen bemühte sich Guthrie aber um eine konsequent lerntheoretische Interpretation der Konfliktsituation: Konflikte ließen sich seiner Meinung nach nur verstehen, wenn man sich zuvor mit dem Prinzip der konditionierten Hemmung befaßt hatte. Die assoziative oder konditionierte Hemmung war nach Guthrie ein Grundmoment jedes Lernprozesses. Denn der Erwerb einer Tendenz, auf eine bestimmte Situation zu reagieren, bedeutete zugleich immer auch die Hemmung einer anderen konfligierenden Tendenz, die als Reaktion auf diese Situation bereits zuvor erworben worden war. Da Prozesse des Vergessens und des Verlernens auf der konditionierten Hemmung basierten, definierte Guthrie den Konflikt folgerichtig als ein Versagen der Hemmung (Guthrie 1938).

Konflikte führten zu fehlangepaßtem Verhalten, d. h. im Falle einer Phobie z. B. zur Vermeidung des gefürchteten Stimulus. Dadurch wurde ein Umlernen unmöglich, da dazu die Verbindung des gefürchteten Stimulus mit einer neuen Reaktion notwendig gewesen wäre, um die Vermeidungsreaktion assoziativ zu hemmen. Aufgabe der Therapie mußte es also sein, die fehlangepaßte Reaktion zu verhindern, sobald die sie auslösenden Stimuli auftreten, um so zu ermöglichen, daß diese Stimuli mit einem Verhalten assoziiert wurden. Wie auch der Psychoanalytiker Thomas French (s. S. 104) sah Guthrie in der akzeptierenden, positiven Haltung des Therapeuten ein wichtiges Moment der Behandlung. Denn so konnte der Patient lernen, seine Probleme ohne Sorge zu besprechen, konnte die Reaktion der Besorgnis assoziativ gehemmt werden und sich zugleich eine positivere Einstellung im Sinne einer Neukonditionierung herausbilden. Waren die Stimuli identifiziert, die das unangepaßte Verhalten auslösten, dann war es an der Zeit, „alle Mittel einzusetzen, *um den Patienten zu veranlassen, in dieser Situation etwas anderes zu tun*" (Guthrie 1938, S. 387).

Bereits in seinem 1935 veröffentlichten Buch „The Psychology of Learning" schlug Guthrie einige Verfahren vor, um unerwünschtes Verhalten abzubauen. Ein Möglichkeit bestand darin, die Stimuli dann zu präsentieren, wenn andere Charakteristika der Situation das Auftreten der unerwünschten Reaktion unmöglich machten. Nach einer anderen Methode sollte man den auslösenden Stimulus solange präsentieren, bis sich die Reaktion erschöpt hatte, so daß eine neue Reaktion auf den Stimulus gelernt werden konnte. Guthries bekannteste Methode war jedoch die, die Sheffield (1949) als „toleration"- oder „crowding-the-threshold"-Methode bezeichnete. Bei diesem Verfahren wurden die gefürchteten Stimuli zunächst so schwach präsentiert, daß sie die Reaktion nicht auslösten. Mit dem graduellen Ansteigen der Intensität der Stimulation hoffte der Therapeut, daß auch die Toleranz des Patienten graduell ansteigen würde.

Dieses letzte Verfahren ist dem modernen Verfahren der systematischen Desensibilisierung in mancher Hinsicht ähnlich, wenn man davon absieht, daß außer dem ermutigenden Verhalten des Therapeuten keine zusätzlichen Techniken verwendet wurden, um den Patienten zu entspannen. Zu seiner Illustration beschrieb Guthrie 1938 u.a. die Behandlung einer Patientin, die unter einer Mäusephobie litt. Seine Therapie bestand darin, das Thema Maus graduell in die therapeutische Situation einzuführen. Zunächst sprach er mit der Patientin über Mäuse, wobei er eine sehr kleine Maus aus Porzellan in die Sitzung mitbrachte; als nächstes verwandte er eine realistischere Nachbildung aus Plastik, dann eine ausgestopfte Maus und schließlich ein lebendiges Tier in einem Käfig (Guthrie 1938).

Knight Dunlap und Edwin R. Guthrie gehörten zu den ersten Psychologen, die in den dreißiger Jahren ihre Lerngesetze konsequent auf die therapeutische Praxis übertrugen. Die lerntheoretische Interpretation des therapeutischen Prozesses war damals auch den Klinischen Psychologen der zweiten Generation durchaus vertraut. Doch hatte sich in ihrer Einstellung ein grundlegender Wandel vollzogen, der diesen Techniken einen neuen Stellenwert gab.

Die Trendwende: Vom behavioristisch-wissenschaftlichen zum medizinisch-psychoanalytischen Denkansatz

Faßt man die Entwicklungen in der Klinischen Psychologie gegen Ende der dreißiger Jahre zusammen, so lassen sich zwei große Trends erkennen: Die zunehmende Professionalisierung und die damit verbundene Abkehr von einem wissenschaftsorientierten Rollenverständnis sowie das Abstreifen behavioraler Konzepte zugunsten psychodynamischer Denkansätze.

Das Abrücken Klinischer Psychologen von der akademischen Psychologie fand Mitte der dreißiger Jahre nach langem Tauziehen auch Ausdruck in der Gründung einer eigenen professionellen Organisation, der *American Association for Applied Psychology* (AAAP). Zu lange hatte man in der *American Psychological Association* die Bedürfnisse Angewandter Psychologen ignoriert und die Vertretung berufspolitischer Interessen abgelehnt. Mit der 1937 gegründeten AAAP und dem von ihr herausgegebenen *Journal of Consulting Psychology* wurde erstmals der Versuch gemacht, das neue Selbstverständnis der Angewandten Psychologen zu thematisieren, ihre Gruppensolidarität zu stärken und ihre eigenständige, von der akademischen Psychologie unabhängige Identität auch nach außen hin zu dokumentieren (Napoli 1981). Notwendige Voraussetzung für die Bildung eines Berufsstandes war nach Douglas Fryer, dem ersten Präsidenten der AAAP, eine „Haltung professioneller Anpassung". Statt den Habitus des Universitätsprofessors auch auf die praktische Arbeit zu übertragen, ermahnte er seine Kollegen, anpassungsfähig zu sein und mit anderen Berufsgruppen stärker zu kooperieren (Fryer 1939).

Die Klinischen Psychologen erkannten damals, daß sie, wollten sie einen dem Psychiater vergleichbaren Status erreichen, auch vergleichbare Einstellungen erwerben mußten; und diese unterschieden sich ganz erheblich von denjenigen, die man im Kontext einer Universität erwerben konnte. „Das konkrete Gefühl einer sozialen Verpflichtung kann sich nur schwerlich im akademischen Laboratorium entwickeln. Auch zieht das Laboratorium keineswegs diejenigen an, die für solche Gefühle sensibel sind", kommentierte Wyatt die damaligen Entwicklungen (Wyatt 1948, S. 230). Den Behaviorismus, einstmals ein Wegbereiter der Angewandten Psychologie, empfanden die Klinischen Psychologen der dreißiger Jahre als Hemmschuh. Die behavioristische Einstellung zum Bewußtsein habe bewirkt, daß zentrale Themen der Angewandten Psychologie vernachlässigt worden seien, meinte Douglas Fryer 1939. Es sei an der Zeit, solche Fehlentwicklungen der wissenschaftlichen Psychologie zu ignorieren und sich den unmittelbaren Realitäten menschlicher Anpassung zu stellen (Fryer 1939). „Nach einer langen Phase des Widerstandes", schrieb Frederick Wyatt, „begannen organismische und dynamische Prinzipien das Denken der Psychologen zu formen. Zugleich wurde erkennbar, daß der behavioristische Experimentalismus allein der Psychologie nicht das versprochene Zeitalter des Glücks und des Friedens würde bringen können" (Wyatt 1948, S. 221).

Bereits Joseph Jastrows 1932 veröffentlichte Kritik an der Psychoanalyse, „The House That Freud Built", zeugte von der deutlich liberaleren Einstellung der Psychologen gegenüber der Freudschen Theorie. Jastrow gestand ihr einen „gültigen Kern an Einsicht" zu und beschrieb ihre Botschaft als unbestreitbar „humanistisch" (Jastrow 1932). Unter den in den psychiatrischen Kliniken tätigen Psychologen, aber auch an den Universitäten fand damals das von Healy, Bronner und Bowers 1930 veröffentlichte einführende Lehrbuch „The Structure and Meaning of Psychoanalysis" Verbreitung. Als Henry Murray 1935 erstmals forderte, die Universitäten sollten Psychotherapeuten in die psychologischen Fachbereiche aufnehmen, um neue Erkenntnisse über die menschliche Persönlichkeit zu gewinnen und die Psychotherapie als „wissenschaftliche Untersuchungsmethode" – unter dieser Kennzeichnung firmierte sie zur gleichen Zeit auch in Yale – schätzen zu lernen, waren es natürlich Psychoanalytiker, der ihm in der Rolle der Psychotherapeuten vorschwebten (Murray 1935). Am deutlichsten zeigte sich die Trendwende in der psychologischen Diagnostik – auch in den dreißiger Jahren das Hauptarbeitsfeld Klinischer Psychologen in den USA.

Entwicklungen in der Psychodiagnostik

Wie schon erwähnt, war es gerade der Bereich der psychologischen Diagnostik, in dem Klinische Psychologen dem Druck von seiten einer nunmehr stärker psychdynamisch ausgerichteten Psychiatrie ausgesetzt waren. Angesichts des veränderten Handlungsansatzes der Child-Guidance-Kliniken und anderer Beratungseinrichtungen entstand ein Bedarf an diagnostischen Verfahren, mit denen z. B. auch Konzepte wie „energy" oder „drive" meßbar waren (Tulchin 1930). Gängige psychometrische Tests, aber auch die noch vom Behaviorismus beeinflußten, sogenannten „Adjustment Inventories" zur Messung des Neurotizismus ließen die Dimension innerer, privater Erfahrungen, um die es den Klinischen Psychologen der dreißiger Jahre ging, unberücksichtigt. Ihre Aufmerksamkeit richtete sich nun auf die individuelle Persönlichkeit und nicht mehr auf das Individuum im Vergleich zu einer bestimmten Gruppennorm (Tulchin 1930). Das Konzept der Persönlichkeit rückte in den Vordergrund, regte neue Forschung an (Stagner 1936, Allport 1937, Murray 1938) und fand sich auch in den Titeln klinischer Lehrbücher wieder, wie z. B. in J. E. W. Wallins „Personality Maladjustments and Mental Hygiene" (1936) und W. H. Burnhams völlig überarbeitetem Text „The Wholesome Personality: A Contribution to Menal Hygiene" (1932), in dem das Konzept der Konditionierung nur noch eine sekundäre Rolle spielte.

Die Erkenntnis, daß statistische Validität und klinische Relevanz häufig nur wenig miteinander zu tun hatten, führte zu einem nachlassenden Bedarf an psychometrischen Verfahren. Begeisterte Aufnahme hingegen fanden die neuen, projektiven Tests, der *Rorschach-Test* und der von Christiane Morgan und Henry Murray in den USA entwickelte *Thematische Apperzeptionstest* (TAT), der Mitte der dreißiger Jahre auf den Markt kam. Trotz mangelhafter Interpretationskriterien und nicht vorhandene Angaben über ihre Reliabilität und Validität erfreuten sich die projektiven Tests unter den Klinischen Psychologen großer Beliebtheit. Denn sie trugen entscheidend zur Verbesserung ihrer beruflichen Situation bei: Während man zuvor an den Mitarbeiterbesprechungen der Psychiater nicht hatte teilnehmen dürfen, öffneten die neuen Verfahren den Psychologen Tür und Tor. Sie schienen plötzlich einige Geheimnisse zu haben und konnten auch Aussagen über die unbewußten Determinanten der Persönlichkeit, über frei flottierende Angst etc. machen. Wie kein anderes klinisches Untersuchungs- oder Behandlungsverfahren trugen die projektiven Tests zur Aufwertung der Klinischen Psychologie in den dreißiger Jahren bei.

Als A. T. Poffenberger 1939 auf einem Symposium mit dem Titel „Trends in Therapy" über „spezifische psychologische Therapien" sprach, mußte er zunächst feststellen, daß es, orientierte man sich an den Wörterbuchdefinitionen von „Therapie", eigentlich keine psychologische Therapie geben konnte. Denn nach dem Wörterbuch war die Therapie, ob nun Behandlung des Geistes oder des Körpers, ein Teilbereich der medizinischen Wissenschaften. Dennoch gelang es Poffenberger, zwei „allgemeine Trends" auf dem Therapiesektor auszumachen, die er folgendermaßen beschrieb:

„..., den einen, der eindeuteig vom Abnormen herkommt und den Psychiater in den Bereich des Normalen trägt, und den anderen, der vom Normalen ausgeht und den Psychologen zum Abnormen hinführt. Heute überlappen sich diese Gebiete, Grenzlinien wurden verwischt und verliehene Rechte werden scheinbar geschmälert" (Poffenberger 1939, S. 758).

Welche Form der Psychotherapie, das fragte man sich damals, konnte der Psychologe nun legitimerweise für sich beanspruchen? Poffenberger, der die Entwicklung der Psychologie von ersten Bemühungen um eine pädagogische Technologie für normale Kinder bis hin zur Entwicklung von therapeutischen und rehabilitativen Maßnahmen bei pädagogischen Fehlanpassungen zurückverfolgte, nannte folgende Verfahren: Die „Tutoring Therapy", ein pädadgogisch orientiertes Verfahren zur Behandlung leichterer Fehlanpassungen, spieltherapeutische Techniken sowie übende Verfahren, die er auch als „positive und negative Gewohnheitstherapie" bezeichnete. Die Traumanalyse, die psychoanalytische Therapie und die Physiotherapie faßte er hingegen als eindeutig „medizinische Techniken" der Behandlung auf (Poffenberger 1939).

Wie Poffenberger waren auch andere Klinische Psychologen wie R. M. Dorcus, G. W. Shaffer, J. E. W. Wallin und M. Harrington darum bemüht, den Anspruch der Psychologie auf den therapeutischen Sektor allen Widerständen zum Trotz aufrechtzuerhalten. Doch wie konnte man ihn legitimieren? Bisher hatten die Psychologen im klinischen Bereich noch keinen signifikanten Beitrag geleistet. Im Gegenteil, je mehr man sich dem psychodynamischen Trend in der Psychiatrie anpaßte, desto weiter entfernte man sich von diesem Ziel. Zugleich war die enge Anbindung an die diagnostische Arbeit vielen kein Ansporn, die vorhandenen therapeutischen Techniken weiterzuentwickeln und zu verbessern.

Die Lösung dieses Problems lag in einem Kompromiß, wie er sich in Poffenbergers Aussagen bereits andeutete. In den dreißiger Jahren wurde die Diskussion zwischen dem „mechanistischen" und dem „motivistischen" Ansatz in der Klinischen Psychologie nicht mehr geführt (Harrington 1938). Wie R. M. Dorcus und G. W. Shaffer in ihrem einflußreichen „Textbook of Abnormal Psychology" (Dorcus u. Shaffer 1934, 1939) bekannten sich viele Klinische Psychologen ganz offen zu einem eklektischen Standpunkt. „Unser Ansatz folgt den Richtlinien der sogenannten ‚Reaktionspsychologie'",schrieben sie 1934. „Doch kam der Eklektizismus überall dort zur Anwendung, wo es zum Verständnis der besprochenen Phänomene dienlich erschien" (Dorcus u.

Shaffer 1934, Vorwort). Der Trend zum Eklektizismus war die Antwort der Psychologen auf ihre besondere Situation. Einerseits mußten sie bemüht sein, sich dem gängigen psychodynamischen Denkansatz in der klinischen Praxis anzupassen – eine theoretische Perspektive, die vielen als professionell und klinisch wertvoll erschien. Andererseits waren sie klug genug, ihre eigene Identität zu wahren, indem sie sich auf die auf lerntheoretischer Basis erarbeiteten Techniken der zwanziger Jahre beriefen. So unterschieden Dorcus u. Shaffer zwischen „primären therapeutischen Techniken" und „psychotherapeutischen Hilfsmitteln" und zählten zu ersteren folgende Verfahren: die Suggestion, die Katharsis, die Psychoanalyse, Adolf Meyers Therapie der distributiven Analyse und Synthese sowie zwei Techniken, die man als „Desensitization" und „Reeducation" bezeichnete.

Aus heutiger Sicht sicher von besonderem Interesse ist die Technik der „Desensitization", die auf Watsons Theorie zum Erwerb emotionalen Verhaltens basierte. Verdeutlicht am Beispiel einer Klaustrophobie wurde der Patient dazu ermutigt, wiederholt kleine und beengende Räume zu betreten, ohne dabei jedoch Furchtreaktionen aufkommen zu lassen. Auch die Erinnerungen an gefürchtete Erfahrungen sollte sich der Patient regelmäßig ins Gedächtnis zurückrufen, bis die Furcht gelöscht war. Dorcus und Shaffer plädierten dafür, in der Behandlung an den Symptomen, d. h. in diesem Fall an den Stimuli anzusetzen, auf die die Furchtreaktion generalisiert war. Zugleich sollte der Therapeut aber auch darauf bedacht sein, die ursprüngliche Auslösesituation, d. h. die Ursache der Furcht ausfindig zu machen – Formulierungen, die zeigten, daß sich medizinische Modellvorstellungen, wie sie dem psychodynamischen Denkansatz zugrundelagen, nun auch auf den Bereich lerntheoretischer Formulierungen ausweiteten.

„Im psychotherapeutischen Sinne besteht die Desensibilisierung im Grunde darin, den Patienten immer wieder mit schmerzhaften Erfahrungen zu konfrontieren, so daß sich seine emotionale Reaktion auf sie graduell abschwächt. Der Begriff und die Methode gelten sowohl für offene Erfahrungen wie für Erinnerungen an traumatische Erfahrungen. (...) Obwohl der maximale Nutzen für den Patienten in den Fällen erreicht werden kann, in denen man bei einer Desensibilisierung auf die primäre Erfahrung erfolgreich ist, kann viel durch die Desensibilisierung generalisierter Stimuli erreicht werden. (...) Der allgemeine Ansatz ist daher ein doppelter, gerichtet auf die Desensibilisierung jeder symptomatischen Reaktion, wie sie auftritt und zugleich, indem man der ursprünglichen Quelle des Übels auf den Grund zu gehen und sie zu desensibilisieren sucht. Die Schwierigkeit des Programms liegt darin, daß mit fortschreitender Desensibilisierung der Symptome der Patient graduell dazu übergeht, sich ausreichend wohlzufühlen und sich als Ergebnis des Verlustes der meisten seiner offenen Symptome weigert, sich weiterhin an den therapeutischen Bemühungen zu beteiligen. Aufgrund dieser Möglichkeit wird ein solcher objektiver Ansatz allgemein als mehr oder weniger inkompatibel mit dem psychoanalytischen Ansatz betrachtet" (Dorcus u. Shaffer 1939, S. 417/18).

Die Desensibilisierung nach Dorcus und Shaffer war kein eindeutig graduiertes Verfahren mehr. Von zentraler Bedeutung war nur die Konfrontation mit dem gefürchteten Objekt. Meist wurde sie mit der Technik der „Reeducation", der Neuerziehung kombiniert, die darin bestand, die kognitiven und verhaltensmäßigen

Reaktionsgewohnheiten des Patienten zu verändern oder neue, fehlende Gewohnheiten aufzubauen. Beide Techniken – darauf verwiesen die Autoren ausdrücklich – ließen sich kaum voneinander trennen. Wie die Desensibilisierung Aspekte des Lernens oder Neulernens von Verhaltens- und Denkgewohnheiten enthielt, bewirkte die Reedukation auch immer eine (emotionale) Desensibilisierung des Patienten (Dorcus u. Shaffer 1934, 1939).

Auch bei Laurence Shaffer, in dessen Lehrbuch „The Psychology of Adjustment" (1936) die lerntheoretische Perspektive in den dreißiger Jahren wohl am klarsten herausgearbeitet wurde, findet sich die Methode der „Assimilation" oder „Desensibilisierung" als zentrale therapeutische Technik. Shaffer beschränkte ihre Anwendung jedoch auf die therapeutische Situation selbst, in der der Klient dazu aufgefordert wurde, „den Stimulus als etwas Bekanntes, seinen Konzepten sozialer und individueller Werte Entsprechendes" zu assimilieren – ein rein kognitiver Akt also (Shaffer 1936).

Während in den Lehrbüchern der dreißiger Jahre eine Reihe lerntheoretischer Konzepte und Verfahren erhalten blieben, die man bereits in den zwanziger Jahren kannte (s. auch Harrington 1938, Kirkpatrick 1934, Wallin 1935), wurden sie von den Autoren jedoch unterschiedlich interpretiert. Das Abrücken von lerntheoretischen Begriffen wie dem der „Rekonditionierung" und die Verwendung von Kennzeichnungen wie der der „Desensibilisierung" ließen die theoretische Basis dieser Techniken vage erscheinen. Zentral war der Nachweis einer eindeutig psychologischen Perspektive, weniger das Verfahren selbst. Inwieweit die Techniken der Desensibilisierung und Reedukation in der Praxis tatsächlich angewandt wurden, läßt sich heute nicht mehr feststellen. Festhalten kann man jedoch, daß die Lehrbuchautoren der dreißiger Jahre darum bemüht waren, deutlicher zwischen psychodynamischen und lerntheoretischen Perspektiven zu unterscheiden und durch die häufig gesonderte Darstellung theoretischer und therapeutischer Ansätze auch die „unabhängige", flexible Verwendung einzelner Verfahren nahelegten. Insgesamt überrascht die Kreativität und klinische Differenziertheit dieser frühen Arbeiten, die Vielfalt bereits vorhandener Methoden und die zügige Aufbereitung dieses Anwendungsbereiches durch die Psychologie.

Neue Ansätze zur Enuresis-Behandlung Ende der dreißiger Jahre

Während sich medizinische Modellvorstellungen immer tiefer in das Denken der Klinischen Psychologen eingruben und man begann, klinische Fakten ganz selbstverständlich in das Symptom-Ursache-Paradigma einzuordnen, konnte man dennoch nicht umhin, zuweilen zur pragmatischen Behandlung des Symptoms zurückzukehren. In vielen psychiatrischen und psychologischen Kliniken fehlte es einfach an Zeit und Mitteln, um eine langwierige, psychodynamische Analyse durchzuführen. So griff man in der Praxis sicher häufiger, als man zugab, auf „simple" lerntheoretisch begründete Verfahren zurück, die eine rasche „Symptomheilung" versprachen. 1938 bzw. 1939, fast zeitgleich, veröffentlichten das Psychologenehepaar Mowrer u. Mowrer (1939) und der Kliniker John Morgan gemeinsam mit seiner Kollegin Frances Witmer (1939) ihre Erfahrungen mit einem neuen technischen Verfahren zur symptomorientierten Behandlung der Enuresis.

Hobart und Willie Mae Mowrer wohnten damals im *Children's Center* in New Haven, einem modernen Heim, in dem Kinder in kleinen Gruppen mit ihren „Hauseltern" zusammenlebten. Viele Kinder litten unter Enuresis, und daher lag es für das Ehepaar Mowrer nahe, das Problem pragmatisch anzugehen. Mowrer u. Mowrer betrachteten die Enuresis als ein „Gewohnheitsdefizit", das mit Hilfe eines Lernprozesses behoben werden konnte. Es galt, eine assoziative Verbindung zwischen der Erweiterung der Blase und einer Aufwachreaktion herzustellen, die es den enuretischen Kindern ermöglichen sollte, rechtzeitig aufzustehen, bevor sie einnäßten. Wie aber war es möglich, die Kinder rechtzeitig zu wecken? Die Mowrers in New Haven und die Wissenschaftler an der psychologischen Klinik der *Northwestern University* kamen unabhängig voneinander zu derselben Lösung: Man entwickelte eine durch Elektrifizierung für Nässe sensible Auflage, auf der das Kind während der Nacht lag. Sobald es einnäßte, läutete eine elektrische Glocke, die es weckte. Vier von fünf Kindern, die Morgan u. Witmer auf diese Weise behandelten, konnten geheilt werden; das fünfte litt, wie sich später herausstellte, unter einem organischen Defekt (Morgan u. Witmer 1939). Hobart und Willie Mae Mowrer brachten es sogar auf dreißig Kinder, die sie behandeln und heilen konnten (Mowrer u. Mowrer 1938).

Für beide Wissenschaftlerteams bedeutete die Interpretation ihrer Ergebnisse jedoch bereits ein Jonglieren zwischen allgemein anerkannten, klinischen „Wahrheiten" und pragmatischen Motiven, die sich lediglich auf den praktischen Nutzen einer Methode stützen konnten. Um so mehr, als Mediziner wie Joseph Michaels (1939) Aussagen wie die, bei der Kennzeichnung der Enuresis als Symptom handele es sich um eine „unzulässige Übertragung medizinischer Konzepte zur Behandlung Erwachsener auf die Behandlung von Kindern" (Mowrer u. Mowrer 1938), als Infragestellung ihrer Kompetenz in diesem Bereich interpretierten.

Ein erstes Resümee ...

Verfolgt man die historischen Entwicklungen von der Jahrhundertwende bis hinein in die dreißiger Jahre, so erstaunt die Vielfalt der damals bereits vorhandenen praxisorientierten, klinisch-psychologischen Projekte und Unternehmungen. Wie keine andere wissenschaftliche Perspektive hat Watsons Behaviorismus den Weg junger Psychologen in die praktische Anwendung gefördert und inhaltlich begleitet. Dennoch war es letztlich die Freudsche Psychoanalyse, die die berufliche Sozialisation einer zweiten Generation Klinischer Psychologen gegen Ende der zwanziger und weit hinein in die dreißiger Jahre nachhaltig geprägt hat.

Im Bereich der wissenschaftlichen Forschung fasziniert die aus unserer heutigen Sicht enge Koexistenz grundlagentheoretischer und angewandter Fragestellungen.

Erst nach dem Zweiten Weltkrieg fand man Mittel und Wege zur Institutionalisierung angewandter Forschungsbereiche. Appelle und Absichtserklärungen in Richtung auf eine starke psychologische Grundlagenforschung aus der Zeit vor 1940 sind uns aus der Geschichte zu Genüge bekannt. Analysiert man jedoch das vorhandene historische Material genauer, so könnte man sie auch als *Reaktionen* auf Entwicklungen interpretieren, wie sie z. B. am *Institute of Human Relations* in *Yale* stattfanden. Nicht selten hat man den Eindruck, daß die Einstellung der Wissenschaftler der zwanziger, dreißiger und vierziger Jahre gegenüber der praktischen Nutzung ihrer Forschungsergebnisse vielfach doch sehr viel positiver war als man es aufgrund der traditionellen psychologischen Geschichtsschreibung vermuten würde. Methodische und forschungstechnische Standards, obwohl bereits bekannt und allgemein akzeptiert, wurden damals liberaler gehandhabt. Der theoretische und praktische Eklektizismus, der viele Arbeiten dieser Zeit kennzeichnet, kann nicht einfach als Symptom für die „wissenschaftliche Unreife“ solcher Ansätze betrachtet werden. Entstanden in dem Bemühen, die Vielzahl „unbekannter Größen“ in Forschung und Praxis zu vermindern und flexibel zu bleiben, bildeten eklektische Ansätze manches Mal auch den Nährboden für theoretische und praktische Innovationen.

Die Lage der ersten beiden Generationen Klinischer Psychologen, die vor dem Zweiten Weltkrieg praktisch tätig wurden, ist in der historischen Analyse von zahlreichen Ambivalenzen gekennzeichnet. Der Konflikt zwischen wissenschaftlichem Anspruch und persönlicher Faszination, zwischen dem Wunsch nach beruflicher Unabhängigkeit und der faktischen Notwendigkeit zur Anpassung an einen überwiegend medizinisch-psychiatrischen Kontext strebte gegen Ende der dreißiger Jahre deutlich einer Lösung zu, auf die die neu erstarkte amerikanische Psychologie in den Jahren nach dem Zweiten Weltkrieg aufbauen konnte. Während lerntheoretische Konzepte aus der Sicht der Klinischen Psychologen der zwanziger Jahre noch für eine praxisorientierte, aber dennoch wissenschaftliche Perspektive zu bürgen schienen, überwogen in den dreißiger Jahren professionelle Motive, sich auf die frühen Forschungsergebnisse der Lernpsychologie zu berufen. Mit dem Wegfall des Legitimationsdrucks, dem sich die Klinischen Psychologen damals noch ausgesetzt fühlten, war der – wenn auch nur zeitweilige – Untergang dieses Ansatzes vorgezeichnet.

KAPITEL III

1940–1960: Die moderne Verhaltenstherapie – Begründer und Wegbereiter im Kontext ihrer Zeit

Die Entwicklung neuer verhaltenstherapeutischer Techniken, die hier in Abgrenzung zu früheren Ansätzen unter dem Begriff „moderne Verhaltenstherapie" zusammengefaßt werden sollen, setzte nur wenige Jahre nach der Installierung der Klinischen Psychologie als offizieller Forschungs- und Anwendungsbereich an den amerikanischen und einigen europäischen Universitäten ein. Die fünfziger Jahre waren für die Pioniere der modernen Verhaltenstherapie noch „Lehrjahre", eine Phase erster Anpassung an die Erfordernisse klinisch-psychologischer Forschung, der Erkundung geeigneter theoretischer Konzepte, ihrer Aufbereitung und Erprobung. Die Kritik an der sich rasch etablierenden psychodynamischen Tradition klinischen Denkens war ein wesentlicher, initiierender Faktor für die Entwicklung neuer Verfahrensweisen und ihre theoretische Begründung. Nachdem erste Versuche eines Kompromisses – im Zuge der ideologisierenden Wirkung des Wissenschaftler-Praktiker-Modells der neuen Klinischen Psychologie zunächst enthusiastisch gefeiert – keinerlei signifikante Forschung hervorbrachten, führte das konsequente Abstreifen psychodynamisscher Konzepte und therapeutischer Strategien, allen voran der Verzicht auf die Konflikttheorie der Neurosenentstehung und die Entdeckung des therapeutischen Wertes direktiver, unmittelbar das Verhalten verändernder Techniken zur Entstehung der modernen Verhaltenstherapie.

Einigkeit nach innen, Unabhängigkeit nach außen

Mit dem Ausgang des zweiten Weltkrieges endete für die Klinische Psychologie in den USA, aber auch in einigen europäischen Ländern eine lange Phase der „inoffiziellen" Existenz. Angesichts des großen Bedarfs an psychiatrischer und psychologischer Hilfe als Nachfolge des Kriegseinsatzes entschlossen sich der amerikanische *Public Health Service* und die *Veterans Administration* zur Finanzierung großzügig angelegter Ph. D.-Programme an den Universitäten, um zumindest langfristig den hohen Bedarf an qualifizierten Klinischen Psychologen decken zu können. Nicht nur als Praxisfeld, vor allem auch als legitimer Bereich der wissenschaftlichen Forschung erhielt die Klinische

Psychologie damals Anerkennung und erstmals die Chance zu einer kontinuierlichen wissenschaftlichen Entwicklung (Reismann 1976).

Die neue Klinische Psychologie

Voraussetzung für die Position der Stärke, in der man sich plötzlich auch gegenüber der Psychiatrie befand, war die rechtzeitig zum Kriegsende wiederhergestellte Einheit aller Psychologen. Der erneute Kriegseinsatz hatte akademische und Angewandte Psychologen einander wieder nähergebracht und führte 1945 zur Wiedervereinigung der beiden großen Gesellschaften, der AAAP und APA. Noch im September desselben Jahres begann man mit der Veröffentlichung der heute meistgelesenen Fachzeitschrift, des *American Psychologist.*

Auffälligstes Kennzeichen der klinischen Ausbildungsprogramme, die nun in aller Eile erstellt wurden, war das dem sogenannten „Shakow-Report"[1] zugrundeliegende „scientist-practitioner-model", die Vorstellung, daß der Klinische Psychologe Wissenschaftler und Praktiker zugleich sein sollte. David Shakow, Ernest Hilgard, Lowell Kelly, Laurence Shaffer, Bertha Luckey und Nevitt Sanford hatten im Auftrag der APA ein erstes Curriculum entwickelt, demzufolge der Klinische Psychologe eine vierjährige Ausbildung in den Bereichen Allgemeine Psychologie, Psychodynamik menschlichen Verhaltens, psychologische Diagnostik, Therapie und Forschungsmethoden erhalten sollte, an die sich ein einjähriges Praktikum, z. B. in einer Klinik der *Veterans Administration,* anschloß.

Das Wissenschaftler-Praktiker-Modell war eine „Notlösung" mit ideologischer Wirkung. Den Universitäten mangelte es damals ebenso an qualifizierten Ausbildern wie an fachlichen Inhalten, mit denen man das neue klinische Curriulum hätte füllen können. Was lag also näher, als die Aspekte der (Grundlagen-)Forschung und der Methodologie zu betonen, interessierte Experimentalisten für die klinische Forschung zu gewinnen und zugleich voll ausgebildete Wissenschaftler in die klinische Praxis zu schicken, die die Forschung von dort aus ankurbeln konnten? Während der ideologische Kern dieses Modells, die Einheit von (Grundlagen-)Forschung und Anwendung, auch heute noch in Diskussionen um Ausbildungs- und Forschungsfragen eine zentrale Rolle spielt, blieb seine Realisation, wie spätere Konferenzen zum klinischen Curriculum zeigten (Derner 1965), weit hinter den Erwartungen seiner Initiatoren zurück. Auch heute noch fällt den Universitäten der Brückenschlag zur klinischen Praxis schwer; und die in der Praxis tätigen Klinischen Psychologen der vierziger und fünfziger Jahre waren meist vollauf damit beschäftigt, ihren praktischen Aufgaben auf der Basis noch unzureichender Handlungskonzepte nachzukommen. Auch war es die praktische, therapeutische Arbeit, die nun viele junge Psychologen lockte. Die Studenten zeigten sich von den neuen Programmen, dem „earn while learn", begeistert. 1955 vergaben die amerikanischen Universitäten bereits fast ein Zehntel aller Doktorgrade an Psychologen, in der Mehrheit an Klinische Psychologen (Napoli 1981).

Die geringe Anzahl qualifizierter Psychiater hatte während des Krieges erstmals zum Großeinsatz von Psychologen auch auf dem therapeutischen Sektor geführt. Nun, nach Kriegsende, lohnte es, sich über neue psychologische Behandlungsverfahren Gedanken zu machen. Denn die Klinischen Psychologen der vierziger und fünfziger Jahre waren fest entschlossen, sich ihre neugewonnene Handlungsfreiheit zu erhalten.

Damals, als es darum ging, die Klinische Psychologie mit Inhalten zu füllen, gewann die Psychoanalyse auch offiziell einen neuen Stellenwert. Sie wurde zum Schrittmacher der klinischen Forschung bestimmt und war, wie Ernest Hilgard 1949 als Präsident der *American Psychological Association* feststellte, „auf eine hinreichende Anzahl von Realitäten gestoßen", um die Einrichtung von Laboratorien zur Untersuchung psychodynamischer Prozesse zu rechtfertigen (Hilgard 1949). Die projektiven Testverfahren, die Entdeckung der dreißiger Jahre, wurden nun ersten teststatistischen Überprüfungen unterworfen; man befaßte sich mit neuen Forschungsthemen wie dem der Angst (Hoch u. Zubin 1950, May 1950) und empfahl das Selbststudium als Bestandteil der klinischen Ausbildung (Derner 1965).

Vereinzelte europäische Kritik an der psychodynamischen Ausrichtung der Klinischen Psychologie (Eysenck 1949) plagte die Amerikaner damals weit weniger als die Ausbildungsnöte, die der „cult shortage"[2], wie man den Mangel an qualifizierten Psychoanalytikern humvorvoll umschrieb, ihnen verursachte. Auch war die Psychoanalyse keineswegs die einzige Therapieform, für die man sich begeisterte. Carl Rogers klientenzentrierte Psychotherapie, die dem Therapeuten eine völlig neue, tolerantere Haltung abverlangte (Rogers 1942, 1951), beeindruckte viele – nicht zuletzt, weil es sich um eine Therapieform handelte, die dem legitimen Besitzstand der Psychologie zugerechnet werden konnte (Reismann 1976)[3]. Damals, als Psychologen zur analytischen Ausbildung an den renommierten Instituten nicht zugelassen wurden (May 1976) und man noch nicht damit begonnen hatte, eigene Institute aufzubauen, waren der rein analytisch orientierten klinischen Praxis Grenzen gesetzt. Auch suchte man zwar den eigenen professionellen Status dem der Psychiater anzunähern, doch nicht auf Kosten der fachlichen Unabhängigkeit.

Während die psychodynamische Orientierung einen idealen Zugang zur klinischen Arbeit darzustellen schien, war der therapeutische Eklektizismus (Ellis 1955) die Antwort der Klinischen Psychologen auf die Einseitigkeiten und Unzulänglichkeiten der psychoanalytischen und dynamisch-psychiatrischen Therapie. Frühzeitig hatte man erkannt, daß die eigene Stärke auf dem therapeutischen Sektor nicht darin liegen konnte, die psychoanalytische Therapie wie die Psychiater auszubauen und zu verteidigen. Vielmehr versuchte man, mit neuen Verfahren zu experimentieren und zugleich flexibel zu bleiben (Reisman 1976). Standortbeschreibungen wie die von Thorpe u. Katz (1948), die ihren Ansatz auf der Grundlage einer psychodynamischen Orientierung als „flexibel und operational" bezeichneten, waren für damalige Lehrbücher der Klinischen Psychologie nicht ungewöhnlich. Mit der Zunahme an Kapiteln, die man der psychodynamischen Theorie und Technik widmete (z. B. Wallin 1949), verloren jedoch alternative Ansätze an Bedeutung, so daß sich die Verfahren der Reedukation und der Desensibilisierung statt unter der Rubrik „primäre psychotherapeutische Techniken“ nun unter der Rubrik „psychotherapeutische Hilfsmittel“ wiederfanden (Dorcus u. Shaffer 1950). Deutlicher als bisher beschrieb man sie als nur begrenzt einsetzbar und potentiell gefährlich (z. B. Cameron 1950, White 1956); und auch ihre in Abgrenzung zu Carl Rogers' Ansatz entstandene Kennzeichnung als „direktive Psychotherapie“ (Cameron 1950) trug keineswegs zur Akzeptanz dieser pragmatischen Techniken unter den jungen Psychologen bei. Aus psychodynamischer Sicht bloße Symptomkuren, erschienen sie nun im Licht der Erkenntnisse Rogers' darüber hinaus als unzulässig direktiv[4].

In den Lehrbüchern der Klinischen Psychologie dominierte ein neues berufliches Selbstbewußtsein, vielfach verbunden mit dem Versuch, sich gegenüber dem wissenschaftlich tätigen Psychologen als Kliniker zu profilieren. Wie bereits E. M. Westburgh 1937 neigten nun viele Klinische Psychologen dazu, ihre praktische Arbeit eher als „Kunst“ denn als Wissenschaft zu verstehen. Zwar wolle man, schrieb Westburgh in seinem Buch „Introduction to Clinical Psychology“, die Intuition nicht mit der Wahrheit gleichsetzen, wie dies die Psychoanalytiker täten. Doch seien die Ergebnisse der wissenschaftlichen Forschung in ihrer Validität und Aussagekraft begrenzt, und der Klinische Psychologe müsse versuchen, durch die Beachtung aller Aspekte der Situation zu tragfähigen Generalisationen zu gelangen (Westburgh 1937). Auch Carney Landis und Marjorie Bolles betonten, daß es Menschen gebe, die für die Behandlung von Neurotikern ein „natürliches Geschick“ besäßen, das jenseits allen spezialisierten Trainings liege (Landis u. Bolles 1949); und Frederick Wyatt hob 1948 die Bedeutung von Empathie und Intuition für die klinische Arbeit hervor (Wyatt 1948). Jenseits der – manchmal vielleicht nur halbherzigen und von seiten der Universitäten vorwiegend finanziell motivierten – Versuche, die Klinische Psychologie in die wissenschaftliche Forschung zu integrieren, entstand hier ein neues Mysterium, eine neue Kluft zwischen Forschung und Praxis.

John Dollards und Neal Millers „Persönlichkeit und Psychotherapie“ – Vision und Wirkung

„Informierte und vorausschauende Psychokliniker sind sich heute einig, daß die wichtigsten und aufregendsten Fortschritte im Verständnis der Persönlichkeit und in der Psychotherapie aus der wechselseitigen Modifikation und Verschmelzung von Lerntheorie und Psychoanalyse kommen werden“ (Mowrer 1948, S. 571),

erklärte O. Hobart Mowrer 1948 vor den Mitgliedern der *American Psychological Association.*

Als John Dollard und Neal Miller ihr wohl bekanntestes Buch „Personality and Psychotherapy“ (1950) schrieben, war ihr Optimismus in bezug auf die Realisierbarkeit der in Yale geborenen Vision einer theoretischen Integration von Psychoanalyse und *Lerntheorie noch ungebrochen. Ihr einmaliger Versuch, „die erklärende Brillanz* Freuds, den klinischen Realismus der Psychoanalyse und die systematische Basis einer Verhaltenstheorie“[5] miteinander zu verbinden, wurde von den akademischen wie Klinischen Psychologen Anfang der fünfziger Jahre stürmisch gefeiert. Ihre Ansätze paßten gut zu der offiziellen Ideologie von der neuen Einheit zwischen akademischer und Klinischer Psychologie und dienten der Klinischen Psychologie als Ausweis ihrer Wissenschaftlichkeit. Empirisch orientierte Klinische Psychologen wie Laurence Shaffer erhofften sich von diesem Buch, daß es die Psychotherapie unter den Experimentalpsychologen „respektabler“ machen werde[6], und Edward J. Shoben kommentierte es 1951 mit den Worten:

„Als Brücke zwischen der abgeschiedenen Welt des Laboratoriums und dem summenden, dröhnenden Durcheinander der praktischen Arbeit in der Klinik ist dieses Buch jenseits von Fragen der Zustimmung oder Ablehnung ein bedeutsames Signal“ (Shoben 1951, S. 605).

Für viele junge Psychologen war die lerntheoretische Interpretation der Psychoanalyse ein neuartiger Zugang, der regelrecht zur Mode wurde, bedeutete er doch nicht zuletzt, daß man die Psychoanalyse damit in den Besitzstand der wissenschaftlichen Psychologie integrierte[7].

Dollard und Miller betrachteten ihr Buch lediglich als „progress report“, als einen Zwischenbericht, der die Grundlage für weitere Forschung bilden sollte. Erst beim Schreiben hatten sie bemerkt, wie wenig tragfähig die gemeinsame Basis tatsächlich war, daß es an lernpsychologischem Material fehlte und wieviel überbrückt werden mußte[8]. Ziel ihrer Untersuchung war eine konsequente lerntheoretische Analyse des therapeutischen Prozesses, wobei man die Psychoanalyse nur beispielhaft heranzog, weil es das Therapieverfahren war, das den Autoren am besten bekannt war. Wie auch einige andere Klinische Psychologen, die Anfang der fünfziger Jahre lerntheoretische Analysen der Therapiesituation vorlegten (z.B. Shoben 1948, Shaffer u. Shoben 1956), betonten Dollard und Miller die Austauschbarkeit des ihrer Analyse zugrundeliegenden therapeutischen Verfahrens und interpretierten – ähnlich den Klinischen Psychologen der zwanziger und dreißiger Jahre – alle Formen von Psychotherapie als Lernprozeß (Dollard u. Miller 1950). Doch ließ es sich nicht vermeiden, daß sie und ihre Kollegen durch die Verwendung der Psychoanalyse als Prototyp psychotherapeutischer Behandlung zentrale Dogmen dieser Theorie mehr oder minder ungewollt in ihre eigenen Ansätze integrierten (Eysenck 1955, 1957; Salzinger 1959; Bandura 1960)[9].

Als Ausgangspunkt für die lerntheoretische Analyse wählten Dollard und Miller die Hullsche Lerntheorie sowie das von Miller (1944) entwickelte „Miniatursystem zum Konflikt“. Kognitionen betrachteten sie nach „behavioristischer Standardpraxis“ (Miller 1976) als den gleichen Gesetzen unterworfen wie objektiv beobachtbares Verhalten.

Die Ursache neurotischer Störungen lag nach Auffassung der Autoren in einem Triebkonflikt, in dessen Umgang der Neurotiker eine besondere Art der Dummheit

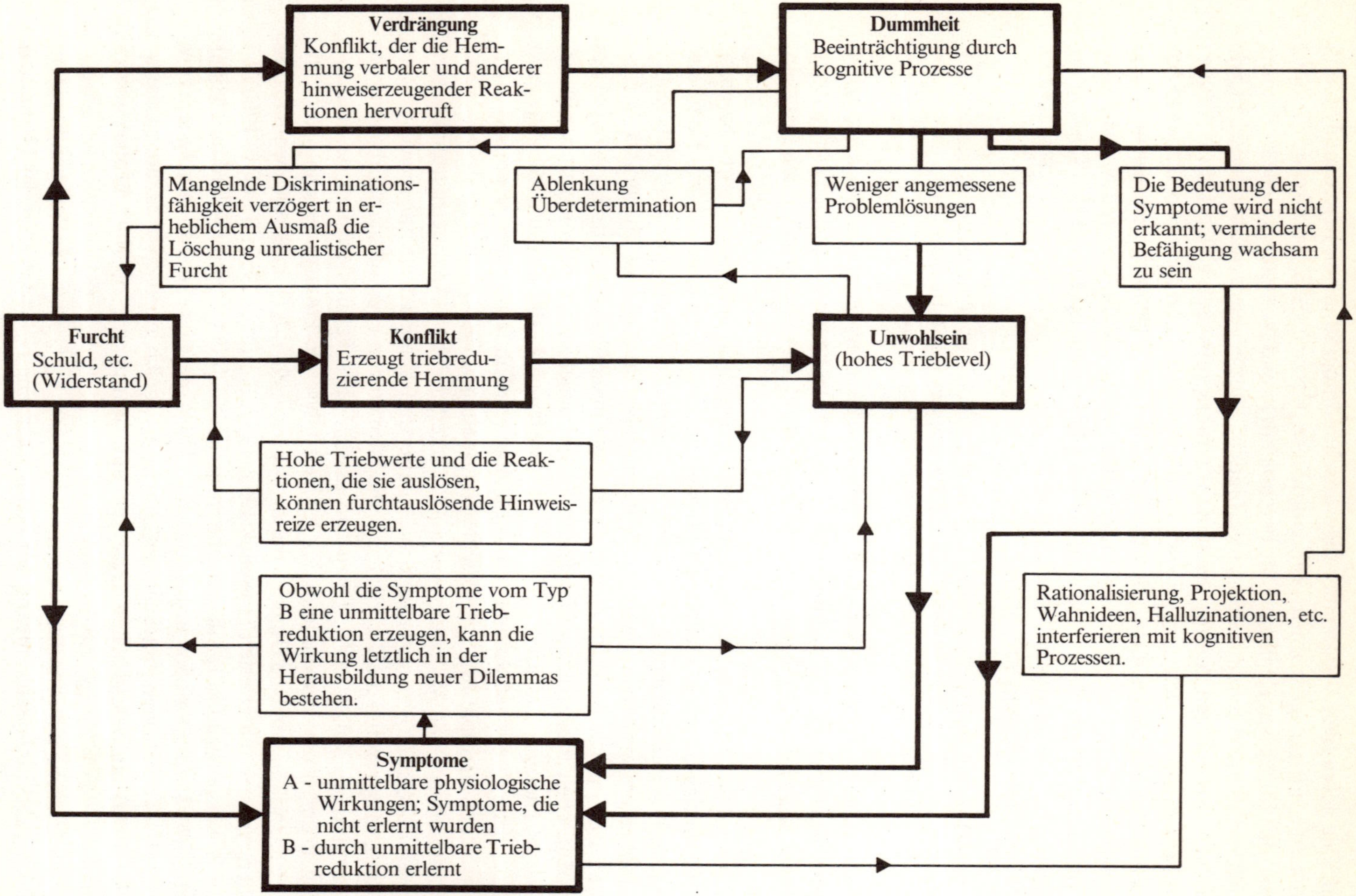

Abbildung 5: Dollards und Millers „Grundfaktoren“ der Neurose. Pfeile stehen für „erzeugen“ oder „tragen bei zu“. Fett gedruckte Pfeile stehen für zentrale Ursachensequenzen; dünnere Pfeile verweisen auf sekundäre Sequenzen (vgl. Dollard & Miller 1950, 223).

(„stupidity“) zeigte, die es ihm unmöglich machte, sich aus seiner mißlichen Situation zu befreien. Einzelne Symptome, auf dem Wege partieller Triebreduktion erlernt, waren das Produkt unzureichender Lösungsversuche. Während das Symptomverhalten den Konflikt nicht zu reduzieren vermochte, blieb dieser dem Patienten durch den Prozeß der Verdrängung – den Dollard und Miller im weitesten Sinne als Vermeidungsreaktion interpretieren – unbewußt (s. Abb. 5). Im Zentrum der Neurose stand die neurotische Furcht oder Angst, ein erlernter Trieb, der sich von angeborenen Trieben dadurch unterschied, daß er sich ohne Verstärkung abschwächte. Damit war das Ziel der psychotherapeutischen Behandlung, die die Autoren konsequent lerntheoretisch interpretierten, vorgegeben.

„Die Psychotherapie schafft eine Reihe von Bedingungen, unter denen neurotische Gewohnheiten verlernt und nichtneurotische Gewohnheiten erlernt werden können. Daher betrachten wir den Therapeuten als eine Art Lehrer und den Patienten als Lernenden“ (Dollard u. Miller 1950, S. 8).

Die tolerante und permissive Haltung des Psychotherapeuten war für Dollard und Miller ebenso wie für Thomas French (1936) und Carl Rogers (1946) ein wesentliches Element der Behandlung. Nur in einer entspannten Situation konnte über angstbesetzte Themen gesprochen und so eine Reduktion von Angst bewirkt werden. Die Aufgabe des Therapeuten bestand darin, die Furcht und andere Triebe, die Verdrängungs- und Hemmungsprozesse motivieren konnten, zu „dosieren“, d.h. in eine „graduierte Serie von Lernsituationen“ zu verwandeln, die dem Patienten dazu verhalf, genauer zu diskriminieren und sein Verhalten rational zu planen.

In ihrer Interpretation folgten die Autoren weitgehend den Vorgaben der psychoanalytischen Theorie. In einigen Punkten setzten sie jedoch – was damals häufig übersehen wurde – neue Akzente. So vertraten sie z.B. den Standpunkt, daß „signifikante therapeutische Effekte auch auf andere Weise ohne jedes verbesserte Etikettieren bzw. ‚Einsicht‘ von seiten des Patienten erzeugt werden können“ (Dollard u. Miller 1950, S. 321). Die Reduktion von Furcht, nicht das verbesserte Etikettieren von Situationen bewirkte ihrer Meinung nach therapeutische Fortschritte.

Auch widmeten Dollard und Miller ein ganzes Kapitel ihres Buches der Auffassung, daß Konflikte aus lerntheoretischer Sicht im wirklichen Leben gelöst werden müßten – der „Redephase“ in der Therapie also eine „Handlungsphase“ folgen müßte. Die Autoren teilten nicht den Optimismus ihrer analytisch orientierten Kollegen, die eine „quasi automatische“ Umsetzung des in der Therapie Gelernten in die tägliche Praxis erwarteten. Ihrer Meinung nach war es für den Patienten schwierig, die neu erlernten verbalen Reaktionen außerhalb der Behandlungssituation mit entsprechenden instrumentellen Reaktionen zu verbinden; denn häufig mußte er dann auch Reaktionen zeigen, die er in der Therapie nie geübt hatte und die nur über ein Versuch-und-Irrtum-Lernen zum Erfolg führten. Nicht selten, so stellten die Autoren fest, werde ein therapeutischer Erfolg dadurch verzögert, daß ein günstiger Moment abgewartet werden müsse, damit das neue Verhalten des Patienten in seiner persönlichen Umwelt auch verstärkt wurde (Dollard u. Miller 1950, Kapitel 21). Dollard und Miller sahen die Bedeutung der Umsetzung therapeutischer Fortschritte in die Praxis und ihre Problematik deutlicher als viele ihrer Kollegen. Ihre Analyse hatte nur einen Schönheitsfehler: Sie enthielt keinerlei Hinweis darauf, was der Therapeut tun konnte, um den Prozeß der Umsetzung zu fördern oder zu erleichtern.

Dollard und Miller wurde später der Vorwurf gemacht, mit ihrer Analyse lediglich einen weiteren Beitrag zu einer im Grunde fruchtlosen Analogienbildung geleistet zu haben, d.h. in der Behandlung der einzelnen Phänomene und der Verwendung von Konzepten nicht strenger oder genauer gewesen zu sein als jeder Psychiater oder Psychoanalytiker (Rapaport 1953). Doch sollte es nach den Vorstellungen der Autoren auch nicht bei der bloßen Analogienbildung bleiben. Das gemeinsame Projekt, in dem die Autoren einen Teil ihrer Hypothesen experimentell überprüfen wollten, wurde damals von der *Rockefeller Foundation* nicht mehr finanziert; Neal Miller ging wenig später an die *Rockefeller University* nach New York, John Dollard blieb in Yale[10].

Aber nicht nur das methodische Vorgehen, auch die lerntheoretische Basis ihres integrativen Ansatzes bot Anlaß zur Kritik. Es ging um den Streit zwischen Vertretern einer monistischen Lerntheorie nach Clark Hull und Anhängern des dualistischen Standpunktes, wie er von B. F. Skinner (1937) und Harold Schlosberg (1937) vertreten wurde. O. Hobart Mowrer, entschlossen, das „neurotische Paradox" auf lerntheoretischer Basis zu klären, geriet damals als zentraler Vertreter der Hullschen Lerntheorie zunehmend in Schwierigkeiten. Zwar war es mit Hilfe dieser Theorie möglich, die Aufrechterhaltung von Fehlverhalten als durch Furcht motiviert zu erklären. Doch auf welche Weise wurde die Furcht – laut Hull ein über Schmerz erlernter Trieb – erworben? Neal Miller blieb in dieser Frage konsequenter Hullianer und beharrte darauf, daß auch hier der Mechanismus der Triebreduktion wirksam wurde, d.h. die Beendigung einer schmerzhaften Situation auf die Verbindung zwischen Auslösereizen und Furchtreaktion verstärkend wirkte (z.B. Dollard u. Miller 1950). Diese Lösung widersprach jedoch dem gesunden Menschenverstand. Denn warum sollten Furchtreaktionen verstärkt werden, wenn ein empfundener Schmerz nachließ (Hilgard 1958)? O. Hobart Mowrer, dessen frühe theoretische Arbeiten (z.B. Mowrer 1939) Millers Standpunkt bestätigten, vollzog 1947 eine damals aufsehenerregende Wende. Er löste sich von der Hullschen Position und entwickelte seine „Zweifaktorentheorie der Furcht und Vermeidung" (Mowrer 1947), derzufolge der Erwerb von Furcht nun nach dem Prinzip der klassischen Konditionierung, ihre Aufrechterhaltung bzw. das daraus resultierende Vermeidungsverhalten jedoch weiterhin mit Hilfe der Hullschen Triebreduktionstheorie erklärt wurde[11].

Neben O. Hobart Mowrer vertraten auch Wissenschaftler wie Laurence Shaffer und Edward Shoben, die sich damals für die Integration von Lerntheorie und Psychoanalyse einsetzten, die modernere dualistische Position (Shaffer u. Shoben 1956). Vergleicht man ihre Ansätze, so wird jedoch ein weiterer Nachteil des analogienbildenden Vorgehens deutlich: Denn auch ohne lerntheoretische Differenzen wäre man wohl zu unterschiedlichen Interpretationsergebnissen gelangt. Während z.B. O. Hobart Mowrer die Ursache neurotischer Störungen in einem *Lerndefizit* vermutete, d.h. in einem schwachen Überich, daß von einem überstarken Es mit Hilfe des Ich dominiert wurde (Mowrer 1947, 1950a, 1954a), gingen John Dollard und Neal Miller von gegensätzlichen Voraussetzungen aus. Ihrer Meinung nach bestand die Neurose in einem *Lernexzeß,* einem Überlernen, bedingt durch ein tyrannisches Überich, das mit Hilfe des Ich das Es dominierte (Eysenck 1955). Aber nicht nur den Interpretationen der ehemaligen Mitglieder des *Institute of Human Relations,* auch den ähnlich gelagerten Analysen von Laurence Shaffer (Shaffer u. Shoben 1956), Edward J. Shoben (1948, 1949), B. F. Skinner (1953, 1954) und Julian B. Rotter (1954) merkte man die persönlichen Überzeugungen und die unterschiedlichen Schwerpunktsetzungen an, die dieser im hoffnungsvollen Klima der Nachkriegsjahre entstandenen Bewegung von Anfang an enge Grenzen setzte. Zwar beriefen sich einige Pioniere der modernen Verhaltenstherapie wie Joseph Wolpe (1954) und Gwynne Jones (1958) später auf diese Arbeiten. Doch entstand keinerlei neue empirische Forschungstradition, und ihre Wirkung auf die klinische Forschung blieb letztlich diffus[12]. Mit zunehmender Etablierung der dynamisch orientierten Klinischen Psychologie ließ das Interesse an den Ansätzen von Dollard, Miller, Mowrer und ihren Kollegen Mitte der fünfziger Jahre schlagartig nach[13].

Außenseiter, Wegbereiter, Kritiker

In den Kriegs- und Nachkriegsjahren waren klinisch tätige Psychologen und Psychiater häufig gezwungen, Behandlungsverfahren zu verwenden, die nach kurzer Frist zum Erfolg führten. Die ersten gruppentherapeutischen Techniken hatten hierin ihren Ursprung; und obwohl diese Phase des Umbruchs und Neubeginns nur kurz andauerte und man bald wieder begann, zeit- und kostenaufwendige psychoanalytische Behandlungen durchzuführen, waren doch viele Psychotherapeuten geneigt, ihre im Krieg gewonnenen Erfahrungen in die klinische Arbeit einzubringen. So entstanden erste verkürzende Therapieverfahren, häufig entwickelt von Insidern der psychoanalytischen Bewegung, die aus ihrer Kritik an Theorie und Praxis der Freudschen Psychoanalyse alternative Behandlungsverfahren ableiteten.

Zu diesen frühen Vertretern aktiv-direktiver Therapieformen (Ellis 1962) gehörten u.a. der deutsche Psychoanalytiker Alexander Herzberg, die Amerikaner Franz Alexander und Thomas French, ehemalige Psychoanalytiker wie E. Lakin Phillips und Albert Ellis und erklärte Gegner der Psychoanalyse wie Andrew Salter.

Beispiele psychoanalytischer Kurzzeittherapien

Der früheste Beitrag aus dieser Gruppe stammte von Alexander Herzberg, der 1932, zwei Jahre nach Simon Fleischmanns Aufsatz über die „aktive Psychotherapie" (Fleischmann 1930) erstmals seine „Leistungstherapie" bei der Behandlung neurotischer Störungen beschrieb (Herzberg 1932). Herzberg war ein durchaus überzeugter Psychoanalytiker und der einzige unter den Vertretern aktiv-direktiver Psychotherapeuten, der keine kritischen Beiträge zur Psychoanalyse veröffentlicht hat. Durch seine Emigration nach England lernte ihn im Krieg auch Hans Eysenck kennen. Doch starb Herzberg früh, und trotz seines noch 1945 veröffentlichten Buches „Active Psychotherapy" waren seine Arbeiten später nur einigen wenigen Eingeweihten bekannt.

Herzberg ging davon aus, daß neurotische Störungen durch pathologische Bedürfnisse aufrechterhalten wurden, die eine bestimmte Intensität hatten und durch die Symptome des Patienten nur zeitweilig befriedigt werden konnten. Diese Bedürfnisse ließen sich durch die Methode der freien Assoziation und die Interpretation von Träumen und Symbolen aufdecken. Ziel der Behandlung mußte es sein, sie zu befriedigen, in ihrer Intensität zu reduzieren oder auch die Fixierung zu lösen (Herzberg 1932). Als einer der ersten wies Alexander Herzberg damals darauf hin, daß der Komplex der Verursachung neurotischer Störungen differenzierter analysiert werden mußte, als es im Rahmen traditioneller medizinischer Modellvorstellungen üblich war (Herzberg 1941). Er unterschied zwischen Prädispositionen, symptombildenden und fördernden Faktoren, und sah ein weiteres wichtiges Moment in den sogenannten „symptomfixierenden Faktoren", den „Gewinnen". Die von ihm entwickelte Leistungstherapie war seiner Meinung nach geeignet, neurotische Störungen in all diesen Aspekten anzugehen. Die Behandlung wurde unter Verwendung geplanter Aufgaben oder Situationen durchgeführt, die nach Schwierigkeit angeordnet und auf die Persönlichkeit des Patienten zugeschnitten waren. Wichtig war nach Herzberg nicht einfach die Durchführung der gestellten Aufgaben, sondern ihre erfolgreiche Erfüllung. Er betrachtete die so eingeleiteten Veränderungen als Lernerfahrungen, durch die der Patient in die Lage versetzt werden sollte, seine Bedürfnisse den Möglichkeiten ihrer Befriedigung realistisch anzupassen.

Die psychotherapeutische Behandlung hatte nach Herzberg zwei Ziele: 1. die Befreiung des Patienten von seinen Symptomen und 2. die Verhinderung eines Rückfalls. Das Aufgeben alter Bindungen, Gewohnheiten und Einstellungen und der Erwerb und die Stabilisierung neuer waren in diesem Zusammenhang eine wichtige Voraussetzung für einen dauerhaften therapeutischen Erfolg. Während der Behandlung sollte der Patient lernen, die Gründe für das Wiederauftreten seiner Symptome zu erkennen, so daß der durch Verdrängung erzielte „Gewinn" rechtzeitig verhindert wurde. Der Patient sollte also lernen, seine Symptome nicht zu seinem Vorteil zu nutzen. Welche Art von Aufgaben für welchen Patienten geeignet waren, ließ sich nach Herzberg allerdings nur durch eine sorgfältige psychoanalytische Untersuchung ermitteln (Herzberg 1941, 1945).

Der Vorteil der Leistungstherapie nach Herzberg lag u. a. darin, daß die Behandlungsdauer bei Anwendung seiner Technik erheblich verkürzt werden konnte. Im Durchschnitt betrug sie nach eigenen Angaben nur zwischen zwanzig und vierzig Sitzungen. Ein weiterer Vorteil lag darin, daß die Patienten erst gar nicht in die Lage versetzt wurden, es sich in der Therapie „bequem" zu machen; damit konnte auch die

Herausbildung intensiver Übertragungsbeziehungen vermieden werden. Letztlich entscheidend war jedoch für Alexander Herzberg die Tatsache, daß er mit seinem Behandlungsverfahren *alle* Aspekte der Entstehung und Aufrechterhaltung neurotischer Störungen heilend beeinflussen konnte. Dennoch beharrte er darauf, daß der Heileffekt der Leistungstherapie nur *ein* positiver Faktor neben anderen, in jeder therapeutischen Behandlung enthaltenen Wirkungen und den besonderen Wirkungen der psychoanalytischen Behandlung als solcher sei (Herzberg 1945). In einer ersten, von ihm selbst erstellten Statistik bezeichnete Herzberg 1941 48 von 100 Patienten als „geheilt" oder „sehr verbessert"; in 47 Fällen hatten seine Patienten die Behandlung nach 3 bis 39 Sitzungen abgebrochen, und in 5 Fällen hatte er selbst auf die Weiterbehandlung verzichtet. Von den Therapieabbrechern bewertete er nochmals 12 Fälle als „leicht verbessert", so daß er auf insgesamt 60 „geheilte" bis „leicht verbesserte" Patienten verweisen konnte.

Auch die Amerikaner Franz Alexander und Thomas French, die 1946 ihr einflußreiches Buch „Psychoanalytic Therapy. Principles and Application" veröffentlichten, waren durchaus überzeugte Psychoanalytiker. Dennoch machten sie die Kritik an der psychoanalytischen Praxis, an verschiedenen „Dogmen", die der Behandlung zugrundelagen, zum Ausgangspunkt ihres Buches und sprachen offen über die „erstaunliche Unvorhersagbarkeit therapeutischer Ergebnisse" und die „verblüffende Diskrepanz zwischen der Länge und Intensität einer Behandlung und dem Grad des therapeutischen Erfolges" (Alexander u. French 1946, Vorwort). Der Erfolg ihres Buches, in dem sie u. a. feststellten, daß die Vorstellung von der Unvermeidlichkeit einer vollständigen Übertragungsneurose von der Mehrheit der damaligen Psychiater bereits aufgegeben worden sei, gab ihnen Recht. Die „moderne Haltung" des Psychotherapeuten sollte nicht mehr die eines unbestechlichen Wissenschaftlers sein, er sollte sich wieder empathisch und natürlich geben. „Wir interessieren uns für die Vergangenheit als Quelle (...) stereotyper Verhaltensmuster", schrieb Thomas French damals, „aber unser primäres Interesse liegt darin, dem Patienten bei der Lösung seiner gegenwärtigen Probleme zu helfen, indem diese erfolglosen Muster korrigiert werden, indem man ihm hilft, zwischen Gegenwart und Vergangenheit zu unterscheiden und indem man ihm in der Übertragungssituation immer wieder die Möglichkeit gibt, die Wiederanpassung real zu versuchen" (Alexander u. French 1946, S. 95). Mit zunehmender Zentrierung der Aufmerksamkeit auf die gegenwärtigen Probleme des Patienten mußte die „korrekte therapeutische Orientierung" nach Frenchs Meinung schwerpunktmäßig in der Betrachtung der Therapie als Lernprozeß liegen.

Alexander und French plädierten mit ihrem Buch für eine Verkürzung der analytischen Behandlung und griffen dabei anerkannte „Wahrheiten" an wie z. B. die These, daß die Tiefe bzw. Oberflächlichkeit der Behandlung im Verhältnis zur Gesamtdauer und Häufigkeit der Sitzungen stehe, daß kurze Behandlungen notwendig oberflächlich und im Ergebnis instabil seien und daß bei erfolgreicher Symptomheilung die Behandlung weitergeführt werden müsse. Ausdrücklich forderten sie, daß der Therapeut auch auf die Zeit zwischen den einzelnen Sitzungen Einfluß nehmen solle, wehrten jedoch die übliche Bewertung dieses Vorgehens als einen lediglich „praktischen Kompromiß“ ab. Gerade darin, daß sie die Lenkung der täglichen Aktivitäten als unwissenschaftlich bewerteten und sie nicht zum integralen Bestandteil der Behandlung machte, lag ihrer Meinung nach der entscheidende Fehler vieler Therapeuten (Alexander u. French 1946, S. 19).

Doch wie sah nun die Behandlung nach den Vorstellungen der Autoren aus? In der Realität handelte es sich um ein modifiziertes psychoanalytisches Vorgehen, das unter der Devise „mehr Flexibilität“ stand. Die Maxime dieser neuen, ökonomischeren Therapie bestand darin, dem Patienten so wenig Regression wie nur eben möglich zu erlauben und seiner Tendenz, in eine sichere und bequeme Übertragungsneurose zu versinken, aktiv entgegenzuarbeiten. Wie auch Alexander Herzberg (1945) erkannten die Autoren die Gefahr, daß der Patient statt neuer Lebenserfahrungen im Alltag wichtige Erfahrungen in der Sicherheit der analytischen Situation zu machen suchte und seine „Belohnungen“ von dort bezog statt aus seiner Umwelt. Außer der Empfehlung, die Anzahl und Häufigkeit der therapeutischen Sitzungen zu verringern, gaben Alexander und French im Vergleich zu Herzberg jedoch keine weiterführenden Hinweise, wie man ihre Erkenntnisse in die Praxis umsetzen konnte. Ihre Analyse zielte auf ein neues Verständnis der praktischen psychoanalytischen Arbeit, nicht auf die Entwicklung neuer Techniken. Mit dieser Absicht kamen sie den Interessen vieler dynamisch orientierter Psychologen und Psychiater entgegen, die von den Mitgliedern des renommierten *Chicago Institute for Psychoanalysis* keine Abkehr von der Psychoanalyse erwarteten, sondern eine Erhöhung ihrer Praktikabilität.

Daß die Psychoanalyse kein sonderlich effektives Behandlungsverfahren war, wußte damals auch die Mehrheit der Klinischen Psychologen. „Dennoch“, erklärte O. Hobart Mowrer rückblickend, „zögerten sie, auf eine verständliche Theorie zu verzichten“[15]. Nicht zuletzt ein relativ unauffälliger, wenige Seiten umfassender Artikel von Hans J. Eysenck sollte sie 1952 aufschrecken. Eysenck, der Ende der vierziger Jahre in die USA kam, um sich dort über die neue Klinische Psychologie zu informieren, stimmte mit seinen amerikanischen Kollegen nicht darin überein, daß es gerechtfertigt sei, einen unzureichenden Ansatz zu vertreten, nur weil es an Alternativen mangelte, mit denen man das entstehende Vakuum hätte füllen können. Während diese meinten, man müsse „diplomatisch bleiben“ und eine wissenschaftlichere Entwicklung schrittweise in Angriff nehmen, entschied sich Eysenck für eine Strategie der Konfrontation. Ein erster Schritt dazu war sein Aufsatz „The Effects of Psychotherapy“ (Eysenck 1952a), eine Reanalyse von insgesamt neunzehn Effektivitätsuntersuchungen, bei denen Patienten z.T. eklektisch und z.T. gar nicht oder nur durch einen praktischen Arzt behandelt worden waren. Faßte man die Ergebnisse aller Studien zusammen – was, wie Eysenck selbst zugab, ein methodisch angreifbares Vorgehen war und bestenfalls Hinweise auf mögliche Sachverhalte geben konnte –, so waren aus der psychoanalytischen Behandlung 44% der Patienten als „verbessert“ entlassen worden, aus der eklektischen Therapie 64% und aus der unbehandelten, häufig in den Kliniken nur „verwalteten“ Gruppe insgesamt 72%. Diesem Ergebnis ließ sich nach Eysenck zumindest der Hinweis entnehmen, daß der starke Glaube vieler Psychotherapeuten an die hohe Effektivität ihres beruflichen Tuns einer empirischen Grundlage entbehrte. Zwar konnte man aus einer solchen Reanalyse nicht schließen, daß psychotherapeutische Behandlungen ineffektiv sind. Doch verlieh sie der Forderung nach sorgfältigen Effektivitätsuntersuchungen an Nachdruck. Denn erstmals wurden die Klinischen Psychologen nun mit dem ganz normalen professionellen Anspruch konfrontiert, als Spezialisten kompetenter zu sein als der psychologische Laie. Obwohl die etablierte Psychoanalyse ihre Reaktion nicht offiziell formulierte, stieß Eysencks Analyse in diesen Kreisen auf viel Bitterkeit und heftige Ablehnung. Und nicht zuletzt nahmen es ihm auch viele Klinische Psychologen übel, sich in so unbedenklicher Weise „berufsschädigend" verhalten zu haben, so daß in der Öffentlichkeit der Eindruck entstehen konnte, daß Psychotherapie mehr Schlechtes als Gutes bewirkte (Rosenzweig 1954).

Doch gab es auch einige Sympathisanten für die Eysencksche Position, die sich jedoch in den Diskussionen um das „heiße Eisen" Psychotherapie weitgehend im Hintergrund hielten. So beschloß z.B. das Herausgebergremium des *Journal of Consulting Psychology,* an seiner Spitze Laurence Shaffer sowie Carl Rogers und Edward Shoben, Repliken auf Eysencks Artikel in ihrer Zeitschrift nicht abzudrucken, in der Absicht, die ursprüngliche Intention, die Anregung zu besserer Forschung, nicht zu verwischen[16].

Die „Conditioned Reflex Therapy" Andrew Salters

Offen Kritik an der Psychoanalyse zu üben, bedeutete damals, sich außerhalb seiner eigenen Berufsgruppe zu stellen. Zu den wenigen „Exoten", die bereit waren, diese Rolle auf sich zu nehmen, gehörte auch der in New York praktizierende Psychotherapeut Andrew Salter. Salters 1952 veröffentlichtes, mutiges Buch „The Case Against Psychoanalysis", das eine weitgehend polemische, auf dem gesunden Menschenverstand beruhende Kritik der Psychoanalyse enthält, fand in den fünfziger Jahren in vielen Kursen zur Klinischen Psychologie als abschreckendes Beispiel Verwendung (Salter 1952).

Weniger Beachtung fand sein 1949 veröffentlichtes Buch „Conditioned Reflex Therapy", das ebenfalls einige kritische Anmerkungen zur Psychoanalyse enthält – u.a. „Die zehn psychoanalytischen Gebote vom reflexologischen Standpunkt" – und Salters eigene therapeutische Techniken darstellt (Salter 1949). Wie nur eine verschwindend geringe Minderheit seiner Kollegen (Ellis 1954) lebte Andrew Salter ausschließlich von den Einnahmen der freien Praxis und brauchte seine Veröffentlichungen und die damit verbundene Werbung. Alle seine Bücher, neben der praktischen psychotherapeutischen Arbeit und ohne Möglichkeiten zu vertiefter Forschung entstanden, sind leicht lesbar und in bestem journalistischen Stil geschrieben (s. auch Salter 1944). So mußte die theoretische Basis seiner Techniken – Salter bevorzugte komplexe behavioristische bzw. physiologische Theorien wie die Lerntheorie Clark Hulls (Salter 1941, 1944) und I. P. Pavlovs Theorie kortikaler Erregungs- und

Hemmungsprozesse – rein hypothetisch bleiben. Dennoch kommt Salter das Verdienst zu, erstmals einen „direkten Ansatz zur Rekonstruktion der Persönlichkeit" auf der Basis einer Konditionierungstheorie entworfen zu haben.

Grundlage seiner konzeptionellen Überlegungen war Pavlovs Theorie kortikaler Erregungs- und Hemmungsprozesse; aber auch einige psychoanalytische Auffassungen flossen in seinen Ansatz ein. Salter setzte den Begriff Erregung mit der Fähigkeit zum Ausdruck von Emotionen gleich und stellte emotionale Motive rationalen Motiven zum Handeln voran. Emotionale Gewohnheiten waren nach seiner Meinung in ihrer Eigenschaft als erlernte Reflexe die wichtigsten Steuermechanismen des Verhaltens.

Salters Theorie zur Neurosenentstehung läßt sich in folgendem Satz zusammenfassen: „Erregung ist das Grundgesetz des Lebens, und Neurosen sind das Ergebnis der Hemmung natürlicher Impulse" (Salter 1949, S. 37). Diese der psychoanalytischen Auffassung von der Entwicklung neurotischer Störungen aufgrund eines zu dominanten Überich nicht allzu ferne Konzeption trug Andrew Salter von seiten O. Hobart Mowrers den ironischen Kommentar ein, er, Salter, „outfreuds Freud" (Mowrer 1950, S. 359).

Aufgabe des Therapeuten war es, die gehemmte Persönlichkeit des Patienten aktiv und direktiv umzugestalten. Das Ziel der Behandlung, eine Balance zwischen den Erregungs- und Hemmungsprozessen, ließ sich nach Salter jedoch nur über Lernvorgänge, d.h. den Aufbau konditionierter Reflexe erreichen. „Fehlanpassung ist ein Lernprozeß, und die Psychotherapie ist es ebenso. Fehlanpassung bedeutet Fehlkonditionierung, und Psychotherapie bedeutet Neukonditionierung", schrieb Andrew Salter 1949 (Salter 1949, S. 316). Die Enthemmung des Patienten und seine Neukonditionierung waren also die zwei Grundelemente seines therapeutischen Ansatzes. Die „Therapie besteht darin, das Individuum dazu zu bringen, sich selbst zu der gesunden Spontaneität zurückzuerziehen, die ihm seine Lebenserfahrungen versagt haben" (Salter 1949, S. 103). Dies war nach Salter möglich, indem der Patient erregende emotionale Reaktionen bewußt praktizierte und damit zugleich neu lernte.

Zu diesem Zweck hatte er sechs Techniken entwickelt, die in den einzelnen Sitzungen besprochen und in der Realität eingeübt wurden: 1. Den „Feeling-Talk", d.h. der Patient wurde aufgefordert, sich im Ausdrücken spontan empfundener Emotionen zu üben, wobei Salter besonderen Wert darauf legte, daß er lernte, die „emotionale Wahrheit" zu sagen. 2. Der „Facial-Talk"; hierbei geht es darum, Gesichtsausdruck und wahres Gefühl wieder miteinander in Übereinstimmung zu bringen. 3. Der Patient sollte lernen, offen zu widersprechen und andere anzugreifen. 4. Das Wort „Ich" sollte so häufig wie möglich verwendet werden. 5. Wird der Patient gelobt, so soll er zustimmend reagieren. 6. Der Patient sollte versuchen zu improvisieren, stärker in der Gegenwart zu leben und spontan zu handeln.

Diese sechs Verhaltenstechniken, die Salter an 50 Fällen beispielhaft darstellte, richteten sich ausschließlich auf die Modifikation des gegenwärtigen Verhaltens beim Patienten. Darüber hinaus betonte Salter wie kein anderer Psychotherapeut seiner Zeit die Bedeutung des Handelns, des aktiven Umsetzens neugewonnener Erkenntnisse für den Patienten. „Die Menschen erzählen mir, was sie denken, aber das interessiert mich nicht besonders. Ich will wissen, was sie *getan haben,* weil es das ist, was sie in Schwierigkeiten bringt, und was sie *tun werden,* um aus den Schwierigkeiten wieder herauszukommen“ (Salter 1949, S. 100).

Mit seinen sehr kreativen, aktionalen Behandlungstechniken hatte sich Andrew Salter 1949 zwischen alle Stühle gesetzt, oder, wie O. Hobart Mowrer es ausdrückte: „Der Ansatz des Autors ist in einem solchen Grade direktiv, daß er die Psychoanalytiker nur geringfügig weniger erstaunen wird als die klientenzentrierten Therapeuten“ (Mowrer 1950b, S. 359). Auch Joseph Wolpe, der Salters Arbeiten frühzeitig zur Kenntnis nahm und aufgrund ihres klinischen Realismus schätzte, kritisierte damals, daß die Behandlung neurotischer Störungen nicht generell auf die Erhöhung des Erregungszustandes ausgerichtet sein dürfte, da ja z. B. neurotische Angstzustände bereits Zustände hochgradiger Erregung seien und unter Verwendung gezielter Entspannung effektiv behandelt werden könnten (Wolpe 1954).

Albert Ellis' rational-emotive Therapie

Albert Ellis gehörte ursprünglich zu den frühen revisionistischen Mitgliedern der psychoanalytischen Bewegung. Wie z. B. auch Leonard Krasner nahm er an dem ersten klinischen Ausbildungsprogramm der *Columbia University* teil und schloß, obwohl er Psychologe war, inoffiziell eine Lehranalyse ab. Anfang der fünfziger Jahre setzte er sich gezielt für eine Verbesserung der psychoanalytischen Forschung ein und forderte generell, in der klinisch-psychologischen Forschung endlich Anstrengungen zu unternehmen, die zu systematischen, theoretischen Formulierungen führen konnten, statt, wie bisher, einzelne Prozeduren auf empirischem Wege und unter Verzicht auf eine theoretische Einbindung zu entwickeln (Ellis 1948, 1950a, 1950b). Ellis schwebte eine Theorienbildung nach dem damals hochangesehenen hypothetisch-deduktiven Forschungsmodell Hulls vor.

In seiner 1950 veröffentlichten, sehr differenzierten Kritik der Psychoanalyse „An Introduction to the Principles of Scientific Psychoanalysis“ zeigte er 10 Gefahren für ihre erfolgreiche wissenschaftliche Entwicklung auf. 1955 forderte er noch einmal – nun schon wesentlich nachdrücklicher – eine grundsätzliche Einstellungsänderung unter den Psychoanalytikern in Richtung auf die Trias „Faktenorientierung“, „Verifikationsorientierung“ und „Forschungsorientierung“ (Ellis 1955). Eine kritische Einschätzung der Psychoanalyse, auch wenn sie in konstruktiver Absicht geschrieben worden war, brauchte damals einige Jahre, bis sie veröffentlicht wurde. Und so war Albert Ellis schon seit einiger Zeit kein Psychoanalytiker mehr, als 1955 diese letzte Kritik von ihm erschien.

Ellis' Zweifel an der inhaltlichen Validität und der therapeutischen Effektivität der Psychoanalyse führten ihn zur Entwicklung eines neuen Verfahrens, das er zunächst „Rationale Therapie“ („rational therapy“) nannte. Da diese Bezeichnung viel

Opposition hervorrief und man ihm insbesondere von seiten der psychodynamisch orientierten Psychologen vorwarf, kognitive Aspekte zu stark zu betonen und „dynamische“ Aspekte, d.h. das emotionale Leben seiner Patienten zu wenig zu berücksichtigen, benannte Ellis seine neue Behandlungsform 1961 in „Rational-emotive Therapie“ um (Ellis 1961). Wie auch Carl Rogers ging Albert Ellis von dem wahrnehmenden Individuum und seinem Verhalten aus. Empfindet ein Mensch die Realität, die er wahrnimmt, als zu bedrohlich, so besteht die Gefahr, daß er seine Wahrnehmung verschiebt und auf diese Weise Fehlentwicklungen eintreten. Ausgangspunkt dafür sind die Kognitionen.

„Die rationale Psychotherapie (...) leitet sich von der Hypothese ab, daß die bedeutsamsten menschlichen Emotionen und Handlungen einschließlich neurotischer Gefühle und neurotischen Verhaltens sich von grundlegenden Annahmen, Überzeugungen oder Philosophien ableiten, die das Individuum bewußt oder unbewußt vertritt“ (Ellis 1959, S. 301).

Die „irrationalen“ Gedanken, die das Denken und Handeln des Neurotikers bestimmen, sollten in der Behandlung aufgearbeitet und durch sogenannte „Aktivitäts-Hausaufgaben-Vereinbarungen“ („activity homework assignments“) ergänzt werden, die die „Gegenpropaganda“ des Therapeuten während der Sitzungen unterstützten. Aus seiner therapeutischen Erfahrung leitete Ellis 11 (später 12) „irrationale Ideen“ ab (Ellis 1962), die psychische Störungen verursachten oder aufrechterhielten (s. Kasten, S. 148). Anhand seiner Patientenakten veröffentlichte er 1957 auch erstmals einen Bericht über die Effektivität seines Verfahrens im Vergleich zur psychoanalytischen Therapie und zu einer Übergangsform, die er während der Zeit der Entwicklung rational-emotiver Techniken verwendete, als er sich noch nicht völlig von der Psychoanalyse gelöst hatte. Wiewohl er betonte, daß bei der Interpretation seiner Ergebnisse Vorsicht geboten sei, da er bei allen drei Therapieformen selbst die Behandlung durchgeführt und keinerlei Versuch einer Objektivierung des therapeutischen Erfolges unternommen hatte, kam er zu dem Schluß, daß er mit der rational-emotiven Therapie die günstigsten therapeutischen Ergebnisse erzielt hatte (Ellis 1957).

Albert Ellis' Therapieverfahren stieß bei seinen Kollegen zunächst auf erhebliche Ablehnung. Als er es 1956 erstmals auf der Jahresversammlung der *American Psychological Association* vorstellte, waren sich Rogerianer, Gestalttherapeuten und Psychoanalytiker einig. Sie bewerteten seine Technik als zu simpel und meinten, sie könne gar nicht funktionieren (Ellis 1958)[17]. Lediglich Hans J. Eysenck berichtete 1960 über Ellis' Arbeiten in dem Handbuchartikel „The Effects of Psychotherapy“ (Eysenck 1960a). Effektivitätsuntersuchungen zur Psychotherapie, waren sie auch noch so elementar und methodisch unzureichend, hatten damals Seltenheitswert. Ellis' kritische Haltung gegenüber der Psychoanalyse war es später wohl auch, die Eysenck dazu bewog, vier bereits veröffentlichte Aufsätze in sein Buch „Experiments in Behaviour Therapy“ (Eysenck 1964) aufzunehmen, als es den Verhaltenstherapeuten noch an eigenem Material mangelte. Albert Ellis selbst war nie ein Behaviorist, im Gegenteil.

Er kritisierte ganz offen „die sterile Betonung des äußerlich Beobachtbaren" im Behaviorismus (Ellis 1962)[18]. Später, als man die RET in die therapeutischen Programme der kognitiven Verhaltenstherapeuten einreihte, machte er deutlich, daß er sein eigenes Verfahren zwar als der Verhaltenstherapie „verwandt" betrachtet, die Integration seines Ansatzes in die Verhaltenstherapie jedoch ablehnt (Ellis 1973).

Die „strukturierte Therapie" nach E. Lakin Phillips

Das Buch „Psychotherapy: A Modern Theory and Practice", das E. Lakin Phillips 1956 veröffentlichte, enthielt eine Darstellung eigener theoretischer und therapeutischer Konzepte, die Phillips aus seiner intensiven Auseinandersetzung mit dem psychoanalytischen Standpunkt heraus entwickelt hatte. Seine in vieler Hinsicht komplexe und wissenschaftlich gut fundierte Perspektive fand trotz oder gerade aufgrund ihres hohen Anspruchs in der Klinischen Psychologie der fünfziger Jahre nur wenig Beachtung. Der Ausgangspunkt seiner Überlegungen war eine Kritik an der klinischen Praxis und ihrer vorwiegend psychodynamischen Ausrichtung:

„Ich habe das Gefühl, daß die Diskrepanz zwischen der Klinik und ihrer methodologischen und theoretischen Naivität auf der einen Seite und der Welt der Wissenschaft (mit großem W) auf der anderen Seite enorm ist. Die Bürde der Verantwortung liegt hier auf seiten der Klinik und der Kliniker, aber sie haben sich der Herausforderung nicht gestellt, weil ihre Perspektive zu begrenzt ist. Die Grundlagen klinischen Denkens und klinischer Praxis müssen systematisch neu geordnet werden" (Phillips 1956, Vorwort).

Dieser kritischen Einleitung, verfaßt zu einer Zeit, als die Klinischen Psychologen in den USA gerade begannen, in ihrer praktischen Arbeit Fuß zu fassen, folgte eine systematische Kritik des psychodynamischen Denkens und Handelns. Als einer der ersten, noch vor Eysenck, äußerte Phillips Bedenken bezüglich des analogienbildenden Vorgehens anerkannter Wissenschaftler und Experimentalisten wie John Dollard, Neal Miller und Edward Shoben, deren unkritische Akzeptanz psychoanalytischer Auffassungen seiner Meinung nach nur zu unproduktiven therapeutischen Prozeduren führen konnte. E. Lakin Phillips war einer der jungen Psychologen, die in den vierziger und fünfziger Jahren versuchten, die lern- und konflikttheoretischen Ansätze der Wissenschaftler in Yale mit neuen informations- und kommunikationstheoretischen Formulierungen zu verbinden – also an einer kognitiven Perspektive zur Erklärung psychischer Störungen arbeiteten. Er hatte bei dem Hull-Schüler Kenneth Spence und bei Robert Sears studiert und als ausgebildeter Mediziner auch eine Lehranalyse absolviert. Nach erfolglosen Versuchen, Freuds Theorie experimentell umzusetzen, extrahierte er für sich persönlich die Konflikttheorie als experimentell belegt und klinisch relevant und wurde zu einem engagierten Kritiker der Psychoanalyse[14]. Zwischen 1949 und 1956 arbeitete Phillips an einer Erziehungsberatungsstelle, wo nur kurzzeitige Behandlungen möglich waren, und entwickelte dort seinen eigenen therapeutischen Ansatz. In seinem 1956 veröffentlichten Buch, das der Verlag einige Jahre zurückgehalten hatte, nahm Phillips gegenüber der Psychoanalyse eine ausgesprochen kritische Haltung ein (Phillips 1956).

Der psychoanalytischen Auffassung stellte Phillips seinen eigenen, inferenztheoretischen Standpunkt gegenüber: „Innerhalb der Inferenztheorie werden Verhaltensmöglichkeiten als durch das wahrnehmend-handelnde Individuum selegiert betrachtet (und nicht durch sein Unbewußtes), um Situationen zu bewältigen, mit denen es konfrontiert wird" (Phillips 1956, S. xi). Seine Behandlungsform konzipierte er als ausdrücklich „nicht tiefenpsychologisch" orientiert. Menschen unterschieden sich seiner Meinung nach aufgrund der unterschiedlichen Hypothesen, die sie über ihre Umwelt gespeichert hatten, was sich in unterschiedlichen Verhaltenswahrscheinlichkeiten ausdrückte. Diese Hypothesen wiederum wurden verschieden häufig bestätigt, und zwar in Abhängigkeit von den in der jeweiligen Umwelt vorhandenen Möglichkeiten und ihrem Anwendungsgrad in spezifischen Situationen.

Phillips versuchte, mit einem Minimum an theoretischen Konzepten auszukommen, und zwar mit denen der „assertion" und der „disconfirmation" (d.h. der Bestätigung bzw. Nichtbestätigung von Hypothesen über die Umwelt) und den Konzepten der Spannung und der Redundanz. Die empirische Grundlage für die beiden erstgenannten Konzepte der „assertion" und „disconfirmation" bildete Neal Millers Modell des Annäherungs-Vermeidungs-Konfliktes. Die Entstehung neurotischer Symptome erklärte sich folgendermaßen: Im Zentrum der Neurose stand der Konflikt, den der Autor anhand eines Vierpunktemodells erläuterte. Den Ausgangspunkt bildeten die Einstellungen des Individuums zu seiner Umwelt *(„assertions"),* die häufig nicht bestätigt wurden *(„disconfirmation"),* weil sie zu unrealistisch, extrem oder zu fordernd waren. So konnte ein Konflikt zwischen den Erwartungen des Patienten und ihrer unzureichenden Realisation entstehen. Daraus entwickelte sich eine *Spannung,* die von der Stärke der „assertion" und ihrer Nichtbestätigung abhängig war. Es kommt zur *Redundanz* von Verhalten, d.h. zu den für Neurosen typischen Verhaltenszirkeln, zu einer Vervielfachung der Bemühungen um Bestätigung und weiteren Taktiken zur Reduktion der entstehenden Spannung.

Die Aufgabe des Therapeuten bestand darin, den Patienten zu lehren, „weniger oder mit anderen Wahrscheinlichkeiten zu wetten" (Phillips 1956, xvi), um so den Konflikt zu entschärfen. Er sollte sich also zunächst mit dem Hypothesensystem des Patienten, mit seinen Einstellungen zur Umwelt beschäftigen. Für die kognitive Umstrukturierung, von Phillips auch „strukturierte Therapie" genannt, bringt der Autor in seinem Buch zahlreiche praktische Beispiele. Wie auch Albert Ellis entwikkelte E. Lakin Phillips ein vorwiegend auf die Modifikation kognitiven Verhaltens gerichtetes Behandlungsverfahren, in das jedoch, im Gegensatz zu Ellis' Rational-emotiver Therapie, keinerlei konkrete Verhaltensanweisungen für den Alltag eingeschlossen waren. Wie Ellis ging Phillips von dem theoretisch komplexeren Konzept des „wahrnehmenden Individuums" aus, dessen Bedeutung Carl Rogers bereits in seiner „Presidential Address" vor der APA im Jahre 1947 gegenüber allen simplen behavioristischen Konzepten vom Menschen hervorgehoben hatte (Rogers 1947).

In einer ersten vergleichenden Effektivitätsstudie, die Phillips gemeinsam mit einigen Kollegen an der Erziehungsberatungsstelle, an der er tätig war, durchführte, kam er zu folgenden Ergebnissen:

Unterschied man zwischen Effektivität und Effizienz der Behandlung – effizient ist eine Therapie in dem Maße, in dem es möglich ist, sie mit dem Einverständnis des Therapeuten bzw. Patienten durchzuführen –, so betrug die Erfolgsquote bei der psychoanalytisch orientierten Behandlung 11,5%, bei der von Phillips und drei seiner Kollegen angebotenen strukturierten Therapie hingegen 86,4%. Diese hohe Diskrepanz kam dadurch zustande, daß sich die psychoanalytisch orientierte Behandlung als nicht besonders effizient erwies, d. h. von 190 Fällen lediglich 87 vom Therapeuten als mit dem Verfahren behandelbar eingestuft wurden, wobei letztlich nur 45 Fälle zur Behandlung kamen. Bei der strukturierten Therapie wurde kein einziger Fall aufgrund eines Therapeutenurteils abgelehnt, so daß insgesamt 59 Fälle zur Behandlung angenommen wurden; 6 Patienten lehnten die Behandlung ab. Gemessen an der Anzahl der tatsächlich Behandelten betrug der Erfolg (nach Patientenrating) bei der psychoanalytisch orientierten Therapie 46,4%, bei der strukturierten Therapie 96,2%, und zwar bei einer durchschnittlichen Behandlungsdauer von 17,2 vs. 7 Sitzungen (Phillips 1956).

E. Lakin Phillips änderte seinen ursprünglichen Ansatz Anfang der sechziger Jahre zugunsten einer stärker operanten Perspektive. Auf das Konfliktmodell verzichtete er – ein, wie sich im folgenden zeigen wird, für die Entwicklung eines konsequent verhaltenstherapeutischen Standpunktes signifikanter Schritt.

Die Ursprünge der modernen Verhaltenstherapie I: Joseph Wolpe

Joseph Wolpe war Mediziner, hatte in Südafrika studiert und bereits während des Krieges bei der Behandlung von Kriegsneurosen Zweifel an der Richtigkeit psychodynamischer Auffassungen gewonnen. Damals begann er, Pavlovs bekanntestes Buch, „Conditioned Reflexes" zu lesen (Pavlov 1927) und einzelne Experimente im Selbststudium zusammenzufassen und zu kommentieren[19]. Wie vielen seiner medizinischen Kollegen lag Wolpe die experimentelle Tierforschung im Grunde nahe, stellte sie doch einen elementaren Bestandteil medizinischer Forschung dar. Auch konnte er sich bei seinen eigenen Untersuchungen auf die Arbeiten Liddels, Gantts und Jules Massermans berufen. Letzterer veröffentlichte seine Forschungsergebnisse 1943, zu einer Zeit, als die Euphorie um den möglichen Nutzen der tierexperimentellen Forschung für die Psychopathologie und Psychotherapie beim Menschen einen Höhepunkt erreicht hatte (Masserman 1943).

Irrationale Ideen, die psychische Störungen verursachen und aufrechterhalten (nach Ellis 1962, 1970; übers. v. Verf.):

1. Die Meinung, es sei für jeden Erwachsenen absolut notwendig, von praktisch jeder anderen Person in seinem Umfeld geliebt oder anerkannt zu werden.

2. Die Meinung, daß man sich nur dann als wertvoll empfinden dürfe, wenn man in jeder Hinsicht kompetent, tüchtig und leistungsfähig ist.

3. Die Idee, daß bestimmte Menschen böse, schlecht und schurkisch seien und für ihre Schlechtigkeit streng zu rügen und zu bestrafen seien.

4. Die Vortellung, daß es schrecklich und katastrophal ist, wenn die Dinge nicht so sind, wie man sie gerne haben möchte.

5. Die Vorstellung, daß menschliches Leiden äußere Ursachen habe und daß der Mensch wenig Einfluß auf seinen Kummer und seine psychischen Probleme nehmen könne.

6. Die Überzeugung, daß man sich über tatsächliche oder eingebildete Gefahren große Sorgen machen, sich ständig mit der Möglichkeit ihres Eintretens befassen müsse.

7. Die Meinung, es sei leichter, bestimmten Schwierigkeiten auszuweichen, als sich ihnen zu stellen.

8. Die Vorstellung, daß man sich auf andere verlassen sollte und daß man einen Stärkeren braucht, auf den man sich stützen kann.

9. Die Vorstellung, daß die eigene Vergangenheit entscheidenden Einfluß auf unser gegenwärtiges Verhalten hat und daß etwas, das sich früher einmal auf unser Leben auswirkte, dies auch weiterhin tun müsse.

10. Die Neigung, sich über die Probleme und Verhaltensschwierigkeiten anderer Leute aufzuregen.

11. Die Vorstellung, daß es für jedes menschliche Problem eine absolut richtige, perfekte Lösung gibt, und daß es eine Katastrophe sei, wenn diese perfekte Lösung nicht gefunden wird.

In seinem Buch „The Essence of Rational Psychotherapy: A Comprehensive Approach to Treatment" (Ellis 1970) erweiterte Albert Ellis die Anzahl „irrationaler Ideen" nochmals, wobei die Idee Nr. 10 wegfiel und statt dessen folgende Kerngedanken formuliert wurden:

11. Die Vorstellung, daß menschliches Glück durch Trägheit und Untätigkeit erreicht werden kann. (Nr. 11 wurde zu Nr. 10)

12. Die Vorstellung, daß man keine Kontrolle über die eigenen Gefühle hat und nichts dagegen tun kann in einer bestimmten Weise zu empfinden.

Lawrence F. Shaffer (1903–1970)

Andrew Salter in seiner *New Yorker* Praxis

E. Lakin Phillips (geb. 1915)

Albert Ellis (geb. 1913)

1938 erhielt der amerikanische Wissenschaftler N. R. F. Maier für seine Untersuchungen zur experimentellen Neurose bei Ratten und deren „Heilung" durch Verfahren der Rekonditionierung oder des Retrainings den alljährlichen Preis der *American Association for the Advancement of Science* (Maier 1939, Poffenberger 1939). 1941 erschien die von O. D. Anderson und R. Parmenter veröffentlichte Monographie „A Long-Term Study of the Experimental Neurosis in the Sheep and Dog", entstanden in den Laboratorien Liddells in *Cornell,* und 1944 veröffentlichte W. H. Gantt die in der Literatur wohl vollständigste Fallstudie des neurotischen Hundes „Nick" in „Experimental Basis for Neurotic Behavior: Origin and Development of Artificially Produced Disturbances of Behavior in Dogs" (Anderson u. Parmenter 1941, Gantt 1944). Liddell und Gantt gelang es auch in den folgenden Jahren, viel Interesse an ihren Arbeiten zu erzeugen, in die experimentelle und klinische Psychologen große Hoffnungen setzten (Dunlap 1943, Phillips 1956, Shaffer u. Shoben 1956). Doch hatten die Arbeiten dieser Wissenschaftler, der Pioniere auf dem Gebiet der Erforschung der experimentellen Neurose, im Grunde mehr explorativen Charakter. Man widmete sich ganz dem Phänomen selbst und dem einzelnen Tier, ohne gezielt den Versuch zu machen, eine Brücke von der Neurose beim Tier zur Neurose beim Menschen zu schlagen. Die einzelnen Untersuchungen waren mehr deskriptiver als systematischer Art; Daten und empirische Ergebnisse wurden eher illustrativ zur Verdeutlichung bestimmter Zusammenhänge am Einzelfall zusammengestellt – Merkmale, wie sie auch für Fallstudien in der Klinischen Psychologie typisch waren. Nachträglich entwickelte theoretische Ansätze wie z. B. Gantts Prinzipien der Schizokinese und Autokinese galten als experimentell nur schwer zugänglich und von geringer praktischer Relevanz (Liddell 1947, Gantt 1953, Broadhurst 1960). Theoretisch wie forschungstechnisch ließ sich damals also mit Blick auf das Erkenntnisinteresse der Klinischen Psychologie noch kein echter Fortschritt verzeichnen. Im Gegenteil, Forscher wie Horsley Gantt bemühten sogar klinische Experten zur Interpretation ihrer experimentellen Daten; das Fallmaterial des Hundes Nick wurde u. a. von drei international anerkannten Psychiatern (L. J. Saul, A. H. Leighton und N. E. Ischlondsky) analysiert und interpretiert (Gantt 1953). Auch H. S. Liddell stellte 1953 fest, daß sich die Ergebnisse der vergleichenden Forschung nicht von selbst interpretierten, die Forscher mit dem Tier nicht kommunizieren könnten und man daher praktisch „in jeder Phase der Forschung" der Interpretationen von Psychoanalytikern oder vergleichbar ausgebildeten Spezialisten bedürfe (Liddell 1953).

Diese konzeptionellen Schwächen waren es aber auch, die den Forschern im Bereich der experimentellen Neurose erste Kritik einbrachten (Geist 1952, Hilgard 1952, Broadhurst 1960). Dabei schien man mit Jules Masserman, einem bei Adolf Meyer und Franz Alexander ausgebildeten Psychiater und Psychoanalytiker, den idealen Mann für eine solche Forschung gefunden zu haben. Seine 1943 veröffentlichte Studie „Behavior and Neurosis: An Experimental Psychoanalytic Approach to Psychobiologic Principles“ gehörte mit den Arbeiten Anderson u. Parmenters (1941) und Gantts (1944) zu den drei wichtigsten amerikanischen Beiträgen zur Erforschung der experimentellen Neurose. Jules Masserman hielt nichts von den „überspannten terminologischen Korrelationen“, die die frühen Ansätze zur Verwissenschaftlichung der Psychoanalyse kennzeichneten. Während seiner siebenjährigen tierexperimentellen Forschungstätigkeit suchte er nach „psychobiologischen Prinzipien“, die sowohl der Reflexologie als auch der Psychoanalyse zugrundelagen. Ganz konkret war er aber auch daran interessiert, aus diesen Prinzipien therapeutischer Techniken abzuleiten und auf ihre Effektivität hin zu überprüfen.

Eines der vier fundamentalen Verhaltensprinzipien Massermans war das Konzept des motivationalen Konfliktes, das, wie er selbst feststellte, implizit oder explizit den meisten dynamischen Theorien zur Ätiologie neurotischer Störungen zugrundelag. Bei seinen Versuchstieren (Katzen) erzeugte er die Neurose, indem er sie darauf trainierte, auf ein Signal hin den Deckel einer Futterbox anzuheben. Indem er nach dem Signal einen harmlosen, aber dennoch unangenehmen Luftzug über die Futterbox schickte, gestaltete er die Situation für die Tiere „motivational konfliktreich“ und stellte so die experimentelle Neurose her. Zur Behandlung der Tiere entwickelte Masserman unterschiedliche Techniken, die jedoch alle „die Abschwächung des Konfliktes“ zum Ziel hatten (Masserman 1943, S. 205). Eine Methode bestand darin, die Tiere vor dem Experiment zu füttern, so daß die konfligierenden Tendenzen weniger intensiv auftraten und sich auch die neurotische Reaktion schwächer herausbildete. Bei der zweiten Methode versuchte er es mit Handfütterung, Streicheln und einem Training zur Wiedereingewöhnung an die Box. Seine dritte Behandlungsmethode bezeichnete Masserman als „Umweltdruck“: Das Tier wurde langsam mit einer beweglichen Barriere auf die Futterbox zugeschoben; die dabei auftretenden intensiven Furchtreaktionen wurden gewöhnlich durch den Freßtrieb überwunden. Die vierte Behandlungsmethode, die er unter dem Titel „soziales Beispiel und Identifikation“ zusammenfaßte, bestand darin, dem neurotischen Versuchstier ein normales Tier hinzuzugesellen, das ihm zeigte, daß die Futterentnahme aus der gefürchteten Box völlig ungefährlich war. Die fünfte und letzte Methode, das „Durcharbeiten“, war so angelegt, daß das Versuchstier in der Lage war, sich das Signal zur Futterentnahme selbst zu geben, d. h. ein selbständiges „Realitätstesten“ ermöglicht wurde. Die Effektivität der einzelnen Techniken war nach Masserman unterschiedlich, wobei Technik No. 4 sich als am wenigsten effektiv erwies und die besten Behandlungsergebnisse durch eine Kombination aller fünf Methoden erreicht wurden.

Interessant sind jedoch nicht die einzelnen, notgedrungen behavioralen Techniken, die Masserman zur Behandlung seiner Versuchstiere entwickelte. Von Bedeutung ist ihre Umsetzung auf den Menschen, die er ausdrücklich befürwortete. Und hier, wie schon bei der Konzeption neurotischer Störungen, verhinderte seine paradigmatische Blindheit, daß er zu wirklich neuen Erkenntnissen kam. Seine erste Behandlungsmethode setzte Masserman mit zeitbegrenzten Behandlungsformen wie Aufenthalten in Sanatorien, viel Ruhe oder Einsatz von Psychopharmaka gleich, d. h. mit Maßnahmen, die geeignet waren, die durch den Konflikt ausgelöste Angst zu vermindern. Seine zweite Methode verglich er mit traditionellen therapeutischen Verfahren wie der Suggestion und der Persuasion, die nicht geeignet waren, den der Neurose zugrundeliegenden Konflikt zu lösen. Seine Versuchstiere sprachen im Widerspruch dazu auf dieses Verfahren sehr gut an. Die dritte Methode war nach Masserman eine Variante der damals bereits bekannten direktiv-manipulativen Techniken. Er war der Meinung, daß ihr Einsatz bei einem „gut integrierten“ Patienten nach einem emotionalen Trauma durchaus angezeigt sein könnte, und wies auf die bereits vorhandenen Erfahrungen in der Behandlung von Kriegsneurosen hin. Für die vierte, nach seiner Erfahrung unzuverlässigste Technik, fand er in der Behandlung neurotischer Menschen kein Gegenstück. Bei der fünften, wichtigsten Behandlungsmethode stellte Masserman eine Parallele zur psychoanalytischen Therapie her, die er zwar als „subjektive Methode“ kennzeichnete, die seiner Meinung nach jedoch so angelegt war, daß Ängste und motivationale Konflikte in der Übertragungsbeziehung „durchgearbeitet“ werden konnten. Wie auch die späteren „Integratoren“ John Dollard, Neal Miller und O. Hobart Mowrer meinte Masserman bereits 1943, daß das „Realitätstesten“ des Patienten auch außerhalb der therapeutischen Situation stattfinden müsse, und wies in diesem Zusammenhang auf die Wirkung der damals bekannten „Dekonditionierungstechniken“ hin (Masserman 1943, S. 208).

Zur lerntheoretischen Konzeption der experimentellen Neurose

Joseph Wolpe, der Massermans Untersuchungen wenige Jahre später unter veränderten theoretischen Voraussetzungen replizierte, kam das Verdienst zu, die entscheidende Vereinfachung, den theoretischen Bruch mit der Konflikthypothese zur Neurosenentstehung herbeigeführt zu haben. Seit Mitte der zwanziger Jahre kämpften die Klinischen Psychologen mit dieser Konzeption, auf die viele andere psychoanalytische Mechanismen folgerichtig aufbauten und die bei einer vollständigen Behandlung des Phänomens nicht ignoriert werden konnten. Watsons 1916 formulierte, eher simple Theorie der Neurosenentstehung nach dem Prinzip der klassischen Konditionierung wurde von Joseph Wolpe Mitte der vierziger Jahre wieder aufgegriffen. Wolpe trainierte zwei Gruppen von Versuchstieren. Die eine erhielt die konfliktreiche Behandlung Massermans – er erzeugte die experimentelle Neurose statt mit Hilfe eines Luftzuges durch einen elektrischen Schlag – die zweite Versuchsgruppe Wolpes hatte vor der Neurotisierung keinerlei Futterreaktion auf ein Signal erlernt und erhielt lediglich den aversiven elektrischen Schlag. Beide Gruppen zeigten nach diesem „Training“ identische Reaktionen, d.h. sie wollten nicht mehr in den Käfig gesetzt werden, waren ängstlich und ließen sich auch nach längerem Fasten nicht im Experimentalraum füttern. Dieses Verhalten generalisierte auch auf Räume, die dem Experimentalraum nach menschlicher Einschätzung ähnlich waren (Wolpe 1952a).

Wolpe konnte also zeigen, daß es möglich war, ein Tier experimentell zu neurotisieren, ohne daß die Situation Momente eines Konfliktes enthielt. Darüber hinaus führte seine lerntheoretische Konzeption der Neurosenentstehung auch zu unterschiedlichen „Behandlungstechniken". Die Untersuchungen zur Generalisation von Angst hatten ihn zu einem neuen Verfahren angeregt, das darin bestand, die neurotischen Tiere in verschiedenen Experimentalräumen zu füttern, die dem ursprünglichen Versuchsraum zunehmend ähnelten. Es gelang ihm so, seine Versuchstiere graduell an die gefürchtete Situation zu gewöhnen. Erfolgreich war auch die Methode der Handfütterung und die von Masserman entwickelten Technik des „Umweltdrucks". Auch die alte, von Watson bereits empfohlene Methode der Gegenkonditionierung – auf das furchtauslösende Signal folgte ein Fleischbällchen – kam wieder zur Anwendung.

In einer auf die Veröffentlichung von Joseph Wolpes Untersuchungsergebnissen folgenden Kontroverse zwischen ihm und Jules Masserman ging es ihnen beiden darum, die Ergebnisse des anderen im Rahmen der eigenen Theorie zu erklären. Um Wolpes Untersuchungsergebnisse erklären zu können, war Masserman gezwungen, sein Konzept des motivationalen Konfliktes nahezu bis zur Bedeutungslosigkeit „auf jedes unterbrechende Moment" auszudehnen (Masserman 1954). Wolpe versuchte, die von Masserman durch Konflikt erzeugten experimentellen Neurosen u. a. mit Hilfe des Konzepts der „Additivität von Furcht" zu erklären; die durch das Signal und den Luftstoß bewirkte ambivalente Stimulation konnte seiner Meinung nach zu einer graduellen Steigerung im Angstpotential der Tiere führen (Wolpe 1956) – eine Überlegung, die er jedoch experimentell nie überprüft hat (Broadhurst 1960).

Die Anfänge der modernen Verhaltenstherapie in Südafrika

Wolpes experimentelle Studien, die er Ende der vierziger Jahre als Doktorarbeit bei der *University of Witwatersrand* in Johannesburg einreichte, wurden als nicht dem Bereich der Psychiatrie zugehörig bewertet, so daß er sein Studium statt als Psychiater als praktischer Arzt abschließen mußte und später als „Consultant" tätig wurde. In den folgenden Jahren beschäftigte er sich auf der Basis der Hullschen Lerntheorie mit einer neurophysiologischen Theorie des Lernens (Wolpe 1949, 1952b, 1952c, 1953, 1954), der auch sein zentrales therapeutisches Konzept entstammt, das Prinzip der reziproken Hemmung:

> „Die Tatsache, daß die neurotischen Reaktionen der Katzen mit einer Hemmung des Fressens assoziiert waren, verwies darauf, daß unter bestimmten Bedingungen das Fressen die neurotischen Reaktionen hemmen könnte, – mit anderen Worten, daß die zwei Reaktionen reziprok hemmend wirksam werden könnten" (Wolpe 1952, S. 256).

Dieses Prinzip, später von den Psychologen in das ihnen geläufigere Konzept der Gegenkonditionierung („counterconditioning") übersetzt, mußte nun in therapeutische Maßnahmen umgesetzt werden. Wie schon zuvor Freud, Hull, Dollard u. Miller und Mowrer konzipierte auch Wolpe die Neurose als durch das zentrale Merkmal der Angst definiert.

„Neurotisches Verhalten ist jede dauerhafte, unangepaßte Verhaltensweise, die durch Lernen in einem physiologisch normalen Organismus erworben wurde. Angst ist gewöhnlich die zentrale Komponente dieses Verhaltens und in den ursächlichen Situationen immer vorhanden" (Wolpe 1958, S. 32).

Entscheidend war für Wolpe die Frage, wie sich das Prinzip der reziproken Hemmung klinisch anwenden ließ, d.h. ob es noch andere als Eßreaktionen gab, die geeignet waren, die Angst zu hemmen bzw. die Gewohnheitsstärke der Angstreaktion abzuschwächen. Seit 1947 experimentierte Joseph Wolpe mit verschiedenen Verfahren zum Abbau neurotischen Verhaltens. Unter anderem verwendete er auch Andrew Salters Techniken, die die Selbstbehauptung des Patienten stärken sollten, war jedoch mit diesem Ansatz nicht zufrieden, weil er nicht schlüssig ableiten konnte, wie neurotisches, durch Angst gekennzeichnetes Verhalten durch diese Methoden spezifisch beeinflußt wurde. Bei seiner Suche nach alternativen Techniken stieß Wolpe zufällig auf Edmund Jacobsons 1938 veröffentlichtes Buch „Progressive Relaxation", in dem eine Technik beschrieben wurde, die ihm zur Angsthemmung ideal geeignet schien. Wolpe verkürzte das von Jacobson entwickelte Entspannungsverfahren – ursprünglich bedurfte es nach Angaben des Autors zwischen 50 und 200 Übungsstunden, bis man es erlernt hatte – und setzte es gemeinsam mit einigen anderen therapeutischen Komponenten ein, die zusammen das wohl berühmteste verhaltenstherapeutische Behandlungsverfahren, die systematische Desensibilisierung, bildeten (Wolpe 1958, 1972).

In der Technik der systematischen Desensibilisierung faßte Wolpe seine tierexperimentellen und klinischen Erfahrungen zusammen. Sie bestand aus drei getrennten Operationen: 1. Dem Training in tiefer Muskelentspannung, 2. der Erstellung von Angsthierarchien und 3. der Gegenüberstellung von Entspannung und angsterzeugenden Reizen entsprechend der vereinbarten Abfolge in der Hierarchie. Die Angsthierarchie wurde gemeinsam mit dem Patienten erarbeitet, die einzelnen Stimuli später in der Therapiesitzung symbolisch präsentiert und mit Entspannungsreaktionen beantwortet.

„Systematische Desensibilisierung bedeutet den schrittweisen Abbau neurotischer Angstreaktionsgewohnheiten. Ein physiologischer angsthemmender Zustand wird im Patienten aufgebaut, daraufhin wird er mit schwach angsterzeugenden Reizen konfrontiert. Diese Darbietung wird solange wiederholt, bis der Reiz seine angsterregende Wirkung vollständig verliert. Nun werden ‚schrittweise' stärkere Reize eingeführt und ähnlich behandelt" (Wolpe 1972, S. 103).

1954, als Joseph Wolpe den Aufsatz „Reziproke Hemmung als zentrale Basis psychotherapeutischer Effekte" veröffentlichte, hielten viele seiner südafrikanischen Kollegen das Unternehmen noch für einen großen Witz. Die Nachfrage nach fast 100 Reprints aus den USA, nicht zuletzt ausgelöst durch die in diesem ersten Bericht enthaltene Statistik – Wolpe klassifizierte 110 seiner damals 122 behandelten Patienten als „geheilt“ oder „sehr verbessert“ –, ließ seine Hoffnung jedoch steigen. Im Grunde zweifelte Wolpe nicht daran, daß es nur noch weniger Jahre bedurfte, bis sein Ansatz auf allgemeine Akzeptanz stoßen würde. Er schien ihm ganz zwangsläufig zu den Methoden der modernen Medizin zu gehören (Wolpe 1954).

Wolpe arbeitete weiter, und nach kurzer Zeit bildete sich durch seine Lehrtätigkeit an der Universität eine kleine Gruppe von Freunden und Anhängern, vorwiegend aus der Psychologie, der u. a. James G. Taylor, Stanley Rachman und Arnold Lazarus angehörten. Dort wurden seine Untersuchungen diskutiert, und man beobachtete ihn durch die Einwegscheibe bei der Therapie. Stanley Rachman und Arnold Lazarus, die sich Joseph Wolpe Mitte der fünfziger Jahre angeschlossen hatten, standen beide der traditionellen psychodynamischen Orientierung in der Klinischen Psychologie kritisch gegenüber und interessierten sich für Wolpes neuartigen verhaltensorientierten Ansatz. Während Stanley Rachmans Interessen jedoch mehr im Bereich der Forschung lagen, profitierte Arnold Lazarus, der sich primär im therapeutischen Bereich engagieren wollte, wohl am stärksten von Wolpes informeller Ausbildung.

1957 veröffentlichten Lazarus und Rachman ihren ersten Aufsatz über die Anwendung der systematischen Desensibilisierung. Bereits 1958 setzte sich Stanley Rachman in einem theoretischen Artikel u. a. mit kritischen Aspekten wie der Frage der „Symptomverschiebung“ auseinander; und 1959 folgte eine weitere Fallstudie (Rachman 1958, 1959). Arnold Lazarus erwies sich frühzeitig als experimentierfreudig und klinisch kreativ[20]. In einer 1958 veröffentlichten Fallstudie verwendete er erstmals die Technik des Rollenspiels, damals noch „Psychodrama“ genannt (Lazarus 1958a). Dem folgte im gleichen Jahr eine Studie zur klinischen Anwendung der Autohypnose (Lazarus 1958b). In bezug auf die Verwendung anderer therapeutischer Techniken im Kontext der Verhaltenstherapie vertrat Arnold Lazarus bereits damals einen sehr offenen Standpunkt:

> „Wenn nötig wendet der Behaviorist oder objektive Psychotherapeut Techniken an, wie Unterstützung, Beratung, Vermittlung von Einsicht, Katharsis, Interpretation, Veränderung der Umwelt, etc., aber zusätzlich (...) verwendet der Verhaltenstherapeut objektive Techniken, die dazu bestimmt sind, spezifisch neurotische Verhaltensmuster zu hemmen“ (Lazarus 1958c, zit. n. Lazarus 1978, S. 12).

Das Klima gegenüber Joseph Wolpe und seinen Anhängern an der *University of Witwatersrand* war trotz seines Lehrauftrages an der *Medical School* ausgesprochen feindlich. Auch mit Arnold Lazarus' Doktorarbeit gab es Schwierigkeiten, die aber beigelegt werden konnten. Der Begriff „Verhaltenstherapie“ wurde erstmals 1958 von Arnold Lazarus in einer wissenschaftlichen Zeitschrift verwendet (Lazarus 1958c). Joseph Wolpe war ursprünglich gegen die Schaffung eines solchen Schlagwortes; die Bezeichnung „Psychotherapie“ schien ihm hinreichend eingeführt und bekannt. Warum also einen neuen Begriff schaffen?

Wie auch Hans J. Eysenck war Arnold Lazarus jedoch der Meinung, daß man die in Johannesburg praktizierte Abkehr von der traditionellen Psychotherapie auch nach außen hin deutlich machen sollte. Alle drei Gruppierungen, Joseph Wolpe und seine Anhänger in Johannesburg, die Wissenschaftler am Londoner *Maudsley-Hospital* und B. F. Skinners Schüler verwendeten in den Jahren zwischen 1953 (Skinner et al. 1953) und 1959 (Eysenck 1959) völlig unabhängig voneinander den Begriff „Verhaltenstherapie" – ein in der Geschichte der Psychotherapie einmaliger Vorgang.

Die Ursprünge der modernen Verhaltenstherapie II: Die Arbeiten der Maudsley-Gruppe

Ähnlich wie in den USA entwickelte sich die Klinische Psychologie in England primär als Produkt des Zweiten Weltkrieges und seiner Nachfolgen. Obwohl in wesentlich kleinerem Maßstab, hatten Klinische Psychologen auch hier neue Aufgaben in der Armee und in den Rehabilitationsdiensten gefunden. Bezogen auf Ausbildung und Forschung entwickelte sich die Situation jedoch nicht so günstig wie in Nordamerika. Im Gegenteil, alles sprach dafür, daß man von seiten der Psychiatrie daran interessiert war, Klinische Psychologen in der Rolle von Hilfspersonal zu beschäftigen und das Interesse an einer qualifizierteren Ausbildung in Klinischer Psychologie zu dämpfen (White 1956, Maher 1957). Mangelnder Qualifikationsdruck, wie man ihn bei den im staatlichen Gesundheitsdienst tätigen Psychologen antraf, konnte für die Universitäten wiederum kein Ansporn sein, nun umfangreiche Ausbildungsprogramme aufzubauen. So gehörte das der *University of London* angeschlossene *Institute of Psychiatry* des *Maudsley-Hospital* zu den wenigen Ausbildungszentren, die sich nach dem Krieg zur Einrichtung eines Studienganges für Klinische Psychologie entschlossen. Initiiert wurde diese Entwicklung durch Aubrey Lewis, den Leiter des *Institute of Psychiatry,* der sich von der psychologischen Forschung für die Psychiatrie viel erwartete und eine wissenschaftliche Entwicklung der Klinischen Psychologie befürwortete[21]. Er veranlaßte die Errichtung einer ersten Abteilung für Psychologie am *Institute of Psychiatry,* zu deren Leitung 1950 Hans J. Eysenck bestellt wurde.

Wie auch M. B. Shapiro, der die größte der vier Sektionen (für Tierforschung, Statistik, Forschung und Klinische Psychologie) in Eysencks Abteilung leitete, die Sektion für Klinische Psychologie, hatte Hans Eysenck eine stark grundlagenwissenschaftliche, empirische Orientierung. Beide waren aufgrund der ungünstigen Stellenlage noch während des Krieges mehr zufällig als freiwillig in die Klinische Psychologie geraten. Und beide wurden dort innovativ tätig[22]. Doch forderten eine strenge Wissenschaftsorientierung und die unumgängliche Diplomatie im Umgang mit der Psychiatrie anfänglich noch ihren Tribut. Hans Eysenck, der 1949 nach einem einjährigen Aufenthalt an der *University of Philadelphia* enttäuscht und eher abgeschreckt nach England zurückkehrte, erklärt dort kurz vor Errichtung der psychologischen Abteilung am *Institute of Psychiatry,* er sei grundsätzlich dagegen, daß Klinische Psychologen therapeutisch tätig würden [23], – eine Auffassung, die er jedoch nur kurze Zeit vertrat (Eysenck 1949). Eher dem Wunsch als der Realität entsprach 1951 seine

Feststellung, die Kombination eines wissenschaftlichen, experimentell-statistischen Standpunktes mit der praktischen Anwendung psychologischer Methoden auf die klinische Arbeit sei das Charakteristikum seiner Abteilung (Eysenck 1951).

Eysenck selbst widmete sich in den fünfziger Jahren, wie schon zuvor, schwerpunktmäßig der empirischen Erforschung der Persönlichkeit. Während seine Bücher „Dimensions of Personality" (Eysenck 1947) und „The Scientific Study of Personality" (Eysenck 1952 a) primär der dimensionalen Analyse der Persönlichkeit, der psychiatrischen Nosologie und taxonomischen Methoden allgemein galten, begann er nun, über die Deskription hinauszugehen und sich mit Ursachenzusammenhängen zu befassen. Das Konzept der Persönlichkeit erschien ihm in hohem Maße integrativ. Wichtigstes Ergebnis seiner frühen Forschung war die Isolierung zweier orthogonaler Dimensionen der Extraversion/Introversion und des Neurotizismus (Eysenck 1947, 1952 a). Während amerikanische Forscher wie John Dollard und Neal Miller (1950) die Persönlichkeit des Individuums als Summe des erlernten Verhaltens auffaßten, verwies Eysenck auf die Tatsache, daß sich die Menschen im Erwerb erlernbarer Reaktionen unterschieden. An eine lange Tradition europäischen Denkens anknüpfend, sah er die Ursache neurotischer Störungen in einer angeborenen autonomen Labilität, die zur Entwicklung von Neurosen prädisponierte (Eysenck 1955, 1957 a).

Die Klinische Psychologie: Technologie, angewandte Wissenschaft, Kunst

Praktisch seit ihrem Bestehen war man in der von M. B. Shapiro geleiteten „Sektion für Klinische Psychologie" mit der Rolle des Psychologen in der Psychiatrie unzufrieden. Die traditionelle psychologische Diagnostik schien völlig nutzlos, da sie weder ätiologische noch therapeutische Implikationen hatte. Nach der Meinung Shapiros und seiner Mitarbeiter hatte die auch am *Maudsley-Hospital* übliche Praxis des Routinetestens, der Anwendung unspezifischer Testbatterien oder – noch schlimmer – projektiver Tests lediglich zur Folge, daß die Psychologen begannen, sich wie Pseudopsychiater zu verhalten (Payne 1953, Yates 1970 a). Die Haltung der Psychiater zu den möglichen Beiträgen einer Klinischen Psychologie war am *Maudsley* wie auch andernorts weitgehend ambivalent. Zwar wollte man auftretende Kommunikationsprobleme nicht leugnen (Wilson 1952), doch beharrte man auf dem Standpunkt, der Psychologe sei ein reiner Techniker, eine Klinische Psychologie als angewandte Wissenschaft gebe es nicht[24]. Und damit hatte man damals nicht einmal Unrecht. Bob Payne beschrieb das Dilemma des Klinischen Psychologen 1953 folgendermaßen: Akzeptierte er sich in der Rolle des Angewandten Wissenschaftlers, so befand er sich in der Situation, daß es keine Wissenschaft gab, die er hätte anwenden können (Payne 1953).

Nicht zuletzt die abwehrende Haltung der englischen Psychiater bestärkte die Psychologen im *Maudsley,* sich in der Rolle als Angewandte Wissenschaftler zu profilieren. Entschlossen, nicht weiter den „Hilfswissenschaftler" oder „Assistenzpsychiater" zu mimen, schürte man die Diskussion zu diesem Thema (Eysenck 1952 b,

1955; Payne 1953, 1957) und riskierte den ersten Bruch: Durch informelle Seminare zur psychologischen Diagnostik, auf denen man das traditionelle Vorgehen diskutierte und kritisierte (s. auch Payne 1955a, 1958), gelang es, die Psychiater davon zu überzeugen, auf die Anwendung der üblichen Testbatterien zu verzichten. So gewann man den notwendigen Freiraum für die Forschung, für eine neue, wissenschaftlichere Entwicklung.

Während die Mehrheit der in Psychiatrie tätigen Psychologen in England den Unzulänglichkeiten der psychologischen Diagnostik durch eine „flexible“ Anwendung einzelner Verfahren zu begegnen suchte und ihre Tätigkeit mehr als Kunst denn als Wissenschaft verstanden (Shapiro 1951), besann sich M. B. Shapiro auf die psychologische *Methodologie*. Wissenschaftliche Forschung hatte immer einen inhaltlichen *und* einen methodischen Aspekt (Payne 1953). Da es damals noch nicht möglich war, einen eigenständigen und auch für den einzelnen Patienten profitablen inhaltlichen Beitrag zu leisten, lag es nahe, die Rolle des Klinischen Psychologen in seiner Eigenschaft als Experimentalpsychologe zu betonen (Shapiro 1957).

Die kontrollierte Einzelfallstudie

Natürlich konnte man sich in der Sektion für Klinische Psychologie des *Maudsley-Hospital* nicht nur mit Forschung befassen. Gegenstand der Forschung war immer der einzelne Patient, zu dessen Gesundung ein praktischer Beitrag geleistet werden mußte. Die Methode der kontrollierten Einzelfallstudie war M. B. Shapiros ureigenste Antwort auf die wissenschaftlichen und praktischen Anforderungen in einer Institution, in der man von den Psychologen wissenschaftliche und praktische Leistungen zugleich erwartete (Eysenck 1951; Shapiro 1951, 1957; Shapiro u. Ravenette 1959, 1969; Shapiro et al. 1973). Mit Hilfe dieser Methode war es möglich, in der Diagnose, später auch in der Therapie wissenschaftlich kontrolliert zu handeln, ohne daß die Bedürfnisse des individuellen Patienten vernachlässigt wurden. Auf diesen Aspekt, die ethische Verantwortung des Klinischen Psychologen als Angewandtem Wissenschaftler gegenüber dem Individuum, legte Shapiro großen Wert. Für ihn war eine Forschungsstrategie nur dann ethisch vertretbar, wenn der Zustand des Patienten dadurch verbessert werden konnte; auch der Forscher sollte immer dazu bereit sein, alles zu tun, was im Interesse des Patienten liegt (Shapiro 1969).

Handelte man nach der Methode der experimentellen bzw. kontrollierten Einzelfallstudie, wie Shapiro es 1951 vorschlug, so galt es zunächst, alle über den Patienten bereits vorliegenden Informationen einschließlich möglicherweise vorhandener Testergebnisse zu sichten. Aus diesem Datenpool wurden anschließend konkrete Hypothesen abgeleitet, wobei diejenigen, die voraussichtlich keine Wirkung auf die Behandlung hatten, zuerst ausgeschieden wurden – auch dies ein Zeichen für die Praxis- bzw. Patientenorientiertheit Shapiros und seiner Mitarbeiter. In einem nächsten Schritt ging es um die Auffindung von Methoden, die geeignet waren, die aufgestellten Hypothesen zu testen. Dabei machte man es sich zur Regel, daß kein psychologischer Test angewendet wurde, bevor nicht eine Hypothese vorlag, die seine Anwendung erforderlich machte. Für die Forschung war die Methode der kontrollierten Einzelfallstudie ein neuer Weg, Hypothesen zu bilden, die später in größeren Gruppen untersucht und überprüft werden konnten (Shapiro 1951; Payne 1953, 1957). So führte z. B. eine unveröffentlichte Fallstudie James Inglis' aus dem Jahre 1956, bei der er eine alte Frau untersuchte, die an Gedächtnisstörungen litt (Jones 1960a), zu einer ganzen Serie von Untersuchungen zur Bedeutung spezifischen Lerndefekte für die Erinnerungsfähigkeit älterer Menschen (Inglis 1957, 1958, 1959).

Mitte der fünfziger Jahre veröffentlichten die Psychologen der klinischen Sektion am *Maudsley* eine Vielzahl sorgfältig geplanter, kontrollierter Einzelfallstudien (u. a. Bartlett u. Shapiro 1956, Beech u. Jones 1957, Payne 1957, Payne u. Jones 1957, Shapiro 1957, Walton 1957, Jones 1960a), die den Wert des neuen Vorgehens demonstrierten. Ihre Untersuchungen galten nicht selten Störungen, die im weitesten Sinne im Bereich des Lernens lagen. Auch wurden Lernaufgaben zum Test verschiedener Hypothesen verwendet (z. B. Beech u. Jones 1957). Zugleich begann man mit einer neuen Serie informeller „basic theory seminars", Seminaren, die die Grundlage für den lerntheoretischen Handlungsrahmen legten, der die klinische Arbeit in den folgenden Jahren prägte[25].

Von der Diagnostik zur Therapie

Ziel dieser Seminare war es, den Wert der traditionell experimentell orientierten lerntheoretischen Forschung für die Klinische Psychologie zu erkunden. Zunächst wurde dies mit Hilfe amerikanischer Kollegen versucht, die zu den Sitzungen eingeladen wurden und Vorträge zum Thema Lerntheorien halten sollten. Doch erkannte man bald, daß man diese spezifische Perspektive, den Brückenschlag von der Lerntheorie zur klinischen Praxis, selbst erarbeiten mußte. Noch unter der Anleitung Shapiros, der sich jedoch wenig später anderen Forschungsthemen zuwandte[26], begann man im Selbststudium Pavlovs „Conditioned Reflexes" (Pavlov 1927) zu lesen – das Buch, mit dem auch Joseph Wolpe seine Forschung begann. Unter der Leitung von Gwynne Jones' ging man dann dazu über, die Hullsche Lerntheorie zu analysieren. Jones fand zu einem tiefen Verständnis des Hullschen Ansatzes. Es gelang ihm sogar, eine zentrale Inkonsistenz seiner Hemmungstheorie, die additive statt der üblichen multiplikativen Beziehung zwischen Trieb und Gewohnheit (I_R und $_SI_R$), zu beseitigen (s. auch Eysenck 1957; Jones 1958; Kendrick 1958, 1959). Und da M. B. Shapiro den lerntheoretischen Ansatz als für die Therapie zu eng empfand – er verwendete später eine abgewandelte Form der rational-emotiven Technik Albert Ellis' –, wurde Gwynne Jones zur treibenden Kraft in bezug auf die therapeutische Anwendung der Lerntheorien.

Der kleinen Gruppe junger Wissenschaftler, die sich damals am *Maudsley-Hospital* zusammenschlossen, um die traditionelle therapeutische Praxis zu revolutionieren, gehörten u.a. James Inglis, Donald Kendrick, Victor Meyer, Bob Payne und Aubrey Yates an. Charakteristisch für ihr Vorgehen war der gute Informationsstand aller Beteiligten. Man kannte Wolpes Arbeiten in Südafrika, Ogden Lindsleys frühe Untersuchungen in Waltham, Massachusetts, und auch ausgefallene theoretische Ansätze wie die des Amerikaners E. Lakin Phillips. So konnte man therapeutisch auf viele bereits erprobte Verfahren zurückgreifen. Bei den graduierten Übungen zum Abbau von Angst berief man sich z.B. auf die Arbeiten von Herzberg (1941, 1945), Jersild u. Holmes (1935) und Wolpe (1954); das Prinzip der negativen Praxis nach Dunlap (1932) kam mehrfach zum Einsatz (Walton 1958, Yates 1958a), desgleichen die Technik des „shadowing" nach Cherry u. Sayers (1955, Walton 1958), die „anxiety-relief"-Technik Wolpes (Wolpe 1954; Meyer 1957) und das von Liversedge u. Sylvester entwickelte Verfahren zur Behandlung von Schreibkrämpfen (Liversedge u. Sylvester 1955; Jones 1960). Das Ziel der Wissenschaftler am *Maudsley-Hospital* lag weniger im Bereich der therapeutischen Innovation als vielmehr in der Zusammenführung von Theorie und wissenschaftlich geleiteter Praxis. Im Gegensatz zu Joseph Wolpe und seinen Anhängern versuchte man z.B. nicht, einzelne Prozeduren frühzeitig zu standardisieren, und stand seinem Versuch, die Angst des Patienten symbolisch und unter Verwendung von Entspannung in den vier Wänden einer Praxis abzubauen, statt durch graduierte Übungen in der Realität, kritisch gegenüber (Eysenck 1957, Jones 1960a).

Hans Eysenck und Gwynne Jones waren die treibenden Kräfte beim Aufbau der modernen Verhaltenstherapie am *Maudsley-Hospital* – Jones im praktischen Sinne, indem er durch intensives „face-to-face individual teaching" für die Umsetzung der neuen Perspektive sorgte, Eysenck im organisatorisch-wissenschaftspolitischen Sinne. Von Hans Eysenck stammte auch die erste integrierende Konzeption, das erste „Phantombild" der modernen Verhaltenstherapie (Eysenck 1959b).

Eysenck selbst suchte damals nach einer Verbindung zwischen Lern- und Persönlichkeitstheorie. Mit Gwynne Jones und M. B. Shapiro verband ihn das gemeinsame Interesse an den Ansätzen Pavlovs und Hulls (Eysenck 1955, 1957). Die Welt psychologischer Fakten gliederte er in zwei große integrative Fragestellungen, in die Ansätze der Persönlichkeitsforschung und die Ansätze lerntheoretischer Forschung. Dabei schloß er die Möglichkeit nicht aus, daß von den konkurrierenden persönlichkeitstheoretischen und lerntheoretischen Auffassungen im Verlauf der Forschung nur noch die lerntheoretische, d.h. die Regelmäßigkeit des Verhaltens erhalten bleiben könnte, wie es die Ergebnisse der amerikanischen Forschung nahelegten. Doch solange dies nicht der Fall war, betrachtete Eysenck die „Erklärungslücke" zwischen den Lerntheorien und der Realität als legitimes Untersuchungsgebiet der Persönlichkeitspsychologie (Eysenck 1955).

Bereits 1947 hatte er die zwei Grunddimensionen des Neurotizismus und der Extraversion/Introversion isoliert. Bei Angstzuständen oder reaktiven Depressionen waren hohe Werte in den Bereichen Neurotizismus und Introversion zu verzeichnen. Eysenck bezeichnete diese Konstellation als Dysthymie. Hysteriker und Psychopathen erreichten hohe Werte im Bereich der Extraversion und des Neurotizismus.

Durch seine „dynamische Theorie der Angst und Hysterie" wollte er den Funktionsmechanismus dieser Phänomene vor dem Hintergrund der spezifischen Persönlichkeit lerntheoretisch erklären. Im Unterschied zu amerikanischen Wissenschaftlern wie Kenneth Spence und Janet Taylor (Spence u. Taylor 1951) interpretierte Eysenck die Unterschiede in der Konditionierbarkeit, d.h. Lernfähigkeit von Individuen als auf Differenzen in der Gewohnheitsbildung bzw. im Erregungs- und Hemmungspotential zurückführbar. Er stellte einen Zusammenhang zwischen diesen Eigenschaften der physischen Struktur und verschiedenen Persönlichkeitstypen – introvertierten Persönlichkeiten (Angst) und extravertierten Persönlichkeiten (Hysterie) – her, den er in zwei Postulate faßte.

Das „Postulat individueller Differenzen" enthält die Annahme, daß sich die Menschen in der Geschwindigkeit der Herausbildung von Erregung und Hemmung, der Intensität beider Prozesse und der Geschwindigkeit im Abbau der Hemmung unterscheiden. In seinem „typologischen Postulat" verband er anschließend diese Differenzen in der Gewohnheitsbildung mit der Dimension Extraversion/Introversion. Individuen, bei denen sich ein Erregungspotential nur langsam und relativ schwach herausbildete, galten als prädisponiert, extravertierte Verhaltensmuster zu zeigen und im Falle hoher Neurotizismuswerte hysterische und psychopathische Persönlichkeitsstörungen zu entwickeln. Sie bildeten z.B. nur schwer konditionierte Reflexe aus. Individuen, bei denen sich ein Erregungspotential hingegen rasch und intensiv entwickelte, waren für introvertierte Verhaltensmuster und damit korrespondierende dysthyme Störungen (Angstzustände und reaktive Depressionen) prädisponiert. Sie bildeten konditionierte Reflexe leicht aus. Insgesamt verstand Eysenck seine Theorie „als eine Anwendung Pavlovscher und Hullscher Prinzipien auf bestimmte Bereiche der normalen und abnormen Persönlichkeitsfunktion" (Eysenck 1957, S. 251).

Cyril Franks, der das erste Konditionierungslaboratorium am *Institute of Psychiatry* einrichtete, konnte durch seine Untersuchungen zeigen, daß Dysthymiker tatsächlich schneller konditionierten als normale Versuchspersonen und Hysteriker im Vergleich zu normalen Versuchspersonen langsamer konditionierten. In bezug auf den Prozeß der Extinktion ergaben sich die erwarteten gegenläufigen Ergebnisse (Franks 1955, 1956). Auch gemeinsame Untersuchungen mit Laverty (Franks u. Laverty 1955, Laverty u. Franks 1956) und Trouton (Franks u. Trouton 1958) bestätigten gegen Ende der fünfziger Jahre Eysencks theoretische Positionen.

Die Forschungsergebnisse Eysencks und seiner Mitarbeiter hatten wie die methodischen Vorgaben Shapiros erheblichen Einfluß auf die jungen Verhaltenstherapeuten am *Maudsley* – erstere durch den Hinweis, daß individuelle Differenzen bei Auswahl und Anwendung therapeutischer Techniken berücksichtigt werden müssen, letztere durch ihre methodische Komplexität. So näherten sich Jones und seine Kollegen ihrer Aufgabe mit einer weit differenzierteren Perspektive, als es zur selben Zeit bei ihren amerikanischen und südafrikanischen Kollegen der Fall war.

Die erste Gelegenheit zur Anwendung verhaltenstherapeutischer Methoden kam ganz zufällig, als Gwynne Jones und M. B. Shapiro gemeinsam mit einem der jüngeren Mediziner Kaffee tranken. Sie sprachen über den Fall einer jungen Tänzerin, die man am Institut erfolglos psychotherapeutisch behandelt hatte, und es entstand der Gedanke, es doch einmal mit den Konditionierungsmethoden zu versuchen. Das Problem der jungen Frau bestand darin, daß sie so häufig urinieren mußte, daß sie ihren Beruf nicht mehr ausüben konnte. Darüber hinaus litt sie an sekundären Furchtreaktionen und mangelndem Selbstvertrauen. Gwynne Jones entwarf ein Behandlungsprogramm, das aus einer Kombination von systematischer Desensibilisierung (in vivo) mit einer Methode zum Aufbau konditionierter Hemmung nach Bykov (1953) bestand. Die nach erfolgreicher Behandlung des zentralen Symptoms weiterhin bestehenden Furchtreaktionen der Patientin in bezug auf ihr Verhalten außerhalb der Klinik konnten durch ein graduelles Training in vivo abgebaut werden (Jones 1956). Auch noch fünf Jahre später erwies sich der Behandlungserfolg als stabil (Jones 1960a).

Die von Jones in diesem Fall angewandte „Generalisationstechnik", d.h. die graduierten Übungen in der Realität, wurde wenig später auch von Meyer (1957) und Carpenter u. Jones (zit. n. Jones 1960a) erfolgreich zum Abbau von Furcht eingesetzt. Theoretisch beruhte sie auf dem Prinzip der primären Stimulusgeneralisation, d.h. man nutzte die Tatsache, daß eine konditionierte Reaktion nicht allein durch den konditionierten Stimulus, sondern auch durch eine Reihe anderer, ähnlicher Stimuli ausgelöst werden konnte. Diese präsentierte man graduell, wobei man von der Hypothese ausging, daß die Furcht bei dem dem konditionierten Stimulus unähnlichsten Stimulus am geringsten sein würde. Darüber hinaus betonte Victor Meyer aber bereits 1957 die Bedeutung einer guten Beziehung zwischen Patient und Experimentator für den Erfolg praktischer Übungen in der Realität (Meyer 1957).

Von den verschiedenen inhaltlichen und methodischen Einflüssen am *Maudsley-Hospital* in beispielhafter Weise gekennzeichnet waren die experimentellen Therapiestudien D. Waltons. Walton hatte schon frühzeitig die bei Wolpe (1954) beschriebenen Techniken angewandt (Walton 1957), berücksichtigte in seinen Behandlungsstudien aber auch die persönlichkeitstheoretische Forschung Eysencks und die methodischen Forderungen der kontrollierten Einzelfallstudie nach Shapiro (z.B. Walton 1958, 1963). Seine „explorativ-experimentelle Untersuchung" zur Therapie des Stammelns aus dem Jahre 1958 bestand in der kombinierten Anwendung der Technik des „shadowing" nach Cherry u. Sayers (1955), dem Aufbau konditionierter Hemmung nach Dunlaps Prinzip der negativen Praxis (Dunlap 1932) und einer „graduierten Reedukation", die dem Vergehen entsprach, das Jones und Meyer unter dem Begriff „Generalisationstechnik" faßten (Walton u. Black 1959; s. auch Walton 1960a, 1960b, 1960c, 1963).

In enger Anlehnung an die wissenschaftlichen Grundsätze M. B. Shapiros entstand auch die von Aubrey Yates 1958 veröffentlichte Fallstudie zur Behandlung von Tics. Yates faßte die Tics seiner Patientin als triebreduzierende, konditionierte Vermeidungsreaktionen auf, die ein Maximum an Gewohnheitsstärke erreicht hatten.

Joseph Wolpe (geb. 1915)

M. B. Shapiro, Leiter der Sektion für Klinische Psychologie am *Institute of Psychiatry* der Londoner Universität.

H. Gwynne Jones, einer der Pioniere der modernen Verhaltenstherapie in England.

Hans. J. Eysenck (geb. 1916)

Psychotherapie	*Verhaltenstherapie*
1. Auf einer inkonsistenten Theorie basierend, die nie angemessen in Form von Postulaten formuliert wurde.	1. Auf einer konsistenten, angemessen formulierten Theorie basierend, die zu empirisch überprüfbaren Deduktionen führt.
2. Abgeleitet aus der klinischen Beobachtung, ohne notwendige Kontrollbeobachtungen oder Experimente durchzuführen.	2. Abgeleitet von experimentellen Untersuchungen, die durchgeführt wurden, um die zugrundeliegende Theorie und Deduktionen von dieser zu untersuchen.
3. Symptome werden als sichtbare Ergebnisse unbewußter Ursachen aufgefaßt („Komplexe").	3. Symptome werden als unangepaßte konditionierte Reaktionen aufgefaßt.
4. Symptome werden als Beweis für die Existenz von *Verdrängungsprozessen* gewertet.	4. Symptome werden als Beweis für falsches Lernen angesehen.
5. Die Symptomatologie wird als von Abwehrmechanismen determiniert betrachtet.	5. Die Symptomatologie wird als durch individuelle Differenzen in der Konditionierbarkeit und der autonomen Labilität determiniert aufgefaßt, ebenso aber auch durch zufällige Umweltgegebenheiten.
6. Die Behandlung neurotischer Störungen muß in der *Vergangenheit* ansetzen.	6. Die Behandlung neurotischer Störungen richtet sich auf Gewohnheiten, die *gegenwärtig* bestehen; ihre historische Entwicklung ist weitgehend irrelevant.
7. Heilung wird erzielt, indem man die der Störung zugrundeliegende (unbewußte) Dynamik angeht, nicht durch die Behandlung des Symptoms selbst.	7. Heilung wird durch die Behandlung des Symptoms selbst erzielt, d.h. durch die Löschung unangepaßter CR's und den Aufbau erwünschter CR's.
8. Die Deutung von Symptomen, Träumen, Handlungen etc. ist ein wesentliches Element der Behandlung.	8. Deutungen, auch wenn sie nicht völlig subjektiv oder falsch sind, sind irrelevant.
9. Symptombehandlung führt zur Entwicklung neuer Symptome.	9. Symptombehandlung kann zu dauerhafter Heilung führen, vorausgesetzt, daß überschüssige autonome und skeletale CR's gelöscht wurden.
10. Übertragungsbeziehungen sind für die Heilung neurotischer Störungen von zentraler Bedeutung.	10. Persönliche Beziehungen sind für die Heilung neurotischer Störungen nicht von zentraler Bedeutung, obwohl sie unter bestimmten Umständen nützlich sein können.

Hans Eysenck konzipierte die Verhaltenstherapie zunächst bewußt im Kontrast zur traditionellen psychodynamischen Therapie. In seiner ersten Veröffentlichung dieser tabellarischen Gegenüberstellung überschrieb er die linke Spalte noch mit „Freudian Psychotherapy" (Eysenck 1959, S. 67), während er beim Wiederabdruck des Artikels in dem 1960 herausgegebenen Sammelband „Behaviour Therapy and the Neuroses" die allgemeinere Formulierung „Psychotherapy" wählte und die neue Richtung damit von *allen* damals bekannten Formen der Psychotherapie unterschied. (Tabelle nach Eysenck 1960, S. 11, übers. v. Verf.)

Zu ihrer Löschung plante er die Verwendung der Methode der negativen Praxis, die er im Rahmen der Hullschen Lerntheorie interpretierte. Die aus diesem Ansatz abgeleiteten Hypothesen prüfte Yates in sechs „Behandlungsexperimenten“, die zugleich dem Test der Hypothesen wie der Therapie dienten und insgesamt 315 Sitzungen beanspruchten. Durch den glücklichen Umstand, daß die Patientin Aubrey Yates vier verschiedene Tics aufwies, war es ihm möglich, seine Hypothesen, die sich auf die Analyse des Zusammenhangs zwischen den einzelnen Hemmungskomponenten in der Hullschen Lerntheorie und ihre Entwicklung bezogen, sukzessive anhand unterschiedlicher Tics zu prüfen. Im Ergebnis konnte jeder Tic durch die Behandlung zwischen 51,47% und 84,14% vermindert werden. Auch gab es Anzeichen dafür, daß die entstandene konditionierte Hemmung auf Situationen außerhalb des Experimentalraumes generalisierte (Yates 1958a) (s. Abb. 5). Doch war der therapeutische Erfolg insgesamt nicht so deutlich wie in den von Yates' Kollegen behandelten Fällen. Nach einer Weiterbehandlung durch Gwynne Jones konnte die Patientin lediglich mit der Einschätzung „sehr verbessert“ aus der Klinik entlassen werden (Jones 1964)[27]. Das Prinzip der negativen Praxis erwies sich auch in späteren Behandlungen als nicht sonderlich erfolgreich. Doch hatte Yates Studie gezeigt, wie eine experimentelle Einzelfallstudie im Idealfall aussehen konnte und welche wissenschaftlichen Möglichkeiten sie bot.

Von der Defensive in die Offensive

Die Behandlungserfolge von Gwynne Jones, Victor Meyer, Aubrey Yates und ihren Kollegen, die sich trotz des lückenhaften theoretischen und methodischen Handlungsrahmens doch fast unmittelbar einstellten, ließen ersten Optimismus unter den Mitgliedern der Sektion für Klinische Psychologie aufkommen. Auch Hans Eysenck schaltete sich nun in die Diskussion um die neuen Techniken ein und forderte erstmals eine auf absoluter Gleichberechtigung basierende Zusammenarbeit zwischen Psychiatern und Psychologen, um eine positive wissenschaftliche Entwicklung der Verhaltenstherapie zu gewährleisten (Eysenck 1957). Zwar betrachtete man die Verhaltenstherapie auch unter den Mitarbeitern Eysencks nicht als Allheilmittel, doch verfügte man nun über eine konkrete Behandlungsalternative zur traditionell psychodynamisch ausgerichteten Psychotherapie (Eysenck 1957, Jones 1958).

Berufspolitische und inhaltliche Motive kennzeichneten die Diskussion um die neuen Verfahren am *Maudsley-Hospital.* Es war abzusehen, daß die Psychiater nicht bereit sein würden, den Psychologen neben der Forschung auch noch therapeutische Kompetenzen zuzugestehen. Die bisher behandelten Patienten hatte man ihnen nur unter der Hand überwiesen. Junge, an der Therapie interessierte Psychologen wie Gwynne Jones und Victor Meyer befürchteten damals, daß viele Psychiater darauf verzichten würden, wenn sie es wagten, gegen die Psychiatrie offen Stellung zu beziehen[28]. Wollte man jedoch den verhaltenstherapeutischen Standpunkt konsequent vertreten, mußte man die psychodynamische Praxis in der Psychiatrie kritisieren. Während Meyer, Jones und Shapiro dafür plädierten, den langwierigen und harten Weg der Überzeugung und des empirischen Nachweises auf sich zu nehmen, wollte Hans Eysenck 1958 nicht länger warten. Nicht zuletzt die Vorgänge bei der Präsentation einer Fallstudie von Gwynne Jones vor verschiedenen Gruppen psychodynamisch orientierter Praktiker überzeugte ihn davon, daß der diplomatische Weg falsch sei. Die Mehrheit der Zuhörer hatte sich einfach geweigert, auch nur zu erwägen, ob man Jones' Vorgehen auch bei den eigenen Patienten erproben könnte. Und obwohl nach Abschluß der Behandlung bei dem Patienten keine neuen Symptome aufgetreten waren, argumentierten viele, daß dies nur eine Frage der Zeit sei.

Das Argument der Symptomverschiebung, dem die Annahme zugrundelag, daß der Patient durch die „oberflächliche" Behandlung mit verhaltenstherapeutischen Methoden zwar symptomfrei sei, bald jedoch neue Symptome entwickeln werde, weil die Ursache seiner Störung nicht behandelt wurde, entwickelte sich zum zentralen Einwand der etablierten Psychiatrie gegen die neuen Techniken. Hans Eysencks eigener persönlichkeitstheoretischer Standpunkt stützte diese Auffassung sogar. Denn auch aus seiner Sicht konnte eine psychotherapeutische Behandlung immer nur eine „Symptomtherapie" sein. Den der Störung des Patienten zugrundeliegenden Neurotizismus faßte er als konstitutionellen Defekt auf, für den es keine Behandlungsmöglichkeit gab. Die Hypothese einer neurotischen Prädisposition vertraten auch Victor Meyer (1957), Gwynne Jones (1958) und Aubrey Yates, der 1958 einen zentralen theoretischen Aufsatz, „Symptoms and Symptom Substitution", veröffentlichte. Doch schloß Yates im Gegensatz zu seinen psychodynamisch orientierten Kollegen aus dieser Situation, daß, wenn *alle* Psychotherapie nur Symptombehandlung sei, das Konzept des Symptoms als nutzlos aufgegeben werden könne; er plädierte dafür, die Symptome des Patienten als spezifische Sets erlernter Reaktionen aufzufassen und zu behandeln (Yates 1958a).

Dieser Ansatz reichte nach Eysencks Meinung aber nicht aus, sich so deutlich von der psychodynamischen Perspektive zu distanzieren, wie er es sich vorstellte. Die feindliche Haltung Eysencks gegenüber der Psychoanalyse war seit seinem polemischen Aufsatz „Psychoanalysis – Myth or Science?" (Eysenck 1957b) selbst dem Nichteingeweihten bekannt. Dem 1958 vor der *Royal Medico-Psychological Association* verlesenen Paper waren intensive Diskussionen mit Meyer, Jones u. a. vorausgegangen. Eysencks damals vertretene Auffassungen lösten auf der Sitzung, wie auch im Anschluß an ihre Veröffentlichung (Eysenck 1959b), einen Sturm der Empörung aus. Das Bild, das er darin von der – erstmals mit „Verhaltenstherapie" benannten – neuen Therapierichtung zeichnete, entsprach zwar noch mehr dem Wunsch als der Wirklichkeit, doch hatte es in seiner paradigmatischen Strenge Signalwirkung. Mit seinem berühmten, durchaus in propagandistischer Absicht formulierten Satz „Get rid of the symptom and you have eliminated the neurosis" (Eysenck 1959b, S. 9) vereinfachte Eysenck bewußt die Situation. Diese Vereinfachung bedeutete in der Folgezeit aber auch den Verzicht auf eine systematische Einbringung seiner eigenen, persönlichkeitstheoretischen Forschungsergebnisse. Wohl auch unter dem Einfluß der amerikanischen Wissenschaftler ging man bald dazu über, die optimistischere, lerntheoretische Position zu betonen und Persönlichkeitsfaktoren, auf die Therapeuten wie Victor Meyer (1957) und Gwynne Jones (1958b) noch Rücksicht nahmen, in der Behandlung zu vernachlässigen.

Eysencks erstes „Phantombild" der modernen Verhaltenstherapie (s. Kasten) beschrieb eine therapeutische Methode, die sich durch ein ahistorisches Vorgehen, die Bevorzugung nonverbaler gegenüber verbalen Methoden, die Beschäftigung mit funktionalen Zusammenhängen statt mit Inhalten und eine konsequent lerntheoretische im Gegensatz zur traditionellen medizinischen Sichtweise auszeichnete. Bedenken äußerten seine Kollegen im *Maudsley-Hospital* jedoch angesichts seiner Behauptung, die Verhaltenstherapie basiere auf einer „konsistenten, angemessen formulierten Theorie, die zu testbaren Deduktionen führt" (Eysenck 1959). Denn gerade in bezug auf die lerntheoretischen Grundlagen der Verhaltenstherapie war die Situation damals noch völlig ungeklärt (Yates 1958, Franks 1959, Jones 1960a). Sollte man die Hullsche monistische Position vertreten oder bei der Pavlovschen Theorie der klassischen Konditionierung bleiben? Und welche Beziehung bestand zwischen der klassischen und der instrumentellen Konditionierung? Diese theoretischen Fragen standen bei Gwynne Jones und seinen Kollegen noch gleichrangig neben dem Interesse an der praktischen Anwendung verhaltenstherapeutischer Methoden. Für Hans Eysenck waren sie jedoch zunächst von zweitrangiger Bedeutung. Ihm ging es darum, die wissenschaftliche Forschung im Bereich der Psychotherapie in Gang zu bringen. Die Tatsache, daß so vielversprechende Ergebnisse auf der Basis einer so wenig perfekten Lerntheorie wie der Clark Hulls erzielt werden konnten, stimmte ihn optimistisch, daß Verbesserungen in der Theorie auch zu weiteren Fortschritten in der Behandlung führen würden (Eysenck 1960a).

Die Ursprünge der modernen Verhaltenstherapie III: B. F. Skinner und seine Schüler

Die Position B. F. Skinners läßt sich in der Geschichte der Psychologie innerhalb bedeutsamer Entwicklungsphasen nicht eindeutig lokalisieren. In der Gruppe der vier großen Lerntheoretiker Guthrie, Hull, Tolman und Skinner war er, zeitlich gesehen, der letzte. Sein Buch „The Behavior of Organisms" erschien 1938 und war nur wenigen Fachleuten bekannt. Zugleich war er der einzige, der noch in den fünfziger Jahren seine Theorie um einige wichtige Beobachtungen erweiterte (Skinner u. Ferster 1957). Nach dem Zweiten Weltkrieg fühlten sich viele junge Wissenschaftler dazu berufen, die Hullsche Lerntheorie durch sorgfältige empirische Forschung abzustützen. Rein methodisch galt der von Hull propagierte hypothetisch-deduktive Forschungsansatz auch in den fünfziger Jahren als vorbildlich. Erst mit Beginn der sechziger Jahre ließ das Interesse an der Erforschung seiner Theorie nach (Ammons 1962), und Skinners operante Lerntheorie begann langsam die Lücke zu füllen, die Hulls Verstärkungstheorie hinterlassen hatte.

Fred Skinner wurde 1945, am Ende des Zweiten Weltkrieges, zum Dekan des Fachbereiches an der *University of Indiana* berufen. Damals begann er, eine kleine, aber bald schon gut organisierte Gruppe von Anhängern um sich zu scharen. Fred S. Keller, ein Studienkollege Skinners, hatte gemeinsam mit William N. Schoenfield an der *Columbia University* in New York ein neues Curriculum erstellt, das primär der Rekrutierung von Wissenschaftlern im Rahmen der operanten Lehrtheorie dienen sollte, und man begann, sich ab 1946 regelmäßig zu informellen Sitzungen an der *University of Indiana* zu treffen (Krantz 1970). Ende der vierziger Jahre gab es bereits einen „Newsletter", der die Kommunikation zwischen den Forschern an beiden Universitäten verbessern sollte. Skinners futuristischer Roman „Walden Two" (Skinner 1948) begeisterte damals so manchen Studenten, der noch auf der Suche nach einem eigenen Standpunkt war, und gegen Ende der vierziger Jahre waren es so viele, daß man damit begann, parallel zu den Jahresversammlungen der *American Psychological Association* eigene Treffen zu veranstalten (Kazdin 1978). Der ungewöhnlich starke Zusammenhalt zwischen den operanten Lerntheoretikern war wohl eine Funktion der der Theorie eigenen Askese und der Persönlichkeit Skinners selbst. Eine wesentliche Rolle spielte aber auch die Haltung der übrigen Experimentalpsychologen, die Skinners induktiven Forschungsansatz und seine auf der Analyse einzelner Organismen beruhenden theoretischen Aussagen auf breiter Front ablehnten. Für ihn und seine Anhänger war es lange Zeit sehr schwierig, ihre empirischen Untersuchungen zu veröffentlichen. Daher entschloß man sich 1957, obwohl es nur ca. zwei Dutzend Wissenschaftler gab, die aktiv im Bereich der operanten Lerntheorie forschten, eine eigene Zeitschrift zu gründen, das *Journal of Experimental Analysis of Behavior* (JEAB). Die selbstgewählte Isolation von der Wissenschaftlergemeinschaft vertiefte sich noch, als es den Anhängern Skinners 1964 gelang, neben der *Division 3 der American Psychological Association* für Experimentelle Psychologie eine eigene *Division of Experimental Analysis of Behavior,* die Division 25 zu gründen. Das militante Auftreten einiger operanter Forscher Anfang der fünfziger Jahre hatte den Konflikt zwischen Experimentalisten und Skinnerianern verschärft (Krantz 1970), und z.T. genoß man nun die Outsiderrolle, die man in der experimentellen Psychologie innehatte[29].

An der *University of Indiana* entstand die erste operante Studie an einem psychisch gestörten Menschen. Sie wurde Ende der vierziger Jahre von Paul Fuller durchgeführt, der sich an einem Projekt zur Untersuchung der Wirkung von Glutaminsäure auf das Verhalten geistig gestörter Menschen beteiligt hatte. Dabei kam ihm der Gedanke, auch einmal eine Konditionierungsstudie im Rahmen der operanten Lerntheorie durchzuführen. Zwar gab es bereits zahlreiche Untersuchungen zur klassischen Konditionierung bei gestörten Menschen, doch im Rahmen der operanten Lerntheorie war dieser Ansatz neu. J. R. Kantor, der neben Skinner in Indiana einen eigenen, „interbehavioralen" Standpunkt vertrat und der angewandten Forschung offener gegenüberstand, förderte diese Studie und unterstützte Fuller auch später, als er begann, die Verhaltenstheorie gegen den Widerstand von Psychiatern und Psychologen in seine klinische Arbeit umzusetzen (Fuller 1973).

Fullers erster „Fall“ war ein achtzehnjähriger Patient, den die Ärzte als „vegetativen Idioten“ klassifiziert hatten und für nicht lernfähig hielten. Wegen seines hoffnungslosen Zustandes hatte man keine Bedenken, ihn für die Untersuchung zur Verfügung zu stellen. Fullers Patient lag ständig auf dem Rücken und konnte sich selbst nicht umdrehen. Er war jedoch in der Lage, seinen Mund zu öffnen, zu zwinkern sowie seine Arme, den Kopf und die Schultern in geringem Umfang zu bewegen. Ernährt wurde er mit Flüssigkeiten und halbflüssiger Nahrung. Fuller wies nach, daß der Patient bei Verstärkung seines Verhaltens mit Hilfe von gesüßter Milch lernen konnte, seinen rechten Arm in eine vertikale Position zu bringen, daß also die operante Lerntheorie auch bei schwer gestörten, geistig zurückgebliebenen Menschen Gültigkeit hatte. Er beließ es bei dieser Demonstration der Lernfähigkeit des Patienten, war jedoch davon überzeugt, daß man auf diese Weise auch hätte komplexeres Verhalten aufbauen können (Fuller 1949, 1973).

Fullers Ansatz fand damals, Anfang der fünfziger Jahre, unter den operanten Lerntheoretikern noch recht wenig Beachtung. Charles Ferster, der wie Leonard Krasner aus Fred Kellers und William Schoenfields Programm an der *Columbia University* kam, wechselte zu dieser Zeit zu Fred Skinner nach Harvard – Skinner war 1948 an seine „Heimatuniversität“, die *Harvard University,* zurückgekehrt – und begann mit ihm eine Serie von Experimenten, deren Ergebnisse 1957 in dem gemeinsamen Buch „Schedules of Reinforcement“ (Skinner u. Ferster 1957) veröffentlicht wurden. In bezug auf die Durchschlagskraft der operanten Lerntheorie herrschte unter den Anhängern Skinners großer Optimismus. Weniger günstig war die Stellensituation, die sich aus der vermehrten Ausbildung operanter Forscher und der ablehnenden Haltung der experimentellen Psychologen gegenüber den Schülern Skinners ergab. So orientierte man sich im Verlauf der fünfziger Jahre fast zwangsläufig in Richtung auf die Angewandte Psychologie.

Aus der Not geboren war z. B. das Engagement operanter Lerntheoretiker in der pharmazeutischen Industrie. Ihre sorgfältige experimentalpsychologische Schulung und der Untersuchungsansatz Skinners eigneten sich ausgezeichnet für die Bedürfnisse dieses Industriezweiges. Da man keine Universitätsstellen bekam, ging man in die pharmazeutischen Laboratorien oder arbeitete in der Medikamentenforschung der *Medical Schools* der Universitäten (Brady 1959, Gollub u. Brady 1965, Skinner 1970).

Ein zweiter und der für Skinner selbst wohl bedeutsamste Anwendungsbereich der operanten Lerntheorie war die Pädagogik. In seinem einflußreichen Aufsatz „Die Wissenschaft des Lernens und die Kunst der Lehre“ (Skinner 1954b) beschrieb er erstmals eine konsequent aus der operanten Lerntheorie abgeleitete Erziehungstechnologie. Mit ihr begründete Skinner wenig später seinen ersten wirklichen Ruhm als Wissenschaftler. Ausgelöst durch den „Sputnik-Schock“ fielen seine Überlegungen damals in eine Phase des Bildungsenthusiasmus und des Reformdenkens, in der man fieberhaft nach neuen effektiveren Ausbildungsmethoden suchte. Skinners Lernprogramme, deren erste Probeläufe er noch gemeinsam mit Nathan Azrin, Charles Ferster, James G. Holland, Lloyd E. Homme und anderen durchführte, ließen sich in die vorhandenen institutionellen Strukturen leicht integrieren und machten eine „Umschulung" der Lehrkräfte überflüssig – zwei Gesichtspunkte, die eine rasche Ausweitung seiner Methoden auf alle Bildungsbereiche von der Schule bis zur Armee garantierten (Kazdin 1978). Der dritte Anwendungsbereich, den sich die operanten Forscher Anfang der fünfziger Jahre erschlossen, war die Klinische Psychologie.

Erste klinische Formulierungen

Nachdem Fred Skinner und Charles Ferster die experimentellen Arbeiten für ihr späteres Buch „Schedules of Reinforcement" 1953 bereits fast vollständig abgeschlossen hatten, fühlte man sich im Besitz einer Theorie, deren Möglichkeiten unbegrenzt zu sein schienen. In seinem Buch „Science and Human Behavior" gab Skinner 1953 erstmals einen Überblick über die umfassenden Anwendungsmöglichkeiten der operanten Lerntheorie. Darunter fiel auch der Bereich „Psychotherapie", dem er ein eigenes Kapitel widmete. Wie Joseph Wolpe und Hans Eysenck vertrat B. F. Skinner einen kritischen Standpunkt gegenüber der Psychoanalyse. Er war der Meinung, daß die dynamischen Veränderungen im Verhalten, mit denen sich die Psychoanalytiker primär beschäftigten, nichts anderes als Veränderungen in der Verhaltenswahrscheinlichkeit darstellten, und kritisierte die Verwendung von Konstrukten, auf die die quantitativen Methoden wissenschaftlicher Forschung nicht anwendbar waren (Skinner 1953b). Aber auch bei Skinner fanden sich damals, ähnlich wie bei seinen Kollegen Clark Hull, John Dollard und Neal Miller, einige „Übersetzungen" Freudscher Konzepte, z.B. des Konzepts der Reaktionsbildung, der Verdrängung, Rationalisierung und Sublimation in seine eigene, operante Terminologie (Skinner 1953a). Er kritisierte zwar die Verwendung fiktiver Ursachenbegriffe wie „Angst" oder „Konflikt" und plädierte dafür, statt dieser sogenannten „inneren Ursachen" das Verhalten, das man bis dahin lediglich als Symptom bewertet hatte, als eigenständigen Gegenstand zu akzeptieren. Doch blieb seine Haltung gegenüber Freuds Leistungen grundsätzlich positiv. Wie vielen Wissenschaftlern seiner Generation erschien ihm die psychoanalytische Theorie in weiten Bereichen glaubwürdig und wertvoll, und obwohl er Freuds Erklärungen nicht immer akzeptieren konnte, akzeptierte er doch den konsequenten Determinismus, der Psychoanalyse und operante Lerntheorie gleichermaßen kennzeichnete (Skinner 1976).

Skinners klinische Konzeptionen, wie er sie 1953 formuliert hat, waren nicht geeignet, mit den traditionellen Auffassungen psychotherapeutischer Arbeit zu brechen. Seine Realanalyse des therapeutischen Prozesses, die er später als „anstrengende, aber heilsame Übung" bezeichnete (Skinner 1957), unterschied sich in nichts von den bereits vorhandenen Analysen Dollards u. Millers (1950) oder Mowrers (1950,

1953) – sieht man von der Verwendung der unterschiedlichen Lerntheorien und einigen persönlichen Setzungen ab. Skinner betonte die Bedeutung der eigenständigen Lösungsfindung oder „Einsicht“ als Voraussetzung für den Therapieerfolg und unterstützte durch seine Analyse den Glauben an die steuernde Kraft verbaler Prozesse für das Verhalten. Zugleich betonte er aber auch die Bedeutung von Verstärkungsprozessen in der therapeutischen Situation.

Grundsätzlich unterschied er zwischen zwei Verhaltensklassen, die für den Bereich der Behandlung von Bedeutung waren, zwischen Wirkungen im Bereich der Emotionen und Wirkungen im Bereich des operaten Verhaltens. In typisch behavioristischer Manier klassifizierte er Emotionen als „Nebenprodukte“ des Verhaltens ohne verursachende Kraft, wodurch er das Übergreifen medizinischer Modellvorstellungen auf seinen eigenen Ansatz ausschloß. So beschrieb Skinner z. B. die Furcht als ein emotionales Muster, das als Begleiterscheinung einer durch „kontrollierende Praxis“ bewirkten Flucht auftritt.

Verhaltensstörungen entstanden nach Skinner durch zu starke oder zu unbeständige Kontrolle, die durch gesellschaftliche Instanzen wie Eltern, Kirche und Staat etc. ausgeübt werden konnte. Darüber hinaus konnten Furchtreaktionen durch Stimuli ausgelöst werden, die mit der „kontrollierenden Praxis“, d. h. der Bestrafung assoziiert waren. Eine häufige Begleiterscheinung von Flucht- oder Vermeidungsverhalten war nach Skinner die Angst. Zwischen den Begriffen Angst und Furcht differenzierte er nicht eindeutig, sah jedoch einen Unterschied in der Intensität beider Emotionen. Da Emotionen nicht die Ursache gestörten Verhaltens sein konnten und dieses als die Auswirkung strafender Verhaltenssteuerung auf das operante Verhalten interpretiert wurde, konzipierte Skinner das Flucht- bzw. Vermeidungsverhalten als generelles Kennzeichen gestörten Verhaltens. Gelang es dem Individuum nicht, die Auswirkungen strafender Verhaltenssteuerung durch einen Prozeß der Selbstkontrolle einzudämmen – dieser bestand nach Skinner primär in der Vermeidung aversiver Selbststimulation –, war Fluchtverhalten die Folge, das unzureichend, störend oder gefährlich sein konnte. Klinisch von großem Interesse ist die deskriptive Klassifikation gestörten operanten Verhaltens, die Skinner seinen Lesern 1953 anbot.

Zur ersten Gruppe gestörten Verhaltens zählte er z. B. die Drogensucht, die er als Form der Flucht interpretierte. Mit der Droge wurden die aus dem Problem des Süchtigen entstandenen selbsterzeugten aversiven Stimuli unterdrückt, was wiederum eine Verstärkung der Sucht implizierte. Zu einer zweiten Gruppe zählte er nervöses Verhalten bis hin zum Zwang, das durch hohe Reaktionswahrscheinlichkeiten gekennzeichnet war und sich mit Hilfe vorhandener Stimulusbedingungen nicht erklären ließ. Zu einer dritten Gruppe gestörten Verhaltens gehörte übermäßige Gehemmtheit bis hin zu hysterischen Lähmungen, Verhaltensweisen, die sich durch übermäßig eingeschränktes Verhalten, bedingt durch zu starke Bestrafung, auszeichneten. In eine vierte Gruppe gestörten Verhaltens, gekennzeichnet durch unwirksame oder ungenaue Diskrimination, d. h. unzulängliche Stimuluskontrolle, faßte er so unterschiedliche Phänome wie hysterische Anästhesien, funktionale Taubheit, Halluzinationen und

Verfolgungswahn. Unzulängliche Selbsterkenntnis war die Basis der fünften Kategorie gestörten Verhaltens, bei der sich das Individuum durch Prahlerei der aversiven Selbststimulation zu entziehen suchte. Als Beispiel nannte er den Größenwahn. Aversive Selbststimulation, d.h. der Versuch, die aversive Selbststimulation durch noch aversivere Konsequenzen zu vermeiden – z.B. im Falle masochistischen Verhaltens –, bildete schließlich die sechste Gruppe gestörten Verhaltens nach Skinner (Skinner 1953a).

Wie mußte nun die Behandlung aussehen? Skinner interpretierte die Psychotherapie als eine verhaltenssteuernde Kontrollinstanz, deren Wirkung darauf beruhte, daß der Therapeut durch seine Interventionen zur maßgeblichen Verstärkungsquelle des Patienten wurde. Als wichtigstes Moment der therapeutischen Situation bezeichnete er die Aufgabe des Therapeuten, seine Rolle als „nichtstrafendes Publikum" konsequent durchzuhalten. Denn es lag nahe, daß der Patient auch im Therapeuten ein Mitglied der Gesellschaft erkannte, die ihn bis zu diesem Zeitpunkt zu stark kontrolliert hatte. Gelang es dem Therapeuten, seine Rolle überzeugend durchzustehen, mußte das Verhalten auftreten, das der Patient bisher unterdrückt hatte. In einer solchen Situation war es ihm möglich, sich an relevante Ereignisse zu erinnern, bei denen er bestraft worden war, so daß das unangemessene emotionale Verhalten, das mit seiner Störung assoziiert war, gelöscht werden konnte. Je konsequenter sich der Therapeut laut Skinner an seine Rolle hielt, desto rascher konnte eine Reduktion des Strafeffektes eintreten. Gelang ihm dies nicht, so bestand die Gefahr, daß der Patient die Behandlung abbrach.

Skinners erste „nachvollziehende" Konzeption des therapeutischen Prozesses war noch deutlich von den Aussagen Carl Rogers' und dem Beispiel der klassischen Psychoanalyse beeinflußt. Die Löschung der Strafwirkungen, die die erfolgreiche Behandlung kennzeichnete, interpretierte er als das Gefühl des Patienten, sich weniger im Unrecht oder schuldig zu fühlen. Durch die Verminderung dieser selbsterzeugten aversiven Stimuli nahm die Wahrscheinlichkeit unangemessener emotionaler Reaktionen, die das gestörte Verhalten begleiteten, ab. Immerhin wies Skinner jedoch auf ein zusätzliches therapeutisches Mittel, die Anregung bestimmter Verhaltensweisen außerhalb der Therapiesituation, hin. Der Therapeut konnte beim Patienten ein bestimmtes Verhalten initiieren, indem er auf die Kontingenzen zwischen Verhalten und Konsequenzen hinwies und es so auswählte, daß es im Alltag des Patienten mit großer Wahrscheinlichkeit verstärkt wurde (Skinner 1953a).

Vom Laboratorium in die Klinik

Die ersten innovativen Beiträge der operanten Forscher zur Diagnostik und Therapie gestörten Verhaltens kamen nicht von B. F. Skinner selbst – der Bereich der Klinischen Psychologie hatte ihn nie sonderlich interessiert –, sondern von seinen Schülern. Zu ihnen gehörten u.a. Ogden Lindsley, der vor seinem Psychologiestudium bereits

Biologie und Ingenieurwissenschaften studiert hatte und bei Skinner promovierte, sowie Nathan Azrin, der, enttäuscht von dem geringen wissenschaftlichen Potential der Sozial- und Persönlichkeitspsychologie, der *Boston University* damals den Rücken kehrte und bei Skinner an der *Harvard University* noch einmal neu begann. Die institutionelle Situation in Harvard war ursprünglich wenig geeignet, die rasche Umsetzung lerntheoretischer Forschungsergebnisse auf die Praxis zu fördern. In Reaktion auf die erfolgreichen Arbeiten in Yale hatte man dort die Soziologie, die Sozialpsychologie, die soziale Anthropologie und die Klinische Psychologie in einem neuen *Department of Social Relations* zusammengefaßt, mit der Folge, daß sich die verbleibenden psychologischen Grundlagendisziplinen ungestört mit einem ultrawissenschaftlichen Kurs profilieren konnten (Allport u. Boring 1946). So lehnte man z. B. Projekte zur Untersuchung gestörter Menschen ab und forderte die Studenten statt dessen auf, tierpsychologische Experimente vorzulegen. Ogden Lindsley, der sich beharrlich für Untersuchungen dieser Art engagierte, gelang es schließlich aber doch, Skinner nach Abschluß seiner Promotion für ein solches Projekt zu gewinnen. Gelder, die das *U. S. Office of Naval Research* in der Forschung unterzubringen suchte, wurden zur Verfügung gestellt, und der Dekan des Fachbereichs für Psychiatrie an der *Harvard University,* der die Schizophrenie geradezu als seinen natürlichen Feind auffaßte und jede noch so verrückte Idee aufgriff, um dem Übel abzuhelfen, verschaffte Lindsley Zugang zu Patienten des *Metropolitain State Hospital* in Waltham, Massachusetts.

Während Ogden Lindsley am *Metropolitain* ein Laboratorium einrichtete, um, wie es in dem offiziellen Forschungsbericht hieß, „die Anwendbarkeit operanter Konditionierungstechniken auf die experimentelle Analyse psychotischer Menschen“ zu untersuchen, begann Skinner, für den neuen Ansatz zu werben. Auf einer 1954 vom *Committee of Public Health of the New York Academy of Medicine* veranstalteten Konferenz stellte er erstmals fest, daß „Verhaltensformen, die für psychische Krankheit charakteristisch sind, möglicherweise einfach nur das Ergebnis einer Verstärkungsgeschichte sind“ (Skinner 1954a, S. 197). Skinner war davon überzeugt, daß die Psychologie durch ihre Konzentration auf die Umweltvariablen gestörten Verhaltens einen erheblichen Beitrag zur Forschung in diesem Bereich leisten konnte, und zwar sowohl im Bereich der Erklärung neurotischer und psychotischer Störungen, wie auch in der Diagnostik und Behandlung (Skinner 1957). Diese ersten spekulativen Überlegungen konnten auf der APA-Konferenz desselben Jahres bereits durch konkrete Forschungsergebnisse ergänzt werden, die zeigten, daß sich auch psychotisches Verhalten bei Anwendung operanter Techniken unter Umweltkontrolle bringen ließ. Darüber hinaus eignete sich die operante Methode zur Untersuchung der Wirksamkeit verschiedener physiologischer und pharmakologischer Variablen, ein Aspekt, der für die Psychiatrie von unmittelbarer praktischer Relevanz war (Lindsley u. Skinner 1954).

Nicht die Methoden, die Ogden Lindsley damals anwandte, machten das innovative Moment seiner Forschung aus, sondern das Setting, in dem sie erstmals in so großem Maßstab zum Einsatz kamen. Natürlich war die Arbeit in der Psychiatrie eine Pionierleistung, die sich nicht problemlos realisieren ließ. Schon sehr früh mußte sich

Lindsley der Frage nach der klinischen Relevanz seiner Forschung stellen. Aus diesem Grund bezeichnete er seine Methoden gegenüber den Klinikärzten, die eine eher negative Einstellung zur Forschung hatten, und in den offiziellen Forschungsberichten als „Verhaltenstherapie“, obwohl er in Waltham nie therapeutisch tätig wurde[30]. Lindsley verstand sich selbst als Forscher und seine Arbeit in der Klinik als „Grundlagenforschung im Sinne des Wortes“. Für ihn lag das größte Potential des operanten Ansatzes in der funktionalen Analyse von Verhalten und in seiner exakten Aufzeichnung, d.h. im deskriptiven und diagnostischen Bereich. Im Gegensatz dazu interessierte sich die überwiegende Mehrheit der Kollegen, die ihn damals in seinem Laboratorium in Waltham besuchten, um seine Methoden zu studieren, für die therapeutische Anwendung und die Manipulation von Kontingenzen in der unmittelbaren Umwelt des Patienten.

In bezug auf die Durchsetzung des eigenen Standpunktes vertrat Lindsley, wie auch B. F. Skinner (1954a, 1955), eine eher defensive, diplomatische Strategie und lehnte die „Abkoppelungsversuche der Wissenschaftspolitiker“, die Anfang der sechziger Jahre nicht selten zur offenen Konfrontation mit der Psychiatrie führten, ab. Obwohl die Verhaltenstherapie von Anfang an eine multiprofessionelle Bewegung war, engagierten sich doch in der Mehrheit Psychologen für diesen Ansatz, und unabhängig davon, ob man nun eine defensive oder offensive Strategie verfolgte, entstanden immer wieder zusätzliche Probleme durch das traditionell gespannte Verhältnis zwischen Psychiatrie und Klinischer Psychologie. Lindsley selbst hatte ursprünglich geplant, die von ihm entwickelten Technologien in die Psychiatrie einzubringen und möglicherweise in der *American Psychiatric Association* eine eigene Sektion für diesen Forschungsansatz zu bilden. Doch stieß er dort, wie zuvor schon in der Klinischen Psychologie[31], mit seinem Vorhaben auf erhebliche Widerstände und gab schließlich, nach vielen Jahren intensiver Forschung in Waltham sein Laboratorium in den sechziger Jahren auf, um in die pädagogische Forschung überzuwechseln.

Lindsleys 1960 veröffentlichter Aufsatz „Verhaltenseigenschaften bei chronisch psychotischen Patienten, wie sie die freioperanten Konditionierungsmethoden aufzeigen“ enthielt eine erste umfassende Auswertung seiner bis zu diesem Zeitpunkt gesammelten Daten. Die Verhaltensmaße, die er erhoben hatte, waren in einem kleinen Experimentalraum zustandegekommen, in dem sich lediglich ein Stuhl und eine Trennwand befanden, die eine Öffnung für die Verstärker und einen manipulierbaren Hebel enthielt. Unter diesen reduzierten Bedingungen untersuchte Lindsley seine Patienten, ausschließlich chronisch psychotische, d.h. „hoffnungslose“ Fälle, z.T. über mehrere Jahre hinweg (Skinner, Solomon u. Lindsley 1953; Lindsley 1956; Lindsley u. Mednick 1958). Durch den Wechsel von Verstärkern konnte man unterschiedliche „Motivationen“, durch Veränderung der Kontingenzen verschiedene diskriminative Reaktionen und andere Verhaltensprozesse erfassen. Stellte man zwischen zwei in dieser Art ausgestatteten Experimentalräumen die Möglichkeit zur visuellen Kommunikation her, ließ sich von simplen Imitationsprozessen bis hin zur Kooperation und zum Wettbewerb verschiedener Patiententeams Verhalten objektiv messen. Veränderungen des Hebels ermöglichten die Erfassung unterschiedlicher Reaktionstypen bis hin zur komplexen vokalen Reaktion. Als Ziel seiner Forschung beschrieb Lindsley 1960 „die Methoden der freioperanten Konditionierung zu modifizieren und klinisch relevant zu machen, um so zu medizinisch nützlichen, objektiven Laboratoriumsmaßen der Psychosen zu gelangen" (Lindsley 1960, S. 66).

Von grundlegender Bedeutung erschien ihm in diesem Zusammenhang die *objektive Beschreibung von Verhalten.* Er befaßte sich mit der Verstärkungsgeschichte des Individuums, wie sie sich im Rahmen der Langzeitexperimentation herausbildete. Psychotische Patienten, so Lindsley, wurden in der Regel nicht hospitalisiert, weil sie kontinuierlich psychotisches Verhalten an den Tag legten, sondern weil man das Auftreten ihrer „psychotischen Episoden" nicht vorhersagen konnte. Die Langzeitexperimentation schien also ideal geeignet, hier zu neuen Erkenntnissen zu gelangen. 1960 konnte Lindsley bereits auf eine Vielzahl wertvoller Einzelergebnisse verweisen, wie z. B. das Faktum, daß die Mehrheit seiner psychotischen Patienten einen extrem langen Extinktionsprozeß aufwiesen, daß ca. 50% Defizite im Bereich der Diskrimination zeigten, etc. Erste empirische Ergebnisse fanden in einer funktionalen Definition psychotischen Verhaltens als durch die abnorm lange Nachwirkung des Symptoms und den abnorm intensiven Wettbewerb mit besonders verstärktem, nicht symptomatischem Verhalten gekennzeichnet Eingang.

„Mit anderen Worten, es ist nicht das Symptom (mit niemandem zu sprechen), das diese Form der Psychose kennzeichnet. Es ist auch nicht der Stimulus, der das Symptom hervorrief (den eigenen Namen rufen zu ‚hören', wenn niemand da ist), der die Psychose definiert. Vielmehr ist es die Tatsache, daß die symptomatische Reaktion (mit niemandem zu sprechen) noch lange anhält, nachdem sie bei einem Nichtpsychotiker bereits aufgehört hätte und, was noch bedeutsamer ist, daß er unfähig ist, etwas anderes von ihm gefordertes zu tun, während sein Sprechen anhält, das den Psychotiker definiert" (Lindsley 1960, S. 77).

Lindsleys Forschung wurde wenig später von den Entwicklungen auf dem therapeutischen Sektor überholt. In technologisch relevanter Form führte Beatrice H. Barrett seinen Ansatz im Bereich der kindlichen Retardierung weiter. Sie konnte nachweisen, daß die mit Hilfe operanter Untersuchungsmethoden aufgefundenen diagnostischen Indizes klinisch prädiktiven Wert haben (Barrett u. Lindsley 1962, Lindsley u. Barrett 1962, Barrett 1965).

Bereits gegen Ende der fünfziger Jahre kam es jedoch auch zu ersten therapeutischen Anwendungen der operanten Lerntheorie. Zu den frühen Arbeiten auf diesem Gebiet gehörten u. a. die Untersuchungen von Gerald King, Steward G. Armitage und John Tilton am VA-Hospital (kurz für: „Veterans Administration Hospital") *Battle Creek* in Michigan. King, Armitage und Tilton waren über die neuesten Entwicklungen in der operanten Forschung gut informiert, kannten die „Status Reports" Ogden Lindsleys, aber auch die Arbeiten des Mediziners R. L. Jenkins, der Psychologen Henry Peters und Oddist Murphree am VA-Hospital *Little Rock* in Arkansas. Bei der *Veterans Administration,* die sich maßgeblich am Aufbau der klinischen Curricula an den Universitäten beteiligt hatte, gehörte die Forschung zu den offiziellen Aufgaben des Klinischen Psychologen. In den von ihr geführten Mental-Hygiene-Kliniken, den Neuropsychiatrischen Krankenhäusern, Allgemeinkrankenhäusern, Chirurgischen Kliniken, Spezialkliniken für Tuberkulosekranke etc. konnte man bereits 1954 auf mehr als 500 laufende Forschungsprojekte in der Klinischen Psychologie verweisen (Hildreth 1954). So ist es nicht erstaunlich, wenn auch die ersten Untersuchungen zur therapeutischen Nutzung der operanten Lerntheorie in diesem Kontext realisiert wurden.

Das von Jenkins, Peters und Murphree vom Juni 1951 bis zum November 1954 durchgeführte Projekt galt der Untersuchung der „Wirkungsweise der Lerntheorie in einem beschäftigungstherapeutischen Setting“ (Peters u. Jenkins 1954). Die Autoren gingen dabei jedoch noch nicht von konkreten lerntheoretischen Überlegungen aus. Ihre Behandlungsstrategie basierte vielmehr auf der Annahme, daß die Schizophrenie eine Folgeerscheinung starker Frustration sei und es Ziel einer jeden Behandlung sein müsse, die Frustration des Patienten abzubauen und motiviertes Verhalten zu belohnen (Jenkins 1950). Das Behandlungsverfahren, das man daraufhin entwickelte, wurde von Henry Peters global als „gelenktes Problemlösen“ oder „Lernen“ bezeichnet (Peters 1955), ließ sich jedoch nachträglich mühelos in den Kontext der operanten Lerntheorie einordnen (Krasner 1955, 1958a). Zahlreiche Veröffentlichungen (Peters 1952, 1953, 1955; Peters u. Jenkins 1954a u. b; Peters u. Murphree 1954a, 1954b) und Reportagen, u.a. im *Life Magazine* (1952), sorgten dafür, daß die Arbeiten der Forscher in Little Rock vielen Fachleuten und einer breiteren Öffentlichkeit bekannt wurden.

Ihr experimenteller Plan sah folgendermaßen aus: Die Patienten nahmen in Gruppen zu jeweils 12 Personen an einer dreimonatigen Behandlung teil. Anschließend wurden ihre Fortschritte in einem sechsmonatigen Follow-up erhoben. Man verteilte die 12 Patienten nach Zufall auf drei verschiedene Treatments: Gruppe 1 und 2 nahmen drei Monate lang an einer intensiven Beschäftigungstherapie teil; Gruppe 3 erhielt lediglich die übliche Routinebehandlung. Gruppe 1 absolvierte zusätzlich zur Beschäftigungstherapie täglich eine experimentelle Sitzung, in der verschiedene Lernprobleme gelöst werden mußten. Gruppe 1 und Gruppe 2 erhielten die ersten sechs Wochen der Behandlung vor dem Frühstück Insulin, durch das Hungergefühle erzeugt und der Patient auf natürliche Weise motiviert wurde. Die Mitglieder der Gruppe 1 gingen daher hochmotiviert zu den experimentellen Sitzungen, die vor dem Frühstück absolviert werden mußten. Während des Experiments wurden sie kontinuierlich mit Süßigkeiten belohnt, gleichgültig, ob sie ein Lernproblem gelöst hatten oder nicht. Die Lernprobleme waren durch einen Multiple-Choice-Apparat vorgegeben, an dem bestimmte Hebel bedient werden mußten, so daß die Belohnung herausfiel (Murphree 1954). Einen Schwerpunkt legten Henry Peters und seine Kollegen auf den Aufbau komplexeren kooperativen Verhaltens, wobei sich das Versuchsgerät, wie schon bei Ogden Lindsley, als außerordentlich variabel erwies.

Das völlige Fehlen jeglicher interpersoneller Beziehungen galt als ein typisches Merkmal chronischer Schizophrenie. Peters und Murphree konnten jedoch zeigen, daß auch stark regredierte Patienten einen solchen Lernprozeß – das Hebeldrücken führte in diesem Fall nur zu der gewünschten Belohnung, wenn zwei Patienten die Hebel zugleich bedienten – bewältigen konnten (Peters u. Murphree 1954a). Die allgemeine Anpassung der Patienten, das „ward adjustment", wurde während und nach der Behandlung kontinuierlich mit der *Gardener Behavior Chart* erhoben. Als Indikator für den geistigen Zustand des Patienten verwendeten die Autoren die Arbeitsleistung. So verschlechterte sich Gruppe 2 in der zweiten Hälfte der Behandlung, während Gruppe 1 in dieser Zeit ihre Leistung verbessern konnte. Auch nach Beendigung der Therapie blieb ihre Leistung höher als die der beiden anderen Gruppen, die wieder auf ihr ursprüngliches Niveau zurückfielen.

Die Studie von Peters, Jenkins und Murphree in Little Rock bildete den ersten Schritt in eine völlig neue Richtung. Bis zu diesem Zeitpunkt galten die meisten Untersuchungen an neuropsychiatrischen Patienten der Analyse verbaler Prozesse und Prozessen der Wahrnehmung. Therapeutische Maßnahmen für Patienten, die auf einem „vegetativen Level der Anpassung" angelangt waren, gab es damals nicht. Repliziert, allerdings bewußt im Kontext der operanten Lerntheorie, wurden die Arbeiten der Forscher in Little Rock von Gerald King, Steward Armitage und John Tilton. Auch sie gingen von der Annahme einer starken organischen Verursachungskomponente bei der Entstehung schizophrener Störungen aus und richteten ihre Bemühungen ausschließlich auf die Symptomatik der Patienten. Wie Peters u. Jenkins (1954a) erzielten auch King, Armitage u. Tilton (1960) mit Hilfe der „operant-interpersonal method" im Vergleich zu anderen, traditionellen Behandlungsverfahren eindeutig bessere Ergebnisse. Unter anderem wiesen sie jedoch darauf hin, daß sich anhand des Untersuchungsdesigns nicht hatte feststellen lassen, *welche* Komponenten der Therapie für den Behandlungserfolg entscheidend waren, die soziale Verstärkung, die Patient-Therapeut-Beziehung, die Süßigkeiten o.a. (King, Armitage u. Tilton 1960).

Ein weiteres Zentrum für die therapeutische Anwendung der operanten Lerntheorie bildete sich gegen Ende der fünfziger Jahre am *Anna State Hospital* in Anna, Illinois[32]. Israel Goldiamond, der diese Entwicklung initiierte, hatte 1955 zur *Southern Illinois University* gewechselt. Durch seinen Chicagoer Studienkollegen Brady begann er, sich für den operanten Ansatz und seine Nutzungsmöglichkeiten in der klinischen Forschung zu interessieren. Goldiamond war damals mit dem Superintendent des *Anna State Hospital* gut befreundet und erreichte, daß man dort ein kleines Tierlaboratorium für die Forschung einrichtete. Zu diesem Zweck empfahl ihm Ogden Lindsley Nathan Azrin, der 1957 aus der Armee kam, und während des laufenden Semesters an den Universitäten keine Anstellung finden konnte. Damals, 1957, war es relativ leicht, die entscheidenden Leute von der Notwendigkeit zusätzlicher Forschungsanstrengungen zu überzeugen.

Ersten Untersuchungen zur Analyse des Stotterns (Goldiamond, Azrin u. Flanagan 1958) folgte in Anna 1960 die Anwendung operanter Techniken auf das Sprachverhalten schizophrener Klinikpatienten. Es handelte sich um zwei chronisch schizophrene Männer im Alter von 40 bzw. 43 Jahren, die zwischen einem und zwei Jahrzehnten nicht gesprochen hatten. Die Autoren konnten zeigen, daß durch einen Prozeß der Verhaltensformung, bei dem als Verstärker für verbales Verhalten Kaugummi verwendet wurde, Sprechverhalten erzeugt werden konnte. Einer der beiden Patienten lernte die Worte „Gum, please" und konnte auf Fragen nach seinem

Namen und seinem Alter reagieren. Nachdem man das Personal auf der Station instruiert hatte, das stumme Verhalten der Patienten nicht weiter zu verstärken, ließ sich das Verbalverhalten später auch durch die Pfleger auslösen. Der zweite Patient konnte sogar so weit gefördert werden, daß er in der Lage war, in gruppentherapeutischen Sitzungen auf Fragen zu antworten. Jedoch zeigte er dieses Verhalten nie auf der Station, und es konnte auch nicht erreicht werden, daß die Patienten aus eigenem Antrieb sprachen (Goldiamond, Isaacs u. Thomas 1960).

Während man in Anna in bezug auf die therapeutische Anwendung der operanten Lerntheorie noch recht bescheiden vorging, arbeitete ein weiteres Mitglied dieses später sehr erfolgreichen Forschungsteams, Teodoro Ayllon, am *Sakatchewan Hospital* in Weyburn, Kanada. Von Teodoro Ayllon kam der dritte und wohl entscheidendste Beitrag zur therapeutischen Nutzung der Skinnerschen Lerntheorie, der noch aus den fünfziger Jahren datiert.

Teodoro Ayllon hatte an der *University of Houston* studiert und gewann über Jack Michael und Lee Myerson, die damals dort lehrten, Interesse an der operanten Lerntheorie. Ayllons Untersuchungen, die er zunächst im Rahmen seiner Doktorarbeit (bis August 1959) und später im Rahmen eines Forschungsprojektes (1959–1961) am *Sakatchewan-Hospital* durchführte, galten dem Versuch, psychotische Patienten *in ihrer unmittelbaren Umwelt auf der Station* zu behandeln und sich primär mit der Veränderung von Verhalten zu befassen, das für das *Zusammenleben von Pflegepersonal und Patienten* von Bedeutung war. Erstmals wurden hier im Rahmen der operanten Lerntheorie praktikable Technologien entwickelt, die auf die Lebensumwelten psychisch gestörter Menschen ausgerichtet waren; und erstmals ging es nicht mehr allein um den Nachweis der Gültigkeit der operanten Lerntheorie in einem bestimmten Kontext. Zwar sprach auch Ayllon in seinen Berichten weiterhin von einem E (Experimentator) und den S's (Versuchspersonen) und führte zahlreiche Experimente durch, um die Wirksamkeit seiner Methoden nachzuweisen, doch erreichten seine Ansätze damals bereits einen Grad an technologischer Ausgereiftheit, der, berücksichtigt man die Schwere der Störungen der behandelten Patienten, den therapeutischen Maßnahmen Wolpes bei überwiegend neurotischem Klientel durchaus entsprach.

Ayllons Maßnahmen richteten sich auf Verhaltensweisen, die nur in den seltensten Fällen den Grund für die Einweisung des Patienten in die Klinik darstellten. Meist hatten sie sich erst dort entwickelt, und man betrachtete sie als Ausdruck des Problems des Patienten. Diese Verhaltensweisen, z. B. Behinderungen beim Essen, Anziehen und Baden, Probleme in der sozialen Interaktion mit anderen Patienten (z. B. Schlagen oder Spucken), das Horten von Gegenständen, das Abkratzen der Farbe von den Wänden, Papier in Mund und Ohren zu stopfen sowie das ständige Suchen der Aufmerksamkeit des Pflegepersonals erwiesen sich häufig als so störend, daß ein Großteil der Energie der Pflegekräfte allein ihrer Bewältigung galt. Fortlaufende Beobachtungen vor Behandlungsbeginn hatten gezeigt, daß die meisten Verhaltensweisen durch die Aufmerksamkeit oder die soziale Akzeptanz des Pflegepersonals unbeabsichtigt verstärkt und damit aufrechterhalten wurden. Eine erste Maßnahme zur Veränderung der Situation mußte also auf die Instruktion des Pflegepersonals gerichtet sein.

Die systematische Einbeziehung der psychiatrischen Schwestern und Pfleger in die Datenerhebung, d. h. in die Forschung und in die therapeutische Arbeit, wie Ayllon sie 1959 in einem gemeinsam mit Jack Michael veröffentlichten Artikel „The Psychiatric Nurse as a Behavioral Engineer" beschrieb, war ebenfalls eine innovative Idee von hoher praktischer Relevanz. Während dieses ersten Projekts erhoben mehr als 100 verschiedene Pflegekräfte, die im Schichtdienst arbeiteten, per Zeitstichproben gezielt Daten über das Verhalten der Patienten. Die Behandlungszeiten für die Veränderung eines spezifischen Verhaltens betrugen zwischen 6 und 11 Wochen bei täglichem Einsatz (auch am Wochenende). Folgendes Problemverhalten wurde gezielt verändert:

1. Sehr ausgeprägtes, störendes Verhalten (5 Fälle), wie z. B. zu langes Verweilen im Bad oder wiederholtes Aufsuchen des Büros, in dem sich nur das Pflegepersonal aufhalten durfte. Dieses Verhalten wurde mit Extinktion oder Extinktion kombiniert mit Verstärkung inkompatiblen Verhaltens behandelt. So wurde z. B. eine Patientin, die es sich angewöhnt hatte mehrfach am Tag (im Durchschnitt 16mal) in das Schwesternzimmer zu kommen, behandelt, indem man die Schwestern anwies, sie zu ignorieren, solange sie sich dort aufhielt. Nach sieben Wochen Extinktion hatte sich die Anzahl ihrer täglichen Besuche auf 2 reduziert (s. Abb. 6).

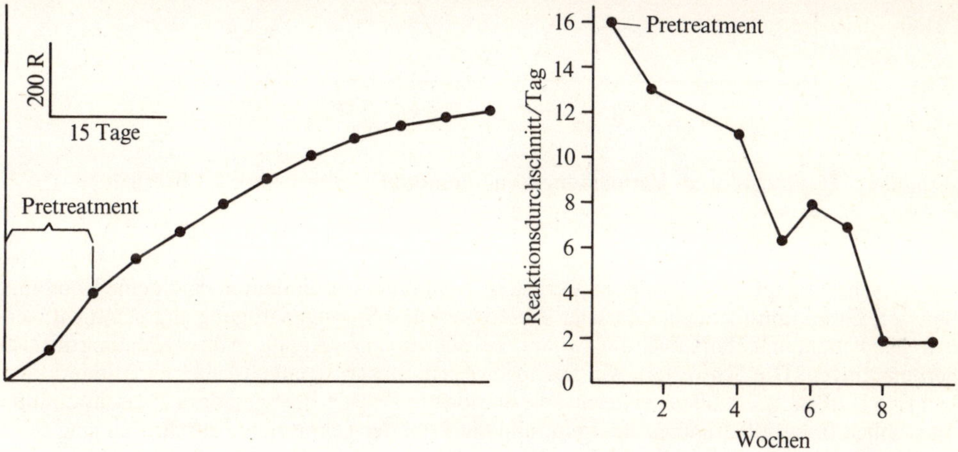

Abbildung 6: Extinktion der Reaktion „Betreten des Schwesternzimmers"; a) kumulative Aufzeichnung, b) konventionelle Aufzeichnung (nach Ayllon & Michael 1959).

2. Sehr ausgeprägtes, störendes Verhalten konnte bei einer Patientin durch die Stärkung inkompatiblen Verhaltens abgebaut werden. Sie zeigte seit fünf Jahren heftige, aggressive Reaktionen gegenüber den Patienten und dem Pflegepersonal, die durch eine Lobotomie nicht abgebaut werden konnten. Indem man sie für normale soziale Interaktionen gezielt verstärkte, konnte zumindest ein Teilerfolg erzielt werden.

3. Zu schwach auftretendes Verhalten wurde durch Flucht- oder Vermeidungskonditionierung behandelt, wie z. B. im Falle zweier Patientinnen, die nur aßen, wenn das Pflegepersonal sie

fütterte. Da beide gleichermaßen auf ihre saubere äußere Erscheinung bedacht waren, machten die Schwestern während der Behandlung manchmal, nicht zu häufig, „Fehler", indem sie etwas von dem Essen auf die Kleidung fallen ließen. In beiden Fällen konnte erreicht werden, daß die Patientinnen selbständig aßen, und das neue Verhalten bis zum Abschluß der Untersuchung (10 Monate später) aufrechterhalten blieb (s. Abb. 7).

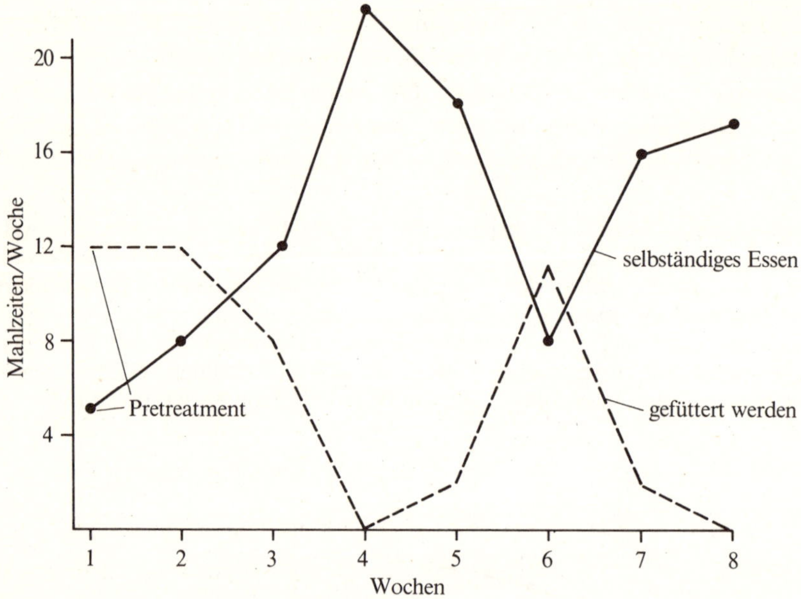

Abbildung 7: Flucht- und Vermeidungskonditionierung selbständigen Eßverhaltens (nach Ayllon & Michael 1959).

4. Sehr ausgeprägtes, störendes Verhalten konnte bei vier Patienten durch eine Kombination von Extinktion (bezüglich sozialer Akzeptanz) und Stimulussättigung abgeschwächt werden. Die Patienten hatten es sich angewöhnt, Zeitschriften und Abfälle in ihrer Kleidung mit sich herumzutragen. Die Schwestern wurden angewiesen, dieser Eigenheit keinerlei Aufmerksamkeit zu schenken, während man zugleich die Station mit Zeitschriften geradezu überschwemmte. Tatsächlich trat ein Sättigungseffekt ein, und die Zahl der gehorteten Zeitschriften ging stark zurück. Die Argumentation einer Schwester, das Horten drücke ein starkes Sicherheitsbedürfnis aus und es sei falsch, es abzubauen, konnte entkräftigt werden, da der Patient, auf den sie sich bezog, nach Abbau des Verhaltens begann die Magazine im Tagesraum zu lesen, ohne daß er sich angesichts dieser Verlagerung seines Sicherheitsbedürfnisses sichtbar unwohl fühlte (s. Abb. 8).

Auch den Nachweis der „künstlichen" Herstellbarkeit psychotischen Verhaltens mit Hilfe kontingenter Verstärkung konnte Ayllon eindrucksvoll an einem Beispiel führen. Über einen ganzen Tag hinweg verstärkte er bei einer 54jährigen Patientin durch Zigaretten das „zwanghafte" Festhalten eines Besens. Anschließend lud man zwei Psychiater ein, das Verhalten der Patientin durch die Einwegscheibe zu beobachten

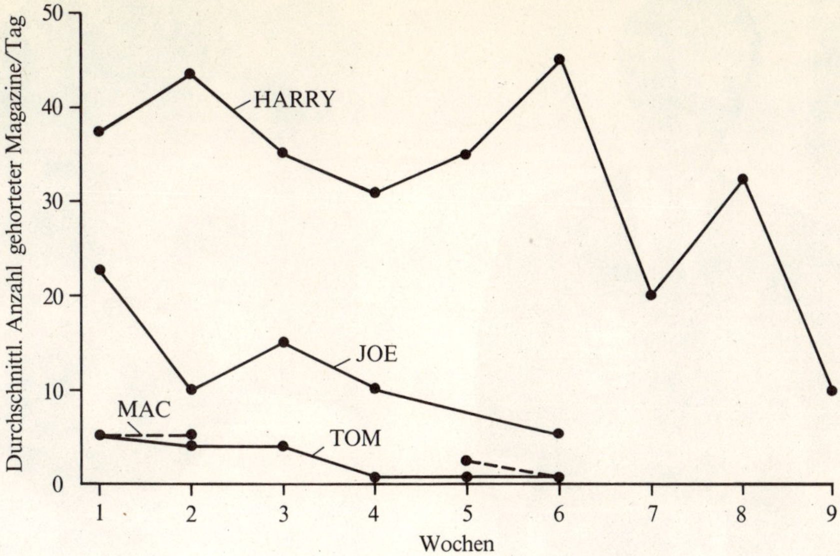

Abbildung 8: Sättigung und Extinktion bei zwei Formen des Magazine-Hortens (nach Ayllon & Michael 1959).

und zu analysieren. Unter anderem interpretierten sie den Besen als Kindesersatz, als Phallussymbol sowie als Zepter einer allmächtigen Königin (Haughton u. Ayllon 1965).

Teodoro Ayllon befaßte sich jedoch nicht nur mit dem psychotischen Verhalten der Patienten und der spezifischen Interaktion zwischen Patient und Pfleger, er untersuchte auch die Einstellungen des Klinikpersonals zu seinen Methoden. Ärzte und Schwestern, die er in seinem Programm in irgendeiner Form beteiligt hatte, wurden per Interview und Fragebogen befragt. Im Ergebnis zeigte sich lediglich eine leicht positive Einstellung zu seinen „Verstärkungsprogrammen". Der Mangel an Begeisterung ließ sich auf einige grundlegende Mißverständnisse zurückführen. Fragte man die Schwestern, ob sie Probleme mit den Patienten hätten, so antworteten sie meist mit „nein", es sei denn, es war gerade ein Selbstmordversuch o. ä. auf ihrer Station aufgetreten. Viele Verhaltensweisen der Patienten wurden einfach als unveränderbar hingenommen. Hatte man das Verhalten erfolgreich verändert, so war die Reaktion meist folgende: „Wir haben das Verhalten verändert. Was nun? Sie ist immer noch psychotisch!" (Ayllon u. Michael 1959). Solange keine vollständige Heilung erzielt wurde, blieb man mit dem Erreichten unzufrieden. Ayllons therapeutische Maßnahmen widersprachen den in der Ausbildung und im Beruf erworbenen Erfahrungen des Pflegepersonals. Aber nicht nur die unterschiedliche theoretische Ausrichtung, auch das manchmal unter ethischen Gesichtspunkten fragwürdige Vorgehen machte ihnen seinen Ansatz suspekt.

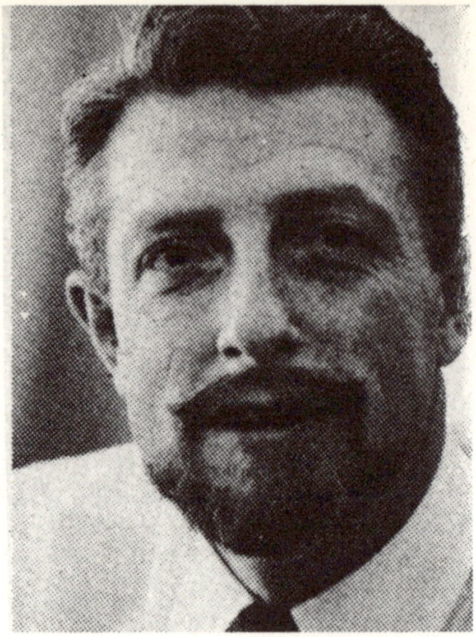

Ogden R. Lindsley (geb. 1922)

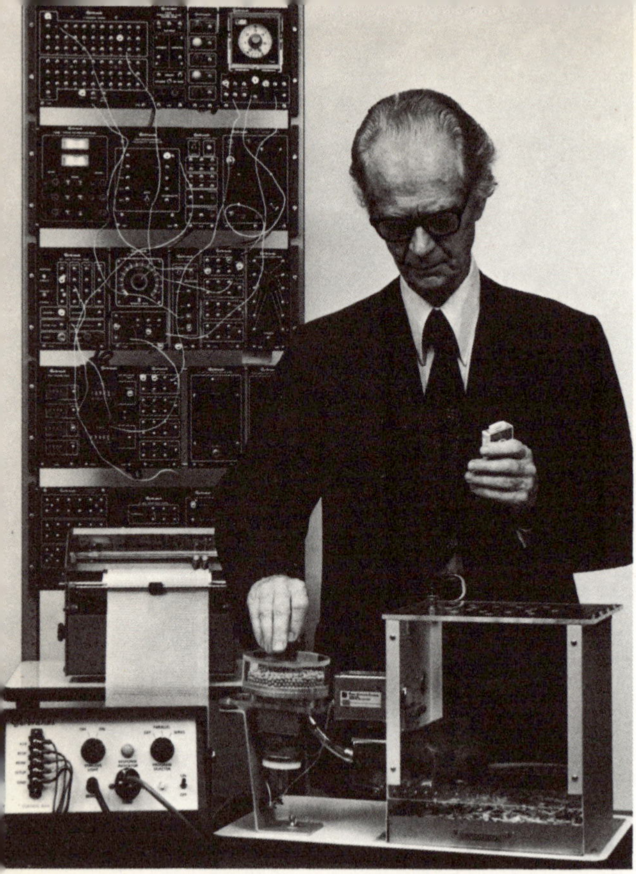

B. F. Skinner (geb. 1904)

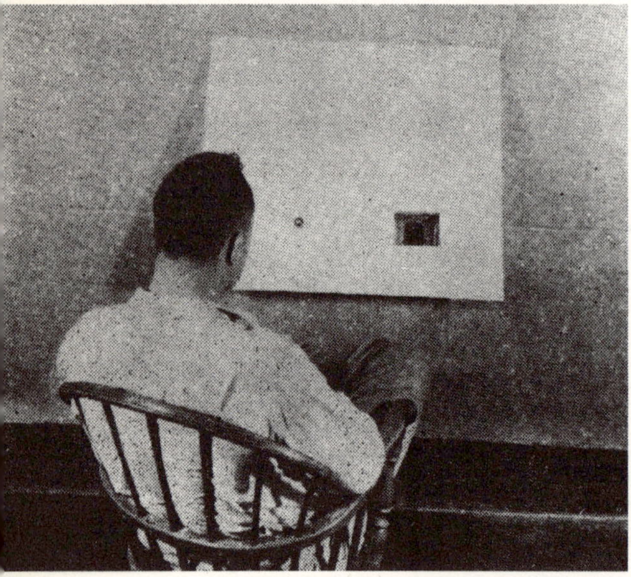

Experimentelle Apparatur Lindsleys zur freien operanten Konditionierung bei Psychotikern. Links an der Tafel der Hebel, rechts die Öffnung für die Verstärker. Seitlich gelegene Flächen können zum Zweck der Untersuchung sozialer Interaktionsprozesse transparent gemacht werden.

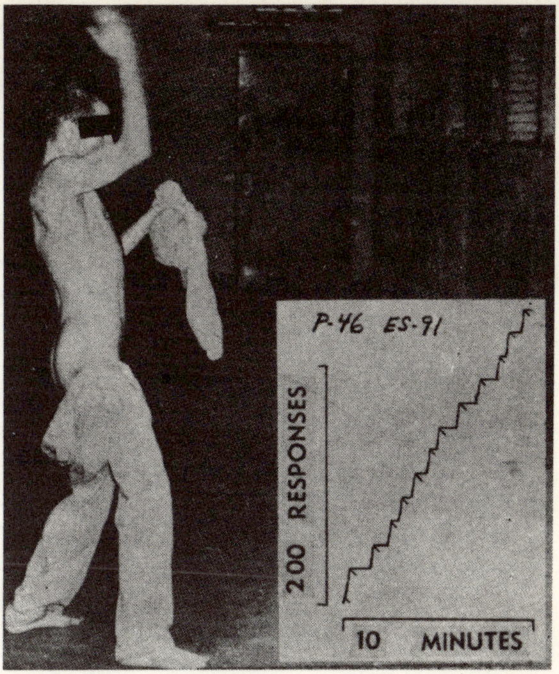

Dieser Patient, der 24 von insgesamt 29 Lebensjahren in der Psychiatrie verbracht hat, erwies sich als mit psychometrischen Methoden untestbar. Er hatte jedoch eine operante Reaktionsrate von 1000 Reaktionen pro Stunde und konnte einfache Diskriminationsleistungen erbringen. Der Patient verfügt nur in geringem Umfang über sozial angemessenes Verhalten. – Im Vordergrund eine kumulative Reaktionskurve, wie sie für die Arbeiten der operanten Forscher typisch ist (vgl. Lindsley 1960).

Besonders deutlich wird dies bei den Untersuchungen, die Ayllon in den Jahren von 1959–1961 durchführte, für die man ihm eine eigene Station mit ca. 60 psychotischen Patienten zur Verfügung gestellt hatte. Hier gelang es Ayllon erstmals, fast jeden Aspekt des täglichen Lebens unter experimentelle Kontrolle zu bringen. Ereignisse wie Essen, Baden, Filme ansehen, Spaziergänge und die Zuteilung von Räumen wurden kontrolliert, so daß die Möglichkeit unkontrollierter und unvorhersehbarer Reaktionen auf ein Minimum reduziert werden konnte. Die Station war „off-limits“, d. h. für Außenstehende geschlossen, und die Aufzeichnungen, angefangen beim Essen bis hin zur Beteiligung an der Beschäftigungstherapie, stellten den kontinuierlichen Fluß an Informationen über das Verhalten jedes einzelnen Patienten sicher.

Eines der zentralen Probleme in den Nervenkliniken, auch im *Saskatchewan-Hospital,* war die Fettsucht der Patienten. Entsprechenden Argumentationen, die von den Ärzten verordnete Diät zu ihrem eigenen Wohl einzuhalten, waren die meisten Patienten nicht zugänglich. Das führte dazu, daß das Pflegepersonal die Verweigerung als Symptom für die Störung des Patienten interpretierte oder als Symptom dafür, daß tieferliegende Bedürfnisse des Patienten durch das übermäßige Essen befriedigt wurden und man häufig Versuche, eine Diät durchzuführen, vorzeitig abbrach (Ayllon 1965 a). Bei der Behandlung der Eßprobleme (Ayllon 1965 a, 1965 b) fand Ayllon bald heraus, daß das Essen ein sehr potenter Verstärker war, und setzte es gezielt zur Modifikation von Problemverhalten ein.

In einem ersten Experiment versuchte er, die direkt mit dem Essen assoziierten Problemverhaltensweisen abzubauen, d. h. die Patienten dazu zu bewegen, selbständig und regelmäßig zu essen. Dies geschah einfach, indem jede soziale Hilfe von seiten des Personals entzogen wurde, wie z. B. das Erinnern nach dem Gong, daß man doch zum Essen gehen wollte, das Überzeugen, doch zum Essen zu gehen, das Füttern, etc. Zugleich wurden die Zeiten, in denen die Patienten Zugang zum Eßraum hatten, stufenweise verkürzt, und zwar von 30 Minuten auf später fünf Minuten nach Ertönen des Essensgongs. Wer dann nicht im Eßraum war, erhielt auch kein Essen.

Ein Blick in die Patientenunterlagen zeigte, daß man für die Eßprobleme vielfältige Erklärungen gefunden hatte, von psychotischen Zwängen über Ichidentifikation bis hin zu mangelndem Realitätskontakt. All diese Interpretationen hatten zu dem Schluß geführt, daß man die Eßprobleme der Patienten erst behandeln konnte, wenn ihr mentaler Zustand sich durch entsprechende Maßnahmen hatte modifizieren lassen. Ayllons Experimente zeigten jedoch, daß das Verhalten durch wenige einfache Maßnahmen veränderbar war.

Nach einiger Zeit waren alle Patienten unter experimenteller Kontrolle, d. h. sie aßen selbständig (s. Abb. 9). Einige brauchten für diesen Lernprozeß jedoch bis zu

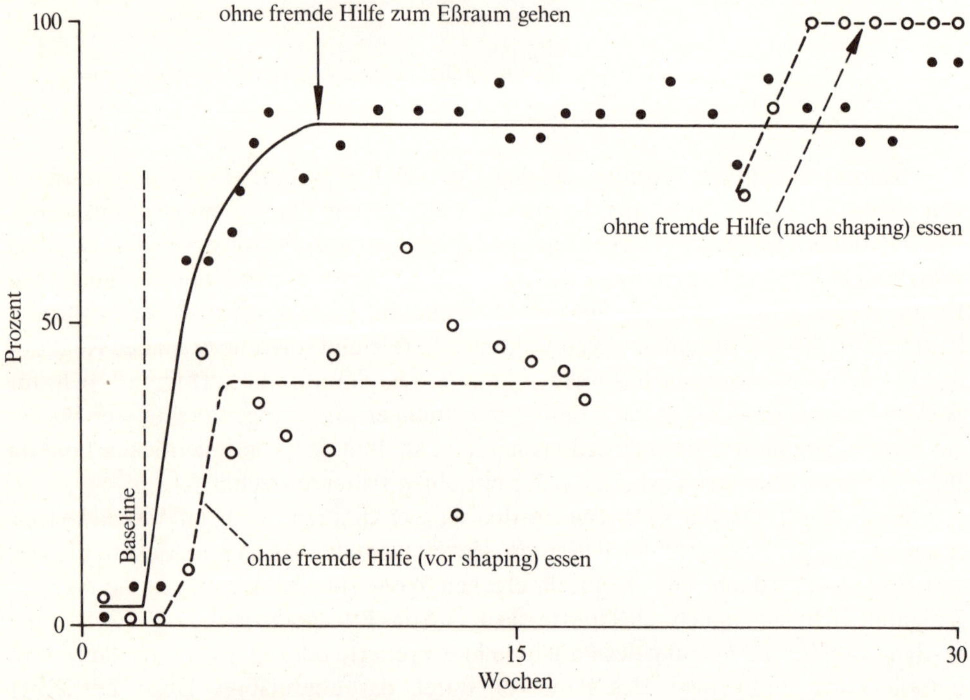

Abbildung 9: Zwei Reaktionen wurden aufgezeichnet: „ohne fremde Hilfe zum Eßraum gehen" und „ohne fremde Hilfe essen". Beide Verhaltensweisen existierten in der Baseline-Phase praktisch nicht. Jeder der beiden Verhaltensweisen konnte jedoch auf ein fast 100prozentiges Eintreten gesteigert werden, indem unerwünschtes Verhalten extinguiert und erwünschtes Verhalten verstärkt wurde (nach Ayllon 1965).

sieben Tage und wurden, falls sich ihre „freiwillige" Fastenzeit über diese Zeitspanne hinaus erhöhte, künstlich ernährt, wenn die anderen Patienten ihre Medikamentation erhielten. Eine Patientin ließ diese Prozedur 110 Tage über sich ergehen, bis sie selbständig zum Eßraum ging. Ein positiver Nebeneffekt dieses drastischen Vorgehens lag z. T. darin, daß einige Patienten, deren Gewicht bereits gefährlich hoch lag, durch die Untersuchung an Gewicht verloren.

In einem zweiten Experiment versuchte Ayllon, das motorische Verhalten der Patienten mit Hilfe des Essens als Verstärker zu kontrollieren. Vor dem Betreten des Eßraums mußten sie eine Münze in einen Kasten werfen. In einem dritten Experiment wurde auf diese Weise soziales Verhalten aufgebaut, indem die Patienten vor dem Essen eine Aufgabe erfüllen mußten, die nur kooperativ gelöst werden konnte. Um ein aufleuchtendes Tonsignal auszulösen, für das man von der Schwester den für den Zugang zum Eßraum benötigten „Token" erhielt, mußten zwei Patienten zugleich auf zwei verschiedene Knöpfe drücken.

Nach kurzer Zeit beherrschten die Patienten dieses eng umschriebene Verhalten, das in einer Zeitspanne von fünf Minuten vor dem Essenssignal bis fünf Minuten danach absolviert werden mußte. Die Patienten bildeten zwei Schlangen vor den Knöpfen und sprachen miteinander, um sich zu helfen oder gegenseitig über die Funktionsweise des Apparates zu informieren. Das Ergebnis gerade dieses Experiments war für das Personal überraschend, da man davon ausgegangen war, daß alle Patienten chronisch schizophren und ohne Kontakt zur Realität seien. Auch hatte man zuvor befürchtet, daß das Essen durch diese zusätzlichen Aufgaben so streßbelastet sein würde, daß sich bei den Patienten nach kurzer Zeit Eßprobleme einstellen würden – eine Vorhersage, die ebenfalls nicht eintraf (Ayllon u. Haughton 1962).

Dennoch konnte Teodoro Ayllon seine Untersuchungen in Saskatchewan nicht fortsetzen. Die Verwendung des Essensentzugs als therapeutisches Mittel hatte bei der Klinikleitung erhebliche Bedenken ausgelöst, so daß man nicht mehr bereit war, seine Tätigkeit über den geplanten Zeitraum von zwei Jahren zu verlängern. Auch mit der Veröffentlichung der Forschungsergebnisse hatte Ayllon zunächst Probleme; vieles konnte erst Mitte der sechziger Jahre publiziert werden.

Israel Goldiamond hörte damals von Ayllons Schwierigkeiten, holte ihn nach Anna und konnte den Leiter der Klinik zu einem „kleinen Forschungsprojekt" überreden, das in seiner Spitzenzeit Mitte der sechziger Jahre 33 Mitarbeiter und fünf Doktoranden beschäftigte und zu den eindrucksvollsten Demonstrationen der Anwendung operanter Technologien im therapeutischen Bereich zählt (Azrin u. Ayllon 1968).

Die Arbeiten der operanten Forscher in den Nervenkliniken der *Veterans Administration* und anderen staatlichen Einrichtungen befaßten sich naturgemäß mit einer von der Psychotherapieforschung und der Klinischen Psychologie allgemein wenig berücksichtigten Patientengruppe, den Psychotikern. Die Patienten, die man ihnen für Forschungszwecke zur Verfügung gestellt hatte, waren meist chronisch erkrankt, und es gab kaum Hoffnung auf Verbesserung ihres Zustandes, so daß ihre Verwendung in der Forschung „risikolos" erschien. So waren die Arbeiten von Lindsley oder Ayllon zwar in ihrem Ansatz überraschend und innovativ, zugleich aber auch wenig spektakulär, da an therapeutischen Verfahren für Psychotiker unter den Klinischen Psychologen kaum Interesse bestand.

Dies galt jedoch nicht für die Untersuchungen zur verbalen Konditionierung, auf die forschungsorientierte Kliniker schon frühzeitig aufmerksam wurden. Skinner interpretierte verbales Verhalten als „emitted" und den gleichen Gesetzen unterworfen wie operantes Verhalten generell (Skinner 1953, 1957). Auf dieser Basis entstand Joel Greenspoons 1951 an der *Indiana University* eingereichte Doktorarbeit über „Die Wirkung verbaler und nonverbaler Stimuli auf die Frequenz von zwei verbalen Reaktionsklassen", deren Ergebnisse John Dollard und Neal Miller so ungewöhnlich fanden, daß sie sie bereits in ihrem 1950 veröffentlichten Buch diskutierten (Dollard u. Miller 1950).

Greenspoon hatte versucht, mittels menschlicher Versuchspersonen eine experimentelle Situation herzustellen, wie sie der typischen Lernsituation mit Tieren entsprach. Er wies Collegestudenten an, Worte aufzusagen, die ihnen gerade einfielen, und verstärkte kontingent eine bestimmte Verhaltensklasse, nämlich alle Begriffe im Plural. In einer ersten Phase verwendete er als Verstärker verbale Reaktionen wie „mmm-hmm" oder (negativ!) „huh-uh" und erprobte auch die Wirkung visuellen und auditorischen Feedbacks. In einer zweiten Phase wurden alle Verstärker weggelassen, um die Veränderung im Verhalten zu registrieren. Tatsächlich ließ sich eine signifikant höhere Verwendung von Substantiven im Plural bei Greenspoons Versuchspersonen nachweisen, d. h. er konnte zeigen, daß sich verbales Verhalten durch Verstärkungsprozesse von seiten des Experimentators beeinflussen ließ. Taffel (1955), der dieses Experiment mit psychotischen Patienten wiederholte, forderte seine Versuchspersonen auf, aus den auf einer Karte aufgedruckten Worten einen Satz zu bilden, und verstärkte sie kontingent für die Verwendung des Pronomens „ich". Er konnte ebenfalls nachweisen, daß die Wahl des Pronomens durch die positive Reaktion des Experimentators (er sagte jeweils „gut") beeinflußbar war.

Auch Frederick Kanfer begann seine wissenschaftliche Laufbahn mit einer Studie zur verbalen Konditionierung. Kanfer hatte sich zunächst mit der Freudschen Psychoanalyse beschäftigt und war, wie viele seiner Studienkollegen zur damaligen Zeit entschlossen, Therapeut zu werden. Durch sein Studium an der *Indiana University*, zugleich von den Arbeiten Kantors und Skinners beeinflußt, schrieb er seine Doktorarbeit über die Wirkung partieller Verstärkung auf den Erwerb und die Extinktion verbaler Reaktionen (Kanfer 1954). In den folgenden Jahren verwandte er das Paradigma der verbalen Konditionierung zur experimentellen Analyse des Einflusses emotionaler Faktoren auf Inhalt und Qualität verbalen Verhaltens. Die Analyse psychologischer und linguistischer Variablen der Gesprächssituation sollte auf lange Sicht zur Aufdeckung von analytischen Dimensionen führen, die für die Veränderung von Verhalten in der Psychotherapie von Relevanz waren (Kanfer 1958a, 1958b, 1959).

Betrachtete man das Phänomen der verbalen Konditionierung als eine spezifische Technik zur systematischen Untersuchung von Variablen in interpersonellen Situationen, so war sie für viele Bereiche der psychologischen Forschung geeignet (Krasner 1955). Auch Leonard Krasner wählte dieses Forschungsthema als Einstieg in die Klinische Psychologie. Er hatte nach dem Krieg an der *Columbia University* studiert und sich auf Klinische Psychologie spezialisiert. Eine Zeitlang ließ er sich analysieren und beschäftigte sich mit den Arbeiten Harry Stack Sullivans, die ihn sehr beeindruckten[33]. In einem Überblicksreferat über die Forschung im Bereich der verbalen Konditionierung stellte er 1958 fest, daß, sollten sich die vorliegenden Trends in der Forschung bestätigen, erwiesen sei, daß jede Form der Psychotherapie in einem bestimmte Grad direktiv ist und psychotherapeutisches Geschick durchaus erlernt werden kann (Krasner 1958).

Wie auch in Indiana waren die Wissenschaftler in New York von Greenspoons Untersuchungsansatz begeistert, um so mehr, als es bald möglich war, mit dieser Fragestellung Forschungsmittel des *National Institute of Mental Health* (NIMH) in Anspruch zu nehmen. Mit dem Aufsatz „The Use of Generalized Reinforcers in Psychotherapy Research“ legte Leonard Krasner 1955 eine Analyse des therapeutischen Prozesses in Begriffen der operanten Lerntheorie vor, wie sie Skinner bereits 1953 in Grundzügen skizziert hatte (Krasner 1955). Ziel dieser Analyse, wie auch seines bekannten, 1962 veröffentlichten Aufsatzes „The Therapist as a Social Reinforcement Machine“ (Krasner 1962a) war die Entwicklung eines theoretischen Handlungsrahmens zur Erforschung der psychotherapeutischen Situation. Um den therapeutischen Prozeß zu verstehen und zu kontrollieren, sollten zunächst einzelne zentrale Dimensionen der therapeutischen Situation isoliert und die gesetzmäßigen Beziehungen zwischen dem Verhalten des Therapeuten (abhängige Variable) und dem Verhalten des Patienten (unabhängige Variable) erfaßt werden. Skinners Lerntheorie schien zu diesem Zweck ideal geeignet:

> „Wir schlagen vor, daß zukünftige Experimentatoren im Bereich der Psychotherapie ihre Bemühungen auf das Verständnis der ‚Beziehung‘ konzentrieren, indem sie die Wirkung eines bestimmten Verhaltens des Therapeuten, das bestimmte Reaktionen beim Patienten verstärken könnte, konzentrieren. Der experimentalpsychologisch orientierte Kliniker kann sich also der Verstärkungstheorie zuwenden, um einen konzeptionellen Rahmen zu finden, in dem er arbeiten kann“ (Krasner 1955, S. 20).

Gegenüber den lerntheoretischen Analysen des therapeutischen Prozesses durch Dollard u. Miller (1950), Mowrer (1950, 1953), Shoben (1949) und selbst Skinner (1953) hatte Krasners Vorschlag den Vorzug, als Ausgangspunkt für ein experimentelles Forschungsprogramm gedacht gewesen zu sein.

Krasner, der Ende der fünfziger Jahre zum VA-Hospital in Palo Alto in unmittelbarer Nähe der *Stanford University* wechselte, konnte in seinem Review von 1958 bereits auf 31 Untersuchungen zum Phänomen der verbalen Konditionierung verweisen. Eine expansive Entwicklung dieses Forschungsbereiches läßt sich auch an den späteren Überblicksreferaten von Salzinger (1959) und Greenspoon (1962) ablesen. Gemeinsam mit Leonard Ullmann, der 1955 in *Stanford* seinen Abschluß machte und ebenfalls am VA-Hospital in Palo Alto tätig wurde, sowie mit Beverly Collins setzte Krasner die Technik der verbalen Konditionierung auch zu therapeutischen Zwecken ein. Patienten, die neben einer Gruppentherapie an vier experimentellen Sitzungen teilgenommen hatten, währenddessen sie für die Verwendung emotionaler Worte verstärkt wurden, erzielten im Vergleich zu den Kontrollgruppen einen signifikanten Gewinn in der Angemessenheit interpersoneller Beziehungen (Ullmann, Krasner u. Collins 1961).

Noch früher entstanden die wissenschaftlichen und therapeutischen Beiträge der Psychologen Rickard, Dignam und Horner, die gemeinsam mit einigen Kollegen an der *University of Tennessee*[34] studiert und sich dort mit dem Paradigma der verbalen Konditionierung beschäftigt hatten. Ihre Untersuchungen, die sie nach Abschluß des Studiums in den umliegenden VA-Hospitals fortsetzen konnten, führten schließlich 1960 auch zur therapeutischen Anwendung der verbalen Konditionierung.

Veröffentlicht wurde die Fallstudie eines sechzigjährigen, schizophrenen Patienten, der seit zwanzig Jahren in der Klinik lebte. Zwei Therapeuten bemühten sich in einzelnen Sitzungen darum, die wahnhafte Sprache des Patienten durch Nichtbeachtung zu extinguieren oder zumindest einzuschränken, während man zugleich seine rationale Sprache kontingent verstärkte. Zu Beginn der Behandlung produzierte der Patient in einer 45minütigen Sitzung ca. zwei Minuten rationale Sprache. Mit zunehmendem Behandlungsfortschritt wiesen die Therapeuten das Pflegepersonal an, sich auf der Station ebenso zu verhalten wie sie selbst. Tatsächlich verbesserte sich das Verhalten des Patienten daraufhin auch außerhalb der Therapiesituation, obwohl es nicht gelang, die wahnhafte Sprache völlig zu extinguieren (Rickard, Dignam u. Horner 1960). Bei einem Follow-up zwei Jahre später zeigte sich, daß der Patient den Behandlungsgewinn hatte stabilisieren können. Zwei experimentelle Sitzungen mit alternierenden Perioden maximaler und minimaler Verstärkung führten fast zu dem gleichen Ergebnis, wie nach Abschluß der Behandlung: bei maximaler Verstärkung produzierte der Patient 100% rationale Sprache, bei minimaler Verstärkung immerhin noch 93% (Rickard u. Dinoff 1962).

Die Arbeiten der operanten Forscher im Bereich der Klinischen Psychologie zogen Ende der fünfziger Jahre nur wenig Aufmerksamkeit auf sich. So erklärt sich auch die Tatsache, daß die Wissenschaftler am Londoner *Maudsley-Hospital,* die über fast alle für die Verhaltenstherapie relevanten Entwicklungen informiert waren, die Bedeutung der Untersuchungen Ayllons und seiner Kollegen nicht erkannten. Auch Hans Eysencks 1960 herausgegebener erster Sammelband über die Ergebnisse der modernen Verhaltenstherapie enthielt nicht eine einzige Untersuchung der operanten Wissenschaftler. Die operanten Forscher, die damals erste Beiträge zur Verhaltenstherapie leisteten, fühlten sich meist nicht als Klinische Psychologen oder Therapeuten. Ihre Initiative in diesem Bereich war nicht berufspolitisch, sondern wissenschaftlich motiviert. Viele von ihnen wollten einfach nur einen Beitrag zur Anwendung der operanten Lerntheorie leisten; klinisches Interesse gewannen sie – mit einigen wenigen Ausnahmen – erst in den frühen sechziger Jahren.

Die moderne Verhaltenstherapie auf der Wende zu einem neuen Jahrzehnt: Erste Konturen einer angewandten Wissenschaft

Anfang der sechziger Jahre wurde die Verhaltenstherapie als Forschungs- und Anwendungsbereich auch für die wissenschaftliche Öffentlichkeit sichtbar. 1958 veröffentlichte die *Stanford University Press* auf Empfehlung Albert Banduras Joseph Wolpes Buch „Psychotherapy by Reciprocal Inhibition“, eine Zusammenfassung seiner experimentellen und praktisch-therapeutischen Arbeiten, das bald zu einem Klassiker auf dem Gebiet der Verhaltenstherapie avancierte (Wolpe 1958). Zwei Jahre später gab Hans Eysenck den Sammelband „Behaviour Therapy and the Neuroses“ heraus (Eysenck 1960a), in dem er die verhaltenstherapeutische Forschung in ihrer ganzen Internationalität präsentierte: Amerikanische, englische, südafrikanische und tschechoslowakische Arbeiten wurden erstmals zueinander in Beziehung gesetzt. Eysencks Ziel, die Installierung einer Psychotherapieforschung, die im theoretischen wie im forschungstechnischen Sinne neben der empirischen Grundlagenforschung bestehen konnte, schien nun sichtbar nähergerückt. Von Anfang an sprach er von „der“ Verhaltenstherapie und „der“ Lerntheorie und zwang damit die neue Einigkeit geradezu herbei.

Hans Eysenck plante die Verhaltenstherapie konsequent als „Gegenmodell“ zur Psychoanalyse und zu allen psychodynamisch orientierten Psychotherapien. Aus diesem Grund lieh er der noch jungen verhaltenstherapeutischen Bewegung sein wissenschaftliches Prestige und förderte sie, wo er konnte. Die moderne Verhaltenstherapie sollte nicht einfach eine technische Innovation, sondern die grundsätzliche Abkehr von der Tradition klinischen Denkens verkörpern. Und obwohl Eysenck sich dabei bezüglich der Ausgereiftheit der Techniken und ihrer therapeutischen Überlegenheit relativ zurückhaltend äußerte, wurde dies von seinen Zeitgenossen angesichts der polemischen, im Grunde ungeheuerlichen Angriffe auf die Psychoanalyse nicht wahrgenommen. So schrieb er damals über die lerntheoretische Basis der neuen Techniken u. a.:

„Man würde der Lerntheorie keinen Gefallen tun, würde man vorgeben, sie sei schon weiter als über einen sehr begrenzten Ansatzpunkt hinausgekommen; offensichtlich kann und wird sie nicht mit den Naturwissenschaften in bezug auf Präzision, Genauigkeit oder Geschlossenheit rivalisieren. In manchen Bereichen wurde eine Quantifizierung erreicht, obwohl nur in rudimentärer Form und in anderen Bereichen nicht. Dieses Gebiet wächst schnell und Theorien werden fortlaufend verbessert oder zurückgewiesen. Es gibt keine Übereinstimmung der Meinungen und keine allgemein anerkannte Theorie, der sich jeder verbunden fühlt" (Eysenck 1960a, S. 466).

Doch sah er darin keinen Grund, den Einsatz der Lerntheorien für praktische Zwecke abzulehnen. Auch in der Physik seien mit Hilfe unfertiger Theorien erhebliche praktische Fortschritte erzielt worden. Zugleich forderte Eysenck jedoch nachdrücklich die Verbesserung und Verfeinerung von Prozeduren und Methoden, vergleichende Therapiestudien und eine den neuen therapeutischen Strategien entsprechende Diagnostik (Eysenck 1960a).

Wie Hans Eysenck war auch Joseph Wolpe, eine zweite zentrale politische Figur in der verhaltenstherapeutischen Bewegung, damals voller Hoffnung und als empirischer Wissenschaftler von der Durchschlagskraft der neuen Methoden überzeugt. Vieles schien einfach nur noch eine Frage der Zeit zu sein. Wolpe galt als Pionier, als erfahrener Mediziner und Therapeut, den Klinischen Psychologen wie Psychiater respektierten. Während Eysenck die Verhaltenstherapie im theoretischen Sinne verkaufte, verkaufte Wolpe sie seinen Kollegen damals im praktischen Sinne. Eysenck hatte erkannt, daß Wolpe sowohl wissenschaftlich wie auch technisch der allgemeinen Entwicklung im Bereich der Verhaltenstherapie um Jahre voraus war. Seine therapeutischen Methoden und der damit verbundene statistische Nachweis ihrer Effektivität waren geeignet, für den neuen Ansatz zu werben. „Von allen Methoden", schrieb Hans Eysenck 1960, „die hier vorgestellt werden, ist diese (die Psychotherapie durch reziproke Hemmung) wahrscheinlich die fundamentalste und bedeutsamste" (Eysenck 1960a, S. 87).

Auch erste Kommentare und Überblicksreferate zu dem neuen Standpunkt wurden damals publiziert. 1961 bemühte sich Albert Bandura in dem Aufsatz „Psychotherapy as a Learning Process" um einen repräsentativen Überblick über alle Versuche, Lerntheorien und Psychotherapie zusammenzubringen, angefangen bei der Analyse von John Dollard und Neal Miller bis hin zu den Arbeiten Joseph Wolpes und seiner Schüler (Bandura 1961). Ebenfalls 1961 unterschied Frederick Kanfer in seinem Artikel „Comments on Learning in Psychotherapy" zwischen zwei großen Richtungen, der einen, die völlig neue therapeutische Verfahren entwickelte, und der anderen, die sich in der Tradition Dollards und Millers um eine Analyse therapeutisch effektiver Dimensionen traditioneller verbaler Therapien bemühte (Kanfer 1961).

Unter der Überschrift „Faktoren, die die Integration behindern" befaßte sich Albert Bandura u. a. kritisch mit den Aspekten, die der Übertragung lerntheoretischer Konzepte in der klinischen Praxis im Wege standen. Viele Therapeuten, so stellte er fest, bewerteten die gezielte Manipulation und Kontrolle von Verhalten als antihumanistisch und warfen den Verhaltenstherapeuten vor, ihre Patienten wie Ratten oder

Tauben zu behandeln. Ebenfalls als problematisch empfand er den „school approach“, d.h. die Tatsache, daß jede Gruppe ihrer eigenen Lerntheorie folgte, also Wolpe seine Techniken auf dem Prinzip der reziproken Hemmung aufbaute, Skinner und seine Schüler sich nur im Rahmen der operanten Lerntheorie betätigten, etc. Auch vertrüge sich das Persönlichkeitsmodell der meisten Therapeuten mit den Prinzipien, die innerhalb eines lerntheoretischen Ansatzes entwickelt wurden, nicht. Die Psychotherapeuten Anfang der sechziger Jahre befaßten sich mit einer Vielzahl innerer, erklärender Prozesse, wohingegen Lerntheoretiker innere Zustände traditionell vernachlässigten und einen stärker mechanistischen Ansatz vertreten. Dies, so meinte Bandura, habe auch zu der Kontroverse um die sogenannte Symptomtherapie geführt (Bandura 1961).

Banduras Bedenken erwiesen sich in bezug auf die Widerstände gegenüber der neuen Bewegung als durchaus prophetisch. Viele, auch forschungsorientierte Klinische Psychologen, entdeckten erst Jahre später, daß die *direkte Manipulation von Verhalten,* das entscheidende Kennzeichen früher verhaltenstherapeutischer Verfahren, einen hohen therapeutischen Wert hatte, hinter dem rein theoretische Einwände wie der Vorwurf der Symptomtherapie zurücktreten mußten.

KAPITEL IV

1960–1980: Die moderne Verhaltenstherapie – Expansion und erste Revisionen

In den sechziger Jahren entwickelte sich die moderne Verhaltenstherapie in Forschung und Anwendung kontinuierlich und expansiv. Eine erste Bilanz der eigenen Entwicklung findet sich um 1970 in einer Reihe von Büchern und Sammelreferaten, u. a. Bandura (1969), Franks (1969), Kanfer u. Phillips (1970), Krasner (1971) und Yates (1975). Einen umfassenden Überblick über die Entwicklungen der sechziger und siebziger Jahre gibt Kazdin (1978).

In diesem letzten großen Kapitel über die Geschichte der Verhaltenstherapie sollen schwerpunktmäßig Beiträge dargestellt werden, die die Entwicklungsdynamik dieses neuen Forschungs- und Anwendungsbereiches besonders gut verdeutlichen. Angesichts der Fülle der heute vorliegenden Fakten und Informationen ist es kaum möglich, einen vollständigen Überblick zu geben. Gesellschaftliche und berufspolitische Bezüge treten daher hinter der Darstellung inhaltlicher Entwicklungen zurück, was jedoch nicht heißen soll, daß ihr Einfluß nicht ebenso bedeutsam war wie in früheren Phasen der Geschichte der Verhaltenstherapie. Dennoch wird anhand der Entwicklungen der folgenden zwei Jahrzehnte deutlich, wie rasch die moderne Verhaltenstherapie an Eigengewicht und Eigendynamik gewonnen hat und durch die Entschlossenheit und das Sendungsbewußtsein ihrer Pioniere schon bald zu einer eigenständigen Bewegung in der Klinischen Psychologie avancierte[1].

Im wesentlichen soll nun versucht werden zu klären, wie es möglich war, daß die Anfang der sechziger Jahre auf einen behavioristischen Kurs vorprogrammierte verhaltenstherapeutische Bewegung mit der Wende zu den siebziger Jahren unvermittelt auf eine auch für andere theoretische Ansätze offenere, kognitive Perspektive umschwenkte und welche Folgen diese Entwicklung hatte. Zugleich soll gezeigt werden, wie sich – weniger spektakulär, aber grundlegender – die Vorstellungen von dem, was angewandte Forschung im Bereich der Klinischen Psychologie bedeutet und wie sie betrieben werden sollte, in dieser Zeit gewandelt haben. Insgesamt legt dieser Abschnitt der historischen Analyse mehr Wert auf die argumentativen Strukturen und die Polemik zwischen den einzelnen Gruppen als auf die Vollständigkeit der Darstellung wissenschaftlicher und praktischer Entwicklungen.

Noch eine Anmerkung: In den sechziger Jahren setzte eine spektakuläre Welle der Kritik an dem vielen theoretischen Ansätzen im klinischen Bereich zugrundeliegenden sogenannten „medizinischen Modell“ ein. Mit dem sich wandelnden Bewußtsein gegenüber den verdeckten Einflüssen medizinischen Denkens gingen Klinische Psychologen nun zunehmend dazu über, Begriffe wie „psychische Krankheit“ und „Patient“ gegen solche wie „psychische Störung“ bzw. „abweichendes Verhalten“ und „Klient“ auszutauschen. Die Terminologie der folgenden Abschnitte paßt sich der Veränderung im historischen Verständnis dieser Begriffe an[2].

Zur Entstehung der verhaltenstherapeutischen Bewegung in den USA

Der Aufbau der Verhaltenstherapiebewegung in den USA[3] wurde zu einem großen Teil von Wissenschaftlern geleistet, die – auf der Suche nach einer neuen Plattform für ihr Ideen – aus Südafrika und Großbritannien in die Vereinigten Staaten emigriert waren. Joseph Wolpe, der bereits Ende der fünfziger Jahre ein Jahr in *Stanford* verbracht hatte und damals auch Kontakt zu Kollegen wie Andrew Salter und Joseph Shoben aufnahm, folgte wenig später einem Ruf an die *University of Virginia* in *Charlottesville.* Ian Stevenson, Chairman des *Department of Psychiatry,* interessierte sich für seinen Ansatz und holte ihn in die USA. Die Zusammenarbeit zwischen ihm und Wolpe entwickelte sich jedoch nachgerade wenig erfolgreich, weil er, wie viele amerikanische Psychiater, einen im Grunde eklektischen Standpunkt vertrat, dem sich die Pioniere der modernen Verhaltenstherapie damals kompromißlos widersetzten.

Mit Wolpes Wechsel in die USA war ein erster Schritt getan, neue Ideen und viel Engagement in eine Umwelt einzubringen, die trotz oder gerade aufgrund ihrer eklektisch-dynamischen Tradition Möglichkeiten für eine expansive Entwicklung bot. Eine zweite wichtige politische Figur in der Aufbauphase der Verhaltenstherapiebewegung in den USA war Cyril Franks, der bis Ende der fünfziger Jahre unter der Regie Eysencks in London geforscht hatte (Franks 1958a u. b, 1959). Franks heiratete eine Amerikanerin und wechselte zum *New Jersey Neuro-Psychiatric Institute* in *Princeton.* 1963 schließlich kam Arnold Lazarus erstmals in die USA, nach *Stanford.*

Ebenfalls relativ früh engagierten sich Leonard Krasner und Albert Bandura für die neue Bewegung. Leonard Krasner war damals Koordinator des Trainingsprogramms des *VA-Hospitals* in *Palo Alto,* nur weniger Kilometer von der *Stanford University* entfernt, wo Albert Bandura lehrte. Bandura war an der Klinik beratend tätig. Im Laufe der sechziger Jahre kamen so fast alle heute bekannten Verhaltenstherapeuten nach Palo Alto, um im dortigen *VA-Hospital* einen Vortrag zu halten. Unter Leonard Krasners Regie entstand dort ein ultrawissenschaftliches, damals in den USA einzigartiges Ausbildungsprogramm. Krasners Interesse an der Verhaltenstherapie wuchs mit seinen organisatorischen Aufgaben, und es gelang ihm, das Netz an informeller Kommunikation unter den an dem neuen Standpunkt interessierten Wissenschaftlern und Praktikern erfolgreich auszuweiten.

1964 erschien Cyril Franks' Buch „Conditioning Techniques in Clinical Practice and Research" (Franks 1964), zugleich mit dem gemeinsam von Joseph Wolpe, Andrew Salter und Leo Reyna herausgegebenen Sammelband „The Conditioning Therapies. The Challenge in Psychotherapy" (Wolpe, Salter u. Reyna 1964). In beiden Büchern finden sich auch Arbeiten etablierter amerikanischer Wissenschaftler wie Horsley Gantt und H. S. Liddell, die u. a. an einer ersten, von Wolpe organisierten Konferenz an der *University of Virginia* teilgenommen hatten. Bereits anhand dieser frühen Arbeiten war erkennbar, daß die Amerikaner gegenüber Eysencks persönlichkeitspsychologischem Beitrag zur Theorienbildung indifferent bleiben würden. Vielen stand sein Ansatz der traditionellen Psychologie zu nahe und man empfand ihn als Verfremdung.

Ebenfalls 1964 veröffentlichte Hans Eysenck eine zweite Sammlung von Aufsätzen zur Verhaltenstherapie, „Experiments in Behaviour Therapy" (Eysenck 1964). Wie auch in dem von Cyril Franks herausgegebenen Buch finden sich darin erste Arbeiten der operanten Forscher, deren eigenständiger Beitrag hier wie in Rachmans „Introduction to Behaviour Therapy" (Rachman 1963) nach den im Rahmen der Hullschen Lerntheorie konzipierten Techniken der reziproken Hemmung bereits an zweiter Stelle genannt wird. Erstmals 1965 wurden diese Ansätze durch die Herausgabe zweier Sammelbände von Ullmann u. Krasner (1965) und Krasner u. Ullmann (1965) sichtbarer, obwohl sich einige Anhänger Wolpes darüber empörten, daß der operante Standpunkt in diesen Büchern überrepräsentiert sei. Während die Herausgeber in „Research in Behavior Modification" (Krasner u. Ullmann 1965) ausschließlich Arbeiten vorstellten, die auf dem Modell sozialer Verstärkung basierten – also Untersuchungen von Ferster, Staats, Bijou, Goldiamond u. a., aber auch von nichtoperanten Wissenschaftlern wie Frederick Kanfer und Albert Bandura – finden sich in den bekannteren „Case Studies in Behavior Modification" (Ullmann u. Krasner 1965) viele Beiträge wieder, die auf der Grundlage der in Palo Alto gehaltenen Vorträge entstanden sind.

Bemerkenswert an diesen frühen Veröffentlichungen ist die Fülle der darin enthaltenen Arbeiten, die bestenfalls dem Randbereich verhaltenstherapeutischer Forschung zugerechnet werden können, so z. B. die Aufsätze Albert Ellis' in Eysencks „Experiments in Behaviour Therapy" (1964) oder auch eine Fallstudie von Donald Peterson und Perry London (1964), die sich in Ullmann u. Krasner (1965) wiederfand. Ursprünglich gedacht als Persiflage auf den überwissenschaftlichen Ernst und die simplen Behandlungsansätze damaliger Verhaltenstherapeuten[4], erfüllte die Arbeit von Peterson u. London dennoch alle Grundvoraussetzungen, um in überarbeiteter Form in diesem Sammelband erneut veröffentlicht zu werden. In „A Role for Cognition in the Behavioral Treatment of a Child's Eliminative Disturbance" wandten sich Peterson u. London bereits unmißverständlich gegen den Ausschluß kognitiver Faktoren in der Verhaltenstherapie. Sie interpretierten ihn als Reaktion auf die Überbetonung der Bedeutung der Einsicht in der traditionellen Psychotherapie und erklärten dazu:

„Natürlich ist die kognitive Funktion ein respektables Gebiet wissenschaftlicher Forschung und es gibt keinen Grund dafür, Wissen, das im Bereich der Kognition gewonnen wurde, in der therapeutischen Praxis zu ignorieren“ (Peterson u. London 1965, S. 289).

Schon in den frühen sechziger Jahren wurde also – wenn auch möglicherweise einfach nur aus Materialmangel – durch Beiträge wie die von Albert Ellis, Donald Peterson und Perry London auf die Bedeutung kognitiver Faktoren und ihre Modifikation im Rahmen der Verhaltenstherapie hingewiesen.

Klassische und operante Konditionierung – zwei Schulen der Verhaltenstherapie?

Als Stanley Rachman 1962 in seinem Aufsatz „Learning Theory and Child Psychology: Therapeutic Possibilities“ auf die frühen Arbeiten von Charles Ferster, O. Ivar Lovaas, Donald Baer und Sidney Bijou aufmerksam machte, waren Joseph Wolpe und seine Anhänger mit den neuen operanten Techniken noch wenig vertraut. Dies beruhte auf Gegenseitigkeit, denn Skinners Gruppe hatte ihr eigenes Kommunikationsnetz, und man schloß sich schon allein aus diesem Grund nur vereinzelt dem ersten „Stoßtrupp“ der Verhaltenstherapiebewegung an, der sich vorwiegend aus Anhängern der respondenten Lerntheorien rekrutierte. Die Verhaltenstherapeuten, die im Paradigma der operanten Konditionierung arbeiteten, waren damals der Meinung, daß die Zeit für eine offensive Vertretung ihres Standpunktes noch nicht reif war – eine Einschätzung, die der starken Forschungsorientierung dieser Gruppe entsprach. So war Ogden Lindsley völlig überrascht, als er von der von Hans Eysenck 1963 erstmals herausgegebenen Zeitschrift *Behaviour Therapy and Research* erfuhr und wunderte sich, daß schon genügend Material vorhanden sein sollte, um eine Zeitschrift zu füllen. Doch obwohl Eysenck im Editorial der neuen Zeitschrift den rigorosen Wissenschaftsanspruch der Behavioristen unverdrossen als Markenzeichen der Verhaltenstherapie propagierte, waren seine und Wolpes Bemühungen geeignet, auch unter interessierten Praktikern für ihren Standpunkt zu werben. In *Behaviour Therapy and Research* sollten experimentelle Forschungsberichte, qualifizierte theoretische Arbeiten, aber auch Berichte über die Anwendung verhaltenstherapeutischer Techniken veröffentlicht werden (Eysenck 1963b).

Insgesamt kann man davon ausgehen, daß der Kommunikationsfluß zwischen den operanten Forschern und den Anhängern Eysencks und Wolpes Anfang der sechziger Jahre nicht allzu intensiv war. Die operanten Wissenschaftler beschränkten ihre Bemühungen nicht allein auf den klinischen Anwendungsbereich; so boten sich ihnen z. B. gute berufliche Möglichkeiten im Rahmen der technologischen Weiterentwicklung programmierter Lernprogramme. Und während lernbereite Kliniker wie Arnold Lazarus Mitte der sechziger Jahre erstmals darangingen, das Potential operanter Strategien neu zu entdecken (Lazarus, Davison u. Polefka 1965), arbeiteten die operanten Verhaltenstherapeuten weiterhin ausschließlich mit Technologien, die innerhalb ihres eigenen Paradigmas entstanden waren.

Bis heute findet die besondere Perspektive der operanten Verhaltenstherapeuten ihren Ausdruck in einer eigenen Terminologie. Als Ullmann und Krasner 1965 einen ersten Überblick über die Leistungen der Schüler Skinners im Bereich der Klinischen Psychologie gaben, verwendeten sie den Begriff „Verhaltensmodifikation“ statt den der „Verhaltenstherapie“ (Ullmann u. Krasner 1965). Anfang der siebziger Jahre gab es verschiedentlich Versuche, beide Begriffe voneinander zu unterscheiden, doch konnte sich keine der neuen Definitionen durchsetzen (Kazdin 1978). Man blieb dabei, beide Begriffe als austauschbar zu verstehen, wobei sich die operanten Verhaltenstherapeuten bis heute vorzugsweise des Begriffes „Verhaltensmodifikation“ bedienen – mit ein Zeichen für ihr elitäres Verständnis, das sie auch in der Verhaltenstherapiebewegung, ähnlich wie in der experimentellen Psychologie, aufrechterhielten.

Zur Gründung der Association for the Advancement of Behavior Therapy

Diskussionen um Begrifflichkeiten und damit verbundene Zielvorstellungen finden sich auch in der Frühzeit des Aufbaus der *Association for the Advancement of Behavior Therapy* (AABT), die ursprünglich als *Association for the Advancement of Behavioral Therapies* 1966 in New York gegründet wurde.

Die Mitgliedschaft der AABT setzte sich aus zwei sich teilweise überschneidenden Interessengruppen zusammen, die Mitte der sechziger Jahre den neuen Zusammenschluß bildeten. Innerhalb der Division 12 für Klinische Psychologie der APA war eine Sektion 3 für „Klinische Psychologie als experimentelle Wissenschaft“ entstanden, der ca. 150 überwiegend in der akademischen Psychologie tätige Psychologen angehörten. Sie suchten nach neuen Wegen, ihre Meinung gegenüber den mehrheitlich stark psychodynamisch ausgerichteten Mitgliedern der Division 12 besser vertreten zu können. Mit der Zeit drängten mehr und mehr Mitglieder der Verhaltenstherapiebewegung in die Sektion, und nachdem man auf ca. 500 Mitglieder angewachsen war, verstärkte sich das Interesse an einer von der APA unabhängigen, klinischen Vereinigung. Währenddessen stammten die Initiatoren und eigentlichen Gründer der AABT aus einer Gruppe interessierter Kliniker, die an den von Joseph Wolpe an der *Medical School of Virginia* durchgeführten Weiterbildungen teilgenommen hatten. Erstmals 1965 hatte er 16 Ärzte, Privatpraktiker und Psychologen eingeladen, für ca. drei Monate an Seminaren und praktischen Übungen zur Verhaltenstherapie teilzunehmen. Zu diesen ersten systematisch geschulten Klinikern gehörten u. a. Dorothy Susskind und Joseph Cautela, die wie viele spätere Verhaltenstherapeuten ursprünglich psychodynamisch ausgerichtet waren.

So wurde die AABT Mitte der sechziger Jahre als eine gemeinsame Interessengruppe von Wissenschaftlern und Anwendern in New York gegründet. Für die Mitgliedschaft formulierte man folgende Anforderungen:

„Die Mitgliedschaft in der AABT steht jedem offen, der die Methodologie und den Standpunkt der Verhaltenswissenschaften akzeptiert und davon überzeugt ist, daß die Modifikation von

Verhalten im klinischen, pädagogischen und sozialen Kontext am besten durch die Anwendung von Wissen bewirkt wird, das von den Verhaltenswissenschaften allgemein und von der Lerntheorie im besonderen abgeleitet wurde" (AABT Newsletter, Vol. I, No. 1, Nov. 1966, S. 2).

Um die neue Gesellschaft zu organisieren, trafen sich die sieben Gründungsmitglieder der AABT, unter ihnen Joseph Wolpe, Cyril Franks und Dorothy Susskind, allmonatlich in der New Yorker Wohnung Dorothy Susskinds, die von 1965 bis 1974 als *Executive Secretary* der AABT fungierte. In einem ersten Schritt begann man, Kollegen in den USA und in Kanada anzuschreiben und für die Mitgliedschaft zu werben. Die große Resonanz auf diese Aktion zeigte, daß die Zeit für einen Zusammenschluß reif war. Mitte der sechziger Jahre waren viele Klinische Psychologen an einer Verkürzung der Therapiedauer interessiert, und so stellten fast 200 Kollegen Antrag auf Mitgliedschaft in der AABT.

Der erste Newsletter der AABT, erschienen im November 1966, wies Cyril Franks als Präsidenten und Joseph Wolpe als Vizepräsidenten der Gesellschaft aus. Dem *Council* gehörten insgesamt vierzehn Mitglieder an, davon zehn Psychologen und vier Mediziner; Wissenschaftler und Praktiker hielten sich ungefähr die Waage. Die Gesellschaft hatte Niederlassungen in Boston, San Francisco, Philadelphia, Toronto, Oregon und New York City und organisierte ihre Mitgliederversammlungen zunächst parallel zu den Jahrestreffen der APA. Im zweiten Jahr tauschten Cyril Franks und Joseph Wolpe ihre Posten, und es wurde ein *Board of Directors* bestellt, dem u. a. John Paul Brady, Joseph Cautela, Edward Dengrove, Leonard Krasner, Andrew Salter, aber auch Wegbereiter der modernen Verhaltenstherapie wie O. Hobart Mowrer angehörten. Andrew Salter fungierte für die Gesellschaft einige Jahre als Vorsitzender des Nominierungskomitees, Arnold Lazarus war zunächst *Program Chairman,* und Cyril Franks gab den vierteljährlich erscheinenden *AABT Newsletter* heraus.

Den Begriff „Verhaltenstherapie" hatte man mit dem Ziel in die Namensgebung der AABT eingebracht, die Gesellschaft eindeutig mit dem klinischen Bereich in Verbindung zu bringen. Um die Einheit des eigenen Vorgehens zu unterstreichen (Wilson u. Evans 1967), beschloß man wenige Jahre nach der Gründung, auch auf den Plural „behavioral therapies" zu verzichten, so daß die Gesellschaft erstmals 1968 ihren heute noch gültigen Namen *Association for the Advancement of Behavior Therapy* führte.

Die AABT war ursprünglich eine multiprofessionelle Bewegung. Doch zeigte sich schon bald, daß sich in der Mehrheit Klinische Psychologen für den verhaltenstherapeutischen Ansatz interessierten. Ihre Studieninhalte bereiteten sie auf die neuen Techniken besser vor als etwa die Psychiater. Diese strebten nur in Einzelfällen eine Mitgliedschaft in der AABT an. Aber nicht nur innerhalb der Psychiatrie, auch in der Klinischen Psychologie stieß man damals noch auf Desinteresse und Ablehnung. Versuche, durch Vortragsreisen für den neuen Standpunkt zu werben und aufklärend zu wirken, konnten nun vor dem Hintergrund der AABT besser organisiert und argumentativ vereinheitlicht werden. Um den konstruktiven Dialog zu fördern, hielten viele heute bekannte Verhaltenstherapeuten damals Vorträge, veranstalteten Trainingskurse, Seminare und Workshops, verschickten Literatur und korrespondierten mit interessierten Kollegen. Renommierte Wissenschaftler wie John Dollard stellten sich für solche Veranstaltungsserien zur Verfügung, und die Perfektion all dieser Werbe- und Aufklärungsmaßnahmen wuchs mit dem Erfolg. Doch veränderte sich mit dem neuen Gefühl der Stärke auch der Stil der AABT, und man kam zeitweise von dem Bemühen um eine konstruktive Diskussion mit Andersdenkenden ab. War es besser, einen offensiven Kurs zu verfolgen oder sollte man versuchen, sich stärker in den klinischen Kontext zu integrieren? Die Wortführer der verhaltenstherapeutischen Bewegung waren Mitte der sechziger Jahre davon überzeugt, über die besseren Behandlungsmethoden zu verfügen; so war ihr Auftreten nicht selten militant, und sie gewöhnten es sich an, auf die psychodynamisch orientierten Kliniker im Publikum herabzureden. Wohlwollende Kritiker der Verhaltenstherapie wie John Grossberg (1964) wiesen damals darauf hin, daß viele erfahrene Psychotherapeuten persönlich und beruflich an Persönlichkeitstheorien und Behandlungsmethoden gebunden waren, die im direkten Widerspruch zur Vorgehensweise der Verhaltenstherapeuten standen. Natürlich waren viele von ihnen nicht bereit, nun ihr gesamtes klinisches Wissen aufzugeben, so daß die Bemühungen der Vertreter der AABT nicht selten im umgekehrten Verhältnis zum Erfolg standen. Auch aus den eigenen Reihen blieb die Kritik an dem neuen Kurs nicht aus. Doch war die Zeit für liberalere Strategien noch nicht reif; zunächst galt es, den eigenen Standpunkt kompromißlos zu vertreten und für die neue Perspektive auf dem übervollen Markt psychotherapeutischer Technologien Platz zu schaffen.

Verhaltenstherapie und Psychoanalyse

Zentraler Bestandteil der offensiven Strategie der Verhaltenstherapeuten war die Konfrontation mit der Psychoanalyse, die man auch in den sechziger Jahren weiterhin pflegte. Einen offenen Angriff auf die Tradition klinischen Denkens veröffentlichten z.B. Joseph Wolpe und Stanley Rachman 1960 mit dem Aufsatz: „Psychoanalytic ‚Evidence‘: A Critique Based on Freud's Case of Little Hans“. Anhand von Freuds Fallmaterial aus der Analyse des kleinen Hans (Freud 1909) versuchten sie zu zeigen, daß die am Fall belegten Beweise für seine theoretischen Überlegungen vorwiegend auf Interpretationsvorgängen beruhten, die als Fakten behandelt worden waren (Wolpe u. Rachman 1960). In einem eher polemischen Aufsatz „Psychotherapy: Nonscientific Heritage and the New Science“ (Wolpe 1963) stellte Wolpe die wissenschaftliche Ausrichtung der Verhaltenstherapie nochmals der spekulativen Basis der Psychoanalyse gegenüber. Ebenfalls 1963 gab Stanley Rachman das Buch „Critical Essays on Psychoanalysis“ heraus, das neben dem Beitrag Eysencks auch einige kritische Erfahrungsberichte bekannter amerikanischer Psychologen über ihre eigene Analyse enthielt (Boring 1963, Landis 1963, Rachman 1963).

Diese gezielten Angriffe auf die etablierte Praxis waren jedoch nicht der einzige Ansatzpunkt für eine Kritik von seiten der Verhaltenstherapeuten. Bereits in den fünfziger Jahren hatten Theoretiker wie B. F. Skinner (1953) und Hans Eysenck (1955, 1957) aus ihrer lerntheoretischen Perspektive heraus medizinische Modellvorstellungen, die dem klinischen Denken zugrundelagen, im Ansatz kritisiert. 1960 veröffentlichte der Psychiater Thomas Szasz im *American Psychologist* einen Aufsatz mit dem Titel „The Myth of Mental Illness“, mit dem er die traditionellen Vorstellungen von psychischer Krankheit in den sechziger Jahren revolutionierte. Laut Szasz beruhten viele Störungen, die man üblicherweise als psychische Krankheiten klassifizierte, nicht auf physischen Krankheitsprozessen, sondern auf Abweichungen im Verhalten oder Denken. Er definierte psychische Störungen als Abweichungen von psychosozialen, ethischen oder gesetzlichen Normen, d. h. als soziale Rollen und verwies erstmals auf die weitreichenden Folgen der mißbräuchlichen Verwendung medizinischer Terminologie (Szasz 1960).

Seine Kritik wurde in den sechziger Jahren von Psychologen, aber auch von aufgeklärten Psychiatern wie Donald Laing und Franco Basaglia aufgenommen und weitergeführt. „Dieses Thema, daß das medizinische Modell (Krankheitsmodell) zur Erklärung von Verhaltensweisen, wie sie in psychiatrischen und klinisch-psychologischen Darstellungen enthalten sind, falsch oder veraltet ist, wurde in einer Vielzahl von Variationen das gesamte Jahrzehnt hindurch bearbeitet“ (Reismann 1976, S. 378). Den Verhaltenstherapeuten kam das plötzlich erwachende kritische Bewußtsein gegenüber traditionellen Konzeptionen abweichenden Verhaltens sehr gelegen, und führende Mitglieder der Bewegung förderten die Diskussion über dieses Thema.

So befaßten sich Ullmann u. Krasner (1965), die im Grunde eine sozialpsychologische Perspektive vertraten und den Einsatz lerntheoretisch begründeter Verfahren bewußt als besondere Situation der sozialen Einflußnahme interpretierten, bereits in der Einleitung zu den „Fallstudien“ ausführlich mit dem medizinischen Modell, seiner Darstellung und kritischen Bewertung; das dazu konkurrierende, später immer wieder skizzierte (lern-)psychologische Modell (siehe z. B. Davison u. Neale 1973) ergänzte ihre Kritik. Als Kennzeichen des medizinischen Modells bezeichneten sie erstens die Annahme der einer Störung zugrundeliegenden Ursache sowie die Schlußfolgerung, daß man das fehlangepaßte Verhalten selbst nicht direkt behandeln kann, da es Produkt dieser Ursache ist; zweitens, daß eine Veränderung des Verhaltens nicht bedeutsam ist, solange das zugrundeliegende Problem nicht behandelt wurde und drittens die Tatsache, daß der Unterschied zwischen dem tatsächlichen Verhalten des Patienten und dem, was der Kliniker erwartet oder zu erkennen glaubt, so verschwommen ist, daß das Nichtauffinden der erwarteten Ursache in den Augen des Klinikers das Problem nur verschärft (Ullmann u. Krasner 1965, S. 5). Diese Darstellung des medizinischen Modells orientierte sich an den durch den Umgang mit dem psychoanalytischen Standpunkt vorgegebenen Richtwerten[5] und ist bis heute fester Bestandteil einer Argumentation, auf die sich Verhaltenstherapeuten unterschiedlichster Ausrichtung einigen können.

Die systematische Desensibilisierung – Erfolgsrezept für Forschung und Praxis

Als Hans Eysenck 1960 das das Buch „Behaviour Therapy and the Neuroses“ herausgab, ging es ihm und seinen Kollegen nicht allein darum, ein neues, effektiveres therapeutisches Verfahren auf den Markt zu bringen. Man war zwar davon überzeugt, daß sich die Verhaltenstherapie schon bald zu einer echten Alternative zur traditionellen Psychotherapie entwickeln würde. Doch kam in seiner, wie auch später in Rachmans Forderung nach kontrollierter Experimentation zur Effektivität der neuen Techniken (Rachman 1963) die Überzeugung zum Ausdruck, daß die Verhaltenstherapie den Ausgangspunkt einer systematischeren, wissenschaftlichen Erforschung psychotherapeutischer Methoden bilden könnte. John Grossberg, der 1964 einen ersten, sehr positiven Überblick über die Forschung in diesem neuen Anwendungsbereich gab, meinte damals, daß sich die Verhaltenstherapie auf dem Boden der Ausbildungsinstitutionen und in den Laboratorien noch werde bewähren müssen. Trotz fehlender kontrollierter Studien und vergleichender Untersuchungen zur Effektivität verschiedener Verfahren war er jedoch optimistisch und bezeichnete das Gebiet als einen „extrem aktiven Forschungsbereich“ (Grossberg 1964).

Das therapeutische Verfahren, das sowohl in der wissenschaftlichen Forschung wie auch in der praktischen Anwendung den Grundstein für den Erfolg verhaltenstherapeutischer Methoden legte, war die systematische Desensibilisierung. 1967 bezeichnete Stanley Rachman sie als „die prominenteste Technik“ der Verhaltenstherapie und als das in der Praxis am häufigsten verwendete Verfahren (Rachman 1967a). Zum Zeitpunkt ihres „Imports“ in die USA war die systematische Desensibilisierung bereits ein ausgereiftes, weitgehend standardisiertes Behandlungspaket, ausgestattet mit umfangreichen Daten und Informationen über seine Anwendung bei neurotischen Klienten. Rein äußerlich glich sie von allen damals verfügbaren verhaltenstherapeutischen Techniken am stärksten der konventionellen Therapie. Sie paßte sich – und darin lag ihre Stärke – problemlos der traditionellen psychotherapeutischen Behandlungssituation an. Die systematische Desensibilisierung ließ sich innerhalb der Grenzen einer normalen therapeutischen Praxis einsetzen, d. h. man benötigte keine zusätzlichen Hilfsmittel, der Therapeut brauchte den Behandlungsraum nicht zu verlassen und die zentralen Medien der Therapie blieben auch weiterhin Sprache und Vorstellungskraft des Klienten, beides zur Herstellung körperlicher Entspannung und zur Gegenkonditionierung von Angst.

Aber auch die sorgfältige Dokumentation ihrer Effektivität und ihre besondere „Eignung“ als Forschungsmodell führten dazu, daß diese Technik „eine Welle der Forschung und klinischen Anwendung auslöste, die das Jahrzehnt charakterisiert hat“ (Krasner 1971, S. 500). Wolpe und seine Schüler waren schon frühzeitig darum bemüht, ihr Verfahren durch (unkontrollierte) Effektivitätsuntersuchungen und sorgfältige Einzelfallstudien interessierten Forschern und Anwendern zugänglich zu machen (Lazarus 1961, 1963, 1965; Lazarus u. Rachman 1957; Rachman 1959, 1963;

Wolpe 1958, 1961a, 1964, 1967, 1968 etc.). Eine Reihe von Publikationen waren unmittelbar darauf zugeschnitten, für den Praktiker relevante Informationen zu vermitteln, so z. B. das gemeinsam von Joseph Wolpe und Arnold Lazarus veröffentlichte Buch „Behavior Therapy Techniques: A Guide to the Treatment of Neuroses (Wolpe u. Lazarus 1966). Sorgfältige Einzelfalldemonstrationen wie Wolpes „Isolation of a Conditioning Procedure as the Crucial Psychotherapeutic Factor: A Case Study" (s. S. 209f.) hatten ohne Zweifel einen hohen Überzeugungswert. Wolpe belegte hier am Beispiel der Behandlung einer phobischen Klientin, daß man durch die Technik der systematischen Desensibilisierung einen graduellen Abbau der phobischen Reaktion bewirken konnte, der in den einzelnen Stadien der Behandlung mit dem jeweiligen spezifischen Inhalt der Desensibilisierungsprozedur korreliert ist. Auch versuchte er anhand einer möglichst exakten Beschreibung der Anwendung des Verfahrens aufzuzeigen, daß keineswegs andere Faktoren wie z. B. die „Einsicht" oder die Aufhebung verdrängter Inhalte oder auch eine Übertragungsbeziehung zwischen Klient und Therapeut für den therapeutischen Erfolg verantwortlich waren (Wolpe 1961a).

Doch ist das Verfahren der systematischen Desensibilisierung nicht nur von Interesse, weil es einen hohen Anwendungsgrad erreichte und neue Forschung anregte. Die Technik der systematischen Desensibilisierung stand in den sechziger Jahren auch immer im Zentrum der großen Kontroversen um die Verhaltenstherapie. Einerseits bot sie durch die Verwendung imaginierter Stimulussituationen Ansatzpunkte zur Kritik von seiten der Gegner des Behaviorismus. Andererseits wurde sie gerade aufgrund dieser Eigenschaft in dem entscheidenden ersten Jahrzehnt der Etablierung der modernen Verhaltenstherapie zum Indikator zentraler Trends und Veränderungen.

Eine der frühesten Kritiken an Wolpes Standardverfahren kam 1963 von einem der bedeutenden „Integratoren" der fünfziger Jahre, von O. Hobart Mowrer. Wolpe hatte sich bei der Konzeption seiner Theorie zur Neurosenentstehung an Hulls Lerntheorie orientiert, die wiederum durch die Verwendung des Triebkonzepts gewisse strukturelle Ähnlichkeiten mit einigen Konzeptionen Freuds aufwies (s. S. 111). Indem er Neurosen zwar als erworbenes Verhalten definierte, die Angst jedoch zum zentralen Bestandteil der Neurose erhob (Wolpe 1958), folgte Wolpe unabsichtlich einer Tradition klinischen Denkens, die Mowrer und seinen Kollegen nicht unbekannt sein konnte. In dem Aufsatz „Freudianism, Behaviour Therapy and ‚Self-Disclosure'" sprach Mowrer Wolpe auf diese strukturellen Ähnlichkeiten hin an. Seiner Meinung nach entsprach Wolpes Ansatz in Theorie und Praxis durchaus einem psychoanalytischen Vorgehen und dem, was Freud in seiner ersten Angsttheorie formuliert hatte. Daher, so schloß Mowrer, gebe es keinen Grund anzunehmen, daß das Verfahren der systematischen Desensibilisierung effektiver sei als die psychoanalytische Therapie. Aus seiner Sicht bestanden nur oberflächliche Unterschiede zwischen beiden Techniken. Dollard u. Miller (1950) hätten mit symbolischen Operationen gearbeitet; Wolpes Ansatz erscheine hingegen „direkter": denn während diese ihre Patienten dazu aufgefordert hätten, über angsterregende Impulse und Aktivitäten zu sprechen, fordere Wolpe sie auf, darüber in der Vorstellung nachzudenken, und zwar in einem sicheren und verstärkenden Kontext. In beiden Fällen sei es die Intention des Therapeuten, die manifeste Furcht zu löschen oder gegenzukonditionieren. In diesem Sinne seien Dollard u. Miller wie auch Wolpe Neofreudianer (Mowrer 1963, S. 328), obwohl Wolpe seinen Ansatz keineswegs als lerntheoretische Übersetzung der Freudschen Psychoanalyse deklariere, sondern vielmehr als unmittelbar aus der Lerntheorie abgeleitet und radikal verschieden von der Psychoanalyse (Mowrer 1963).

Tatsächlich enthielt Mowrers Kritik einige richtige Beobachtungen, die theoretisch begründet sind und in der Annäherung der Hullschen Lerntheorie an die Struktur psychoanalytischen Denkens gesucht werden müssen. Doch wies Wolpe Mowrers Analyse damals mit einiger Berechtigung zurück. Er warf ihm vor, die Unterschiede zwischen den Behandlungsstrategien beider Schulen zu verdecken, und verwies auf eine entscheidende theoretische Differenz: Während die Psychoanalytiker die Verdrängung als Essenz der Neurose bewerteten, betrachteten die Verhaltenstherapeuten die Existenz solcher Verdrängungsprozesse als unbewiesen und konzentrierten sich auf den direkten Abbau von Ängsten, d.h. auf das, was der Psychoanalytiker als „Symptom“ klassifiziert (Wolpe 1964).

Tatsächlich legte Wolpes Konzeption neurotischer Störungen als grundsätzlich durch das zentrale Element der Angst gekennzeichnet – wie auch die frühe Standardisierung seiner Technik – in der Folgezeit den Versuch nahe, die systematische Desensibilisierung in der Praxis generell, d.h. bei neurotischen Störungen aller Art anzuwenden – selbst wenn Angst oder Furcht nicht zu den zentralen Merkmalen der Symptomatik zählten. So meinten Arnold Lazarus und Michael Serber wenige Jahre später bereits, daß „in manchen Kreisen die Begriffe ‚Verhaltenstherapie‘ und ‚systematische Desensibilisierung‘ synonym“ verwendet würden (Lazarus u. Serber 1968, S. 215). Der Vorwurf, die eigene Theorie höher zu bewerten als die Fakten, träfe nun nicht mehr allein die Psychoanalytiker, sondern auch einige „arch-desensitizers“[6] (Lazarus u. Serber 1968, S. 217), die sich ausschließlich auf die Verwendung dieses verhaltenstherapeutischen Verfahrens spezialisiert hätten. Die Tatsache, daß sich die Technik der systematischen Desensibilisierung fast nahtlos in die bestehende psychotherapeutische Praxis einfügen ließ, war mit ein Grund für ihren praktischen Erfolg. Zugleich warnten jedoch aktive Psychotherapeuten wie Arnold Lazarus: „Die psychoanalytische Konzeption des Menschen als ein Bündel von verdrängten Komplexen für die Auffassung einzutauschen, daß alle Neurosen lediglich Bündel spezifischer Phobien darstellen, kann wohl kaum als Fortschritt betrachtet werden“ (Lazarus u. Serber 1968, S. 217).

Erste Berichte über die therapeutische Anwendung der systematischen Desensibilisierung stammten von Joseph Wolpe (Wolpe 1952a, 1954, 1958). 1961 veröffentlichte er eine detaillierte Statistik über die Behandlung von 39 Patienten, die er nach Zufall aus seinen Unterlagen ausgewählt hatte. Gordon Paul, der 1969 einen ersten umfassenden Überblick über die Forschung im Bereich der systematischen Desensibilisierung gab, verwendete darin insgesamt 85 Fälle, die er aus Wolpes Bericht von 1961 und den Angaben in seinem Buch (Wolpe 1958) zusammengestellt hatte. Von diesen 85 von Wolpe selbst behandelten Klienten bewertete er 78 als Behandlungserfolg, so daß sich nach Abzug von 4% aufgrund von Fehldiagnosen ausgeschlossener Fälle ein damals sensationeller Behandlungserfolg von insgesamt 88% ergab (Paul 1969a). Wolpes frühe, sehr positive Ergebnisse wurden durch die Ergebnisse Arnold Lazarus' gestützt. der 1963 eine erste Statistik aller von ihm bis zu diesem Zeitpunkt behandelten Klienten vorlegte (Lazarus 1963). Bei denjenigen, die mit dem Verfahren der systematischen Desensibilisierung behandelt worden waren, erreichte Lazarus eine fast ebenso hohe Erfolgsquote wie Wolpe, nämlich 85% (Paul 1969a). Von den insgesamt 408 von ihm mit unterschiedlichen Verfahren behandelten Klienten bewertete er immerhin noch 321, d.h. 78% als „geheilt" oder „sehr verbessert". Entgegen den damals üblichen Erfolgsberichten gab Lazarus darüber hinaus Aufschluß darüber, wieviele der als „schwer neurotisch" eingestuften Klienten erfolgreich behandelt werden konnten. In Reaktion auf erste kritische Stimmen, die meinten, die verhaltenstherapeutische Techniken ließen sich nur bei sehr leichten Störungen einsetzen, erstellte er eine gesonderte Statistik für diese Klientengruppe, von der alle Fälle mit monosymptomatischen Störungen ausgeschlossen wurden. Immerhin konnte Lazarus bei den verbleibenden 126 schwer neurotischen Klienten noch auf eine Heilungs- bzw. Besserungsrate von 61,9% verweisen (Lazarus 1963).

Diese ersten Statistiken Wolpes und Lazarus wirkten sehr ermutigend. Dennoch durfte man nicht übersehen, daß sie sich lediglich auf unkontrollierte Fallstudien stützen, durchgeführt von jeweils nur einem Therapeuten und unter Verwendung diagnostischer Verfahren und Ratingtechniken, über deren Reliabilität und Validität nichts bekannt war. Ursache-Wirkungs-Beziehungen ließen sich auf diese Weise nicht nachweisen, da man weder die Therapeutenvariable kontrolliert hatte noch ausgeschlossen werden konnte, daß die Heilung durch günstige Umwelterfahrungen erzielt worden war. Darüber hinaus hatten Joseph Wolpe und Arnold Lazarus zum Wohl ihrer Klienten in Einzelfällen auch mehrere Verfahren nacheinander oder in Kombination angewendet, um einen Behandlungserfolg zu erzielen. Als Psychotherapeuten in privater Praxis mußten sie daran interessiert sein, ihre Klienten zu heilen. Zudem betrachteten beide das Verfahren der systematischen Desensibilisierung lediglich als *eine* Möglichkeit der praktischen Anwendung des Prinzips der reziproken Hemmung.

Zwei Wissenschaftler, die die Notwendigkeit kontrollierter wissenschaftlicher Experimentation in bezug auf die systematische Desensibilisierung frühzeitig erkannten, waren David Lazovik und Peter Lang. 1960 nahmen sie das Problem einer experimentell kontrollierten Therapiestudie erstmals in Angriff. Zunächst galt es festzustellen, ob es überhaupt möglich ist, die Technik der systematischen Desensibilisierung zu standardisieren und das Phänomen selbst unter Laborbedingungen zu reproduzieren. Für ihre erste Untersuchung verwendeten Lazovik und Lang Studenten, die unter einem im Alltag zwar nicht behindernden, aber störenden Problem litten, einer Schlangenphobie. Die Stärke der Störung wurde mit Hilfe der aufgezeichneten Interviews und eines Vermeidungstests ermittelt, bei dem sich die Versuchsperson einer in einem verglasten Käfig untergebrachten Schlange nähern mußte. Um den Kontakt zwischen „Therapeuten" und „Klienten" möglichst gering zu halten, verwendeten die Autoren ein Manual für die entsprechenden Anweisungen während der Behandlung.

David Lazovik und Peter Lang waren erfahrene Kliniker, verfügten jedoch mit der Technik der systematischen Desensibilisierung über keinerlei praktische Erfahrung. Die Studenten – insgesamt nur vier in dieser explorativen Studie – wurden zunächst in hypnotischer Induktion trainiert und nach drei Sitzungen mit der *Stanford Hypnotic Susceptibility Scale* getestet. Dann begann man mit der Einübung in die Entspannung. Nach der 8. Sitzung folgten sechs Sitzungen, in denen die eigentlich Desensibilisierung durchgeführt wurde. Da man damals noch keine Erfahrung mit der Konstruktion von Furchthierarchien hatte, konnte keiner der so behandelten Studenten seine Hierarchie in der vorgeschriebenen Behandlungszeit beenden. Dennoch waren die Ergebnisse überraschend deutlich: Vermeidungstest und Selbsteinschätzung zeigten eine signifikante Reduktion der Furcht bei drei der vier Studenten. Die vierte Versuchsperson hatte die Furcht in der Vorstellung nie als wirklich real empfunden, dies den Experimentatoren aber auch nicht mitgeteilt.

Durch diese erste explorative Studie wußten die Autoren nun, daß es möglich ist, das Verfahren der systematischen Desensibilisierung unter kontrollierten Laborbedingungen zu untersuchen und damit nicht nur zu einer präziseren Bewertung der Behandlungsergebnisse zu gelangen, sondern auch konfligierende Theorien bezüglich der im Behandlungsprozeß effektiven Faktoren zu testen. Lazovik und Lang klassifizierten diese erste und alle nachfolgenden Studien als *Analogiestudien,* d.h. als experimentelle Untersuchungen, die dazu geeignet sind, den Mechanismus der Furchtreduktion bei der systematischen Desensibilisierung zu erforschen, die jedoch nicht als klinischer Test dieses Therapieverfahrens verstanden werden sollten. Zwar waren die im Rahmen ihrer Projekte behandelten Phobien durchaus real und stark ausgeprägt, doch konnte man sie ihrer Meinung nach verglichen mit den im Rahmen professioneller Psychotherapie behandelten Störungen nicht als „signifikante Lebensprobleme" bezeichnen. Auch hatten sich die Experimentatoren gegenüber ihren Versuchspersonen weitgehend unbeteiligt verhalten, ein für einen Psychotherapeuten eher untypisches Verhalten (Lang u. Lazovik 1963).

In den folgenden Jahren veröffentlichten Peter Lang und seine Kollegen eine ganze Serie kontrollierter Studien, die zur Untersuchung spezifischer Fragestellungen im Rahmen der durch die Pilotstudie abgeklärten Bedingungen dienten (Lang u.

Lazovik 1963; Lang 1964; Lang, Lazovik u. Reynolds 1965; Lang 1965). Unter anderem untersuchten sie, ob die Lerntheorie, speziell die Theorie der Gegenkonditionierung, tatsächlich die bestmögliche Erklärung für die Wirkungsweise der Technik der systematischen Desensibilisierung darstellte.

Zunächst wurden die üblichen diagnostischen Tests durchgeführt, wobei man das Arsenal verfügbarer Methoden durch das sogenannte „Furchtthermometer" (FT), eine Zehnpunkteskala, auf der sich die Versuchspersonen nach dem Vermeidungstest selbst einschätzen sollten, ergänzte. Vorgesehen waren zwei Behandlungs- und zwei Kontrollgruppen. Eine Behandlungs- und eine Kontrollgruppe wurde zuvor nicht getestet, um den reaktiven Effekt der diagnostischen Prozeduren zu kontrollieren. Anschließend erhielten die zwei Desensibilisierungsgruppen die fünf üblichen Trainingssitzungen (Feststellung der hypnotischen Suggestibilität, Entspannungstraining und Hierarchiebildung) und wurden dann in insgesamt elf Behandlungssitzungen desensibilisiert. Die Kontrollgruppen erhielten lediglich die ersten fünf Trainingssitzungen.

Mit den Autoren gemeinsam führten drei erfahrene Klinische Psychologen die Behandlung durch, die keine Vorerfahrung in der Anwendung der Technik der systematischen Desensibilisierung hatten und für ihre Mithilfe bezahlt wurden.

Es zeigte sich, daß das Entspannungstraining, die Hierarchiebildung und das hypnotische Training keinerlei signifikanten Effekt im Sinne einer Besserung der Symptomatik hatten, die mit systematischer Desensibilisierung behandelten Studenten demgegenüber jedoch deutliche Verbesserungen erzielen konnten. Zugleich ließ sich kein signifikanter Zusammenhang zwischen den SHSS-Suggestibilitätswerten und dem therapeutischen Erfolg feststellen, so daß Faktoren wie Hypnose, Suggestion und Muskelentspannung als zentrale Einflüsse auf das Behandlungsergebnis ausgeschlossen werden konnten. Erstmals glaubte man damit eine Ursache-Wirkungs-Beziehung zwischen der Anwendung der Technik der systematischen Desensibilisierung und der Verbesserung in bezug auf die Symptomatik, gemessen durch Vermeidungstest und Furchtthermometer, nachgewiesen zu haben (Lang u. Lazovik 1963).

Diese ermutigenden Ergebnisse, von David Lazovik bereits im Herbst 1961 vor der APA präsentiert, führten zu einer weiteren zentralen Studie, bei der die Ergebnisse früherer Untersuchungen sozusagen im Bausteinverfahren weiterverwendet wurden (Lang, Lazovik u. Reynolds 1965). Diesmal ging es dem Forscherteam von der *University of Pittsburgh* darum festzustellen, ob Placeboeffekte für die guten Behandlungsergebnisse mit der Technik der systematischen Desensibilisierung verantwortlich waren. Diese Einflußfaktoren sollten in bezug auf ihren Beitrag zum Behandlungsfortschritt sowie zur Furchtreduktion nach der Behandlung untersucht werden.

Wiederum wurden Schlangenphobiker behandelt. 10 Versuchspersonen wurden systematisch desensibilisiert, 10 weitere im Anschluß an die fünf Trainingssitzungen mit elf Pseudotherapiesitzungen behandelt. Die Autoren bildeten keine neue Kontrollgruppe, sondern verwendeten die Daten der 11 bereits in einer vorangegangenen Studie erhobenen Kontrollgruppen-Versuchspersonen.

Auch bei diesem Vergleich erzielten die mit systematischer Desensibilisierung behandelten Versuchspersonen die besten Ergebnisse, während die Pseudotherapiegruppe nicht besser abschnitt als die Kontrollgruppe. Eine Korrelation von SHSS-Werten mit den Maßen für Furchtreduktion zeigte, daß die erfolgreiche Desensibilisierung von der Suggestibilität des Subjekts unabhängig war. Weder Suggestion noch Hypnose noch Entspannung noch Hierarchiebildung, ihre weitere Verwendung in der Pseudotherapie oder das Verhältnis zwischen Experimentator und Versuchsperson hatten die Veränderung im Furchtverhalten bewirkt, so daß die Autoren zu dem Schluß kamen, „daß der Prozeß der Desensibilisierungstherapie seinem theoretischen Modell entspricht, daß es sich um ein Neuanpassen oder ein systematisches Gegenkonditionieren von Furchtreaktionen auf spezifische Stimuli handelt" (Lang, Lazovik u. Reynolds 1965, S. 402).

Die Untersuchungen der Wissenschaftler in Pittsburgh regten eine Vielzahl von Nachfolgestunden an, u.a. die berühmte Studie von Gordon Paul (1966), in der erstmals verschiedene Verfahren, die Technik der systematischen Desensibilisierung und eine traditionelle Form der Psychotherapie miteinander verglichen wurden.

Als problematisches Verhalten wählte Paul die Redeangst. Von 380 Studenten, die sich für eine Behandlung gemeldet hatten, wurden 96 nach den Ergebnissen einer Testbatterie für die Studie ausgewählt. 22 Studenten bildeten eine „Kontrollgruppe ohne Kontakt", d.h. sie wußten nicht, daß ihre Daten in der Untersuchung verwendet wurden. Die übrigen 74 Studenten mußten zunächst unter standardisierten Bedingungen einen Vortrag von vier Minuten Länge halten. Zuvor hatte man ihnen ein Angstdifferential zur Selbsteinschätzung vorgelegt und ihre physiologische Erregung vor dem Vortrag gemessen. Während der Rede wurde eine Verhaltenscheckliste ausgefüllt, mit deren Hilfe die Häufigkeit bestimmter, äußerlich beobachtbarer Verhaltensweisen aufgezeichnet wurde. Anschließend teilte Paul die Gruppe in vier Teilgruppen auf, von denen eine systematisch desensibilisiert wurde, eine zweite an einer „einsichtsorientierten Therapie" teilnahm, eine dritte die Aufmerksamkeits-Placebo-Kontrollgruppe bildete und die vierte auf die Warteliste gesetzt wurde. Fünf Therapeuten arbeiteten in der Untersuchung mit. Sie gingen nach einheitlichen Manualen vor und wurden für ihre Mitarbeit bezahlt. Entgegen dem Vorgehen der Wissenschaftler in Pittsburgh versuchte Paul, alle unspezifischen Aspekte einer therapeutischen Beziehung, die üblicherweise während der Behandlung auftraten, in die Untersuchung einzubringen. Nach Abschluß der Behandlung wurden die vier Gruppen wiederum dem Verhaltenstest (öffentlicher Vortrag) unterworfen. Die Testbatterie wurde allen 96 am Experiment beteiligten Versuchspersonen erneut vorgelegt, so daß nun auch Ergebnisse der Gruppe 5 (Kontrollgruppe ohne Kontakt) vorlagen.

Die Ergebnisse des Experiments waren überzeugend: Die Gruppe, die mit systematischer Desensibilisierung behandelt worden war, schnitt signifikant besser ab als die drei anderen Gruppen, und zwar auf allen Meßebenen, d.h. auf der physiologischen, der kognitiven und der Verhaltensebene. Die zwei anderen Verfahren brachten gleichwertige Ergebnisse, wobei die Studenten dieser Gruppen signifikant besser abschnitten als diejenigen, die auf der Warteliste standen. Doch nur die systematische Desensibilisierung bewirkte eine deutliche Reduktion der physiologischen Erregung. Ein Follow-up nach zwei Jahren, bei dem alle Teilnehmer der Behandlungsgruppen und 70% der Kontrollgruppenteilnehmer erfaßt werden konnten, zeigte, daß die in der Behandlung erzielten Fortschritte bei den drei Behandlungsgruppen dauerhaft waren (Paul 1966, 1969b).

Ein weiteres Beispiel für eine gelungene Analogiestudie aus den sechziger Jahren ist die Untersuchung von Stanley Rachman (1965). Rachman behandelte seine Studenten aus Effizienzgründen nicht individuell, sondern in Gruppen zu dritt. Für seine Studie wählte er von 84 Bewerbern, die an einer Spinnenphobie litten, 12 aus. Auch ihm ging es wie David Lazovik und Peter Lang primär um die Erforschung des der systematischen Desensibilisierung zugrundeliegenden Funktionsmechanismus. Bei einem Vergleich von drei Gruppen zu je drei Probanden, wobei die erste Gruppe systematisch desensibilisiert wurde, die zweite ohne Entspannung desensibilisiert und die dritte nur entspannt wurde – eine vierte Kontrollgruppe, wiederum bestehend aus drei Studenten, erhielt keinerlei Behandlung – kam Rachman wie schon zuvor Lang u. Lazovik (1963) und Paul (1966) zu dem Ergebnis, daß allein die systematische Desensibilisierung zu einer signifikanten Reduktion der Furcht auf dem Furchtthermometer und im Vermeidungstest führte; und auch Rachman bewertete dieses Ergebnis als Bestätigung der theoretischen Konzeption Wolpes (Rachman 1965a).

Wie seine amerikanischen Kollegen plante er seine Untersuchungen im Bausteinverfahren. Als er in einer Nachfolgestudie feststellen wollte, ob das graduierte Vorgehen zum Abbau von Furcht für den Behandlungserfolg elementar ist, wählte er für diese Fragestellung drei neue Versuchspersonen aus der ursprünglichen Population aus, so daß er die Ergebnisse mit den Daten der bereits zuvor untersuchten Therapie- und Kontrollgruppen vergleichen konnte. Diese fünfte Gruppe wurde insgesamt zehn Sitzungen hindurch mit der Technik der Reizüberflutung behandelt. Es zeigte sich jedoch, daß phobisches Verhalten auf diese Weise nicht abgebaut werden kann (Rachman 1966a). In weiteren Studien prüfte Rachman die Geschwindigkeit der Generalisation von der Imagination auf die Realität (Rachman 1966b) und den optimalen Grad der Angstreduktion (Rachman 1967a).

Eine vierte Laborstudie, die die Richtigkeit von Wolpes theoretischer Konzeption bestätigte, wurde 1968 von Gerald Davison veröffentlicht. Davison bildete vier Gruppen, eine Behandlungsgruppe für die systematische Desensibilisierung, eine weitere für die Pseudodesensibilisierung (d.h. Entspannung kombiniert mit der Vorstellung irrelevanter Stimuli), eine dritte Gruppe, die ohne Muskelentspannung in der Vorstellung desensibilisiert wurde, und eine vierte, die nicht behandelt wurde. Bei allen drei Therapiegruppen fungierte er selbst als Therapeut. Auch Davison kam zu dem Ergebnis, daß die Studenten, die mit der Technik der systematischen Desensibilisierung behandelt worden waren, signifikant besser abschnitten als die Studenten der drei Kontrollgruppen. Erneut schien sich damit die Hypothese zu bestätigen, daß der entscheidende Funktionsmechanismus der Technik Wolpes tatsächlich in der Gegenkonditionierung von Angst bestand, denn weder die Desensibilisierung ohne Muskelentspannung noch die Entspannung kombiniert mit der Imagination irrelevanter Stimuli hatten eine signifikanter Veränderung der Furcht bewirkt (Davison 1968).

Neben diesen und vielen anderen im Ergebnis meist positiven Analogiestudien (siehe z.B. auch Cooke 1966, Johnson 1966, Zeisset 1968) finden sich Mitte der sechziger Jahre zum Thema systematische Desensibilisierung auch eine Fülle von methodisch weniger anspruchsvollen Einzeluntersuchungen, u.a. Arnold Lazarus' erfolgreicher gruppentherapeutischer Einsatz der Technik der systematischen Desensibilisierung (Lazarus 1961), Joseph Cautelas frühe Fallberichte, in denen er diese Technik als „letzten Ausweg" beschrieb (Cautela 1965a, 1965b), sowie Donald Meichenbaums Bericht über Wege zur sinnvollen Integration der systematischen Desensibilisierung in eine sequentielle Behandlungsstrategie (Meichenbaum 1966). Pauls Überblick über die Gesamtliteratur (Paul 1969a, 1969b) förderte gegen Ende der sechziger Jahre folgende Ergebnisse zutage: Mehr als 90 Therapeuten hatten insgesamt über 1000 Patienten mit der Technik der systematischen Desensibilisierung behandelt, wobei von den 55 veröffentlichten Untersuchungen ohne Kontrollgruppe bis auf 9 alle Anwender Ergebnisse erzielt hatten, die für die Effektivität des Verfahrens sprachen. Die Zahl der Veröffentlichungen war im Laufe der sechziger Jahre sprunghaft angestiegen, was Gordon Paul 1969 jedoch nicht daran hinderte, das gesamte Untersuchungsgebiet als „auch weiterhin neue Entwicklung" zu bezeichnen (Paul 1969b).

Natürlich blieb die Technik der systematischen Desensibilisierung trotz des überwältigenden forschungstechnischen und praktischen Erfolges nicht unumstritten. Nicht wenige der in der klinischen Praxis tätigen Psychologen und Psychiater zweifelten an dem Aussagewert von Analogiestudien, um so mehr, als negative oder kritische Berichte zur Anwendung des Verfahrens häufig von Kollegen kamen, die in einem rein angewandten Setting arbeiteten.

Forschung und Praxis: Kritische Beiträge zur praktischen Anwendung der systematischen Desensibilisierung

Zu den neun kritischen Beiträgen, die Gordon Paul 1969 in seinem Überblick erwähnte, gehören u. a. auch die Arbeiten der Londoner Psychiater Isaac Marks, M. G. Gelder und J. E. Cooper sowie die des Psychologen Victor Meyer, einem der Pioniere der modernen Verhaltenstherapie. Bereits 1957 hatte Meyer über eine erfolglose Behandlung mit Wolpes Technik berichtet. Dem Patienten war es damals nicht gelungen, sich zu entspannen; darüber hinaus lösten die vorgestellten Stimulussituationen bei ihm keine echte Furcht aus (Meyer 1957). Beiträge über die praktischen Widrigkeiten verhaltenstherapeutischer Arbeit veröffentlichte Meyer auch in den sechziger Jahren. Er gehörte damals noch zu einer kleinen Minderheit von im Paradigma der klassischen Konditionierung und der Hullschen Lerntheorie arbeitenden Verhaltenstherapeuten, die sich mit den Gegebenheiten einer psychiatrischen Klinik abfinden mußten. Meyers Patienten waren vergleichsweise schwerer gestört als diejenigen, die Wolpe und Lazarus im Kontext ihrer privaten Praxis behandelt hatten. So ist es auch nicht verwunderlich, wenn seine 1966 gemeinsam mit dem Psychiater A. H. Crisp veröffentlichte Statistik über insgesamt 54 verhaltenstherapeutisch behandelte Fälle nur 28% der Patienten als „sehr verbessert", 44% als „leicht verbessert"

Joseph Wolpe im Kreise der ersten, von ihm in den USA systematisch geschulten Verhaltenstherapeuten, *Medical School of Virginia,* 1965.

Nr. der Hierarchie	Inhalt der Hierarchie	Zahl der Szenendarbietungen aus jeder Hierarchie	Fortschritt
27	Sie geht in dem imaginären eingeschlossenen Feld auf und ab, parallel zu einer weißen Linie, auf die Dr. G. mit seinem Wagen mit 1 Meile/Stunde hinsteuert. Ihre Entfernung von der Linie nimmt von 9 Metern bis auf 4 Meter herunter ab	23	+
28	Während sie den festen parallelen Abstand von 5 Metern von der weißen Linie einhält, nimmt die Geschwindigkeit Dr. G.s von 1 bis auf 18 Meilen/Stunde zu	68	+
29	Verläßt an einer unbewachten Kreuzung den Bordstein, während sich von *rechts* mit 10 Meilen/Stunde ein Wagen nähert. Entfernungen von 1 Block bis zu ⅝ Blocks	14	+
30	Biegt auf der Landstraße im von ihrem Bruder gesteuerten Wagen links ab, während sich das von Dr. G. gefahrene Auto nähert. Die Entfernung zwischen beiden nimmt von 1600 Meter bis auf 300 Meter ab	70	+
31	Wie bei 30, jedoch wird der andere Wagen von einem Fremden gesteuert. Entfernungen von 1600 bis auf 140 Meter	126	+
32	Wie bei 30, jedoch steuert Frau C.s Mann ihren Wagen. Entfernungen von 1600 bis 160 Meter	117	+
33	Wie bei 30, jedoch steuert Frau C.s Mann ihren Wagen und ein Fremder den anderen. Entfernungen von 1600 bis 140 Meter	100	+

Fortsetzung S. 210

Darstellung eines Konditionierungsverfahrens
30......: Ihr Bruder steuert Frau C.s Wagen, Dr. G. den anderen
31......: Ihr Bruder steuert Frau C.s Wagen, ein Fremder den anderen
32......: Ihr Mann steuert Frau C.s Wagen, Dr. G. den anderen
33......: Ihr Mann steuert Frau C.s Wagen, ein Fremder den anderen

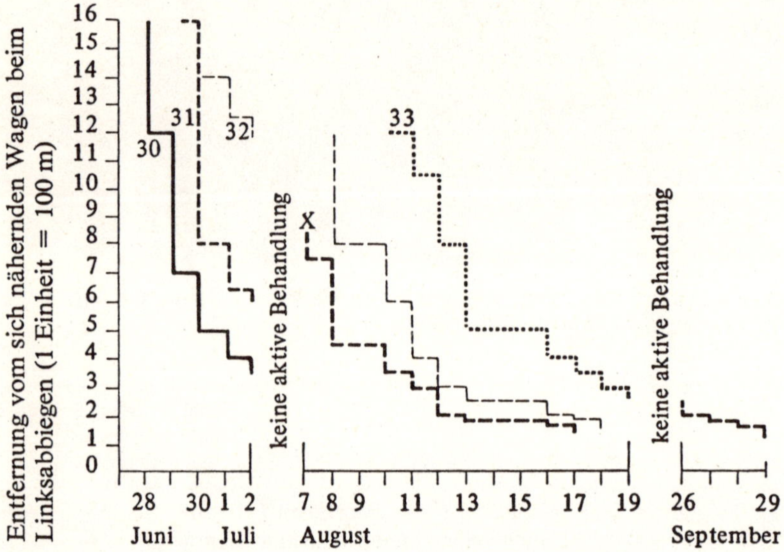

Zeitliche Beziehungen der vorstellungsmäßig „geschafften Entfernungen" in den Desensibilisierungsfolgen 30, 31, 32 und 33. X kennzeichnet einen Rückfall in Hierarchie 31 infolge einer Taxifahrt, bei der der Fahrer ständig die Geschwindigkeitsgrenze überschritt. Hierarchie 32 wurde erst überprüft, nachdem der Rückfall in Hierarchie 31 wieder überwunden war.

Ausschnitt aus den Desensibilisierungshierarchien sowie ein graphisches Verlaufsprotokoll der Fortschritte aus einer Fallstudie, die Joseph Wolpe 1962 unter dem Titel „Isolierung einer Konditionierungsprozedur als entscheidenden Behandlungsfaktor: Eine Fallstudie" veröffentlichte. Die Klientin litt infolge eines Autounfalls unter einer Furcht vor Verkehrssituationen, insbesondere in Fällen, bei denen sie selbst im Auto saß und sich von der Seite ein anderes Auto näherte. Wolpes Behandlungsprotokoll zeigt eindringlich, wieviel Geduld und Sorgfalt die Technik der systematischen Desensibilisierung vom Therapeuten fordert. Insgesamt erhielt die Klientin 57 Desensibilisierungssitzungen; die Anzahl der pro Sitzung dargebotenen Szenen lag zwischen 25 und 40. Behandlungsfortschritte standen in enger Beziehung zu Fortschritten in realen Verkehrssituationen (Aus: Wolpe 1972, 243ff.).

Isaac M. Marks, Institute of Psychiatry, London

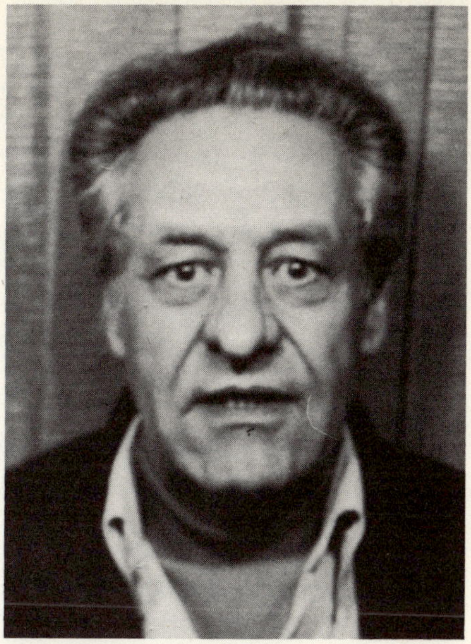

Victor Meyer, Middlesex-Hospital, London

und 28% als „unverändert“, bewertet auf einer dreistufigen Skala, ausweist (Meyer u. Crisp 1966).

1963 veröffentlichte Victor Meyer gemeinsam mit dem Psychiater M. G. Gelder einen Bericht über die Behandlung von insgesamt fünf agoraphobischen Patienten, die den Autoren von Kollegen zur Behandlung überwiesen worden waren.

Gelder, der über das therapeutische Verfahren vor Abschluß der Studie nicht informiert worden war, beurteilte die Klienten während der Behandlung zweimal wöchentlich in bezug auf ihren psychischen Zustand und die affektiven Veränderungen, die die zusätzlich erhobenen Selbsteinschätzungen hätten beeinflussen können. Meyer führte die Behandlung durch, die aus der Anwendung von Wolpes Technik, kombiniert mit in-vivo-Übungen, bestand. Das Procedere erwies sich im Einzelfall als äußerst schwierig, da alle Patienten unter weiteren, beeinträchtigenden Symptomen litten, die z.T. sogar zuerst behandelt werden mußten, um eine Therapie der Phobie überhaupt erst zu ermöglichen. Häufig setzte man zusätzliche Verfahren wie z.B. stützende Psychotherapie ein, weil es den Autoren in erster Linie darum ging, bei ihren Patienten Fortschritte zu erzielen und sie ihr Forschungsinteresse diesem Ziel unterordneten. Die fünf Patienten reagierten sehr unterschiedlich auf die Behandlung. Bei einem war eine Therapie in der häuslichen Umwelt notwendig, beim nächsten generalisierte der Therapieerfolg nicht auf andere Symptombereiche, so daß auch ähnliche Symptome einzeln behandelt werden mußten.

Insgesamt wirkten die Ergebnisse von Meyer und Gelder wenig ermutigend. Zwei ihrer fünf Klienten hatten von der Behandlung nicht profitiert. Die drei übrigen Patienten verbesserten sich zwar im Bereich der phobischen Symptomatik und als Folge davon auch in ihrer allgemeinen sozialen Anpassung. Doch blieben sie angesichts ihrer vielfältigen Störungen weiterhin symptombelastet und anfällig (Meyer u. Gelder 1963).

Die Ergebnisse eines zweiten Berichts, „Some Problems of Behaviour Therapy" (Meyer u. Crisp 1966), waren Insidern bereits seit dem 6. Internationalen Kongreß für Psychotherapie in London 1964 bekannt. Hier wird noch einmal deutlich, wie die institutionellen Bedingungen, unter denen Victor Meyer in London arbeitete, seine therapeutische Arbeit beeinflußt haben. Als Klinischer Psychologe konnte er damals nur unter der Supervision eines Psychiaters therapeutisch tätig werden. Dieser führte zunächst seine traditionelle Diagnostik durch und wählte dann eines oder mehrere Symptome für die verhaltenstherapeutische Behandlung aus. Während der Therapie blieben die Patienten unter psychiatrischer Überwachung, d.h. sie wurden unter Umständen auch medikamentös weiterbehandelt. Der enge Rahmen, in dem verhaltenstherapeutische Methoden praktiziert werden konnten, wurde also nicht nur durch die Störung des Patienten, sondern auch durch die professionelle Realität in Psychiatrie und Klinischer Psychologie determiniert.

Mit phobischen Patienten, so stellten die Autoren damals fest, habe man bei der Anwendung der Technik der systematischen Desensibilisierung die besten Erfahrungen gemacht. Generell ließen sich verhaltenstherapeutische Techniken leichter auf Störungen anwenden, bei denen sich die Konzepte von Stimulus und Reaktion relativ klar definieren ließen. „Der S-R-Ansatz macht es sehr schwer, mit diffusen, allgegenwärtigen und fluktuierenden Symptomen umzugehen" (Meyer u. Crisp 1966, S. 369). Wertvoller als ihre Ergebnisse war jedoch die Auflistung von praktischen Problemen, die Meyer und Crisp in diesem Bericht veröffentlichten. In bezug auf die Technik der systematischen Desensibilisierung sahen sie einen Großteil der Schwierigkeiten darin begründet, daß a) viele ihrer Patienten nicht in der Lage waren, von der therapeutischen Situation auf die alltägliche Umwelt zu generalisieren, b) einige auch Probleme mit der Imagination gefürchteter Situationen oder Stimuli hatten und diese nicht als wirklich bedrohlich empfanden, c) einige Patienten mit der Entspannungstechnik nach Wolpe und Jacobson nicht entspannt werden konnten (Meyer u. Crisp 1966).

Victor Meyers Berichte stammten aus der praktischen therapeutischen Arbeit, und darin lag ihr besonderer Wert. Er selbst bezeichnete es als Unsitte, nur Erfolgsberichte zu veröffentlichen und forderte seine Kollegen dazu auf zu versuchen, auch aus den Fehlschlägen zu lernen (Gelber u. Meyer 1965; Meyer u. Crisp 1964; Meyer u. Mair 1963). Als zentrales Problem der praktischen Anwendung der Verhaltenstherapie bezeichnete er 1966 den Mangel an konkreten Informationen darüber, *auf welcher Basis man die angemessensten und effizientesten Methoden zur Behandlung spezifischer Symptome auswählen sollte.* Auch wies er als einer der ersten auf die zusätzlichen Schwierigkeiten hin, die durch Motivationsprobleme während der Behandlung, organisatorische und ethische Fragen, durch Probleme in der Patient-Therapeut-Beziehung etc. entstehen konnten (Meyer u. Crisp 1966).

Die eher qualitativen Erfahrungsberichte Meyers und seiner Kollegen, die sich mit Beschreibungen wie „viele", „manche", „einige" und „die meisten" zufriedengaben, konnten natürlich bei forschungsorientierten Kollegen wie Gordon Paul (1969a) nur wenig Anklang finden. Victor Meyer zeigte damals Defizite auf, die die noch junge Wissenschaft der Verhaltenstherapie in der praktischen Anwendung auf Schritt und Tritt begleiteten. Seine kritische Perspektive war in diesem Sinne nicht nur informativ, sondern hatte nachgerade auch politische Wirkung (s. S. 242ff.).

Eine weitere Serie kritischer Arbeiten zur Technik der systematischen Desensibilisierung stammte von den Psychiatern Cooper (1963), Cooper, Gelder u. Marks (1965) und Marks u. Gelder (1965), die alle am *Institute of Psychiatry* der Londoner Universität tätig waren. Die Psychiater Isaac Marks und M. G. Gelder wurden Anfang der sechziger Jahre auf Wunsch von Aubrey Lewis, dem Leiter des *Institute of Psychiatry,* mit den neuen verhaltenstherapeutischen Techniken vertraut gemacht, um die Verhaltenstherapie auf ihren Wert für die Psychiatrie hin zu prüfen und sie nicht ausschließlich eine Sache der Psychologen werden zu lassen[7]. Isaac Marks war ursprünglich psychodynamisch orientiert, teilte jedoch die traditionelle Überzeugung vieler englischer Psychiater, daß nur multifaktorielle Modelle der Diagnose und Therapie den psychischen Störungen von Psychiatriepatienten gerecht werden konnten (Marks 1970). So waren er und sein Kollege Gelder durchaus bereit, den neuen Ansatz zu bewerten, wenn sie ihn auch immer nur als eine von mehreren Behandlungsalternativen betrachteten. Von den insgesamt drei veröffentlichten „kontrollierten retrospektiven Studien", die sie in den sechziger Jahren publizierten, soll hier nur über die Ergebnisse der letzten (Cooper, Gelder u. Marks 1965) berichtet werden. Alle Studien wurden nach demselben Muster verfaßt: Man stellte die Ergebnisse verhaltenstherapeutischer Behandlungen, die am *Maudsley-Hospital* durchgeführt worden waren, zusammen und „parallelisierte" diese Falldaten mit denen von Patienten, die man nach Symptomdauer, Geschlecht, Art und Schwere der Störung und der Dauer der Hospitalisation durch ein nachträgliches Rating der „Behandlungsgruppe" angeglichen hatte. Eine solche Reanalyse von Falldaten stellten die Autoren auch 1965 vor, als sie die Behandlungsergebnisse von insgesamt 77 verhaltenstherapeutisch behandelten Patienten mit denen von 55 „Kontrollfällen" verglichen. 61% der verhaltenstherapeutisch behandelten Patienten hatten sich im Vergleich zu nur 44% der Kontrollpatienten durch die Behandlung verbessert – eine Erfolgsquote, die der von Lazarus (1963) bei schwer gestörten Klienten sehr nahekam. Doch zeigte das Follow-up nach einem Jahr, daß nur 55% der verhaltenstherapeutisch behandelten Patienten im Vergleich zu 51% der „Kontrollgruppe" nach der Behandlung in deutlich besserer Verfassung waren als zuvor –, ein nur unwesentlicher Unterschied also. Die Autoren kamen daher zu der Auffassung, daß es falsch sei, verhaltenstherapeutische Techniken rivalisierend zu anderen therapeutischen Verfahren einzuführen. Es sei vielmehr wahrscheinlich, daß die Verhaltenstherapie ihren Platz neben anderen Formen medikamentöser und psychotherapeutischer Behandlung finden werde (Cooper, Gelder u. Marks 1965).

Diese Schlußfolgerung sowie ihr methodisches Vorgehen stieß bei den amerikanischen Forschern auf wenig Gegenliebe. 1969 veröffentlichte Gordon Paul eine detaillierte Kritik an den Studien von Marks und Gelder. Insbesondere wandte er sich gegen Bezeichnungen wie „kontrollierte retrospektive Studien“ und „Kontrollgruppe“. Die Verwendung dieser Begriffe sei irreführend, da die Patienten der „Kontrollgruppe“ ganz offensichtlich nicht aus derselben Population stammten wie die verhaltenstherapeutisch behandelte Gruppe, sie nicht im selben Zeitraum therapiert worden seien und für beide Gruppen weder Angaben über die Therapeuten noch über ihre spezifische Behandlungstechnik vorlägen. „Zusammenfassend kann gesagt werden, daß die sogenannte ‚Kontrollgruppe‘ dadurch, daß eine vollständige Konfundierung mit allen wichtigen Variablenklassen vorliegt, eigentlich für nichts eine Kontrolle darstellt“ (Paul 1969a, S. 97).

In weiteren, nun „prospektiven“ Studien verglichen Marks und Gelder Mitte der sechziger Jahre schwer gestörte phobische Patienten, die verhaltenstherapeutisch behandelt wurden, mit Patienten, die eine individuelle Psychotherapie erhalten hatten (Marks u. Gelder 1966), gruppentherapeutisch *oder* mit individueller Therapie (Gelder, Marks u. Wolff 1967) bzw. mit solchen, die mit Hypnose behandelt worden waren (Marks, Gelder u. Edwards 1968). In diesen vergleichenden Therapiestudien, die man u. a. angestrengt hatte, um festzustellen, inwieweit die Ergebnisse von Analogiestudien auch für schwerer gestörte Patienten gültig sind (z. B. Marks, Gelder u. Edwards 1968) beschränkte man die verhaltenstherapeutische Behandlung jedoch nicht allein auf die Anwendung der systematischen Desensibilisierung, sondern ergänzte dieses Verfahren z.T. durch Selbstsicherheitstrainings und Desensibilisierung in vivo (z. B. Gelder u. Marks 1966). Zugleich wurde die Mehrzahl der Patienten auch mit Medikamenten behandelt. Diese Faktoren, wie auch einige schwerwiegende methodische Mängel, die Paul (1969) kritisierte, erschwerten eindeutige Aussagen über die Effektivität des Verfahrens der systematischen Desensibilisierung bei schwer gestörten Patienten. Ein Follow-up aus dem Jahre 1971 (Marks 1971a; s. auch Marks, Boulougouris u. Marset 1971) brachte wiederum eine Fülle von Einzelergebnissen und -erfahrungen von fraglicher Signifikanz.

Insgesamt standen die Studien der Psychiater am *Maudsley-Hospital* und die Erfahrungsberichte Victor Meyers, der inzwischen zum Londoner *Middlesex-Hospital* gewechselt hatte, mit ihrem eher skeptischen Grundtenor deutlich im Gegensatz zu den enthusiastischen Berichten der Amerikaner Mitte der sechziger Jahre. Ihre Ergebnisse trugen dazu bei, den Glauben an den Wert von Analogiestudien zu erschüttern. Während Gordon Paul 1969 noch den Standpunkt vertrat, die Furchtreaktionen der in Analogiestudien behandelten „Freiwilligen“ seien durchaus real und intensiv, und damit die klinische Relevanz der experimentellen Untersuchungen zu unterstreichen suchte, meinte Lazarus 1971 kritisch, daß es doch ein großer Unterschied sei, ob sich Studenten freiwillig zu einem solchen kostenlosen Behandlungsprogramm meldeten, oder ob psychiatrische Patienten, die sich teilweise unfreiwillig in den Kliniken befänden und zumeist schwer gestört seien, verhaltenstherapeutisch behandelt würden (Lazarus 1971).

Mit den kritischen Beiträgen der Engländer zur Effektivität der Verhaltenstherapie gewann auch das Thema „Symptomverschiebung“ wieder an Aktualität. Und dies, obwohl die Psychiater Marks, Gelder und Cooper in ihren Berichten wiederholt darauf verwiesen hatten, daß Rückfälle bei verhaltenstherapeutisch behandelten Klienten zwar keine Seltenheit seien, diese jedoch zumeist zu ihren ursprünglichen Symptomen zurückfänden und keineswegs völlig neue entwickelten. Im weiteren Zusammenhang der Diskussion um die Ursachen und fördernden Faktoren bei Behandlungsrückfällen konnte das Thema Symptomverschiebung nun erstmals frei von jeglichem ideologischen Zwang sachlich erörtert werden.

Meyer u. Crisp (1966) erklärten zum Problem des Rückfalls nach Abschluß der Behandlung, daß – folgte man der Zweifaktorentheorie Mowrers – nicht nur die instrumentellen Handlungen, die durch unterschiedliche Stimuli ausgelöst wurden, abgebaut werden müßten, sondern auch der konditionierte Angsttrieb, der, würde er nicht reduziert, andere instrumentelle Reaktionen vermitteln oder verstärken könnte. Häufig sei jedoch die direkte Behandlung instrumenteller Reaktionen und der Abbau des CAD („conditioned anxiety drive“) nicht sogleich erfolgreich, da noch weitere hemmende Faktoren in die Behandlung hineinspielten. Nach Meyer u. Crisp gab es z. B. die Möglichkeit des Wirksamwerdens früherer Angstquellen, wobei das behandelte Symptom lediglich ein Ergebnis von Konditionierungsprozessen höherer Ordnung war. Auch konnten durch die Symptome sekundäre Gewinne erzielt werden, d. h., die Aufrechterhaltung oder das erneute Auftreten des Symptoms durch Verstärkungszusammenhänge gefördert werden (Meyer u. Crisp 1966). Neben dieser Lösung, die Eysenck bereits 1963 in seinem Aufsatz „Behaviour Therapy, Extinction and Relapse in Neurosis“ diskutiert hatte, verwiesen die Autoren auf die zusätzliche Möglichkeit, daß der Klient über fehlangepaßtes Verhalten verfügt, das bereits seit längerer Zeit besteht und weite Lebensbereiche erfaßt hat – eine Beschreibung, die dem klinischen Konzept der Persönlichkeitsstörung entsprach (Meyer u. Crisp 1966).

Auf die berechtigte Frage, welches nun die primär zu behandelnde Symptomatik sei, konnten auch erfahrene Kliniker wie Arnold Lazarus sich damals nur auf die Intuition des Therapeuten zurückziehen. Lazarus befaßte sich 1965 mit den Problemen der unvollständigen Behandlung und der Symptomverschiebung. Unter anderem verwies er dabei auf Überlegungen von Bandura u. Walters aus dem Jahre 1963, die meinten, daß Rückfälle und Symptomverschiebungen dann auftreten könnten, wenn der Klient nicht über die sozialen Möglichkeiten verfüge, sich nach der Behandlung Belohnungen zu verschaffen, die er sich aufgrund seines abweichenden Verhaltens bereits erworben hatte. Hier, wie auch in seinem 1966 veröffentlichten Aufsatz „Broad-Spectrum Behaviour Therapy and the Treatment of Agoraphobia“ präsentierte Arnold Lazarus Beispiele dafür, wie eine vollständige verhaltenstherapeutische Behandlung aussehen mußte und stellte sich auf den Standpunkt, daß es eine Frage des richtigen Einsatzes der vorhandenen Verfahren sei, Symptomverschiebungen und Rückfälle zu vermeiden (Lazarus 1966a). Mit seinem Artikel aus dem Jahre 1966 reagierte er unmittelbar auf die negativen Ergebnisse der retrospektiven Studien von Cooper, Marks und Gelder. „Die Verdienste der Verhaltenstherapie sollten aufgrund gründlicher und umfassender Behandlungsprogramme bewertet werden, und nicht auf der Basis retrospektiver Berichte, in denen eine begrenzte Zahl von Techniken auf umschriebene Bereiche neurotischen Verhaltens angewandt wurden. Die Breitband-Verhaltenstherapie setzt eine angemessene Kombination von Konditionierungstechniken voraus, die auf alle grundlegenden Dimensionen abweichenden Verhaltens gerichtet ist" erklärte er damals (Lazarus 1966a, S. 95). Die negativen Ergebnisse Isaac Marks und seiner Kollegen seien, so argumentierte Lazarus weiter, nicht auf einen Fehler im System zurückzuführen. Vielmehr müsse man sowohl die „operants" wie auch die „respondents" im therapeutischen Prozeß berücksichtigen und nicht nur die klassisch konditionierten und die instrumentellen Vermeidungsreaktionen in die Behandlung einbeziehen, sondern auch eine dritte Verhaltenskategorie, die soziale Verstärkung der Vermeidung (Lazarus 1966a).

In diesem Zusammenhang machte Lazarus auch deutlich, daß die erfolgreiche Anwendung der Verhaltenstherapie keineswegs eine mystische Kunst sei, sondern in hohem Maße lehrbar, wie man bereits aufgrund der Erfahrungen mit den ersten Trainingskursen unter Anleitung Wolpes wisse. Doch seien weitere Trainingszentren dringend notwendig, da sich gezeigt habe, daß das Lernen über Publikationen häufig zu ungünstigen Behandlungsergebnissen führe. Hauptproblem bei der Vermittlung therapeutischer Fähigkeiten sei es, dem Lernenden zu erklären, *wann* er eine spezifische Technik oder eine Kombination von Techniken einsetzen müsse bzw. wie man die für die Therapie relevanten Dimensionen identifizieren könne – Informationen, von denen auch Arnold Lazarus zugeben mußte, daß es bisher keinen Ersatz für die klinische Erfahrung gebe, „vorausgesetzt, es handelt sich um die richtige Art klinischer Erfahrung" (Lazarus 1966a, S. 97).

Erste Erfolge der Verhaltenstherapie, insbesondere der Technik der systematischen Desensibilisierung, vereinzelte, aber zugleich einflußreiche kritische Berichte aus der Psychiatrie und die Argumentationen zur Aufklärung dieser klinischen Evidenz kennzeichneten das Klima innerhalb der verhaltenstherapeutischen Bewegung Mitte der sechziger Jahre. Schon kündigte sich in den Aussagen Arnold Lazarus eine neue Bereitschaft an, stärker auf die Probleme der praktisch tätigen Psychotherapeuten einzugehen. Auch führten erste therapeutische Rückschläge zu einer intensiveren Auseinandersetzung mit den theoretischen Grundlagen der modernen Verhaltenstherapie und machen Erklärungslücken und Unwägbarkeiten der theoretischen Basis deutlich.

Ein weiterer Trend, der in den sechziger Jahren zwar nie im Vordergrund stand, aber dennoch über so manche „Grundtendenzen" bzw. „Bereitschaften" innerhalb der Bewegung Auskunft gibt, waren die Diskussionen um eine Zusammenführung lerntheoretischer und psychodynamischer Ansätze.

Eklektizistische Strömungen in der Verhaltenstherapie. Zum Dialog mit der etablierten Praxis

Fürsprecher einer integrativen Strategie auf theoretischer und/oder praktischer Ebene waren meist englische Verhaltenstherapeuten wie z. B. Isaac Marks, der seine kritischen Untersuchungen zur Effektivität der Verhaltenstherapie mit Vorschlägen für eine Annäherung beider Standpunkte verband. Die Beiträge von Meyer u. Crisp (1966) und Gelder, Marks u. Wolf (1967) hatte man in verkürzter Form bereits 1964 auf dem 6. Internationalen Kongreß für Psychotherapie in London vorgestellt. Ein solches Forum schien ideal geeignet, neue Konzeptionen und ihre Möglichkeiten wirkungsvoll zu präsentieren. Schützenhilfe kam von Verhaltenstherapeuten wie Victor Meyer und Gwynne Jones, die ja bereits in den fünfziger Jahren für eine diplomatische, werbende Strategie gegenüber der etablierten, psychiatrischen Praxis plädiert hatten. Auch Psychiatern wie Isaac Marks und M. G. Gelder ging es primär darum, psychodynamisch orientierte Kollegen für die neuen Techniken zu interessieren. In „Common Grounds Between Behaviour Therapy and Psychodynamic Methods“ meinten Marks u. Gelder damals: „Es gibt inzwischen eine Bewegung in Richtung auf eine Aussöhnung zwischen behavioralen und psychodynamischen Theorien und Methoden, obwohl Extremisten auf beiden Seiten weiterhin dagegen opponieren“ (Marks u. Gelder 1966, S. 11). Marks u. Gelder stellten sich auf den Standpunkt, daß der psychodynamische wie auch der lerntheoretische Ansatz seine Berechtigung habe, da beide nicht in der Lage seien, jeweils alle Phänomene im Bereich der Psychopathologie zu erklären. Kernpunkt ihrer Integrationsbemühungen war jedoch nicht die theoretische Synthese, sondern eine kombinierte Anwendung der vorhandenen Techniken. Darin unterschieden sie sich in ihren Bemühungen von John Dollard und Neal Miller (1950), die die therapeutische Praxis trotz lerntheoretischer Analyse unbeschadet ließen. Durch vergleichende tabellarische Aufstellungen gemeinsamer Komponenten beider Therapieformen versuchten sie psychodynamisch orientierte Kollegen für ihr Vorhaben zu gewinnen. Geschickterweise zogen sie dabei keinen Vergleich zwischen klassischer Psychoanalyse und verhaltenstherapeutischen Methoden, sondern präsentierten lediglich die (direktiveren) Kurzformen traditioneller Psychotherapie. Auch der Psychiater Eugene Wolf, der wie Victor Meyer am *Middlesex-Hospital* tätig war, unterstützte Marks u. Gelder in ihrem Vorhaben (Wolf 1966). Ebenso A. H. Crisp, der eine technische Integration psychodynamischer und verhaltenstherapeutischer Verfahren als Anwendung spezifischer Trainingsprozeduren im Kontext einer psychotherapeutischen Beziehung definierte, in der sich der Therapeut der Dynamik von Übertragung und Gegenübertragung bewußt war und eine unterstützende Psychotherapie durchführte (Crisp 1966).

Auch Victor Meyer betonte in seinen Veröffentlichungen aus dieser Zeit die Bedeutung der Patient-Therapeut-Beziehung für eine erfolgreiche Behandlung (Meyer u. Gelder 1963, Meyer u. Crisp 1966). Lerntheoretische Konzeptionen hatten seiner Meinung nach den großen Vorteil, eindeutige und wissenschaftlich prüfbare Formulierungen zu produzieren. Einen möglichen Beitrag des psychodynamischen Ansatzes zur verhaltenstherapeutischen Praxis sahen Meyer u. Crisp (1966) darin, daß es mit Hilfe psychodynamischer Theorien möglich war, relevante Symptome zu identifizieren und so Rückfälle und Symptomverschiebungen zu verhindern.

Interessant ist auch eine Analyse des beruflichen Backgrounds der „Integratoren“, der eine so frühe Formulierung integrativer Vorschläge nahelegte. So bezeichnet Victor Meyer seine damaligen Vorschläge rückblickend als „rein politisch motiviert“. Wollte er in England als Klinischer Psychologe weiterhin psychotherapeutisch tätig sein, so war er auf die Zusammenarbeit mit Psychiatern angewiesen. Während es ihm später gelang, zu einem praktikablen Arrangement zu gelangen – er leitet heute gemeinsam mit dem Psychiater Edward Chesser am *Middlesex Hospital* eine eigene Station für verhaltenstherapeutische Behandlungen – war Isaac Marks in bezug auf die Durchsetzung seiner Zielvorstellungen nicht ganz so erfolgreich. Auch seine Ausgangssituation war schwierig. Die Verhaltenstherapie wurde in England allgemein als eine Sache der Psychologie betrachtet. Die heftigen Angriffe Eysencks und seiner Kollegen richteten sich primär gegen die Psychoanalyse und damit gegen eine (z.T. psychodynamisch ausgerichtete) psychiatrische Praxis. Wollte man seine Identität als Mediziner nicht verlieren, mußte man sich darum bemühen, eine Kompromißformel zu finden. Der Versuch einer engeren Kooperation mit psychodynamisch ausgerichteten Kollegen scheiterte im Falle von Isaac Marks jedoch letztlich daran, daß die analytisch ausgebildeten Psychiater am Maudsley befürchteten, die Studenten würden auf Dauer tatsächlich auf eine Trainingsanalyse verzichten, wie Marks und seine Kollegen es vorgeschlagen hatten[8].

(!) Aber nicht nur in England fanden die Bemühungen um eine Wiederannäherung psychodynamischer und lerntheoretischer Standpunkte Befürworter. Der amerikanische Psychiater John Paul Brady, der 1961 gemeinsam mit D. L. Lind einen Fall von hysterischer Blindheit mit operanten Techniken behandelt hatte, sprach sich bereits damals für ein „rapproachment“ zwischen der dynamischen Theorie und der Theorie der operanten Konditionierung aus. Die Störung seines Patienten interpretierte er abwechselnd in den Begriffen beider Ansätze (Brady u. Lind 1961). In „Psychotherapy, Learning Theory, and Insight“ erklärte Brady 1967, daß die Betrachtung der Psychoanalyse unter lerntheoretischen Gesichtspunkten keineswegs – wie viele Psychoanalytiker befürchteten – eine Reduktion bedeute, sondern die Möglichkeit beinhalte, zusätzliche Klärung über wichtige Prozesse zu erhalten sowie testbare Hypothesen für die Forschung (Brady 1967). In „Psychotherapy by a Combined Behavioral and Dynamic Approach“ (Brady 1968) zeigte sich, daß Bradys Eklektizismus sowohl theoretischer wie auch technischer Natur war. Wie zuvor schon Marks u. Gelder (1966), verwies er auf einige Ähnlichkeiten zwischen beiden Behandlungsansätzen und empfahl die Verwendung von Techniken aus beiden Bereichen, sofern es im Einzelfall notwendig und sinnvoll erschien. Ebenfalls 1967 veröffentlichte B. Weitzmann einen Artikel mit dem Titel „Behavior Therapy and Psychotherapy“, in dem er seine Kollegen zu offenerer Kommunikation untereinander aufforderte. Er betonte die Nutzungsmöglichkeiten der Technik der systematischen Desensibilisierung für die

psychodynamische Praxis, hob jedoch auch hervor, daß für diese ein neuer Erklärungsansatz gefunden werden müsse, da die Lerntheorien für ihre Konzeptualisierung ungeeignet seien (Weitzmann 1967).
Solche vereinzelten Versuche, psychodynamische und lerntheoretische Perspektiven einander anzunähern, wurden nicht selten von Klinikern unternommen, die selbst noch psychodynamisch ausgebildet worden waren und diesem Ansatz eine eigene Validität jenseits aller wissenschaftlichen Diskussion zusprachen. Während die meisten von ihnen jedoch für eine eklektische Verwendung psychodynamischer und verhaltenstherapeutischer Techniken plädierten, entwickelte der Psychologe Thomas G. Stampfl in den sechziger Jahren ein eigenes, neues Therapieverfahren, das Grundforderungen beider Ansätze zu erfüllen suchte.

Die Implosionstherapie nach Thomas G. Stampfl

Perry London berichtete Mitte der sechziger Jahre in „The Modes and Morals of Psychotherapy“ (London 1964) erstmals über Stampfls theoretischen und therapeutischen Ansatz. Von Stampfl selbst existierten bis zu diesem Zeitpunkt lediglich einige hektographierte Unterlagen, die er seinen Kollegen und Studenten an der *John Carrol University* zugänglich machte[9]. 1967 veröffentlichte Thomas Stampfl gemeinsam mit Donald Levis einen ersten Bericht über sein neues Verfahren, das er als „Implosionstherapie“ bezeichnete, d.h. als eine „lerntheoretisch begründete psychodynamische Verhaltenstherapie“ (Stampfl u. Levis 1967). Stampfl wandte sich darin gegen die kritische Haltung vieler lerntheoretisch orientierter Psychotherapeuten gegenüber der Psychoanalyse und setzte sich für seine eigene Arbeit ausdrücklich das Ziel der Integration. „Die Implosionstherapie (IT) ist ein Ansatz, der Formulierungen psychodynamischer Therapiesysteme enthält, die in der Form lerntheoretischer Prinzipien zurückübersetzt und wiederverwandt wurden...“ (Stampfl u. Levis 1967, S. 497). Den praktischen Vorteil für dynamisch orientierte Kliniker sah Stampfl bei seinem Vorgehen darin, daß diese ihre fundamentalen Konzeptionen menschlichen Verhaltens nicht zu verändern brauchten, um das neue Verfahren anwenden zu können. Verdrängung und Angst blieben auch in Stampfls Ansatz zentrale Erklärungskonzepte. Ausgangspunkt für Stampfls theoretische Überlegungen war O. H. Mowrers Zweifaktorentheorie, die er jedoch durch einen eigenen Beitrag, seine spezifische Konzeption des Extinktionsprozesses, ergänzte. Stampfl ging von der Hypothese aus, daß die in einer traumatischen Situation erlernte Angst am leichtesten gelöscht werden konnte, wenn es gelang, eine extrem intensive, emotionale Reaktion im Beisein der konditionierten Stimuli auszulösen. Auf diese Weise komme man der ursprünglichen Lernsituation nahe, ohne jedoch den unkonditionierten Stimulus zu präsentieren, der die heftige Reaktion ausgelöst hatte.

Entsprechend dieser Konzeption des Extinktionsprozesses, bei der sich Stampfl auf die experimentellen Untersuchungen Neal Millers (1951) und des Forscherteams

Solomon, Kamin u. Wynne (1953) berief, mußte es in der Behandlung darum gehen, die Stimuli, auf die die Angstreaktion konditioniert worden war, symbolisch oder real zu präsentieren. Je näher man dabei dem ursprünglichen, unkonditionierten Stimulus kam, je realistischer und genauer diese Stimulation ausfiel, desto größer die Aussicht auf therapeutischen Erfolg. Lösten bestimmte Stimuli Angst aus, so ging der Therapeut davon aus, daß der Klient auf diese Stimuli konditioniert worden war. Je größer die ausgelöste Angst, um so notwendiger erwies sich die wiederholte Präsentation der Stimuli, um eine vollständige Extinktion der Angst zu ermöglichen. Der Therapeut, der die Implosionstechnik verwendete, wählte also exakt den der systematischen Desensibilisierung entgegengesetzten Ansatz, um Angst zu löschen. Er versuchte, bei seinem Klienten maximale Angst auszulösen und hörte erst auf, wenn eine signifikante Verminderung in der Intensität der Angst erkennbar wurde.

Stampfl konzipierte die angstauslösenden Stimuli als grundsätzlich aus zwei Quellen stammend: Zum einen aus der Analyse des gegenwärtigen Verhaltens des Klienten, zum anderen aus „dynamischen Bereichen", die Stampfl aus analytischer Sicht als für den einzelnen Klienten bedeutsam erachtete. Das für ihn zentrale Konzept der Verdrängung, das er der psychodynamischen Tradition folgend als Kern der Neurose und als entscheidenden, die Störung aufrechterhaltenden Mechanismus definierte, hatte jedoch in seinem System, wie London 1964 richtig feststellte, nur noch einen geringen Stellenwert. Er reduzierte es in seiner lerntheoretischen Konzeption auf offene und verdeckte Vermeidungsreaktionen.

Der Therapeut, der Stampfls Therapietechnik anwenden wollte, mußte zunächst eine „Avoidance Serial Cue Hierarchy" (ASCH) aufstellen, in der einzelne furchtauslösende Situationen je nach dem Grad, in dem sie vermieden bzw. verdrängt wurden, angeordnet waren. Dabei ging Stampfl von der Annahme aus, daß die auslösenden Reize, die mit der traumatischen Situation am engsten assoziiert waren, die heftigsten Angstreaktionen hervorriefen. Die in der ASCH am niedrigsten veranschlagten, symptomkontingenten Stimuli sollten zuerst präsentiert werden, später dann die schwerer zugänglichen, hypothetisch angenommenen sequentiellen Auslöser, die der Therapeut aus relevanten dynamischen Gebieten abgeleitet hatte. Die heftigsten Angstreaktionen löste nach Stampfl meist der Ausdruck von Haß und Aggression, der sich auf die Eltern oder elternähnliche Personen richtete, aus. Dieser war mit Auslösern versehen, die verschiedene Grade körperlicher Verletzung darstellten, oder mit solchen, die zu Erfahrungen der Zurückweisung, Deprivation, des Verlassenwerdens, der Hilflosigkeit, Schuld, Scham und Sexualität, ödipalen, analen und oralen Strebungen, Problemen der Rivalität zwischen Geschwistern, der Primärszene und Todeswunschimpulsen in Beziehung standen.

Zur Einordnung seiner neuen Technik kennzeichnete Stampfl die Implosionstherapie als eine Form der Verhaltenstherapie und begründete dies damit, daß sie Lern- und Konditionierungsmodelle zur Erklärung der Symptomgenese und Symptommodifikation verwende. Heute wird die Implosionstherapie meist als eine Variante der Reizüberflutungstechniken betrachtet. Untersuchungen zur Effektivität dieses Verfahrens (u. a. Hogan 1966, Hogan u. Kirchner 1967, Kirchner u. Hogan 1966, Levis u. Carrera 1967) haben z. T. aufgrund methodischer Mängel nicht zu klaren Ergebnissen geführt (Kazdin 1978).

„Symposium zur Rolle des Lernens in der Psychotherapie", Banff 1968

Eine der wenigen Konferenzen der sechziger Jahre, auf der Verhaltenstherapeuten und psychodynamisch orientierte Wissenschaftler die Integration bzw. Konfrontation probten, war das Ende Januar 1968 veranstaltete „Symposium on the Role of Learning in Psychotherapy", das unter der Leitung von Neal Miller stattfand (Porter 1968). Zu den Teilnehmern zählten u. a. Albert Bandura, M. G. Gelder, H. F. Hunt, Leonard Krasner, Lawrence S. Kubie, Arnold Lazarus, D. H. Malan und Isaac Marks. Insgesamt eine internationale Runde von Wissenschaftlern aus den USA und sechs europäischen und osteuropäischen Ländern. Sicher ein Politikum war die Teilnahme von Arnold Lazarus, der damals bereits offen gegen die „orthodoxe" Verhaltenstherapie opponierte.

Die Beiträge zum Symposium waren sehr divers. Während Leonard Krasner über die Erfahrungen mit den ersten Token-Economy-Programmen berichtete und Albert Bandura seine sehr positiven Ergebnisse in der Behandlung von Schlangenphobien mit Hilfe von Techniken des Modellernens vorstellte (Bandura 1968, Krasner 1968), fanden sich unter den Beiträgen der anderen Teilnehmer auch einige, die sich spezifisch mit den Möglichkeiten einer Integration von lerntheoretischen und psychodynamischen Perspektiven beschäftigten. So versuchten sich Joseph Sandler und Walter G. Joffe in der theoretischen Zusammenführung beider Ansätze (Sandler u. Joffe 1968), Thomas Freeman beschrieb den Lernprozeß als integralen Bestandteil der analytischen Situation (Freeman 1968), und Lawrence S. Kubie analysierte die psychotherapeutischen Aspekte des Lernprozesses (Kubie 1968). Die Londoner Psychiater Isaac Marks und M. G. Gelder berichteten über den Stand der Forschung im Bereich der systematischen Desensibilisierung, die sich ihrer Meinung nach lediglich in der Behandlung von Phobikern als wirklich effektiv erwiesen hatte. Sie bezeichneten die Technik selbst als eine „langweilige und langwierige Prozedur" und wiesen darauf hin, daß nur zwei Prozent aller psychiatrischen Patienten unter phobischen Störungen litten (Gelder u. Marks 1968).

Insgesamt ergab sich auf seiten der Befürworter einer Annäherung – Isaac Marks und M. G. Gelder hatten wesentlichen Anteil am Zustandekommen der Konferenz – ein weitgehend diffuses Bild. Häufig kam man selbst in der Diskussion der einzelnen Beiträge über das bloße Gegenüberstellen medizinischer und lerntheoretischer Modellvorstellungen nicht hinaus, eine Situation, die Leonard Krasner damals mit der Feststellung kommentierte:

> „Es gibt echte, zentrale Unterschiede zwischen den psychoanalytischen Therapien und den Verhaltenstherapien. Das Ziel dieses Symposiums, einen Brückenschlag zwischen beiden Schulen zu versuchen, könnte ein Fehler sein" (Krasner in Porter 1968, S. 326).

Wie war es angesichts dieser Vorbehalte überhaupt möglich gewesen, ein solches Symposium zu veranstalten? Diskussionsbeiträge z.B. von Arnold Lazarus können darüber Aufschluß geben. Lazarus, der damals bereits aus der Perspektive des „behavioral clinician“ argumentierte und das Vorgehen der Anhänger Skinners und Wolpes als „simplizistisch, eng und eingeschränkt“ bezeichnete, setzt der harten „wissenschaftlichen Linie“ Krasners seine Erfahrungen als engagierter Therapeut entgegen. So meinte er auf die Frage Freemans, ob die Verhaltenstherapeuten die durch die Person des Therapeuten bewirkte Veränderung ausreichend berücksichtigten, daß tatsächlich im Falle schwer gestörter Patienten Techniken aus dem Bereich des psychologischen Laboratoriums nicht die Bedeutung hätten wie andere Einflußvariablen. Viele dieser „unspezifischen“ Variablen seien jedoch keineswegs mystische Einheiten, sondern ließen sich auf der Basis lerntheoretischer Konzepte erklären. Gerade die Bedeutung der Patient-Therapeut-Beziehung sei von den Verhaltenstherapeuten bisher nicht in vollem Umfang erkannt worden. Lazarus ging es damals in erster Linie um eine Einbeziehung der Kognitionen des Patienten in die wissenschaftlichen und praktischen Überlegungen der modernen Verhaltenstherapie. Daher stimmte er dem Einwand Marks' zu, der feststellte, daß die Verwendung imaginativer Stimuli in der verhaltenstherapeutischen Behandlung den Begriff des Verhaltens so weit erweitere, daß auch das Verhalten in der psychoanalytischen Behandlung darunterfiele. Auch für Lazarus hatte der Begriff des „Verhaltens“ nur noch eine geringe „operationale Bedeutung“. Er betonte die Notwendigkeit sorgfältiger und objektiver Ergebnisstudien, meinte jedoch zugleich, daß verbale Selbstberichte des Patienten entgegen den Auffassungen vieler Behavioristen durchaus valide wissenschaftliche Daten seien (vgl. Porter 1968).

Arnold Lazarus, der sich damals mit wesentlich liberaleren Auffassungen profilierte, als sie z.B. sein Kollege Leonard Krasner vertrat, suchte in seiner Argumentation ganz bewußt die Konfrontation mit den im Kontext der Universitäten forschenden Wissenschaftlern im verhaltenstherapeutischen Lager. War es tatsächlich gerechtfertigt, in der klinischen Praxis auf kognitive Daten zu verzichten, nur weil sie wissenschaftlich noch nicht hinreichend aufbereitet waren? In den Beiträgen des Symposiums zur Rolle des Lernens in der Psychotherapie wurde deutlich, daß zwar der vorhandene Fundus an Forschungsergebnissen und entsprechende ideologische Sicherheitsgurte, wie sie in den Diskussionen um das medizinische Modell zum Ausdruck kamen, eine Annäherung an die psychodynamische Tradition fast unmöglich machten. Zugleich wurde jedoch sichtbar, daß hinter diesem Versuch Uneinigkeiten im Lager der Verhaltenstherapeuten standen, die sich bald darauf zu einem handfesten Konflikt ausweiten sollten.

Die sechziger Jahre: Verhaltenstherapeutische Forschung im operanten Paradigma

Während die sechziger Jahre für die Verhaltenstherapiebewegung in den USA wie in Europa eine entscheidende Phase der Formierung und des Zusammenschlusses darstellten, blieb eine Gruppe an diesen Bestrebungen relativ unbeteiligt. Auch damals fühlten sich die operanten Verhaltenstherapeuten ihrer ursprünglichen Bezugsgruppe in der experimentellen Tierforschung enger verbunden als der AABT. Noch 1972 meinte Harold Weiner anklagend in bezug auf das Verhältnis zwischen den Mitgliedern der AABT und den Anhängern Skinners, letztere blickten auf ihre Kollegen in der therapeutischen Praxis herab und bewerteten deren Beiträge nicht selten als „zu klinisch" und „nicht wissenschaftlich genug" (Weiner 1972). Die verhaltenstherapeutische Forschung im operanten Paradigma konnte den technologischen Vorsprung der Arbeiten Wolpes und anderer auch in den sechziger Jahren nicht einholen. Zugleich blieb hier jedoch die Verbindung von Grundlagentheorie zu praktischer Anwendung deutlicher gewahrt, entwickelten sich einzelne Forschungsbereiche kontinuierlicher und weniger heterogen. Daß auch dies kein „Königsweg" zu einer wissenschaftlich fundierten Praxis war, soll in einem späteren Abschnitt dargestellt werden (s. S.254ff.).

Vom Tierlaboratorium zur Klinik: Der Autismus aus der Sicht der operanten Lerntheorie

Ein Forschungsbereich, der die frühen Herangehensweisen, Probleme und Grenzen operanter Forschung im Rahmen klinischer Fragestellungen besonders gut verdeutlicht, ist der der Analyse und Behandlung autistischer Kinder. Frühe Experten auf diesem Gebiet wie Charles Ferster und O. Ivar Lovaas fanden weniger aus der praktischen Notwendigkeit heraus, als vielmehr aufgrund ihrer wissenschaftlichen Interessen zu dieser sehr selten auftretenden psychischen Störung. Lovaas wollte Anfang der sechziger Jahre eine Untersuchung im Bereich des Spracherwerbs durchführen und brauchte dazu einen Organismus, der motorisch voll entwickelt war, aber nicht über Sprache verfügte. Charles Ferster betrachtete autistische Kinder als „Kinder ohne Verhalten". Ihre hervorstechendste Eigenschaft schien darin zu bestehen, daß sie nie aktiv mit ihrer Umwelt interagierten – eine Herausforderung für die operante Lerntheorie[11].

Charles Ferster arbeitete Anfang der sechziger Jahre am *Department of Psychiatry* der *Indiana University*. Obwohl er dort vorwiegend tierexperimentell forschte, nahm er doch die Gelegenheit wahr, gemeinsam mit Marian DeMyer, einer Medizinerin, die sich auf Kindespsychiatrie spezialisiert hatte, einige Untersuchungen bei autistischen Kinder durchzuführen (DeMyer u. Ferster 1962, Ferster u. DeMyer 1961). Ihre erste Studie, die wie die Untersuchungen Ogden Lindsleys in einer künstlichen Laborumwelt durchgeführt wurde – man hatte für die Kinder eine Art Spielhalle aufgebaut, um ihr aktuelles und potentielles Verhaltensrepertoire zu erforschen – zeigte, daß die im Tierexperiment gewonnenen Prinzipien auch bei autistischen Kindern Gültigkeit hatten (Ferster u. DeMyer 1961). Charles Ferster verlor jedoch früh das Interesse an dieser Art der Experimentation, da er wußte, daß seine Spielautomaten die Kinder nicht das soziale Verhalten lehren konnten, das ihr eigentliches Defizit ausmachte. Statt dessen ging er daran, in einer zweiten, rein explorativen Studie frei von aller Standardisierung, Quantifizierung und experimentellen Kontrolle acht autistische Kinder, die man zu diesem Zweck im *Carter Memorial Hospital* in Indianapolis zusammengezogen hatte, auf der Basis operanter Prinzipien zu behandeln. Ausgangspunkt für die Behandlung war eine sorgfältige Verhaltensbeobachtung. Ihr folgte eine Phase des Aufbaus sozialer Verstärker, d. h. man versuchte, nachdem man Blickkontakt zum Kind hergestellt hatte und es bereits auf seinen Namen reagierte, über andere bevorzugte Aktivitäten soziale Verstärker wie verbale Ermutigung, auf dem Arm tragen, Streicheln etc. aufzubauen. Hatte man dies erreicht, begann man – nun über einen Prozeß der *sozialen* Verhaltensformung – diese erworbenen sozialen Verstärker zum Aufbau weiteren, angemessenen Sozialverhaltens einzusetzen. Dazu gehörte z. B. der Aufbau von Sprechverhalten, von angemessenem Sozialverhalten im Umgang mit anderen, von angemessenem Umgang mit Spielzeug etc. Bereits dieses erste explorative Programm von Ferster und DeMyer erwies sich als praktisch erfolgreich (DeMyer u. Ferster 1962).

Grundlegender als der therapeutische Erfolg am Einzelfall war jedoch die theoretische Analyse, die Charles Ferster 1961 anhand dieser Erfahrungen zur Entstehung und Beschreibung autistischen Verhaltens vorlegte (Ferster 1961). Betrachtete man ein autistisches Kind aus der Sicht der operanten Lerntheorie, so förderte eine funktionale Verhaltensanalyse u. a. folgendes zutage: Viele Verhaltensweisen, die ein solches Kind in seinem Repertoire hatte, ließen sich auch bei nichthospitalisierten Kindern beobachten. Die Besonderheit der autistischen Störung lag in der Auftretenshäufigkeit dieses Verhaltens. Das autistische Kind führte eine Fülle einfacher Verhaltensweisen aus, verbrachte jedoch auch viel Zeit mit ruhigem Stillsitzen oder -stehen. Seine Sprache war nur wenig entwickelt und trat meist in Form eines „mand“ auf, d. h. einer einfachen verbalen Reaktion, die aufgrund ihrer unmittelbaren Verstärkung aufrechterhalten blieb. Da die meisten autistischen „mands“ in bezug auf ihre Verstärkung vom aversiven Effekt auf den Zuhörer abhängig sind, vermutete Ferster, daß die atavistischen Verhaltensweisen der Kinder operant waren, d. h. durch ihre Wirkung auf den Zuhörer aufrechterhalten wurden. Verstärkende Stimuli ließen sich für autistische Kinder nur schwer ermitteln. Viele Stimuli wie z. B. wiederholte taktile Reizungen erschienen nur deshalb stark, weil sie kontinuierlich verstärkt und alternative Reaktionsformen durch schwache Verstärker aufrechterhalten wurden. Auch war es sehr schwierig, über das Verhalten autistischer Kinder Stimuluskontrolle zu gewinnen und ihr Reiz- und Wahrnehmungsrepertoire zu ermitteln. Reagierte ein autistisches Kind auf eine komplexe Situation, so war meist nicht erkennbar, welcher spezifische Aspekt der Situation sein Verhalten gerade kontrollierte.

Fersters detaillierte funktionale Analyse des Verhaltens dieser Kinder, die hier nur ausschnittsweise dargestellt wurde, führte ihn auch zu einer Theorie über die ursächlichen Bedingungen der Entstehung des Autismus: Im Alter zwischen 1 und 4 Jahren verfügen Eltern über die größten Möglichkeiten, das Verhalten ihrer Kinder zu kontrollieren. Faßte man den Autismus als sozial verursacht auf, so mußte man nach Ereignissen suchen, die in dieser Zeit allein schon auf der Basis von intermittierender Verstärkung oder Extinktion zur Schwächung von Verhalten beitragen konnten. War z.B. das allgemeine Verhaltenslevel der wichtigsten Bezugsperson des Kindes – in der Regel also der Mutter – niedrig, weil sie depressiv war, so wurde das Kind u.U. angemessen verstärkt. Auch vielfältige Interessen der Mutter schränkten diese Möglichkeit stark ein. Das Kind konnte auf eine solche Situation mit Atavismen und aversiven Kontrollversuchen in bezug auf das elterliche Verhalten reagieren. Andere nichtsoziale Verstärker wie z.B. das Spielen mit einem Schnürsenkel, die Bewegung des Fingers im Gesichtsfeld etc. gewannen möglicherweise an Bedeutung. Auch tiefgreifende Veränderungen in der Umwelt oder ein Wechsel der Bezugsperson konnte bereits erworbene Verhaltensweisen wieder abschwächen, und zwar um so deutlicher, je stärker das Verhalten des Kindes durch spezifische Stimuli kontrolliert wurde. In dem Grad, so Ferster, in dem das Verhaltensrepertoire eines Kindes durch intermittierende Verstärkung, Extinktion, aber auch durch Bestrafung und aversive Kontrolle abgeschwächt wurde, verminderte sich die Wahrscheinlichkeit der Entwicklung von generalisierten Verstärkern und damit von komplexeren Formen des Verhaltens. Natürlich traten solche hypothetisch angenommenen Umstände in vollem Umfang nur selten auf – ein Faktum, das nach Ferster auch die geringe Auftretenshäufigkeit autistischer Störungen erklären konnte (Ferster 1961).

Tatsächlich gab es Fälle, in denen die von ihm beschriebenen ursächlichen Bedingungen eine wesentliche Rolle gespielt hatten. So berichteten z.B. Kurt und Suzanne Salzinger, Judith Cowan und Richard Feldman 1965 über die erfolgreiche Behandlung eines autistischen Jungen, dessen Eltern wenige Jahre zuvor in die USA eingewandert waren, sich nie für das Kind interessiert hatten und es z.T. für mehr als 12 Stunden in seinem Zimmer eingesperrt „aufbewahrten". Dieses Kind – in ihrem Bericht „C-2" genannt – lernte zwar mit Hilfe operanter Techniken sprechen und war später in der Lage, in einer normalen Umwelt zu leben und zu arbeiten, blieb jedoch in seinem Sozialverhalten dauerhaft gestört (Salzinger et al. 1965)[11].

Mitte der sechziger Jahre schlug Charles Ferster einen neuen Weg ein, um, wie er es später ausdrückte, den Brückenschlag vom Tierlaboratorium zur Klinik zu schaffen. Gemeinsam mit Jeanne Simons, die am *Linwood Children's Center* tätig war und auf rein intuitiver Basis Methoden entwickelt hatte, autistische Kinder erfolgreich zu behandeln, veröffentlichte er 1966 einen Bericht, in dem sie den Nutzen der funktionalen Verhaltensanalyse in neuem Gewand vorstellen (Ferster u. Simons 1966). Während Jeanne Simons ihren Kollegen bis zu diesem Zeitpunkt zur Nachahmung ihrer Methoden lediglich so vage Instruktionen wie „Keep your antennas out!"[12] geben konnte, gelang es Charles Ferster mit Hilfe seines technischen Vokabulars auch komplexes Verhalten in der therapeutischen Situation ohne spezielle klinische Erfahrung exakt zu beschreiben damit das intuitive Vorgehen Jeanne Simous so aufzubereiten, daß es für die anderen Mitarbeiter des Zentrums nachvollziehbar war. Wenige Jahre später schlug er dieses besondere Vorgehen, d.h. die Beobachtung und funktionale Analyse der Realität, auch zur Erforschung therapeutischer Prozesse im Kontext der traditionellen, psychodynamischen Praxis vor (Ferster 1972a, 1972b).

Charles Ferster schied nach Abschluß dieser Arbeiten aus der aktiven klinischen Forschung aus und ging in die pädagogische Psychologie, wo sich operanten Lerntheoretikern damals gute Berufsmöglichkeiten boten. Ein Wissenschaftler, der sich etwa zur selben Zeit als einer der wenigen vollständig auf das Problem der Erforschung und Behandlung austistischer Kinder spezialisierte, war O. Ivar Lovaas. Lovaas, zunächst Leiter der *Child Guidance Clinic* an der *University of Washington,* hatte eine analytische Ausbildung. Wie die meisten seiner klinischen Kollegen war er nicht völlig von diesem Ansatz überzeugt, betrachtete ihn aber als die beste verfügbare Möglichkeit, klinische Probleme zu konzeptualisieren. Doch konnte er die Grenzen dieses Kompromisses nicht ignorieren. Lovaas, der neben seiner Tätigkeit in der Klinik auch privat praktizierte, war deprimiert darüber, daß sich der Zustand vieler seiner Klienten auch nach zwei oder drei Jahren der Behandlung nicht verbesserte. Sidney Bijou und Donald Baer, die ebenfalls an der *University of Washington* tätig waren, gewannen ihn für die operante Lerntheorie – Lovaas war ursprünglich Hullianer – und führten gemeinsam mit ihm einige Untersuchungen durch, um die Gültigkeit tierexperimentell gewonnener Prinzipien bei Kindern festzustellen (Lovaas, Baer u. Bijou 1965). Mit seinem Wechsel zur *University of California* in Los Angeles begann Lovaas sich ganz auf die Entwicklung eines Behandlungsansatzes für autistische Kinder zu konzentrieren. Im wesentlichen ging es ihm um den Aufbau einer allgemeinen Reaktivität auf soziale Verstärker (Lovaas et al. 1966) und die Entwicklung von Verbalverhalten über die Verstärkung imitativen Verhaltens (z.B. Lovaas 1966a, Lovaas 1977).

Lovaas ging von der Annahme aus, daß sich autistische Kinder schon allein deshalb nicht entwickelten, weil sie nicht in der Lage sind, auf soziale Verstärkung zu reagieren. Statt defizientes Verhalten individuell aufzubauen, erschien es ihm sinnvoller zu versuchen, die Reaktivität der Kinder auf soziale Verstärkung allgemein zu erhöhen. Auch der Aufbau imitativen Verhaltens und die Anwendung eines gezielten Diskriminationstrainings dienten dazu, die allgemeine Lernfähigkeit in einer auf die spezifische Behinderung dieser Kinder nicht eingerichteten Umwelt zu verbessern (z.B. Lovaas et al. 1967). Da interpersonelle Kommunikation und soziales Lernen durch Sprache vermittelt sind, galt ein Großteil der Behandlung dem Aufbau des Sprachverhaltens. Lovaas verwendete in seinen Untersuchungen nicht selten Essen als Verstärker und setzt auch elektrische Schocks zur Kontrolle selbstdestruktiven Verhaltens und unkontrollierter Wutanfälle ein (Lovaas et al. 1965, Lovaas et al. 1966, Lovaas u. Simmons 1969, Schaeffer u. Simmons 1966). Zugleich experimentierte er mit der therapeutischen Nutzung elektrischer Schocks zum Aufbau sozialen Verhaltens, mußte jedoch einsehen, daß die Vergabe von Schocks in diesem Zusammenhang nur kurzfristig positive Wirkungen erzielte (Lovaas, Schaeffer u. Simmons 1965).

Gerade dieser Aspekt seines Behandlungsprogramms trug Lovaas schon nach kurzer Zeit den Ruf ein, „einen der provokativsten Behandlungsansätze zur Therapie des Autismus“ entwickelt zu haben (Bandura 1969). Anfang der sechziger Jahre, als Lovaas mit seinen Untersuchungen begann, betrachtete man den Zustand autistischer Kinder als chronisch, so daß er sich in der Forschung durchaus einige riskante Vorgehensweisen erlauben konnte. Zwar gab es auch Proteste gegen diese Form der Behandlung – ein 1965 im *National Life Magazine* veröffentlichter Bericht über seine Arbeit löste einen Sturm der Entrüstung aus –, doch ließ sowohl das *National Institute of Mental Health* (NIMH) wie auch das „Ethics Committee“ der Universität seine Projektvorschläge passieren. Die z.T. durch Fehlinformationen und Übertreibungen erzeugte Feindseligkeit konnte wenig später zumindest teilweise neutralisiert werden, als Lovaas den Film „Reinforcement Therapy“ (1966) auf den Markt brachte. Albert Bandura warf sein Renommé als Wissenschaftler in die Waagschale, als er 1969 über die Behandlungsmethoden Lovaas' berichtete. Er beschrieb die aversiven Interventionen des Therapeuten als gerechtfertigt, sofern sich das Kind nicht aus Unfähigkeit, sondern aus Unwilligkeit weigerte, auf die Anforderungen der therapeutischen Situation zu reagieren. Weiter meinte er:

> „Dies wird durch eine aussagekräftige Sequenz des Films, die das Programm zum Spracherwerb darstellt, auf dramatische Weise illustriert. Ein Therapeut fordert ein Mädchen wiederholt dazu auf, ihm die Farbe eines gelben Malstiftes zu nennen, worauf sie mit zunehmend bizarren Armbewegungen und eigentümlichen Grimassen reagiert. Schließlich erhält das Kind einen leichten Klaps auf den Oberschenkel und wird aufgefordert, die Farbe zu nennen, worauf sie ihr bizarres Verhalten abrupt einstellt und ruhig ‚gelb‘ antwortet“ (Bandura 1969, S. 153).

In späteren Untersuchungen konnten Lovaas und seine Mitarbeiter zeigen, daß die Kinder, die von ihm erfolgreich behandelt worden waren, ihre Therapiegewinne meist aufrechterhalten und ausweiten konnten, sofern sie in eine häusliche Umwelt zurückkehrten, in der die Eltern verhaltensmodifikatorische Techniken anwandten. Diejenigen unter ihnen, die man anschließend in eine psychiatrische Klinik weiterverwies, verloren ihre erworbenen Kenntnisse relativ rasch (Lovaas 1977, Kazdin 1978).

Die Untersuchungen von Charles Ferster und O. Ivar Lovaas zeigen schlaglichtartig, worin das Potential, aber auch die Grenzen bzw. Gefahren operanter Ansätze in der Klinischen Psychologie und der Psychiatrie liegen. Noch eindringlicher wird dies anhand eines Projektes deutlich, über das Nathan Azrin und Teodoro Ayllon 1968 einen ersten umfassenden Bericht vorlegten.

„Die Token Economy.
Ein motivationales System zur Therapie und Rehabilitation"

Die Token Economy ist ein Behandlungssystem, das in seiner Art im Rahmen der Behandlung und Rehabilitation psychisch kranker Menschen absolut einmalig war. 1961 ging Teodoro Ayllon nach *Anna,* um in der dortigen psychiatrischen Klinik gemeinsam mit Nathan Azrin ein Vorhaben zu realisieren, wie man es bis zu diesem Zeitpunkt noch nie erprobt hatte, nämlich „eine totale Umwelt zu entwerfen, die mit allen Verhaltensproblemen in einer psychiatrischen Klinik umgeht" (Azrin u. Ayllon 1968). Das, was Nathan Azrin und Teodoro Ayllon auf der experimentellen Station, die man ihnen in *Anna* zur Verfügung stellte, realisierten, war eine eigene Welt speziell für psychisch schwer gestörte Menschen. Eine Welt, die sich an der individuellen Leistungsfähigkeit der Patienten orientierte und dennoch – zumindest, soweit es das auch dort gültige Leistungsprinzip betraf – der Realität außerhalb der Klinik nicht unähnlich war.

In dem Bemühen motivationale Anreize zu schaffen, die die in ihre Abteilung überwiesenen, als „völlig hoffnungslos" eingestuften Patienten wieder aktivieren konnten, analysierten die Autoren zunächst alle bereits praktizierten Maßnahmen, die man in psychiatrischen Kliniken traditionell zur Belohnung der Patienten einsetzte. Dabei kamen Azrin und Ayllon zu dem Schluß, daß auf seiten der Ärzte und Pfleger erhebliche Fehleinschätzungen darüber bestehen mußten, was die Patienten als belohnend empfanden. So lösten Besuchstage, bei denen ab und zu ein Verwandter vorbeischaute oder auch die Dienste freiwilliger Helferinnen häufig erhebliche Ängste aus. Auch schien es nicht sinnvoll, das Personal angesichts des großen Personalmangels und der fehlenden Supervision zur systematischen Vergabe von Belohnungen, seien sie nun materieller oder sozialer Art, einzusetzen. Schließlich stellte sich die Frage, auf welches Ziel sich die Motivierung der Klienten eigentlich richten sollte.

Ein Großteil der in den staatlichen Kliniken lebenden Menschen konnte nicht mehr in die häusliche Umwelt reintegriert werden. Sie wünschten sich häufig keinen Kontakt mit Freunden und Familienangehörigen und wollten, wie Untersuchungen mit offenen Stationen und Kliniktoren gezeigt hatten, die Klinik im Grunde nicht mehr verlassen. Dies galt insbesondere auch für die auf die experimentelle Station überwiesenen Patienten, von denen bereits mehr als die Hälfte das 65. Lebensjahr überschritten hatte. Azrin und Ayllon entschieden sich daher dafür, zunächst einmal zu versuchen, konstruktives Verhalten auf der Station aufzubauen, und ein Klima herzustellen, in dem sich das symptomatische Verhalten der Patienten praktisch nebenbei verändern konnte. „Die aktive Vollzeitbeschäftigung der Patienten in vielen unterschiedlichen und nützlichen Aktivitäten war das Ziel des Programms" (Azrin u. Ayllon 1968, S. 24). Angesichts der Erfahrungen Teodoro Ayllons in *Saskatchewan* legte man jedoch zuvor fest, daß das Programm *keinerlei Maßnahmen enthalten dürfe, die die Patienten daran hindern konnten, ihre Grundbedürfnisse zu befriedigen.*

Charles B. Ferster (1922–1981)

O. Ivaar Lovaas (geb. 1927)

Nathan H. Azrin (geb. 1930)

Teodoro Ayllon (geb. 1929)

Die staatliche Nervenklinik in Anna, Illinois

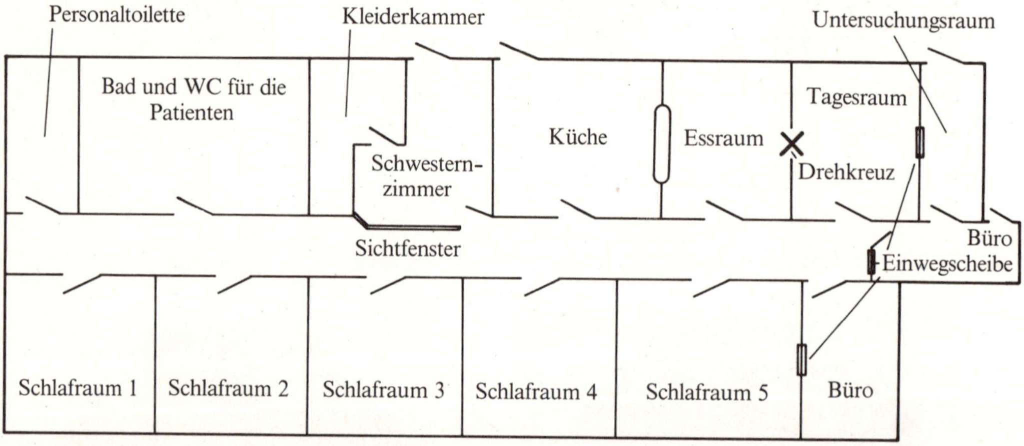

Grundriß der experimentellen Station (nach Azrin & Ayllon 1968)

Cottoges für akute Fälle und Ersteinlieferungen

Tabelle 1: Ausschnitt aus der Liste der Jobs-auf-der-Station (vgl. Azrin & Ayllon 1968)

Jobarten	*Anzahl*	*Dauer*	*Bezahlung in Token*
Assistent im Bereich der Pflege			
1. Kleiderpflege Der Patient stellt Bügelbrett und Bügeleisen bereit; bügelt fremde Kleidung; faltet sie ordentlich. Bringt die gebügelte Kleidung, Eisen und Brett zurück zum Schwesternzimmer.	1	15 Min.	1
...			
5. Bad Der Patient hilft beim Baden, Waschen, Haarewaschen und Abtrocknen. Säubert die Wanne nach jedem Bad.	2	45 Min.	4
6. Schönheit Hilfe beim Haarewaschen, legen und kämmen bei Patienten, die diesen speziellen Dienst anfordern.	1	30 Min.	4
Assistent im Freizeitbereich			
1. Spaziergänge Hilft dem Stationspersonal, wenn es mit einer Gruppe von Patienten spazieren geht. Geht an der Spitze der Gruppe.	1	20 Min.	3
2. Übungen Bedient den Plattenspieler und turnt den Patienten die Übungen vor.	1	20 Min.	3
3. Filmvorführer Baut den Filmprojektor auf und zeigt den Patienten den Film. Wechselt die Rollen und spult sie zurück.	1	90 Min.	10
Spezielle Dienste			
1. Botengänge Verläßt die Station für offizielle Botengänge auf dem Gelände der Klinik; überbringt Nachrichten, holt Vorräte ab sowie die Station betreffende Berichte.	1	20 Min.	6
2. Fremdenführer Führt die Besucher für 15 Minuten durch die Station und erklärt die Aktivitäten und das Token-System. Beantwortet Fragen der Besucher über die Station.	1	15 Min.	10
		etc.	

Tabelle 2: Ausschnitt aus der Liste der für Token erwerbbarer Verstärker (vgl. Azrin & Ayllon 1968)

	Anzahl der täglich zu zahlenden Token
1. Privatleben	
Wahl des Schlafraumes 1	0
Wahl des Schlafraumes 2	4
Wahl des Schlafraumes 3	8
Wahl des Schlafraumes 4	15
Wahl des Schlafraumes 5	30
Persönlicher Stuhl	1
Wahl der Eßgruppe	1
Raumteiler	1
Wahl der Tagesdecke	1
Kleiderhaken	1
eigener Schrank	2
Plazebo	1–2

2. Verlassen der Station		
Zwanzigminütiger Spaziergang auf dem Gelände der Klinik (in Begleitung)	2	
Dreißigminütiger Spaziergang auf dem Gelände der Klinik (3 zusätzliche Token für jede weitere halbe Stunde)	10	
Fahrt in die Stadt (in Begleitung)	100	
3. Soziale Interaktion mit dem Personal		
Privates Gespräch mit dem Priester, der Schwester	fünf Minuten frei	
Privates Gespräch mit dem Personal oder dem Arzt auf der Station (Überzeit: 1 Token pro Minute)	fünf Minuten frei	
Privates Gespräch mit dem Stationspsychologen	20	
Privates Gespräch mit der Sozialarbeiterin	100	
4. Möglichkeiten zur Erbauung		
Zusätzliche religiöse Dienste auf der Station	1	
Zusätzliche religiöse Dienste außerhalb	10	
5. Freizeitaktivitäten		
Film auf der Station	1	
Gelegenheit, einer Musikgruppe live zuzuhören	1	
Verwendung eines „persönlichen" Radios	1	etc.

Die Techniken, die die Autoren zur Motivierung der Menschen auf der Station einsetzten, waren erstaunlich einfach und verraten erst bei näherem Hinsehen, wieviel Einfallsreichtum und Überlegung dahintersteckte. Alle anfallenden Aufgaben auf der Station, teilweise auch solche, die zuvor durch das Pflegepersonal erledigt worden waren, wurden in „Jobs" mit unterschiedlichem Schwierigkeitsgrad aufgeteilt und den Patienten je nach individueller Befähigung zugeteilt. Zwischen den Jobs und der Verstärkung für ihre Ableistung vermittelten die „Token", eine Art Spielgeld, mit dem die Patienten je nach Bewertung einer Aufgabe „bezahlt" wurden. Als Verstärker oder Belohnung wurde alles eingesetzt, was die Patienten häufig und gerne taten. So konnte man sich z. B. mit Hilfe der Token eine bestimmte Zeitspanne fernzusehen erkaufen, einen bevorzugten Schlafraum, ein bestimmtes Bett, den Platz in der Eßgruppe, Raum zum Verstauen von Gegenständen etc. (s. Kasten). Die Jobs reichten vom Hilfsverkäufer über die Waschhilfe bis hin zu Aufgaben im Bereich „spezielle Dienste", worunter z. B. auch die Tätigkeit als „Fremdenführer" fiel, der die Besucher der Station in einer fünfzehnminütigen Tour durch alle Einrichtungen zu führen und ihre Fragen zu beantworten hatte.

Die Installation eines solchen Fremdenführers war nur eine von mehreren kontrollierenden Maßnahmen, durch die man die Rechte des Patienten zu schützen suchte. Die Station stand Besuchern – die in den ersten Jahren zahlreich nach *Anna* strömten, um das neue Behandlungssystem zu studieren – jederzeit offen, so daß die Patienten die Möglichkeit hatten, sich offen gegenüber Außenstehenden zu äußern, sofern sie sich benachteiligt fühlten. Alle Patienten konnten die Station jederzeit wechseln, wenn zu erkennen war, daß ein solcher Wechsel eine Verbesserung ihres Zustandes bewirken würde. Darüber hinaus wurden sie ermutigt, die Station und auch die Klinik häufiger zu verlassen. Bewertet man den Erfolg dieses Programms anhand der durch die Patienten geleisteten Aktivitäten, so war es den Autoren gelungen,

Patienten mit ganz unterschiedlicher Hospitalisierungsdauer und chronischen Erkrankungen in erstaunlicher Weise zu aktivieren. In Einzelfällen machten es die auf der Station erworbenen Verhaltensweisen sogar möglich, sie in ihre frühere Umwelt zu reintegrieren (Azrin u. Ayllon 1968).

Aber nicht nur die Patienten, auch Nahan Azrin und Teodoro Ayllon hatten aus diesem Programm gelernt. Wie auch Charles Ferster (Ferster u. DeMyer 1961) mußten sie feststellen, daß es ungleich viel schwieriger war, eine motivationale Umwelt zu entwerfen, die der komplexen Motivation von Menschen entsprach, als Tiere im Laboratorium mit Futterpillen zu verstärken. Insgesamt gab es einfach zu wenige zuverlässige Verstärker, die sich über lange Zeit beim Menschen als wirksam erwiesen. Um eine nützliche Technologie zu entwickeln, bedurfte es einiger Phantasie und Bereitschaft, den Mangel an durch die Theorie bereitgestellten handlungsleitenden Prinzipien zu überbrücken. Prinzipien wie das der Desensibilisierung oder der graduierten Anleitung, die Nathan Azrin später als „emergent principles" bezeichnete (Azrin 1977), ließen sich nicht mehr unmittelbar aus der operanten Lerntheorie ableiten. Sie waren ein Produkt der Praxis. Dies sei zwar kein Zeichen für ein Versagen der Theorie, erklärte Azrin 1977, doch gebe es Anzeichen dafür, daß sich die Lerntherapien zu einem Untersuchungsgebiet mit eigener Identität entwickelten. Rückblickend auf die gemeinsame Arbeit mit Teodoro Ayllon meinte er damals: „Das letztlich entstandene Behandlungsprogramm erforderte in jeder Beziehung Improvisationen, Umwege und Innovationen aufgrund von Problemen, die auf der Basis der Verstärkungstheorie nicht vorhersehbar waren" (Azrin 1977, S. 143).

Noch während Nathan Azrin und Teodoro Ayllon in *Anna* ihr Projekt durchführten, entstanden auch an anderen Kliniken Token-Economy-Stationen nach ihrem Vorbild (z.B. Atthowe u. Krasner 1968). Diese positive Entwicklung kam erst Mitte der siebziger Jahre zum Stillstand, als sich Bürgerrechtsinitiativen kritisch mit der Anwendung solcher Verstärkungsprogramme in Gefängnissen und psychiatrischen Kliniken befaßten (s. S. 278ff.). Nichtsdestoweniger haben die Untersuchungen von Azrin und Ayllon wie kein anderes Forschungsprojekt im operanten Paradigma zur Akzeptanz dieser Ansätze in der Klinischen Psychologie beigetragen und für das therapeutische Potential operanter Methoden geworben.

Zur Diskussion um die lerntheoretische Basis der Verhaltenstherapie

Mitte der sechziger Jahre herrschte in der Verhaltenstherapiebewegung in den USA ein gewisser Dogmatismus vor, dessen Ursachen in dem wachsenden Selbstbewußtsein ihrer Pioniere, aber auch in dem verstärkten Druck von außen gesucht werden müssen. Als Louis Breger und James McGaugh 1965 ihre einflußreiche Kritik an der Verhaltenstherapie veröffentlichten, war die Bewegung noch relativ jung und ohne besonderen Rückhalt.

Auch sah es zunächst so aus, als handelte es sich hierbei lediglich um einen Ausläufer der Diskussion zwischen Kognitivisten und Behavioristen, die ebenfalls in den sechziger Jahren geführt wurde. Als Auslöser dieser Entwicklung läßt sich N. Chomskys Kritik an B. F. Skinners 1957 veröffentlichten Buch „Verbal Behavior" ausmachen, die damals viel Aufsehen erregte (Chomsky 1959).

Bereits ein Jahr vor Breger u. McGaugh machte Perry London einige kritische Bemerkungen, die sich auf die lerntheoretische Basis der Arbeiten Joseph Wolpes bezogen. „Die Bedeutung der Arbeit Wolpes ist überall zu suchen, ausgenommen in der Endgültigkeit der Lernprinzipien, auf der sie aufbaut", erklärte er 1964 in seinem Buch „The Modes and Morals of Psychotherapy" (London 1964, S. 91). Seiner Meinung nach waren die Konzepte der Gegenkonditionierung bzw. reziproken Hemmung zwar von deskriptivem Wert, doch erschienen sie ihm nicht weniger spekulativ oder besser validiert als die komplizierten motivationalen und kognitiven Systeme, die die Grundlage vieler einsichtsorientierter Therapieverfahren bildeten. Er fühlte sich daher berechtigt, einen alternativen kognitiven Ansatz vorzuschlagen, durch den interne Prozesse in das Stimulus-Response-Modell der Verhaltenstherapie eingebracht werden konnten (London 1964).

Auf gleicher Linie argumentierten auch Breger u. McGaugh in ihrem 1965 veröffentlichten Aufsatz „Critique and Reformulation of ‚Learning Theory' Approaches to Psychotherapy and Neurosis". Sie konzentrierten sich auf eine detaillierte Analyse der lerntheoretischen Grundlagen der Verhaltenstherapie, deren Insuffizienzen sie anschließend zum Anlaß nahmen, die wissenschaftliche Respektabilität des gesamten Forschungsbereiches in Frage zu stellen. Gerade die neuere Lernforschung, so argumentieren sie, mache keineswegs den Eindruck der „one big happy family", den Protagonisten der Bewegung wie Hans Eysenck zu erzeugen versuchten. Auch in bezug auf neurotisches Verhalten stelle sich den Behavioristen dasselbe Problem, das bereits den Niedergang peripheralistischer Lern- und Verstärkungstheorien bewirkt habe, nämlich die Schwierigkeit, die Generalität von Verhalten als Ergebnis spezifischer Lernerfahrungen zu erklären. Die behavioristische Analyse neurotischer Entwicklungen habe dazu geführt, daß für jedes Symptom eine spezifische Lernerfahrung angenommen werden müsse. Zugleich sei man der daraus entstehenden Problematik ausgewichen, indem man sich überwiegend mit Neurosen beschäftigt habe, die in Form spezifischer Symptome beschrieben werden konnten wie z. B. Tics oder Phobien. Auf diese Weise seien Störungsarten vernachlässigt worden, die diesem Modell nicht entsprechen, wie z. B. Depressionen, Zwangsgedanken, allgemeine Niedergeschlagenheit etc. Ebenfalls ungesichert sei auch der wissenschaftliche Status einer weiteren wichtigen Facette der behavioristischen Neurosenkonzeption, nämlich das Konzept der Angst als sekundärer Trieb. Gerade das Konzept der Triebreduktion und die Unterscheidung zwischen primären und sekundären Trieben hätten in der Forschung erhebliche Schwierigkeiten in bezug auf ihre Verifikation hervorgerufen. Auch wiesen Wolpes Falldarstellungen darauf hin, daß er den von der Theorie geforderten Symptomansatz weder befolgen könne noch dies zu tun bereit sei. Er beschreibe zumeist komplexe Muster interpersoneller Beziehungen, psychologischer Strategien, Erwartungen etc. (Breger u. McGaugh 1965).

Mit nur wenigen Anmerkungen war es den Autoren hier gelungen, theoretische Defizite und Fragwürdigkeiten aufzudecken, die sich auch bereits in der therapeutischen Praxis bemerkbar gemacht hatten (Meyer u. Crisp 1966). Wie sah jedoch die „Neuformulierung" aus, die Louis Breger und James McGaugh den Verhaltenstherapeuten anboten? Unter Berufung auf informationstheoretische Ansätze wie die von Miller, Galanter u. Pibram (1960) und die Tradition kognitiver Lerntheorien (Tolman 1951) konzipierten die Autoren den therapeutischen Prozeß in Analogie zum Prozeß des Erwerbs einer neuen Sprache. Ausgangspunkt der Behandlung müsse die Beschreibung der neurotischen Sprache des Individuums sein. In der Therapie sollte der Klient dazu motiviert werden – etwa im Rahmen einer Gruppentherapie –, eine neue Sprache zu erwerben und zugleich damit neue Strategien, die ihn befähigten, sich seiner Umwelt wieder verständlich zu machen. Den Vorgang des Lernens interpretierten die Autoren in diesem Zusammenhang als „den Prozeß, bei dem Informationen über die Umwelt erworben, gespeichert und in Kategorien eingeordnet werden" (Breger u. McGaugh 1965, S. 355).

Diese noch recht fragmentarische Konzeption einer Alternative zu den vorhandenen lerntheoretischen Ansätzen bildete in der Folge das Hauptangriffsziel derjenigen, die die Herausforderung Bregers und McGaughs annahmen. In der Bewertung ihrer Kritik wurden zum wiederholten Male die Unterschiede zwischen den Vertretern einer „harten" dogmatischen Linie und liberaleren Anhängern der Verhaltenstherapie deutlich. Stanley Rachman und Hans Eysenck wiesen in ihrer Replik 1966 mit einiger Berechtigung darauf hin, daß es für die Überlegenheit eines kognitiv-lerntheoretischen Standpunktes bisher keinerlei wissenschaftliche Beweise gebe. Weiterhin erklärten sie, daß die Unzulänglichkeiten der Lerntheorie kein Grund seien, auf die Ausschöpfung ihres Potentials im klinischen Bereich zu verzichten (Rachman u. Eysenck 1966). Ihre noch recht moderaten Einwände wurden verstärkt durch eine Kritik von William Wiest (1967), der die gesamte Argumentation auf die grundlegendere Kontroverse zwischen Behavioristen und Kognitivisten verschob, wodurch seine Einwände gegen eine neue, kognitive Perspektive noch unversöhnlicher klangen.

Doch gab es unter den Mitgliedern der AABT durchaus auch solche wie z. B. Edward Dengrove, der 1966 meinte, man könne aus einer Kontroverse, wie sie zwischen Rachman u. Eysenck und Breger u. McGaugh ausgetragen worden war – letztere formulierten 1966 nochmals eine Replik auf Rachman u. Eysenck (Breger u. McGaugh 1966) –, nur lernen[13]. Auch Cyril Franks erklärte damals: „Es ist vieles nicht in Ordnung sowohl in der Theorie wie in der Praxis heutiger ‚Lerntheorie'-Therapien und es gibt keinen Zweifel, daß sich sowohl Techniken wie Prinzipien in den kommenden Jahren drastisch verändern werden" (Franks 1966a, S. 48). Franks betrachtete die Verhaltenstherapie weniger als Anwendung der Lerntheorie denn vielmehr als Anwendung der „Lerntechnologie" – was immer dieser Begriff bedeuten sollte. Wie auch Victor Meyer verwies er damals auf die Bedeutung unspezifischer

Variablen in der therapeutischen Situation, die den Vorhersagewert der im Labor entwickelten Konditionierungstherapien beeinträchtigten und seiner Meinung nach gezielt untersucht werden sollten (Franks 1966a). Auch Frederick Kanfer, ebenfalls einer der Mitbegründer der AABT, befaßte sich Mitte der sechziger Jahre in Aufsätzen wie „Behavior Therapy. A Panacea for All Ills or a Passing Fancy?" (Kanfer u. Phillips 1966) mit den Folgen des wachsenden Dogmatismus unter den Verhaltenstherapeuten, der die Kritik Bregers und McGaughs geradezu herausgefordert hatte. Kanfer plädierte damals für eine integrierte Anwendung verhaltenstherapeutischer und verbaler Therapieformen (Kanfer 1966b, Kanfer u. Phillips 1970) und versuchte, zwischen den Vertretern verschiedener Richtungen zu vermitteln. Den durch so manche propagandistische Übertreibung entstandenen Eindruck, die Klinische Psychologie werde sich nun bald in den Händen von „behavioral engineers"[14] befinden, die über spezifische Verfahren mit eindeutig vorhersagbarer Wirkung verfügten, bezeichnete er schlicht als Utopie (Kanfer u. Phillips 1966). Kanfer schlug vor, sich in der Forschung nicht ausschließlich mit der Exploration neuer Techniken zu befassen, sondern auch erneut Anstrengungen zur Grundlagenforschung, zur Erkundung lernpsychologischer und anderer Prozesse komplexerer Art zu unternehmen. Seiner Meinung nach waren Fortschritte im Bereich der Verhaltenstherapie u. a. davon abhängig, inwieweit es den Verhaltenstherapeuten gelang, die Interaktion zwischen Therapeut und Klient wissenschaftlich zu durchdringen (Kanfer 1966a, Kanfer u. Phillips 1966).

Indem er neben der Verwendung verhaltenstherapeutischer Strategien auch für eine gezielte Nutzung des verbalen Repertoires sowie des selbstregulatorischen Verhaltens seiner Klienten eintrat (Kanfer 1966b, Kanfer u. Phillips 1970), suchte Frederick Kanfer nach einem konservativen Weg zur Erweiterung der zwar nicht vollkommenen, aber heuristisch wertvollen lerntheoretischen Basis der Verhaltenstherapie; und es dauerte nicht lange, bis ihm andere Kollegen auf diesem Weg folgten.

Grenzüberschreitungen

Zur therapeutischen Nutzung selbstkontrollierenden Verhaltens

Selbstregulierendes bzw. selbstkontrollierendes Verhalten war ein bis zur Mitte der sechziger Jahre im Rahmen der Verhaltenstherapie wenig beachteter und selten bewußt genutzter Aspekt menschlichen Verhaltens. Ausgehend von der Überlegung, daß das Verhalten des Individuums durch die Umwelt beeinflußt wird, erschienen selbstregulierende Einflüsse lange Zeit als lediglich von sekundärer Bedeutung. Skinner setzte 1953 selbstkontrollierendes Verhalten mit jedem anderen Verhalten gleich und stellte ausdrücklich fest, daß Menschen die Fähigkeit zu selbstkontrollierendem Verhalten hätten (Skinner 1953); doch obwohl er damit den Bereich der Selbstkontrolle für Forschung und Anwendung zugänglich machte, sahen viele Verhaltenstherapeuten noch Ende der sechziger Jahre in der wachsenden Popularität der

Selbstkontrolltechniken die Gefahr eines Rückfalles in traditionelle Konzepte wie z. B. das des Willens etc. (Thoresen u. Mahoney 1974).

Anhand der frühen Vorschläge zur Konzeptualisierung selbstkontrollierender therapeutischer Interventionen, wie sie von Charles Ferster (1962) und Israel Goldiamond (1965) entwickelt wurden, war jedoch bereits erkennbar, daß man keineswegs beabsichtigte, damit zugleich die Existenz einer unabhängigen Einheit, eines „Selbst" zu postulieren. Ihre Arbeiten entstanden auf der Basis rein pragmatischer Überlegungen, die in engem Zusammenhang zu den Anforderungen der therapeutischen Praxis standen. 1962 entwickelten Ferster, Nurnberger u. Levitt ein Verfahren zur Gewichtsreduktion bei Frauen, das auf behavioralen Prinzipien aufbaute. Da der Therapeut das Eßverhalten seiner Klientinnen außerhalb der Therapiesitzungen nicht kontrollieren konnte, suchte man nach Möglichkeiten, durch die diese in die Lage versetzt wurden, ihr Eßverhalten selbst zu kontrollieren. Selbstkontrolle wurde in diesem Zusammenhang als ein Verhalten definiert, durch das das zu kontrollierende Verhalten in seiner Auftretensdisposition vermindert wurde.

Die Analyse und der Aufbau selbstkontrollierenden Verhaltens umfaßte nach Ferster et al. folgende Schritte: Erstens die Identifikation der Variablen, die das Eßverhalten beeinflußten, zweitens die Feststellung ihrer Manipulierbarkeit, drittens die Identifikation unerwünschter Wirkungen zu starken Eßverhaltens und viertens die Entwicklung einer Methode zum Aufbau von Selbstkontrolle. Da die negativen Folgen des Überessens erst auftraten, wenn das Verhalten bereits abgeschlossen war, forderten die Therapeuten ihre Klientinnen auf, die negativen Folgen verbal oder auch imaginativ mit der Vorstellung kalorienreicher Nahrung zu kombinieren. Darüber hinaus wurden sie angewiesen, ihr Essen täglich zu kaufen, um die Kette von Verhaltensweisen, die zum Eßverhalten führten, zu verlängern und seinen Beginn zu verzögern. Auch sollten sie versuchen, während des Essens zwischen jedem Bissen fünf Minuten zu warten usw. Um die Anzahl der das Eßverhalten kontrollierenden Stimuli zu verringern, erlaubte man z. B. nur in der Küche zu essen, jedoch nicht beim Fernsehen, beim Lesen etc. Zugleich wurde der Aufbau inkompatiblen Verhaltens wie z. B. ins Kino gehen oder zu telefonieren, gefördert (Ferster, Nurnberger u. Levitt 1962).

Auch Israel Goldiamond, der 1965 einen Bericht mit dem Titel „Self-Control Procedures in Personal Behavior Problems" veröffentlichte, entwickelte seinen Ansatz zur Selbstkontrolle unmittelbar aus der psychologischen Beratungstätigkeit am *Institute for Behavioral Research* in *Silver Springs*. Seiner Meinung nach gab es zwei mögliche Strategien, um selbstkontrollierendes Verhalten zu erzeugen. Die eine bestand darin, den Klienten darüber zu informieren, welche Maßnahmen notwendig sind, um die *Umwelt* zu verändern und auf diese Weise selbst das Verhalten unter neue Kontrolle zu bringen. Die zweite Möglichkeit bestand in einem umfassenden Training des Klienten in der funktionalen Verhaltensanalyse, so daß dieser in die Lage versetzt wurde, sein *Verhalten* in der gewünschten Weise zu kontrollieren. Dabei ging Goldiamond von der Annahme aus, daß ein Teil der Schwierigkeiten seiner Klienten darin begründet lag, daß sie unfähig waren, interne oder externe Stimulusbedingungen auf ihre Kontrollwirkung hin zu analysieren. Mit dem von ihm entwickelten Ansatz zur therapeutischen Nutzung der Selbstkontrolle sah er auch ein grundsätzliches Ziel psychotherapeutischer Arbeit verwirklicht, nämlich den Klienten zu lehren, sein eigener Therapeut zu werden. Allerdings – so meinten Kanfer u. Phillips 1970 – bedürfe es für eine solche Therapie intelligenter Klienten mit hoher Behandlungsmotivation (Goldiamond 1965, Kanfer u. Phillips 1970).

Mit grundlagenpsychologischen Untersuchungen zum Thema Selbstkontrolle beschäftigten sich Wissenschaftler wie Frederick Kanfer bereits seit Anfang der sechziger Jahre. So unterschied er zwischen zwei situativen Bedingungen, unter denen Selbstkontrolle auftreten konnte. Zum einen solche, in denen ein hoch verstärkender Stimulus jederzeit verfügbar war, das Individuum das verstärkte Verhalten aber dennoch nicht ausführte; und zum anderen solche, in denen ein Verhalten ausgeführt wurde, obwohl die aversiven Konsequenzen bekannt waren. Erstere Situation läßt sich auch unter der allgemeinen Umschreibung „einer Versuchung zu widerstehen“ fassen; letztere schließt Situationen ein, bei denen z. B. eine schmerzhafte Stimulation trotz vorhandener Fluchtmöglichkeiten erduldet wird (Kanfer u. Phillips 1970). Kanfer befaßte sich in seinen Experimenten primär mit der Erforschung motivationaler Aspekte der Selbstkontrolle, d. h. mit dem Phänomen der Selbstverstärkung. Während Charles Ferster Techniken zur Selbstkontrolle entwickelt hatte, die darin bestanden, die Verstärkungsbedingungen in der Umwelt des Klienten zu verändern, machte die Technik der Selbstverstärkung das Individuum von seiner Umwelt zu einem gewissen Grad unabhängig – Grund genug, um Anlaß zu einer heftigen Kontroverse zwischen operanten und kognitiven Verhaltenstherapeuten zu werden (z.B. Bandura 1976; Goldiamond 1975, 1976; Mahoney 1976a; Thoresen u. Wilbur 1976). Selbstbelohnendes oder selbstbestrafendes Verhalten trat, wie Kanfer u. Phillips 1970 feststellten, nicht nur kontingent auf bestimmte beobachtbare Ereignisse in der unmittelbaren Umwelt auf, sondern auch unabhängig davon als Ergebnis einer großen Vielfalt von bereits zuvor erworbenen Verhaltensmustern. Durch die Untersuchungen Frederick Kanfers und seiner Kollegen (u.a. Kanfer u. Marston 1963a, 1963b; Kanfer u. Phillips 1970; Marston 1965) sowie durch erste Arbeiten Albert Banduras zur Frage der Beeinflußbarkeit selbstverstärkender Mechanismen aus der Sicht des Imitationslernens (Bandura u. Kuipers 1964, Bandura u. Whalen 1966) lagen gegen Ende der sechziger Jahre bereits eine Reihe von Forschungsergebnissen aus der experimentellen Psychologie vor, die in die klinische Praxis übertragen werden konnten.

Um den Rahmen einer – wenn auch erweiterten – behavioristischen Konzeption zu wahren, suchte Kanfer durch seine experimentellen Studien zu belegen, daß selbstkontrollierendes, in diesem Fall selbstverstärkendes Verhalten erlernt war. Das „Selbst“ blieb in seiner Konzeption lediglich eine „transitorische behaviorale Organisation“, die wie alles andere auch dem Wechsel durch entsprechende Umwelteinflüsse ausgesetzt war. In seinem 1972 veröffentlichten, populären Aufsatz „Self-Control: A Behavioristic Excursion Into the Lions's Den“ vertrat Kanfer den Standpunkt, daß ein wissenschaftlicher, behavioristischer Ansatz keineswegs die Bedeutung von Selbstbewußtheit, individueller Verantwortlichkeit und Zielgerichtetheit des eigenen Lebens zu leugnen brauche. Als Schüler des Interbehavioristen J. R. Kantor war Kanfers Perspektive breiter und erlaubte es ihm, die Verhaltensereignisse, auf die sich die vorangestellten Begriffe bezogen, als Reaktion auf eine bestehende soziale Ordnung und soziale Forderungen zu betrachten (Kanfer u. Karoly 1972).

Kanfers Standpunkt war unter den Verhaltenstherapeuten allgemein bekannt. Er selbst hielt in den sechziger Jahren eine Vielzahl von Vorträgen zu diesem Thema. So war er davon überzeugt, daß eine Reihe von menschlichen Verhaltensweisen ohne die Annahme selbstkontrollierender Mechanismen unverständlich bleiben würden. Für die weitere Forschung schlug er die Konzeptualisierung der Selbstkontrolle im Rahmen eines „closed-loop learning paradigm“[15] vor und entwickelte ein Arbeitsmodell der Selbstregulation, das auf den drei zentralen Komponenten der Selbstüberwachung, der Selbstbewertung und der Selbstverstärkung beruhte (Kanfer u. Phillips 1970; Kanfer 1972, 1977).

Zum Phänomen verdeckter Konditionierung

Die vermehrte Anwendung selbstkontrollierender Techniken lenkte die Aufmerksamkeit der Verhaltenstherapeuten gegen Ende der sechziger Jahre fast unweigerlich auf die Rolle kognitiver Variablen in der Behandlung. In diesem Zusammenhang bot das Postulat verdeckter Konditionierung, das im Rahmen des operanten wie des respondenten Paradigmas fast zeitgleich aufgestellt wurde, erstmals die Möglichkeit, kognitive Aspekte menschlichen Verhaltens systematisch in die therapeutische Arbeit einzubeziehen.

Lloyd E. Homme, einem Schüler B. F. Skinners, gelang es 1965, diesen Gedanken mit dem Paradigma der Selbstkontrolle zu verbinden. Wie viele Neobehavioristen ging er davon aus, daß für verdecktes, kognitives Verhalten dieselben Gesetze gelten, wie für offen beobachtbares Verhalten. Aus dieser von Mahoney (1974) als „Kontinuitätsannahme“ klassifizierten Position heraus schrieb Homme 1965 einen kurzen, aber einflußreichen Aufsatz, „Control of Coverants, the Operants of the Mind“ (Homme 1965). Die Bezeichnung „coverant“ stand hierbei als Kurzform für den Begriff „covert operant“. Hommes Ziel war die Entwicklung einer Technologie zur Selbstkontrolle privater Ereignisse oder auch „Kognitionen“. Selbstkontrolle mußte in der praktischen Arbeit überall dort verwendet werden, wo man Verhaltensweisen kontrollierte, die außerhalb des Einflusses des Therapeuten lagen, wie z. B. das Rauchen, übermäßiges Essen, aber auch Zwangsvorstellungen, ein verdecktes operantes Verhalten, das Homme mit Hilfe seiner Technik des „Kontingenzmanagement“ ebenfalls als behandelbar betrachtete.

Nach Homme waren die Menschen durchaus in der Lage, zuverlässig anzugeben, *wann* ein solcher „coverant“ auftrat. Er bezeichnete es daher als realisierbar, für diese „coverants“ kontingente Verstärker ausfindig zu machen und sie zu kontrollieren. Grundvoraussetzung für eine Technologie der Selbstkontrolle von Kognitionen war jedoch die leichte Zugänglichkeit einer Vielzahl von Verstärkern. In diesem Zusammenhang erinnerte sich Homme der von Premack aufgestellten „Hypothese der differentiellen Wahrscheinlichkeit“. Premack ging davon aus, daß bei zwei miteinander auftretenden Reaktionen die wahrscheinlichere die weniger wahrscheinliche jederzeit verstärken kann. Auf die Selbstkontrolle von Kognitionen angewandt ist es mit diesem Prinzip möglich, daß der Klient zu seinem eigenen „Kontingenzmanager“ wird. Am Beispiel des Rauchens sieht dies folgendermaßen aus: Zunächst sucht man Verhaltensweisen, die mit dem Rauchverhalten inkompatibel sind. Dann versucht man, ihr Auftreten durch entsprechendes Kontingenzmanagement in ihrer Häufigkeit zu erhöhen, d.h. man macht hoch wahrscheinliche Verhaltensweisen mit ihrem Auftreten kontingent. Verwendet man beim Rauchen z.B. als kontrollierenden Coverant die inkompatible Aussage, daß Rauchen zu Lungenkrebs führt, so muß noch eine zweite, hoch wahrscheinliche Verhaltensweise gefunden werden, die man auf diesen Coverant kontingent machen kann, um seine Auftretenshäufigkeit zu erhöhen (s. Abb. 10). Anwendungsmöglichkeiten seines neuen Verfahrens sah Homme bei der Behandlung starken Rauchens, bei Fettsucht, im Selbstsicherheitstraining und zur Verbesserung der allgemeinen Zufriedenheit.

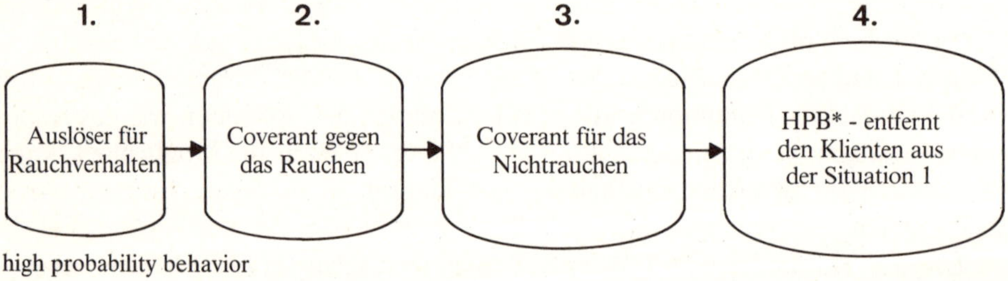

* high probability behavior

Abbildung 10: Sequenz selbstgesteuerter Verhaltensereignisse, wie sie Homme z. B. im Rahmen der Rauchertherapie empfahl (vgl. Homme 1965).

Lloyd Homme stieß mit dieser, wie auch mit seinen späteren Veröffentlichungen (Homme 1966, Homme et al. 1968) bei den Anhängern der operanten Lerntheorie auf erhebliche Kritik, nicht zuletzt, weil man seine Technik als empirisch zu wenig abgesichert bewertete, um sie bereits als Therapieverfahren vorstellen zu können. Mehr Beifall fand er bei den in der klinischen Praxis tätigen Verhaltenstherapeuten, die immer bereit waren, ihr Arsenal an verfügbaren Techniken zu erweitern. Bis heute kann über die therapeutische Effektivität der Verfahren Lloyd Hommes nur wenig ausgesagt werden (Mahoney 1974, Kazdin 1978), ein Faktum, das sich u.a. auf die erheblichen methodischen Schwierigkeiten zurückführen läßt, die bei der wissenschaftlichen Überprüfung auftreten.

Hommes Ansatz betonte nicht nur das Potential selbstkontrollierender Reaktionen, sondern auch den empirischen Status innerer Ereignisse und ihre Bedeutung für die Steuerung und Modifikation offenen Verhaltens. Dies galt auch für die Arbeiten Joseph Cautelas, der 1966 mit der Technik der „verdeckten Sensibilisierung" Furore machte.

Joseph Cautela gehöret zu der Gruppe von Verhaltenstherapeuten, die ursprünglich psychodynamisch orientiert waren, sich in der Tradition von Dollard u. Miller (1950) verstanden und erst Mitte der sechziger Jahre eine spektakuläre Wandlung vollzogen[16]. Er veröffentlichte 1965 einen Aufsatz, in dem er über die erfolgreiche Desensibilisierung eines chronisch ängstlichen Patienten berichtete, der zuvor bereits zwei Jahre lang – z.T. mit Erfolg – psychodynamisch behandelt worden war. Angesichts des überraschend positiven Ausgangs der Therapie durch den Einsatz verhaltenstherapeutischer Methoden betrachtete sich Cautela nachgerade als klassisches Beispiel einer bestimmten Form intellektueller Schizophrenie. Zwar habe er seit Jahren Seminare über Lerntheorien veranstaltet und sei auch über die aktuelle Literatur zur Verhaltenstherapie informiert gewesen. Dennoch habe er – wie viele seiner Kollegen – eine Anwendung dieser Prinzipien nie erwogen, weil sie ihm als zu simpel erschienen (Cautela 1965a). Joseph Cautela nahm in der Folgezeit an einer von Wolpe veranstalteten Weiterbildung teil, schrieb eine Vielzahl werbender Artikel für die Verhaltenstherapie (z.B. Cautela 1966a, 1966b) und gehörte auch zu der kleinen Clique von Aktivisten, die „in Sachen Verhaltenstherapie" durch die Lande reisten, Vorträge hielten und Weiterbildungen organisierten.

Zugleich war Cautela jedoch auch einer der ersten, der erkannte, daß die Bandbreite verhaltenstherapeutischer Techniken für die praktische therapeutische Arbeit erweitert werden mußte. Dies um so dringlicher, als es nicht möglich war, einzelne Techniken wie z.B. Aversionstherapien im Rahmen einer Universität anzuwenden. Cautela, der damals bereits am *Boston College* tätig war, brachte 1966 ein neues Verfahren auf den Markt, daß er als „verdeckte Sensibilisierung" bezeichnete. Es handelte sich um eine „verdeckte" Aversionstherapie, d.h. statt die aversive Reizung mittels elektrischer oder chemischer Mittel zu erzeugen, instruierte Cautela seine Klienten, sich die entsprechende Szene möglichst lebhaft vorzustellen. Am Beispiel des Falles einer alkoholabhängigen Frau sah die Behandlung etwa folgendermaßen aus: Die Klientin wurde angewiesen, sich vorzustellen, in einem Lokal zu sitzen und sich zu entspannen. Die Szene beginnt damit, daß sie den Kellner darum bittet, ihr ein bevorzugtes Getränk zu bringen. Gerade, als sie dazu ansetzen will, es zu trinken, befällt sie ein Gefühl der Übelkeit. Dieses Übelkeitsgefühl wurde in der therapeutischen Sitzung ausführlich beschrieben und zu einer sehr unangenehmen Szene erweitert, in der sich die Klientin im Lokal übergeben mußte. Nach dieser Szene wurde eine kurze Pause eingelegt. Anschließend wurde die Klientin angewiesen, sich eine Situation vorzustellen, in der sie auf das Trinken verzichtete und sich danach ruhig und entspannt fühlte. Diese beiden Situationen, das angenehme und das aversive Erlebnis, wurden während der ersten Sitzung zehn weitere Male durchgespielt. Darüber hinaus forderte Cautela seine Klientin auf, sie auch zu Hause zu üben. Nach sieben weiteren Sitzungen dieser Art war es ihm schließlich gelungen, sie von ihrem Problem zu befreien, ein Erfolg, der auch noch acht Monate nach Abschluß der Behandlung aufrechterhalten blieb (Cautela 1966c).

1967 berichtete Cautela erneut über die Anwendung der Technik der verdeckten Sensibilisierung, konzipierte den therapeutischen Prozeß nun jedoch im Rahmen der operanten Lerntheorie (Cautela 1967) – dies wiederum ein Beleg für die lockere Verbindung zwischen Theorie und Praxis, die solche Uminterpretationen problemlos zuließ. Auf der neuen theoretischen Basis entwickelte Cautela wenig später eine ganze Palette weiterer, verdeckter Techniken wie z.B. die verdeckte und die verdeckte negative Verstärkung (Cautela 1970a, 1970b), die verdeckte Löschung (Cautela 1971), das verdeckte Modellernen und die verdeckte Bestrafung (Cautela 1976a). Als Alan Kazdin sein neues Verfahren der „response cost" vorstellte, präsentierte er kurz darauf die Technik der verdeckten response cost (Cautela 1976b).

Wie Lloyd Homme ging auch Joseph Cautela nun dazu über, Überlegungen und einzelne Verfahren, die er in seiner praktischen Arbeit entwickelt hatte, ohne weitere stützende Forschung erst einmal zu Papier zu bringen und einer größeren Fachöffentlichkeit zu präsentieren. Tatsächlich konnte er sich dabei auf das starke Forschungsinteresse von Kollegen und Studenten verlassen, die das Verfahren einer nachträglichen Überprüfung zuführten, so daß inzwischen eine Vielzahl von Untersuchungen und Veröffentlichungen allein zur Technik der verdeckten Sensibilisierung vorliegen. Dennoch verhielten sich insbesondere die Verhaltenstherapeuten der operanten Schule gegenüber seinen Neuentwicklungen relativ reserviert (Kazdin 1978). Aber auch die Vertreter eines kognitiven Standpunktes wie z.B. Michael Mahoney meinten damals kritisch: „Bemühungen, unsere Techniken zu erweitern und zu verfeinern, spiegeln eine humane und empirische Hingabe wider. Unser Enthusiasmus verleitet uns jedoch oft, Neuerungen auf Kosten von experimenteller Validierung vorzuziehen" (Mahoney 1974, dt. Übers. S. 137).

Die vermehrte praktische Anwendung verhaltenstherapeutischer Methoden hatte fast zwangsläufig zu einer Lockerung der Regeln in bezug auf die Nutzung theoretischer Grundlagen zur Entwicklung praktischer Handlungsstrategien geführt. Die Entwicklung von Techniken zur Selbstkontrolle, aber auch die Beiträge Hommes und Cautelas waren erste Signale dafür, daß die moderne Verhaltenstherapie, wie sie von Joseph Wolpe und Hans Eysenck Anfang der sechziger Jahre aus der Taufe gehoben worden war, den Beginn der siebziger Jahre nicht unverändert erleben würde.

Palastrevolte in der AABT.
Die Kliniker fordern ihr Recht

Gegen Ende der sechziger Jahre kam es innerhalb der AABT zu einem handfesten Hauskrach, dessen Ausgang die weiteren Entwicklungen im Bereich von Forschung und Praxis wesentlich beeinflußt haben. Im Gegensatz zu der primär wissenschaftlich orientierten Sektion 3 der Division 12 für Klinische Psychologie der APA war die

AABT ausdrücklich als Interessengruppe für die *klinische Anwendung* von Prinzipien der Verhaltensmodifikation gegründet worden. Bereits der erste *Newsletter,* den man im November 1966 herausgab, ließ erkennen, daß man den praktischen Bedürfnissen der Mitglieder Rechnung zu tragen suchte und keineswegs eine enge Eingrenzung auf ausschließlich wissenschaftlich fundierte Techniken vornahm. Auffällig war vielmehr die bunte Vielfalt an Verfahren, die man dem Leser damals präsentierte. So konnte man unter der Rubrik „New and Notes“ u. a. lesen, daß John McBreathy und Marvin Dichter ein Breitbandprogramm zur Verhaltensmodifikation bei Alkoholikern entwikkelt hatten, daß Stampfls Implosionstherapie erstmals im Rahmen einer Klinik erprobt worden sei, und daß Frederick Kanfer an der *Temple University Medical School* über das Thema „Selbstregulation“ gesprochen hatte. Auch Hommes „Covert Control Therapy“ wurde damals bereits kommentiert. Ein weiterer Bericht galt dem von Arnold Lazarus in Kalifornien geleiteten *Behavior Therapy Institute.*

Das Institut, im März 1966 als gemeinnützige Einrichtung gegründet, wurde praktisch über Nacht ein Erfolg. Bis zum Erscheinen des *Newsletter* im Herbst hatte man bereits mehr als 200 Klienten behandelt und das Interesse an den offenen Mitarbeiterkonferenzen war so groß geworden, daß man dazu übergehen mußte, spezielle Trainingsseminare für interessierte Praktiker aus der näheren und weiteren Umgebung abzuhalten. Diese Seminare, die einen Überblick über die neue „Breitband-Verhaltenstherapie“ geben sollten, galten insbesondere den „klinischen, praktischen, technischen und menschlichen Problemen“, die bei der Anwendung verhaltenstherapeutischer Techniken entstanden. Ganz gezielt versuchte man, die Diskussion von theoretischen und akademischen Themen freizuhalten, die für den Praktiker nur von begrenztem Nutzen sein konnten. Obwohl der Mitarbeiterstab des Instituts nur aus Psychologen bestand, reagierte insbesondere die örtliche Psychiatrie positiv auf die neue Einrichtung, so daß Arnold Lazarus und seine Kollegen wiederholt die Möglichkeit hatten, in psychiatrischen und staatlichen Kliniken durch Vorträge, Trainingsveranstaltungen und Beratung tätig zu werden. Am Institut in Sausalito machte Arnold Lazarus auch erstmals die Bekanntschaft von Albert Ellis, den man eingeladen hatte, um vor den Mitarbeitern des Instituts über seine Arbeit zu berichten (Lazarus 1966b).

Als Arnold Lazarus 1967 von Sausalito zu Joseph Wolpe an die *Temple University* in Philadelphia wechselte, hatten sich seine persönlichen Auffassungen von denjenigen Wolpes bereits erheblich entfernt. Über diese Veränderung existiert ein interessantes Zeitdokument, der 1969 veröffentlichte Bericht der Psychoanalytiker Allen Dittmann, Morris Parloff und Merton Gill, die Gelegenheit hatten, Joseph Wolpe und Arnold Lazarus für fünf Arbeitstage am *Eastern Pennsylvania Psychiatric Institute* zu beobachten.

Erstaunt war man zunächst darüber, wie sehr die Bandbreite der verhaltenstherapeutisch behandelbaren Störungen zugenommen hatte. Die Verhaltenstherapie beschränkte sich schon seit einiger Zeit nicht mehr auf die Behandlung einfacher Phobien – eine Entwicklung, die nicht allein in der Hand ihrer Anwender lag. Mit Bekanntwerden der neuen Techniken war den Verhaltenstherapeuten ein immer breiter werdendes Spektrum an Störungen zugewiesen worden, angefangen bei sozialen Ängsten bis hin zu Borderline-Fällen. So hatte sich auch das Spektrum der Behandlungsmethoden fast zwangsläufig erweitert. In diesem Zusammenhang machten Dittmann und seine Kollegen die Beobachtung, daß Arnold Lazarus in der Praxis bereits wesentlich eklektischer vorging als Joseph Wolpe. Mehr noch erstaunte es die Besucher, wie sehr man sich auch suggestiver Maßnahmen in der Verhaltenstherapie bediente, um die Einstellungen und Erwartungen des Klienten zu manipulieren. Auch kritisierten sie aufgrund mangelnder theoretischer Konzeptualisierung die starke Orientierung am verbalen Bericht des Klienten und an seinen Kognitionen.

Joseph Wolpe und Arnold Lazarus zogen sich auf Befragen Dittmanns und seiner Kollegen auf den Standpunkt zurück, daß kognitives Verhalten ein Verhalten sei, wie jedes andere Verhalten auch. Zugleich erklärten sie, bereits häufiger auf die Bedeutung der Klient-Therapeut-Beziehung in der verhaltenstherapeutischen Behandlung hingewiesen zu haben. Damals konnten beide sich noch darauf einigen, daß alle von ihnen ergriffenen Maßnahmen dem Ziel galten, reziproke Hemmungen zu erzeugen oder Stimulus-Response-Kontingenzen zu modifizieren (Dittmann, Parloff u. Gill 1969). Doch waren die Grundvoraussetzungen bereits gegeben, um den in der AABT offen ausbrechenden Konflikt zwischen einem „konservativen", auf die sparsame Theorienbildung und sorgfältige experimentelle Absicherung neuer Verfahren pochenden Flügel und dem Lager der „liberalen", stärker mit den praktischen Defiziten der Verhaltenstherapie argumentierenden Funktionären auf persönlicher Ebene auszutragen.

Bereits im Juni 1967 sprach man bei der AABT angesichts des starken Zulaufs von Neumitgliedern von einem „phänomenalen Wachstum des Interesses". Zugleich suchten führende Vertreter der Bewegung wie Arnold Lazarus nach Möglichkeiten, den Handlungsansatz der Verhaltenstherapeuten zu erweitern und den neuen Aufgaben besser anzupassen. In dem 1967 veröffentlichten, relativ unauffällig wirkenden Aufsatz „In Support of Technical Eclecticism" entwickelte er eine Argumentation, die geeignet war, viele bereits vorhandene Entwicklungen innerhalb der Verhaltenstherapie zu begründen bzw. zu legitimieren (Lazarus 1967). In diesem und in zwei weiteren Aufsätzen (Lazarus 1968a, 1968b) plädierte Arnold Lazarus für die gezielte Verwendung *aller* empirisch nützlichen Techniken, ob sie sich nun in den konzeptionellen Rahmen der Verhaltenstherapie einfügen ließen oder nicht. Es sei ein Fehler, die Psychotherapie als eine Wissenschaft zu betrachten und Psychotherapeuten als Wissenschaftler zu klassifizieren oder von ihnen zu verlangen, sie sollten sich wie solche verhalten. Die zentrale Aufgabe eines jeden Psychotherapeuten bestehe darin, dem Klienten zu helfen. Er könne es sich daher nicht leisten, effektive Techniken zu ignorieren, nur weil sie seinem theoretischen Ansatz nicht entsprächen. „Technischer Eklektizismus kann die Breite der therapeutischen Effektivität des Praktikers erweitern, ohne seine Bindung an das theoretische System in Frage zu stellen, das seine eigenen subjektiven Bedürfnisse am besten befriedigt", erklärte Arnold Lazarus 1967 (Lazarus 1967, S. 415).

Mit Lazarus' Plädoyer für einen technischen Eklektizismus hatten verschiedene Entwicklungen innerhalb der Bewegung ihren Höhepunkt erreicht: Das Vertrauen in die solide lerntheoretische Basis der Verhaltenstherapie war mit der zunehmenden praktischen Anwendung verhaltenstherapeutischer Methoden geschwunden; neue Technologien kamen auf den Markt, ohne den langwierigen Gang wissenschaftlicher Forschung durchlaufen zu haben; das Interesse an der klinischen Anwendung verhaltenstherapeutischer Methoden wuchs und damit der Anspruch an den in der Praxis tätigen Therapeuten, viele unterschiedliche Störungen erfolgreich zu behandeln. So sammelten sich rasch auch einflußreiche Befürworter hinter der neuen, emanzipatorischen Linie Arnold Lazarus'.

1968 kritisierten Cyril Franks und Dorothy Susskind offen die vormals „rigide" Anwendung verhaltenstherapeutischer Techniken, die dem Klienten häufig zum Nachteil gereicht habe und plädierten für Behandlungsstrategien, die nicht nur das einzelne Symptom, sondern die Gesamtpersönlichkeit des Klienten berücksichtigen. Sie erklären die Zeit des „totalen Verhaltenstherapeuten" für gekommen und mit ihm neue Konzepte zum Verhaltensmanagement, wie sie sich in Arnold Lazarus' Begriff der „Breitband-Verhaltenstherapie" schon angekündigt hatten (Franks u. Susskind 1968). Begriffe wie der des „behavioral management" und des „behavioral engineering" begannen unter Verhaltenstherapeuten Fuß zu fassen und der ursprünglich unpolemisch verwendete Begriff der „Breitband-Verhaltenstherapie" wurde zum Symbol für die Emanzipation aus der wissenschaftlichen Enge der Verhaltenstherapie der sechziger Jahre.

Im März 1968 äußerte sich Joseph Wolpe, damals noch Präsident der AABT, im *Newsletter* erstmals besorgt über den wachsenden Trend, „den besonderen Charakter der Verhaltenstherapie als Entwicklung innerhalb einer wissenschaftlichen Disziplin aus dem Auge zu verlieren" (Wolpe 1968a, S. 1). Verhaltenstherapeuten, die einen technischen Eklektizismus im Sinne Arnold Lazarus' befürworteten, waren seiner Meinung nach keine Verhaltenstherapeuten mehr. Wolpe betonte die Bedeutung der Verwendung von Strategien, die auf den Erkenntnissen experimentell begründeter Lernprinzipien beruhten und erklärte weiter:

> „Kurz gesagt ist ein Verhaltenstherapeut ein *Behaviorist,* der Verhaltenstherapie macht. Jemand, der manchmal verhaltenstherapeutische Methoden verwendet, in anderen Situationen jedoch auf psychoanalytische Interpretationen, Selbstoffenbarung, dyadische Interaktionen etc. zurückgreift, ist kein Verhaltenstherapeut" (Wolpe 1968a, S. 2).

Allein die Erwähnung der von Arnold Lazarus entwickelten, von Wolpe als „unwissenschaftlich" klassifizierten Technik der „Selbstoffenbarung" ließ erwarten, daß Arnold Lazarus sich auf diese Herausforderung zu Wort melden würde.

In „A Plea for Technical and Theoretical Breath" stellte Lazarus (1968a) nicht nur die enge Eingrenzung technischer Verfahren zur Diskussion, sondern fragte auch, warum sich Verhaltenstherapeuten ausschließlich auf Forschungsergebnisse aus der experimentellen Lernforschung beschränken sollten und nicht auch von anderen

Bereichen der experimentellen Psychologie wie z. B. der Wahrnehmungspsychologie, der Emotionsforschung und der Denkpsychologie profitieren könnten. Arnold Lazarus wandte sich gegen ein „zu geschlossenes" theoretisches System als Basis der modernen Verhaltenstherapie und warnte davor, mit simplen Prozeduren und übertriebenen Angaben bezüglich der eigenen Effektivität die potentielle Wirkung der gesamten Bewegung zu unterminieren (Lazarus 1968a).

Arnold Lazarus wurde 1968 wie geplant und trotz der heftigen Gegenwehr Joseph Wolpes (Wolpe 1968a, 1968b) zum Präsidenten der AABT gewählt. Auch ein Eingreifen Hans Eysencks in die brisante Debatte um die Vertretbarkeit einer Position des technischen Eklektizismus bewirkte keine Veränderung in den gegensätzlichen Auffassungen (Eysenck 1969a, Lazarus 1969). Nur ein Teil der Mitglieder der AABT wollte sich damals noch dem Standpunkt Wolpes anschließen, der die Verhaltenstherapie als mit dem Begriff Konditionierungstherapie synonym definierte (Wolpe 1968b)[17]. Auswirkungen der veränderten Politik der AABT lassen sich bereits an dem im Juni 1969 zum letzten Mal herausgegebenen *Newsletter* – ab 1970 erschien statt dessen die Zeitschrift *Behavior Therapy* – ablesen. Donald Levis und Thomas Stampfl berichteten damals über die Implosionstherapie als „Brücke zwischen Pavlov und Freud" und Eugene Cooper stellte eine integrierte verhaltenstherapeutisch-psychodynamische Behandlung für Stotterer vor (Cooper 1969, Levis u. Stampfl 1969). Auch in der ersten Ausgabe der *Behavior Therapy* erschien ein Bericht über solche integrativen Strategien (Birk 1970), aber auch eine detaillierte Kritik Stanley Rachmans der u. a. erklärte: „Es wäre sehr bedauerlich, wenn Psychotherapeuten versuchten, die Verhaltenstherapie als Rettungsboot zu verwenden" (Rachman 1970, S. 530). Mit der Wende zu den siebziger Jahren hatte sich die AABT zu einem Forum offener Diskussion gewandelt, einer Gesellschaft, der es erfolgreich gelungen war, die Verhaltenstherapie in Forschung und Praxis zu etablieren. Daß mit zunehmender Differenziertheit nicht alle Unterschiede zwischen Verhaltenstherapie und Psychotherapie aufgehoben werden sollten, betonte Lazarus noch einmal im Vorwort zu den „Proceedings" der dritten Konferenz der AABT 1971. Die grundsätzliche Orientierung der Verhaltenstherapie werde immer eine operationale sein, erklärte er damals, und die Verwendung kognitiver Variablen mache intrapsychische Determinismen, wie sie von traditionellen Psychotherapeuten angenommen würden, keineswegs glaubwürdiger (Lazarus 1973). Auch Franks u. Wilson (1974) schlossen als Herausgeber des „Annual Review of Behavior Therapy" eine weitergehende Integration behavioraler und psychodynamischer Standpunkte aus. So reagierten sie reserviert auf neuere Arbeiten Paul Wachtels (1973a, 1973b), die eine konzeptionelle Integration beider Perspektiven nahelegten (Franks u. Wilson 1974). Den Warnungen so mancher Kollegen, eine Öffnung der Verhaltenstherapie gegenüber anderen Ansätzen und Schulen werde der erste Schritt zu einem wissenschaftlichen Abstieg sein, war Lazarus bereits 1971 entgegengetreten. Er betonte die Notwendigkeit einer Validierung der neu entwickelten Prozeduren durch entsprechende Experimentation und erklärte weiter: „Was wir brauchen sind gute Prozeßstudien, gute Ergebnisstudien und gute prädiktive Untersuchung" (Lazarus 1971b, S. 364).

Neben der Zeitschrift *Behavior Therapy,* die 1970 erstmals als Organ der AABT erschien und es sich zur Aufgabe machte, Diskussionen über konzeptuelle Modelle, über die sozialen und ethischen Implikationen der Verhaltenstherapie sowie über aktuelle kontroverse Themen zur veröffentlichen (Franks u. Brady 1970), kam 1970 noch eine zweite, von Joseph Wolpe und Leo Reyna herausgegebene Zeitschrift auf den Markt, das *Journal of Behavior Therapy and Experimental Psychiatry,* in der auch in der Folgezeit der Standpunkt der klassischen Verhaltenstherapie gewahrt blieb.

Verhaltenstherapeutische Forschung im Wandel

Die zunehmende Nutzung verhaltenstherapeutischer Methoden in der Praxis hatte die Erkenntnis gefördert, daß die theoretische Basis zu eng war, um bedeutsame Variablen der therapeutischen Situation wie interpersonelle Beziehungen und kognitive Prozesse in angemessener Weise zu berücksichtigen. Mit dem technologischen Fortschritt und dem zugleich schwindenden Vertrauen in handlungsleitende Basiskonzepte ging auch ein Wandel im Verständnis von Forschung einher, der im folgenden anhand einzelner Entwicklungen zu Beginn der siebziger Jahre dargestellt werden soll. Akzeptierte Wege der Forschung wurden damals nicht nur aufgrund des anerkanntermaßen defizienten Status der forschungsleitenden (Lern-)Theorien in Frage gestellt. Immer deutlicher an Einfluß gewann nun auch die Forderung nach einer stärkeren Anpassung der Forschung an die unmittelbare Bedarfssituation in der Praxis.

Zur Theorie der reziproken Hemmung. Aufstieg und Fall

Die von Arnold Lazarus wesentlich mitinitiierte Emanzipation der Verhaltenstherapie von ihrer traditionellen lerntheoretischen Basis wurde von einem Wissenschaftler in die Wege geleitet, der als einer der Repräsentanten der wohl problematischsten Theorie in der modernen Verhaltenstherapie gegolten hatte, der Theorie der reziproken Hemmung. Joseph Wolpe, Arnold Lazarus' Mentor, akzeptierte Anfang der sechziger Jahre viele der therapeutischen Innovationen Lazarus', weil sie sich mit seinem Konzept der reziproken Hemmung vereinbaren ließen[18]. So war er einverstanden mit der Technik des „Rollenspiels“, des „emotive imagery“[19], und auch damit, daß Lazarus für Klienten, die unfähig waren, sich zu entspannen, ein Verfahren zur gezielten Muskelanspannung entwickelte (Lazarus 1965b). All diese Verfahren ließen sich noch unter die generelle Konzeption der Gegenkonditionierung von Angst fassen und solange keine Untersuchungen über ihre Effektivität vorlagen, sprach man ihnen aufgrund dieser Tatsache mögliche Validität zu. Erst mit dem Verfahren der „Zeitprojektion“[20] stieß Lazarus bei Wolpe und seinen Anhängern auf Widerstand und man zog sich auf die Feststellung zurück, daß man für diese Technik zunächst bessere Untersuchungen brauche. Dieses Verfahren ließ sich mit Hilfe des Konzepts der Gegenkonditionierung nicht erklären und war auch der tierexperimentellen Forschung nicht zugänglich.

Die tierexperimentelle Forschung, von Klinischen Psychologen traditionell mit Mißtrauen betrachtet, spielte in Joseph Wolpes Konzeption angewandter Forschung eine zentrale Rolle. Ende der vierziger, Anfang der fünfziger Jahre galt sie als der wissenschaftlichste Weg zur Bildung einer Theorie zur Erklärung und Modifikation neurotischen Verhaltens. Wissenschaftler wie Horsley Gantt und H. S. Liddell wurden hoch geachtet, ihr Forschungsgebiet expandierte. Zu dieser Zeit, als Berichte über die Effektivität psychotherapeutischer Methoden nur sehr vereinzelt publik wurden, konnten Wolpes Statistiken (Wolpe 1954, 1958) als vorbildlich gelten. Problematisch war jedoch sein Konzept der reziproken Hemmung, ein Teilstück seiner in Auseinandersetzung mit der Hullschen Lerntheorie entstandenen neurologischen Theorie des Lernens. Wolpes therapeutische Techniken entstanden in den fünfziger Jahren als Produkt einer theoriegeleiteten Praxis, d.h. als Ergebnis der Interaktion praktischer Anforderungen und spezifischer theoretischer Konzeptionen. Technologische Fortschritte waren nach Wolpes Meinung nur auf der Basis der Theorie der reziproken Hemmung möglich.

Ein Forschungsprojekt, das sich unmittelbar aus den Defizienzen des Wolpeschen Ansatzes ableitete, waren die Analogiestudien von David Lazovik und Peter Lang (Lang u. Lazovik 1963; Lang, Lazovik u. Reynolds 1965). Ihre Arbeit galt keineswegs primär dem Nachweis der Überlegenheit verhaltenstherapeutischer Methoden gegenüber anderen psychotherapeutischen Techniken – eine Aufgabe, die Eysenck (1960a) als zentral für die Forschung der sechziger Jahre definierte –, sondern der Überprüfung des Funktionsmechanismus, den Wolpe seiner Technik der systematischen Desensibilisierung zugrundegelegt hatte. Ihr Ansatz zeigte, daß Wolpes Verfahren noch keineswegs als theoretisch abgesichert aufgefaßt wurde. Auch die Verhaltenstherapeuten am *Maudsley-Hospital* fühlten sich damals mit Wolpes spekulativer neurologischer Theorie unbehaglich[21]. Psychologen wie Albert Bandura (1961) und Perry London (1964) gingen schließlich Anfang der sechziger Jahre dazu über, das Prinzip der reziproken Hemmung mit dem der Gegenkonditionierung gleichzusetzen – eine Interpretation, die von anderen klinischen Forschern kommentarlos übernommen wurde[22]. Tatsächlich schienen die Untersuchungsergebnisse von Lang, Lazovik u. Reynolds (1965) und noch eindringlicher die Ergebnisse Davisons (1968) das Erklärungsmodell Wolpes zu bestätigen.

Doch befand sich das Verfahren der systematischen Desensibilisierung bereits auf dem Wege zu einem etablierten Status, als diese Forschungsergebnisse veröffentlicht wurden. Was zählte, war die hohe Effektivität, weniger die Theorie, die dem Verfahren zugrundelag. Die tendenzielle Vernachlässigung theoretischer Aspekte konnte nicht ohne Folgen bleiben. Die Lückenhaftigkeit respondenter Lerntheorien verminderte das Gefühl der Verpflichtung zur Wahrung eines engen Zusammenhangs zwischen Theorie und Praxis. Mehr und mehr gewannen diese Theorien rein legitimatorische Funktion bei der Präsentation neuer Techniken. Während Wissenschaftler, die im Rahmen der sozialen Lerntheorie Banduras oder Skinners operanter Lerntheorie arbeiteten, erst gegen Ende der sechziger Jahre technologische Fortschritte erzielten,

Joseph R. Cautela (geb. 1927)

Arnold A. Lazarus (geb. 1932)

Dorothy Susskind,
1965–1974 *Executive Secretary*
der AABT

Cyril M. Franks (geb. 1923), Herausgeber
zahlreicher Sammelbände und Zeitschriften
im Bereich der Verhaltenstherapie

hatten sich die Vertreter respondenter Theorien, versehen mit bereits vorhandenen und durchaus kritisierbaren Modellen schon früh dazu entschlossen, die therapeutische Praxis zu revolutionieren. So lag es nahe, sich auf die eigenen technologischen Errungenschaften zurückzuziehen, als die Brüchigkeit der forschungsleitenden Theorien zunehmend offenbar wurde. Doch konnten Argumentationen wie die Eysencks, der darauf verwies, daß es auch in den Naturwissenschaften „schwache" und „starke" Theorien gebe, die nur solange überdauerten, wie sie nützlich seien (Eysenck u. Beech 1971) eine gewisse Resignation nicht mehr aufhalten, die vor allem die zweite Forschergeneration im Bereich der Verhaltenstherapie erfaßt hatte. Exemplarisch nachvollziehen läßt sich diese Entwicklung an einem prominenten Mitglied dieser Gruppe, an Gerald Davison[23].

Gerald Davison hatte an der *Stanford University* in Kalifornien studiert und daher schon frühzeitig Kontakt zu Arnold Lazarus und Leonhard Krasner aufgenommen. Seine 1968 veröffentlichte Untersuchung, die die Richtigkeit der theoretischen Annahmen Wolpes bestätigte, entstand unter der Supervision Albert Banduras. Um das Konzept der Gegenkonditionierung zu testen, verwendete Davison damals eine Kontrollgruppe, die zwar ein Entspannungstraining erhielt, das jedoch anschließend im Rahmen einer „Pseudodesensibilisierung" mit Stimuli kombiniert wurde, die nichts mit der Furcht der Studenten zu tun hatten. Tatsächlich schnitt diese Gruppe signifikant schlechter ab als diejenige, die eine normale Desensibilisierung nach Wolpe erhalten hatte (Davison 1968). Doch trotz dieses bestätigenden Ergebnisses gehörte Gerald Davison wie auch Stanley Rachman (1968, 1974) und Peter Lang (1969) zu den auf Analogiestudien spezialisierten Wissenschaftlern, die schon frühzeitig an ihren eigenen Untersuchungen zu zweifeln begannen.

1966 veröffentlichte Davison eine Reanalyse tierexperimenteller Studien, die zeigte, daß Tiere konditionierte Furchtreaktionen offensichtlich auch bei künstlich erzeugter Paralyse der Muskulatur erwarben (Davison 1966). Dieses Ergebnis stand in deutlichem Widerspruch zu der Annahme Jacobsons (1929) und Wolpes (1958), daß tiefe Muskelentspannung angsthemmend wirkt, weil die Reduktion propriozeptiven Feedbacks in den entspannten Muskelpartien mit einem Angstzustand inkompatibel sei. Denn offensichtlich war es möglich, Furchtreaktionen trotz eines geringen propriozeptiven Feedbacks zu erwerben. Zur Erklärung der dennoch angsthemmenden Wirkung der Muskelentspannung schlug Davison zwei Hypothesen vor: Zum einen sei es möglich, daß eine drogeninduzierte Entspannung sich von selbstinduzierter Entspannung unterscheide. Zum zweiten ließe sich die angsthemmende Wirkung möglicherweise durch die durch Muskelentspannung hervorgerufenen, positiven Affektzustände erklären, die wiederum die Angst hemmten (Davison 1966). Joseph Wolpe war über dieses Ergebnis sehr unglücklich, doch kam auch Stanley Rachman zwei Jahre später, als schon „erste Gerüchte" über die Bedeutung kognitiver Faktoren umgingen, zu einem ähnlichen Ergebnis. In „The Role of Muscular Relaxation in Desensitization Therapy" (Rachman 1968) meinte er, daß aus den bisher vorliegenden experimentellen Untersuchungen bei Tieren wie auch beim Menschen kein überzeugender Beleg für die zentrale Rolle der Muskelentspannung abgeleitet werden könne. Alternativ zu dem Modell der Muskelentspannung schlug Rachman die Interpretation des Entspannungsprozesses als „mentale Entspannung“ vor (Rachman 1968). Als Bestätigung seiner Interpretation bewertete er damals u. a. die Tatsache, daß auch Wolpe nicht mehr ausschließlich auf dem Verfahren der Muskelentspannung beharrte, Lazarus bereits Techniken wie die des „emotive imagery“ verwendet hatte und auch die verdeckte Sensibilisierung nach Cautela die Wirkung kognitiver Manipulation auf das Verhalten betonte. Die Interpretation der Wirkung von Muskelentspannung als durch die Instruktionen des Therapeuten bewirkte mentale Entspannung hatte zwar seiner Meinung nach einen Verlust an Präzision zur Folge, doch könne man Konzepte nicht beibehalten, wenn sie mit den experimentellen Daten nicht mehr übereinstimmten (Rachman 1968).

Ein Jahr zuvor, 1967, hatten Stuart Valins und Alice Allen Ray ihre Studie „Effects of Cognitive Desensitiziation on Avoidance Behavior“ (Valins u. Ray 1967) veröffentlicht, deren Ergebnisse Gerald Davison bereits als „bedeutsamen Widerspruch“ bewertete. Ausgangspunkt für Valins u. Ray war die Untersuchung von Lang, Lazovik u. Reynolds (1965), die zeigte, daß die Effizienz der systematischen Desensibilisierung auf der graduellen Präsentation imaginierter, angstauslösender Stimuli im Zustand der Muskelentspannung beruhte. Bisher, so vermerkten die Autoren, gebe es jedoch noch keine experimentellen Untersuchungen darüber, ob Versuchspersonen, die instruiert wurden, sich zu entspannen, physiologisch weniger reaktiv auf phobische Stimuli sind als solche, die nicht instruiert wurden, sich zu entspannen. Solche Unterschiede müßten bei angenommener Richtigkeit der Hypothese Wolpes bezüglich der physiologischen Inkompatibilität von Entspannung und Angst auftreten.

Valins u. Ray wollten mit ihrer Untersuchung experimentell feststellen, ob ein kognitives Ereignis – nämlich die Annahme, daß ein bestimmter Stimulus das Individuum intern beeinflussen kann – für die Wirkung der systematischen Desensibilisierung bedeutsam ist. Sie erklärten die Wirkungsweise der Technik Wolpes folgendermaßen: Die Klienten wurden instruiert (oder instruierten sich selbst), daß sie sich entspannen sollten, während ihnen angstauslösende Stimuli präsentiert wurden. In dem Grad, in dem diese Vorstellung erfolgreich induziert wurde und die Klienten *glaubten,* sie könnten in der Situation entspannt reagieren, konnten neue Kognitionen wie z. B. „Dieser Stimulus berührt mich intern nicht mehr“ ausgelöst werden, die zu einer Reduktion der Furcht führten. Um ihre Hypothese experimentell zu prüfen, gaben Valins u. Ray den Versuchspersonen gezielt falsche Rückmeldung (hörbare Herztöne) über ihre Reaktion auf Schlangenstimuli (Dias), um die Bildung solcher Kognitionen herbeizuführen. Anschließend testeten sie ihr Verhalten in Aufgaben mit ansteigendem Schwierigkeitsgrad, die den Umgang mit einer lebenden Schlange zum Inhalt hatten. Es zeigte sich, daß das Vermeidungsverhalten der Versuchspersonen tatsächlich durch Informationen bezüglich der eigenen physiologischen Reaktivität beeinflußt werden konnte. Zugleich ließ dieses Ergebnis darauf schließen, daß kognitive Faktoren auch bei der Desensibilisierungsbehandlung eine zentrale Rolle spielten (Valins u. Ray 1967).

1968 beteiligte sich Gerald Davison gemeinsam mit Stuart Valins an einem ersten Symposium der APA über „Kognitive Prozesse in der Verhaltensmodifikation“. Ihr Beitrag zum Thema Kognition, Drogen und Verhaltensmodifikation wurde ergänzt durch einen Vortrag Gordon Pauls, der über Imagination, Suggestion und systematische Desensibilisierung sprach, sowie einen weiteren des Forscherteams Thomas D'Zurilla und Marvin Goldfried, die sich mit kognitiven Prozessen, Selbstkontrolle und effektivem Verhalten befaßten. Allein zwei der drei Beiträge kamen also von Wissenschaftlern, deren zentrale Forschunginteressen bis zu diesem Zeitpunkt im Bereich der Analogieforschung zur systematischen Desensibilisierung angesiedelt waren.

1969 erklärte auch Peter J. Lang, einer der Pioniere der Analogieforschung in der Verhaltenstherapie, daß „es gegenwärtig keine brauchbare Erklärung der Desensibilisierung gibt, die von Forschungsergebnissen gut abgestützt wird“ (Lang 1969, S. 188). In den folgenden Jahren gab es wiederholt Versuche, die Funktionsweise dieses Standardverfahrens der modernen Verhaltenstherapie zu erklären, wobei man u. a. Wirkungen der Verhaltensformung verantwortlich machte (Leitenberg, Agras, Barlow u. Oliveau 1969; Wilson 1973), Effekte des Modellernens (Rachman 1972, 1974), den Aufbau von Bewältigungsstrategien (Breger u. McGaugh 1965, Goldfried 1971), Erwartungseffekte in bezug auf therapeutische Gewinne (Borcovec 1972, Wilkins 1971), Kognitionen bezüglich der eigenen Reaktion (Valins u. Ray 1967), Aufmerksamkeitskontrolle (Wilkins 1971), verdecktes Modellernen (Kazdin 1974) und Selbstinstruktionstraining (Meichenbaum 1972). Neben der Erklärung mittels eines Prozesses der Gegenkonditionierung, die Kazdin 1976 als die weiterhin akzeptierteste aller Lösungen bezeichnete, gewann zu Beginn der siebziger Jahre Rachmans Konzeption eines Extinktionsprozesses (Rachman 1968, 1972) an Boden, für die auch Gerald Davison votierte, nachdem er seine ursprüngliche Position aufgegeben hatte (Davison 1971, Kazdin u. Wilcoxon 1976, Wilson u. Davison 1971). In einem gemeinsam mit G. Terence Wilson verfaßten Aufsatz (Wilson u. Davison 1971) kritisierte Davison Wolpes Konzept der reziproken Hemmung als „eine unbewiesene und möglicherweise auch wenig sparsame Transformation eines engen physiologischen Prinzips zur Erklärung von sehr komplexen und manchmal unzureichend kontrollierten Verhaltensdaten“ (Wilson u. Davison 1971, S. 3). Zugleich blieb er jedoch in bezug auf alternative kognitive Erklärungsansätze kritisch, solange es ihnen noch an empirischer Evidenz mangelte (Davison u. Wilson 1972).

Grundlegend in Frage gestellt wurden die Bemühungen all derer, die in den sechziger Jahren Analogiestudien zur Untersuchung der Technik der systematischen Desensibilisierung durchgeführt hatten, jedoch durch die Arbeiten Thomas Borcovecs und seiner Kollegen, die Anfang der siebziger Jahre veröffentlicht wurden (Borcovec u. Nau 1972; McReynolds u. Tori 1972; Nau, Caputo u. Borcovec 1974). In seiner ersten Untersuchung manipulierte Thomas Borcovec die Erwartungen seiner Versuchspersonen bezüglich eines positiven Abschlusses der Behandlung und wies nach, daß solche Erwartungseffekte Einfluß auf den Ausgang der Therapie haben können

(Borcovec 1972). In weiteren Untersuchungen kamen McReynolds u. Tori 1972, aber auch Borcovec u. Nau 1972 und Nau, Caputo u. Borcovec 1974 unter Verwendung von Manualen von Gordon Paul (1966) und Gerald Davison (1968) zu dem Ergebnis, daß die Glaubwürdigkeit der therapeutischen Techniken, die zur Kontrolle verschiedener Bedingungen bei Analogiestudien verwendet worden waren, nicht der Glaubwürdigkeit der Behandlung mit Hilfe der systematischen Desensibilisierung entsprach, so daß möglicherweise *unterschiedliche, durch die Behandlungsprozeduren hervorgerufene Erwartungseffekte* für das unterschiedliche Abschneiden der einzelnen Prozeduren im Vergleich und die häufig aufgefundene Überlegenheit der systematischen Desensibilisierung verantwortlich waren.

Dieser Ansatz stellte die Validität der Ergebnisse der Analogiestudien der sechziger Jahre so grundsätzlich in Frage, daß man schließlich der bitteren Bilanz, die Alan Kazdin und Linda Wilcoxon 1976 zogen, nicht mehr ausweichen konnte. Obwohl die systematische Desensibilisierung als Therapieverfahren voll etabliert war und wohl kaum jemand die überwältigende Fülle von empirischen Daten in Frage stellen konnte, die ihre Effektivität belegten, kamen die Autoren dennoch zu dem Schluß, daß man es in den meisten empirischen Untersuchungen versäumt hatte, den Faktor der differentiellen Erfolgserwartung zu kontrollieren (Kazdin u. Wilcoxon 1976). Die Vernachlässigung unspezifischer bzw. kognitiver Variablen hatte also unweigerlich dazu geführt, daß die interne Validität experimenteller Untersuchungen im Bereich der systematischen Desensibilisierung nicht gewährleistet war – ein Ergebnis, das die rege Forschungstätigkeit auf diesem Gebiet fast völlig lahmlegte.

Das Ende der Ideologie der Verhaltenstherapie?

Anfang der siebziger Jahre, als die Demontage der lerntheoretischen Grundlagen der Verhaltenstherapie in vollem Gange war, veröffentlichte Perry London im *American Psychologist* einen vielbeachteten Aufsatz mit dem Titel „The End of Ideology in Behavior Modification" (London 1972). Londons kritischer Beitrag richtete sich, wie auch alle früheren Arbeiten zu diesem Thema (z. B. Breger u. McGaugh 1965), auf die theoretische Basis der Verhaltenstherapie. Ihre Entwicklung beschrieb er als weitgehend politisch und polemisch und fragte, was an theoretischen Beiträgen übrigbleiben würde, wenn man sie dieser Eigenschaften beraubte. Als einzig wirklich bedeutsame Charakteristika der modernen Verhaltenstherapie bewertete London 1972 die funktionale Analyse des Verhaltens und die Entwicklung effektiver Technologien.

Doch blieb seine Kritik nicht ausschließlich auf der Ebene gängiger Argumentationsmuster, die den Verhaltenstherapeuten damals bereits zur Genüge bekannt waren. London stellte in seinem Aufsatz auch die grundsätzliche Auffassung vieler Forscher in Frage, daß die Wissenschaft der Technologie zugrundeliegen müsse und sich diese nur auf der Basis vorgegebener Theorien entwickeln könne. Es habe sich im Bereich der Verhaltenstherapie wieder einmal die Erkenntnis bewahrheitet, daß eine gute Technologie eine schlechte, d. h. metaphorische Theorienbildung unterminieren könne. Gerade die Präzision der Technologie decke den empirischen Irrtum analogienhaften Denkens auf. Perry London plädierte 1972 dafür, statt nach neuen theoretischen Grundlagen zu suchen oder alte, bereits überholte Prinzipien rechtfertigen zu wollen, neue Techniken und neue Anwendungsmöglichkeiten zu entwickeln und diese kontrollierten Tests zu unterwerfen (London 1972).

Londons Unabhängigkeitserklärung gegenüber der psychologischen Grundlagenforschung, seine Forderung nach einer von solchen Einschränkungen freien, technologischen Aktivität entstand auf dem Höhepunkt einer Entwicklung, die durch Klinische Wissenschaftler wie Arnold Lazarus Mitte der sechziger Jahre eingeleitet worden war. Doch nicht nur die Anhänger Wolpes und Eysencks wurden von dieser Krise erfaßt. Auch die im operanten Paradigma arbeitenden Verhaltenstherapeuten machten mit der Wende zu den siebziger Jahren einen spektakulären Wandel durch.

Die verhaltenstherapeutische Forschung im operanten Paradigma gehörte bis Anfang der siebziger Jahre zu den wenigen Ansätzen, die das von London als „ideologisch" charakterisierte Forschungsmodell der Verhaltenstherapie in idealer Weise verkörperte. Doch auch hier setzte eine Phase der Umorientierung ein, die zu den Entwicklungen innerhalb der AABT fast parallel verlief. Es begann damit, daß es für Angewandte Forscher im Rahmen des operanten Paradigmas gegen Ende der sechziger Jahre zunehmend schwieriger wurde, ihre Forschung im Rahmen des *Journal of Experimental Analysis of Behavior (JEAB)* unterzubringen, weil ihre Arbeit den methodischen Standards der Laborforschung nicht voll entsprach. Während das Interesse an den neuen Fragestellungen expandierte, sah man sich immer weniger in der Lage, die eigenen Standards auch im Rahmen angewandter Forschung beizubehalten, wollte man nicht völlig künstliche Phänomene erfassen und den Kontakt zur Praxis verlieren. So setzte eine notwendige Differenzierung zwischen Grundlagenforschung und angewandter Forschung ein, die sowohl auf konzeptueller wie auf organisatorischer Ebene zu Veränderungen führte. 1968 gründeten Verhaltenswissenschaftler wie Montrose M. Wolf, Donald Baer, Todd Risley, Steward Agras und Daniel O'Leary, die vorwiegend einer kleinen, aber einflußreichen Kerngruppe operanter Verhaltensforscher an der *University of Kansas* angehörten, das *„Journal of Applied Behavior Analysis (JABA)"*.

In einem ersten grundlegenden Aufsatz, „Some Current Dimensions of Applied Behavior Analysis", nahm man damals die Gelegenheit wahr, die Besonderheiten angewandter Forschung herauszuarbeiten. Baer, Wolf und Risley wandten sich hier gegen so naive Konzeptionen wie die, daß der Unterschied zwischen Grundlagenforschung und angewandter Forschung lediglich darin liege, daß in dem einen Bereich nur „entdeckt" und in dem anderen „angewandt" würde. Im Rahmen einer „analytischen, verhaltensorientierten Anwendung" würden im Bereich angewandter Forschung einzelne Prinzipien mit dem konkreten Ziel der Verbesserung spezifischer Verhaltensweisen eingesetzt. Zugleich müsse jedoch auch immer wieder überprüft werden, ob die erfolgten Veränderungen tatsächlich auf den Prozeß der Anwendung von Verhaltens-

Gerald C. Davison (geb. 1939)

Perry London (geb. 1931)

Donald M. Baer (geb. 1931)

Montrose M. Wolf (geb. 1935)

prinzipien zurückgeführt werden können und wenn ja, auf welche Elemente dieses Prozesses. Angewandte Forschung unterschied sich nach Meinung der Autoren auch in bezug auf die Schwerpunktsetzung bzw. Problemauswahl von der Grundlagenforschung: Sie befasse sich mit Verhaltensweisen von sozialer Relevanz und könne es sich nicht leisten, ein Verhalten auszuwählen, das einer bestimmten Untersuchungsmethodik entgegenkommt. Ihr Untersuchungsfeld ist die soziale Umwelt, nicht das Labor – ein Faktum, das zu Problemen in der Beurteilung der Angemessenheit experimenteller Kontrolle führen muß. Auch in bezug auf die Effektivität der entwickelten Prozeduren herrschten im Rahmen der angewandten Forschung andere Regeln als in der Grundlagenforschung. Während es dort durchaus wertvoll sein könne, geringfügige, aber dennoch reliable Effekte zu erzielen, müßten diese im Bereich der angewandten Forschung so groß sein, daß sie von praktischem Wert sind (Baer, Wolf u. Risley 1968).

Noch weitgehender formulierte Todd Risley seine Forderungen an die angewandte Forschung (Risley 1969). Risley kritisierte die gängige Praxis, Mißerfolge verhaltensmodifikatorischer Techniken als Zeichen für die Schwäche der ihnen zugrundeliegenden Theorien zu bewerten. Er plädierte für eine Konzeption der modernen Verhaltensmodifikation als rein atheoretisches Unternehmen. „Ihre Betonung sollte auf der Anwendung der Methoden experimenteller Analyse auf therapeutische Unternehmen liegen – und zwar auf *jede* Art von therapeutischem Verfahren und nicht, wie üblicherweise betont wird, indem man die Lerntheorie auf therapeutische Unternehmen anwendet“ (Risley 1969, S. 41). Solange man die Verhaltenstherapie als Übertragung lerntheoretischer Analysen auf therapeutische Probleme verstehe, so Risley, würden therapeutische Probleme in bezug auf ihre Relevanz für eine bestimmte Theorie ausgewählt. Erst mit der Konzeption der Verhaltensmodifikation verstanden als *Anwendung experimenteller Methoden auf therapeutische Probleme* war seiner Meinung nach die Voraussetzung dafür gegeben, daß man sich in der Forschung Problemen zuwandte, die von gesellschaftlicher Bedeutung sind (Risley 1969).

Die Umorientierung verhaltenstherapeutischer Forschung in Richtung auf eine stärkere Anpassung an praktische Gegebenheiten und die damit einhergehende Loslösung von den forschungstechnischen und inhaltlichen Forderungen psychologischer Grundlagenforschung war auch eng mit Fragen der Hochschulorganisation und -ausbildung gekoppelt (siehe dazu z. B. Krasner 1972, Wolf 1972, Reismann 1976).

Die neue Strategie operanter Forscher, die Azrin 1977 als „lernpsychologisch begründet, aber ergebnisorientiert“ beschrieb, hatte sich konsequent aus der Praxis angewandter Forschung entwickelt, während der Wandel bei den im respondenten Paradigma arbeitenden Verhaltenstherapeuten vielmehr eine Folge praktischer Anforderungen, widersprüchlicher Forschungsergebnisse und schwindenden Vertrauens in die eigenen theoretischen Grundlagen war. Im Ergebnis erstaunt jedoch die Parallelität der Entwicklungen und die Einmütigkeit der Erkenntnis, wie man sie bei Lazarus (1968, 1971), Risley (1969) und London (1972) findet. Wer jedoch glaubte, daß das 1972 verkündete „Ende der Ideologie“ tatsächlich eine grundsätzliche Abkehr von der lerntheoretischen Basis der Verhaltenstherapie bewirken würde, hatte sich geirrt.

Plausible konditionierungstheoretische Erklärungsansätze wurden auch in der Folgezeit weiter propagiert, veraltete Modelle durch neue Überlegungen ersetzt. Frühzeitig läuteten Kommentare wie die von Franks u. Wilson (1973) und Levis (1973) eine restaurative Phase ein. An ihren Interpretationen wird deutlich, daß man keineswegs bereit war, zentrale forschungsleitende Theorien zugunsten einer atheoretischen, rein technologischen Entwicklung aufzugeben. Mehr denn je galt es nun, die Übertreibungen dieser Position wieder zu korrigieren und den eigenen Ansatz in Forschung und Praxis zu konsolidieren. Eine Theorie, die sowohl die konservativen wie innovativen Elemente dieser Phase der Umorientierung auf sich vereinigte, war die sozial-kognitive Lerntheorie Albert Banduras[24].

Neue Perspektiven: Das Lernen am Modell

Albert Banduras Forschung entsprach dem Ideal angewandter Forschung (als auf lerntheoretischer Grundlagenforschung basierend) in der Verhaltenstherapie. Bandura hatte sich in den sechziger Jahren primär mit Untersuchungen im Bereich der Lern- und Entwicklungspsychologie beschäftigt und in einer ganzen Serie von Studien eine Form des Lernens untersucht, die von der wissenschaftlichen Forschung weitgehend vernachlässigt worden war, das Modellernen. Aus seinen Forschungsergebnissen schloß er, daß alle Lernphänomene, die Produkte direkter Erfahrung sind, auch über die Beobachtung eines Modells und der Konsequenzen seines Verhaltens erlernt werden können (Bandura 1965, Bandura u. Walters 1963). Bandura konzipierte das Lernen am Modell als ein rein auf verdeckter (kognitiver) Ebene stattfindendes „no-trial learning"; d.h. das Subjekt lernt durch die Beobachtung eines Modells, ohne jedoch die Möglichkeit zu haben, die Reaktion selbst zu erproben (Bandura 1969).

Getreu seiner eigenen Überzeugung, daß sich der Wert einer Theorie letztendlich daran mißt, inwieweit die von ihr abgeleiteten Prozeduren psychologische Veränderungen bewirken können (Bandura 1977a), wandte sich Albert Bandura gegen Ende der sechziger Jahre verstärkt klinischen Fragestellungen zu. Wie die Pioniere der modernen Verhaltenstherapie in den fünfziger Jahren versuchte auch er, die Ergebnisse seiner eigenen lernpsychologischen Grundlagenforschung in die klinische Praxis umzusetzen.

Das innovative Moment seiner Forschung lag in der Hervorhebung der Bedeutung kognitiver Faktoren für das Verhalten. Im Vorwort zu seinem Buch „Principles of Behavior Modification" (Bandura 1969), in dem es ihm gelang, die auseinanderstrebenden Richtungen innerhalb der Verhaltenstherapiebewegung aus der Perspektive der sozial-kognitiven Lerntheorie überzeugend zu integrieren, setzte Albert Bandura erste Akzente: „(Dieses Buch; erg. v. Verf.) hebt insbesondere die große Bedeutung imitativer, symbolischer und selbstregulatorischer Prozesse hervor, die in den meisten heutigen Verhaltenstheorien relativ wenig Beachtung finden" (Bandura 1969, Preface).

Bandura unterschied zwischen drei regulatorischen Systemen, die Verhalten kontrollieren: Erstens der externen Stimulation; dem so kontrollierten Verhalten liegen häufig Prozesse klassischer Konditionierung zugrunde. Zweitens, den inneren, symbolischen Prozessen, die Bandura als wichtigste Form der Kontrolle von Verhalten postulierten und drittens verstärkenden Reaktions-Feedback-Prozessen (Bandura 1969, 1977a).

Im Rahmen der sozial-kognitiven Lerntheorie gilt der Einfluß von Umweltereignissen auf den Erwerb und die Kontrolle von Verhalten als weitgehend durch kognitive Prozesse vermittelt. Bandura unterscheidet in diesem Zusammenhang zwischen zwei zentralen vermittelnden Systemen, die Modellernen ermöglichen, dem verbalen und dem Vorstellungssystem. Auf der Basis der Ergebnisse seiner experimentellen Forschung postuliert er eine Theorie zur Erklärung des Modellernens, in der die Stimuluskontiguität zwar eine notwendige, aber nicht hinreichende Bedingung dieses Lernprozesses darstellt. Hinzu kommen Variablen, die die Aufmerksamkeit kontrollieren, den Prozeß des Behaltens erworbener Verhaltensmuster, Prozesse ihrer motorischen Reproduktion und motivationale Faktoren (s. Abb. 11).

Den therapeutischen Nutzen von Modellerntechniken hatte bereits M. C. Jones in ihren gemeinsamen Untersuchungen mit John B. Watson erkundet (Jones 1924a). Spätere Untersuchungen von Arthur Jersild und Frances Holmes ließen jedoch Zweifel an diesem Prinzip aufkommen. Würde es funktionieren, so argumentierten sie, müßten sich Furchtreaktionen unter normalen Lebensumständen ganz von selbst abbauen, da es im Alltag viele Möglichkeiten zum Modellernen gebe (Jersild u. Holmes 1935). Albert Bandura betonte 1969 ausdrücklich die Nutzlosigkeit solcher inkonsistenter, zufälliger und falsch sequentierter Lernerfahrungen zur Furchtreduktion. Zentrale Bedeutung im Rahmen der Erkundung des therapeutischen Potentials des Modellernens hatten Banduras Experimente zur stellvertretenden Extinktion. Als Teil des Forschungsprogramms zur Untersuchung dieses Phänomens entstanden auch einige sehr effektive Modellernprozeduren zur Modifikation starker Angstreaktionen, die später entscheidend zum Ansehen Banduras unter den Verhaltenstherapeuten beitrugen.

In einer gemeinsam mit J. E. Grusec und F. L. Menlove (1967) durchgeführten Studie wurden Kinder, die laut Elternrating und Vermeidungstest starke Furchtreaktionen vor Hunden zeigten, vier verschiedenen, experimentellen Treatments unterworfen. Die erste Gruppe nahm an acht Sitzungen teil, in denen sie ein furchtloses Modell gleichen Alters beobachten konnten, das progressive, angstauslösende Interaktionen mit einem Hund ausführte. Diese Sitzungen waren in einen positiven Kontext (Party) eingebettet. Die zweite Gruppe erhielt die gleiche Behandlung, jedoch in einem neutralen Kontext. Die dritte Gruppe konnte das gefürchtete Tier ebenfalls in einem positiven Kontext, jedoch ohne Modell beobachten. Die vierte Gruppe schließlich erhielt keinerlei Behandlung (Kontrollgruppe), verbrachte die Zeit jedoch in einem positiven (Party) Kontext.

Zur Feststellung der erzielten Furchtreduktion wurden die Kinder im Anschluß an die Behandlung in einem Vermeidungstest dazu aufgefordert, graduierte Interaktionsauf-

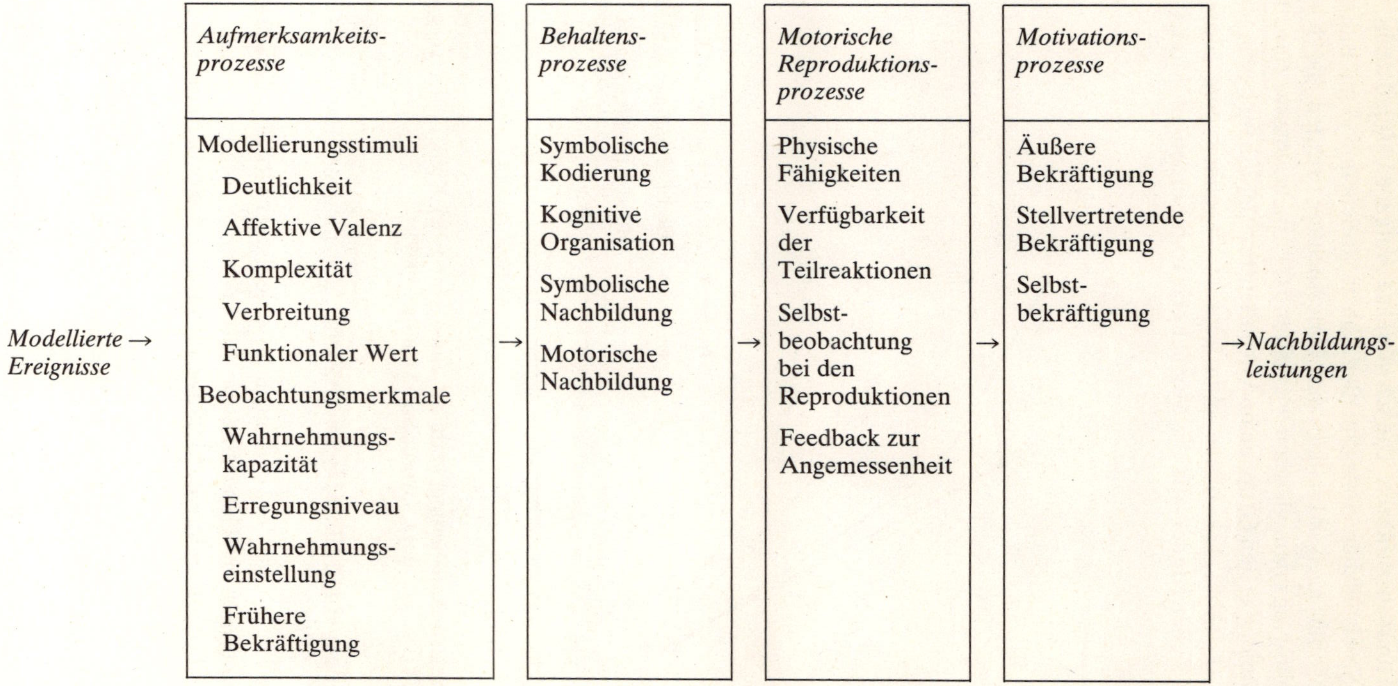

Abbildung 11: Teilprozesse, die nach der sozial-kognitiven Lerntheorie das Beobachtungslernen steuern (nach Bandura 1977 a).

gaben mit einem Hund auszuführen. Die schwierigste Aufgabe bestand darin, sich mit dem Hund in ein Spielställchen einzuschließen, ihn zu streicheln und mit ihm allein zu bleiben. Einen Monat nach Abschluß der Untersuchung wurden die Kinder im Rahmen eines Follow-ups dem gleichen Verhaltenstest erneut unterworfen. Tatsächlich schnitten die beiden ersten Gruppen im Verhaltenstest signifikant besser ab, als die Kontrollgruppen (s. Abb. 12), denen man keine Gelegenheit zum Modellernen gegeben hatte. 67% der Kinder, die die Möglichkeit zum Lernen am Modell hatten,

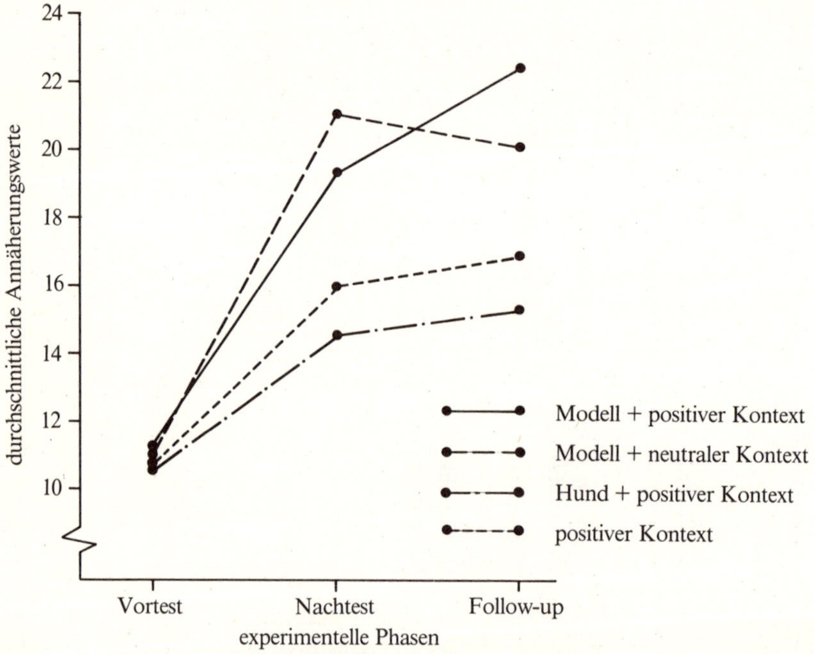

Abbildung 12: Mittlere Annäherungswerte an einen Hund bei Kindern der verschiedenen Treatment-Gruppen (vgl. Bandura, Grusec und Menlove 1967).

schafften es, mit dem Hund allein im Spielställchen auszuharren (Bandura, Grusec u. Menlove 1967).

Um festzustellen, ob die Verwendung unterschiedlicher Modelle und unterschiedlicher Furchtobjekte auf die Generalisation furchtlosen Verhaltens einen positiven Einfluß hat, realisierten Bandura u. Menlove 1968 folgendes experimentelles Design:

Die erste Versuchsgruppe erhielt ein „single model" Treatment, d.h. man arbeitete in dieser Gruppe nur mit einem Modell und einem Furchtobjekt. Die zweite Gruppe wurde mit einem „multiple model" Treatment behandelt, bei dem unterschiedliche Modelle mit unterschiedlichen Furchtobjekten interagierten, wobei die Größe und „Gefährlichkeit" der Tiere graduell erhöht wurde. Beide Versuchsgruppen beobachteten das Verhalten des Modells bzw. der verschiedenen Modelle jedoch nicht in der Realität, sondern in einer Serie kurzer Filme, die eingesetzt wurden, um den therapeutischen Nutzen des Mediums Film zu überprüfen. Eine dritte (Kontroll-)Gruppe sah sich Filme an, in denen keine Hunde vorkamen. Im Rahmen des Vermeidungstests, der wie in Bandura, Grusec u. Menlove (1967) vor und nach dem Treatment sowie nach einer Follow-up-Phase durchgeführt wurde, zeigte es sich, daß Kinder, die ein „multiple model“ Treatment erhalten hatten, in bezug auf die vollständige Elimination von Vermeidungsverhalten bessere Ergebnisse erzielten als diejenigen, die nur ein „single model“ Treatment erhalten hatten.

In einer weiteren Untersuchung zur Feststellung des therapeutischen Nutzens symbolischen Modellernens (per Film) erhielten die Kinder der Kontrollgruppe ein „multiple model“ Treatment nach Abschluß der Untersuchung. Auch bei ihnen ließ sich infolge der Behandlung ein starker Abfall im Vermeidungsverhalten feststellen, das während der verschiedenen diagnostischen Phasen des Experiments unverändert bestanden hatte. Vergleicht man die Ergebnisse beider Untersuchungen (Bandura, Grusec u. Menlove 1967, Bandura u. Menlove 1968), so zeigt sich, daß symbolisches Modellernen dem in-vivo-Modellernen unterlegen ist. Doch kann die geringere Effektivität symbolischen Modellernens durch die Verwendung verschiedener Modelle und unterschiedlicher Furchtobjekte erhöht werden. Kinder, die ein symbolisches „multiple model“ Treatment erhalten hatten, zeigten nicht nur einen kontinuierlichen Abbau des Vermeidungsverhaltens in der Follow-up-Phase, sondern erzielten auch ein Annäherungsverhalten an das gefürchtete Objekt, das dem der Kinder entsprach, die im ersten Experiment eine „single real-life model“ Behandlung erhalten hatten (Bandura 1969).

In einem dritten Projekt, der Studie, die Banduras Theorie praktisch über Nacht unter Verhaltenstherapeuten populär machte, untersuchten Bandura, Blanchard u. Ritter (1969) die relative Effektivität von Modellern- und Desensibilisierungsprozeduren zur Erzeugung von Veränderungen im Bereich von Einstellungen, Verhalten und Gefühl.

Die im Rahmen dieser Studie behandelten Jugendlichen und Erwachsenen litten nach Aussagen der Autoren unter einer Schlangenphobie, die ihre Lebens- und Freizeitmöglichkeiten erheblich einschränkte. Vor der Behandlung wurden sie im Vermeidungstest, mit einem Furchtinventar (zur späteren Feststellung der Generalisation von Behandlungsergebnissen auf andere Furchtbereiche) und Einstellungsratings mit Hilfe der Technik des semantischen Differentials auf ihre Einstellung zu Schlangen untersucht.

Die erste Behandlungsgruppe erhielt anschließend ein selbstreguliertes, symbolisches Modellerntraining. Es wurde ein Film präsentiert, in dem Kinder, Jugendliche und Erwachsene in ansteigend furchtauslösender Weise mit einer Schlange interagierten. Dieser Film konnte von den Teilnehmern jederzeit selbsttätig unterbrochen und in einzelnen Sequenzen wiederholt werden. Sie hatten zuvor an einem angsthemmenden Entspannungstraining teilgenommen, in dem sie gelernt hatten, sich Entspannung zu induzieren und sie bei der Präsentation furchtauslösender Reize aufrechtzuerhalten. Anschließend hatte man sie instruiert, den Film anzuhalten, sobald eine Sequenz Furcht auslöste und sie solange unter Induktion von Entspannung zu wiederholen, bis sie völlig neutralisiert war.

Die zweite Gruppe erhielt eine Behandlung, bei der graduiertes in-vivo-Modellernen mit der Technik der „guided participation“ kombiniert wurde, ein Verfahren, dessen Grundelemente Ritter (1968, 1969) als „Kontaktdesensibilisierung“ beschrieb. Ein Modell führte zunächst das erwünschte Verhalten vor und forderte den Teilnehmer anschließend dazu auf, es nachzuahmen. Auf diese Weise durchlief er eine Reihe von Übungen mit ansteigender Schwierigkeit, wobei die „anleitende Teilnahme“ des Modells darin bestand, Aufgaben, die der Proband nicht selbst erfüllen konnten, gemeinsam mit ihm auszuführen. War es z.B. zu schwierig, eine Schlange mit der Hand zu berühren, so wurde der Proband angewiesen, seine Hand auf die des Experimentators zu legen und sie dann langsam herabgleiten zu lassen, bis die eigene Hand die Schlange berührte.

Die dritte Experimentalgruppe wurde mit Hilfe der systematischen Desensibilisierung nach Wolpe behandelt. Die vierte Gruppe fungierte als Kontrollgruppe ohne Behandlung, wurde jedoch im Anschluß an das Projekt mit symbolischem Modellernen ohne Entspannung behandelt. Nach Abschluß der Behandlung wurden alle Teilnehmer erneut den bereits zu Beginn durchgeführten diagnostischen Maßnahmen unterworfen. Um die Generalität des Löschungseffekts festzustellen, wurde die Hälfte der Teilnehmer jeder Behandlungsgruppe zunächst mit der gewohnten, braungestreiften Schlange konfrontiert und anschließend mit einem unbekannten, leuchtend rot gefleckten Tier. Der anderen Hälfte der Teilnehmer präsentierte man beide Tiere in umgekehrter Reihenfolge. Wiederum mußten Interaktionsaufgaben mit ansteigender Schwierigkeit ausgeführt werden, wobei die schwierigste Übung darin bestand, die Schlange auf dem Schoß liegen zu lassen, während die Hände passiv herunterhingen.

Die Desensibilisierungsgruppe und die Gruppe, die mit symbolischem Modellernen behandelt worden war, zeigten im Gegensatz zur Kontrollgruppe deutliche Reduktionen im Vermeidungsverhalten. Das in-vivo-Modellernen kombiniert mit anleitender Teilnahme erzeugte jedoch die positivsten Ergebnisse: 92% der behandelten Teilnehmer konnten ihr phobisches Verhalten im Laufe der Behandlung völlig abbauen. Sowohl das symbolische Modellernen wie auch die systematische Desensibilisierung riefen Veränderungen in der Einstellung gegenüber Schlangen hervor. Die deutlichsten Veränderungen im Einstellungsbereich erzielte jedoch wiederum das Verfahren des in-vivo-Modellernens kombiniert mit anleitender Teilnahme. Eine Analyse der Werte im Furchtinventar zeigte, daß begrenzt Furchtreduktionen über die spezifische Phobie hinaus erzielt worden waren. Die unbehandelte Kontrollgruppe zeigte im Fragebogen keinerlei Veränderungen, weder in bezug auf die Anzahl noch in bezug auf die Intensität der Ängste. Die systematische Desensibilisierung konnte eine Verminderung der Furcht gegenüber anderen Tieren bewirken, während symbolisches Modellernen eine Reduktion in der Anzahl der mit Tieren verbundenen Ängste und eine allgemeine Verminderung der Intensität von Angst in verschiedenen Funktionsbereichen hervorrief. Das teilnehmende Modellernen erzeugte eine allgemeine Furchtreduktion in bezug auf eine Vielfalt interpersoneller und nichtsozialer Ereignisse (s. Abb. 13). Bandura und seine Mitarbeiter interpretierten dieses Ergebnis als Produkt zweier unterschiedlicher Prozesse: Erstens eines Prozesses, der sich auf die Generalisation von Extinktionseffekten auf ähnliche Angstquellen bezieht; und zweitens als Produkt eines Vorganges, bei dem der Glaube an die eigenen Fähigkeiten durch Erfolg verstärkt wurde. War es gelungen, eine Phobie erfolgreich zu überwinden, mit der man sich ein Leben lang herumgeplagt hatte, stieg das Vertrauen in die eigene Fähigkeit, auch mit anderen furchtauslösenden Situationen effektiv umzugehen (Bandura, Blanchard u. Ritter 1969).

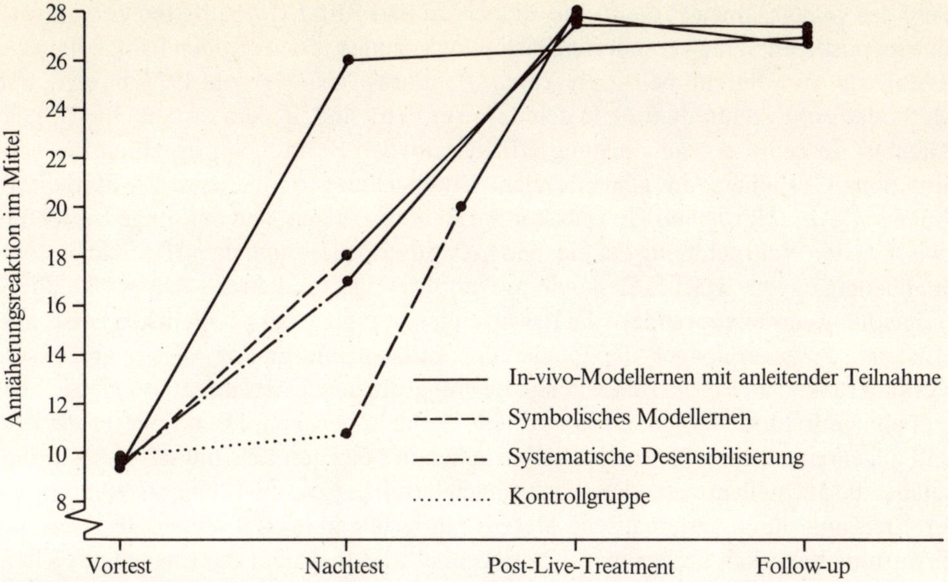

Abbildung 13: Durchschnittliche Anzahl der Annäherungsreaktionen an eine Schlange bei verschiedenen Treatment-Gruppen. Die Kontrollgruppe erhielt anschließend ein Treatment aus symbolischem Modellernen ohne Entspannung. Teilnehmer aller Gruppen, die die schwierigste Übung abschließend nicht ausführen konnten, erhielten (post-live) eine Behandlung aus in-vivo Modellernen kombiniert mit anleitender Teilnahme (vgl. Bandura, Blanchard u. Ritter 1969).

Albert Bandura, der im Kreis der Verhaltenstherapeuten als „real scholar"[25] gilt, gewann mit seiner sozial-kognitiven Lerntheorie in den siebziger Jahren zunehmend an Einfluß. Während er selbst seinen theoretischen Ansatz revidierte und erweiterte, wurden die von ihm entwickelten Techniken zur Furchtreduktion zu beliebten Komponenten zahlreicher, praxisorientierter Behandlungsprogramme (siehe z. B. Goldstein 1973, Kanfer u. Goldstein 1975). Das symbolische Modellernen gilt heute als bekanntestes und meistverwendetes, auf der Basis der sozial-kognitiven Lerntheorie entstandenes Behandlungsverfahren (Kazdin u. Wilson 1978).

Durch die Betonung der zentralen Bedeutung kognitiver Komponenten für den Lernprozeß war Albert Bandura dazu prädestiniert, zu einem der „Kronzeugen" der kognitiven Verhaltenstherapie zu werden (vgl. Mahoney, Kazdin u. Lesswing 1974; Mahoney 1977). In „Behavior Theory and the Models of Man" (Bandura 1974) bezeichnete Bandura die reflexive Konditionierung beim Menschen als Mythos und forderte eine längst überfällige Umorientierung der Lernforschung weg von der Analyse rudimentärer Formen des Lernens zur Erforschung komplexer Lernprozesse. 1977 stellte er in dem Aufsatz „Self-efficacy: Toward a Unifying Theory of Behavioral Change" sein neues Konzept der persönlichen Leistungseffizienz[26] als integrativen theoretischen Rahmen zur Erklärung und Vorhersage psychologischer Veränderungen bei verschiedenen Behandlungsverfahren zur Furchtreduktion vor. Bereits die Ergebnisse des gemeinsamen Projekts mit Blanchard und Ritter (1969) hatten gezeigt, daß eine im positiven Sinne veränderte Einstellung gegenüber den eigenen Fähigkeiten zur Reduktion von Furcht beitragen kann. Banduras Theorie von 1977 besagt, daß Methoden zur Furchtreduktion in dem Grad effektiv sind, in dem sie den Glauben des Klienten an seine eigene Leistungseffizienz in der Bewältigung furchtauslösender Situationen erhöhen. In gemeinsamen Untersuchungen mit seinen Mitarbeitern Adams, Beyer, Hardy und Howells konnte Bandura zeigen, daß eine enge Beziehung zwischen der Wahrnehmung der eigenen Leistungseffizienz und dem Handeln besteht, unabhängig davon, welches Behandlungsverfahren verwendet wird. Unterschiedliche Behandlungsansätze verändern die Erwartungen bezüglich der persönlichen Leistungseffizienz. Je zuverlässiger die Quelle der Effizienzinformation, desto größer die Veränderungen im Bereich der eigenen Leistungseffizienz. Verfahren, die wie z. B. das teilnehmende Modellernen auf konkretem Handeln beruhen, lösen höhere, stärkere und allgemeingültigere Erwartungen bezüglich der eigenen Leistungseffizienz aus als solche, die auf stellvertretenden Erfahrungen beruhen bzw. die Elimination emotionaler Erregung durch systematische Desensibilisierung zum Ziel haben. Je höher die Erwartung bezüglich der eigenen Überlegenheit, desto größer die Chance des Klienten, mit furchtauslösenden Situationen fertig zu werden (Bandura 1977b; Bandura u. Adams 1977; Bandura, Adams u. Beyer 1977; Bandura, Adams, Hardy u. Howells 1980).

Die Erwartungen an die eigene Leistungseffizienz werden nach Bandura durch vier verschiedene Einflußquellen modifiziert: durch konkrete Leistungen (z. B. beim teilnehmenden Modellernen), durch stellvertretende Erfahrungen (z. B. beim symbolischen Modellernen), durch verbale Überzeugung (z. B. im Rahmen traditioneller Psychotherapie) und durch physiologische Veränderungen (z. B. bei Anwendung der Technik der systematischen Desensibilisierung) (Bandura 1977b).

Banduras Theorie ist geeignet, Licht auf einige bisher nur wenig verstandene Phänomene in der Klinischen Psychologie zu werfen. So weiß man zwar, daß verhaltensübende Verfahren wie Desensibilisierung in vivo, Reizüberflutung und teilnehmendes Modellernen in der Behandlung phobischer und zwanghafter Störungen sehr effektiv sind, doch fehlte bisher ein plausibler Mechanismus zur Erklärung ihrer Wirksamkeit. In diesem Zusammenhang bietet Bandura seine Theorie der eigenen Leistungseffizienz bzw. Leistungseffizienzerwartungen als Erklärungsmodell zur Bestimmung des Funktionsmechanismus behavioraler Psychotherapien ausdrücklich an (Bandura 1977b, Rosenthal u. Bandura 1978). Die erstaunliche Variabilität im Verhalten unter ähnlichen furchtauslösenden Bedingungen läßt sich im Rahmen seines Ansatzes z. B. damit erklären, daß diese Effizienzerwartungen hervorrufen, die sich in ihrer Stärke und Allgemeingültigkeit unterscheiden. Würde man die verschiedenen Behandlungsmethoden also nach den unterschiedlichen Graden persönlicher Leistungseffizienz, die sie induzieren, anordnen, könnte die Variabilität im Behandlungsergebnis möglicherweise vermindert werden (Wilson 1980). Doch beschränkt sich Albert Bandura in der Anwendung seines theoretischen Konzepts nicht allein auf klinische Fragestellungen. In dem 1982 im *American Psychologist* veröffentlichten Aufsatz „Self-Efficacy Mechanism in Human Agency" demonstrierte er das Potential seiner Theorie zur Erklärung unterschiedlichster Phänomene, angefangen beim Aufbau intrinsischer Motivation bis hin zur Analyse von Wechselwirkungen zwischen wahrgenommener *kollektiver* Leistungseffizienz bzw. -ineffizienz und sozialem Wandel (Bandura 1982).

Die Erben der neuen Liberalität: Die kognitiven Verhaltenstherapeuten

Albert Banduras Beitrag war nicht der einzige, der in den siebziger Jahren an Popularität gewann, nachdem man innerhalb der Verhaltenstherapiebewegung Raum für neue Perspektiven geschaffen hatte. Eine große Vielfalt kognitiver Ansätze standen nun plötzlich im Rampenlicht. Dort, wo ein Vakuum für theoretische, insbesondere aber auch für praxisorientierte Konzepte und Verfahren entstanden war, bildeten Albert Ellis' Rational-emotive Therapie und Aaron T. Becks Kognitive Therapie brauchbare Alternativen für die praktische Arbeit[27].

Aaron T. Beck war ursprünglich praktizierender Psychoanalytiker und interessierte sich für die experimentelle Forschung. Im Laufe der Jahre mußte er jedoch feststellen, daß sich viele zentrale psychoanalytische Hypothesen im wissenschaftlichen Experiment nicht bestätigen ließen (Beck 1952, 1953, 1954). Bereits in den frühen fünfziger Jahren begann Beck, sich für eine bestimmte Form psychischer Erkrankung, für die Depression zu interessieren. In den sechziger Jahren spezialisierte er sich schließlich ganz auf diesen schwierigen Problembereich (Beck 1953, Beck u. Hurvich 1959; Beck u. Ward 1961). Fast zeitgleich mit Albert Ellis begann er, die Konzepte der Depression, Angstneurose, Hypomanie, Phobie und Zwangsneurose unter dem Aspekt kognitiver Verzerrungen zu analysieren, statt sich, wie in der konventionellen Forschung damals üblich, mit den affektiven Aspekten dieser Störungen zu befassen (Beck 1976). Die entscheidende Wende in Becks Denken kündigte sich in seinem 1963 veröffentlichten Aufsatz „Thinking and Depression" an.

In einer ersten qualitativen Studie verglich er seine handschriftlichen Aufzeichnungen von insgesamt 50 von ihm behandelten, depressiven Klienten mit denen von 31 nichtdepressiven Klienten. Der Schwerpunkt seiner Analyse lag auf den Kognitionen der Klienten, wobei er den Begriff „Kognition" als „spezifischen Gedanken, z. B. eine Interpretation, ein an sich selbst gerichteter Befehl oder selbstkritischer Gedanke", aber auch „Wünsche mit verbalem Inhalt, wie z. B. Selbstmordwünsche" beschrieb (Beck 1963, S. 326).

Beck unterschied zwischen zwei Formen „typischer depressiver Gedanken", a) solchen, die in Reaktion auf eine bestimmte „Stimulussituation" und b) solchen, die unabhängig von situativen Bedingungen „frei assoziativ" in Erscheinung traten. Insbesondere bei schwer depressiven Klienten war er vielfach auf „lange, ununterbrochene Sequenzen depressiver Assoziationen, die völlig unabhängig von der externen

Situation“ auftraten, gestoßen (Beck 1963, S. 326). Beck konnte zeigen, daß auf jeder Ebene der Depression, handelte es sich nun um eine milde neurotische Störung oder eine schwere psychotische Erkrankung, spezifische thematische Inhalte auftraten, wie z. B. Gedanken der Deprivation (nicht geliebt zu werden, allein zu sein) oder auch Forderungen und Verbote sich selbst gegenüber. Als besonders bedeutsam bewertete er jedoch die durch seine Analyse aufgedeckten *typischen kognitiven Denkstörungen* oder Verzerrungen. Die von ihm entwickelte Typologie dieser Kognitionen enthielt die Kategorien „willkürliche Schlüsse“, „selektive Verallgemeinerung“, „Über- und Untertreibung“ und „Übergeneralisierung“ (Beck 1963, 1967).

Beck blieb mit seiner kognitiven Perspektive lange ein Außenseiter, erweiterte und belegte sie jedoch weiter und nutzte seine Chance als – wie er es rückblickend beschrieb – die Verhaltenstherapie zu einem für ihn günstigen Zeitpunkt populär wurde. An ihr begeisterten ihn die präzise Form der Datengewinnung, die systematische Formulierung des Behandlungsplanes, die sorgfältige Verwertung der Rückmeldungen des Klienten sowie die differenzierten Methoden zur Quantifikation von Verhaltensänderungen. Als er jedoch begann, verhaltenstherapeutische Methoden in der Praxis zu erproben, kam er zu dem Schluß, daß sie zwar wirksam sind, jedoch aus einem anderen Grund als demjenigen, den die Verhaltenstherapeuten angeben (Beck 1976). 1970 veröffentlichte Aaron T. Beck in der ersten Ausgabe der Zeitschrift *Behavior Therapy* einen Aufsatz über die „Kognitive Therapie“ und ihr Verhältnis zur Verhaltenstherapie, mit dem sich der kognitive Flügel innerhalb der Verhaltenstherapiebewegung erstmals zu Wort meldete.

Der Kognitivist, so Beck, postuliert im Gegensatz zum Verhaltenstherapeuten die Modifikation konzeptueller Systeme, d. h. die Veränderung von Einstellungen und Denkweisen beim Klienten als zentralen Änderungsmechanismus in der Therapie. Inhalt der therapeutischen Intervention ist das Training des Klienten in bezug auf seinen idiosynkratischen Kognitionen. „... die kognitive Therapie läßt sich (...) als eine Gruppe von Verfahren bezeichnen, die sich auf die Kognitionen (verbaler oder bildlicher Art) des Patienten richten und auf die Prämissen, Annahmen und Einstellungen, die diesen Kognitionen zugrundeliegen“ (Beck 1970a, S. 187). Wie die Verhaltenstherapeuten gingen jedoch auch die kognitiven Therapeuten von der Voraussetzung aus, daß es sich bei den Störungen ihrer Klienten um erworbene Verhaltensmuster handelte, die ohne Einsicht in den Ursprung der Symptomatik wieder verlernt werden können. Beiden Ansätzen gemeinsam ist darüber hinaus die offene Struktur des therapeutischen Gesprächs, in dem der Therapeut aktiv agiert und die Probleme des Klienten systematisch und detailliert beschrieben werden, um anschließend spezifische Behandlungsprozeduren für einen bestimmten Problembereich ableiten zu können. Ebenfalls Übereinstimmung herrscht nach Beck in bezug auf die sorgfältige Instruktion des Klienten und die klar umschriebenen Therapieziele. Beide Behandlungsformen richten sich auf das offene Symptom oder Verhaltensproblem, d. h. man konzeptualisiert die Probleme des Klienten so, daß sie per Verhaltensbeobachtung oder Introspektion zugänglich sind; die Rekonstruktion der Vergangenheit des Klienten hat in diesem

Zusammenhang bei weitem nicht die Bedeutung, die ihr in der Psychoanalyse beigemessen wird (Beck 1970a).

Becks frühes Positionspapier enthielt eine Reihe von gültigen Grundaussagen zur kognitiven Verhaltenstherapie, aber auch einige Besonderheiten, die von anderen Vertretern dieses Standpunktes später nicht übernommen wurden. Bereits in seiner Terminologie – Beck sprach von *der* „Kognitiven Therapie" und von „kognitiven Therapeuten" – zeigten sich Ansätze zum Separatismus, die sich in seinen späteren Arbeiten wiederholten (Beck 1970b, 1976). Er bezeichnete den theoretischen Rahmen der Kognitiven Therapie als im Vergleich zur Verhaltenstherapie breiter, postulierte die Überlegenheit kognitiver Erklärungsmodelle gegenüber traditionellen verhaltenstherapeutischen Verfahren und erklärte die Verhaltenstherapie nachgerade zu einer „Unterabteilung" der neuen Richtung (Beck 1976).

Seine einseitigen Abgrenzungsversuche trugen ihm die Kritik ein, einen Ansatz zu kreieren, der ebenso simplizistisch ist, wie einige überholte Formen der Verhaltenstherapie. Insbesondere die Anhänger der Breitband-Verhaltenstherapie zeigten sich enttäuscht. Denn nachdem man die Fehlentwicklungen eines engen, konditionierungstheoretischen Ansatzes gerade überwunden zu haben glaubte, war man natürlich nicht bereit, als Steigbügelhalter einer ebenso einseitigen und engen kognitiven Therapieschule zu fungieren (Bergin 1970, Susskind 1970).

In den siebziger Jahren ordnete man den Begriff der „Kognitiven Therapie" dem von Beck entwickelten Behandlungsansatz zu (Mahoney u. Arnkoff 1978). Bezeichnungen wie „Cognitive Behavior Modification" (Meichenbaum 1977a, Kazdin 1978, Mahoney u. Kazdin 1979) und „Cognitive Learning Therapy" (Mahoney u. Arnkoff 1978) wurden populär und ließen den Anspruch auf eine eigenständige Entwicklung offen. Denn obwohl sich die Vertreter eines kognitiven Standpunktes immer wieder dem hohen wissenschaftlichen Anspruch konditionierungstheoretisch orientierter Verhaltenstherapeuten stellen mußten (vgl. Beck u. Mahoney 1979, Ellis 1979, Mahoney 1977, Wolpe 1978), bot sich ihnen innerhalb der Bewegung zugleich auch das größte Reservoir potentieller Anhänger. Die Popularität der Rational-emotiven Therapie Anfang der siebziger Jahre (Ullmann 1972) signalisierte, das der Markt auch für weitere Verfahren aufnahmefähig war. Nicht nur inhaltlich, auch in bezug auf Kontakte und Publikationsmöglichkeiten griffen die kognitiven Verhaltenstherapeuten auf die Vorleistungen Wolpes und seiner Anhänger zurück[28]. Nach einer durch heftige Kontroversen innerhalb der Verhaltenstherapiebewegung gekennzeichneten Phase der „kognitiven Inquisition" (Mahoney 1974) stieg im Verlauf der siebziger Jahre ihre Akzeptanz, so daß zentrale Fragen wie z.B. die der Effektivität kognitiver Verhaltenstherapien rationaler diskutiert werden konnten (vgl. Ledwidge 1978, Mahoney u. Kazdin 1979).

In Becks erstem, programmatischen Aufsatz wurde die Frage nach der theoretischen Basis der kognitiven Therapie noch ganz unproblematisch gelöst. Wie die Verhaltenstherapie auf den Lerntheorien basiert, so Beck, leitet sich die Kognitive Therapie aus der kognitiven Theorie ab (Beck 1970a). Doch worin bestand diese „kognitive Theorie" und war es tatsächlich die Kognitionspsychologie der sechziger und siebziger Jahre, die die theoretische Basis für die kognitive Verhaltenstherapie bereitstellte?

Ohne Zweifel hatten antibehavioristische und revisionistische Strömungen innerhalb der Psychologie in diesen zwei Jahrzehnten erheblich an Boden gewonnen (Segal u. Lachman 1972, Weimer u. Palermo 1973). Bücher wie U. Neissers „Cognitive Psychology" (1967) und Karl Pibrams „Languages of the Brain" (1971) zeigten neue Möglichkeiten auf, das Problem kognitiver Prozesse konstruktiv anzugehen. Prominente Vertreter der kognitiven Verhaltenstherapie beriefen sich schon frühzeitig auf diese Entwicklungen (Mahoney 1974, 1977a). Doch kann der Erfolg kognitiver Ansätze in der Verhaltenstherapie nur als ein Moment einer grundsätzlichen Umorientierung innerhalb der Psychologie interpretiert werden. Wie auch die von Mahoney 1974 identifizierten, in seinem Buch „Cognition and Behavior Modification" dargestellten drei „Vermittlungsmodelle" des Lernens zeigen, war die theoretische Basis kognitiver Verhaltenstherapien keineswegs ausschließlich oder überwiegend das Produkt psychologischer Grundlagenforschung (Mahoney 1974).

An Bedeutung für die weitere Diskussion um die kognitive Verhaltenstherapie gewannen in der Folgezeit lediglich das Vermittlungsmodell I, d. h. das *Modell der verdeckten Konditionierung,* und das Vermittlungsmodell III, das *Modell des kognitiven Lernens.* Das Vermittlungsmodell II, das *Modell der Informationsverarbeitung,* bestand aus einer Zusammenschau theoretischer und empirischer Forschungsergebnisse, deren Ursprung in der kognitiven Psychologie zu suchen ist, aus denen jedoch bis heute kein konkretes Therapieverfahren hervorgegangen ist. Dem *Modell der verdeckten Konditionierung* lag die Hypothese zugrunde, daß kognitives Verhalten denselben Gesetzen folgt, wie offen beobachtbares Verhalten. Diese sogenannte „Kontinuitätsannahme" kennzeichnete die Arbeiten bekannter Neobehavioristen wie z. B. O. Hobart Mowrer (1950, 1953), aber auch der Vertreter konditionierungstheoretischer Positionen in der Verhaltenstherapie wie z. B. Joseph Wolpe (1969, 1973, 1976a, 1978) oder Leonard Ullmann (1970). Lloyd Homme (1965, 1968) und Joseph Cautela (1966c) entwickelten ihre Verfahren zur verdeckten Konditionierung auf der Basis dieser Hypothese.

Von einem weniger bequemen, aber sicherlich zukunftsträchtigeren *Modell kognitiven Lernens* liegen bisher nur informelle Beschreibungen vor (Mahoney 1974, 1977a). Als Grundaussagen dieses Modells bezeichnete Mahoney 1977 (a) die Annahme, daß der Mensch primär auf kognitive Repräsentationen seiner Umwelt reagiert, und nicht auf die Umwelt selbst; (b) daß diese kognitiven Repräsentationen in funktionaler Beziehung zu den Prozessen und Parametern des Lernens stehen; (c) daß der größte Teil menschlichen Lernens kognitiv vermittelt ist und (d), daß Gedanken, Gefühle und Verhaltensweisen einander interaktiv verursachen (Mahoney 1977a). Die Frage, ob kognitive Prozesse ein autonomes System bilden, das eigenen Gesetzmäßigkeiten unterliegt, oder ob sie sich im Sinne der Kontinuitätsannahme auf der Basis lerntheoretischer Prinzipien erklären lassen, ist bis heute ungeklärt.

Die Kognitiven Verhaltenstherapien im Überblick

Die ersten kognitiven Verhaltenstherapien, die Anfang der siebziger Jahre publik wurden, waren die Rational-emotive Therapie nach Albert Ellis (s. S. 143ff.), Becks Kognitive Therapie und Arnold Lazarus' multimodale Verhaltenstherapie. Alle drei Verfahren dienen der kognitiven Umstrukturierung, d.h. der Modifikation zentraler Auffassungs- und Interpretationsstrategien beim Klienten.

In der Kognitiven Therapie werden Denkfehler bzw. „Schemata" wie das der „selektiven Abstraktion" oder der „Übergeneralisierung" unter Anleitung des Therapeuten aufgedeckt, in ihrem Einfluß auf die Erlebnis- und Verhaltensweisen des Klienten analysiert und durch angemessenere Denkmuster ersetzt. Zugleich wird der Klient angewiesen, seine Gedanken und Empfindungen fortlaufend und systematisch zu beobachten (s. Abb. 14). Aktivitäten, die dem Klienten Spaß machen, können als „Hausaufgaben" vereinbart werden. Trotz behavioraler Anteile im therapeutischen Programm bleibt jedoch nach Beck die Fähigkeit des Klienten, Abstand von seinen eigenen Überzeugungen zu gewinnen, die zentrale Voraussetzung für Fortschritte in der Behandlung (Beck 1976, Harrison u. Beck 1982).

Arnold Lazarus' multimodale Verhaltenstherapie, auch als BASIC-ID-Therapie bekannt, entstand in enger Anlehnung an die von Ellis (1962) und Beck (1976) entwickelten Verfahren. In seinem sehr erfolgreichen Buch „Behavior Therapy and Beyond" (Lazarus 1971) vertrat er die Auffassung, daß kognitive, affektive und auf der Ebene des Verhaltens beobachtbare Reaktionsmuster keine voneinander abtrennbaren Einheiten darstellen, sondern interaktive Prozesse, „die *Verhalten* in seinem weitesten Sinne ausmachen" (Lazarus 1971, dt. Übers. 1978, S. 118). Auch Arnold Lazarus führte eine qualitative Analyse seiner Fallaufzeichnungen durch und fand folgende, typische Denkfehler: Das Denken in Schwarz-Weiß-Kategorien, das er als *dichotomisierte Logik* bezeichnete; die *Übergeneralisierung,* eine Kategorie, die sich auch bei Aaron T. Beck findet und die Tendenz beschreibt, aus Einzelereignissen zu weitreichende Schlüsse zu ziehen; die Neigung, sich *übermäßig auf das Urteil anderer Menschen zu verlassen;* eine Kategorie, die Lazarus als *kulturelles Verfallensein und Übersozialisation* beschreibt; sowie die Tendenz, etwas verstandesmäßig zu akzeptieren, während man es gefühlsmäßig weiterhin ablehnt, die Lazarus als *Differenz zwischen Gedanken und Gefühlen* bezeichnet. In der Behandlung geht es ihm darum, die Schwierigkeiten des Klienten auf allen Ebenen zu erkennen und therapeutisch zu behandeln, wobei er dem Therapeuten als Gedächtnisstütze seine BASIC-ID-Formel

Datum	SITUATION	EMOTION(EN)	AUTOMATISCHE(R) GEDANKE(N)	RATIONALE REAKTION	ERGEBNIS
	Beschreiben Sie: 1. Das aktuelle Ereignis, das zu dem unangenehmen Gefühl geführt hat, oder	1. Geben Sie sie einzeln an: traurig / ängstlich / ärgerlich etc.;	1. Schreiben Sie den (die) automatischen Gedanken nieder, der dem (den) Gefühl(en) vorangina;	1. Schreiben Sie eine rationale Reaktion auf Ihre(n) automatischen Gedanken nieder;	1. Schätzen Sie erneut den Grad Ihrer Überzeugtheit bezüglich des (der) automatischen Gedanken(s) prozentual (0–100%) ein;
	2. den Gedankenfluß, Tagtraum oder die Erinnerung, die zu dem unangenehmen Gefühl geführt hat.	2. Schätzen Sie die Stärke des Gefühls auf einer Skala von 0 bis 100.	2. Schätzen Sie den Grad Ihrer Überzeugtheit von diesem (diesen) automatischen Gedanken prozentual (0–100%) ein.	2. Schätzen Sie den Grad Ihrer Überzeugtheit bezüglich dieser rationalen Reaktion prozentual (0–100%) ein.	2. Geben sie nachfolgende Gefühle an und schätzen Sie ihre Stärke (0–100).
8.4.84	1. Mein bester Freund hat mich auf einer Party nicht beachtet.	1. traurig	1. Er mag mich nicht	1. Es gibt keinen Hinweis darauf, daß er mich nicht mag. Vielleicht hätte ich mich selbst ein wenig mehr darum bemühen sollen, mit ihm auf der Party zu reden.	1. 20%
	2. Was hat er. Warum behandelt er mich so?	2. 75	2. 50%	2. 80%	2. etwas ermutigt, 40.

Erläuterung: Wenn Sie ein unangenehmes Gefühl verspüren, schreiben Sie die Situation auf, die dieses Gefühl anscheinend ausgelöst hat (Wenn das Gefühl auftrat, während Sie nachdachten, tagträumten etc., schreiben Sie dies bitte auf). Dann notieren Sie den automatischen Gedanken, der mit dem Gefühl assoziiert wird. Zeichnen Sie den Grad Ihrer Überzeugtheit bezüglich des automatischen Gedankens auf: 0% = überhaupt nicht; 100% = vollständig. Beim Einschätzen der Stärke des Gefühls bedeutet 1 = ein bißchen; 100 = so intensiv, wie nur möglich.

Abbildung 14: Tägliche Aufzeichnung dysfunktionaler Gedanken (Erhebungsbogen und Beispiel nach Harrison u. Beck 1982, übers. v. Verf.)

empfiehlt, die sieben mögliche Problembereiche beim Klienten benennt: (B) Behavior, (A) Affect, (S) Sensation, (I) Imagery, (C) Cognition, (I) Interpersonal Relations und (D) Drugs. Zur Behandlung empfiehlt Lazarus getreu seiner Forderung eines technischen Eklektizismus alle Verfahren, die angesichts der spezifischen Problematik des einzelnen Klienten aussichtsreich erscheinen (Lazarus 1971, 1973).

Im Laufe der letzten zehn Jahre hat sich das Arsenal kognitiver Lerntherapien um eine ganze Reihe von Techniken und Strategien erweitert. Zu den nachweislich effektiven Techniken der *Kognitiven Umstrukturierung* zählten Mahoney u. Arnkoff (1978) (s. Abb. 15) neben der Rational-emotiven Therapie und Becks Kognitiver

Kognitive Umstrukturierung	Coping Skills Therapien	Problemlösetherapien
• Rational-Emotive Therapie (RET, Ellis 1962)	• Verdecktes Modellernen (Cautela 1971, Kazdin 1973)	• Verhaltensorientiertes Problemlösen (D'Zurilla u. Goldfried 1971)
• Selbstinstruktion (Meichenbaum 1974)	• Coping Skills Training (Goldfried 1971)	• Problemlösetherapie (Spivack u. Shure 1974, Spivack, Platt u. Shure 1976)
• Kognitive Therapie (Beck 1970, 1976)	• Angstmanagement-Training (Suinn Richardson 1971)	• Personal Science (Mahoaney u. Arnkoff 1978)
	• Streßimpfung (Meichenbaum 1975)	

Abbildung 15: Kognitive Lerntherapien heute (nach Mahoney u. Arnkoff 1978)

Therapie auch Donald Meichenbaums Selbstinstruktionstraining (Meichenbaum 1974, 1977a). Zu einer zweiten Gruppe von Verfahren, die Mahoney u. Arnkoff unter dem Obertitel *„Coping Skills Therapies"* aufführen, gehört die Technik der verdeckten Sensibilisierung nach Cautela (1966a, 1967, 1972), das Angstmanagement nach Suinn u. Richardson (1971), die Methode der Streßimpfung nach Meichenbaum (1975, 1977a) und das Training in Bewältigungsfertigkeiten nach Goldfried (1971).

Ausgangspunkt für Goldfrieds Verfahren war seine Neukonzeption der Technik der systematischen Desensibilisierung als Technik zur Selbstkontrolle. Im Gegensatz zu Joseph Wolpe, der seine Klienten anwies, furchtauslösende Vorstellungen zu beenden, sobald sie Angst auslösten und sich zu entspannen, empfahl Marvin Goldfried seinen Klienten, die Vorstellung aufrechtzuerhalten, die Angst zu bewältigen und zu lernen, sie „wegzuentspannen". Um die Generalisation zu vergrößern, verwendete Goldfried anstelle einer einzigen Hierarchie multiple Themenhierarchien (Goldfried 1971, 1973, 1978).

Zu einer dritten Gruppe von Verfahren, die Mahoney u. Arnkoff (1978) als *„Problemlösetherapien"* bezeichneten, gehört das Problemlösen nach D'Zurilla u. Goldfried (1971) sowie Spivack, Platt u. Shure (1976) und ein von Michael Mahoney selbst entwickeltes Verfahren, das er als „Personal Science" bezeichnet. Das Kürzel SCIENCE steht dabei für eine siebenstufige Sequenz einzelner Fertigkeiten, die der Klient im Laufe der Behandlung erwerben soll (Mahoney 1977b).

Trotz der Vielfalt der therapeutischen Strategien, von denen hier nur eine kleine Auswahl angesprochen werden konnte, und der Innovationsfreudigkeit, die sich darin ausdrückt, sind die kognitiven Verhaltenstherapeuten von ihren Kritikern im Laufe der siebziger Jahre bis heute nicht gerade geschont worden. Ganz zu Beginn wiesen Wissenschaftler wie Allen Bergin (1970) und Leonard Ullmann (1970) darauf hin, daß es in der Praxis unmöglich sei, entweder ausschließlich auf der Verhaltensebene oder ausschließlich auf der kognitiven Ebene zu arbeiten, und daß allein aus diesem Grunde eine strenge Trennung zwischen beiden Richtungen nicht möglich sei. Damals gestand Bergin den Vertretern der kognitiven Richtung jedoch zu, daß die Frage des relativen therapeutischen Potentials kognitiver Variablen noch nicht geklärt sei. Eine Reihe von kognitiven Verhaltenstherapeuten konzentrierte sich in der Folgezeit primär auf die Anwendung symbolischer Behandlungsmethoden, was ihnen wiederum die Kritik eintrug, die traditionelle, gesprächsorientierte Psychotherapie wiederzuentdecken (Goldfried 1980, Wilson 1980).

Aber auch bei der praktischen Anwendung kognitiver Verhaltenstherapien entstanden Probleme. Ledwidge (1978) meinte dazu, daß es häufig schwierig sei festzustellen, *was* kognitive Verhaltenstherapeuten in der Behandlung konkret *tun.* Darüber hinaus beklagen erfahrene Therapeuten die geringe Praktikabilität einzelner Verfahren. So bedarf die Anwendung der Technik der kognitiven Umstrukturierung nach der Überzeugung Tunners (1981) „einer äußerst trickreichen, verbal unschlagbaren und daher in gewissen Gesprächssituationen überzeugenden Therapeutenpersönlichkeit" (Tunner 1981, S. 226). Mahoney u. Arnkoff beschrieben 1978 die Charakteristika eines „idealen" kognitiven Verhaltenstherapeuten folgendermaßen:

> „Er oder sie sollte Kenntnis von den biochemischen Faktoren haben, die mit der Anpassung interagieren und Verständnis für die gesellschaftlichen und kulturellen Kräfte, die menschliches Leben formen. Zusätzlich zu den Grundprinzipien menschlichen Lernens sollte der Therapeut ein differenziertes Wissen über Informationsverarbeitung und die Prozese menschlichen Erkennens haben. Schließlich sollte der Therapeut anerkennen, daß seine Rolle die eines Intervenierenden, eines Agenten überzeugender Veränderung ist, der sich auf grundlegende kommunikative Prozeduren stützen muß" (Mahoney u. Arnkoff 1978, S. 713–714).

Bandbreite und Generalität der Anforderungen an die Therapeutenpersönlichkeit reflektieren nicht zuletzt die methodologischen und konzeptionellen Probleme der kognitiven Verhaltenstherapie.

So konnten Rush, Beck, Kovacs und Hollon (1977; siehe auch Kovacs et al. 1981) im Rahmen einer vergleichenden Therapiestudie zwar zeigen, daß die Kognitive

Aaron T. Beck (links) und Raymond P. Harrison, *Center for Cognitive Therapy,* University of Pennsylvania, Philadelphia.

Albert Bandura (geb. 1925)

Michael J. Mahoney (geb. 1946)

Therapie einer Pharmakotherapie bei depressiven Klienten überlegen ist – ein Ergebnis, das auch Kritiker dieses Projekts im Hinblick auf die allgemeine Effektivität kognitiver Prozeduren als ermutigend bewerteten (Becker u. Schuckit 1978) –, doch konnte nicht geklärt werden, inwieweit hier verbale mit behavioralen Techniken vermischt worden waren und welchen Anteil sie am Behandlungserfolg hatten (Ledwidge 1978). Viele Forschungsprobleme, mit denen auch die kognitionspsychologische Grundlagenforschung konfrontiert wird, erscheinen hier in neuem Gewand (vgl. Mahoney 1977 a).

Aber auch auf konzeptioneller Ebene ist vieles noch ungeklärt. Den Mangel an formalen theoretischen Modellen bezeichneten Mahoney u. Arnkoff (1978) als das wohl fundamentalste Defizit kognitiv-lernpsychologischer Perspektiven. Und sie erklärten weiter: „Es ist schwierig, eine Perspektive kritisch zu beurteilen, wenn ihre spezifischen Hypothesen und Vorhersagen nicht eindeutig beschrieben werden. Obwohl Flexibilität und geringe Formalisierung die anpassungsbedingten Grundzüge in der ersten Entwicklungsphase eines Modells sein können, machen späteres Wachstum und Ausdifferenzierung eine konzentrierte Überprüfung erforderlich, die nur im Kontext eines formalen Paradigmas gewährleistet werden kann" (Mahoney u. Arnkoff 1980, S. 712).

Zu den drei größten Herausforderungen an die Forschung im Bereich der kognitiven Verhaltenstherapie zählte Michael Mahoney 1977 die eindeutigere Spezifikation von Operationen und Prozeduren, die im Rahmen verschiedener Behandlungsverfahren verwendet werden; Verbesserungen in der Konzeptualisierung und Analyse des therapeutischen Prozesses; und nicht zuletzt die Erarbeitung überzeugenderer Belege für die dauerhafte Effektivität kognitiv-behavioraler Behandlungsverfahren bei klinisch relevanten Problemen (Mahoney 1977 a, b). Gerade in bezug auf die Frage der Behandlungseffektivität wurden auch in den letzten Jahren Zweifel laut, denen man nicht viel mehr entgegenhalten konnte, als die Empfehlung abzuwarten, bis weitere Forschungsergebnisse vorliegen (Ledwidge 1978, Mahoney u. Kazdin 1978).

Jenseits von Freiheit und Würde? Verhaltenstherapie und Ethik

Fragt man einen Verhaltenstherapeuten heute, wie er das Problem der ethischen Verantwortbarkeit in der Anwendung verhaltenstherapeutischer Methoden löst, so erhält man häufig die ausweichende Antwort, daß er ja auch kognitive Aspekte berücksichtige, „humanistische" Therapieverfahren einbeziehe oder „multimodal" arbeite. Führende Vertreter innerhalb der Verhaltenstherapiebewegung reagieren auf Fragen zum Thema Ethik zurückhaltend, vielfach vorsichtig geworden durch den Umgang mit einer kritischen Presse und noch kritischeren Bürgerrechtsbewegungen. Dennoch kann man den Verhaltenstherapeuten nicht den Vorwurf machen sich nicht schon frühzeitig mit der ethischen Problematik verhaltenstherapeutischer Praxis beschäftigt zu haben (vgl. z.B. Krasner 1962, Kanfer 1965). Beiträge wie die von

Wexler (1974), Goldiamond (1974), Wilson u. Davison (1974), Bandura (1975), Franks u. Wilson (1975), Martin (1976), Sawaj (1977), Stolz (1977, 1978), Turkat u. Forehand (1978, 1980) reflektieren die Diskussion der siebziger Jahre.

Die Frage nach der ethischen Verantwortbarkeit der Kontrolle von Verhalten stellt sich der wissenschaftlichen Psychologie insgesamt. Noch kann man sich damit beruhigen, daß die vorhandenen Prozeduren nur von relativer Effektivität sind. Was wird jedoch sein, wenn sich diese Situation einmal ändert? Im Grunde kann *jedes* psychologische Verfahren, das zum Wohl und Nutzen des Menschen und in bester Absicht entwickelt wurde, mißbraucht werden, solange man nicht über Möglichkeiten verfügt, den Mißbrauch einzuschränken oder zu verhindern. Ethisch einwandfreies Verhalten ist nicht an eine bestimmte Therapieschule gebunden. Auch ein psychodynamisch orientierter Therapeut kann inhuman handeln, indem er seinen Klienten über viele Sitzungen hinweg durch beharrliches Schweigen emotional frustriert. Ein Gestalttherapeut, der eine weinende Klientin auffordert, mit ihren Tränen zu sprechen, kann ihr das Gefühl geben, nun vollends ad absurdum geführt zu werden. Sich von dem inhumanen Image der Verhaltenstherapie zu befreien, indem man zusätzlich andere, positiver bewertete Verfahren anwendet, stellt keine Lösung dar und kann die Effektivität der Behandlung u. U. vermindern. Wie kommt es, daß die Verhaltenstherapie als ethisch fragwürdiger und angreifbarer gilt als die meisten anderen psychotherapeutischen Techniken?

Analysiert man das „gesunde Mißtrauen" gegenüber der Verhaltenstherapie, das sich nicht selten auch bei Angehörigen psychosozialer Berufe findet, so steht dahinter nicht einfach nur eine allgemeine Behaviorismuskritik, wie sie insbesondere in Europa Tradition hat. Vielmehr stellt sich die Frage, ob die experimentalpsychologischen Forscher der fünfziger und sechziger Jahre den Sprung vom Tierlaboratorium zur Klinik wirklich bewußt genug vollzogen haben. Allein die Verwendung einer Terminologie, die den manipulativen Charakter des gewählten Vorgehens hervorhebt (z.B. „Kontrolle" oder „Verhaltensformung"), zeigt, daß man sich mit der Frage des eigenen Images bisher wenig beschäftigt hat. Doch hat insbesondere die tatsächliche, mißbräuchliche oder falsche Anwendung bekannter Verfahren ohne Rücksicht auf die Rechte und die menschliche Würde des Klienten (vgl. z.B. Reiminger, Morgan u. Bramwell 1970; Opton 1974) im Zuge der expansiven Verbreitung verhaltenstherapeutischer Prozeduren in den letzten Jahren wiederholt zu heftigen öffentlichen und internen Diskussionen geführt.

Verfolgt man die historische Entwicklung, so lassen sich einige signifikante Ereignisse ausmachen, die diesen Prozeß entscheidend beeinflußt haben. Dazu gehört z.B. die Veröffentlichung von B. F. Skinners „Beyond Freedom and Dignity" (1971), von der viele Verhaltenstherapeuten glauben, daß es kaum eine Publikation gegeben habe, die der Verhaltenstherapiebewegung in den siebziger Jahren mehr geschadet habe als diese. Skinner analysiert ethische Konzepte als Feststellungen über die noch in der Zukunft liegenden Konsequenzen von Verhalten. So stellt ein Werturteil lediglich die Klassifikation eines Gegenstandes in Form seiner Langzeitverstärkungswirkungen dar. Aus seiner Sicht enthalten ethische Forderungen wie „Du sollst die Wahrheit sagen" indirekte Hinweise auf kontrollierende Kontingenzen („Wenn Du die Wahrheit sagst, wird die Gesellschaft Dein Verhalten belohnen"), einschließlich der Kontingenzen, die das Verhalten der Person verstärken, die diese Forderung vertritt („Wenn Du die Wahrheit sagst, wird mein Verhalten belohnt").

Kritiker warfen Skinner u. a. die starke Anlehnung an einen strikten Umweltdeterminismus und Ignoranz gegenüber der zentralen Rolle menschlichen Denkens vor (Carpenter 1974). Nicht zuletzt nimmt seine Analyse der Diskussion über ethische Fragen die rationale Basis und bietet keinerlei Legitimation für ethische Beschränkungen. Der Schluß, daß ein Behaviorist – ganz gleich, ob Experimentator oder Kliniker – ein Mensch ist, der ethische Grenzen ignoriert, weil es für ihn keine theoretische Basis gibt sie zu begründen, liegt nahe.

Die öffentliche Diskussion zur ethischen Verhaltenstherapie wird, wie Turkat u. Feuerstein (1978) zeigen konnten, von zahlreichen Fehlinformationen und Mißverständnissen bezüglich der Inhalte und Ziele verhaltenstherapeutischer Interventionen begleitet. Nicht selten setzt man verhaltensorientierte Behandlungsverfahren mit Elektroschocktherapie, Lobotomie, transaktionaler Analyse oder Gehirnwäschen gleich. Inhaltlich kreist die gegenwärtige Diskussion um zwei große Themenbereiche, die *Aversionstherapie* und Prozeduren, die im weitesten Sinne in Orientierung an der Idee einer *Token Economy* nach Azrin u. Ayllon (1968) entstanden sind.

Aversionstherapeutische Behandlungsprogramme sind neben ihrem Einsatz im Bereich der Alkoholismustherapie auch sehr häufig zum Abbau homosexuellen bzw. sexuell abweichenden Verhaltens verwendet worden. Als einer der ersten berichtete der englische Arzt Michael J. Raymond 1956 im *British Medical Journal* über eine erfolgreich durchgeführte Aversionstherapie bei einem Fetischisten. Raymond, der in der psychiatrischen Abteilung des *St. George's Hospital* in London tätig war, hatte zuvor bereits einige alkoholabhängige Patienten mit Hilfe der Apomorphintechnik von Voegtlin u. Lemere (1950) behandelt.

Der Patient, den man ihm damals brachte, war 33 Jahre alt, verheiratet und litt unter einem Kinderwagenfetischismus. Seine Angriffe auf Kinderwagen wiederholten sich regelmäßig 2–3 mal pro Woche und hatten ihm neben einigen Verurteilungen bereits mehrfache Aufenthalte in Nervenkliniken eingetragen. Eine psychoanalytische Behandlung führte u. a. zu der Erkenntnis, daß der Patient seine erste sexuelle Erregung beim Anblick eines Kinderwagens empfunden hatte und ein zweites Gefühl dieser Art beim Anblick einer Handtasche entstand. Ansonsten war das Sexualverhalten des Patienten normal. Er war ursprünglich in die Klinik gekommen, um sich durch eine Lobotomie aus seiner hoffnungslosen Lage zu befreien. Als Raymond ihm eine aversionstherapeutische Behandlung anbot, setzte er nicht viel Hoffnung in dieses Verfahren, war jedoch bereit, alles zu tun, um seinen Zustand zu verändern. Wie im Falle der Aversionstherapie bei Alkoholismus erhielt der Patient Injektionen mit Apomorphin, die Übelkeit auslösten. Anschließend wurde er mit einer Auswahl seiner Lieblingsfetische konfrontiert. Angesichts der geringen Erfahrung in der Behandlung des Fetischismus – Raymond konnte in der damaligen Literatur nur drei Beispiele für eine erfolgreiche (nicht aversionstherapeutische!) Behandlung des Fetischismus finden – und der Notwendigkeit, bei diesem Patienten einen dauerhaften

Heilungserfolg zu erzielen, entwarf man ein Behandlungsprogramm, das in dieser Form heute wahrscheinlich in keiner Institution mehr durchgeführt werden könnte: Der Patient wurde alle zwei Stunden zu den aversionstherapeutischen Sitzungen geführt. Die Behandlung fand Tag und Nacht statt, wobei man ihn nachts mit Amphetaminen künstlich wachhielt. Nach fünf Tagen erklärte der Patient, allein schon ein Blick auf seine Fetische mache ihn krank. Nach neun Tagen wurde er weinend in seinem Bett aufgefunden. Am zehnten Behandlungstag konnte er nach Hause entlassen werden. Eine Auffrischungssitzung nach sechs Monaten sollte das Behandlungsergebnis stabilisieren, obwohl es keine Anzeichen dafür gab, daß der Patient sein fetischistisches Verhalten wieder aufgenommen hatte. Im Gespräch zeigte sich, daß sich seine zuvor detaillierten Kenntnisse über Kinderwagen reduziert hatten. Insgesamt erwies sich der Behandlungserfolg auch nach 18 Monaten als stabil. Auch das allgemeine Sozialverhalten des Patienten hatte sich verbessert (Raymond 1956).

Mit seiner therapeutischen Innovation stieß Michael Raymond[29] bei seinen Kollegen nur auf wenig positive Resonanz. Manche bewerteten sein Vorgehen sogar als „barbarisch". Immerhin erregte er jedoch so viel Aufmerksamkeit, daß sich die B.B.C. für seine Arbeit interessierte. Es wurde ein Interview mit ihm aufgezeichnet, das im Grundtenor kritisch war. Doch erst beim Ausdruck des Programms in den Zeitungen erfuhr Raymond, daß es unter dem Titel „Cruel To Be Kind"[30] gesendet werden sollte.

Raymonds Erfahrungen mit der Aversionstherapie machen deutlich, wo die Probleme solcher Behandlungsprogramme und ihrer Bewertung liegen und wie ein solcher Bewertungsprozeß ablaufen kann. Die Entscheidung für die Anwendung aversionstherapeutischer Maßnahmen darf nicht unabhängig von der jeweiligen Gesellschaft, dem Stand der wissenschaftlichen Forschung und der individuellen Situation des Klienten analysiert werden. Von Nachteil ist in diesem Zusammenhang, daß eine Bewertung meist ohne Berücksichtigung der spezifischen Situation in verabsolutierender Weise vorgenommen wird und häufig weder durch den Klienten noch durch den Therapeuten in ihrer Richtung beeinflußt werden kann. Das große Interesse der Medien an der Sensation trägt nicht selten zu einer emotional aufgeladenen, unsachlichen Diskussion bei.

Aversionstherapeutische Behandlungen sind nicht nur mit hohen emotionalen Kosten für den Klienten verbunden. Viele Therapeuten lehnen ihre Anwendung aus ethischen Gründen ab. Verdeckte Varianten der Aversionstherapie nach Cautela (1972) gewinnen in diesem Zusammenhang an Bedeutung. In bezug auf die Behandlung der Homosexualität, für die eine Mehrheit der englischen und amerikanischen Verhaltenstherapeuten noch 1973 die Aversionstherapie als Methode der Wahl bezeichnete (Davison u. Wilson 1973), hat sich inzwischen unter dem Eindruck gesellschaftlicher Entwicklungen ein Einstellungswandel vollzogen. Angesichts der immer erfolgreicher für die Sicherstellung ihrer Rechte kämpfenden Homosexuellenvereinigungen und der von ihnen verbreiteten These, daß auch Homosexuelle ein positives, gesundes Leben führen können, plädierten Wilson u. Davison 1974 erstmals dafür, die Anwendung der Aversionstherapie bei Homosexualität zu überdenken. Sie betonten den möglichen Beitrag der Verhaltenstherapie zu einer sinnvollen und für sie selbst befriedigenden Partizipation homosexueller Menschen in unserer Gesellschaft und regten den Dialog mit entsprechenden Initiativgruppen an (Wilson u. Davison 1974).

Solche plötzlich umschlagenden Argumentationsstrukturen zeigen, daß sich die naive Überzeugung, daß der Klient die Ziele der Behandlung selbst bestimmt, heute nicht mehr aufrechterhalten läßt. Auch in der Verhaltenstherapie spielt der Therapeut im Prozeß der Zielfindung eine aktive Rolle und bringt eigene Wertvorstellungen in die Situation ein (Agras, Kazdin u. Wilson 1980). Die Forderung der „informierten Zustimmung" des Klienten zur Behandlung, die die Fähigkeit zur Entscheidung, die Kenntnis von Natur und Wirkungen der verwendeten Verfahren und möglicher Behandlungsalternativen sowie die Zustimmung zur Behandlung voraussetzt (Kazdin 1978), läßt sich jedoch z. B. im Fall von Psychiatriepatienten nur schwer aufrechterhalten. Nicht zuletzt diese Unfähigkeit, die eigenen Wünsche und Bedürfnisse angemessen artikulieren zu können, hat dazu geführt, daß *Token Economy-Programme* heute kaum noch realisierbar sind.

Zwar hatte man mit diesen Programmen erhebliche Verhaltensänderungen bei psychiatrischen Patienten auf der Station erzielt (Kazdin 1977). Auch war es gelungen, die Entlassungsrate für die im Rahmen der Token Economy behandelten Patienten teilweise sogar zu verdoppeln (vgl. z.B. Atthowe u. Krasner 1968). Doch erwies sich der Behandlungserfolg als nicht stabil; so kehrten z. B. im Falle des von Atthowe u. Krasner in Palo Alto durchgeführten Projekts 11 der 24 entlassenen Patienten innerhalb von neun Monaten in die Klinik zurück (Wexler 1974). Die Entwicklung von Technologien zur Aufrechterhaltung und zum verbesserten Transfer der im Rahmen von Token Economy-Programmen erzielten Gewinne bezeichnete Kazdin (1977) als zentrale Aufgabe für die Zukunft.

Doch ist ihre Durchführung in den USA inzwischen durch zahlreiche Gerichtsentscheidungen, die sich Anfang der siebziger Jahre direkt oder indirekt mit Verhaltensmodifikationsprogrammen befaßten, erheblich erschwert worden (vgl. Martin 1976, Stolz 1978). Zwei 1972 gegründete Organisationen, das *Mental Health Law Project* und das *National Prison Project of the American Civil Liberties Union Foundation,* stellten Anwälte zur Verfügung, um eine Reihe von Prozesse zu führen, deren Ziel die Herstellung eines verbesserten Schutzes der Rechte von Psychiatrie- und Gefängnisinsassen war. So wurde z.B. 1971 gerichtlich verfügt, daß Psychiatriepatienten nicht mehr unfreiwillig zu Arbeiten herangezogen werden dürfen, die der Aufrechterhaltung eines reibungslosen Klinikalltags dienen. Da es für das Gericht nicht möglich war zu entscheiden, ob eine bestimmte Arbeit von therapeutischem Wert ist oder nicht, entschied man sich für eine konsequente Lösung, verbot unfreiwillige Arbeit und erlaubte freiwillige nur, sofern der tariflich festgesetzte Mindestlohn bezahlt wurde. Dies hatte zur Folge, daß auch relativ liberale Programme wie das in *Anna* aufgrund von Finanzierungsproblemen geschlossen werden mußten (Wexler 1974).

Um die Freiwilligkeit der Leistungen des Patienten sicherzustellen, legte man darüber hinaus fest, daß einzelne Privilegien oder auch die Entlassung aus der Klinik nicht von der Erfüllung bestimmter Aufgaben abhängig gemacht werden dürfen. Daß solche Entscheidungen not taten, zeigen Behandlungsprogramme wie z.B. das des *Patton State Hospital* in San Bernhardino, Kalifornien, daß einem Phasen- oder „Rangsystem“ folgte. In diesem Programm wurden alle Patienten in eine Ranghierarchie eingeordnet, wobei man zwischen drei großen Gruppen unterschied: Einer Orientierungsgruppe, einer zweiten, etwas besser ausgestatteten Gruppe und einer „ready-to-leave“-Gruppe. Schaffte ein Patient die Anpassung an die mittlere Gruppe nicht innerhalb von drei Monaten, so mußte er in die Orientierungsgruppe zurückkehren. Die „ready-to-leave“-Gruppe sollten die Patienten innerhalb von fünf Monaten erreicht haben. Je höher die Eingruppierung des Patienten, desto besser seine Lebensbedingungen, desto höher aber auch der „Preis“, den er dafür zahlen muß. Das Leben in der Orientierungsgruppe wurde von Margaret Bruce (1966) folgendermaßen beschrieben:

„Die Gruppe schläft in einem relativ unattraktiven Schlafraum, der den Minimalanforderungen des State Department of Mental Hygiene entspricht. An den Fenstern fehlen Gardinen, auf den Betten die Überdecken, und die Betten selbst sind von einfachster Art. Im Eßraum sitzt der Patient mit vielen anderen ungemütlich zusammengedrängt an einem langen Tisch. Sein einziges Eßutensil ist ein großer Löffel. Das Essen wird in häßlichen, abgeteilten Plastiktellern serviert. Solange er in dieser Gruppe ist, darf er seine eigene Kleidung nicht tragen und darf nicht außerhalb seiner Einheit an Aktivitäten teilnehmen, die den anderen Patienten jederzeit zugänglich sind. Es kann ihm untersagt werden, außerhalb der Klinik Besuche zu machen und die Anzahl der Besucher, die ihn sehen dürfen, wird beschränkt.

In dieser Zeit lernt der Patient, daß seine Mahlzeiten, sein Bett, seine Waschsachen und seine Kleidung nicht mehr frei zugänglich sind. Er muß sie mit Token bezahlen. Diese Token werden für all diejenigen Dinge eingesetzt, die normalerweise zur Verfügung gestellt und oft als selbstverständlich hingenommen werden. In der Orientierungsgruppe sind die meisten Dinge, die der Patient haben will, preiswert zu bekommen; z. B. kostet es einen Token, ins Bett gehen zu dürfen, und einen weiteren, eine Mahlzeit zu bekommen. Es ist für die Patienten leicht, einige Token für das Existenzminimum zu verdienen“ (Bruce 1966; zit. n. Wexler 1974, S. 7).

Anläßlich eines ähnlich restriktiven Programms am *Medical Center for Federal Prisoners* in Springfield, Missouri, dem man ironischerweise das Kennwort START (Special Treatment and Rehabilitative Training Program) gab, kam es zu einem Hearing im amerikanischen Repräsentantenhaus, auf das die *Law Enforcement Assistance Administration* (LEAA) im Februar 1974 mit dem Verbot der Verwendung von Mitteln zur Verbrechensbekämpfung für Verhaltensmodifikationsprogramme in Gefängnissen reagierte (Stolz 1977, 1978). Die APA, deren Präsident damals Albert Bandura war, bildete daraufhin eine Kommission, die der Untersuchung des Mißbrauchs von Verhaltensmodifikationstechniken galt und Empfehlungen zur Vermeidung mißbräuchlicher Verwendung von Prinzipien der Verhaltensmodifikation ausarbeiten sollte. Tatsächlich muß man Nathan Azrin und Teodoro Ayllon in diesem Zusammenhang den Vorwurf machen, die Maßnahmen zum Schutz des Patienten und ihre ethische und rechtliche Begründung nicht genügend reflektiert zu haben (Wexler 1974). Sowohl die APA wie auch die AABT erarbeiteten in der Folgezeit Checklisten, die wichtige Fragen zur Evaluation jeder Art von psychologischer Intervention enthielten (Stolz 1977). Auch können Psychologenverbände wie die *American Psychological Assocation* oder z.B. auch der *Berufsverband Deutscher Psychologen* in diesem Zusammenhang auf ihre berufsethischen Verpflichtungen verweisen[31].

Bandura erklärte 1969 zur Frage der ethischen Verantwortbarkeit psychologischer Interventionen: „In der Diskussion moralischer und praktischer Fragen zur Verhaltenskontrolle muß man erkennen, daß soziale Einflußnahme nicht ein Problem der Errichtung von Kontrollen ist, wo zuvor keine waren. Alles Verhalten ist unausweichlich kontrolliert und das Wirksamwerden psychologischer Gesetze kann nicht durch romantische Konzeptionen menschlichen Verhaltens außer Kraft gesetzt werden, ebenso, wie es nicht möglich ist, indem man sich über das Gesetz der Schwerkraft als antihumanistisch entrüstet, zu verhindern, daß Menschen fallen. (...) Der Prozeß der Verhaltensänderung besteht daher aus dem Ersetzen der Bedingungen, die das Verhalten einer Person kontrolliert haben, durch neue kontrollierende Bedingungen. Die grundsätzliche moralische Frage stellt sich nicht so, ob das Verhalten des Menschen kontrolliert wird, sondern vielmehr durch wen, durch welche Mittel und zu welchen Zwecken" (Bandura 1969, S. 85).

Der Richtigkeit dieser Überlegung eingedenk bleibt es jedoch fraglich, ob ethisch einwandfreies Verhalten durch die Aufstellung von Checklisten und durch berufsethische Verpflichtungen hinreichend abgesichert werden kann. Vermutlich werden diese Maßnahmen nur zu einem geringen Transfer der dahinterstehenden Erkenntnisse in die Praxis führen, wenn nicht mehr Wert darauf gelegt wird, Studenten, die verhaltenstherapeutische Techniken erlernen, *zugleich auch in bezug auf die ethischen und rechtlichen Grenzen ihrer Anwendung hin auszubilden.* Bürgerrechtsgruppen und eine wachsame Öffentlichkeit können kein Ersatz für die Selbstregulation ethisch einwandfreien Verhaltens sein.

Epilog

Die moderne Verhaltenstherapie heute

Je mehr man sich in der historischen Analyse der Verhaltenstherapie der Gegenwart nähert, um so deutlicher treten die Strategien des Aushandelns bestimmter theoretischer und inhaltlicher Positionen in den Vordergrund, und um so fragmentarischer wird das Bild. In diesem letzten Abschnitt des Buches sollen einige Trends und Entwicklungen aufgezeigt werden, die die aktuelle Situation beschreiben. Die historische Entstehung und das Schicksal der Verhaltenstherapie dokumentieren nicht zuletzt auch ein gutes Stück Professionalisierungsgeschichte in der Klinischen Psychologie. Diskussionen um forschungstechnische und inhaltliche Fragen finden heute im Kontext starker eklektizistischer Strömungen statt. Wie Umfragen von Garfield u. Kurtz (1976) und Smith (1982) gezeigt haben, bezeichnet sich rund die Hälfte der in den USA befragten Klinischen Psychologen als eklektisch orientiert. Nicht selten haben sich die Ergebnisse solcher Befragungen zu Argumenten für oder gegen eine bestimmte Position entwikkelt, zu Orientierungspunkten in einem zunehmend differenzierter und immer unübersichtlicher werdenden Forschungs- und Anwendungsbereich.

Zum Status angewandter Forschung in der Verhaltenstherapie

Diskussionen zur Forschung in der Verhaltenstherapie drehen sich heute weniger um ungelöste theoretische und konzeptionelle Fragen, als vielmehr um die Effektivität bereits vorhandener Verfahren und ihre verbesserte Anpassung an die Anforderungen der klinischen Praxis. Versuche, die relative Effektivität verhaltenstherapeutischer Techniken gegenüber anderen Therapieverfahren anhand der vorhandenen Forschung einzuschätzen, haben zu widersprüchlichen Ergebnissen geführt. Während Luborsky, Singer u. Luborsky (1975) sowie Smith u. Glass (1977) zu dem Schluß kamen, daß verschiedene therapeutische Ansätze einschließlich der Verhaltenstherapie vergleichbar effektiv seien, behaupteten Kazdin u. Wilson (1978) eine tendenzielle Überlegenheit verhaltenstherapeutischer Methoden gegenüber anderen Behandlungsverfahren.

Da allen drei Untersuchungen in bezug auf die ausgewerteten Studien unterschiedliche Auswahlstrategien und Bewertungskriterien zugrundeliegen, läßt sich die Frage der relativen Effektivität zur Zeit nicht endgültig beantworten. Zumindest kann man Kazdin u. Wilson (1978) jedoch darin zustimmen, daß die Frage, *ob* die Verhaltenstherapie effektiv ist, heute als weitgehend geklärt gelten kann.

Trotz dieser befriedigenden Bilanz wächst jedoch die Sorge, daß in der Verhaltenstherapie zu wenig bzw. zu wenig ergebnisorientiert geforscht wird (Kelley, Shemberg u. Carbonell 1976, Azrin 1977, Wilson 1981). Nicht zuletzt unter dem Eindruck einer in den Verbänden immer erfolgreicher operierenden Lobby klinischer Praktiker bleibt das Thema der Effektivität verhaltenstherapeutischer Prozeduren von zentraler Bedeutung. Angesichts der Forderung nach einer stärker ergebnis- und konsumentenorientierten angewandten Forschung geraten die Universitäten als ihr wichtigster Produzent zunehmend in das Kreuzfeuer der Kritik. Die Eröffnung eines rein auf die Vermittlung praktischer klinisch-psychologischer Fertigkeiten gerichteten Studienganges an der *University of Illinois* im Jahre 1968 signalisierte erstmals die Entfremdung zwischen Forschung und klinischer Praxis. Die Absolventen dieses Programms, das 1980 bereits an 21 amerikanischen Universitäten angeboten wurde (Peterson, Eaton, Levine u. Snepp 1980), erwerben als Abschluß anstelle des üblichen Doktorgrades (Ph. D.) den Psy. D. zur Kennzeichnung ihrer praxisorientierten Ausbildung. Mit der Zurückweisung des Wissenschaftler-Praktiker-Modells zugunsten eines reinen Praktiker-Modells wurde vielen akademischen Psychologen in den USA bewußt, daß man es versäumt hatte, die praktischen Probleme Klinischer Psychologen systematisch in die Forschung einzubeziehen und sich damit unverzichtbar zu machen (Barlow 1980).

Auch die Diskussionen um die angewandte Forschung in der Verhaltenstherapie müssen vor diesem Hintergrund gesehen werden. Montrose M. Wolf, einer der Mitbegründer des *Journal of Applied Behavior Analysis,* kritisierte bereits 1972 die einseitige Ausrichtung der an den Universitäten forschenden Klinischen Psychologen auf grundlagentheoretische Untersuchungen. Viele von ihnen seien in einer Art der Forschung geschult, die auf die Bestätigung eines neuen Prinzips und nicht auf die Lösung spezifischer Probleme gerichtet sei. Dies habe zur Folge, daß auch die Studenten nicht lernten, zielorientiert zu forschen, und damit der Transfer von der Ausbildung zur klinischen Praxis erschwert werde (Wolf 1972). Nathan Azrin forderte 1977 von Universitäten, Stiftungen und wissenschaftlichen Publikationsorganen, die ergebnisorientierte angewandte Forschung nicht länger zu benachteiligen (Azrin 1977); und G. Terence Wilson befaßte sich schließlich 1981 mit den institutionellen Einflüssen universitärer, klinischer Forschung. So konnte er u. a. zeigen, daß allein schon der Semesterrhythmus deutliche Spuren in der Konzeption und strategischen Planung einzelner Projekte hinterläßt. Die typische Länge therapeutischer Programme zur Gewichtskontrolle (8–12 Wochen) steht z. B. in unmittelbarem Zusammenhang zu diesem vorgegebenen Zeitrahmen. Auch die weniger riskanten und meist ergebnisreichen Analogiestudien können als Produkt institutioneller Einflußfaktoren interpretiert werden (Wilson 1981, 1982). Kontrollierte klinische Forschung ist zeitaufwendig und teuer. In Zeiten nachlassender Finanzierung und zunehmenden Konkurrenzdrucks an den klinischen Fachbereichen der Universitäten haben Untersuchungen, die eine längerfristige, möglicherweise interdisziplinäre Kollaboration notwendig machen und auf komplexe klinische Phänomene gerichtet sind, auch in Zukunft nur geringe Chancen auf Realisation.

Unter den in der Forschung engagierten Verhaltenstherapeuten hat im Verlauf der letzten Jahre eine Phase des Nachdenkens eingesetzt, die zur Ablösung von einigen übernommenen, zu stark vereinfachenden Konzeptionen geführt hat. Beispielhaft sei nur auf die gegenwärtige Diskussion zum Thema Analogieforschung verwiesen, die Albert Bandura 1978 mit dem spektakulären Vorwurf eröffnete, die Unterscheidung zwischen Analogieforschung und anderen Formen klinischer Forschung beinhalte eine Perpetuierung der medizinischen Krankheitsideologie (Bandura 1978a, Kazdin u. Rogers 1978, Woolfolk u. Lazarus 1978). Mit dem verstärkten Trend zu sorgfältiger, ergebnisorientierter Forschung haben sich auch die Bewertungskriterien verfeinert, die zur Beurteilung verhaltenstherapeutischer, aber auch anderer psychotherapeutischer Behandlungsverfahren herangezogen werden können. Kazdin u. Wilson unterschieden 1978 zwischen *klientenbezogenen Kriterien* und *Effizienz- und kostenbezogenen Kriterien.* Zu ersteren gehört z. B. die klinische Signifikanz erzielter Veränderungen und ihre Dauerhaftigkeit; zu letzteren die Effizienz in der Dauer und Durchführung therapeutischer Maßnahmen, aber auch die finanziellen und emotionalen Kosten, die dem Klienten entstehen. Hohe emotionale Kosten wären z. B. im Rahmen einer aversionstherapeutischen Behandlung zu erwarten (Kazdin u. Wilson 1978).

Ein in diesem Zusammenhang lange vernachlässigtes Thema ist die Erhebung der Konsumentenzufriedenheit im Rahmen der Anwendung verhaltenstherapeutischer Maßnahmen. 1983 veröffentlichte die Zeitschrift *Behavior Therapy* erstmals eine „Kurzserie über Konsumentenzufriedenheit und Verhaltenstherapie" (Bornstein u. Rychtarik 1983, Garfield 1983, Kiesler 1983, McMahon u. Forehand 1983, Parloff 1983), nachdem das Thema für die Klinische Psychologie insgesamt bereits von Lebow (1982) erschlossen worden war. Bornstein u. Tychtarik (1983) empfehlen in diesem Zusammenhang die Messung der Konsumentenzufriedenheit als integralen Bestandteil jeder ergebnisorientierten Bewertung therapeutischer Programme und weisen auf den Nutzen eines von Larsen, Attkisson, Hargreaves u. Nguyen (1979) entwickelten „Client Satisfaction Questionnaire" hin.

Ebenfalls eine neue, aber sicherlich grundlegendere Entwicklung im Rahmen einer allgemeinen Ablösung von überholten Konzeptionen angewandter Forschung läßt sich in den Arbeiten von Bandura (1978) und Wilson (Agras, Kazdin u. Wilson 1979, Wilson 1981) erkennen. Die Diskussion um die Möglichkeiten und Hindernisse einer stärker an der klinischen Praxis ausgerichteten Forschung hat nun endlich auch zu Überlegungen geführt, wie angewandte Forschung im Bereich der Klinischen Psychologie, speziell in der Verhaltenstherapie, konzipiert werden soll. Nachdem die Auffassung, daß die Grundlagenforschung (bzw. die Lernforschung) die notwendige Basis angewandter Forschung und klinischer Praxis bildet, mit der Wende zu den siebziger Jahren als ideologisch entlarvt werden konnte, und neue Richtungen wie z. B. die kognitive Verhaltenstherapie diesem Modell nicht mehr entsprachen, suchte man in den letzten Jahren verstärkt nach Möglichkeiten, die (angewandte!) Laborforschung zu rehabilitieren. Einen praktischen Beitrag dazu leistete Albert Bandura, dem es gelang, auf der Basis sorgfältiger Grundlagenforschung effektive Behandlungsprozeduren zu entwickeln.

Aber auch auf der konzeptionellen Ebene wurden weitergehende Überlegungen angestellt. Sowohl Albert Bandura (1978, 1979) wie auch G. Terence Wilson (1981) haben Stufenmodelle angewandter Forschung vorgeschlagen, die für den gesamten Bereich der Psychotherapieforschung relevant sind. So beschreibt Wilson (1981) ein kontinuierliches Fortschreiten von der grundlegenden Laborforschung bis hin zur klinischen Praxis (s. Abb. 16), wobei er die Möglichkeit reziproker Interaktion

Ebene 1	Grundlegende Laborforschung zu Mechanismen der Verhaltensänderung.
Ebene 2	Analogieforschung zur Feststellung effektiver Behandlungskomponenten therapeutischer Prozeduren unter kontrollierten Laborbedingungen.
Ebene 3	Kontrollierte klinische Forschung mit Klientenpopulationen. Es lassen sich zwei Gruppen unterscheiden: (a) Untersuchungen zu spezifischen Techniken mit detaillierten Prozeß- und Ergebnismaßen; (b) Studien zum Nachweis optimaler Behandlungseffekte durch aus verschiedenen Komponenten zusammengesetzte Therapiepakete.
Ebene 4	Klinische Praxis. Therapeuten können Behandlungsergebnisse über Fallstudien oder klinische Serien (AB Design) messen oder – in seltenen Fällen – Einzelfallexperimente durchführen.

Abbildung 16: Ebenen wissenschaftlicher/klinischer Analyse entlang dem Kontinuum von der Grundlagenforschung zur klinischen Praxis (nach Wilson 1981):

zwischen den einzelnen Analyseebenen ausdrücklich betont. Ein in Agras, Kazdin u. Wilson (1979) veröffentlichtes Flußdiagramm macht solche interaktiven Strukturen sichtbarer (s. Abb. 17). Bei einem Vergleich von Ideal und Realität am Beispiel der umfangreichen Forschung im Bereich der systematischen Desensibilisierung zeigt sich jedoch, wie relativ fragmentarisch die Forschungsergebnisse in der Verhaltenstherapie sind und wieviel auf diesem Gebiet noch geleistet werden muß, um Kenntnis über die Wirksamkeit und die möglichen Komplikationen, aber auch das Verhältnis von Kosten und Effektivität verhaltenstherapeutischer Behandlungsverfahren zu erhalten (Agras, Kazdin u. Wilson 1979). Doch liegt darin auch eine große Chance. Denn die Verhaltenstherapeuten, die in der Klinischen Psychologie wohl engagierteste Gruppe von Forschern, verfügen heute, nach einer langen Phase von Versuch und Irrtum, erstmals über die Erfahrungen und die Möglichkeit, Richtlinien zu entwickeln, die für

Der Fluß therapeutischer Forschung
(nach Agras, Kazdin u. Wilson 1979)

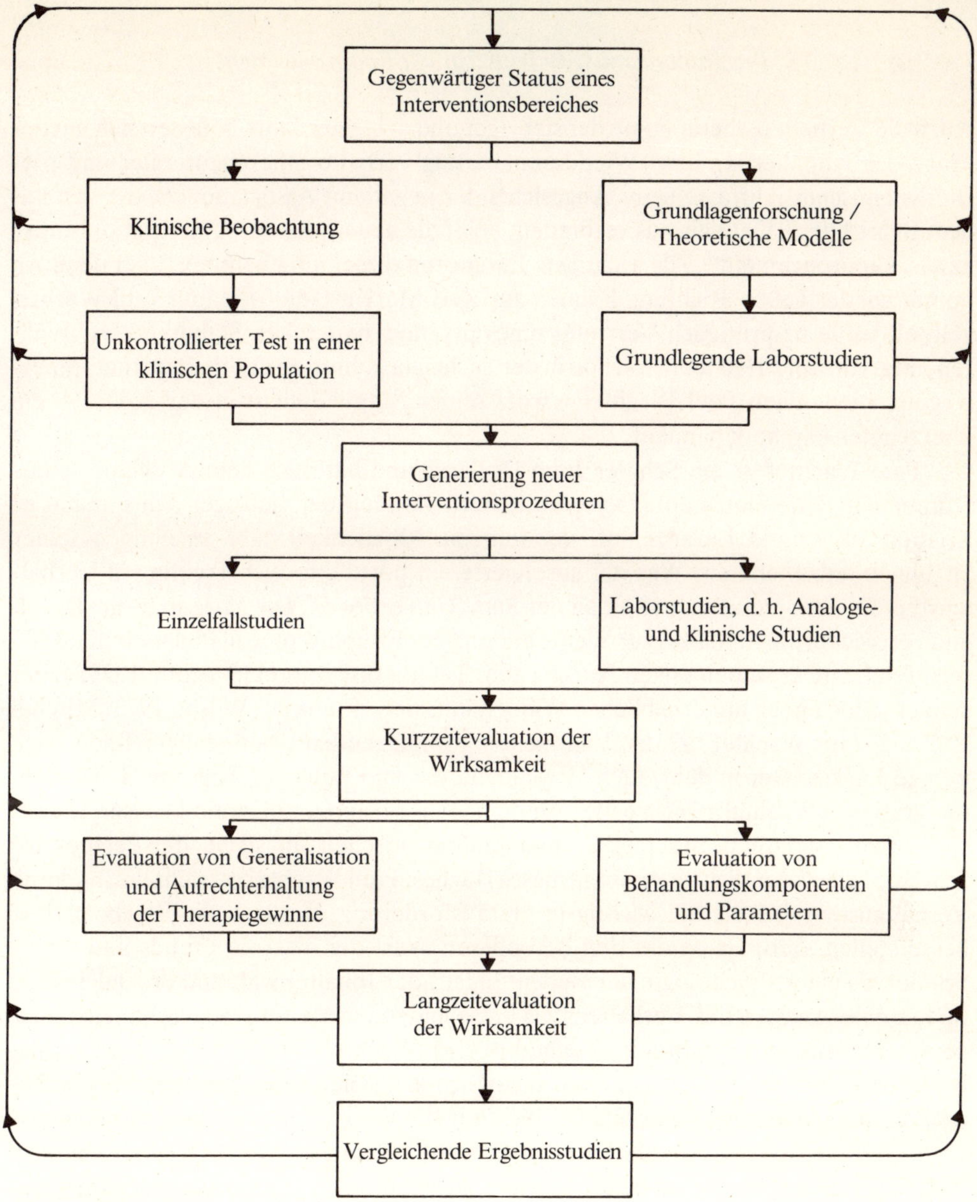

Abbildung 17: Flußdiagramm.

eine systematische Psychotherapieforschung in der Klinischen Psychologie verbindlich werden könnten.

Integrationismus, Eklektizismus, Rapproachment

Auch die Verhaltenstherapeuten der siebziger und achtziger Jahre befassen sich mit der Frage der Annäherung bzw. Wiederannäherung verhaltenstherapeutischer und psychodynamischer Auffassungen. Angesichts der negativen Assoziationen, die sich mit dem Begriff des Eklektizismus verbinden, heißt die neue Botschaft „Integrationismus" bzw. „Rapproachment". Als wichtigste Initiatoren dieser altbekannten, aber dennoch immer wieder neuen Richtung können zur Zeit Marvin Goldfried und Paul Wachtel gelten[1], beide ursprünglich Vertreter eines psychodynamischen Standpunktes. Während Marvin Goldfried jedoch schon in den sechziger Jahren zur Verhaltenstherapiebewegung stieß, blieb Paul Wachtel – trotz seiner Mitgliedschaft in der AABT – ein überzeugter Psychodynamiker.

Paul Wachtel ist ein Schüler John Dollards und hat nach dem Abschluß seines Studiums in *Yale* eine Lehranalyse absolviert. Anfang der siebziger Jahre nahm er Kontakt zu Arnold Lazarus auf, der ihm die Möglichkeit gab, an einigen seiner Sitzungen teilzunehmen. Wachtel absolvierte ein postdoktorales Training in Verhaltenstherapie bei Gerald Davison an der *State University of New York* in Stony Brook und verbrachte einen Monat zur Weiterbildung bei Joseph Wolpe in Philadelphia. 1973 veröffentlichte er seinen ersten Aufsatz zum Thema Integration (Wachtel 1973a), mit dem er jedoch noch auf erheblichen Widerstand stieß (Franks u. Wilson 1973; Mischel 1973a, 1973b; Wachtel 1973b). Viele seiner grundlegenden Überlegungen finden sich wenige Jahre später in dem Buch „Psychoanalysis and Behavior Therapy. Toward an Integration" (Wachtel 1977) wieder, zu dem Hans Strupp und Gerald Davison jeweils ein Vorwort verfaßten. In seiner offenen, undogmatischen und suchenden Perspektive liegt wohl die wesentlichste Aussage dieses Buches. Paul Wachtel versteht die moderne Verhaltenstherapie als die wichtigste Herausforderung, der sich die Psychoanalyse heute stellen muß. Er betont den besonderen Wert der Theorie Freuds und seiner Schüler als einer Psychologie der Bedeutungen, der Inhalte, während er zugleich die funktionale Analyse des Verhaltens als entscheidenden Beitrag des verhaltenstherapeutischen Ansatzes beschreibt (Wachtel 1977a). Wachtels Versuch einer Annäherung beider Standpunkte basiert auf einer historisch-kritischen Interpretation des psychoanalytischen Ansatzes Freuds und der Nutzung des verbindenden Potentials neoanalytischer, stärker umweltorientierter Perspektiven. Wie nur wenige Experten ist er dazu befähigt, beide Ansätze zu beurteilen und zugleich neue, synthetisierende Interpretationen in die Diskussion einzubringen (vgl. Wachtel 1977b, 1982).

Möglichkeiten für konkrete praktische Beiträge psychodynamischen Denkens zur Verhaltenstherapie sieht Paul Wachtel primär im Bereich der inhaltlichen Interpretation. Während Verhaltenstherapeuten in der Interpretation von Ereignissen häufig auf allgemeine kulturelle Annahmen, d.h. den Common Sense angewiesen seien, sei es dem Psychoanalytiker möglich, die Komplexität und Vielfalt menschlicher Motivation zu berücksichtigen. Die Verhaltenstherapie beruht nach Wachtel auf Theorien, die inhaltsfrei sind und sich vorrangig mit dem „wie" statt mit dem „was" des zu Lernenden beschäftigt haben. Im Gegensatz dazu arbeite der Psychoanalytiker häufig auf der Basis der Hypothese, daß ein Ereignis für ein Individuum eine Bedeutung haben kann, die sowohl von den kulturell vereinbarten und sanktionierten Bedeutungen abweicht, wie auch von denjenigen, die die Person angibt oder bewußt annimmt. Indem Wachtel auf den Nutzen der Generierung solcher Interpretationen hinweist, warnt er jedoch zugleich davor, therapeutische Maßnahmen ohne hinreichende Absicherung auf der Basis dieser Schlußfolgerungen zu planen. Als mögliche Quellen der Evaluation von Hypothesen bezüglich idiosynkratischer Bedeutungen nennt er Informationen, die der Therapeut aus der Lebensgeschichte des Klienten sowie aus der Übertragungsbeziehung gewinnt (Wachtel 1982).

Trotz der geschickten Übersetzung gängiger psychodynamischer Konzepte in die Alltagssprache machen Argumentationen wie diese deutlich, wie stark Wachtels Perspektive im psychodynamischen Denkansatz verhaftet ist. Brisanz gewinnen seine Überlegungen vor dem Hintergrund allgemeiner Bemühungen um eine Integration der auseinanderstrebenden Richtungen auf dem psychotherapeutischen Sektor. Diese können sowohl als Bestandteil wie auch als Reaktion auf den dominierenden Trend zum Eklektizismus und die wachsende Erkenntnis der Vergleichbarkeit verschiedener Verfahren in bezug auf ihre Effektivität bewertet werden. Typisch sind in diesem Zusammenhang Aussagen wie die Goldfrieds, der 1982 in dem Aufsatz „On the History of Therapeutic Integration" erklärte:

> „Als Verhaltenstherapeut bin ich mir zunehmend der Stärken wie auch der Grenzen behavioraler Prozeduren bewußt geworden. Indem ich die psychodynamische, verhaltensorientierte und humanistische Literatur las und mit Kollegen sprach, die im Rahmen dieser Ansätze arbeiten, wurde mir auch klar, daß Praktiker aller Richtungen zur Zeit eine Phase der Selbstbeurteilung durchlaufen. Ich glaube, daß wir in der Entwicklung der Psychotherapie an einem Punkt angelangt sind, wo unsere intellektuelle und professionelle Redlichkeit es verlangt, daß jeder von uns, gleich, welcher Richtung er angehört, eingesteht, was er tun kann und wo er erfolglos bleibt. Indem wir dieses Zugeständnis machen, sollten wir auch die Möglichkeit in Erwägung ziehen, daß unsere Schwächen durch die Stärken eines anderen Ansatzes ausgeglichen werden können" (Goldfried 1982, S. 587).

Die Signifikanz dieses neuen Trends, der sich nicht mehr ausschließlich auf eine Integration psychodynamischer und verhaltensorientierter Standpunkte richtet, läßt sich anhand verschiedener Ereignisse beschreiben: Im November 1978 wurde auf dem Jahrestreffen der AABT erstmals ein Symposium zum Thema „Verhaltenstherapie und Psychoanalyse" veranstaltet[2]; 1980 veröffentlichten J. Marmor und S. M. Wood ein Buch mit dem Titel „The Interface Between Psychodynamic and Behavioral Therapies"; zwei Jahre später gab Paul Wachtel das Buch „Resistance and Clinical Behavior Therapy" heraus, in dem sich u. a. eine Reihe bekannter Verhaltenstherapeuten mit dem Phänomen des Widerstandes in der Psychotherapie befaßten (vgl.

Goldfried 1982b, Lazarus u. Fay 1982, Meichenbaum u. Gilmore 1982, Turkat u. Meyer 1982). Ebenfalls 1982 veröffentlichte die Zeitschrift *Behavior Therapy* eine „Kurzserie über den Integrationismus in der Psychotherapie“ (Kendall 1982), zu der neben Paul Wachtel und Marvin Goldfried auch prominente Wissenschaftler und Psychotherapeuten wie Gordon H. Bower, Sol L. Garfield, George A. Kelly, Julian B. Rotter und Walter B. Weimer beitrugen. Auch die *American Psychological Association* befaßte sich 1981 in einem Symposium über „Systematische eklektische Therapie“ mit dem neuen Trend[3]. Arbeiten wie die von Rhoads (1981) und Weiner (1983) zeigen Möglichkeiten zur praktischen Integration behavioraler und psychodynamischer Ansätze auf.

Einen anderen Weg, sich der Integration verschiedener psychotherapeutischer Schulen zu nähern, beschritten im Herbst 1980 die Herausgeber der Zeitschrift *Cognitive Therapy and Research,* indem sie eine Sondernummer mit dem Titel „Some Views of Effective Principles of Psychotherapy“ herausgaben (Goldfried 1980a). Der Versuch, dem „therapeutischen Untergrund“, d.h. den Psychotherapeuten unterschiedlicher theoretischer Ausrichtung gemeinsamen klinischen Überzeugungen durch Befragung prominenter Vertreter der verschiedenen Standpunkte näherzukommen, kann jedoch weitgehend als gescheitert betrachtet werden. Der sich ergebende Konsensus war nur gering; und obwohl man den Schwerpunkt der Befragung auf die persönliche, therapeutische Erfahrung gelegt hatte, waren die unterschiedlichen theoretischen Positionen der Befragten leicht auszumachen. Angesichts der Fruchtlosigkeit solcher Integrationsbemühungen auf theoretischer bzw. verbaler Ebene gewinnt der Vorschlag Charles Fersters (1972) wieder an Aktualität zu versuchen, anhand von Beobachtungen *während der praktischen therapeutischen Arbeit* festzustellen, wo Gemeinsamkeiten liegen und wo unterschiedliche Behandlungsprozeduren verschiedene Effekte erzielen (vgl. auch Goldfried 1980a, 1982).

Eine Bewertung des Trends zur Integration bzw. zum „Rapproachment“ unter den amerikanischen Verhaltenstherapeuten ist schwierig. Pioniere der europäischen Verhaltenstherapie wie Hans Eysenck und H. R. Beech kritisieren die schwindenden Grenzen zwischen behavioralen und psychodynamischen Formulierungen (Beech 1982, Eysenck 1982), und Vertreter einer wissenschaftlichen Linie in den USA wie G. Terence Wilson empfehlen die Rückkehr zur Entwicklung empirisch überprüfbarer und effektiver Therapieverfahren im Rahmen der sozialen Lerntheorie (Wilson 1982, vgl. auch Brengelmann 1983). Manches deutet jedoch darauf hin, daß die Kognitiven Verhaltenstherapeuten, unter denen die Debatte um Fragen der Integration maßgeblich geführt wird, mit diesem Ansatz nicht einfach die „Flucht nach vorne“ angetreten haben. Stützt man sich bei der Entwicklung eines theoretischen Rahmenmodells für die klinische Arbeit primär auf die qualitative Analyse von Fallmaterial, so bleibt es unumgänglich, auf den Spuren des frühen Freud zu wandern[4].

Eine andere Einschätzung dieser Entwicklungen ist möglich, wenn man die Integrationsversuche in der Geschichte der Verhaltenstherapie primär als „Symptome“ für sich ankündigende Veränderungen im klinischen Denken interpretiert. Dies war in

G. Terence Wilson (geb. 1944)

Paul Wachtel (geb. 1940)

Johannes C. Brengelmann (geb. 1920)

den zwanziger und dreißiger Jahren der Fall, als Klinische Psychologen mit zunehmender Loslösung von ihrem akademischen Vorbild zu psychodynamischen Erklärungsansätzen griffen, die seitdem für eine große Mehrheit der amerikanischen Psychologen zur Basis ihres Handelns geworden sind. Eingebettet in einen wesentlich komplexeren Kontext fachlicher, professioneller und gesellschaftlicher Bezüge und dennoch solchen frühen Entwicklungen nicht unähnlich führte die Konfrontation mit den Anforderungen der klinischen Praxis die Verhaltenstherapiebewegung der siebziger Jahre in eine Phase des Umdenkens, der kognitiven Wende und der Bemühung um eine verbesserte Anpassung therapeutischer Handlungsansätze an die berufliche Realität Klinischer Psychologen. Eine mit den achtziger Jahren verstärkt einsetzende Rückbesinnung auf die psychodynamische Tradition klinischen Denkens kann somit als Nebenprodukt dieses allgemeinen Trends, aber auch als potentieller Neubeginn gewertet werden. Ob die achtziger Jahre den Beginn einer „affective behavior modification", einer emotionalen Verhaltenstherapie, signalisieren oder ob es sich hierbei lediglich um ein „Ablenkungsmanöver" handelt, um die heutige Krise aufzufangen, ist nicht erkennbar. Zajoncs 1980 im *American Psychologist* veröffentlichter Aufsatz über „Fühlen und Denken" hat eine Diskussion ausgelöst, die zur Zeit noch geführt wird (Rachman 1981, Tunner 1981, Wilson 1982).

Die moderne Verhaltenstherapie – eine internationale Bewegung

Auch heute noch sind psychodynamische Standpunkte in für die Entwicklung und praktische Umsetzung psychotherapeutischer Verfahren einflußreichen Ländern wie in den USA auf dem Psychotherapiesektor dominierend. Doch können die Verhaltenstherapeuten für sich das Verdienst in Anspruch nehmen, auf dem übervollen Markt moderner Psychotherapie international ebenso rasch und umfassend Fuß gefaßt zu haben wie die Psychoanalyse, die zu einem Zeitpunkt populär wurde, als psychologische Therapien noch ein Novum darstellten. Der erste Weltkongreß für Verhaltenstherapie, der im Juli 1980 in Jerusalem stattfand, brachte Mitglieder der AABT *(American Association for the Advancement of Behavior Therapy),* der EABT *(European Association for Behaviour Therapy),* der ALAMOC *(Associacion Latino Americana de Analisis y Modification des Compartamiento)* aus Australien und Japan zusammen. Zeitschriften wie das *Journal de Thérapie Comportementale de Langue Française,* das *Scandinavian Journal of Behavior Therapy,* das *Japanese Journal of Behavior Therapy,* die *Revista Mexicana de Análisis de la Conducta* oder auch die deutsche *Verhaltenstherapie und Psychosoziale Praxis* dokumentieren Forschung und Anwendung in allen wichtigen Sprachen der Welt.

Vergleicht man die einzelnen nationalen Gesellschaften in bezug auf die Mitgliederstärke, ihre Zusammensetzung und ihre Ziele, so zeigen sich erhebliche Unterschiede. Zwar werden in vielen Ländern Zeitschriften und/oder Newsletter publiziert, Konferenzen und Weiterbildungen organisiert etc., doch sind Interesse und Resonanz nicht überall gleich. Während die AABT „nur“ etwas mehr als 3500 Mitglieder zählt, hat die holländische *Vereriging voor Gedragstherapie,* die bereits ein Jahr nach der Gründung der AABT im Jahre 1967 ins Leben gerufen wurde, den im Vergleich zur Landesgröße enorm hohen Mitgliederstand von 1100 Mitgliedern erreicht. Die größte Gesellschaft, die *Deutsche Gesellschaft für Verhaltenstherapie e. V.* (DGVT), kann sogar auf fast 8000 Mitglieder verweisen.

Gründe für die unterschiedliche Resonanz müssen u. a. in vielfältigen historischen Bedingungen gesucht werden, die die Entstehung von Verhaltenstherapiebewegungen in den einzelnen Ländern determiniert haben. So fiel z.B. die Gründung der *Gesellschaft zur Förderung der Verhaltenstherapie e. V.* (GVT), die 1968 in München entstand und 1976 durch einen Zusammenschluß mit dem *Deutschen Berufsverband der Verhaltenstherapeuten e. V.* (DBV) die heutige DGVT bildete, in Deutschland in eine Zeit der ersten Etablierung der Klinischen Psychologie als eigenständigem Forschungs- und Anwendungsbereich. Professionelle Entwicklungen, die in den USA bereits vor dem Zweiten Weltkrieg und in größerem Umfang in den Jahren danach stattgefunden haben, vollzogen sich in Europa teilweise erst in den frühen siebziger Jahren. So erreichten stärker forschungsorientierte Therapieschulen wie die Gesprächs- und die Verhaltenstherapie eine Durchschlagskraft, die für die Situation in den USA völlig untypisch ist.

Ein gutes Beispiel ist in diesem Zusammenhang die *Zeitschrift für Klinische Psychologie,* die erstmals 1972 herausgegeben wurde und es sich zur Aufgabe machte, „Informationen über empirische Forschungsarbeiten auf dem Gebiet der Klinischen Psychologie, ihrer experimentellen Grundlagen und sozialpsychologisch-soziologischen Bezüge zu vermitteln. Sie soll der Kommunikation zwischen Wissenschaftlern verschiedener Fachbereiche (Grundlagenforschung – Therapie) dienen“ (Angst, Cohen, Duhm, Gottwald, Guttmann u. Tausch 1972, Vorwort). Bestrebungen zu einer verstärkten Professionalisierung in der Klinischen Psychologie, die vom *Berufsverband Deutscher Psychologen e. V.* (BDP) z. B. seit 1971 durch die Vergabe eines Zertifikats des „Fachpsychologen für Klinische Psychologie“ (heute: Klinischer Psychologe BDP) aktiv unterstützt wurden, riefen Kritiker auf den Plan, die sich innerhalb der GVT zu einer eigenständigen politischen Kraft formierten. Das abschreckende Beispiel der Mediziner, deren berufsständische Haltungen z.T. unkritisch auf das Berufsbild des Klinischen Psychologen übertragen wurden, sowie Ausläufer der durch die Studentenbewegung der sechziger Jahre bewirkten Veränderungen im politischen Denken führten zur Formulierung einer Reihe von Forderungen, die die *Deutsche Gesellschaft für Verhaltenstherapie e.V.* im Grundsatz heute noch vertritt. Ein in den ersten *Proceedings* der *European Association for Behaviour Therapy* abgedruckter deutscher Diskussionsbeitrag mit dem Titel „Emanzipation und Verhaltensmodifikation“ (Bergold, Fröschen, Keupp, Klinkers, Kopkow, Mühlen, Permien, Rüggeberg, Stevens u. Zimmer 1973) verdeutlicht die damaligen Bemühungen um eine bewußte Reflexion der Zielsetzungen verhaltenstherapeutischer Intervention auf der Basis einer gesellschaftskritischen Analyse bestehender Herrschaftsverhältnisse.

Aus der heutigen Sicht wird deutlich, daß das Ziel einer Veränderung des Gesundheitssystems in Richtung auf eine Verstaatlichung ebenso wie die Bemühungen um einen den Ärzten vergleichbaren Status als Psychotherapeut mit Kassenzulassung auf einer damals vielleicht nicht einsehbaren, unrealistischen Einschätzung der eigenen Möglichkeiten beruhte. Diskussionen um eine „gewerkschaftliche Organisierung vs. ständische Interessenvertretung" (vgl. Mühlen, Cramer, Keupp u. Rüggeberg 1973) werden heute nicht mehr in dieser Schärfe ausgetragen. Doch perpetuieren sich dahinter verborgene, einander durchaus nicht ausschließende Zielsetzungen in der Politik bestehender Verbände. Dies hat nicht zuletzt dazu geführt, daß die DGVT 1981 beschloß, aus der *European Association for Behaviour Therapy* auszutreten, weil diese nicht genügend Möglichkeiten bot, die gesundheitspolitischen Zielsetzungen der DGVT zum Tragen zu bringen.

Die Gründung der *European Association for Behaviour Therapy,* zu deren Vollmitgliedern Gesellschaften aus Israel, Spanien, der Tschechoslowakei, Griechenland, Jugoslawien, Italien, Finnland, Holland, Schweden, Frankreich, Dänemark, Belgien, Norwegen, England, der Schweiz, Österreich und Bayern zählen, gelang nicht zuletzt auf Initiative von Johannes C. Brengelmann[4]. Brengelmann hatte viele Jahre am *Institute of Psychiatry* der Londoner Universität verbracht, ging Anfang 1960 in die USA und kehrte schließlich 1967 nach Deutschland zurück, um die Leitung der Abteilung für Psychologie des Münchener *Max-Planck-Instituts für Psychiatrie* zu übernehmen. Wie viele europäische Verhaltenstherapeuten, die ihre Karriere am *Maudsley-Hospital* begonnen haben, bezieht auch Hans Brengelmann kritisch Position gegenüber den lerntheoretischen Vereinfachungen der Amerikaner, die das Thema der individuellen Differenzen und ihre Bedeutung für das therapeutische Vorgehen weitgehend ignoriert haben (Brengelmann et al. 1982, Brengelmann 1983).

Das erste, konstituierende Treffen der EABT, an dem bereits über 1200 Personen aus 14 verschiedenen Ländern teilnahmen, fand im Juli 1971 in München statt (vgl. Tunner 1973). Damals wählte man ein Organisationskommitee, dem J. C. Brengelmann, R. W. Ramsay und J. T. Quinn angehörten, und das für drei Jahre im Amt blieb. Auf dem vierten Jahrestreffen der EABT in London wurde J. C. Brengelmann zum ersten Präsidenten der Gesellschaft gewählt; ihm folgten in den nächsten Jahren Ron W. Ramsay, K. Gunnar Götestam, Isaac M. Marks, Jarg B. Bergold, J. C. Boulougouris, Lawrence E. Burns und Phillipe Guilbert (1984). Im September 1976 verabschiedete die EABT ihre Satzung, in der die Ziele der Gesellschaft mit der Förderung der Verhaltenstherapie in Forschung, Ausbildung und Praxis beschrieben werden, mit der Anknüpfung von Kontakten zu öffentlichen Einrichtungen und Berufsverbänden, mit Aufgaben im Bereich der Information innerhalb und außerhalb der Gesellschaft sowie mit dem Aufbau und der Förderung von Kontakten mit Verhaltenstherapiegesellschaften außerhalb Europas.

Zu den Aktivitäten der EABT gehört neben der Organisation jährlicher Kongresse und der Herausgabe des *EABT Newsletter* die Organisation von Kurzaufenthalten zu Zwecken der Weiterbildung in europäischen und amerikanischen Zentren der Verhaltenstherapie. Im Bereich der Forschung, als deren Koordinator J. C. Brengelmann fungiert, gelang es 1979, ein erstes kooperatives, internationales Forschungsprojekt, STRESA („stress and anxiety") zu starten. STRESA, als dessen Ziel Brengelmann die „Standardisierung der Wege und Mittel zur differenzierten Analyse und effektiveren Therapie im Streß-Angst-Bereich in verschiedenen Sprachen" (Brengelmann 1981, S. 25) beschreibt, ist ein Vorhaben, das einen Beitrag zum Abbau des Problems der internationalen Vergleichbarkeit von Meßskalen und damit auch von Forschungsergebnissen leisten soll. Die Organisation eines solchen Projekts auf internationaler Basis ist im Bereich der Verhaltenstherapie ein Novum. Untersuchungen in den einzelnen Ländern konnten in Frankreich, Spanien, Brasilien und Deutschland bereits abgeschlossen werden; weitere am Projekt beteiligte Länder sind Polen, Jugoslawien und Griechenland. Die Finanzierung des gesamten Vorhabens wird jeweils von den Einzelstaaten geleistet, wobei das *Max-Planck-Institut für Psychiatrie* in München die Koordination und das Training der beteiligten Wissenschaftler übernommen hat.

Zusammenfassung

Betrachtet man die Geschichte der Verhaltenstherapie im Überblick, so erstaunt die Vielfalt, aber auch die Folgerichtigkeit einzelner Entwicklungen. Trotz der Umsetzung auf sehr komplexe klinische Probleme haben die grundlegenden theoretischen Forderungen, die verhaltenstherapeutischen Prozeduren zugrundeliegen, zu überraschenden Ähnlichkeiten zwischen frühen und heutigen Handlungsansätzen geführt. Die Ablösung von einem zu eng gefaßten Konzept angewandter Forschung, die im Zuge verstärkter Professionalisierungsbestrebungen und einer damit einhergehenden Technologiedebatte möglich wurde, hat viele Fragen offengelassen. Doch selbst wenn man davon ausgeht, daß das Potential des verhaltenstherapeutischen Paradigmas heute bereits ausgeschöpft ist, läßt sich der inzwischen erzielte Gewinn für die klinisch-psychologische Forschung und Praxis gar nicht hoch genug einschätzen. Durch die große Bereitschaft, ihre Überlegungen einer wissenschaftlich-kritischen Überprüfung zu unterziehen, haben die Verhaltenstherapeuten das Bild der Klinischen Psychologie grundlegend verändert.

Die Entwicklung der Verhaltenstherapie zeigt, daß es durchaus möglich ist, eine „kalte" Laborwissenschaft auf die Anforderungen der klinischen Praxis hin umzuorientieren, und daß ein solches Vorgehen zu effektiven und den Bedürfnissen des individuellen Klienten entsprechenden Behandlungsprozeduren führen kann. Integrative bzw. eklektische Strömungen innerhalb der Verhaltenstherapie sind nicht zuletzt auch ein Ausdruck des Bemühens, im Bewußtsein der vergleichbaren Effektivität unterschiedlicher Behandlungsverfahren die noch bessere, noch effektivere Psychotherapie zu entwickeln. Im Grunde spricht nichts dagegen, sich diesem Ziel auf der Basis kontrollierter Forschung zu nähern, was nicht ausschließt, daß klinische Erfahrung und technologische Aktivität ein wesentlicher Bestandteil des Suchprozesses sind. Mit zunehmender Differenziertheit klinischer Fragestellungen erscheint eine stärkere Einbeziehung der Praxis unumgänglich, wobei man sich heute in bezug auf die Frage, wie eine solche engere Kooperation konzeptionell und organisatorisch gefaßt werden soll, an vielen Universitäten noch abwartend verhält.[6]

Hat man auch zuweilen den Eindruck, daß in den achtziger Jahren die klinische Erfahrung wieder höher bewertet wird als die Ergebnisse empirischer Forschung, so zeigt doch die schwierige Lage der Kognitiven Verhaltenstherapeuten, daß das System wissenschaftlich-kritischer Beurteilung innerhalb der Verhaltenstherapie noch intakt ist. Auch eine hohe Produktivität in Form von Büchern, Aufsätzen und Vorträgen kann nicht darüber hinwegtäuschen, daß die Kognitive Verhaltenstherapie bisher nicht die Hoffnungen erfüllen konnte, die man in sie gesetzt hat. Mit der wachsenden Erkenntnis, daß behaviorale Prozeduren zu den potentesten Mitteln gehören, um die Behandlung fördernde kognitive Prozesse auszulösen (vgl. Mahoney u. Kazdin 1979, Rachman u. Wilson 1980, Wilson 1982), und ersten erfolgreichen Konzeptualisierungen dieser Verfahren auf der Basis kognitiver Erklärungsansätze (Bandura 1977b, Mahoney u. Kazdin 1979, Goldfried 1980a) verbessern sich die Aussichten darauf, daß die Kognitiven Verhaltenstherapeuten in dem Bereich einen Beitrag leisten werden, in dem man Anfang der siebziger Jahre das entscheidende Defizit des verhaltenstherapeutischen Ansatzes vermutete, nämlich in der Theorie. Nicht zuletzt die genauere Kenntnis kognitiver und emotionaler Aspekte des Lernens wird in der Zukunft eine wesentliche Voraussetzung für die klientenbezogene Planung therapeutischer Maßnahmen sein.

Während die europäische Psychologie Anfang dieses Jahrhunderts der amerikanischen Forschung wichtige Impulse gab, hat sich dieses Verhältnis in bezug auf die Verhaltenstherapie – wie in der psychologischen Forschung allgemein – zunehmend ins Gegenteil verkehrt. Die Gefahr der Oktruktion von Forschungsschwerpunkten und Argumentationsstrukturen ist – wie sich am Beispiel der Integrationismusdebatte in den USA zeigt – nicht auszuschließen, um so mehr, wenn ein solcher Transfer durch konkrete Forschung gestützt wird und bei den Rezipienten amerikanischer Psychologie ähnliche Bedingungen wissenschaftlicher, sozialpolitischer und/oder professioneller Art vorliegen. Die Geschichte der Verhaltenstherapie macht uns in weiten Bereichen mit einem Denken vertraut, das wir nicht kennen. In diesem spezifischen Sinne ist die Beschäftigung mit der Tradition eine gute Möglichkeit, sich in der Gegenwart zu orientieren.

Anmerkungen

Anmerkungen zu Kapitel I

1 Der Materialismus ist „eine philosophische Lehre, nach der die Materie die einzige Grundlage der Wirklichkeit darstellt. Der M. erblickt in der Seele eine Funktion der Materie oder diese selbst". F. Dorsch, Psychologisches Wörterbuch, Bern 1976, S. 361.

2 Der Determinismus beinhaltet die Doktrin, daß alle Phänomene einschließlich des Verhaltens Wirkungen vorausgegangener Ursachen sind. So lassen sich mit Kenntnis der relevanten Antezedenzbedingungen nachfolgende Ereignisse voraussagen. B. B. Wolman, Dictionary of Behavioral Science, New York 1973.

3 I. P. Pavlov, Einleitung zur ersten Auflage von „Zwanzigjährige Erfahrungen mit dem objektiven Studium der höheren Nerventätigkeit (des Verhaltens) der Tiere", Petrograd 1923. In: I. P. Pavlov, Sämtliche Werke, Band III/1, Berlin 1953, S. 1.

4 I. P. Pavlov, „Experimentelle Psychologie und Psychopathologie bei Tieren", Rede auf einer allgemeinen Versammlung des Internationalen Kongresses in Madrid im April 1903. In: I. P. Pavlov, Sämtliche Werke, Band III/1, Berlin 1953, S. 9–21.

5 In der englischsprachigen wie in der deutschsprachigen Literatur setzte sich der Begriff des kondition*ierten* Reflexes („condition*ed* reflex") durch. Pavlov selbst hingegen sprach vom konditio*nalen* („condition*al*") Reflex. In der verfremdeten Fassung tauchte der Begriff erstmals in der Zeitschrift *Lancet* auf, die Auszüge der „Huxley Lecture" Pavlovs veröffentlichte, und trägt die Spuren seiner Rezeption in der amerikanischen Forschung. Im Russischen ist die Bezeichnung „konditional" ein Adjektiv und steht für die Qualität einer Reaktion; Pavlov verwendete sie in klassifikatorischer Absicht, d. h. zur Unterscheidung zwischen konditionalen und unkonditionalen Reflexen. Mit dem Partizip der Vergangenheit, „konditioniert", wird etwas bereits Geformtes beschrieben; diese vom Verb abgeleitete Form bezieht sich auf die Methode der Bildung des Reflexes, lenkt den Blick also stärker auf den Prozeß, den Lernprozeß (Gantt 1966).

6 I. P. Pavlov, „Die Grundregeln der Arbeit der Großhirnhemisphären (aufgrund von Versuchen von Dr. N. I. Krasnogorski und Dr. N. A. Roshanski)", Vortrag, gehalten in der Gesellschaft russischer Ärzte in St. Petersburg 1911. In: I. P. Pavlov, Sämtliche Werke, Band III/1, Berlin 1953, S. 119.

7 Siehe Fußnote 6.

8 Siehe Fußnote 6.

9 Pavlov hatte nicht das *Gehirn* seiner Versuchstiere untersucht, sondern befaßte sich lediglich mit ihrem *Verhalten.* So konnten seine Aussagen über Erregungs- und Hemmungsprozesse an der Gehirnoberfläche nie mehr als „plausible Fiktionen" sein (Miller u. Buckhout 1973). Siehe dazu auch eine frühe Kritik des amerikanischen Psychologen Hulsley Cason (1925).

10 V. M. Bechterev: Objektive Psychologie oder Psychoreflexologie. Die Lehre von den Assoziationsreflexen. Leipzig 1913, S. 1.

11 J. M. O'Donnell: The origins of behaviorism: American psychology 1870–1920, unveröffentlichte Doktorarbeit, University of Pennsylvania 1979, S. 365.

12 Aus „Years at Columbia", Autobiographie (1940, unveröffentlicht, zit. n. O'Donnell 1979), s. Fußnote 11.

13 Watson und Yerkes verband viele Jahre eine enge Freundschaft. Ihre Korrespondenz spiegelt ihre beruflichen Probleme wider: ihre Schwierigkeiten bei der Beschaffung und dem Bau von Versuchsgeräten, wobei man sich gegenseitig mit Tips und Einzelheiten aushalf, Klagen angesichts der geringen Gehälter, die die „reine" Forschung zum reinen Luxus werden ließen; und nicht zuletzt die Tricks und Strategien, die sie anwandten, um sich die notwendigen finanziellen Mittel für ihre unbeliebte Forschung zu beschaffen. R. M. Yerkes Collection, Yale University, New Haven.

14 John M. O'Donnell hat Robert Yerkes frühe Karriere beispielhaft nachgezeichnet; s. Fußnote 11.

15 Witmer entlieh den Begriff „clinic" aus der Medizin, wo er eine bestimmte Ausbildungs- und Forschungsmethode bezeichnete. „Eine Klinik ist eine Zusammenkunft von Lehrern, Studenten und Patienten zur Untersuchung und Behandlung von Krankheit" (Witmer 1925, S. 3). Innerhalb der Medizin wurde diese Methode primär von Boerhaave an der Universität von Leiden praktiziert, der damit gegen die zu seiner Zeit verwendeten philosophischen und didaktischen Methoden innerhalb der Medizin protestieren wollte. Auch die Klinische Psychologie sollte nach Witmer ein Ausdruck des Protests sein, und zwar gegen eine Psychologie, die psychologische und pädagogische Prinzipien aus philosophischen Spekulationen ableitete und Ergebnisse der Laboratoriumsexperimentation ohne jede Vermittlung auf praktische Probleme, z.B. in der Schule übertrug (Witmer 1907). Analog zur medizinischen Klinik definierte Witmer die psychologische Klinik als bestehend aus Diagnose, Behandlung und therapiebegleitender Diagnostik (Witmer 1925).

16 „Activities of Clinical Psychologists", Stellungnahme der *New York Psychiatrical Society* zur Tätigkeit klinischer Psychologen, u.a. veröffentlicht im *Psychological Bulletin* 1917, S. 224–225.

17 „Topics For Discussion", undatiertes Manuskript (ca. 1916/1917), vorgetragen vor den Mitarbeitern der *Phipps Psychiatric Clinic,* Adolf Meyer Collection, Johns Hopkins University, Baltimore.

18 Das *Journal of Animal Behavior* stellte sein Erscheinen bereits 1917 wieder ein.

19 Die amerikanische Psychiatrie war ursprünglich eine „Staatsmedizin", d.h. ihr Aufgabenfeld wurde durch den staatlichen Auftrag an die Medizin, sich mit der Versorgung psychisch kranker Menschen zu befassen, definiert (Deutsch 1945). Bis 1917 stieg die Zahl der staatlichen Nervenkliniken auf 162 an (Hamilton 1945); 1903 hatten bereits 100 der damals 103 staatlichen Institutionen zwischen 500 und 3000 Patienten zu betreuen. Die rasche Industrialisierung, Verstädterung und hohe Einwanderungsquoten hatten dem „moral treatment", einem frühen Produkt des Humanismus des 19. Jahrhunderts (Brockhoven 1972) ein jähes Ende gesetzt. Chronischer Geldmangel und schlecht ausgebildetes Personal machten eine individuelle Behandlung von Patienten unmöglich. Die Konzentration staatlicher Versorgung weitab von den großen Städten isolierte nicht nur die Patienten, sondern auch die Psychiater, die so den Kontakt zur Forschung und zu anderen wissenschaftlichen Spezialdisziplinen rasch verloren (Ebaugh 1945).

20 Im Vorfeld der staatlichen Kliniken arbeiteten vorwiegend Neurologen. Ihre Patienten hatten meist leichte, im Bereich „funktionaler Neurosen und Psychosen" liegende Störungen (Prince 1915) und konnten ihre Behandlung selbst bezahlen. Weil man von einer neurologischen Praxis allein nicht leben konnte, beschäftigten sich die Neurologen auch mit psychiatri-

schen Problemen (Sahs u. Trufant 1977). Durch ihre häufig wirtschaftlich motivierten Angriffe auf die institutionelle Psychiatrie – sie erhielten von den Patienten der staatlichen Kliniken Honorare, wenn sie eine gute Versorgung sicherstellten – trugen sie zum schlechten Ruf der Nervenkliniken in der Öffentlichkeit bei (Burnham 1967).
Neurologen wie Morton Prince, Edward Taylor und James Putnam engagierten sich in der um die Jahrhundertwende aufkommenden Psychotherapiebewegung. Ihre therapeutischen Konzeptionen waren pragmatisch begründet und an der Behandlung der Symptome des Patienten orientiert (Prince 1898, 1906; Prince u. Coriat 1907; Taylor 1898; Donley 1907; Williams 1909); auch das Prinzip des konditionierten Reflexes kam in ihren Arbeiten erstmals zur Anwendung (Prince 1909). Morton Prince gab 1906 das *Journal of Abnormal Psychology* heraus und gründete 1910 die *American Psychopathological Association*. Mit seinem Buch „The Dissociation of Personality“ gelang es ihm 1906 erstmals, das Interesse einer breiteren Öffentlichkeit auf die Probleme psychisch kranker Menschen zu lenken. Es bildete die Grundlage für ein neues Theaterstück am Broadway und wurde den Leserinnen des *Ladies Home Journal* unter dem Titel „How One Girl Lived Four Lives“ vorgestellt (Hale 1976).

21 Siehe dazu Kapitel II, S. 124f.

22 Erst mit Watsons Identifikation des Begriffes der Gewohnheit mit dem Prinzip des konditionierten Reflexes (Watson 1916) wandelte sich seine Bedeutung; und während die Behavioristen der zwanziger Jahre die Einschränkung auf den Verhaltensaspekt noch weitgehend ignorierten, erhielt der Begriff der Gewohnheit durch die Arbeiten der Lerntheoretiker der dreißiger Jahre, unter ihnen Clark Hull und Edwin Guthrie, schließlich seine heutige, kognitives Verhalten ausschließende Bedeutung.

23 Zu den wenigen veröffentlichten Kritiken an Adolf Meyers psychogenem Ansatz gehört E. S. Abbots „Meyer's theory of the origin of dementia praecox. A criticism“, ein Aufsatz, in dem er feststellte, Meyer habe nun, als Reaktion auf die starke organizistische Tradition der amerikanischen Psychiatrie, das Pendel zu stark in die andere Richtung ausschlagen lassen (Abbot 1911).

24 Siehe dazu die Symposien der *American Psychopathological Association* aus den Jahren 1911, 1912 und 1913, die im *Journal of Abnormal Psychology* vollständig veröffentlicht wurden.

25 Brief von A. Meyer an M. C. Jones, 8.11.1911; Meyer-Collection, Johns Hopkins University, Baltimore.

26 Siehe dazu auch Jones 1909, Putnam 1910, Brill 1939, Coriat 1945.

27 J. J. B. Putnam, eines der Gründungsmitglieder der *American Neurological Association,* galt in der amerikanischen Medizin als „pillar of respectability“. Mit ihm hatte die psychoanalytische Bewegung einen wichtigen Fürsprecher für die eigene Sache gewonnen. So schrieb Sandor Ferenczi am 1.2.1910 an James Putnam: „Es scheint, daß der Kampf auch in Amerika ein heißer sein wird – die Teilnahme solch bedeutender Männer aber wie Sie und Mr. Stanley Hall wird die Gegner von maßlosen und kritiklosen Angriffen zurückhalten.“ J. J. B. Putnam-Collection, Johns Hopkins University, Baltimore. Putnams Vortrag vor der *American Neurological Association* war ein erster Sieg für die europäische Psychoanalyse und wurde daher auch im *Zentralblatt für Psychoanalyse,* Jahrgang 1/1911, veröffentlicht. Zitat hier: Putnam 1911, S. 535.

28 Brief von S. Ferenczi an J. J. B. Putnam, 19.6.1911; J. J. B. Putnam Collection, Countway Library, Boston.

29 Brief von A. Meyer an J. B. Watson, 11.1.1912; Brief von J. B. Watson an A. Meyer, 16.1.1912; A. Meyer Collection, Johns Hopkins University, Baltimore.

30 Brief von E. L. Thorndike an A. Meyer, 15.5.1907; Special Collections, Teachers College Library, Columbia University, New York.

31 An dem von Adolf Meyer initiierten Symposium „On the Relations of Psychology and Medical Education“, das am 28.10.1911 auf einer gemeinsamen Sitzung der *American*

Psychological Association mit der *Southern Society for Philosophy and Psychology* im *Government Hospital for the Insane* in Washington stattfand, nahmen auch der Psychologe S. I. Franz sowie die Mediziner Elmer E. Southard und Morton Prince teil. Eine von Franz anschließend durchgeführte Umfrage an den *Medical Schools* des Landes zeigte, daß man dort an der Psychologie durchaus interessiert war (Franz 1913). Doch expandierten andere Bereiche der Medizin damals so stark, daß man weder für die Psychiatrie noch für die Psychologie im medizinischen Curriculum Platz fand (Whitehorn 1945 a). Auch die Beiträge von Meyer, Franz, Southard und Prince wurden 1912 im *Journal of the American Medical Association* veröffentlicht.

32 Brief von J. B. Watson an R. M. Yerkes, 12. 3. 1913; R. M. Yerkes Collection, New Haven.

33 Zit. n. F. Samelson: Struggle for scientific authority: The reception of Watson's behaviorism, 1913–1920. J. Hist. Behav. Sci., 17/1981, S. 403; Samelsons Artikel gibt einen detaillierten Überblick über die frühe Reaktion auf den Behaviorismus.

34 Entwurf eines Briefes von A. Meyer an J. B. Watson, Series I/3974/4; A. Meyer Collection, Johns Hopkins University, Baltimore.

35 Brief von R. M. Yerkes an G. V. Hamilton, 8. 4. 1913; Brief von J. B. Watson an R. M. Yerkes, 31. 3. 1914; R. M. Yerkes Collection, Yale University, New Haven.

36 Brief von A. Meyer an J. B. Watson, 29. 5. 1916; 2. 6. 1916; 3. 6. 1916; A. Meyer Collection, Johns Hopkins University, Baltimore.

37 Schon bei der inhaltlichen Planung des Kurses hatten sich bei Meyer und Watson Überschneidungen im Bereich der Gewohnheitsbildung („habit formation") gezeigt, die ja im Zentrum beider Ansätze stand und die unterschiedlichen Auffassungen kraß zum Vorschein kommen ließ; s. dazu Brief von A. Meyer an J. B. Watson, 10. 2. 1914; Brief von J. B. Watson an A. Meyer, 12. 2. 1914; Brief von A. Meyer an J. B. Watson, 12. 2. 1914; Brief von A. Meyer an J. B. Watson, 12. 3. 1914.

Kurz bevor die Studenten dem Modellversuch 1916 durch eine Beschwerde ein Ende setzten, versuchte Meyer in einem gemeinsamen Gespräch, unterstützt von Watsons damaligen Kollegen Dunlap, Lovejoy und Howell, „eine Formel des Konsensus zu finden, die man den Studenten anbieten kann" (Brief von A. Meyer an J. B. Watson, 17. 2. 1915). Auch später war er davon überzeugt, daß seine und Watsons Positionen nicht unvereinbar seien. „Nachbarschaftliche Arbeit wird ohne Zweifel mehr ausrichten", schrieb er am 2. 6. 1916 an Watson. „Daher habe ich Ihnen die Gastfreundschaft unserer Klinik angeboten."

38 C. Richter im Gespräch mit C. Larson, 15. 1. 1961; Privatsammlung.

39 Brief von G. V. Hamilton an R. M. Yerkes, undatiert (1910?); R. M. Yerkes Collection, Yale University, New Haven.

40 Brief von G. V. Hamilton an R. M. Yerkes, 15. 4. 1913; R. M. Yerkes Collection, Yale University, New Haven.

41 Brief von G. V. Hamilton an R. M. Yerkes, 8. 6. 1910; R. M. Yerkes Collection, Yale University, New Haven.

42 Brief von G. V. Hamilton an R. M. Yerkes, 22. 4. 1914; R. M. Yerkes Collection, Yale University, New Haven.

43 Brief von G. V. Hamilton an R. M. Yerkes, 15. 4. 1913; R. M. Yerkes Collection, Yale University, New Haven.

44 J. B. Watson: The psychology of wish fulfilment. *The Scientific Monthly* 1916, S. 480.

1 Diese sogenannten *Child-Guidance-Kliniken,* die zunächst aus den Mitteln des *Commonwealth Fund Program* finanziert wurden, später aber auch andere Träger fanden, sollten ursprünglich der sozialen Reform der Institutionen, nicht der Behandlung verhaltensgestörter Kinder dienen. Es war geplant, daß das Kind nach Erstellung einer umfassenden Diagnose an örtliche Einrichtungen weitergeleitet wurde, zu denen die Klinik guten Kontakt halten und deren Arbeit sie auf informeller Basis besser koordinieren sollte. Den Planern schwebte ein neuartiges Versorgungsnetz vor, in dem die Institutionen im Verhältnis zur Dienstleistung nur noch eine sekundäre Rolle spielten (Stevenson 1945). Doch waren die mit dieser Aufgabe betrauten, im Team zusammenarbeitenden Psychiater, Psychologen und Sozialarbeiter vielfach überfordert und die Kliniken entwickelten sich mehr und mehr zu isolierten Beratungs- und Behandlungszentren. In den zwanziger Jahren arbeitete man noch überwiegend auf der Basis breiter behavioraler und pragmatischer Konzeptionen. Die Aufsätze und Pamphlete des Psychiaters Douglas Thom, der 1921 die erste *Habit Clinic* in Boston gründete, sind dafür ein gutes Beispiel (Thom 1922, 1927, 1929, 1932). 1924 veröffentlichte das *U.S. Department of Labor, Children's Bureau* ein von ihm für Eltern verfaßtes Pamphlet mit dem Titel „Habit Clinics for the Child of Preschool Age. Their Organization and Practical Value" und 1925 ein weiteres, „Child Management", das 1937 nochmals in revidierter Fassung erschien. Diese Schriften, die praktische, meist am common sense orientierte Hinweise zur Behandlung frühkindlicher Verhaltensstörungen enthielten, erreichten Auflagen von über einer Million Exemplare; Thoms 1927 veröffentlichtes Buch „Everyday Problems of the Everyday Child" erhielt die „Gold Medal" des Magazins *Parents* – mit ein Zeichen für das große Beratungsbedürfnis amerikanischer Eltern und die Popularität pragmatischer, handlungsanleitender Ansätze. Gegen Ende der zwanziger Jahre wandelte sich der theoretische Handlungsrahmen der Kliniken immer deutlicher in Richtung auf psychodynamische Erklärungs- und Behandlungsprinzipien, nicht zuletzt eine Funktion der stark psychoanalytisch ausgerichteten Ausbildung der Sozialarbeiter (Cohen 1958, Lubeve 1964) und der veränderten Ausbildungsintentionen der beiden großen Trainings- und Vorbereitungszentren für die Arbeit in den Kliniken, des *Institute for Child Guidance* und des *Bureau of Children's Guidance* (Lowrey u. Smith 1933, Stevenson 1934).

2 Diese breitere Verwendung des Begriffs „Behaviorismus" sowie einzelner, im Rahmen seiner Theorie verwendeter Konzepte hat Watson später (1930a) kritisiert.

3 C. E. Seashore: Pioneering in psychology. University of Iowa Studies. Series on aims and progress of research, No. 70, Iowa City 1942, S. 128.

4 Aufgrund der traditionellen Vorurteile gegenüber Frauen in akademischen Positionen wurde ein überproportionaler Anteil an Frauen in der Angewandten Psychologie tätig. Während 1930 mehr als zwei Drittel aller amerikanischen Psychologen Männer waren, bildeten sie in der Angewandten Psychologie eine Minderheit. Von den 243 in angewandten Bereichen tätigen Psychologen waren nach Angaben des *APA Yearbook* von 1930 115 Männer und 128 Frauen. Dabei ist zu berücksichtigen, daß die Mehrheit der Angewandten Psychologen aufgrund zu hoher Qualifikationsstandards damals bereits nicht mehr in der APA organisiert war. Nicht zuletzt aufgrund des hohen Anteils an Frauen, so vermutete Napoli 1975, war man von seiten der APA und der akademischen Psychologen kaum bereit, sich für die Professionalisierung der Psychologen in angewandten Bereichen einzusetzen. „Auch ohne sie bewußt diskriminieren zu wollen, haben die Männer die Angewandten Psychologen in derselben Kategorie eingeordnet wie Sozialarbeiterinnen und Grundschullehrerinnen, statt sie als eigenständige Gruppe zu betrachten" (Napoli 1975, S. 90).

5 Die Beiträge zum 9. Internationalen Psychoanalytischen Kongreß in Bad Homburg 1925 und der in Vorbereitung zum 10. Internationalen Kongreß in Innsbruck veröffentlichte Band 8

der *Internationalen Zeitschrift für Psychoanalyse,* der zahlreiche Redebeiträge zur Frage der Laienanalyse enthält, geben einen lebendigen Eindruck von der Spannungsgeladenheit und dem Ausmaß des Konfliktes zwischen den amerikanischen und den europäischen Anhängern Freuds.

6 Brief von M. C. Jones an C. Larson, 25. 9. 1978, Privatsammlung.

7 Brief von J. B. Watson an R. M. Yerkes, 7. 1. 1922, R. Yerkes Collection, New Haven.

8 Brief von J. B. Watson an den Dekan des *Teachers College,* Russell, 14. 8. 1922, Special Collections,Teachers College, Columbia University, New York.

9 Leider war die Ausstattung des Projektes nicht so großzügig, daß man Untersuchungen über die bisherige Entwicklung der Kinder durchführen konnte. Ohne umfangreichere Erhebungen war es jedoch nicht möglich festzustellen, ob die Furchtreaktionen der Kinder „übertragener" Art waren, d. h. durch Generalisation bedingt oder ob es sich um die ursprünglichen, direkt konditionierten Ängste handelte. Nach seinen bisherigen Untersuchungen vermutete Watson, daß eine „übertragene" Furchtreaktion einfach nur schwächer ausgeprägt sei als eine direkt konditionierte (s. auch Watson 1930).

10 Da der Begriff „reconditioning" nach Watsons Meinung durch seine Verwendung in der Gesundheitspropaganda der zwanziger Jahre eine wesentlich unspezifischere Bedeutung erhalten hatte, schlug er 1930 für diese Behandlungsmethode zum Abbau von Furcht den weniger bekannten Begriff des „unconditioning" von (Watson 1930).

11 George A. Dorsay, *The Book World,* 8. 4. 1928.

12 *McCall's Magazine,* November 1927.

13 Brief von E. Bregman an A. Hess, 1. 6. 1933, Special Collections, Teachers College, Columbia University, New York.

14 Brief von H. E. Jones an E. Bregman, 19. 11. 1934, Special Collections, Teachers College, Columbia University, New York.

15 Die Beiträge des Symposiums „On the Contributions of Freudism to Psychology" wurden noch im selben Jahr im *Psychological Review,* Band 31, Jahrgang 1924, abgedruckt.

16 Siehe z. B. Brief von J. B. Watson an A. Meyer, 9. 4. 1921, A. Meyer Collection, Johns Hopkins University.

17 Brief von J. B. Watson an A. Meyer, 13. 12. 1926, A. Meyer Collection, Johns Hopkins University.

18 Das Grundthema der Angewandten Psychologie der zwanziger und dreißiger Jahre analysierte D. S. Napoli anhand von 60 Lehrbüchern und Einführungstexten in die Angewandte Psychologie, die zwischen 1925 und 1938 veröffentlicht wurden. Siehe dazu D. S. Napoli: The architects of adjustment. Unveröffentlichte Doktorarbeit, University of California, Davis 1975.

19 G. Humphrey: The conditioned reflex in education. Unveröffentlichte Doktorarbeit, Harvard Graduate School of Education, Boston, Juni 1920.

20 Aus dem Gespräch mit Robert Sears, Stanford University, Palo Alto.

21 Brief von G. V. Hamilton an R. M. Yerkes, 18. 8. 1921, R. Yerkes Collection, New Haven.

22 G. V. Hamilton: An introduction to objective psychopathology. St. Louis 1925, Vorwort.

23 C. Richter im Gespräch mit C. Larson, 28. 8. 1963, Privatsammlung.

24 Memorandum von G. V. Hamilton an A. Meyer, 4. 5. 1929, A. Meyer Collection, Johns Hopkins University.

25 Brief von G. V. Hamilton an R. M. Yerkes, 5. 1. 1943, R. Yerkes Collection, New Haven.

26 Brief von G. V. Hamilton an W. S. Taylor, 8. 1. 1931, W. S. Taylor Collection, University of Akron, Akron.

27 In New York eigentlich der „schwarze Donnerstag".

28 Da Edward Chase Tolman zur Entwicklung klinischer Konzeptionen nie einen eigenen Beitrag geleistet hat und sich auch die Pioniere der modernen Verhaltenstherapie in den

fünfziger Jahren seines Ansatzes nicht bedienten, wie dies z.B. im Falle der Hullschen Lernthorie geschah, soll auf seine lange Zeit sehr einflußreiche kognitive Lerntheorie im folgenden nicht eingegangen werden. Auch Tolman stand der Freudschen Psychoanalyse sehr positiv gegenüber und hat einige Elemente dieser Theorie in seine eigenen Überlegungen integriert (Shakow u. Rapaport 1968, S. 150ff.).

29 *American Journal of Psychiatry* 1933, S. 1043.

30 C. L. Hull, Notebooks, 4.6.1933 und 9.9.1934, C. Hull Collection, Yale University, New Haven.

31 C. L. Hull, Notebooks, 4.6.1933, C. Hull Collection, Yale University, New Haven.

32 Hulls hypothetische Konstrukte (Hull 1935) befanden sich immer in Gefahr, verdinglicht zu werden, so z.B. das Konzept der Gewohnheitsstärke, von dem Hull ausdrücklich sagte, daß es nicht beobachtbar sei, „weil es als eine bis heute weitgehend unbekannte Organisation in der komplexen Struktur des Nervensystems verborgen liegt" (Hull 1943, S. 102). Da auch Edward Chase Tolman unbeobachtbare Variablen in seine Lerntheorie integrierte, diese jedoch „intervenierende Variablen" nannte, schlugen MacCorquodale u. Meehl 1947 folgende Unterscheidung zwischen beiden Begriffen vor: Bei „intervenierenden Variablen" handelte es sich um rein funktional definierte Konzepte, bei „hypothetischen Konstrukten" hingegen um Variablen, die später möglicherweise durch experimentelle Forschungsmethoden zugänglich werden könnten (Hilgard 1948).

33 Auch B. F. Skinner vertrat eine Verstärkungstheorie des Lernens, was für den Erfolg seines Ansatzes in den fünfziger und sechziger Jahren, als die Begeisterung für die Hullsche Lerntheorie nachließ, nicht ohne Bedeutung war. Dazu mehr S. 167ff.

34 Informationen zu diesem Abschnitt erhielt ich von Dr. Frederick Lemere.

35 „Symposium on therapy of alcohol addiction", *Quarterly Journal of Studies on Alcohol* No 5, Jahrgang 1944.

36 Ausschnitt aus den Mittwochskolloquien Pavlovs in Leningrad, in: Auseinandersetzung mit der Psychologie, München 1973, S. 247ff.

37 Isador Coriat; Psychoanalysis and the conditioned reflexes. Vortrag, gehalten auf dem 9. Internationalen Kongreß für Psychologie in New Haven, September 1929; Countway Library of Medicine, Boston.

38 Über diese Untersuchung wurde ein Bericht für die *Rockefeller Foundation* angefertigt, „On collaborative investigations involving the School of Medicine which have been carried on in that part of the Psychological Laboratory for which Dr. Dodge is responsible", abgezeichnet von Raymond Dodge am 12.5.1933; IHR Collection, Yale University, New Haven.

39 Informationen zu diesem Abschnitt stammen aus meinem Gespräch mit Robert Sears, Stanford University, Palo Alto.

40 Die Patientin litt an Empfindungslosigkeit, Schmerzunempfindlichkeit und einer Lähmung des Tastsinnes in der linken Hand.

41 1940 berichteten E. R. Hilgard und D. Marquis noch einmal über einen mit dieser Methode erzielten Behandlungserfolg bei einer hysterisch gelähmten Patientin. Sie kommentierten ihn damals jedoch bereits mit der Feststellung, daß es notwendig sei, zugleich mit der Behandlung der Symptomatik auch die „Grundmechanismen" der Störung anzugehen, um eine dauerhafte Heilung zu bewirken (Hilgard u. Marquis 1940, S. 468). Da die Autoren in diesem Fall keinerlei weitere Behandlungsversuche unternahmen und der Heilungserfolg auch später noch andauerte, kann dies als Symptom dafür gewertet werden, daß medizinische Modellvorstellungen nun zunehmend auf das Denken der Psychologen Einfluß gewannen.

42 M. A. May: Memorandum on future research plans of the institute, September 1935, IHR Collection, Yale University.

43 C. L. Hull: Memorandum to Professor Mark A. May, Director of the Institute of Human Relations, May 31, 1935; C. L. Hull an M. A. May, June 4, 1935; B. M. Castner u. H. M.

Halverson, Memorandum on motivation, June 17, 1935; C. L. Hull: Memorandum Hull, 3. December 1935 to Mark A. May and his Committee on Agenda for the Institute of Human Relations; J. Dollard an M. A. May, 26.9.1935 und 15.1.1936; IHR Collection, Yale University.

44 Psychoanalysis and the Institute of Human Relations, Memorandum by Donald Schlesinger, January 1929; Comments by Dorothy Thomas on Mr. Schlesinger's memorandum entitled „Psychoanalysis and the Institute of Human Relations", undatiert; IHR Collection, Yale University, New Haven.

45 Aus dem Gespräch mit John Dollard, Yale University, New Haven.

46 J. Dollard: A few notes on a clinical program on institute research for the year 1933/4; IHR Collection, Yale University, New Haven.

47 Aus dem Gespräch mit Neal Miller, Rockefeller University, New York.

48 Aus dem Gespräch mit O. Hobart Mowrer, University of Illinois, Champaign.

49 Hull bezeichnete Zinn als „einen Psychoanalytiker mit einem wahrhaft wissenschaftlichen Standpunkt"; C. L. Hull, Memorandum an M. A. May, 23.4.1940, aus den Unterlagen Neal Millers. Zinn selbst hat wenig veröffentlicht. Seine grundlegenden Überzeugungen und theoretischen Ansätze lassen sich aus der Korrespondenz zwischen ihm und Robert Yerkes und anhand verschiedener Forschungsberichte (Yale University Archives, IHR Collection) ersehen. Zinns Aufzeichnungen von der Psychoanalyse eines Patienten sind heute noch in Manuskriptform in der Yale University einsehbar.

50 C. L. Hull: Notebooks, 4. Juni 1933, IHR Collection, Yale University, New Haven.

51 Am 4. Oktober 1936 schrieb Hull in sein Notebook: „Vom Standpunkt der Integration der Sozialwissenschaften scheinen wir es nun gut getroffen zu haben, dadurch, daß wir mit Dollard und mir schon die gesamte Spannbreite abdecken: Meine Gruppe kann sicher den Brückenschlag vom C. R. zu vielen psychoneurotischen Phänomenen schaffen, während Dollards Gruppe von der Freudschen Psychologie bis hin zur und einschließlich der Kultur reicht. Das beste daran ist jedoch, daß sie alle völlig überzeugt zu sein scheinen von der Notwendigkeit einer eindeutig expliziten Theorie (im streng deduktiven Sinne) als Basis für das systematische Herangehen an die Probleme, gleichgültig, welchen Programms am Institut."

52 C. L. Hull: Modern behaviorism and psychoanalysis. New York Academy of Sciences, Series II, 1939, S. 78. Dieser Aufsatz ist nur die verkürzte Fassung eines umfangreichen Manuskripts, das Ende der dreißiger und in den vierziger Jahren an der Yale University in zahlreichen Exemplaren zirkulierte und noch heute in der IHR-Collection einsehbar ist.

53 Einen Überblick über die Seminare geben die Unterlagen der IHR-Collection in Yale; ihr Verlauf wird z.T. auch in der sehr differenzierten Analyse von D. Shakow und D. Rapaport, „The influence of Freud on American psychology", New York 1968, wiedergegeben.

54 Brief von C. L. Hull an K. Spence, 6.6.1936; C. Hull Collection, Yale University, New Haven.

55 So schrieb Kenneth Spence bereits am 9.4.1936 an Clark Hull: „Eure Seminardiskussionen über die Psychoanalyse sind ziemlich über meine eigenen Kenntnisse auf diesem Gebiet hinausgegangen. (...) Ich höre Berichte darüber, die erhebliches Interesse an diesem Problem ausgelöst haben."

Die Monday Night Group, die sich als „informelles Seminar für den Austausch von Konzepten und Leitideen für die Forschung" verstand (Seminarankündigung 1939–1940), lud viele bekannte Wissenschaftler zu ihren Sitzungen ein, unter ihnen Edward Sapir, Erik Erikson, Clyde Kluckhohn, Abraham Kardiner, Margaret Mead und viele andere.

56 C. L. Hull: Memorandum to psychology 106, 2. Mai 1940, IHR Collection, Yale University.

57 K. Dunlap: Suggestion for the immediate future of the department, III, 1935. Adolf Meyer Collection, Johns Hopkins University.

58 Dunlap verwechselte in seinem Buch von 1932 die Bezeichnungen, d. h. dort benannte er die Hypothese der negativen Praxis als Beta-Hypothese und die ursprüngliche Beta-Hypothese als Gamma-Hypothese (Blöschl 1974).

59 Zum Beispiel durch Artikel in der *New York Evening Post* (29.12.1929) und im *Los Angeles Times Sunday Magazine* (5.8.1934); u.a. berichtete auch der *University of California Radio Service* über Dunlaps neues Behandlungsverfahren.

60 Brief von E. R. Guthrie an G. Murphy, 5.8.1937, E. R. Guthrie Collection, University of Washington Libraries, Seattle.

Anmerkungen zu Kapitel III

1 American Psychological Association, Committee on training in clinical psychology. Recommended graduate training program in clinical psychology (Skakow report). *American Psychologist,* No 2, 1947, S. 539ff.

2 Aus der Korrespondenz mit E. R. Hilgard, 14.4.1980.

3 Carl Rogers gehörte auch zu den ersten Klinischen Psychologen der Nachkriegsjahre, die ihre Überlegungen kontrollierten, empirischen Untersuchungen zuführten und damit der Psychotherapieforschung in der Psychologie zu einem Start verhalf (dazu auch Reismann 1976, Rogers 1979).

4 Ein gutes Beispiel für das dogmatische Wirken medizinischer Modellvorstellungen ist die Enuresis-Behandlung mit Hilfe der von Mowrer u. Mowrer (1938) und Morgan u. Witmer (1939) entwickelten Technik. In den fünfziger Jahren war kaum ein Psychologe bereit, dieses pragmatische Verfahren therapeutisch einzusetzen. Die Herstellerfirma für das notwendige Zubehör war dazu übergegangen, sich direkt an die Eltern der betroffenen Kinder zu wenden, um ihre Geräte abzusetzen. Im Sommer 1951 trat man an Warren Baller heran und bot ihm an, die Geräte für eine Untersuchung der Effektivität der Methode kostenlos zur Verfügung zu stellen. Ein ähnliches Angebot erhielt zwei Jahre später auch Barclay Martin, ein psychodynamisch geschulter Klinischer Psychologe, der in seinem entwicklungspsychologischen Seminar die damals übliche Auffassung vertreten hatte, die Konditionierungsbehandlung bei Enuresis sei oberflächlich und falsch, weil es eine reine Symptomtherapie sei und die der Symptomatik zugrundeliegenden Konflikte beim Kind in der Therapie vernachlässigt würden. Baller u. Schalock konnten 1956, zwei Jahre nach Abschluß der Behandlung von insgesamt 55 Kindern und Jugendlichen auf eine Heilungsrate von 65–70% verweisen (Baller u. Schalock 1956). Martin u. Kubly erzielten bei 118 behandelten Personen eine Erfolgsrate von 74% (Martin u. Kubly 1955).
Beide Autorenteams waren nach Abschluß der Behandlung zwar von der Methode, aber nicht von der ihr zugrundeliegenden Theorie überzeugt. Bereits in der Interpretation ihrer Ergebnisse postulierten Barclay Martin und Delores Kubly ein Kontinuum, das von enuretischen Personen, deren Störung nur begrenzt war, bis zu solchen, bei denen sich hinter der Enuresis eine tiefersitzende Angst oder ein interpersonelles Problem verbarg, reichte. Auch weiterhin war Martin davon überzeugt, daß die Anwendung dieser Behandlungsmethode nur in wenigen ausgewählten Fällen angezeigt war – eine Haltung, der sich trotz widersprechender Fakten viele seiner klinischen Kollegen anschlossen. Auch nach den Veröffentlichungen von Martin u. Kubly (1955) und Baller u. Schalock (1957) wurde von der Konditionierungstherapie der Enuresis nur selten Gebrauch gemacht. (Einige Informationen stammen aus der Korrespondenz mit W. Baller und B. Martin.)

5 Memorandum John Dollards zu dem gemeinsam mit Neal Miller veranstalteten „Seminar on the sciences of behavior for psychiatrists“, 30. November 1948, IHR Collection, Yale University.

6 Brief von L. F. Shaffer an N. Miller, 9.1.1951; L. Shaffer Collection, University of Akron, Akron.

7 Viele Einschätzungen zu diesem Abschnitt stammen aus den Gesprächen mit John Dollard, Neal Miller, O. H. Mowrer und Joseph Sheehan sowie aus der Korrespondenz mit Ernest Hilgard.

8 Aus dem Gespräch mit John Dollard, Yale University, New Haven.

9 John Dollard meinte rückblickend auf das gemeinsame Buch mit Neal Miller: „Tatsächlich bedauere ich es heute, daß wir die Psychoanalyse überhaupt einbrachten und nicht einfach alles zusammenstellten, was wir über die Verhaltenstheorie wußten und es zu einer Errungenschaft in diesem Bereich gemacht haben." Aus dem Gespräch mit John Dollard, Yale University, New Haven.

10 Der letzte gemeinsame Projektplan und weitere Informationen über den langsamen „Abstieg" des *Institute of Human Relations* finden sich in Neal Millers Unterlagen, Rockefeller University, New York. Die „Monday Night Group" hatte sich während und nach dem Zweiten Weltkrieg sukzessive aufgelöst, und die Mehrheit ihrer ständigen Mitglieder bekleidete später einflußreiche Positionen an anderen Universitäten.

11 1960 revidierte Mowrer seine Auffassung nochmals und fand zu einer monistischen Position zurück (Mowrer 1960).

12 Begrenzten Einfluß hatten die Arbeiten von Hull, Dollard, Miller u.a. auf den Bereich der Sprachtherapie. C. van Riper hatte an der *University of Michigan* schon frühzeitig einen behavioristischen, auf die gegenwärtigen Probleme des Patienten ausgerichteten Therapieansatz vertreten (van Riper 1939, 1963). An der *University of Iowa* bemühte sich Wendell Johnson, der eng mit dem Hull-Schüler Kenneth Spence zusammenarbeitete, um eine lerntheoretische Konzeption (Johnson u. Leuttenegger 1955). Unter dem Einfluß Johnsons und van Ripers unternahm George Wishner gegen Ende der vierziger Jahre den Versuch, das Problem des Stotterns im Rahmen der Hullschen Lerntheorie zu konzipieren (Wishner 1948, 1950, 1952a, 1952b). Ebenfalls beeinflußt von Johnson und van Riper arbeitete Joseph Sheehan neben dem Verstärkungseffekt des Stotterverhaltens einen zusätzlichen Konfliktaspekt heraus, den er in Anlehnung an die Konflikttheorie Neal Millers (Miller 1944, 1959) konzipierte (Sheehan 1950, 1951, 1953, 1954). Da therapeutische Maßnahmen im Bereich der Sprachpathologie traditionell aus einer Mischung symptomorientiert-aktionaler und verbaler Behandlungstechniken bestanden, stellten diese Arbeiten für viele Psychologen keine revolutionäre Entwicklung dar.

13 John Dollard, Neal Miller und O. Hobart Mowrer konnten das plötzlich nachlassende Interesse an ihren integrativen Ansätzen besonders deutlich an den schwindenden Verkaufszahlen ihrer Bücher ablesen. Bereits O. H. Mowrers zweites, 1953 veröffentlichtes Buch „Psychotherapy: Theory and Research" war kein Verkaufserfolg mehr. Diese Erfahrung bestätigte auch John Dollard in bezug auf sein 1950 mit Neal Miller veröffentlichtes Buch „Personality and Psychotherapy", das Mitte der fünfziger Jahre kaum noch Käufer fand.

14 Aus dem Gespräch mit E. L. Phillips, George Washington University, Washington, D.C.

15 Aus dem Gespräch mit O. H. Mowrer, University of Illinois, Champaign.

16 Diesen Beschluß und die ihm vorausgegangene Entscheidungsprozedur erläuterte Laurence Shaffer in einem Brief an Saul Rosenzweig, der als einer der ersten eine Replik auf Eysencks Artikel verfaßt hatte. Unter anderem schrieb Shaffer, daß „die einzige wirkliche Antwort auf Eysenck mehr und bessere Forschung" sei. L. Shaffer an S. Rosenzweig, 29.9.1953; L. Shaffer Collection, University of Akron, Akron.

17 Aus dem Gespräch mit Albert Ellis, New York.

18 A. Ellis: Die rational-emotive Therapie. Das innere Selbstgespräch bei seelischen Problemen und seine Veränderung. Dt. Übers. v. Ellis (1962), München 1977, S. 107.

19 Informationen zu diesem Abschnitt stammen aus den Gesprächen mit Joseph Wolpe, Arnold Lazarus und der Korrespondenz mit S. Rachman.

20 Aus dem Gespräch mit Arnold Lazarus, Rutgers University, New York.

21 A. Lewis 1950, Chamber's Encyclopedia 9, S. 264. Zit. n. Zangwill 1952, S. 447.

22 Informationen zu diesem Abschnitt stammen aus den Gesprächen mit H. J. Eysenck und M. B. Shapiro.

23 Eysenck begründete seine Auffassung damit, daß eine „soziale Notwendigkeit" nicht allein ausreiche, um die Anwendung unwissenschaftlicher psychotherapeutischer Methoden zu rechtfertigen. Auch die von David Shakow ausgesprochene Empfehlung für eine persönliche Analyse im Rahmen der klinischen Ausbildung lehnte er scharf ab. Insgesamt fürchtete er, daß die Betonung therapeutischer Funktionen, wie sie in den USA betrieben wurde, die Studenten zu unwissenschaftlichem Denken ermutigen werde und damit eine wissenschaftliche Entwicklung der Klinischen Psychologie gefährden könnte.

24 Discussion on the role of the psychologist in psychiatric practice. Proc. Roy. Soc. Med. No 45, 1952, S. 445–450.

25 Protokolle von einzelnen Seminarsitzungen befinden sich im Besitz von M. B. Shapiro.

26 Ausgehend von einem „Rotationseffekt", den er in Untersuchungen mit hirngeschädigten Patienten häufig beobachtete, entwarf M. B. Shapiro auf der Basis von Pavlovs Theorie der negativen Induktion eine Theorie der Hirnschädigung, die er in den folgenden Jahren u. a. gemeinsam mit A. Yates empirisch überprüfte (z. B. Shapiro 1954, 1960; Yates 1956).

27 Aubrey Yates konnte die Behandlung damals nicht weiterführen, weil er zur *University of New England* in Australien wechselte. Seine Erklärung des Extinktionsprozesses im Rahmen der Theorie der negativen Praxis, verstanden als Prozeß des Aufbaus konditionierter Hemmung wurde durch tierexperimentelle Studien zur Hemmung von Kendrick unterstützt (Kendrick 1959). Nachgerade empfand Gwynne Jones, der die Behandlung in der ursprünglichen, von Yates vorgegebenen Form weiterführte, diese Erklärung jedoch angesichts der widersprüchlichen Behandlungsergebnisse als unbefriedigend und wies darauf hin, daß Dunlap die Bedeutung kognitiver Faktoren besonders hervorgehoben hatte (Jones 1964).

28 Informationen zu diesem Abschnitt stammen aus den Gesprächen mit Hans Eysenck, Victor Meyer, M. B. Shapiro und der Korrespondenz mit H. Gwynne Jones.

29 Informationen zu diesem Abschnitt stammen aus den Gesprächen mit Nathan Azrin, Charles Ferster (†), Leonard Krasner und Ogden Lindsley.

30 Aus dem Gespräch mit Ogden Lindsley, New York.

31 Auch damals verlief die Arbeit der klinischen und der experimentellen Psychologie – trotz gegenteiliger Aussagen der Wissenschaftspolitiker – traditionell in getrennten Bahnen. Als sich Ogden Lindsley als Mitglied der Division 3 für Experimentelle Psychologie in der *American Psychological Association* zusätzlich um die Aufnahme als „Fellow" in die Division 12 für Klinische Psychologie bewarb, wurde sein Antrag abgelehnt. Zwischen 1953 und 1962 bemühte er sich mehrfach um die Aufnahme, doch selbst nachdem er in der Psychiatrie einen Forschungspreis gewonnen hatte, war das Aufnahmekomitee der Meinung, daß seine Arbeiten zwar bedeutend seien, aber nicht primär mit der Klinischen Psychologie identifiziert werden könnten.

32 Informationen zu diesem Abschnitt stammen aus den Gesprächen mit Israel Goldiamond und Nathan Azrin.

33 Informationen zu diesem Abschnitt stammen aus den Gesprächen mit Frederick Kanfer und Leonard Krasner.

34 Informationen zu diesem Abschnitt stammen aus der Korrespondenz mit Michael Dinoff.

1 Definitorisch eher eine diffuse und allumfassende Sammelbezeichnung, erscheint mir der Begriff der „Bewegung“ in diesem Zusammenhang dennoch angemessen. Er steht kennzeichnend für die Entschlossenheit und das Sendungsbewußtsein einer Handvoll von Wissenschaftlern, die durch eine Vielzahl von Publikationen, Vorträgen und intensive Werbung – trotz z.T. erheblicher Differenzen im eigenen Lager – den neuen Standpunkt gegenüber einer übermächtigen, psychodynamischen Tradition klinischen Denkens verteidigten, und zwar mit dem Ziel einer Ablösung von der Tradition. Organisatorisch faßbar wird die Verhaltenstherapiebewegung im wissenschaftlichen Bereich anhand einer Vielzahl neuer Zeitschriften, von Konferenzen und Publikationen. Neue Gesellschaften zur Förderung der Verhaltenstherapie wurden seit den späten sechziger Jahren in vielen Ländern der Erde gegründet.

2 Informationen zu diesem Abschnitt stammen aus den Gesprächen mit Nathan Azrin, Joseph Cautela, H. J. Eysenck, Cyril Franks, Arnold Goldstein, Leonard Krasner, Arnold Lazarus, Ogden Lindsley, Andrew Salter, Dorothy Susskind und Joseph Wolpe.

3 Im folgenden wird die Bezeichnung „Klient“ bei Personen verwendet, die ambulant versorgt werden und eher unter „leichteren“, neurotischen Störungen leiden.

4 Aus der Korrespondenz mit Perry London.

5 Ullmann u. Krasner fanden wenig später zu einer differenzierten Perspektive; vgl. Ullmann u. Krasner (1969).

6 Übersetzt etwa „Erz-Desensibilisierer“.

7 Informationen zu diesem Abschnitt stammen aus den Gesprächen mit Isaac Marks und Victor Meyer.

8 Siehe Fußnote 7.

9 Stampfls an der *University of Illinois* vorgestelltes Konzept trug den Titel „Implosive Therapy. A Learning Theory Derived Psychodynamic Therapeutic Technique“; O. H. Mowrer hatte Stampfl 1961 dazu eingeladen, vor seinen Studenten dort zu sprechen.

10 Informationen zu diesem Abschnitt stammen aus den Gesprächen mit Charles Ferster und O. Ivar Lovaas.

11 Aus dem Gespräch mit Richard S. Feldman und Suzanne Salzinger.

12 Übersetzt etwa „Seid wachsam!“.

13 In „Rambling through the literature and other places“, AABT Newsletter 1966, Vol. 1, No. 1, S. 4–6.

14 Übersetzt etwa „Verhaltenstechnologen“.

15 Übersetzt etwa „Ringparadigma des Lernens“.

16 Informationen zu diesem Abschnitt stammen aus dem Gespräch mit Joseph Cautela.

17 Definitionen des Begriffs Verhaltenstherapie galten auch in späteren Jahren als Politikum und signalisierten die inhaltliche Position ihres Verfassers; vgl. Eysenck (1960, 1976), Wolpe (1969), Ullmann u. Krasner (1969), Yates (1970, 1975), Kazdin (1978), Kazdin u. Davison (1978).

18 Aus dem Gespräch mit Arnold Lazarus.

19 In der deutschen Übersetzung von Lazarus (1971) von 1978 mit „Einnehmen einer übertriebenen Rolle“ beschrieben.

20 Aus dem Gespräch mit Victor Meyer.

21 Siehe dazu eine Kritik von Marshall (1975a, 1975b).

22 Informationen zu diesem Abschnitt stammen aus dem Gespräch mit Gerald Davison und der Korrespondenz mit Stanley Rachman.

23 Ich übernehme hier die Übersetzung des Begriffs „Social Learning Theory“ von Rolf Verres, der in der deutschen Übersetzung von Banduras gleichnamigem Buch erklärte: „Im

deutschen Sprachraum hat der Begriff des sozialen Lernens zunehmend die engere Bedeutung des Einübens in kooperatives, nichtaggressives Konfliktlöseverhalten erhalten. Die Forschungsarbeiten von Bandura sind aber weit darüber hinaus auf all diejenigen sozialen Prozesse gerichtet, in denen Menschen ihr Verhalten auf der Grundlage gelernter kognitiver Operationen in wechselseitiger Bezogenheit regulieren. Für diesen Ansatz beginnt sich in der deutschsprachigen Fachliteratur der Terminus *‚sozial-kognitive Lerntheorie'* einzubürgern" (Verres 1979, Vorwort).

24 Übersetzt etwa „wirklicher Gelehrter".

25 Ich übernehme hier den Begriff der „self-efficacy", wie er in der deutschen Übersetzung von Bandura (1978) zu finden ist. Persönlich bin ich der Meinung, daß der deutsche Begriff „Leistung" in diesem Zusammenhang falsche Assoziationen auslöst und eine Übersetzung wie etwa „Eigeneffizienz" Banduras Intentionen eher entspricht.

26 Informationen zu diesem Abschnitt stammen aus den Gesprächen mit Albert Ellis, Raymond P. Harrison und Michael Mahoney.

27 1977 wurde eine neue Zeitschrift speziell für Arbeiten, die im Rahmen des kognitiven Standpunktes entstanden, herausgegeben, die den Titel *Cognitive Therapy and Research* trägt.

28 Informationen zu diesem Abschnitt stammen aus der Korrespondenz mit Michael J. Raymond.

29 Übersetzt etwa „Grausam sein, um Gutes zu bewirken".

30 Siehe dazu auch *American Psychologist* 1981, 36, 633–638; sowie: „Berufsethische Verpflichtungen für Psychologen", Berufsverband Deutscher Psychologen, Heilsbachstraße 22, 5300 Bonn 1.

Anmerkungen zum Epilog

1 Viele Informationen zu diesem Abschnitt stammen aus den Gesprächen mit Marvin Goldfried und Paul Wachtel.

2 Arkowitz, H., Behavior therapy and psychoanalysis: Compatible or incompatible? Symposium auf der Jahresversammlung der AABT im November 1978, Chicago.

3 Dieser Eindruck entstand insbesondere im Gespräch mit Raymond P. Harrison. Sollte diese Untersuchungsrichtung in den nächsten Jahren weiterverfolgt werden, so wird es interessant sein festzustellen, inwieweit die Beobachtungen Freuds durch die Forscher am *Center for Cognitive Therapy* in Philadelphia bestätigt werden können. Über einen ähnlichen Eindruck bezüglich der theoretischen und praktischen Auffassungen Michael Mahoneys berichtete mir Paul Wachtel. Er und Mahoney haben im Mai 1982 einen Tag lang am *Institute for Psychosocial Study* in New York diskutiert und Fallmaterial besprochen.

4 Bergin, A. E., Toward a systematic eclectic therapy. Symposium auf der Jahresversammlung der APA im August 1981, Los Angeles.

5 Aus dem Gespräch mit Johannes C. Brengelmann.

6 Siehe dazu auch die „Empfehlungen zur Forschung in der Psychologie", herausgegeben vom Wissenschaftsrat (1983), Marienburger Str. 8, 5000 Köln 51.

Literaturverzeichnis

Abbot, E. S. (1911). Meyer's theory of the origin of dementia praecox. A criticism. Amer. J. Insan. 68, 15–22.

Agathon, M. (1982). Behavior therapy in France 1976–1981. J. Behav. Ther. & Exp. Psychiat. 13, 271–277.

Agras, W. S., Kazdin, A. E. & Wilson, G. T. (1980). Behavior therapy. Toward an applied clinical science. San Francisco.

Alexander, F., & French, T. M. (Eds., 1946). Psychoanalytic therapy: Principles and application. New York.

Allen, F. L. (1954). Die große Wandlung. Die Vereinigten Staaten von 1900 bis heute. Zürich.

Allport, G. W. (1937). Personality: A psychological interpretation. Boston.

Allport, G. W. & Boring, E. G. (1946). Psychology and social relations at Harvard University. Amer. Psychol. 1, 119–122.

American Psychiatric Association (1917). Record: Activities of clinical psychologists. Psychol. Bull. 14, 224–225.

American Psychiatric Association (1973). Behavior therapy in psychiatry. New York 1973. Dt. Ausg. Darmstadt.

Ammons, R. B. (1972). Psychology of the scientist. II. Clark L. Hull and his "idea books". Percept. Mot. Skills 15, 800–802.

D'Amore, A. (1977). American Psychoanalytic Association. In: Int. Encyclopedia of Psychiatry, Psychology, Psychoanalysis & Neurology. New York, 7–10.

Amsel, A. & Rashotte, M. E. (1977). Entwicklungsrichtungen der S-R-Lerntheorien in Amerika. Mit spezieller Berücksichtigung Clark L. Hulls, seiner Vorgänger und Nachfolger. In: Zeier, (Hg.), 83–160.

Anderson, J. E.)1933). Happy childhood. New York.

Anderson, O. D. & Parmenter, R. (1941). A long-term study of the experimental neurosis in the sheep and dog. Psychosom. Med. Monogr. 2, 1–150.

Angell, J. R. (1913). Behavior as a category of psychology. Psychol. Rev. 20, 255–270.

Ardila, R. (1982). International developments in behavior therapy in Latin America. J. Behav. Ther. & Exp. Psychiat. 13, 15–20.

Ariety, S. (1969). American handbook of psychiatry. 10. Edition, New York.

Arkowitz, H. (Chair, 1978). Behavior therapy and psychoanalysis: Compatible or incompatible? Symposium presented at the convention of the AABT, Chicago.

Arlitt, A. H. (1930). Psychology of infancy and early childhood. New York.

Arnkoff, D. B. (1980). Psychotherapy from the perspective of cognitive theory. In: Mahoney, M. J. (Ed.), Psychotherapy process. Current issues and future directions. 339–361. New York.

Atthowe, J. M. & Krasner, L. (1968). Preliminary report on the application of contingent reinforcement procedures (token economy) on a "chronic" psychiatric ward. J. Abn. Psychol. 73, 37–43.
Ayllon, T. & Azrin, N. H. (1964). Reinforcement and instructions with mental patients. J. Exp. Anal. Behav. 7, 327–331.
Ayllon, T. & Azrin, N. H. (1965). The measurement and reinforcement of behavior of psychotics. J. Exp. Anal. Behav. 8, 357–383.
Ayllon, T. & Haughton, E. (1962). Control of the behavior of schizophrenic patients by food. J. Exp. Anal. Behav. 5, 343–352.
Ayllon, T. & Michael, J. (1959). The psychiatric nurse as a behavioral engineer. J. Exp. Anal. Behav. 2, 323–334.
Ayllon, T. & Sommer, R. (1960). A directive or a permissive approach? Ment. Hosp. 11, 45–48.
Azrin, N. H. (1977). A strategy for applied research. Learning based but outcome oriented. Amer. Psychol. 32, 140–149.
Azrin, N. H. (1979). The present state and future trends of behavior therapy. In: Sjoden, P. O. & Bates, S. (Eds.), Trends in behavior therapy. New York 1979, 3–11.
Azrin, N. H. & Ayllon, T. (1968). The token economy. A motivational system for therapy and rehabilitation. Englewood Cliffs.
Azrin, N. H., Naster, B. J. & Jones, R. (1973). Reciprocity counseling: A rapid learning-based procedure for marital counseling. Behav. Res. Ther. 11, 365–382.
Azrin, N. H. & Powell, J. (1969). Behavioral engineering: The use of response priming to improve prescribed self-medication. J. Appl. Behav. Anal. 2, 1969.
Baader, G. (1972). Das Werk Iwan Petrowitsch Pawlows. In: Pavlov, I. (1972), Einleitung.
Baer, D. M., Wolf, M. M. & Risley, T. R. (1968). Some current dimensions of applied behavior analysis. J. Appl. Beh. Anal. 1, 91–97.
Bagby, E. (1922). The etiology of phobias. J. Abn. Psychol. 17, 16–18.
Bagby, E. (1923). The inferiority reaction. J. Abn. Soc. Psychol. 18, 269–273.
Bagby, E. (1927). A compulsion and its motivation. J. Abn. Soc. Psychol. 22, 8–11.
Bagby, E. (1928). The psychology of personality; an analysis of common emotional disorders. New York.
Bain, B. (1972). Goethe is different things to different people: A note. J. Hist. Behav. Sci. 8, 418.
Bain, J. A. (1928). Thought control in everyday life. New York.
Baller, W. R. & Schalock, H. D. (1956). Conditioned response treatment of enuresis. Except. Child. 22, 233–36, 247–48.
Bandura, A. (1956). Psychotherapist's anxiety level, self insight and psychotherapeutic competence. J. Abn. Soc. Psychol. 52, 333–337.
Bandura, A. (1961). Psychotherapy as a learning process. Psychol. Bull. 58, 143–159.
Bandura, A. (1962a). Social learning through imitation. Nebrasca Symposium on Motivation, 211–269.
Bandura, A. (1962b). Punishment revisited. J. Consult. Psychol. 26, 298–301.
Bandura, A. (1965). Vicarious processes: A case of no-trial learning. In: Berkowitz, L. (Ed.). Advances in experimental social psychology, Vol. II, 1–55. New York.
Bandura, A. (1968). Modelling approaches to the modification of phobic disorders. 201–223, in: Porter, R. (Ed.). The role of learning in psychotherapy. A Ciba Foundation Symposium. London.
Bandura, A. (1969). Principles of behavior modification. New York.
Bandura, A. (1971). Social learning theory. Morristown.
Bandura, A. (1974). Behavior theory and the models of man. Americ. Psychol. 29, 859–869.
Bandura, A. (1976). Self-reinforcement: theoretical and methodological considerations. Behaviorism 4, 35–57.

Bandura, A. (1977a). Social learning theory. Englewood Cliffs. Dt. Ausg.: Sozial-kognitive Lerntheorie. Stuttgart.
Bandura, A. (1977b). Self-efficacy: Toward a unifying theory of behavioral change. Psychol. Rev. 84, 191–215.
Bandura, A. (1978a). On paradigms and recycled ideologies. Cogn. Ther. & Res. 2, 79–103.
Bandura, A. (1978b). In: Stolz, S. B. (Ed.). Ethical issues in behavior modification. San Francisco.
Bandura, A. (1979). On eucumenism in research perspectives. Cogn. Ther. & Res. 3, 245–248.
Bandura, A. (1982). Self-efficacy mechanism in human agency. Amer. Psychol. 37, 122–147.
Bandura, A. & Adams, N. E. (1977). Analysis of self-efficacy theory of behavioral change. Cogn. Ther. & Res. 1, 287–308.
Bandura, A., Adams, N. E. & Beyer, J. (1977). Cognitive processes mediating behavioral change. J. Pers. & Soc. Psychol. 35, 125–139.
Bandura, A., Adams, N., Hardy, A. & Howells, G. (1980). Test of generality of self-efficacy theory. Cogn. Ther. & Res. 4, 39–66.
Bandura, A., Blanchard, E. & Ritter, B. (1969). Relative Efficacy of desensitization and modeling approaches for inducing behavioral, affective, and attitudinal changes. J. Pers. Soc. Psychol. 13, 173–199.
Bandura, A., Grusec, J. E. & Menlove, F. L. (1966). Observational learning as a function of symbolization and incentive set. Child Dev. 37, 499–506.
Bandura, A., Grusec, J. E. & Menlove, F. L. (1967). Vicarious extinction of avoidance behavior. J. Pers. Soc. Psychol. 5, 16–23.
Bandura, A. & Kupers, C. J. (1964). Transmission of patterns of self-reinforcement through modeling. J. Abnorm. Soc. Psychol. 69, 1–9.
Bandura, A., Lipsher, D. H. & Miller, P. E. (1960). Psychotherapists' approach-avoidance reactions to patients' expressions of hostility. J. Consult. Psychol. 24, 1–8.
Bandura, A. & Menlove, F. L. (1968). Factors determining vicarious extinction of avoidance behavior through symbolic modeling. J. Pers. Soc. Psychol. 8, 99–108.
Bandura, A., Ross, D. & Ross, S. A. (1961). Transmission of aggression through imitation of aggression models. J. Abn. Soc. Psychol. 63, 575–582.
Bandura, A., Ross, D. & Ross, S. A. (1963a). A comparative test of the status envy, social power, and secondary reinforcement theory of identificatory learning. J. Abn. Soc. Psychol. 67, 527–534.
Bandura, A., Ross, D. & Ross, S. A. (1963b). Vicarious reinforcement and imitative learning. J. Abn. Soc. Psychol. 67, 601–607.
Bandura, A. & Walters, R. H. (1958). Dependency conflict in aggressive delinquents. J. Soc. Issues 14, 52–65.
Bandura, A. & Walters, R. H. (1959). Adolescent aggression. New York.
Bandura, A. & Walters, R. H. (1963). Social learning and personality development. New York.
Bandura, A. & Whalen, C. K. (1966). The influence of antecendent reinforcement and divergent modeling cures on patterns of self-reward. J. Pers. Soc. Psychol. 3, 373–382.
Barlow, D. H. (1980). Behavior therapy: The next decade. Behavior Therapy 11, 315–328.
Barrett, A. M. (1922). The broadened interests of psychiatry. Amer. J. Psychiat. 2, 1–13.
Barrett, B. (1962). Reduction in rate of multiple tics by free operant conditioning methods. J. Nerv. Ment. Dis. 135, 187–195.
Barrett, B. (1965). Acquisition of operant differentiation and discrimination in institutionalized retarded children. Amer. J. Orthopsychiat. 35, 862–865.
Barrett, B. & Lindsley, O. R. (1962). Deficits in aquisition of operant discrimination and differentiation shown by institutionalized retarded children. Amer. J. Ment. Defic. 56, 424–436.

Bartlett, D. & Shapiro, M. B. (1956). Investigation and treatment of a reading disability in a dull child with severe psychiatric disturbance. Brit. J. Educ. Psychol. 26, 180–190.

Beach, E. L. (1966). The historical significance of Pavlov's experiments on conditional reflexes. Cond. Refl. 1, 281–287.

Bechterev, V. M. (1897). Über die objektiven Merkmale der allgemeinen Neurosen und der Hysterie. Obosrenije Psychatrii (russ.).

Bechterev, V. M. (1899). Über die objektiven Merkmale der lokalen Hypästhesie und Anästhesie bei den traumatischen Neurosen und bei der Hysterie. Obosrenije Psychatrii (russ.).

Bechterev, V. M. (1900). Noch einige Worte über die objektiven Merkmale der Hypästhesie und Anästhesie bei den traumatischen Neurosen. Obosrenije Psychatrii (russ.).

Bechterev, V. M. (1902). Über die objektiven Merkmale der in Hypnose suggerierten Empfindungsstörungen. Obosrenije Psychatrii (russ.).

Bechterev, V. M. (1906). What is hypnosis? J. Abn. Psychol. 1, 18–25.

Bechterev, V. M. (1907). Die objektive Untersuchung der Geisteskranken. Obosrenije Psychatrii (russ.); auch in: Zeitschr. f. Psychother. u. med. Psych. 1909, Bd. 1, Heft 5.

Bechterev, V. M. (1907). Die objektive Untersuchung der Geisteskranken. Obosrenije Psychatrii (russ.); auch in: Zeitschr. f. Psychother. u. med. Psych. 1909, Bd. 1, Heft 5.

Bechterev, V. M. (1909). Die objektive Untersuchung der neuropsychologischen Sphäre der Geisteskranken. Zeitschr. f. Psychother. 1, 257–289.

Bechterev, V. M. (1912a). Was ist Psychoreflexologie? Deutsche Medizinische Wochenschrift, Jg. 38, No. 32, 1481–1487.

Bechterev, V. M. (1912b). Über die Hauptäußerungen der neuropsychischen Tätigkeit bei objektivem Studium derselben (Zur Psycho-Reflexologie). Zeitschr. f. Psych. 60, 280–301.

Bechterev, V. M. (1912c). Die Anwendung der Methode der motorischen Assoziationsreflexe zur Aufdeckung der Simulation. Zeitschr. f. d. ges. Neur. u. Psychiat. 13, 183–191.

Bechterev, V. M. (1913a). Objektive Psychologie oder Psychoreflexologie. Die Lehre von den Assoziationsreflexen. Leipzig.

Bechterev, V. M. (1913b). Über die Entwicklung der Phobien u. a. Obosrenije Psychatrii, Nr. 6, 7 (russ.).

Bechterev, V. M. (1913c). Über die Behandlung krankhafter Neigungen und Zwangszustände ablenkende Psychotherapie. Obosrenije Psychatrii, Nr. 6, 7 (russ.).

Bechterev, V. M. (1914a). Über psycho-reflektorische Therapie. Obosrenije Psychatrii, Nr. 10, 11, 12 (russ.).

Bechterev, V. M. (1914b). Über Geschlechtsperversionen als pathologische Assoziationsreflexe. Obosrenije Psychatrii, Nr. 7, 8, 9 (russ.).

Bechterev, V. M. (1915). Über Zwangsphobien und ihre Heilung. R. Wratsch, Nr. 14 (russ.).

Bechterev, V. M. (1916). Über die Entwicklung der Phobien. Obosrenije Psychatrii (russ.).

Bechterev, V. M. (1917). Über die therapeutische Bedeutung der Anlernung von Assoziationsreflexen bei hysterischen Anästhesien und Lähmungen. Obosrenije Psychatrii, Nr. 11, 12 (russ.).

Bechterev, V. M. (1923). Die Perversitäten und Inversitäten vom Standpunkt der Reflexologie. Arch. f. Psychiat. u. Nervenkrankh. 68, 100–213.

Bechterev, V. M. (1924a). Vom Heilwert geistiger Arbeit bei den an allgemeinen Neurosen Leidenden. Zeitschr. f. d. ges. Neur. u. Psychiat. 88, 49–57.

Bechterev, V. M. (1924b). Die Ergebnisse des Experiments auf dem Gebiete der kollektiven Reflexologie. Zeitschr. f. Angew. Psych. 24, 305–344.

Bechterev, V. M. (1925). Principles de rèflexologie pathologique. Scientia 19, 391–402.

Bechterev, V. M. (1926). Allgemeine Grundlagen der Reflexologie des Menschen. Leitfaden für das objektive Studium der Persönlichkeit. Leipzig.

Bechterev, V. M. (1927a). Wladimir Bechterew. In: Grothe, R. L. (Hg.) 1927. 1–52.
Bechterev, V. M. (1927b). Über die Perversion und die Abweichungen des Geschlechtstriebes vom reflexologischen Standpunkt aus. Psychol. & Med. 2, 192–205 sowie 232–253.
Bechterev, V. M. (1932). General principles of human reflexology. New York.
Beck, A. T. (1952). Successful outpatient psychotherapy of a chronic schizophrenic with a delusion based on borrowed guilt. Psychiatry 15, 305–312.
Beck, A. T. (1952). A dynamic therapeutic program for a psychiatric open ward. Milit. Surg. 115, 128–132.
Beck, A. T. (1961). A systematic investigation of depression. Compar. Psychiat. 2, 163–270.
Beck, A. T. (1963). Thinking and depression. I. Idiosyncratic content and cognitive distortions. Arch. Gen. Psychiat. 9, 36–45.
Beck, A. T. (1967). Depression: Clinical, experimental, and theoretical aspects. New York.
Beck, A. T. (1970a). Cognitive therapy: Nature and relation to behavior therapy. Behav. Ther. 1, 184–200.
Beck, A. T. (1970b). Role of fantasies in psychotherapy and psychopathology. J. Nerv. Ment. Dis. 150, 3–17.
Beck, A. T. (1976). Cognitive therapy and the emotional disorders. New York. Dt. Ausg. München 1979.
Beck, A. T. & Hurvich, M. (1959). Psychological correlates of depression. Psychosom. Med. 21, 50–55.
Beck, A. T. & Mahoney, M. J. (1979). Schools of "thought". Amer. Psychol. 1979, 93–98.
Beck, A. T. & Valin, S. (1953). Psychotic depressive reactions in soldiers who accidentally killed their buddies. Amer. J. Psychiat. 110, 347–353.
Beck, A. T. & Ward, C. H. (1961). Dreams of depressed patients: Characteristic themes in manifest content. Arch. Gen. Psychiat. 5, 462–467.
Becker, J. & Schuckit, M. A. (1978). The comparative value of cognitive therapy and pharmacotherapy in the treatment of depressions. Cogn. Ther., 193–197.
Beech, H. R. (1982). The future of behavior therapy. E. A. B. T. Newsletter 7 (April), 20–22.
Beech, H. R. & Jones, H. G. (1957). Unpublished clinical investigation. Institute of Psychiatry, London.
Bem, D. J. (1972). Self-perception theory. In: Berkowitz (Ed.). Advances in experimental social psychology. Vol 6, New York, 1–62.
Ben-David, J. (1971). The scientist's role in society. A comparative study. Englewood Cliffs.
Ben-David, J. (1977). Centers of learning. Britain, France, Germany, U.S.A. New York.
Bergin, A. E. (1970). Cognitive therapy and behavior therapy: Foci for a multidimensional approach to treatment. Behav. Ther. 1, 205–212.
Bergmann, G. (1943). Psychoanalysis and experimental psychology: A review from standpoint of scientific empiricism. Mind 52, 122–140.
Bergmann, G. (1956). The contribution of John B. Watson. Psychol. Rev. 63, 265–276.
Bergold, J. B., Fröschen, G., Keupp, H., Klinkers, A., Kopkow, A., Mühlen, G., Permien, H., Rüggeberg, A., Stevens, U. & Zimmer, D. (1973). Emanzipation und Verhaltensmodifikation: Widersprüche und Möglichkeiten. In: Brengelmann, J. C. & Tunner, W. (Hg.). Behavior Therapy – Verhaltenstherapie. Praktische und theoretische Aspekte. 367–385. München.
Bevan, J. R. (1960). Learning theory applied to the treatment of a patient with obsessional ruminations. In: Eysenck, H. J. (Ed.) 1960, 165–169.
Birk, L. (1970). Behavior therapy – integration with dynamic psychiatry. Behav. Ther. 1, 522–526.
Blanchard, E. B. (1969). The relative contribution of modeling, informational influences, and physical contact in the extinction of phobic behavior. Unveröff. Doktorarbeit, Stanford University 1969. Zit. n. Bandura, A. (1969).

Blatz, W. E. & Bott, H. (1929). Parents and the preschool child. New York.

Böhme, G., Van den Daele, W. & Krohn, W. (1978). The "scientification" of technology. In: Sociology of the Sciences II, 1978, 219–250.

Bogen, H. (1907). Experimentelle Untersuchungen über psychische und assoziative Magensaftsekretion beim Menschen. Jahrbuch für Kinderheilkunde 65, 733ff.

Boldyrev, V. (1905). Die Bildung künstlicher, konditionierter (psychischer) Reflexe und ihre Eigenschaften. Mitteilungen der Gesellschaft russischer Ärzte in St. Petersburg, 1905–1906 (russ.).

Bond, E. P. (1930). Psychiatry itsself. Amer. J. Psychiat. 8, 1–7.

Bond, J. A. (1974). Behavior therapy, learning theory and scientific method. Psychother.: Theory, Res. & Pract. 11, 118–132.

Boring, E. G. (1957). A history of experimental psychology. New York.

Boring, E. G. (1963a). History, psychology and science. New York.

Boring, E. G. (1963b). Was this analysis a success? In: Rachman, S. (Ed.). Critical essays on psychoanalysis. Oxford, 16–22.

Borkovec, T. D. (1972). Effects of expectation on the outcome of systematic desensitization and implosive treatments for analogue anxiety. Behav. Ther. 3, 29–40.

Borcovec, T. D. & Nau, S. D. (1972). Credibility of analogue therapy rationales. J. Behav. Ther. & Exp. Psychiat. 3, 257–260.

Bornstein, P. H. & Tychtarik, R. G. (1983). Consumer satisfaction in adult behavior therapy: Procedures, problems, and future perspectives. Behavior Therapy 14, 191–208.

Bowman, K. M. (1929). Review: the ways of behaviorism. By John B. Watson. Amer. J. Psychiat. 10, 961–962.

Brady, J. P. (1967). Psychotherapy, learning theory, and insight. Arch. Gen. Psychiat. 16, 304–311.

Brady, J. P. (1968). Psychotherapy by a combined behavioral and dynamic approach. Comprehensive Psychiatry 9, 536–543.

Brady, J. P. (1973). Presidential address: Behavior therapy – fad or psychotherapy of the future? Advances in Behavior Therapy 4.

Brady, J. P. (1973). The place of behavior therapy in medical student and psychiatric resident training: Two surveys and some recommendations. J. Nerv. Ment. Dis. 157, 21–26.

Brady, J. P. & Lind, D. L. (1961). Experimental analysis of hysterical blindness: operant conditioning techniques. Arch. Gen. Psychiat. 4, 331–339.

Brand, W. L. (1979). Behaviorism – the psychological buttress of late capitalism. In: Buss, A. R. (Ed.) 1979, 77–99.

Breger, L. & McGaugh, J. L. (1965). Critique and reformulation of "learning theory" approaches to psychotherapy and neurosis. Psychol. Bull. 63, 338–358.

Bregman, E. O. (1934). An attempt to modify the emotional attitudes of infants by the conditioned response technique. J. Genet. Psychol. 45, 169–198. Abstract in Psychol. Bull. 31, 749–750.

Bregman, E. O. (1960). Learning and personality: A pilot experiment. Acta Psychol. 17, 113–147.

Bregman, E. O. (1967). Bedingte Reaktionen, Lerntheorien and Psychiatrie. In: Gruhle, H. W. et al. (Hg.), Psychiatrie der Gegenwart, Bd. I, Heidelberg.

Brengelmann, J. C. (1968). German Association for the Advancement of Behavior Therapy. AABT Newsletter, Nov. 1968, Vol. III, No. 3, 3–4.

Brengelmann, J. C. (1973). Die Therapie der Rauschmittelabhängigkeit. In: Brengelmann, J. C. & Tunner, W. (Hg.). Behavior therapy – Verhaltenstherapie. München.

Brengelmann, J. C. (1981). Stress und Stresstherapie: Ein internationales Projekt (STESA). Vortrag, Alicante, Februar 1981.

Brengelmann, J. C. (1982). Entwicklungen der Verhaltenstherapie in der Praxis 1981. Themen der 6. Verhaltenstherapiewoche, Riva. München.

Brengelmann, J. C. (1983). Historische Aspekte und Möglichkeiten der Integration in der Psychotherapie. Report Psychologie 3, 18–22, 43.

Brengelmann, J. C. & Bühringer, G. (Hg.) (1980). Entwicklungen der Verhaltenstherapie in der Praxis: Vorträge der 4. Verhaltenstherapiewoche, Riva 1980. IFT-Texte III, München.

Brengelmann, J. C., Müller, G., Maas, M. & Hohenberger, E. (1982). Stressdiagnostik: Die innere und äußere Validität neuer Stress-Skalen. S. 69–91, in: Brengelmann, J. C. (Hg.), Entwicklungen der Verhaltenstherapie in der Praxis 1981. Themen der 6. Verhaltenstherapiewoche in Riva. München.

Brengelmann, J. C. & Tunner, W. (Hg.) (1973). Behavior Therapy-Verhaltenstherapie. Praktische und theoretische Aspekte. München.

Brengelmann, J. C. & Sedlmayr, E. (1976). Experimente zur Behandlung des Rauchens. Stuttgart.

Breuer, J. & Freud, S. (1895). Studien über Hysterie. Leipzig.

Brill, A. A. (1939). The introduction and development of Freud's work in the United States. Amer. J. Sociol. 45, 318–325.

Bringmann, W. G., Krichev, A. & Balance, W. (1970). Goethe as a behavior therapist. J. Hist. Behav. Sci. 6, 151–155.

Broadhurst, P. (1960). Abnormal animal behavior. S. 726–763, in: Eysenck, H. J. (Ed.). Handbook of abnormal psychology. An experimental approach. New York.

Brockhoven, J. S. (1972). Moral treatment in community mental health. New York.

Bromberg, W. (1954). Man above humanity. A history of psychotherapy. Philadelphia.

Brown, B. M. (1967). Cognitive aspects of Wolpe's behavior therapy. Amer. J. Psychiat. 124, 162–167.

Brown, J. F. (1940a). Freud's contributions to psychology. Amer. J. Orthopsychiat. 10, 866–869.

Brown, J. F. (1940b). The position of psychoanalysis in the science of psychology. J. Abn. Soc. Psychol. 35, 29–44.

Brownell, K. (1981). Report on international behavior therapy organizations. E.A.B.T. Newsletter 6 (May), S. 39–51.

Brožek, J. & Pongratz, L. J. (1980). Historiography of modern psychology. Aims, resources, approaches. Toronto 1980.

Brožek, J. (1980). Approaches to Historiography. 3. Quantitative. In: Brožek, J. & Pongratz, L. J. (Eds.) 1980, 290–301.

Bruce, M. (1966). Tokens for recovery. Amer. J. Nursing 66, 1799–1802.

Burnham, J. C. (1967). Psychoanalysis and American medicine: 1894–1918. Medicine, science and culture. Psychol. Issues Monogr. 20, Vol. 5.

Burnham, J. C. (1968a). The new psychology: from narcissism to social control. In: Braeman, J., Bremner, R. & Brody, D. (Eds.) 1968, 351–398.

Burnham, J. C. (1968b). On the origins of behaviorism. J. Hist. Behav. Sci. 4, 143–151.

Burnham, J. C. (1974). The struggle between physicians and paramedical personnel in American psychiatry, 1917–1941. J. Hist. Med. & Allied Sci. 29, 93–106.

Burnham, J. C. (1978a). Science in America. Historical selections. New York.

Burnham, J. C. (1978b). The impact of psychoanalysis upon American culture. In: Quen, J. M. & Carlsson, E. T. (Eds.) 78, 52–72.

Burnham, J. C. (1978c). Science in America. Historical Selections. New York.

Burnham, J. C. (1979). From avant-garde to specialism: Psychoanalysis in America. J. Hist. Behav. Sci. 15, 128–134.

Burnham, W. H. (1917). Mental hygiene and the conditioned reflex. Ped. Sem. 24, 449–487.

Burnham, W. H. (1921). The significance of the conditioned reflex in mental hygiene. Ment. Hyg. 5, 673–706.
Burnham, W. H. (1924). The normal mind; an introduction to mental hygiene and the hygiene of school instruction. New York.
Burnham, W. H. (1932). The wholesome personality: A contribution to mental hygiene. New York.
Buss, A. R. (1979). Psychology in social context. The emerging field of the sociology of psychological knowledge. New York, 1–24.
Bykov, K. M. (1953). New data on the physiology and pathology of the cerebral cortex. Communication at the XIXth International Physiological Congress, Montreal. Zit. n. Jones, H. G. 1960.
Calverton, V. F. (1924). The rise of objective psychology. Psychol. Rev. 31, 1924.
Cameron, D. E. (1950). General psychotherapy; dynamics and procedures. New York.
Carlsson, A. J. (1944). The conditioned-reflex therapy of alcohol addiction. Quart. J. Stud. Alc. 5, 212–215.
Carpenter, F. (1974). The Skinner primer. Behind freedom and dignity. New York.
Carr, H. A. (1933). Review: Knight Dunlap. Habits: Their making and unmaking. Psychol. Bull. 30, 535–538.
Carroll, R. P. (1929). An analysis of the beta-hypothesis of learning. School & Soc. 29, 543–545.
Carver, A. E. (1942). The modern treatment of alcoholism. Med. Pr. 208, 295–297.
Cason, H. (1925). The conditioned reflex or conditioned response as a common activity of living organisms. Psychol. Bull 22, 445–472.
Cattell, J. MckKeen (1921). Practical psychology. Science, 30–35.
Cautela, J. R. (1965). The application of learning theory "as a last resort" in the treatment of a case of anxiety neurosis. J. Clin. Psychol. 21, 448–452. (a)
Cautela, J. R. (1965a). Desensitization and insight. Behav. Res. Ther. 3, 59–64.
Cautela, J. R. (1966b). A behavior therapy approach to pervasive anxiety. Behav. Res. Ther. 4, 99–109.
Cautela, J. R. (1966c). Treatment of compulsive behavior by covert sensitization. Psychol. Rec. 16, 33–41.
Cautela, J. R. (1966d). Hypnosis and behavior therapy. Beh. Res. Ther. 4, 219–224.
Cautela, J. R. (1966e). The Pavlovian basis of reciprocal inhibition therapy. Cond. Refl. 2, 293–300.
Cautela, J. R. (1966f). Desensitization factors in the hypnotic treatment of phobias. J. Psychol. 64, 277–288.
Cautela, J. R. (1967). Covert sensitization. Psychol. Rep. 20, 459–468.
Cautela, J. R. (1970a). Covert negative reinforcement. J. Behav. Ther. & Exp. Psychiat. 1, 273–278.
Cautela, J. R. (1970b). Covert reinforcement. Behav. Ther. 1, 33–50.
Cautela, J. R. (1971). Covert extinction. Behav. Ther. 2, 192–200.
Cautela, J. G. (1976a). The present status of covert modeling. J. Behav. Ther. & Exp. Psychiat. 7, 323–326.
Cautela, J. R. (1976b). Covert response cost. Psychotherapy: Theory, Res. & Pract. 13, 397–404.
Cautela, J. R., Flannery, R. B. & Hanley, S. (1974), Covert modeling: An experimental test. Behav. Ther. 5, 494–502.
Chambers, C. A. (1963). Seedtime of reform: American social service and social action, 1918–1933. Minneapolis.
Chant, S. N. F. (1936). Book review: Wallin, J. E. W., Personality maladjustments and mental hygiene. Psychol. Bull 36, 294–296.

Cherry, E. C. & Sayers, B. McA. (1956). Experiments upon the total inhibition of stammering by external control, and some clinical results. J. Psychosom. Res. 1, 233–246.
Cherry, E. C., Sayers, B. McA. & Marland, P. M. (1955). Experiments on the complete suppression of stammering. Nature 176, 874–875.
Cherry, E. C. & Sayers, B. McA. & Marland, P. M. (1956). Some experiments on the total suppression of stammering; and a report on some clinical trials. Bull. Brit. Psychol. Soc. 30, 43–44.
Chomsky, N. (1959). Review of "Verbal Behavior". Language 35, 26–58.
Clark, T. N. (1972). The stages of scientific institutionalization. Int. Soc. Sci. J. 24, 658–671.
Cochran, T. C. (1964). The inner revolution: Essays on the social sciences in history. New York.
Cochran, T. C. (1968). The great depression and World War II, 1929–1945. Glenview.
Cochran, T. C. (1972). Social change in industrial society. Twentieth-century America. London.
Cofer, C. N. (1981). The history of the concept of motivation. J. Hist. Behav. Sci. 17, 48–53.
Cohen, D. (1977). Psychologists on psychology. London.
Cohen, D. (1979). J. B. Watson. The founder of behaviorism. London.
Cohen, L. H., Hilgard, E. R. & Wendt, G. R. (1933). Sensitivity to light in a case of hysterical blindness studied by reinforcement-inhibition and conditioning methods. Yale J. Biol. & Med. 6, 61–67.
Cohen, L. H. & Sears, R. R. (1933). Hysterical anesthesia, analgesia and astereognosis. Arch. Neur. & Psychiat. 29, 260–271.
Conklin, E. S. (1927). Principles of abnormal psychology. New York 1927. 2. Ed. 1935.
Cooke, G. (1966). The efficacy of two desensitization procedures: An analogue study. Behav. Res. Ther. 4, 17–24.
Cooper, A. J. (1963). A case of fetishism and impotence treated by behavior therapy. Brit. J. Psychiat. 109, 649–652.
Cooper, E. B. (1969). An integration of behavior therapy and traditional therapy procedures for stutterers. AABT Newsletter. Vol. IV, No. 2 June 1969.
Cooper, J. E., Gelder, M. G. & Marks, I. M. (1965). Results of behavior therapy in 77 psychiatric patients. Brit. Med. J. 1, 1222–1225.
Corey, S. M. (1933). Review. Knight Dunlap, Habits: Their making and unmaking. Amer. J. Psychol. 45, 761–763.
Coriat, I. (1909). Certain pulse reactions as a measure of the emotions. J. Abn. Psychol. 4, 261–279.
Coriat, I. (1914). Stammering as a psychoneurosis. J. Abn. Psychol. 9, 417–428.
Coriat, I. (1917a). Some statistical results of the psychoanalytic treatment of the psychoneuroses. Psychoanal. Rev. 4, 208–216.
Coriat, I. (1917b). The future of psychoanalysis. Psychoanal. Rev. 4, 282–287.
Coriat, I. (1917c). What is psychoanalysis? New York.
Coriat, I. (1926). Review: An introduction to objective psychopathology. G. V. Hamilton 1925. BIMI & SJ, 25. 2. 1926.
Cornil, L. & Goldenfoun, Z. (1930). Réflexes conditionels ou réflexes associatifs? L'Encéphale 25, 391–394.
Cramer, M. & Gottwald, P. (Hg., 1973). Verhaltenstherapie in der Diskussion. Sonderheft der „Mitteilungen der GVT e. V.", München.
Cramer, M. & Gottwald, P. (1974). Verhaltenstherapie in der Diskussion. Gesundheitspolitische und grundlagentheoretische Standpunkte. München.
Crane, D. (1969). Fashion in science: Does it exist? Social Problems 16, 433–441.
Crisp, A. H. (1966). "Transference", "symptom emergence" and "social repercussion" in behavior therapy. A study of fifty-four treated patients. Brit. J. Med. Psychol. 39, 179–196.
Crowley, M. (1968). Boys in the band. New York.

Czerny, A. (1910). Über Bedingungsreflexe im Kindesalter. Straßburger med. Zeitung, Heft. 9.
Danzinger, K. (1979). The social origins of modern psychology. In: Buss, A. R. (Ed.) 1979, 27–45.
Davies, A. E. (1929). Psychometry, psychology and psychiatry. J. Abn. Soc. Psychol. 24, 147–152.
Davison, G. C. (1964). A social learning therapy program with an autistic child. Behav. Res. Ther. 2, 149–159.
Davison, G. C. (1966). Anxiety under total curarization: Implications for the role of muscular relaxation in the desensitization of neurotic fears. J. Nerv. Ment. Dis. 143, 443–447.
Davison, G. C. (1968). Systematic desensitization as a counterconditioning process. J. Abn. Psychol. 73, 91–99.
Davison, G. C. (1971). Noncontiguous presence during treatment sessions of relaxation and imaginal aversive stimuli: A reply to Nawas, Mealiea, & Fishman. Behav. Ther. 2, 357–360.
Davison, G. C. (1976). Homosexuality: The ethical challenge. J. Consult. Clin. Psychol. 44, 157–162.
Davison, G. C., Goldfried, M. R. & Krasner, L (1970). A postdoctoral program in behavior modification: Theory and practice. Amer. Psychol. 25, 767–772.
Davison, G. C. & Neale, J. N. (1973). Abnormal psychology: An experimental clinical approach. New York.
Davison, G. C. & Stuart, R. S. (1975). Behavior therapy and civil liberties. Amer. Psychol. 30, 755–763.
Davison, G. C. & Wilson, G. T. (1972). Critique of "Desensitization: Social and cognitive factors underlying the effectiveness of Wolpe's procedure". Psychol. Bull. 78, 28–31.
De Fleury, M. (1930). Une observation clinique de réflexe conditionné. L'Encéphale 25, 390.
Deitz, S. M. (1978). Current status of applied behavior analysis. Science versus technology. Amer. Psychol. 33, 805–814.
De Jong, R. & Bühringer, G. (Hg., 1978). Ein verhaltenstherapeutisches Stufenprogramm zur stationären Behandlung von Drogenabhängigen: Programmbeschreibung, Ergebnisse und Entwicklungen von 1972–1978. IFT-Texte I, München.
Delmas, A. (1928). Critique de la doctrine de Freud. Bull. méd. 42, 599–609.
Delmas, A. (1930). Les réflexes conditionnels en psychiatrie. Encéphale 25, 318–323.
DeMyer, M. K. & Ferster, C. B. (1962). Teaching new social behavior to schizophrenic children. J. Amer. Acad. Child Psychiat. 1, 443–461.
Dengrove, E. (1966). Rambling through the literature and other places. AABT Newsletter, Vol. I, No. 1, S. 4–6.
Dengrove, E. (1967). Rambling through the literature and other places. AABT Newsletter, Vol. II, No. 1, Febr. 1967, 2–3. Auch Vol. II, June 1967, No. 2, 5–6.
Dengrove, E. (1968). Rambling through the literature and other places. AABT Newsletter, June 1968, Vol. III, No. 2, 3.
Dengrove, E. (1969). Rambling through the literature and other places. AABT Newsletter, Febr. 1969, Vol. IV, No. 1, 8–9.
Derner, G. F. (1965). Graduate education in clinical psychology. In: Wolman, B. B. (Ed.) 1965, 1403–1414.
Deutsch, A. (1937). The mentally ill in America. A history of their care and treatment from colonial times. New York.
Deutsch, A. (1945). Psychiatry as state medicine. Amer. J. Psychiat. 101, 148–190.
Deutsch, A. (1949). The mentally ill in America: A history of their care and treatment from colonial times. New York.
DeVane, W. C. (1965). Higher education in twentieth-century America. Cambridge.
Diener, E. & Crandall, R. (1978). Ethics in social and behavioral research. Chicago.

Dittmann, A. T., Parloff, M. B. & Gill, M. M. (1969). Behavior therapy: Observations and reflections. J. Consult. Psychol. 33, 259–266.
Dollard, J. (1934). The psychotic person seen culturally. Amer. J. Soc. 39, 637–648.
Dollard, J. (1935). Criteria for the life history. With an analysis of six notable documents. New Haven.
Dollard, J. (1937). Caste and class in a southern town. New Haven 1937, 3. Ed. 1957.
Dollard, J. (1939a). Culture, society, impulse and socialization. Amer. J. Sociol. 45, 50–63.
Dollard, J. (1939b). The dozens: Dialectic of insight. Amer. Imago 1, 3–25.
Dollard, J. (1942a). The problem of fear. Transactions of the N.Y. Acad. of Sciences 5, 17–18.
Dollard, J. (1942b). Victory over fear. New York.
Dollard, J. (1943). Fear in battle. New Haven.
Dollard, J. (1964). Yale's Institute of Human Relations: What was it? Ventures, Magazine of the Yale Graduate School, New Haven.
Dollard, J., Doob, L. W., Miller, N. E. & Sears, R. R. (1939). Frustration and aggression. New Haven.
Dollard, J. & Miller, N. E. (1950). Personality and psychotherapy. An analysis in terms of learning, thinking, and culture. New York.
Dollard, J. & Mowrer, O. H. (1947). A method of measuring tension in written documents. J. Abn. Soc. Psychol. 42, 3–32.
Donley, J. E. (1904). Three cases of association neurosis with remarks on its genesis. Bost. Med. Surg. J. 151, 484–486.
Donley, J. E. (1907). A further study of association neuroses. J. Abn. Psychol. 2, 45–57.
Donley, J. E. (1911a), Psychotherapy and re-education. J. Abn. Psychol. 6, 1–10.
Donley, J. E. (1911b), Freud's anxiety neurosis. J. Abn. Psychol. 6, 126–134.
Dorcus, R. M. & Shaffer, G. W. (1934). Textbook of abnormal psychology. 1st Ed. 1934, 2nd Ed. 1939, 3rd. Ed. 1945, 4th. Ed. 1950. Baltimore.
Dorcus, R. M. (1950). Knight Dunlap: 1875–1949. Amer. J. Psychol. 63, 114–119.
Dowdall, T. (1982). Behavior therapy in South Africa: A review. J. Behav. Ther. & Exp. Psychiat. 13, 279–286.
Dummer, E. S. (1928). The unconscious. A symposium. New York.
Dunlap, K. (1916). The results of a questionnaire on psychological terminology. Johns Hopkins University Circular 285 (No. 5).
Dunlap, K. (1917). The stuttering boy. J. Abn. Psychol. 12, 44–48.
Dunlap, K. (1920). Mysticism, Freudianism and scientific psychology. St. Louis.
Dunlap, K. (1927). The use and abuse of abstractions in psychology. Phil. Rev. 36, 462–487.
Dunlap, K. (1928). A revision of the fundamental law of habit formation. Science 67, 360–362.
Dunlap, K. (1930). Response psychology. In: Murchison, C. (Ed.) 1930, 309–323.
Dunlap, K. (1932). Habits; their making and unmaking. New York.
Dunlap, K. (1934). Shepherd Ivory Franz. May 27, 1874 – October 14, 1933. J. Gen. Psych. 10, 3.
Dunlap, K. (1943). Toward a practical concept of neurosis. J. Gen. Psychol. 28, 99–109.
Ebaugh, F. G. (1945). The history of psychiatric education in the U.S. From 1844 to 1944. Amer. J. Psychiat. 101, 151–160.
Edlin, J. V., Johnson, R. H., Hletko, P. & Heilbrunn, G. (1945a). The conditioned aversion treatment of chronic alcoholism. Preliminary report. Arch. Neurol. Psychiat. 53, 85–87.
Edlin, J. V., Johnson, R. H., Hletko, P. & Heilbrunn, G. (1945b). The conditioned aversion treatment in chronic alcoholism (preliminary report of 100 cases). Amer. J. Psychiat. 101, 806–809.
Erofeeva, M. N. (1912). Elektrische Reizung der Haut des Hundes als bedingter Erreger der Speicheldrüsen. Diss. Petersburg.

Erofeeva, M. N. (1913). Zur Physiologie der zerstörten bedingten Reflexe. Abhandl. d. Ges. russ. Ärzte, Petersburg, Bd. 80.
Erofeeva, M. N. (1921). Weitere Ergebnisse über zerstörende bedingte Reflexe. Nachr. d. Petrogr. wissensch. Institutes Lesgaft, Bd. 3.
Ellis, A. (1948). A critique of the theoretical contributions of non-directive psychotherapy. J. Clin. Psychol. 4, 248–255.
Ellis, A. (1950a). An introduction to the principles of scientific psychoanalysis. Genet. Psychol. Monogr. 41, 147–212.
Ellis, A. (1950b). Requisites for research in psychotherapy. J. Clin. Psychol. 6, 152–156.
Ellis, A. (1954). Private clinical practice. In: Rubinstein, E. A. & Lorr, M. (Eds.) 1954, 186–196.
Ellis, A. (1955). New approaches to psychotherapy techniques. J. Clin. Psychol. 11, 207–260.
Ellis, A. (1956). An operational reformulation of some basic principles of psychoanalysis. Psychoanal. Rev. 43, 163–180.
Ellis, A. (1957). Outcome of employing three techniques of psychotherapy. J. Clin. Psychol. 13, 344–350.
Ellis, A. (1958a). The private practice of psychotherapy: A clinical psychologist's report. J. Gen. Psychol. 58, 207–216.
Ellis, A. (1958b). Rational psychotherapy. J. Gen. Psychol. 59, 35–48.
Ellis, A. (1959). A homosexual treated with rational psychotherapy. J. Clin. Psychol. 15, 338–343.
Ellis, A. (1961). Treatment of a psychopath with rational psychotherapy. J. Psychol. 51, 141–150.
Ellis, A. (1962). Reason and emotion in psychotherapy. New York. Dt. Übers. München 1975.
Ellis, A. (1973). Are cognitive behavior therapy and rational therapy synonymous? Rational Living 8, 8–11.
Ellis, A. (1977). Rational-emotive therapy: Research data that supports the clinical and personality hypotheses of RET and other models of cognitive behavior therapy. The Counseling Psychologist 7, 2–42.
Ellis, A. (1979). On Joseph Wolpe's espousal of cognitive-behavior therapy. Amer. Psychol., 98–99.
Ellis, A. (1980). Rational-emotive therapy and cognitive behavior therapy: Similarities and differences. Cogn. Ther. & Res. 4, 325–340.
English, H. B. (1929). Three cases of the "conditioned fear response". J. Abn. Soc. Psychol. 24, 221–225.
Erwin, E. (1980). Psychoanalytic therapy. The Eysenck argument. Amer. Psychol. 35, 435–443.
Estes, S. G. (1951). Review: Personality and psychotherapy. By Dollard, J. & Miller, N. E. J. Abn. Soc. Psychol. 46, 605–606.
Eysenck, H. J. (1947). Dimensions of personality. London.
Eysenck, H. J. (1949). Training in clinical psychology: An English point of view. Amer. Psychol. 4, 173–176.
Eysenck, H. J. (1950). Function and training of the clinical psychologist. J. Ment. Sci. 96, 710–725.
Eysenck, H. J. (1951). Psychology Department, Institute of Psychiatry (Maudsley Hospital), University of London. Acta Psychologica 8, 63–68.
Eysenck, H. J. (1952a). The effects of psychotherapy: An evaluation. J. Consult. Psychol. 16, 319–324.
Eysenck, H. J. (1952b). The scientific study of personality. London.
Eysenck, H. J. (1952c). Discussion on the role of the psychologist in psychiatric practice. Proc. Roy. Soc. Med. 45, 447–449.
Eysenck, H. J. (1953). The logical basis of factor analysis. Amer. Psychol. 8, 105–113.

Eysenck, H. J. (1955). A dynamic theory of anxiety and hysteria. J. Ment. Sci. 101, 28–48.
Eysenck, H. J. (1957a). The dynamics of anxiety and hysteria. An experimental application of modern learning theory to psychiatry. London.
Eysenck, H. J. (1957b). Psychoanalysis – myth or science? Inquiry 4, 1, 1957, auch in Rachman, S. (Ed.) 1963.
Eysenck, H. J. (1959). Anxiety and hysteria – a reply to Vernon Hamilton. Brit. J. Psychol. 50, 64–69. (a)
Eysenck, H. J. (1959). Learning theory and behavior therapy. J. Ment. Sci. 105, 61–75.
Eysenck, H. J. (1960a). Behavior therapy and the neuroses. Readings in modern methods of treatment derived from learning theory. London.
Eysenck, H. J. (1960b). Handbook of abnormal psychology. An experimental approach. London.
Eysenck, H. J. (1963a). Behavior therapy, extinction and relapse in neurosis. Brit. J. Psychiat. 109, 12–18.
Eysenck, H. J. (1963). Editorial. Behav. Res. Ther. 1, 1–2.
Eysenck, H. J. (1964). Experiments in Behavior Therapy. Readings in modern methods of treatment of mental disorders derived from learning theory. Oxford.
Eysenck, H. J. (1969a). The two faces of behavior therapy. AABT Newsletter, Vol. IV. No. 1, Febr. 1969.
Eysenck, H. J. (1969b). Relapse and symptom substitution after different types of psychotherapy. Beh. Res. Ther. 7, 283–287.
Eysenck, H. J. (1970). Behavior therapy and its critics. J. Behav. Ther. & Exp. Psychiat. 1, 5–15.
Eysenck, H. J. & Beech, R. (1971). Counterconditioning and related methods. In: Bergin, A. E. & Garfield, S. L. (Eds.) 1971, 543–611.
Eysenck, H. J. (1972). Behavior therapy is behavioristic. Behav. Ther. 3, 609–613.
Eysenck, H. J. (1974). Personality as an integrative concept in psychology. In: Cullen, J. W. (Ed.), 19–45.
Eysenck, H. J. (Ed., 1976). Case studies in behavior therapy. London.
Eysenck, H. J. (1982). Is behavior therapy on course? E.A.B.T. Newsletter 7 (July), 36–40.
Eysenck, H. J. & Wilson, G. D. (1979). Experimentelle Studien zur Psychoanalyse Sigmund Freuds. Wien.
Faegre, M. I. & Anderson, J. E. (1929). Child care and training. Minneapolis.
Fearing, F. (1930). Reflex action. London.
Fernberger, S. W. (1932). The American Psychological Association. A historical summary. Psych. Bull. 29, 1–92.
Ferster, C. B. (1958). Reinforcement and punishment in the control of human behavior by social agencies. Psychiat. Res. Rep. 10, 101–118.
Ferster, C. B. (1961). Positive reinforcement and behavioral deficits of autistic children. Child Dev. 32, 437–456.
Ferster, C. B. (1967). Transition from animal laboratory to clinic. Psychol. Rec. 17, 145–150.
Ferster, C. B. (1972). An experimental analysis of clinical phenomena. Psychol. Rec. 22, 1–16.
Ferster, C. B. (1973). "Clinical depression". A functional analysis of depression. Amer. Psychol. 28/1973.
Ferster, C. B. (1961). The development of performances in autistic children in an experimentally controlled environment. J. Chron. Dis. 13, 312–345.
Ferster, C. B. & DeMyer, M. K. (1962). A method for the experimental analysis of the behavior of autistic children. Amer. J. Orthopsychiat. 32, 89–98.
Ferster, C. B., Nurnberger, J. I. & Levitt, E. B. (1962). The control of eating. J. of Mathetics 1, 87–110.
Ferster, C. B. & Simons, J. (1966). Behavior therapy with children. Psychol. Rec. 16, 65–71.

Ferster, C. B.. A laboratory model of psychotherapy. The boundary between clinical practice and experimental psychology. American University. Unveröff. Manuskr., 27 S.
Ferstl, R., De Jong, R. & Brengelmann, J. C. (1978). Verhaltenstherapie des Übergewichts. Stuttgart.
Finan, J. L. (1950). The behavior of organisms. By B. F. Skinner, Review. J. Gen. Psychol. 22, 441–447.
Finch, F. H. & Odoroff, M. E. (1938). Employment trends in applied psychology. I. J. Consult. Psychol. 2, 118–122.
Fisher, V. E. (1929). An introduction to abnormal psychology. New York.
Fishman, H. C. (1936). A study of efficacy of negative practice as a corrective for stammering. J. Speech. Dis. 1, 67–72.
Fleischmann, S. (1927). Psychotherapie auf behavioristischer Basis. Zeitschr. f. d. ges. Neurol. & Psychiat. 110, 176–188.
Fleischmann, S. (1930). Aktive Psychotherapie. Med. Klinik 52, 1919–1921.
Fletcher, J. M. (1932). Dunlap's theory of habit control. J. Abn. Soc. Psychol. 26, 395–401.
Flexner, A. (1932). Die Universitäten in Amerika, England, Deutschland. Berlin.
Florin, I. & Tunner, W. (1975). Therapie der Angst. Systematische Desensibilisierung. München.
Frank, J. D. (1961). Persuasion and healing. A comparative study of psychotherapy. Baltimore.
Franks, C. M. (1955). A conditioning laboratory for the investigation of personality and cortical functioning. Nature 175, 984–985.
Franks, C. M. (1956). Conditioning and personality. A study of normal and neurotic subjects. 52, 143–149.
Franks, C. M. (1958a). Alcohol, alcohol addiction and conditioning. A review of the literature and some theoretical considerations. J. Ment. Sci. 104, 14–33.
Franks, C. M. (1958b). Some fundamental problems in conditioning. Acta Psychologica 14, 223–246.
Franks, C. M. (1959). Theoretical and experimental application of a conditioning model to a consideration of bronchial asthma in man. J. Psychosom. Res. 4, 88–98.
Franks, C. M. (1964a). Conditioning techniques in clinical practice and research. New York.
Franks, C. M. (1964b). A replication is a replication is not a replication. Psychol. Rep. 15, 550.
Franks, C. M. (1965). Behavior therapy, psychology, and the psychiatrist. Contributions, evaluation and overview. Amer. J. Orthopsychiat. 35, 145–151.
Franks, C. M. (1966). Clinical application of conditioning and other behavioral techniques: Conceptual and professional considerations. Cond. Refl. 2, 36–48.
Franks, C. M. (1969). Behavior therapy. Appraisal and status. New York.
Franks, C. M. & Brady, J. P. (1970). Editorial. What is behavior therapy and why a new journal? Behav. Ther. 1, 1–3.
Franks, C. M. & Laverty, S. G. (1955). Sodium amytal and eyelid conditioning. J. ment. Sci. 101, 654–663.
Franks, C. M. & Susskind, D. (1968). Behavior modification with children. Rationale and technique. J. School Psychol. 4, 75–88.
Franks, C. M. & Trouton, D. (1958). Effects of amobarbital sodium and dexamphetamine sulfate on the conditioning of the eyeblink response. J. comp. physiol. Psychol. 51, 220–222.
Franks, C. M. & Wilson, G. T. (Eds., 1973). Annual review of behavior therapy: Theory and practice. Introduction. New York.
Franks, C. M. & Wilson, G. T. (Eds., 1974). Annual review of behavior therapy: Theory and practice. Introduction. New York.
Franks, C. M. & Wilson, G. T. (Eds., 1975). Annual review of behavior therapy: Theory and practice. Introduction. New York.

Franz, S. I. (1912). The present status of psychology in medical education and practice. (Symposium) Journ. A.M.A. 38, 909–911.
Franz, S. I. (1913). On psychology and medical education. 38, 555–566.
Franz, S. I. (1917). Psychology and psychiatry. Psychol. Bull. 14, 226–229.
Franz, S. I. (1923). Nervous and mental reeducation. New York.
Franz, S. I. & Hamilton, G. V. (1908). The effects of exercise upon the retardation in condition of depression. Amer. J. Insan. 65, 471–498.
Freeman, T. (1968). The learning component in the dynamic psychotherapeutic situation. S. 186–200, in: Porter, R. (Ed.), The role of learning in psychotherapy. A Ciba Foundation Symposium. London.
French, T. M. (1932). Interrelations between psychoanalysis and the experimental work of Pavlov. Amer. J. Psychiat. 12, 165–1195, Discussion 1196–1203.
French, T. M. (1936). A clinical study of learning in the course of a psychoanalytic treatment. Psychoanal. Quart. 5, 148–194. Auch in: Int. Z. f. Psychoanal. 1937.
Freud, S. (1894a). Die Abwehrneuropsychosen. GW Bd. I, 57–74, Frankfurt.
Freud, S. (1894b). Über die Berechtigung, von der Neurasthenie einen bestimmten Symptomkomplex als „Angstneurose“ abzutrennen. GW Bd. I, S. 313–342, Frankfurt.
Freud, S. (1896). Weitere Bemerkungen über Abwehr-Neuropsychosen. GW Bd. II, 377–404, Frankfurt. 1972.
Freud, S. (1898). Die Sexualität in der Ätiologie der Neurosen. GW Bd. I, 489–516, Frankfurt.
Freud, S. (1905). Drei Abhandlungen zur Sexualtheorie. GW Bd. V, 27–145, Frankfurt.
Freud, S. (1955). Selbstdarstellung. In: GW Bd. 14, London, 32–96.
Fryer, D. (1939). Applied and professional attitudes. J. Consult. Psychol. 3, 1–10.
Fuller, P. R. (1949). Operant conditioning of a vegetative human organism. Amer. J. Psychol. 62, 587–590.
Fuller, P. R. (1973). Professor Kantor and Skinner – the “grand alliance” of the 40’s. Psychol. Rep. 23, 318–324.
Gantt, W. H. (1936). An experimental approach to psychiatry. Amer. J. Psychiat. 92, 1007–1021.
Gantt, W. H. (1944). Experimental basis for neurotic behavior: Origin and development of artificially produced disturbances of behavior in dogs. New York.
Gantt, W. H. (1953). Principles of nervous breakdown – schizokinesis and autokinesis. Ann. N.Y. Acad. of Sci. 56, 143–163.
Gantt, W. H. (1966). Editorial: Conditional or conditioned, reflex or response? Cond. Refl. 2, 69–73.
Garfield, S. L. (1981). Psychotherapy. A 40-year appraisal. Amer. Psychol. 36, 174–183.
Garfield, S. L. (1982a). Eclecticism and integration in psychotherapy. Behavior therapy 13, 610–623.
Garfield, S. L. (1982b). Psychotherapie. Ein eklektischer Ansatz. Weinheim.
Garfield, S. L. (1983). Some comments on consumer satisfaction in behavior therapy. Behavior Therapy 14, 237–241.
Garfield, S. & Bergin, A. (Eds., 1978). Handbook of psychotherapy and behavior change (2nd. Ed.). New York.
Garfield, S. & Kurtz, R. (1976). Clinical psychologists in the 1970’s. Amer. Psychol. 31, 1–9.
Gelber, H. & Meyer, V. (1965). Behavior therapy and encopresis: the complexities involved in treatment. Behav. Res. Ther. 2, 227–231.
Gelder, M. G. & Marks, I. M. (1966). Severe agoraphobia: A controlled prospective trial of behavior therapy. Brit. J. Psychiat. 112, 309–319.
Gelder, M. G., Marks, I. M. & Wolff, H. H. (1967). Desensitization and psychotherapy in the treatment of phobic states: A controlled inquiry. Brit. J. Psychiat. 113, 53–73.

Gesell, A. (1938). The conditioned reflex and the psychiatry of infancy. Amer. J. Orthopsychiat. 8, 19–30.

Gochman, S. I., Allgood, B. A. & Geer, C. R. (1982). A look at today's behavior therapists. Professional Psychology 13, 605–609.

Goldfried, M. R. (1960). The psychoanalytic interpretation of sensoric deprivation. Psychol. Rec. 10, 211–214.

Goldfried, M. R. (1968 Chairman). Cognitive processes in behavior modification. Amer. Psychol. 22, 900. Participants: Davison, C. G., Valins, S., Paul, G., D'Zurilla, T. J., und Louis Breger (Discussant).

Goldfried, M. R. (1971). Systematic desensitization as training in self-control. J. Consult. Clin. Psychol. 37, 228–234.

Goldfried, M. R. (1980a). Psychotherapy as coping skills training. In: Mahoney, M. J. (Ed.), Psychotherapy process. Current issues and future directions, 89–119. New York.

Goldfried, M. R. (1980b). Some views on effective principles of psychotherapy. Introduction, S. 271–272; Editorial comment, 305–306. Cogn. Ther. & Res. 4.

Goldfried, M. R. (1982a). Converging themes in psychotherapy. New York.

Goldfried, M. R. (1982b). Resistance and clinical behavior therapy. In: Wachtel, P. (Ed.), Resistance: Psychodynamic and behavioral approaches. New York.

Goldfried, M. R. & D'Zurilla, T. J. (1969). A behavior-analytic model for assessing competence. In: Spielberger, C. D. (Ed.). Current topics in clinical and community psychology, Vol. I, S. 151–196, New York.

Goldfried, M. R. & Davison, G. C. (1976). Clinical behavior therapy. New York.

Goldfried, M. R. & Merbaum, M. (Eds., 1973). Behavior change through self-control. New York.

Goldfried, M. R. & Pomeranz, D. M. (1968). Role of assessment in behavior modification. Psychol. Rep. 23, 75–87.

Goldiamond, I. (1965). Self-control procedures in personal behavior problems. Psychol. Rep. 17, 851–868.

Goldiamond, I. (1974). Toward a constructional approach to social problems: Ethical and constitutional issues raised by applied behavior analysis. Behaviorism 2, 1–84.

Goldiamond, I. (1975). Singling out behavior modification for legal regulation: Some effects on patient care, psychotherapy, and research in general. Arizona Law Review 17, 105–126.

Goldiamond, I. (1976a). Self-reinforcement. J. Appl. Behav. Anal. 9, 509–514.

Goldiamond, I. (1976b). Fables, armadyllics, and self-reinforcement. J. Appl. Behav. Anal. 9, 521–525.

Goldiamond, I. (1976c). Protection of human subjects and patients: A social contingency analysis of distinction between research and practice, and its implications. Behaviorism, 4, 1–41.

Goldiamond, I. (1976d). Singling out self-administered behavior therapies for professional overview: A comment on Rosen. Amer. Psychol. 31, 142–147.

Goldiamond, I., Flanagan, B. & Azrin, N. (1958). Operant stuttering: The control of stuttering behavior through response-contingent consequences. J. Exp. Anal. Behav. 1, 173–178.

Goldiamond, I., Isaacs, W. & Thomas, J. (1960). Application of operant conditioning to reinstate verbal behavior in psychotics. J. Speech. Hear. Dis. 25, 8–12.

Goldstein, A. P. (1978). Strukturierte Lerntherapie. Ansätze zu einer Psychotherapie der sozial Benachteiligten. München 1978. (Engl. Originalausg., New York 1973).

Goldstein, A. P. & Dean, S. J. (1966). The investigation of psychotherapy. New York.

Goldstein, A. P., Heller, K. & Sechrest, L. B. (1966). Psychotherapy and the psychology of behavior change. New York.

Goldstein, A. P. & Stein, N. (1976). Prescriptive psychotherapies. New York.

Goode, W. J. (1960). Encroachment, charlatanism, and the emerging profession: Psychology, sociology, and medicine. Amer. Sociol. Rev. 25, 902–914.

Gottwald, P. & Kraiker, C. (Hg., 1976). Zum Verhältnis von Theorie und Praxis in der Psychologie. Sonderheft I/1976 der „Mitteilungen der GVT e. V.“, München.

Greenspoon, J. (1962). Verbal conditioning and clinical psychology. In: Bachrach, A. J. (Hg.), Experimental foundations of clinical psychology. New York.

Grossberg, J. M. (1964). Behavior therapy: A review. Psychol. Bull. 62, 73–88.

Grossberg, J. M. (1965). Successful behavior therapy in a case of speech phobia (stage fright). J. Speech Hear. Dis. 30, 285–288.

Guilford, J. P. (1926). Review: An introduction to objective psychopathology. By G. V. Hamilton. Psychol. Bull. 23, 148–149.

Guthrie, E. R. (1930). Conditioning as a principle of learning. Psychol. Rev. 37, 412–428.

Guthrie, E. R. (1933). On the nature of psychological explanations. Psychol. Rev. 40, 124–137.

Guthrie, E. R. (1934). Pavlov's theory of conditioning. Psychol. Rev. 41, 199–206.

Guthrie, E. R. (1935). The psychology of learning. New York.

Guthrie, E. R. (1938). The psychology of human conflict. New York.

Guthrie, E. R. (1944). Personality in terms of associative learning. In: Hunt, J. McV. (Ed.) 1944, 49–69.

Guthrie, E. R. & Horton, G. P. (1946). Cats in a puzzle box.

Guze, S. B., Matarazzo, J. D. & Saslow, G. (1953). A formulation of principles of comprehensive medicine with special reference to learning theory. J. Clin. Psychol. 8, 127–136.

Haberman, J. V. (1914). A criticism of psychoanalysis. J. Abn. Psychol. 9, 265–280.

Haberman, J. V. (1917). Probing the mind: normal and abnormal. First report: Feeling, association, and the psychoreflex. Med. Rec., 927–933.

Haggerty, M. E. (1916). Review: Behavior: An introduction to comparative psychology. By J. B. Watson. J. Phil., Psychol., etc., 470–472.

Hale, N. G. (1971). Freud and the Americans: The beginnings of psychoanalysis in the United States, 1876–1917. New York.

Hale, N. G. (1979). Freud's Reich, the psychiatric establishment, and the founding of the American Psychoanalytic Association: Professional styles in conflict. J. Hist. Behav. Sci. 15, 135–141.

Hall, J. K., Zilboorg, G. & Buncker, H. A. (1945). One hundred years of American psychiatry. New York.

Hamilton, G. V. (1907). An experimental study of an unusual type of reaction in a dog. J. Comp. Neurol. & Psychol. 171, 329–341.

Hamilton, G. V. (1910). A study of perseverance reactions in primates and rodents. Behav. Monog. 3, 13.

Hamilton, G. V. (1911). A study of trial and error reactions in mammals. J. Animal Behav. 1, 33–66.

Hamilton, G. V. (1914a). An estimate of Adolf Meyer's psychology. Amer. J. Insan. 71, 339–348.

Hamilton, G. V. (1914b). A study in sexual tendencies in monkeys and baboons. J. Animal Behav. 4, 295–318.

Hamilton, G. V. (1916). A study of perseverance reactions in primates and rodents. Behavior Monographs 3.

Hamilton, G. V. (1925). An introduction to objective psychopathology. St. Louis.

Hamilton, G. V. (1928). A research in marriage. New York, 3. Ed. 1948.

Hamilton, G. V. (1933). The blackboard as an analytic accessory. Psychoanal. Rev. 20, 388–400.

Hamilton, G. V. (1936). Homosexuals and their mothers. Encyclopedia Sexualis 1936. Auch in: Legman, G. & Hamilton, G. V. (1950). On the cause of homosexuality. New York, 5–15.

Hamilton, G. V. & MacGowan, K. (1929). What's wrong with marriage? New York.
Hamilton, S. W. (1945). The history of American mental hospitals. In: Hall, J. K. et al. (Eds.) 1945, 73–166.
Hand, I. (1972). Pawlows Beitrag zur Psychiatrie. Entwicklungs- und Strukturanalyse einer Forschungsrichtung. Stuttgart.
Hansen, K. (1928). Zur Theorie der Symptombildung in der Neurose. Der Nervenarzt, Heft 1, 21–26.
Harrell, W. & Harrison, R. (1938). The rise and fall of behaviorism. J. Gen. Psychol. 18, 367–421.
Harrington, M. (1938). A biological approach to the problem of abnormal behavior. Lancaster.
Harris, B. (1980). John B. Watson as film producer and developmental psychologist. In: L. Finison (Chair), The film record of John B. Watson's infant research. Symposium presented at the meeting of the American Psychological Association, Montreal, Quebec, September 1980.
Harrison, R. P. & Beck, A. T. (1982). Cognitive therapy for depression: Historical development, basic concepts, and procedures. In: Keller, P. A. (Ed.), Innovations in clinical practice: A sourcebook. Sarasota, Florida.
Harrison, R. P. (1981). The role of personality dimensions in the etiology, symptomatology, and cognitive therapy of depression. Paper presented at the First European Meeting for the Cognitive-Behavioral Therapies, Lissabon, Portugal, September 1981.
Haughton, E. & Ayllon, T. (1965). Production and elimination of symptomatic behavior. In: Ullmann, L. P. & Krasner, L. (Eds.), Case studies in behavior modification. New York.
Healy, W., Bouner, A. F. & Bowers, A. M. (1931): The structure and meaning of psychoanalysis as related to personality and behavior. New York.
Heidbreder, E. (1940). Freud and psychology. Psychol. Rev. 47, 185–192.
Herrnstein, R. J. (1972). Nature as nurture: Behaviorism and the instinct doctrine. Behaviorism 1, 23–52.
Hersen, M. (1970). The complementary use of behavior therapy and psychotherapy. Some comments. Psychol. Rec. 20, 395–402.
Herzberg, A. (1932). Leistungstherapie bei Neurosen. Zentralbl. f. Psychother. 5/1932, 82ff.
Herzberg, A. (1941). Short treatment of neuroses by graduated tasks. Brit. J. Med. Psychol. 19, 19–36.
Herzberg, A. (1945). Active psychotherapy. New York.
Hildreth, H. M. (1954). Clinical psychology in the VA. In: Rubinstein, E. A. & Lorr, M. (Eds.), 83–108.
Hilgard, E. R. (1931). Conditioned eyelid reactions to a light stimulus based on the reflex wink to sound. Psychol. Monogr. 41, 1–50.
Hilgard, E. R. (1933). Reinforcement and inhibition of eyelid reflexes. J. Gen. Psychol. 8, 85–113.
Hilgard, E. R. (1948). Theories of learning. London.
Hilgard, E. R. (1949). Human motives and the concept of the self. American Psychologist 4, 374–382.
Hilgard, E. R. (1952). Experimental approaches to psychoanalysis. In: Pumpian-Midlin, E. (Hg.), Psychoanalysis as a science, 3–45. New York.
Hilgard, E. R. (1958). Theories of learning. London.
Hilgard, E. R. & Bower, G. H. (1966). Theories of learning. New York.
Hilgard, E. R. & Marquis, D. G. (1940). Conditioning and learning. New York.
Hilgard, E. R. & Wendt, G. R. (1933). The problem of reflex sensitivity to light studied in a case of hemianopsia. Yale J. Biol. & Med. 5, 373–385.
Hill, A. V. (1936). A tribute to Pavlov. Science Bd. 83, 351–353.
Hoch, P. H. & Zubin, J. (1950). Anxiety. New York.

Hofstadter, R. (1955). The age of reform. New York.
Hogan, R. A. (1966). Implosive therapy in the short term treatment of psychotics. Psychotherapy: Theory, Res. & Pract. 3, 25–32.
Hogan, R. A. & Kirchner, J. H. (1967). Preliminary report of the extinction of learned fears via short-term implosive therapy. J. Abn. Psychol. 72, 106–109.
Holsopple, J. Q. & Vanouse, I. (1929). A note on the beta hypothesis of learning. School & Soc. 29, 15–16.
Holt, E. B. (1915). The Freudian wish and its place in ethics. New York.
Holzkamp, K. (1970). Zum Problem der Relevanz psychologischer Forschung für die Praxis. Psychol. Rundschau 21, S. 1–22.
Holzkamp, K. (1977). Studien zur kritischen Psychologie, Bd. 3. Gesellschaftlichkeit des Individuums. Aufsätze 1974–77.
Homme, L. E. (1965). Perspectives in psychology: XXIV. Control of coverants, the operants of the mind. Psychol. Rec. 15, 501–511.
Homme, L. E. (1966). Contiguity theory and contingency management. Psych. Rec. 16, 233–241.
Homme, L. E., Baca, P. C., Cottingham, L. & Homme, A. (1968). What behavioral engineering is. Psychol. Rec. 18, 425–434.
Honig, W. K. (1966). Operant behavior areas of research and application. New York.
Hull, C. L. (1924). The influences of tobacco smoking on mental and motor efficiency. Psychol. Monogr. 33, 1–160.
Hull, C. L. (1928). Aptitude testing. Yonkers.
Hull, C. L. (1929). A functional interpretation of the conditioned reflex. Psychol. Rev. 36, 498–511.
Hull, C. L. (1930). Simple trial-and-error learning: A study in psychological theory. Psychol. Rev. 37, 241–256.
Hull, C. L. (1931). Goal attraction and directing ideas conceived as habit phenomena. Psychol. Rev. 38, 467–506.
Hull, C. L. (1932). The goal gradient hypothesis and maze learning. Psychol. Rev. 39, 25–43.
Hull, C. L. (1933). Hypnosis and suggestibility: An experimental approach. New York.
Hull, C. L. (1934). The concept of the habit-family hierarchy and maze learning. Psychol. Rev. 41, 134–152.
Hull, C. L. (1935 a). The conflicting psychologies of learning – a way out. Psychol. Rev. 42, 491–516.
Hull, C. L. (1935 b). Special review: Thorndike's fundamentals of learning. Psychol. Bull. 32, 807–823.
Hull, C. L. (1937 a). Mind, mechanism, and adaptive behavior. Psychol. Rev. 44, 1–32.
Hull, C. L. (1937 b). A projected integration of the conditioned-reflex and the psychoanalytic approaches to the study of psychogenic disorders. Proc. Conf. Exp. Neurosis & Allied Problems, Washington, National Research Council.
Hull, C. L. (1939). Modern behaviorism and psychoanalysis. New York Academy of Sciences, Series II, 78–82.
Hull, C. L. (1943). Principles of behavior: An introduction to behavior theory. New York.
Hull, C. L. (1945). Moral values, behaviorism, and the world crisis. N.Y. Acad. Sci., Transact., Series II, 7, 90–94.
Hull, C. L. (1962). Psychology of the scientist: IV. Passages from the "Idea Books" of Clark L. Hull. Percept. Mot. Skills 5, 807–882.
Hull, C. L., Hovland, C. I., Ross, R. T., Hall, M., Perkins, D. T. & Fitch, F. B. (1939). Mathematico-deductive theory of rote learning. A study in scientific methodology. Westport.
Humphrey, G. (1920 a). The conditioned reflex in education. A thesis presented in partial fulfilment of the requirements for the degree of Doctor of Philosophy in Education in Harvard University, June 1920.

Humphrey, G. (1920b). The conditioned reflex and the Freudian wish. J. Abn. Psychol. 14, 388–392.
Humphrey, G. (1921a). Education and Freudianism. J. Abn. Psychol. 15, 350–386.
Humphrey, G. (1921b). The child's unconscious mind. J. Abn. Psychol. 15, 387–402.
Humphrey, G. (1922). The conditioned reflex and the elementary social reaction. J. Abn. Soc. Psychol. 17, 113–119.
Humphrey, G. (1925). Is the conditioned reflex the unit of habit? J. Abn. Soc. Psychol. 20, 10–16.
Hunt, J. McV. (1936). Psychological experiments with disordered persons. Psychol. Bull. 33, 1–58.
Hunt, J. McV. (1944). Personality and the behavior disorders. New York.
Hunter, W. S. (1922). An open letter to the antibehaviorists. Psychol. Rev. 19, 307–308.
Ibrahim, J. (1911). Pathologische Bedingungsreflexe als Grundlage neurologischer Krankheitsbilder. Neurol. Zentralblatt 30, 710–722.
Ichok, G. (1934). Les réflexes conditionnels et le traitement de l'alcoolique. Progr. méd. 2, 1742–1745.
Inglis, J. (1957). An experimental study of learning and "memory function" in elderly psychiatric patients. J. Ment. Sci. 103, 796–803.
Inglis, J. (1958). Psychological investigations of cognitive deficit in elderly psychiatric patients. Psychol. Bull. 55, 197–214.
Inglis, J. (1959). Learning, retention and conceptual usage in elderly patients with memory disorder. J. Abn. Psychol. 59, 210–215.
Ischlondski, N. E. (1930a). Der bedingte Reflex und seine Bedeutung in der Biologie, Medizin, Psychologie und Pädagogik. Berlin.
Ischlondski, N. E. (1930b). Physiologische Grundlagen der Tiefenpsychologie unter besonderer Berücksichtigung der Psychoanalyse. Berlin.
Ivanov-Smolenski, A. G. (1924). Über die Methode der bedingten Reflexe in ihrer Anwendung am Menschen und über ihre Bedeutung für die Psychiatrie. Zentralbl. f. d. ges. Neurol. & Psychiat. 39, 214.
Ivanov-Smolenski, A. G. (1927a). On the methods of examining the conditioned food reflexes in children and in mental disorders. Brain 50, 138–141.
Ivanov-Smolenski, A. G. (1927b). Neurotic behavior and the teaching of conditioned reflexes. Amer. J. Psychiat. 7, 438–488.
Ivanov-Smolenski, A. G. (1928). The pathogeny of conditioned reflexes and the so-called psychogenic depression. J. Nerv. Ment. Dis. 67, 346–350.
Jacobson, E. (1929). Progressive relaxation. Chicago.
James, W. (1894). Abstract of Freud. Psychol. Rev. 1, 199.
Jastrow, J. (1929). Scientific books review: The ways of behaviorism. Psychological care of the infant and child. The battle of behaviorism. Science 69, 455–457.
Jastrow, J. (1932). The house that Freud built. New York.
Jeliffe, S. E. (1917). Dr. Watson and the concept of mental disease. J. Phil., Psychol., etc., 14, 267–275.
Jenkins, R. L. (1950). Nature of schizophrenic process. A working hypothesis for therapy. Arch. Neurol. Psychiat. 64, 243–262.
Jennings, H. S., Watson, J. B., Meyer, A. & Thomas, W. I. (1917). Suggestions of modern science concerning education. Chicago.
Jersild, A. T. (1933). Children's wishes, fears, daydreams, pleasant and unpleasant memories. Psychol. Bull. 30, 552–553.
Jersild, A. T. & Holmes, F. B. (1933). A study of children's fears. J. Exp. Educ. 2, 109–118.
Jersild, A. T. & Holmes, F. B. (1935a). Children's fears. Child Dev. Monogr., No. 20.

Jersild, A. T. & Holmes, F. B. (1935b). Some factors in the development of children's fears. J. Exp. Educ. 4, 133–141.
Jersild, A. T. & Holmes, F. B. (1936). Methods of overcoming children's fears. J. Psychol., 1, 75–104.
Johannsen, D. E. (1934). Review: Habits: Their making and unmaking. J. Abn. Soc. Psychol. 28, 91–93.
Johnson, S. M. (1966). The effects of desensitization and relaxation in the treatment of test anxiety. Unpublished master's thesis, Northwestern University.
Johnson, W. & Leutenegger, R. R. (1955). Stuttering in children and adults. Minneapolis.
Jones, E. (1911). The pathology of morbid anxiety. (Symposium) J. Abn. Psychol. 6, 81–106.
Jones, E. (1922). Review: K. Dunlap: Mysticism, Freudianism and scientific psychology. Int. J. Psychoanal. 3, 387–394.
Jones, H. E. (1931). The conditioning of overt emotional responses. J. Educ. Psychol. 22, 127–130.
Jones, H. E. & Bayley, N. (1941). The Berkeley Growth Study. Child Dev. 12, 167–173.
Jones, H. E. & Jones, M. C. (1928). A study of fear. Childhood Educ. 5, 136–143.
Jones, H. G. (1956). The application of conditioning and learning techniques to the treatment of a psychiatric patient. J. Abn. Soc. Psychol. 52, 414–420.
Jones, H. G. (1958a). Neurosis and experimental psychology. J. Ment. Sci. 104, 55–62.
Jones, H. G. (1958b). The status of inhibition in Hull's system: A theoretical revision. Psychol. Rev. 65, 179–182.
Jones, H. G. (1960a). Applied abnormal psychology. In: Eysenck, H. J. (Ed.) 1960e.
Jones, H. G. (1960b). Continuation of Yates' treatment of a tiquer. In: Eysenck, H. J. (Ed.) 1960a, 250–258.
Jones, M. C. (1924a). The elimination of children's fears. J. Exp. Psychol. 7, 382–390.
Jones, M. C. (1924b). A laboratory study of fear: The case of Peter. J. Exp. Psychol. 7, 308–315.
Jones, M. C. (1925). A study of the emotions of preschool children. School & Soc. 21, 755–758.
Jones, M. C. (1930). The Nursery School in relation to the health of the pre-school child. Hospital Soc. Serv. 21, 142–148.
Jones, M. C. (1931). The conditioning of children's emotions. In: A handbook of child psychology, Worcester, 71–93.
Jones, M. C. (1975). A 1924 pioneer looks at behavior therapy. J. Behav. Ther. & Exp. Psychiat. 6, 181–187.
Kanfer, F. H. (1954). The effect of partial reinforcement on acquisition and extinction of a class of verbal responses. 48, 424–432.
Kanfer, F. H. (1956). Perception: Identification and instrumental activity. Psychol. Rev. 63, 317–329.
Kanfer, F. H. (1958a). Effect of a warning signal perceiving a noxiuos stimulus on verbal rate and heart rate. J. Exp. Psychol. 55, 73–80.
Kanfer, F. H. (1958b). Supplementary report: Stability of a verbal rate change in experimental anxiety. J. Exp. Psychol. 56, 182.
Kanfer, F. H. (1959). Verbal rate, content, and adjustment ratings in experimentally structured interviews. J. Abn. Soc. Psychol. 58, 201–211.
Kanfer, F. H. (1961). Comments on learning in psychotherapy. Psychol. Rep. 9, 681–699.
Kanfer, F. H. (1965). Issues and ethics in behavioral manipulation. Psychol. Rep. 16, 187–196.
Kanfer, F. H. (1966). Implications of conditioning techniques for interview therapy. J. Couns. Psychol. 13, 171–177.
Kanfer, F. H. (1970). Self-monitoring: Methodological limitations and clinical applications. J. Consult. Clin. Psychol. 35, 148–152.

Kanfer, F. H. & Goldstein, A. P. (Eds., 1975). Helping people change. New York. Dt. Übers. München 1977.
Kanfer, F. H. & Karoly, P. (1972). Self-control: A behavioristic excursion into the lion's den. Behav. Ther. 3, 389–416.
Kanfer, F. H., Mai, N., Oberberger, S. & Brengelmann, J. C. (1978). Planning an institution for behavior therapy: A project report. Behav. Anal. Modif. 2, 146–162.
Kanfer, F. H. & Marston, A. R. (1963a). Conditioning of self-reinforcing responses. Psychol. Rep. 13, 63–70.
Kanfer, F. H. & Marston, A. R. (1963b). Determinants of self-reinforcement in human learning. J. Exp. Psychol. 66, 245–254.
Kanfer, F. H. & Marston, A. R. (1963c). Human reinforcement: Vicarious and direct. J. Exp. Psychol. 65, 292–296.
Kanfer, F. H. & Phillips, J. S. (1966). Behavior therapy: A panacea for all ills or a passing fancy? Arch. Gen. Psychiat. 15, 114–128.
Kanfer, F. H. & Phillips, J. S. (1970). Learning foundations of behavior therapy. New York.
Kant, F. (1944a). The conditioned-reflex treatment in light of our knowledge of alcohol addiction. Quart. J. Stud. Alc. 5, 371–377.
Kant, F. (1944b). Further modification in the technique of conditioned-reflex treatment of alcohol addiction. Quart. J. Stud. Alc. 5, 229–232.
Katsch, G. (1930). Zur Pathologie der bedingten Reflexe. Wiener Klinische Wochenschrift 43, 385–390.
Katz, J. (1972). Experimentation with human beings. New York.
Kazdin, A. E. (1974). The effect of model identity and fear-relevant similarity on covert modeling. Behavior Therapy 5, 624–635.
Kazdin, A. E. (1977). The token economy. A review and evaluation. New York.
Kazdin, A. E. (1977). Research issues in covert conditioning. Cogn. Ther. 1, 45–58.
Kazdin, A. E. (1978). History of behavior modification. Experimental foundations of contemporary research. Baltimore.
Kazdin, A. E. (1979). Fictions, factions and functions of behavior therapy. Behav. Ther. 10, 629–654.
Kazdin, A. E. & Rogers, T. (1978). On paradigms and recycled ideologies: Analogue research revisited. Cogn. Ther. & Res. 2, 105–117.
Kazdin, A. E. & Wilcoxon, L. A. (1976). Systematic desensitization and nonspecific treatment effects: A methodological evaluation. Psychol. Bull. 83, 729–758.
Kazdin, A. E. & Wilson, g. T. (1978a). Evaluation of behavior therapy: Issues, evidence and research strategies. Cambridge.
Kazdin, A. E. & Wilson, G. T. (1978b). Criteria for evaluating psychotherapy. Arch. Gen. Psychiat. 35, 407–416.
Keeley, S. M., Shemberg, K. M. & Carbonell, J. (1976). Operant clinical intervention: Behavior management or beyond? Where are the data? Behavior therapy 7, 292–305.
Keller, F. S. (1970). Psychology at Harvard (1926–1931). In: Festschrift for B. F. Skinner, 29–36.
Keller, F. S. & Schoenfeld, W. N. (1949). The psychology curriculum at Columbia College. Amer. Psychol. 4, 165–172.
Kelly, E. L. (1966). Clinical psychology: The postwar decade. In: Mensh, I. (Ed.), 104–121.
Kempf, D. G. & Burnham, J. C. (1974). Edward J. Kempf. Selected papers. Bloomington.
Kempf, E. J. (1916). Two methods of subjective learning in the monkey Macacus Rhesus. J. Animal Behav. 6, 256–265.
Kempf, E. J. (1917a). A study of the anaesthesia, convulsions, vomiting, visual constriction, erythema and itching of Mrs. V. G. J. Abn. Psychol. 12, 3–26.

Kempf, E. J. (1917b). The social and sexual behavior of infrahuman primates with some comparable facts in human behavior. Psychoanal. Rev. 4, 127–154. Auch in: Kempf, D. G. & Burnham, J. C. (Eds.) 1974, 68–95.

Kendall, P. C. (1982). Integration: Behavior therapy and other schools of thought. Behavior Therapy 13, 559–569.

Kendrick, D. C. (1958). Inhibition with reinforcement (conditioned inhibition). J. Exp. Psychol. 56, 313–318.

Kendrick, D. C. (1959). Inhibition of, or with reinforcement? Psychol. Rep. 5, 639–640.

Keupp, H. & Kraiker, C. (1977). Die Kontroverse zwischen Verhaltenstherapie und Psychoanalyse. In: Zeier, H. (Hg.) 1977, 666–712.

Kiesler, C. A. (1983). Social psychological issues in studying consumer satisfaction with behavior therapy. Behavior Therapy 14, 226–236.

King, G. F., Armitage, S. G. & Tilton, J. R. (1960). A therapeutic approach to schizophrenics of extreme pathology: An operant-interpersonal method. J. Abn. Soc. Psychol. 61, 276–286.

King, W. P. (1930). Behaviourism. A symposium. London.

Kirchner, J. H. & Hogan, R. A. (1966). The therapist variable in the implosion of phobias. Psychotherapy: Theory, Res. & Pract. 3, 102–104.

Kirkpatrick, E. A. (1934). Mental hygiene for effective living. New York.

Klein, D. B. (1933). Psychology and Freud: An historico-critical appraisal. Psychol. Rev. 40, 440–456.

Klein, D. B. (1944). Mental hygiene, the psychology of personal adjustment. New York.

Klein, M. (1932). The psychoanalysis of children. New York.

Kline, G. M. (1927). Presidential address. Amer. J. Psychiat. 6, 1–23.

Koch, S. (1944). Review: Principles of behavior. By C. L. Hull. Psychol. Bull. 41, 284–286.

Kohn, H. (1957). Das moderne Rußland. Grundzüge seiner Geschichte. Freiburg.

Kostyleff, N. (1906). Les substituts de l'âme dans la psychologie moderne. Paris.

Kostyleff, N. (1910a). Les méthodes et l'avenir de la psychologie expérimentale. Arch. Int. Neur. 1, 34–41.

Kostyleff, N. (1910b). Travaux de l'ecole psychologique russe. Étude objective de la pensée. Rev. phil. 69, 483–507.

Kostyleff, N. (1911a). La crise de la psychologie expérimentale. Le présent et l'avenir. Paris.

Kostyleff, N. (1911b). Freud et le problème des rêves. Contribution a l'étude objective de la pensée. Rev. phil. 72, 491–522.

Kostyleff, N. (1914). Bechterew et la psychologie de demain. Rev. phil. 77, 147–169.

Kostyleff, N. (1927). L'inversion sexuelle expliquée par la réflexologie. Psychologie et la Vie 1, 8–12.

Kovacs, M., Rush, A. J., Beck, A. T. & Hollon, S. D. (1981). Depressed outpatients treated with cognitive therapy or pharmacotherapy. Arch. Gen. Psychiat. 38, 33–39.

Kraemer, S. & De Jong, R. (1980). Therapiemanual für ein verhaltenstherapeutisches Stufenprogramm zur stationären Behandlung von Drogenabhängigen. IFT-Texte II, München.

Kraiker, C. (1974). Handbuch der Verhaltenstherapie. München.

Kraiker, C. (1977a). Zur Entwicklung und Rezeption der Verhaltenstherapie in Deutschland. In: Zeier, H. (Hg.). Die Psychologie des 20. Jahrhunderts. Band IV, Pawlow und die Folgen. Von der klassischen Konditionierung bis zur Verhaltenstherapie. S. 657–665. Zürich.

Kraiker, C. (1977b). Behavioral analysis and the structural view of scientific theories. Europ. J. Behav. Anal. Modif. 4, 203–213.

Kranzberg, M. (1968). The disunity of science-technology. American Scientist 56, 21–34.

Krantz, D. L. (1970). Schools and systems: The mutual isolation of operant and non-operant psychology as a case study. J. Hist. Behav. Sci. 6.

Krasner, L. (1955). The use of generalized reinforcers in psychotherapy research. Psychol. Rep. 1, 19–25.

Krasner, L. (1958 a). Studies of the conditioning of verbal behavior. Psychol. Bull. 55, 148–170.

Krasner, L. (1958 b). A technique for investigating the relationship between behavior cues of the examiner and the verbal behavior of the patient. J. Consult. Psychol. 22, 364–366.

Krasner, L. (1962 a). The therapist as a social reinforcement machine. In: Strupp, H. H. & Luborsky, L. (Eds.). Research in psychotherapy. Washington, 61–94.

Krasner, L. (1962 b). Behavior control and social responsibility. Amer. Psychol. 17, 199–203.

Krasner, L. (1965). The behavioral scientist and social responsibility: No place to hide. J. Soc. Issues 21, 9–30.

Krasner, L. (1968). Assessment of token exonomy programs in psychiatric hospitals. 155–185, in: Porter, R. (Ed.). The role of learning in psychotherapy. A Ciba Foundation Symposium. London.

Krasner, L. (1971). Behavior therapy 1971. Annual Rev. Psychol. 22, 483–532.

Krasner, L. (1972). Comments on Risley's paper. Advances in Behav. Ther. 3, 53–56.

Krasner, L. (1976). On the death of behavior modification: Some comments from a mourner. Amer. Psychol. 31, 387–388.

Krasner, L. & Kornreich, M. (1954). Psychosomatic illness and projective tests: The Rorschach test. J. Proj. Tech. 18, 255–267.

Krasner, L. & Ullmann, L. (1965). Research in behavior modification. New York.

Krasnogorski, N. F. (1909). Über die Bedingungsreflexe im Kindesalter. Jahrbuch für Kinderheilkunde 69, S. 1ff.

Krasnogorski, N. F. (1925). The conditioned reflexes and children's neuroses. Amer. J. Dis. Child 30, 753–768.

Krasnogorski, N. F. (1930). Conditioned reflexes in psychopathology of childhood. Amer. J. Dis. Child. 35, 353–370.

Krasnogorski, N. F. (1933). Die neue Behandlung der Enuresis Nocturna. Monatszeitschr. f. Kinderheilk. 57, 252–254.

Kreindler, A. (1963). L'oeuvre scientifique du Professeur Georges Marinesco. In: Marinescu, G., Tome I, S. VII–XXX.

Kubie, L. S. (1935). Über die Beziehung zwischen dem bedingten Reflex und der psychoanalytischen Technik. Imago 21, 44–48. Auch in: Arch. Neur. Psychiat. 32/1934, 1137–1142.

Kubie, L. S. (1968). The psychotherapeutic integredient in the learning process. S. 224–242, in: Porter, R. (Ed.), The role of learning in psychotherapy. A Ciba Foundation Symposium. London.

Kuhn, T. S. (1977). The essential tension: Selected studies in scientific tradition. Chicago.

Kussmann, T. (1977). Pawlow und das klassische Konditionieren. In: Zeier, H. (Hg.) 1977, 20–56.

Landis, C. (1963). Psychoanalytic phenomena. In: Rachman, S. (Ed.). Critical essays on psychoanalysis. Oxford, 3–15.

Landis, C. & Bolles, M. M. (1949). Textbook of abnormal psychology. New. York.

Lang, P. J. (1964). Experimental studies of desensitization psychotherapy. In: Wolpe, J., Salter, A. & Reyna, L. J. (Eds.). The conditioning therapies. New York.

Lang, P. J. (1965). Behavior therapy with a case of nervous anorexia. In: Ullmann, L. P. & Krasner, L. (Eds.), Case studies in behavior modification. 217–221, New York.

Lang, P. J. (1969). The mechanics of desensitization and the laboratory study of human fear. In: Franks, C. M. (Ed.) 1969, 160–192.

Lang, P. J. & Lazovik, A. D. (1963). Experimental desensitization of a phobia. J. Abn. Psychol. 66, 519–525.

Lang, P. J., Lazovik, A. D. & Reynolds, D. J. (1965). Desensitization, suggestibility, and pseudotherapy. J. Abn. Psychol. 70, 395–402.

Laplanche, J. & Pontalis, J. B. (1975). Das Vokabular der Psychoanalyse. 2 Bände, Frankfurt.

Larsen, D., Attkisson, C., Hargreaves, W. & Nguyen, T. (1979). Assessment of client patient satisfaction: Development of a general scale. Evaluation and program planning 2, 197–207.

Larson, C. A. (1979). An interview with J. R. Kantor about John B. Watson. The Interbehaviorist 9, 4–8.

Lashley, K. S. (1924). Physiological analysis of the libido. (Symposium) Psychol. Rev. 31/1924, S. 192–202.

Laverty, S. G. & Franks, C. M. (1956). Sodium amytal and behavior in neurotic subjects. J. Neurol., Neurosurg., Psychiat. 19, S. 137–143.

Lazarus, A. A. (1958a). New methods in psychotherapy: A case study. South Afr. Med. J. 32, 660–664.

Lazarus, A. A. (1958b). Some clinical applications of autohypnosis. Med. Proceed. 4, 848–850.

Lazarus, A. A. (1959). The possible role of occupational therapy in behavioristic psychotherapy. South Afr. J. Occup. Ther., October 1959.

Lazarus, A. A. (1961). Group therapy of phobic disorders by systematic desensitization. J. Abn. Soc. Psychol. 63, 505–510.

Lazarus, A. A. (1963). The results of behavior therapy in 126 cases of severe neurosis. Behav. Res. Ther. 1, 69–79.

Lazarus, A. A. (1965a). Behavior therapy, incomplete treatment and symptom substitution. J. Nerv. Ment. Dis. 140, 80–86.

Lazarus, A. A. (1965b). The treatment of a sexually inadequate man. In: Ullmann, L. P. & Krasner, . (Eds.), 243–245.

Lazarus, A. A. (1965c). A preliminary report on the use of directed muscular activity in counter-conditioning. Behav. Res. Ther. 3, 301–303.

Lazarus, A. A. (1966a). Broad spectrum behavior therapy and the treatment of agoraphobia. Behav. Res. Ther. 4, 95–97.

Lazarus, A. A. (1966b). The Behavior Therapy Institute, Sausalito, California. AABT Newsletter, Nov., Vol. 1, 3–4.

Lazarus, A. A. (1967). In support of technical eclecticism. Psychol. Rep. 21, 415–416.

Lazarus, A. A. (1968a). A plea for technical and theoretical breath. AABT Newsletter, June, Vol. 3., No. 2, 2.

Lazarus, A. A.)1968b). Science and service. Psychol. Rep. 22, 48.

Lazarus, A. A. (1968c). Scientism and psychotherapy. Psychol. Rep. 23, 1015–1016.

Lazarus, A. A. (1968d). Behavior therapy and graded structure. 134–154, in: Porter, R. (Ed.), The role of learning in psychotherapy. A Ciba Foundation Symposium. London.

Lazarus, A. A. (1969). Broad-spectrum behavior therapy. AABT Newsletter, Febr., Vol. IV, No. 1, 5–6.

Lazarus, A. A. (1971). Behavior therapy and beyond. New York. Dt. Ausg.: Verhaltenstherapie im Übergang. München 1978.

Lazarus, A. A. (1973). Multimodal behavior therapy: Treating the BASIC ID. J. Nerv. Ment. Dis. 156, 404–411.

Lazarus, A. A. (1976). Mutimodal behavior therapy. New York. Dt. Ausg.: Multimodale Verhaltenstherapie. Frankfurt 1978.

Lazarus, A. A. (1977). Verhaltenstherapie und multimodale Therapie. Unter besonderer Bezugnahme auf die Ehetherapie. In: Zeier, H. (Hg.) 1977, 828–852.

Lazarus, A. A. Davison, G. C. & Polefka, D. A. (1965). Classical and operant factors in the treatment of a school phobia. J. Abn. Psychol. 70, 225–229.

Lazarus, A. A. & Rachman, S. (1957). The use of systematic desensitization in psychotherapy. South Afr. Med. Med. J. 31, 934–937.

Lazarus, A. A. & Serber, M. (1968). Is systematic desensitization being misapplied? Psychol. Rep. 23, 215–218.

Lazarus, R. S. (1980). Commentary: Behavior therapy as psychodynamics revisited. In: Mahoney, M. J. (Ed.). Psychotherapy process. Current issues and future directions. 121–126. New York.

Lazovik, A. D. & Lang, P. J. (1960). A laboratory demonstration of systematic desensitization, J. Psychol. Stud. 11, 238–247.

Leary, D. B. (1928). Modern psychology. Normal and abnormal. A behaviorism of personality. Philadelphia.

Lebow, J. (1982). Consumer satisfaction with mental health treatment. Psychol. Bull. 91, 244–259.

Ledwidge, B. (1978). Cognitive behavior modification: A step in the wrong direction? Psychol. Bull. 85, 353–375.

Ledwidge, B. (1979a). Cognitive behavior modification or new ways to change minds: Reply to Mahoney und Kazdin. Psychol. Bull. 86, 1050–1053.

Ledwidge, B. (1979b). Cognitive behavior modification: A rejoinder to Locke and to Meichenbaum. Cogn. Ther. & Res. 2, 133–139.

Leeper, R. (1952). Review: Essentials of behavior. New Haven 1951. Amer. J. Psychol. 65, 478–491.

Leitenberg, H., Agras, W. S., Barlow, D. H. & Oliveau, D. C. (1969). Contribution of selective positive reinforcement and therapeutic instructions to systematic desensitization. J. Abn. Soc. Psychol. 74, 113–118.

Lemere, F. (1945). Some psychological principles of rehabilitation. War Medicine 7, 360–364.

Lemere, F. (1947). Psychological factors in the conditioned-reflex-treatment of alcoholism. Quart. J. Stud. Alc. 8, 261–264.

Lemere, F. & Voegtlin, W. L. (1940). Conditioned reflex therapy of alcohol addiction: Specifity of conditioning against chronic alcoholism. Calif. & Western Med. 53, 268–269.

Lemere, F. & Voegtlin, W. L. (1950). An evaluation of the aversion treatment of alcoholism. Quart. J. Stud. Alc. 11, 199–204.

Lemere, F., Voegtlin, W. L., Broz, W. R., & O'Hollaren, P. (1942). Conditioned reflex treatment of chronic alcoholism. V. Type of patient suitable for this treatment. North-West Med. 41, 88–89.

Lemere, F., Voegtlin, W. L., Broz, W. R., & O'Hollaren, P. & Tupper, W. K. (1942). Conditioned reflex treatment of chronic alcoholism. VII. Technic. Dis. Nerv. Syst. 3, 243–247.

Lemere, F., Voegtlin, W. L., Broz, W. R., & O'Hollaren, P. & Tupper, W. K. (1943). Heredity as an etiologic factor in chronic alcoholism. North-West Med. 42, 110–111.

Leuba, J. A. (1924). Freudian psychology and scientific inspiration. (Symposium) Psychol. Rev. 31, 184–191.

Levine, M. & Levine, A. (1970). A social history of the helping services. New York.

Levis, D. J. & Stampfl, T. G. (1969). Implosive therapy: A bridge between Pavlov and Freud? AABT Newsletter, June, Vol. IV, 8–10.

Levis, D. J. (1970). Integration of behavior therapy and dynamic psychiatric techniques: A marriage with a high probability of ending in divorce. Behav. Ther. 1, 531–537.

Levis, D. J. (1973). AABT: An association for scientists or pseudoscientists. Behav. Ther. 4, 316–318.

Liddell, A. (1982). Clinical psychology training: A British perspective. Professional Psychology 13, 536–541.

Liddell, H. S. (1938). The experimental neurosis and the problem of mental disorder. Amer. J. Psychiat. 94, 1035–1043.
Liddell, H. S. (1944). Conditioned reflex method and experimental neurosis. In: Hunt, J. McV. (Ed.) 1944, 389–412.
Liddell, H. S. (1947). The experimental neurosis. Ann. Rev. Physiol., 9, 569–580.
Liddell, H. S. (1953). Anxiety and other feelings. Trans. N. Y. Acad. Sci. 15, 276–280.
Lidz, T. (1966). Adolf Meyer and the development of American psychiatry. Amer. J. Psychiat. 123, 320–332.
Lief, A. (Ed., 1948). The common sense psychiatry of Dr. Adolf Meyer. Fifty-two selected papers. New York.
Lindner, R. M. (1939). The psychology of human conflict. By E. R. Guthrie. Book review. Amer. J. Psychol. 52, 158–159.
Lindsley, O. R. (1956). Operant conditioning methods applied to research in chronic schizophrenia. Psychiat. Res. Rep., No. 5, 118–139.
Lindsley, O. R. (1960). Characteristics of the behavior of chronic psychotics as revealed by free-operant conditioning methods. Dis. Nerv. Syst., 66–78.
Lindsley, O. R. & Mednick, M. T. (1958). Some clinical correlates of operant behavior. J. Abn. Soc. Psychol. 57, 13–16.
Lindsley, O. R. & Skinner, B. F. (1954). A method for the experimental analysis of the behavior of psychotics. Amer. Psychol. 9, 419–120.
Lindzey, G. (1954). Handbook of social psychology. Vol. I, Theory and method. Menlo Park.
Liotti, G. & Reda, M. (1981). Some epistemological remarks on behavior therapy, cognitive therapy and psychoanalysis. Cogn. Ther. & Res. 5, 231–236.
Liversedge, L. A. & Sylvester, J. D. (1955). Conditioning techniques in the treatment of writer's cramp. Lancet, 1147–1149.
Locke, E. A. (1973). Is "Behavior therapy" behavioristic? (An analysis of Wolpe's psychotherapeutic methods). Ann. Rev. Behav. Ther. 1, 40–55. Auch in: Psychol. Bull. 1971, 76, 318–327.
Locke, E. A. (1979). Behavior Modification is not cognitive – and other myths: A reply to Ledwidge. Cogn. Ther. & Res. 3, 119–125.
London, P. (1964). The modes and morals of psychotherapy. New York.
London, P. (1972). The end of ideology in behavior modification. Amer. Psychol. 27, 913–920.
Louttit,, C. M. (1936). Clinical psychology. New York.
Louttit, C. M. (1939). The nature of clinical psychology. Psychol. Bull. 36, 361–389.
Lovaas, O. I. (1966 a). A program of the establishment of speech in psychotic children. In: Wing, J. K. (Ed.). Early childhood autism. Oxford, 115–144.
Lovaas, O. I. (1966 b). Reinforcement therapy (16 mm. sound film). Philadelphia: Smith, Kline and French Laboratories 1966. (s. a. AABT Newsletter, June 1967, Vol. II., Film report, 7–8).
Lovaas, O. I. (1977). The autistic child: Language development through behavior modification. New York.
Lovaas, O. I., Freitag, G., Kinder, M. I., Rubenstein, B. D., Schaeffer, B. & Simmons, J. Q. (1966). Establishment of social reinforcers in two schizophrenic children on the basis of food. J. Exp. Child Psychol. 4, 109–125.
Lovaas, O. I., Freitag, L., Nelson, K. & Whalen, K. (1967). The establishment of imitation and its use for the development of complex behavior in schizophrenic. Behav. Res. Ther. 5, 171–181.
Lovaas, O. I., Schaeffer, B. & Simmons, J. Q. (1965). Building social behavior in autistic children using electric shock. J. Exp. Stud. Pers. 1, 99–109.
Lovaas, O. I. & Simmons, J. Q. (1969). Manipulation of self-destruction in three retarded children. J. Appl. Beh. Anal. 2, 143–157.
Lovibond, S. H. (1964). Conditioning and enuresis. New York.

Lovibond, S. H. (1970). Pure and applied psychology: Towards a significant interaction. Austr. Psychol. 5, 120–140.
Lowrey, L. G. (1927). Environmental factors in the behavior of children. Amer. J. Psychiat. 6, 227–242.
Lowrey, L. G. (1948). Orthopsychiatry 1923–1948: Retrospect and prospect. New York.
Lowrey, L. G. & Smith, G. (1933). The Institute for Child Guidance. 1927–1933. New York.
Luborsky, L., Singer, B. & Luborsky, L. (1975). Comparative studies of psychotherapies: Is it true that everyone has won and all must have prizes? Arch. Gen. Psychiat. 32, 995–1008.
Mackenzie, B. D. (1977). Behaviourism and the limits of scientific method. London.
Magoun, H. W. (1981). John B. Watson and the study of human sexual behavior. J. Sex Res. 17, 368–378.
Maher, B. A. (1957). Clinical psychology in Britain: A laboratory for the American psychologist. Amer. Psychol. 12, 147–151.
Mahoney, M. J. (1970). Toward an experimental analysis of covert control. Behav. Ther. 1, 510–521.
Mahoney, M. J. (1974). Cognition and behavior modification. Cambridge. Dt. Übers.: Kognitive Verhaltenstherapie. Neue Entwicklungen und Integrationsschritte. München 1977.
Mahoney, M. J. (1976a). Terminal terminology: A self-regulated responce to Goldiamond. J. Appl. Behav. Anal. 9, 515–517.
Mahoney, M. J. (1976b). Scientist as subject: The psychological imperative. Cambridge.
Mahoney, M. J. (1977a). A critical analysis of rational-emotive theory and therapy. The Counseling Psychologist 7, 44–46.
Mahoney, M. J. (1977b). Cognitive therapy and research: A question of questions. Cogn. Ther. & Res. 1, 5–16.
Mahoney, M. J. (1978). Experimental methods and outcome evaluation. J. Consult. Clin. Psychol. 46, 660–672.
Mahoney, M. J. (1980a). Some views on effective principles in psychotherapy. Cogn. Ther. & Res. No. 3, Special Issue.
Mahoney, M. J. (Ed., 1980b). Psychotherapy process. Current issues and future directions. New York.
Mahoney, M. & Arnkoff, D. (1978), Cognitive and self-control therapies. In: Garfield, S. & Bergin, A. (Eds.). Handbook of psychotherapy and behavior change. 689–722, New York.
Mahoney, M. J. & Kazdin, A. E. (1979). Cognitive behavior modification: Misconceptions and premature evaluation. Psychol. Bull. 86, 1044–1049.
Mahoney, M. J., Kazdin, A. E. & Lesswing, N. J. (1974). Behavior modification: Delusion or deliverance? Ann. Rev. Behav. Ther. 2, 9–32.
Maier, N. R. F. (1939). Studies of abnormal behavior in the rat. New York.
Makarov, P. O. (1966). Ivan Petrovich Pavlov. Cond. Refl. 2, 288–292.
Malmo, R. B., Davis, R. B. & Barza, S. (1952). Total hysterical deafness: An experimental case study. J. Pers. 21, 188–204.
Marinescu, G. (1963). Oeuvres choisies. Tomes I et II. Bukarest.
Marinescu, G. & Kreindler, A. (1933). Des réflexes conditionnels. I. L'organisation des réflexes conditionnels chez l'enfant. J. Psychol. Norm. Path. 30, 855–886.
Marinescu, G. & Kreindler, A. (1934a). Des réflexes conditionnels. II. Rapports des réflexes conditionnels avec l'évolution biologique du névrose et des endocrines. J. Psychol. Norm. Path. 31, 206–272.
Marinescu, G. & Kreindler, A. (1934b). Des réflexes conditionnels. III. Application des réflexes conditionnels à certains problèmes cliniques. J. Psychol. norm. path. 31, 722–791.
Marinescu, G. & Kreindler, A. (1935). Des réflexes conditionnels. Études de physiologie normale et pathologique. Paris.

Markovnikov, A. (1934). Die Behandlung des Alkoholismus durch Suggestion und die Bildung eines konditionierten Reflexes, ausgelöst durch einen Schuß Alkohol. Sovietskaja Vraichebnaia Gazeta 10, S. 808 (russ.).
Marks, I. M. (1969). Fears and phobias. London.
Marks, I. M. (1971a). Phobic disorders four years after treatment: A prospective follow-up. Brit. J. Psychiat. 118, 683–688.
Marks, I. M. (1971b). The future of the psychotherapies. Brit. J. Psychiat. 118, 69–73.
Marks, I. M. (1972). Symbolism and meaning in psychotherapy. Int. J. Symbol. 3, 27–34.
Marks, I. M. (1976). The current status of behavioral psychotherapy: Theory and practice. Amer. J. Psychiat. 133, 253–261.
Marks, I. M. (1979). Cure and care of neurosis. Psychol. Med. 9, 629–660.
Marks, I. M. (1982). Toward an empirical clinical science: Behavioral psychotherapy in the 1980's. Behavior Therapy 13, 63–81.
Marks, I. M., Boulougouris, J. & Marset, P. (1971). Flooding versus desensitization in the treatment of phobic patients: a crossover study. Brit. J. Psychiat. 119.
Marks, I. M. & Gelder, M. G. (1965). A controlled retrospective study of behavior therapy in phobic patients. Brit. J. Psychiat. 111, 561–573.
Marks, I. M. & Gelder, M. G. (1966). Common ground between behaviour therapy and psychodynamic methods. Brit. J. Psychiat. 39, 11–23.
Marks, I. M. & Gelder, M. G. (1968). Controlled trials in behavior therapy. S. 68–86, in: Porter, R. (Ed.), The role of learning in psychotherapy. A Ciba Foundation Symposium. London.
Marks, I. M. & Gelder, M. G. & Edwards, G. (1968). Hypnosis and desensitization for phobias: A controlled prospective trial. Brit. J. Psychiat. 114, 1263–1274.
Marmor, J. (1974). Dynamic psychotherapy and behavior therapy: Are they irreconcilable? Ann. Rev. Behav. Ther. 2, 57–71.
Marmor, J. & Wood, S. M. (Eds., 1980). The interface between psychodynamic and behavioral therapies. New York.
Marshall, W. L. (1975a). An examination of reciprocal inhibition and counterconditioning explanations of desensitization therapy. Europ. J. Behav. Anal. & Modif. 1, 74–86.
Marshall, W. L. (1975b). Reply to J. Wolpe: Reciprocal inhibition has many faces. Europ. J. Behav. Anal. & Modif. 1, 89–90.
Marston, A. R. (1965). Imitation, self-reinforcement, and reinforcement of another person. J. Pers. Soc. Psychol. 2, 255–261.
Martin, B. & Kubly, D. (1955). Results of treatment of enuresis by a conditioned response method. J. Consult. Psychol. 19, 71–73.
Martin, R. (1976). Legal challenges to behavior modification. Trends in schools, correction and mental health. Champaign.
Mash, E. J. (1974). Has behavior modification lost its identity. Canad. Psychol. 15, 271–280.
Masserman, J. H. (1943). Behavior and neurosis: An experimental psychoanalytic approach to psychobiologic principles. Chicago.
Masserman, J. H. (1954). Letter to the editor. Brit. J. Psychol. 45, 221–222.
Mateer, F. (1918). Child behavior: A critical and experimental study of young children by the method of conditioned reflexes. Boston.
Mateer, F. (1924). The unstable child. New York.
Matulsky, A. G. (1974). Brave new world? Science 185, 653–663.
Maultsby, M. C. (1968a). Against technical eclecticism. Psychol. Rep. 22, 926–928.
Maultsby, M. C. (1968b). Seven reflections on scientism and psychotherapy. Psychol. Rep. 22, 1311–1312.
Max. L. W. (1935). Breaking up a homosexual fixation by the conditioned reaction technique: A case study. Psychol. Bull. 32, 734.

May, M. A. (1971). A retrospective view of the Institute of Human Relations at Yale. Behavior Science Notes, Vol. 6, 141–172.
May, J. V. (1933). Presidential Address: The establishment of psychiatric standards by the association. Amer. J. Psychiat. 9, 1–19.
May, R. (1950). The meaning of anxiety. New York.
May, U. (1976). Die Entwicklung der Psychoanalyse in den USA. In: Eicke, D. (Hg.), Die Psychologie des 20. Jahrhunderts. Bd. II, Freud und die Folgen (1), Zürich, 1219–1264.
May, W. A. (1978). A psychologist of many hats. Mark Arthur May. Amer. Psychol. 33, 653–663.
McClelland, D. (1957). Freud and Hull. Pioneers in scientific psychology. Amer. Scientist 45, 101–113.
McGeoch, J. A. (1934). Book review: The natur of learning in its relation to the living system. By George Humphrey. Psychol. Bull. 31, 220–222.
McGeoch, J. A. (1933). review: Habits: Their making and unmaking. By K. Dunlap. J. Gen. Psychol. 9, 258–262.
McMahon, R. J. & Forehand, R. L. (1983). Consumer satisfaction in the behavioral treatment of children: Types, issues, and recommendations. Behavior Therapy 14, 209–225.
McReynolds, W. T. & Tori, C. A. (1972). Further assessment in studies of attention-placebo effects and demand characteristics in studies of systematic desensitization. J. Consult. Clin. Psychol. 38, 261–264.
Meazini, P. & Rovetto, f. (1983). Behavior therapy: The Italian way. J. Behav. Ther. & Exp. Psychiat. 14, 5–9.
Meichenbaum, D. H. (1966a). Effects of social reinforcement on the level of abstraction in schizophrenics. J. Abn. Psychol. 71, 354–362.
Meichenbaum, D. H. (1966b). Sequential strategies in two cases of hysteria.. Behav. Res. Ther. 4, 89–94.
Meichenbaum, D. H. (1969). The effects of instructions and reinforcement on thinking and language behavior of schizophrenics. Behav. Res. Ther. 7, 101–114.
Meichenbaum, D. H. (1971a). Cognitive factors in behavior modification: Modifying what clients say to themselves. Cat. Sel. Doc. Psychol. 1, 14–15.
Meichenbaum, D. H. (1971b). Nature and modification of impulse children: Training impulsive children to talk to themselves. Cat. Sel. Doc. Psychol. 1, 15–16.
Meichenbaum, D. (1972). Cognitive modification of test anxious college students. J. Consult. Clin. Psychol. 39, 370–380.
Meichenbaum, D. (1974). Cognitive behavior modification. Morristown.
Meichenbaum, D. (1975). A self-instructional approach to stress management: A proposal for stress inoculation training. In: Sarason, I. & Spielberger, C. D. (Eds.). Stress and anxiety. Vol. 2, S. 227–263, New York.
Meichenbaum, D. (1977a). Cognitive-behavior modification. An integrative approach. New York.
Meichenbaum, D. (1977a). Methoden der Selbstinstruktion. In: Kanfer, F. H. & Goldstein, A. P. (1977), S. 407–450.
Meichenbaum, D. (1977c). Dr. Ellis, please stand up. The Counseling Psychologist 7, 43–44.
Meichenbaum, D. (1979). Cognitive behavior modification: The need for a fairer assessment. Cogn. Ther. & Res. 2, 127–132.
Meichenbaum, D. (1981). Behavior therapy, cognitive behavior modification and unconscious processes: Toward an integration. Invited address presented at the convention of the AABT, Toronto.
Meichenbaum, D. & Cameron, R. (1973). Training schizophrenics to talk to themselves: A means of developing attitudinal controls. Behav. Ther. 4, 515–534.

Meichenbaum, D. & Gilmore, J. B. (1982). Resistance: From a cognitive-behavioral perspective. In: Wachtel, P. (Ed.), Resistance: Psychodynamic and behavioral approaches. New York.
Meichenbaum, D. & Goodman, J. (1971). Training impulsive children to talk to themselves: A means of developing self-control. J. Abn. Psychol. 77, 115–126.
Meignant, P. (1932). Les réflexes conditionnels. L'Encéphale 27, 786–824.
Meignant, P. (1935). Réflexes conditionnels et psycho-pathologie: quelques remarques concernant les perversions et les anomalies sexuelles. Gaz. med. Fr. 327–332.
Mensh, I. N. (1966). Clinical psychology. Science and profession. New York.
Metzner, R. (1964). Re-evaluation of Wolpe and Dollard/Miller. Behav. Ther. Res. 2, 213–215.
Meyer, A. (1903). An attempt at analysis of the neurotic constitution. Amer. J. Psychol. 14, 354–367.
Meyer, A. (1905). Literature on normal and abnormal association. Psychol. Bull. 2, 242–258.
Meyer, A. (1906a). Fundamental conceptions of dementia praecox. Brit. Med. J. 2, 757ff.
Meyer, A. (1906b). Interpretations of obsessions. Psychol. Bull. 3, 280–283.
Meyer, A. (1906c). Application of association studies. Psychol. Bull. 3, 275–280.
Meyer, A. (1907). Fundamental conceptions of dementia praecox. J. Nerv. Ment. Dis. 34, 331–336.
Meyer, A. (1908a). Mental factors in psychiatry. In: Lief, A. (Ed.). The commonsense psychiatry of Dr. Adolf Meyer. Fiftytwo selected papers, 169–177. New York 1948.
Meyer, A. (1908b). The problem of mental reaction-types, mental causes, and diseases. Psychol. Bull. 5, 245–261.
Meyer, A. (1910a). A discussion of some fundamental issues in Freud's psychoanalysis. State Hosp. Bull. 2/1910; auch in Lief, A. (Ed.) 1948, 260–267.
Meyer, A. (1910b). The dynamic interpretation of dementia praecox. Amer. J. Psychol. 31, 385–403.
Meyer, A. (1912a). The value of psychology in psychiatry. J. A. M. A. 158, 911–914.
Meyer, A. (1912b). Conditions for a home of psychology in the medical curriculum. J. Abn. Psychol. 7, 313–325.
Meyer, A. (1913). Opening of the Henry Phipps Psychiatric Clinic. Amer. J. Insan. 69, 835–36, 857–860 sowie 1079–1086.
Meyer, A. (1915). Objective psychology or psychopathology with subordination of the medically useless contrast of mental and physical. J. A. M. A. 65, 860–863.
Meyer, A. (1917). The aims and meaning of psychiatric diagnosis. Amer. J. Insan. 74, 163–168.
Meyer, A. (1928). Thirty-five years of psychiatry in the U. S. and our present outlook. Amer. J. Psychiat. 8, 1–31.
Meyer, A. (1935). The mental hygiene movement. Ment. Hyg. 19, 29ff.
Meyer, V. (1957). The treatment of two phobic patients on the basis of learning principles. J. Abn. Soc. Psychol. 55, 261–266.
Meyer, V. (1970). Comments on A. J. Yates' "Misconceptions about behavior therapy: A point of view". Behav. Ther. 1, 108–112.
Meyer, V. & Crisp, A. H. (1966). Some problems in behavior therapy. Brit. J. Psychiat. 112, 367–381.
Meyer, V. & Gelder, M. G. (1963). Behavior therapy and phobic disorders. Brit. J. Psychiat. 109, 19–28.
Meyer, V. & Mair, J. M. M. (1963). A new technique to control stammering: A preliminary report. Behav. Res. Ther. 1, 251–255.
Michaels, J. J. (1939). Enuresis – a method for its study and treatment. O. H. Mowrer and Willie Mae Mowrer. A Critique. Amer. J. Orthopsychiat. 9, 629–634.
Miles, W. R. (1938). Problems of neurotic behavior: The experimental production and treatment of behavior derangement. Washington, Nat. Res. Council.

Miller, J. G. & Butler, J. M. (1952). Book review: John Dollard und Neal E. Miller: Personality and psychotherapy. New York 1950. Psychol. Bull. 49, 183–185.

Miller, G. A., Galanter, E. H. & Pibram, K. H. (1960). Plan and structure of behavior. New York.

Miller, N. E. (1939). Experiments relating Freudian displacement to generalization of conditioning. Psychol. Bull. 36, 516–517.

Miller, N. E. (1944). Experimental studies of conflict. In: Hunt, J. McV. (Ed.) 1944, 431–465.

Miller, N. E. (1948). Studies of fear as an aquirable drive: 1. Fear as a motivation and fear-reduction as reinforcement in the learning of new responses. J. Exp. Psychol. 38, 89–101.

Miller, N. E. (1951). Learnable drives and rewards. In: Stevens, S. S. (Ed.). Handbook of experimental psychology. New York, 435–472.

Miller, N. E. (1959). Liberalization of basic S-R concepts: Extensions to conflict behavior motivation and social learning. In: Koch, S. (Ed.). Psychology: A study of a science, Study 1, Vol. 2, 198–292.

Miller, N. E. (1971). Selected papers. Chicago.

Miller, N. E. (1978). Neal Miller. In: Cohen, D. (Ed.) 1978, 240–261.

Miller, N. E. (1979). Neal Miller. In: Evans, R. I., 1979, 178–192.

Miller, N. E. & Dollard, J. (1941). Social learning and imitation. New Haven.

Miller, N. E., Sears, R. R., Doob, L. W. & Dollard, J. (1941). The frustration-aggression hypothesis. Psychol. Rev. 48, 337–348.

Mills, J. A. (1978). Hull's theory of learning as a philosophical system. I. On outline of the theory. 27–40. II. A criticism of the theory and its relationship to the history of psychological thought. 116–127. Canad. Psychol. Rev. 19.

Mischel, W. (1973a). On empirical dilemmas of psychodynamic approaches: Issues and alternatives. J. Abn. Soc. Psychol. 82, 335–344.

Mischel, W. (1973b). Facing the issues. J. Abn. Soc. Psychol. 82, 541–542.

Mitchell, D. (1917). The clinical psychologist. Psychol. Bull. 14, 325–332.

Mitroff, I. I. (1972). The myth of objectivity or why science needs a new psychology of science. Management Science 18, B, 613–618.

Mitroff, I. I. (1974). The subjective side of science. A philosophical inquiry into the psychology of the Apollo Moon Scientists. Amsterdam.

Moore, K. G. (1949). Knight Dunlap. Psychol. Rev. 56, 309–310.

Moore, T. V. (1945). A century of psychology in its relationship to American psychiatry. In: Hall, J. K. et al. (Eds.) 1945, 443–478.

Moore, W. E. (1938). A conditioned reflex study of stuttering. J. Speech Dis. 3, 163–183.

Morgan, J. J. B. (1924a). The psychology of the unadjusted school child. New York.

Morgan, J. J. B. (1924b). Hypnosis with direct psychoanalytic statements and suggestion in the treatment of a psychoneurotic of low intelligence. J. Abn. Soc. Psychol. 19, 160–164.

Morgan, J. J. B. (1928). The psychology of abnormal people. New York.

Morgan, J. J. B. (1929a). A clinical view of factors involved in personal adjustment. Relig. Educ. 24, 428–436.

Morgan, J. J. B. (1929b). Developing adult emotions. Relig. Educ. 24, 761–770.

Morgan, J. J. B. (1934). Keeping a sound mind. New York.

Morgan, J. J. B. (1935). Child psychology. London.

Morgan, J. J. B. (1936a). Mental hygiene and adjustment: III. Community influences. Rev. Educ. Res. 6, 478–489.

Morgan, J. J. B. (1936b). The psychology of abnormal people. With educational applications. Rev. Ed. New York 1936.

Morgan, J. J. B. (1938). Treatment of enuresis by the conditioned reaction technique. Psychol. Bull. 35, 632–633.

Morgan, J. J. B. & Witmer, F. J. (1939). The treatment of enuresis by the conditioned reaction technique. J. Genet. Psychol. 55, 59–65.
Morhardt, P. E. (1930). Les réflexes conditionnels dans les névroses et dans les états allergiques. Vie méd. II, 825–828.
Moss, F. A. (1924). Note on building likes and dislikes in children. J. Exp. Psychol. 7, 475–478.
Moss, F. A. & Hunt, T. (1931). Foundations of abnormal psychology. New York.
Mowrer, O. H. (1939). A stimulus-response analysis of anxiety and its role as a reinforcing agent. Psychol. Rev. 46, 554–566.
Mowrer, O. H. (1940a). Anxiety-reduction and learning. J. Exp. Psychol. 27, 497–516.
Mowrer, O. H. (1940b). An experimental analogue of "regression" with incidental observations on "reaction-formation". J. Abn. Soc. Psychol. 35, 56–87.
Mowrer, O. H. (1947). On the dual nature of learning: A reinterpretation of "conditioning" and "problem-solving". Harv. Educ. Rev. 7, 102–148.
Mowrer, O. H. (1948). Learning theory and the neurotic paradox. Amer. J. Orthopsychiat. 19, 571–610.
Mowrer, O. H. (1950a). Learning theory and personality dynamics: Selected papers. New York.
Mowrer, O. H. (1950b). Review: Conditioned reflex therapy. By Andrew Salter. Psychol. Bull. 47, 358–360.
Mowrer, O. H. (1953). Psychotherapy: Theory and research. New York.
Mowrer, O. H. & Dollard, J. (1946). A method of measuring tension in written documents. Amer. Psychol. 1, 240–241.
Mowrer, O. H. (1963). Freudianism, behavior therapy and "self-disclosure". Behav. Res. Ther. 1/1963, S. 321–337.
Mowrer, O. H. & Mowrer, W. M. C. (1936). A new method for the study and treatment of enuresis. Psychol. Bull. 33, 611–612.
Mowrer, O. H. & Mowrer, W. M. (1938). Enuresis – a method for its study and treatment. Amer. J. Orthopsychiat. 8, 436–459.
Mowry, G. E. (1962). The era of Theodore Roosevelt and the birth of modern America, 1900–1912. New York.
Mowry, G. E. & Brownell, B. A. (1981). The urban nation, 1920–1980. New York.
Mühlen, U., Cramer, M., Keupp, H. & Rüggeberg, A. (1973). Gewerkschaftliche Organisierung versus ständische Interessenvertretung. In: Cramer, M. & Gottwald, P. (Hg.), Verhaltenstherapie in der Diskussion. S. 90–104. München.
Muncie, W. (1969). The psychobiological approach. In: Ariety, S. (Ed.) 1969. Vol. II, 1317–1332.
Murchison, C. (1926). Psychologies of 1925. The Powell Lectures in psychological theory, Clark University. Worcester.
Murchison, C. (1930). Psychologies of 1930. Worcester.
Murphree, O. D. (1954). Maximum rates of form perception and the alpha rhythm: An investigation and test of aiment nerve net theory. J. Exp. Psychol. 58, 57–61.
Murray, H. A. (1935). Psychology and the university. Arch. Neurol. Psychiat. 34, 803–817.
Murray, H. A. (1937). Facts which support the concept of need or drive. J. Psychol. 31, 27–42.
Murray, H. A. (1938). Explorations in personality. A clinical and experimental study of 50 men of college age. New York.
Napoli, D. S. (1975). The architects of adjustment: The practice and professionalization of American psychology, 1920–1945. Unpubl. Doct. Diss., University of California, Davis.
Napoli, D. S. (1981). The architects of adjustment. The history of the psychological profession in the United States. Port Washington.
Nau, S. D., Caputo, J. A. & Borcovec, T. D. (1974). The relationship between credibility of therapy and simulated therapeutic effects. J. Behav. Ther. & Exp. Psychiat. 5, 129–133.

Nawas, M. M. (1970). Wherefore cognitive therapy?: A critical scrutinity of three papers by Beck, Bergin, and Ullmann. Behav. Ther. 1, 359–370.

Neisser, U. (1967). Cognitive psychology. New York.

Norcross, J. C. & Wogan, M. (1983). Relationship of behavior, therapists' characteristics, activities, and clients to reported practices in therapy. Professional Psychology 14, 44–56.

Oberndorf, C. P. (1953). A history of psychoanalysis in America. New York.

O'Donnell, J. M. (1979a). The orgins of behaviorism: American Psychology 1870–1920. Unpubl. Doct. Diss., U. of Pennsylvania.

O'Donnell, J. M. (1979b). The redundant revolution: John Broadus Watson's behaviorism. Paper prepared for the 4th annual meeting of the Social Science History Association, Cambridge, Mass., November.

O'Donnell, J. M. (1979c). The crisis of experimentalism in the 1920s. E. G. Boring and his uses of history. Amer. Psychol. 34, 289–295.

O'Leary, K. D. (1972). Behavior modification in the classroom: A rejoinder to Winett and Winkler. J. Appl. Behav. Anal 5, 505–511.

Opton, E. M. (1974). Psychiatric violence against prisoners: When therapy is punishment. Mississippi Law Journal 45, 605–644.

Orton, S. T. (1929). Presidential Address: The need of consolidation of psychiatric thought by a broad program of research. Amer. J. Psychiat. 8, 1–17.

Parloff, M. B. (1983). Who will be satisfied by "consumer satisfaction" evidence? Behavior Therapy 14, 242–246.

Paterson, D. G. (1940). Applied psychology comes of age. J. Consult. Psychol. 4, 1940.

Paul, G. L. (1966). Insight versus desensitization in psychotherapy. An experiment in anxiety reduction. Stanford.

Paul, G. L. (1969a). Outcome of desensitization. I. Background procedures, and uncontrolled reports of individual treatment. In: Franks, C. M. (Ed.), 1969, 63–104.

Paul, G. T. (1969b). Outcome of systematic desensitization. II. Controlled investigations of individual treatment, technique variations, and current status. In: Franks, C. M. (Ed.) 1969, 105–159.

Pavlov, I. P. (1903). Experimentelle Psychologie und Psychopathologie bei Tieren. Rede auf einer allgemeinen Versammlung des Internationalen Kongresses in Madrid im April 1903. In: Sämtliche Werke, Band III/1, S. 9–21. Berlin 1953.

Pavlov, I. P. (1911). Die Grundregeln der Arbeit der Großhirnhemisphären (aufgrund von Versuchen von Dr. N. I. Krasnogorski und Dr. N. A. Roshanski). Vortrag, gehalten in der Gesellschaft russischer Ärzte in St. Petersburg 1911. In: Sämtliche Werke, Band III/1, S. 111–120. Berlin 1953.

Pavlov, I. P. (1923). Einleitung zur ersten Auflage von „Zwanzigjährige Erfahrungen mit dem objektiven Studium der höheren Nerventätigkeit (des Verhaltens) der Tiere", Petrograd 1923. In: Sämtliche Werke, Band III/1, Berlin 1953.

Pavlov, I. P. (1927). Conditioned reflexes: An investigation of the physiological activity of the cerebral cortex. London.

Pavlov, I. P. (1928). Lectures on conditioned reflexes: Twenty-five years of objective study of the higher nervous activity (behavior) of animals. New York.

Pavlov, I. P. (1932). A reply of a physiologist to psychologists. Psychol. Rev. 9, 91–127.

Pavlov, I. P. (1972). Die bedingten Reflexe. München.

Pavlov, I. P. (1973). Auseinandersetzung mit der Psychologie. München.

Payne, R. W. (1953). The role of the psychologist at the Institute of Psychiatry. Rev. Psychol. Appl. 3, 150–160.

Payne, R. W. (1955a). Experimentelle Untersuchung zum Spaltungsbegriff von Kretschmer. Z. exp. & angew. Psychol. 3, S. 65–97.

Payne, R. W. (1955b). L'utilité du test de Rorschach en psychologie clinique. Rev. Psychol. Appl. 5, 255–264.
Payne, R. W. (1957). Experimental method in clinical psychological practice. J. Ment. Sci. 103, 189–196.
Payne, R. W. (1958). Diagnostic and personality testing in clinical psychology. Amer. J. Psychiat. 115, 25–29.
Payne, R. W. & Jones, H. G. (1957). Statistics for the investigation of individual cases. J. Clin. Psychol. 13, 115–121.
Perrez, M. (1972). Ist die Psychoanalyse eine Wissenschaft? Bern.
Peters, H. N. (1953). Multiple choice learning in the chronic schizophrenic. J. Clin. Psychol. 9, 328–333.
Peters, H. N. (1954). Supraordinality of associations and mirrortracing ability. J. Gen. Psychol. 50, 245–248.
Peters, H. N. (1955). Learning as the treatment method in chronic schizophrenia. Amer. J. Occup. Ther. 9, 185–189.
Peters, H. N. & Jenkins, R. L. (1954). Improvement of chronic schizophrenic patients with guided problem-solving motivated by hunger. Psychiat. Quart. Suppl. 28, 84–101.
Peters, H. N. & Murphree, O. D. (1954a). A comparative multiple-choice apparatus. Science 119, 182–191.
Peters, H. N. & Murphree, O. D. (1954b). The conditioned reflex in the chronic schizophrenic. J. Clin. Psychol. 10, 126–130.
Peterson, D. R., Eaton, M. M., Levine, A. R. & Snepp, F. P. (1980). Development of doctor of psychology programs and experiences of graduates through 1980. The Rudgers Professional Psychology Review 2, S. 29.
Peterson, D. R. & London, P. (1964). Neobehavioristic psychotherapy: Quasihypnotic suggestion and multiple reinforcement in the treatment of a case of post-infantile dyscopresis. Psychol. Rec. 14, 469–474.
Peterson, D. R. & London, P. (1965). A role for cognition in the behavioral treatment of a child's eliminative disturbance. In: Ullmann, L. P. & Krasner, L. (1965), 289–295.
Peterson, F. (1908). The galvanometer in psychology. J. Abn. Psychol. 3, 43–45.
Pieraccini, A. (1930). RiLievi in tema di isterismo. I. Meccanismi delle crisi isteriche e i riflessi condizionati. Rass. di Stud. Psichiat. 19, 3–47.
Pibram, K. (1971). Languages of the brain. Englewood Cliffs, N. J.
Phillips, E. L. (1956). Psychotherapy: A modern theory and practice. Englewood Cliffs.
Phillips, E. L. (1979). Where now, and whither, behavior modification? J. Nerv. Ment. Dis. 167, 317–320.
Phillips, E. L. & Wiener, D. N. (1966). Short-term psychotherapy and structured behavior change. New York.
Ploog, D. (1982). Max Planck Institute for Psychiatry Munich. Annual Report 1981. München.
Pongratz, L. J. (1980). Approaches to historiography. 2. Descriptive and analytic. In: Brožek, J. & Pongratz, L. J. (Eds.) 1980, 279–289.
Poffenberger, A. T. (1927). Applied psychology: Its principles and methods. New York.
Poffenberger, A. T. (1939). Trends in therapy VII: Specific psychological therapies. Amer. J. Orthopsychiat. 9, 755–761.
Porter, R. (Ed., 1968). The role of learning in psychotherapy. A Ciba Foundation Symposium. London.
Portes, A. (1971a). On the emergence of behavior therapy in modern society. J. Consult. Clin. Psychol. 36, 303–313.
Portes, A. (1971b). Behavior therapy and critical speculation. J. Consult. Clin. Psychol. 36, 320–324.

Prince, M. (1898). The educational treatment of neurasthenia, and certain hysterical cases. Bost. Med. Surg. J. 139, 332–338.
Prince, M. (1906a). Hysteria from the point of view of dissociated personality, J. Abn. Psychol. 1, 170–187.
Prince, M. (1906b). A symposium on the subconscious. J. Abn. Psychol. 1, 67–80. Pierre Janet: 58–66.
Prince, M. (1912). The new psychology and therapeutics. J. A. M. A. 192, 918–921.
Prince, M. (1915). American neurology of the past – neurology of the future. J. Nerv. Ment. Dis. 42, 445–454.
Prince, M. & Coriat, I. H. (1907). Cases illustrating the educational treatment of the psychoneuroses. J. Abn. Psychol. 2, 166–177.
Putnam, J. J. B. (1906). Recent experiences in the study and treatment of hysteria at the Massachussetts General Hospital. With remarks on Freud's method of treatment by psychoanalysis. J. Abn. Psychol. 1, 26ff.
Putnam, J. J. B. (1910). Personal experience with Freud's psychoanalytic method. J. Nerv. Ment. Dis. 37/1910, 630–638. Discussion: 657–674. Auch in: Zentralblatt für Psychoanalyse, Jahrgang 1/1911, 533–548.
Quen, J. M. (1977). Asylum psychiatry, neurology, social work and mental hygiene: An exploratory study in interprofessional history. J. Hist. Behav. Sci. 13, 3–11.
Quen, J. M. (1978). The new psychiatry: Medical and behavioral science, 1895–1911. In: Quen, J. M. & Carlson, E. T. (Eds.) 1978, 20–37.
Quen, J. M. & Carlson, E. T. (1978). American psychoanalysis: Origins and development. The Adolf Meyer Seminars. New York.
Rachman, S. (1958). Objective psychotherapy: Some theoretical considerations. S. African Med. J., 33, 19–21.
Rachman, S. (1959). Case report: The treatment of anxiety and phobic reactions by systematic desensitization psychotherapy. J. Abn. Soc. Psychol. 58, 259–263.
Rachman, S. (1962). Learning theory and child psychology: Therapeutic possibilities. J. Child Psychol. Psychiat. 3, 149–163.
Rachman, S. (1963a). Introduction to behavior therapy. Behav. Res. Ther. 1, 3–15.
Rachman, S. (Ed.) (1963b). Critical Essays on psychoanalysis. Oxford.
Rachman, S. (1965a). Studies in desensitization. I. The separate effects of relaxation and desensitization. Behav. Res. Ther. 3, 245–251.
Rachman, S. (1965b). The current status of behavior therapy. Arch. Gen. Psychiat. 13, 418–423.
Rachman, S. (1966a). Studies in desensitization. II. Flooding. Behav. Res. Ther. 4, 1–6.
Rachman, S. (1966b). Studies in desensitization. III. Speed of generalization. Behav. Res. Ther. 4, 7–15.
Rachman, S. (1967a). Studies in desensitization. IV. Optimum degree of anxiety-reduction. Behav. Res. Ther. 5, 249–250.
Rachman, S. (1967b). Systematic desensitization. Psychol. Bull. 67, 93–103.
Rachman, S. (1968). The role of muscular relaxation in desensitization therapy. Behav. Res. Ther. 6, 159–166.
Rachman, S. (1970). Behavior therapy and psychodynamics. Behav. Ther. 1, 527–530.
Rachman, S. (1972). Clinical applications of observation learning, imitation and modeling. Behavior Therapy 3, 379–397.
Rachman, S. (1974). The meanings of fear. London.
Rachman, S. (1977). The conditioning theory of fear-acquisition: A critical examination. Behav. Res. Ther. 15, 375–387.
Rachman, S. (1981). The primacy of affect: Some theoretical implications. Behav. Res. & Ther. 19, 279–290.

Rachman, S. & Wilson, G. T. (1980). The effects of psychological therapy. Oxford.
Rapaport, D. (1953). Special comment: Personality and psychotherapy. Amer. J. Ortho. 23, 204–208.
Raymond, M. J. (1956). Case of fetishism treated by aversion therapy. Brit. Med. J. 2, 854–856.
Raymond, M. J. (1969). Aversion therapy for sexual deviations. Brit. J. Psychiat. 115, 979–980.
Razran, G. H. S. (1937). Conditioned reflexes: A classified bibliography. Psychol. Bull. 34, 191–256.
Razran, G. H. S. (1949). Stimulus-generalization of conditioned reflexes. Psychol. Bull. 50, 337–365.
Reiminger, M. J., Morgan, S. W. & Bramwell, P. F. (1970). Succinylcholine as a modifier of acting-out behavior. Clinical Medicine 77, 28–29.
Reismann, J. M. (1976). The development of clinical psychology. New York.
Reynolds, T. W. & Tori, C. (1972). A further assessment of attention placebo effects and demand characteristics in studies of systematic desensitization. J. Consult. Clin. Psychol. 38, 261–264.
Rickard, H. C., Dignam, P. J. & Horner, R. F. (1960). Verbal manipulation in a psychotherapeutic relationship. J. Abn. Psychol. 16, 364–367.
Rickard, H. C. & Dinoff, M. (1962). A follow-up note on verbal manipulation in a psychotherapeutic relationship. Psychol. Rep. 11, 506.
Rieber, R. W. & Salzinger, K. (Eds.) (1977). The roots of American psychology: Historical influences and implications for the future. New York.
Risley, T. R. (1969). Behavior modification. An experimental-therapeutic endeavor. In: Hamerlynck, L. A., Davidson, P. O. & Acker L. E. (Eds.). Behavior modification and the ideal mental health services. Calgary. Auch in: Advances in Behavior Modification, 4, 1973, 1–52.
Ritter, B. (1968). The group treatment of childen's snake phobias using vicarious and contact desensitization procedures. Behav. Res. Ther. 6, 1–6.
Ritter, B. (1969). Eliminating excessive fears of the environment through contact desensitization. In: Krumboltz, J. B. & Thoresen, C. E. (Eds.). Behavioral counseling: Cases and techniques. New York.
Roazen, P. (1976). Sigmund Freud und sein Kreis. Eine biographische Geschichte der Psychoanalyse. Bergisch Gladbach.
Roback, A. A. (1923). Behaviorism and psychology. Cambridge.
Roback, A. A. (1922. Behaviorism in the light of medicine. J. Abn. Soc. Psychol. 17, 88–92.
Roback, A. A. (1937). Behaviorism at twenty-five. Cambridge.
Robinson, E. S. (1928). Review: Psychology: Its facts and principles. By H. L. Hollingworth. Psychol. Bull. 25, 562–565.
Rogers, C. R. (1939). Needed emphasis in the training of clinical psychologists. J. Consult. Psychol. 3, 141–143.
Rogers, C. R. (1946). Significant aspects of client-centered therapy. Amer. Psychologist 1946, 1, 415–422.
Rogers, C. R. (1947). Some observations on the organization of personality. Amer. Psychol. 2, 358–368.
Rogers, C. R. (1951). Client-centered therapy. Its current practice, implications and theory. Boston.
Rogers, C. R. (1979). Carl Rogers. In: Evans, R. I. 1979, 224–237.
Rorer, L. G. (1983). "Deep" RET: A reformulation of some psychodynamic explanations of procrastination. Cogn. Ther. & Res. 7, S. 1–10.
Rosenthal, T. L. & Bandura, A. (1978). Psychological modeling: Theory and practice. In: Garfield, S. & Bergin, A. (Eds.). Handbook of psychotherapy and behavior change, S. 621–658. New York.

Rosenzweig, S. A. (1954). A transvaluation of psychotherapy – a reply to Hans Eysenck. J. Abn. Soc. Psychol. 49, 298–304.
Rotter, J. B. (1954). Social learning and clinical psychology. Englewood Cliffs.
Rubinstein, E. A. & Lorr, M. (1954). Survey of clinical practice in psychology. New York.
Rush, A. J., Beck, A. T., Kovacs, M. & Hollon, S. (1977). Comparative efficacy of cognitive therapy and pharmacotherapy in the treatment of depressed outpatients. Cogn. Ther. & Res. 1, 17–37.
Rush, J. A., Hollon, S. D., Beck, A. T. & Kovacs. M. (1978). Depression: Must pharmacotherapy fail for cognitive therapy to succeed? Cogn. Ther. & Res. 2, 199–206.
Russell, W. L. (1932). Presidential Address: The place of the American Psychiatric Association in modern psychiatric organization and progress. Amer. J. Psychiat. 9, 1–20.
Rutherford, B. R. (1940). The use of negative practice in speech therapy with children handicapped by cerebral palsy, athetoid type. J. Speech Hear. Dis. 5, 259–264.
Sahs, A. L. & Trufant, S. A. (1977). American Neurological Association. Int. Encyclopedia of Psychiat., Psychol., Psychoanalysis & Neurology, 445–450.
Salter, A. (1941). Three techniques of autohypnosis. J. Gen. Psychol. 24, 423–438.
Salter, A. (1944). What is hypnosis? New York.
Salter, A. (1949). Conditioned Reflex Therapy. New York.
Salter, A. (1952). The case against psychoanalysis. New York.
Salzinger, K. (1959). Experimental manipulation of verbal behavior: A review. J. Gen. Psychol. 61, 65–94.
Salzinger, K., Feldman, R. S., Cowen, J. E. & Salzinger, S. (1965). Operant conditioning of verbal behavior of two young speech-deficient boys. In: Krasner, L. & Ullmann, L. P. (1965), 82–105.
Samelson, F. (1974). History, origin myth and ideology. J. Theory Soc. Behav. 4, 217–231.
Samelson, F. (1979). Reactions to Watson's behaviorism, Part 2: Some puzzles and some answers. Paper prepared for the 1979 CHEIRON meeting.
Samelson, F. (1980). Early behaviorism, Part 3: The stalemate of the twenties. Paper prepared for the CHEIRON 1980 meeting.
Samelson, F. (1981). Struggle for scientific authority: The reception of Watson's behaviorism, 1913–1920. J. Hist. Behav. Sci. 17, 399–425.
Sanderson, R., Lampbell, D. & Laverty, S. (1963). An investigation of a new aversive conditioning treatment for alcoholism. Quart. J. Stud. Alc. 24, 261–275.
Sandler, J. & Joffe, W. G. (1968). Psychoanalytic psychology and learning theory. S. 274–287, in: Porter, R. (Ed.). The role of learning in psychotherapy. A Ciba Foundation Symposium. London.
Sawaj, T. (1977). Issues and implications of establishing guidelines for the use of behavioral techniques. J. Appl. Behav. Anal. 10, 531–540.
Scharff, J. L. (1980). Skinner's concept of the operant: 1935–1953. Paper read at the 88th annual convention, APA Montreal Sept. 1–5, 1980.
Schilder, P. (1929). Conditioned reflexes. Arch. Neurol. Psychiat. 22, 425–443.
Schilder, P. (1935). Psychoanalyse und bedingte Reflexe. Imago 21, 50–66. Auch in: Psychoanal. Rev. 24 1937, 1–17.
Schlosberg, H. (1937). The relationship between success and the law of conditioning. Psychol. Rev. 44, 379–394.
Schniermann, A. L. (1930). Bekhterev's reflexological school. In: Murchison, C. (1930), 221–242.
Schulte, D. (1974). Diagnostik in der Verhaltenstherapie. München.
Sears, R. R. (1932). An experimental study of hypnotic anesthesia. J. Exp. Psychol. 15, 1–22.

Sears, R. R. (1934). An experimental study of the Freudian dynamism "projection". Psychol. Bull. 32, 711.
Sears, R. R. (1936a). Experimental studies of projection: I. Attribution of traits. J. Soc. Psychol. 7, 151–163.
Sears, R. R. (1936b). An experimental test of one phase of the hypothecated repression sequence. Psychol. Bull. 33, 744.
Sears, R. R. (1937a). Experimental studies of projection: II. Ideas of reference. J. Soc. Psychol. 8, 389–400.
Sears, R. R. (1937b). Imitation of the repression sequence by experienced failure. J. Exp. Psychol. 20, 570–580.
Sears, R. R. (1943). Survey of objective studies of psychoanalytic concepts. Soc. Sci. Res. Council Bull. No. 51.
Sears, R. R. (1944a). Experimental analysis of psychoanalytic phenomena. In: Hunt, J. McV. (Ed.) 1944, 306–332.
Sears, R. R. (1944b). Personality and motivation. Rev. Educ. Res. 14, 368–379.
Sears, R. R. (1975). Your ancients revisited: A history of child development. In: Hetherington, E. M. (Ed.). Review of child development research. Chicago, 1–73.
Sears, R. R. & Cohen, L. H. (1933). Hysterical anesthesia, analgesia and asterognosis: An experimental study. Arch. Neur. Psychiat. 29, 260–271.
Segal, E. M. & Lehman, R. (1972). Complex behavior or higher mental process: Is there a paradigm shift? Amer. Psychol. 27, 46–55.
Seligman, M. E. P. (1980). Helplessness. San Francisco.
Senn, P. R. (1966). What is "behavioral science?" – notes toward a history. J. Behav. Sci. 2, 107–122.
Seward, J. P. (1954). Hull's system of behavior: An evaluation. Psychol. Rev. 61, 145–159.
Shadel, C. A. (1944). Aversion treatment of alcohol addiction. Quart. J. Stud. Alc. 5, 216–228.
Shaffer, L. F. (1936). The psychology of adjustment. Boston.
Shaffer, L. F. (1947a). Clinical psychology and psychiatry. J. Consult. Psychol. 11, 5–11.
Shaffer, L. F. (1947b). The problem of psychotherapy. Amer. Psychol. 2, 459–467.
Shaffer, L. F. & Shoben, E. J. (1956). The psychology of adjustment. Boston.
Shakow, D. & Rapaport, D. (1968). The influence of Freud on American psychology. New York.
Shapiro, M. B. (1951a). An experimental approach to diagnostic psychological testing. J. Ment. Sci. 97, 748–764.
Shapiro, M. B. (1951b). Experimental studies of a perceptual anomaly. I. Initial experiments. J. Ment. Sci. 97, 96.
Shapiro, M. B. (1952). Experimental studies of a perceptual anomaly. II. Confirmatory and explanatory experiments. J. Ment. Sci. 98, 605.
Shapiro, M. B. (1953). Experimental studies of a perceptual anomaly. III. The testing of an explanatory theory. J. Ment. Sci. 99, 394.
Shapiro, M. B. (1957). Experimental method in the psychological description of the individual psychiatric patient. Int. J. Soc. Psychiat. 3, 89–102.
Shapiro, M. B. (1969). A clinically orientated strategy in individual-centered research. Brit. J. Soc. Clin. Psychol. 8, 290–291.
Shapiro, M. B. & Beech, H. R. (1965). General implications of the block design rotation effect. Perceptual & Motor Skills 20, 306.
Shapiro, M. B. & Ravenette, A. T. (1959). A preliminary experiment on paranoid delusions. J. Ment. Sci. 105, 295–312.
Sheehan, J. G. (1950). A theory of stuttering as approach-avoidance conflict. Amer. Psychol. 5, 469.

Sheehan, J. G. (1951). The modification of stuttering through nonreinforcement. J. Abn. Soc. Psychol. 46, 51–63.
Sheehan, J. G. (1953). Theory and treatment of stuttering as an approach-avoidance conflict. J. Psychol. 36, 27–49.
Sheehan, J. G. (1954). An integration of psychotherapy and speech therapy through a conflict theory of stuttering. J. Speech Hear. Dis. 19, 474–482.
Sheffield, F. D. (1949). Hilgard's critique of Guthrie. Psychol. Rev. 56, 284–291.
Sheffield, F. D. (1959). Edwin Ray Guthrie: 1886–1959. Amer. J. Psychol. 72, 642–650.
Shenger-Krestovnikova, N. R. (1921). Zur Frage der Differenzierung der Gesichtsreize und über die Grenzen der Differenzierung im Augenanalysator des Hundes. Veröffentlichung des Petrograder Lesgaft-Institutes, Bd. 3 (russ.).
Shoben, E. J. (1948). A learning-theory interpretation of psychotherapy. Harv. Educ. Rev. 18, 129–145.
Shoben, E. J. (1949). Psychotherapy as a problem in learning theory. Psychol. Bull. 5, 347 ff.
Shoben, E. J. (1953). A theoretical approach to psychotherapy as personality modification. Harv. Educ. Rev. 23, 128–142.
Shoben, E. J. (1954). Counseling and learning of integrative behavior. J. Counsel. Psychol. 1, 42–48.
Sicherman, B. (1978). The new psychiatry: Medical and behavioral science 1895–1921. In: Quen, J. M. & Carlson, E. T. (Eds.). American psychoanalysis: Origins and developments. The Adolf Meyer seminars. 20–37. New York.
Skinner, B. F. (1937). Two types of conditioned reflex: A reply to Konorski and Miller. J. Gen. Psychol. 16, 272–279.
Skinner, B. F. (1938). The behavior of organisms: An experimental analysis. New York.
Skinner, B. F. (1948). Walden Two. New York. Dt. Übersetzung.
Skinner, B. F. (1953 a). Science and human behavior. Boston.
Skinner, B. F. (1953 a). A critique of psychoanalytic concepts and theories. In: Cumulative record, 185–194.
Skinner, B. F. (1954 a). Psychology in the understanding of mental disease. In: Cumulative record, 194–202.
Skinner, B. F. (1954 b). An new method for the experimental analysis of the behavior of psychotic patients. J. Nerv. Ment. Dis. 120, 403–406.
Skinner, B. F. (1954 c). The science of learning and the art of teaching. Harv. Educ. Rev. 24, 86–97.
Skinner, B. F. (1955). What is psychotic behavior? In: Cumulative record, 202–219.
Skinner, B. F. (1957). Verbal behavior. New York.
Skinner, B. F. (1961). Cumulative record. New York.
Skinner, B. F. (1965). Some responses to the "stimulus" Pavlov. Cond. Refl. 1, 74–78.
Skinner, B. F. (1971). Beyond freedom and dignity. New York.
Skinner, B. F. (1976). Particulars of my life. London.
Skinner, B. F. (1981). Pavlov's influence on psychology in America. J. Hist. Behav. Sci. 17, 242–245.
Skinner, B. F. & Ferster, C. B. (1957). Schedules of reinforcement. New York.
Skinner, B. F., Solomon, H. C. & Lindsley, O. R. (1953). Studies in behavior therapy. Metropolitan State Hospital, Waltham, Mass. Status report I, Nov. 30.
Skinner, B. F., Solomon, H. C., Lindsley, O. R. & Richards, M. E. (1954). Studies in behavior therapy. Metropolitan State Hospital, Waltham, Mass., Status report II, May 31.
Smith, D. L. (1982). Trends in counseling and psychotherapy. Amer. Psychol. 37, 802–809.
Smith, M. L. & Glass, G. V. (1977). Meta-analysis of psychotherapy outcome studies. Amer. Psychol. 32, 752–760.

Smith, S. & Guthrie, E. R. (1920). Chapters in general psychology. Seattle.
Smith, S. & Guthrie, E. R. (1921). General psychology in terms of behavior. New York.
Smith, S. & Guthrie, E. R. (1922). Exhibitionism. J. Abn. Soc. Psychol. 17, 206–209.
Sokal, M. M. (1980). Approaches to historiography. 1. Biographical. In: Brožek, J. & Pongratz, L. J. (Eds.) 1980, 255–278.
Solomon, R. L., Kamin, L. J. & Wynne, L. C. (1953). Traumatic avoidance learning: The outcome of several extinction procedures with dogs. J. Abn. Soc. Psychol. 48, 291–302.
Solomon, R. L. & Wynne, L. C. (1954). Traumatic avoidance learning: The principles of anxiety conservation and partial irreversibility. Psychol. Rev. 61, 353–385.
Southard, E. E. (1913). The psychopathic hospital idea. J. A. M. A. 61, 1972–1074. Discussion: 1974–1975.
Spence, K. W. & Taylor, J. A. (1951). Anxiety and strength of UCS as determiners of amount of eyelid conditioning. J. Exp. Psychol. 42, 183–183.
Spiegel-Rösing, I. & de Solla Price, D. (1977). Science, technology and society. A cross-disciplinary perspective. London.
Spivack, G., Platt, J. J. & Shure, M. D. (1976). The problem-solving approach to adjustment. San Francisco.
Stagner, R. (1936). Psychology of personality. New York.
Stampfl, T. G. & Levis, D. J. (1967). Essentials of implosive therapy: A learning-theory-based psychodynamic behavioral therapy. J. Abn. Psychol. 72, 496–503.
Stampfl, T. G. & Levis, D. J. (1968). Implosive therapy – a behavioral therapy? Behav. Res. Ther. 6, 31–36.
Stanford, P. (1972). A model, clockwork-orange prison. New York Times Magazine, September 17, 121.
Stendler, C. B. (1947). New ideas for old: How Freudianism was received in the U. S. from 1900–1925. J. Educ. Psychol. 38, 193–206.
Stevenson, G. S. (1934). Child guidance clinics. New York.
Stevenson, G. S. (1945). The development of extra-mural psychiatry in the U.S. Amer J. Psychiat. 101, 147–150.
Stocking, G. W., Jr. (1966). On the limits of "presentism" and "historicism" in the historiography of the behavioral sciences. J. Hist. Behav. Sci. 2, 211–218.
Stogdill, R. M. (1934). Neurosis as learned behavior. Psychol. Rev. 41, 497–507.
Stolz, S. B. (1977). Why no guidelines for behavior modification? J. Appl. Behav. Anal. 10, 541–547.
Stolz, S. B. (Ed., 1978). Ethical issues in behavior modification. Report on the APA Commission. San Francisco.
Stolz, S. B., Wienckowski, L. A. & Brown, B. S. (1975). Behavior modification: A perspective on critical issues. Amer. Psychol. 30, 1027–1048.
Suinn, R. M. & Richardson, F. (1971). Anxiety management training: A nonspecific behavior therapy program for anxiety control. Behavior Therapy 2, 498–510.
Sullivan, H. S. (1926). Review: An introduction to objective psychopathology. By G. V. Hamilton. Amer. J. Psychiat. 3, 47–459.
Susskind, D. J. (1970). The idealized self-image (ISI): A new technique in confidence training. Behav. Ther. 1, 538–541.
Szasz, T. S. (1960). The myth of mental illness. Amer. Psychol. 15, S. 113–118. Dt. Übers. in Keupp, H. (Hg.) 1972. 44–56.
Taffel, C. (1955). Anxiety and the conditioning of verbal behavior. J. Abn. Soc. Psychol. 51, 496–501.
Tansley, A. G. (1922). The new psychology and its relation to life. Boston.
Taylor, E. W. (1898). Types of habit neuroses. Bost. Med. Surg. J. 139, 62–64.

Taylor, E. W. (1908). The attitude of the medical profession towards the psychotherapeutic movement. J. Nerv. Ment. Dis. 35, 401–415.
Thimann, J. (1943). The conditioned reflex as a treatment for abnormal drinking. Its principle, technic and success. New Engl. J. Med. 228, 333–335.
Thimann, J. (1949). Conditioned-reflex treatment of alcoholism. I. Its rationale and technic. New Engl. J. Med. 241, 368–369.
II. The risks of its application, its indication, contraindications and psychotherapeutic aspects. 406–410.
Thimann, J. & Price, G. M. (1946). Modern trends in the treatment of alcohol addicts. J. Soc. Casework 27, 222–229.
Thom. D. A. (1922). Habit clinics for children of the pre-school age. Amer. J. Psychiat. 1, 31–42.
Thom, D. A. (1924). Habit clinics for the child of pre-school age. U. S. Dep. of Labor, Children's Bureau, No. 135, Washington.
Thom, D. A. (1925). Child management. U. S. Dep. of Labor, Children's Bureau Publication, No. 143, Washington.
Thom, D. A. (1927). Everyday problems of the everyday child. New York (First reprinting 1970).
Thom, D. A. (1929). The child is father of the man. In: Elkind, H. (Ed). The healthy mind. New York. 13ff.
Thom, D. A. (1932). Normal youth and its everyday problems. New York.
Thomae, H. (1980a). Psychologiegeschichte. In: Asanger, R. & Wenninger, G.: Handbuch der Psychologie, Weinheim. 366–370.
Thomae, H. (1980b). Approaches to historiography. 4. Social. In: Brožek, J. & Pongratz, L. J. (Eds.) 1980, 302–314.
Thoresen, C. E. & Wilbur, C. S. (1976). Some encouraging thoughts about self-reinforcement. J. Appl. Behav. Anal. 9, 521–525.
Thorpe, G. O. (1982). Current trends in behaviour therapy from an American perspective. E. A. B. T. Newsletter 7, 40–47.
Thorpe, L. P. & Katz, B. (1948). The psychology of abnormal behavior: A dynamic approach. New York.
Thurstone, L. L. (1924). Influence of Freudism on theoretical psychology. Psychol. Rev. 31, 175–183.
Tiebout, H. M. (1951). The role of psychiatry in the field of alcoholism. With comment on the concept of alcoholism as symptom and as disease. Quart. J. Stud. Alc. 12, 52–57.
Tinel, J. (1930). Les réflexes conditionnels dans les états névropathiques. Encéphale 25, 65–81.
Titchener, E. B. (1914). On "Psychology as the behaviorist views it". Proc. Amer. Phil. Soc., 53, 1–77.
Tolman, E. C. (1951). Collected papers in psychology. Berkeley.
Tridon, A. (1921). Easy lessons in psychoanalysis. New York.
Tulchin, S. H. (1930). The treatment of behavior and personality problems in children. C. The psychologist. Amer. J. Orthopsychiat. 1. 39–47.
Tulchin, S. H. (1939). The clinical training of psychologists and allied specialists. J. Consult. Psychol. 3, 105–111.
Tunner, W. (1973). Verhaltensmodifikation bei Sprechstörungen.. In: Brengelmann, J. C. & Tunner, W. (Hg.). Behavior Therapy – Verhaltenstherapie. Praktische und theoretische Aspekte. 128–134. München.
Tunner, W. (1982). Kritik am Kognitivismus in der Verhaltenstherapie. 228–228, in: Brengelmann, J. C. (Hg.). Entwicklungen der Verhaltenstherapie in der Praxis 1981. Themen der 6. Verhaltenstherapiewoche, Riva. München.
Turkat, I. D. & Feuerstein, M. (1978). Behavior modification and public misconception. Amer. Psychol. 33, S. 194.

Turkat, I. D. & Forehand, R. (1980). Critical issues in behavior therapy. Behavior Modification 4, S. 445–464.
Turkat, I. D. & Meyer, V. (1982). The behavior-analytic approach. In: Wachtel, P. (Ed.). Resistance: Psychodynamic and behavioral approaches. New York.
Ullmann, L. P. (1970). On cognitions and behavior therapy. Behav. Ther. 1, 201–204.
Ullmann, L. P. (1972). Presidential Address: Who are we? Advances in Behav. Ther. 3, 212–223.
Ullmann, L. P. & Krasner, L. (1965). Case studies in behavior modification. New York.
Ullmann, L. P. & Krasner, L. (1969). A psychological approach to abnormal behavior. Englewood Cliffs.
Ullmann, L. P., Krasner, L. & Collins, B. J. (1961). Modification of behavior through verbal conditioning: Effects in group therapy. J. Abn. Soc. Psychol. 62, 128–132.
Valins, S. & Ray, A. A. (1967). Effects of cognitive desensitization on avoidance behavior. J. Pers. Soc. Psychol. 7, 345–350.
Van Riper, C. (1939). Speech correction: Principles and methods. New York (4. Ed. Englewood Cliffs 1963).
Vasconcellos, E. G., Brengelmann, J. C. & Macruz, R. (1982). STRESA Projekt: Bericht zu den empirischen Untersuchungen mit Herz- und Kreislaufpatienten in Brasilien. Stress, Coping und soziale Kompetenz. Sao Paulo/München.
Verres, R. (1979). Vorwort zur deutschen Ausgabe. In: Bandura, A., Sozial-kognitive Lerntheorie. Stuttgart.
Veysey, L. R. (1965). The emergence of the American university. Chicago.
Voegtlin, W. L. (1940). The treatment of alcoholism by establishing a conditioned reflex. Amer. J. Med. Sci. 199, 802–810.
Voegtlin, W. L. (1947). Conditioned reflex therapy of chronic alcoholism. Ten years- experience with the method. Rocky Mtd. Med. J. 44, 807–812.
Voegtlin, W. L. & Broz, W. R. (1949). The conditioned reflex treatment of chronic alcoholism: X. An analysis of 3125 admissions over a period of ten and a half years. Ann. Inter. Med. 30, 580–597.
Voegtlin, W. L., Lemere, F. & Broz, W. R. (1940). Conditioned reflex therapy of alcoholic addiction. III. An evaluation of present results in the light of previous experiences with this method. Quart. J. Stud. Alc. 1, 461–471.
Voegtlin, W. L., Lemere, T., Broz, W. R. & O'Hollaren, P. (1941 a). Conditioned reflex therapy of chronic alcoholism. IV. A preliminary report on the value of reinforcement. Quart. J. stud. Alc. 11, 505.
Voegtlin, W. L., Lemere, T., Broz, W. R. & O'Hollaren, P. (1941 b). Conditioned reflex therapy of alcoholic addiction. V. Follow-up report on 1042 cases. Amer. J. Med. Sci. 203, 525–528.
Vogler, R. E., Ferstl, R., Kraemer, S. & Brengelmann, J. C. (1975). Electrical aversion conditioning of alcoholics: One year follow-up. J. Behav. Ther. & Exp. Psychiat. 6, 117–171.
Vogler, R. E., Kraemer, S., Ferstl, R. & Brengelmann, J. C. (1973). Aversion conditioning with severe alcoholics. Proceedings of the first meeting of the E. A. B. T., Munich.
Wachtel, P. L. (1973 a). Psychodynamics, behavior therapy and the implacable experimenter: An inquiry into the consistency of personality. J. Abn. Psychol. 82, 324–334.
Wachtel, P. L. (1973 b). On fact, hunch, and stereotype: A reply to Mischel. J. Abn. Psychol. 82/1973, S. 527–540.
Wachtel, P. L. (1977 a). Psychoanalysis and behavior therapy. Toward an integration. New York.
Wachtel, P. L. (1977 b). Interaction cycles, unconscious processes, an the person-situation issue. In: Magnusson, D. & Endler, N. (Eds.). Personality at the crossroads: Issues in interactional psychologies. Hillsdale.

Wachtel, P. L. (1978). On some complexities in the application of conflict theory to psychotherapy. J. Nerv. Ment. Dis. 166, S. 457–471.
Wachtel, P. L. (1981). Transference, schema, and assimilation: The relevance of Piaget to the psychoanalytic theory of transference. The annual of psychoanalysis, Vol. 8, New York.
Wachtel, P. L. (1982a). What can dynamic therapies contribute to behavior therapy? Behavior Therapy 13, 594–609.
Wachtel, P. (Ed.) (1982b). Resistance: Psychodynamic and behavioral approaches. New York.
Wallin, J. E. W. (1911). The new clinical psychology and the psychoclinist. J. Educ. Psychol. 2, 121–132, 191–210.
Wallin, J. E. W. (1913). Clinical psychology. What it is and what it is not. Science 37, 895–902.
Wallin, J. E. W. (1927). Clinical and abnormal psychology. Boston.
Wallin, J. E. W. (1949). Personality maladjustments and mental hygiene; a textbook for students of mental hygiene, psychology, education, sociology and counseling. New York.
Wallin, J. E. W. (1955). The odyssey of a psychologist: Pioneering experiences in special education, clinical psychology and mental hygiene. Wilmington.
Walton, D. (1954). An experimental study of a method of using perceptual errors as an aid in diagnosis. J. Ment. Sci. 100, 678–686.
Walton, D. (1957). The application of learning theory to the treatment of a case of bronchial asthma. South Afr. Med. J. 31/1957, 934–937. Auch in Eysenck, H. J. (Ed.) 1960a.
Walton, D. (1958). The application of learning theory to the treatment of stammering. J. Psychosom. Res. 3, 170–179.
Walton, D. (1960a). The application of learning theory to the treatment of a case of neurodermatitis. In: Eysenck, H. J. (Ed.), 1960a, 272–276.
Walton, D. (1960b). The relevance of learning theory to the treatment of an obsessive-compulsive state. In: Eysenck, H. J. (Ed.) 1960a, 153–164.
Walton, D. (1960c). Strengthening of incompatible reactions and the treatment of a phobic state in a schizophrenic patient. In: Eysenck, H. J. (Ed.), 1960a, 170–180.
Walton, D. (1963). The interaction effects of drive (D), reactive (I_R) and conditioned inhibition ($_SI_R$) – their application to the remedial treatment of an adolescent psychopath. Behav. Res. Ther. 1, 35–43.
Walton, D. & Black, D. A. (1958). The application of modern learning theory to the treatment of chronic hysterical aphonia. J. Psychosom. Res. 3m 303–311.
Watson, J. B. (1906). The need of an experimental station for the study of certain problems in animal behavior. Psychol. Bull. 3, 149–156.
Watson, J. B. (1912). Content of a course in psychology for medical students. J. A. M. A. 58, 916–918.
Watson, J. B. (1913). Psychology as the behaviorist views it. Psychol. Rev. 20, 158–177.
Watson, J. B. (1914a). Behavior: An introduction to comparative psychology. New York.
Watson, J. B. (1914b). Image and affection in behavior. J. Phil. Psychol. & etc. 10, 421–428.
Watson, J. B. (1916a). The place of the conditioned reflex in psychology. Psychol. Rev. 23, 89–117.
Watson, J. B. (1916b). Behavior and the concept of "mental disease". J. Phil., Psychol., etc. 13, 589–596.
Watson, J. B. (1916c). The psychology of wish fulfilment. The Scientific Monthly 3, 479–487.
Watson, J. B. (1917a). An attempted formulation of the scope of behavior psychology. Psychol. Rev. 24, 329–352.
Watson, J. B. (1917b). Does Holt follow Freud? J. Phil., Psychol., & etc. 14, 85–93.
Watson, J. B. (1917b). Practical and theoretical problems in instinct and habit. In: Suggestions of modern science concerning education. Chigago, 51–100.
Watson, J. B. (1919). Psychology from the standpoint of a behaviorist. Philadelphia.

Watson, J. B. (1925). Behaviorism. New York.

Watson, J. B. (1927). The myth of the unconscious. Harp. Mag. 155, 502–508.

Watson, J. B. (1928). The ways of behaviorism. New York.

Watson, J. B. (1930a). Der Behaviorismus. Stuttgart.

Watson, J. B. (1930). Psychologische Entwicklung im frühen Kindesalter. Leipzig.

Watson, J. B. (1936). Autobiography. In: Murchison, C. (Ed.). A history of psychology in autobiography. Vol. III, Worcester, Mass.

Watson, J. B. & Lashley, K. S. (1920). A consensus of medical opinion upon questions relating to sex education and veneral disease campaigns. Mental Hyg. 4, 769–847.

Watson, J. B. & McDoughall, W. (1928). The battle of behaviorism. London.

Watson, J. B. & Morgan, J. J. B. (1917). Emotional reactions and psychological experimentation. Amer. J. Psychol. 28, 163–174.

Watson, J. B. & Rayner, R. (1920). Conditioned emotional reactions. J. Exp. Psychol. 3, 1–14.

Watson, R. I. (1953). A brief history of clinical psychology. Psychol. Bull. 50, 321–346.

Wechsler, D. (1933). review: Habits: Their making and unmaking. By K. Dunlap. Psychoanal. Quart. 2, 162–164.

Weil, S. (1944). Theoretical and practical aspects of psychoanalytic therapy of problem drinkers. Quart. J. Stud. Alc. 5, 200–211.

Weimer, W. B. (1974). The history of psychology and its retrieval from historiography. I. The problematic nature of history. 235–258.
II. Some lessons for the methodology of scientific research. 367–396, Science Studies 4.

Weiner, B. (1972). Theories of motivation: From mechanism to cognition. Chicago.

Weiner, H. (1972). Comments on Dr. Risley's paper. Advances in Behav. Ther. 3, 61–64.

Weiner, M. L. (1983). The ego activation method: An in vivo cognitive therapy integrating behavioral and psychodynamic approaches. Cogn. Ther. & Res. 7, 11–16.

Weingart, P. (1978). The relation between science and technology – a sociological explanation. Sociology of the Sciences II, 1978, 251–286.

Weiss, A. P. (1925). A theoretical basis of human behavior. Columbus.

Weiss, A. P. (1928). Behaviorism and ethics. J. Abn. Soc. Psychol. 22, 388–397.

Weiss, B. P. (1942). Alcoholism and its management. Med. Rec. N. Y. 155, 527–531.

Weisz, G. (1975). Scientists and sectarians: The case of psychoanalysis. J. Hist. Behav. Sci. 11, 350–364.

Weitzmann, B. (1967). Behavior therapy and psychotherapy. Psychol. Rev. 74, 300–317.

Wells, F. L. (1914). Dynamic psychology. Psychol. Bull. 11, 404–409.

Wells, F. L. (1916). Von Bechterew and Übertragung. J. Phil., Psychol, etc. 13, 354–356.

Wells, F. L. (1920). Book Review: Psychology from the standpoint of a behaviorist. By J. B. Watson. Mental Hyg. 4, 455–459.

Wells, F. L. (1922). Psychology in medicine. Amer. J. Psychiat. 1, 451–457.

Werner, A. & Butollo, W. H. L. (1977). Skinner und das operante Konditionieren. In: Zeier, H. (Hg.) 1977, 189–247.

Wertheimer, M. (1980). Approaches to historiography. 5. Socio-psychological. In: Brožek, J. & Pongratz, L. J. (Eds.) 1980, 315–324.

Westburgh, E. M. (1937). Introduction to clinical psychology. Philadelphia.

Wexler, D. (1974). Token and taboo: Behavior modification, token economy and the law. In: Franks, C. M. & Wilson, G. T. (Eds.). Annual Review of Behavior Therapy, Vol. 2, New York.

White, J. G. (1956). The psychologist's contribution to clinical method. J. Psychosom. Res. 1, 160–166.

White, J. G. (1978). The making of a twentieth century psychologist. Talk to the Brit. Psychol. Society's Northern Ireland Branch on the occasion of their Annual General Meeting at Rosapenna on 2nd May 1978.

White, W. A. (1921). The behavioristic attitude. Ment. Hyg. 5, 1–18.
Whitehorn, J. C. & Zilboorg, G. (1934). Present trends in American psychiatric research. J.A.M.A. 13, 303–312.
Whitehorn, J. C. & Zilboorg, G. (1945a). A century of psychiatric research in America. In: Hall, J. K. (Ed.) 1945, 167–194.
Whitehorn, J. C. & Zilboorg, G. (1945b). One hundred years of American psychology. Amer. J. Psychiat. 101, 167–194.
Wicker, T. (1974). A bad idea exists. New York Times, February 8, 31.
Wicklund, R. A. (1981). Die Arbeitsweise von Ethik-Kommittees in der amerikanischen Psychologie. In: Kruse, L. & Kumpf, M. (Hg.). Psychologische Grundlagenforschung: Ethik und Recht, S. 303–307. Bern.
Wiest, W. M. (1967). Some recent criticisms of behaviorism and learning theory: With special reference to Breger and McGaugh and to Chomsky. Psychol. Bull. 67, 214–225.
Wilkins, W. (1971). Desensitization: Social and cognitive factors underlying the effectiveness of Wolpe's procedure. Psychol. Bull. 76, 311–317.
Williams, T. A. (1909a). The importance for research and treatment of distinguishing clinical types amoung psychoneuroses. J. Abn. Psychol. 4, 32–35.
Williams, T. A. (1911b). The treatment of writer's cramp and other occupational neuroses. J. Abn. Psychol. 7, 99–103.
Williams, T. A. (1912). Interpretation of professional cramp neuroses as a tic. J. Abn. Psychol. 8, 161–166.
Williams, T. A. (1920). Tremor following explosions. J. Abn. Psychol. 15, 303–405.
Williams, T. A. (1923). Dreads and besetting fears; including states of anxiety, their causes and cure. Boston.
Wilson, G. T. (1973). Effects of false feedback on avoidance behavior: "Cognitive" desensitization revisited. J. Pers. & Soc. Psychol. 28, 115–122.
Wilson, G. T. (1978). On the much discussed nature of the term "behavior therapy". Behav. Ther. 9, 89–98.
Wilson, G. T. (1978). Ethical an professional issues in sex therapy: Comments on Bailey's "Psychotherapy or massage parlor technology?". J. Consult. Clin. Psychol. 46, 1510–1514.
Wilson, G. T. (1978). Cognitive behavior therapy: paradigm shift or passing phase? In: Foreyt, J. P. W. Rathjen, D. (Eds.). Cognitive behavior therapy: Research and application. New York.
Wilson, G. T. (1980). Toward specifying the "nonspecific" factors in behavior therapy. A social-learning analysis. In: Mahoney, M. J. (Ed.). Psychotherapy process. Current issues and future directions. 282–311. New York.
Wilson, G. T. (1981). Expectations and substance abuse: Does basic research benefit clinical assessment and therapy? Addictive Behaviors 6, 221–231.
Wilson, G. T. (1982). Psychotherapy process and procedure: The behavioral mandate. Behavior Therapy 13, 291–312.
Wilson, G. T. & Davison, G. C. (1971). Processes of fear reduction in systematic desensitization: Animal studies. Psychol. Bull. 76, 1–14.
Wilson, G. T. & Davison, G. C. (1974). Behavior therapy and homosexuality: A critical perspective. Behavior Therapy 5, 16–28.
Wilson, G. T. & Evans, W. I. M. (1967). Behavior therapy and not the "behavior therapies". AABT Newsletter, Nov., Vol. II, 5–6.
Wilson, G. T. & O'Leary, K. D. (1980). Principles of behavior therapy. Englewood Cliffs.
Wilson, H., Zangwill, O. L., Eysenck, H. J. & Kennedy, A. (1952). Discussion on the role of the psychologist in psychiatric practice. Proc. Roy. Soc. Med., 45, 445–450.
Winett, R. A. & Winkler, R. C. (1972). Current behavior modification in the classroom; Be still, be quiet, be docile. J. Appl. Behav. Anal. 5, 499–504.

Wingate, M. E. (1966a). Stuttering adaptation and learning. 1. The relevance of adaptation studies as "learned behavior". J. Speech Hear. Dis. 31, 148–156.
Wingate, M. E. (1966b). Stuttering adaptation and learning: 2. The adequacy of learning principles in the interpretation of stuttering. J. Speech Hear. Dis. 31, 211–218.
Wingate, M. E. (1976). Stuttering theory and treatment. New York.
Winters, E. E. (Ed., 1950). The collected papers of Adolf Meyer. Vol. I, Neurology. Baltimore.
Vol. II, Psychiatry. Baltimore 1951.
Vol. III, Medical Teaching. Baltimore 1951.
Vol. IV, Mental Hygiene. Baltimore 1952.
Wischner, G. J. (1948). An experimental approach to stuttering as learned behavior. Amer. Psychol. 3, 278–279.
Wischner, G. J. (1950). Stuttering behavior and learning: A preliminary theoretical formulation. J. Speech Hear. Dis. 15, 324–335.
Wischner, G. J. (1952a). Anxiety-reduction as reinforcement in maladaptive behavior: Evidence in stutterers' representations of moment of difficulty. J. Abn. Soc. Psychol. 47, 566–571.
Wischner, G. J. (1952b). An experimental approach to expectancy and anxiety in stuttering behavior. J. Speech Hear. Dis. 17, 139–152.
Witmer, L. (1907). Clinical psychology. In: The Psychological Clinic 1, 1–9.
Wittmann, L. (1981). Verhaltenstherapie und Psychodynamik. Therapeutisches Handeln jenseits der Schulengrenzen. Weinheim.
Wohlgemuth, A. (1923). A critical examination of psychoanalysis. London.
Wolf, E. (1966). Learning theory and psychoanalysis. Brit. J. Med. Psychol. 39, 1–9.
Wolf, M. M. (1972). The importance of systematic behavioral measures in research and treatment: Implications for graduate training. Advances in Behavior Therapy 3, 57–60.
Wolpe, J. (1949). An interpretation of the effects of combinations of stimuli (patterns) based on current neurophysiology. Psychol. Rev. 56, 277–283.
Wolpe, J. (1952a). Experimental neuroses as learned behavior. Brit. J. Psychiat. 43, 243–268.
Wolpe, J. (1952b). The neurophysiology of learning and delayed reward learning. Psychol. Rev. 59, 192–199.
Wolpe, J. (1952c). Primary stimulus generalization: A neurophysiological view. Psychol. Rev. 59, 8–10.
Wolpe, J. (1953). Theory construction for Blodgett's latent learning. Psychol. Rev. 60, 340–344.
Wolpe, J. (1954). Letter to the editor. Brit. J. Psychol. 45, 220–221.
Wolpe, J. (1958). Psychotherapy by reciprocal inhibition. Stanford.
Wolpe, J. (1963). Psychotherapy: The nonscientific heritage and the new science. Behav. Res. & Ther. 1, 23–28.
Wolpe, J. (1964a). Reply to Mowrer's comments on reciprocal inhibition therapy. Behav. Res. Ther. 2, 339–341.
Wolpe, J. (1964b) Behavior therapy in complex neurotic states. Brit. J. Psychiat. 110, 28–34.
Wolpe, J. (1968a). Psychotherapy by reciprocal inhibition. Cond. Refl. 3, 234–240.
Wolpe, J. (1968b). From the President. AABT Newsletter, March, Vol. III, 1–2.
Wolpe, J. (1968c). Outgoing presidential report. AABT Newsletter, Nov., Vol. III, 1–2.
Wolpe, J. (1969a). Foreword. In: Advances in Behavior therapy 1.
Wolpe, J. (1969b). The practice of behavior therapy. London 1969. Dt. Übers.: Praxis der Verhaltenstherapie. Bern.
Wolpe, J. (1973). The compass of behavior therapy. Annual Rev. Behav. Ther. 1, 37–39.
Wolpe, J. (1976a). The applied science of behavior therapy. In: Bradfield, R. H. (Ed.) 1976, 197–209.
Wolpe, J. (1976b) Behavior therapy and its malcontents. I. J. Behav. Ther. & Exp. Psychiat. 7, 1–5.

Wolpe, J. (1976c). Behavior therapy and its malcontents. II. Multimodal eclecticism, cognitive exclusivism and "exposure" empiricism. J. Behav. Ther. & Exp. Psychiat. 7, 109–116.
Wolpe, J. (1978). Cognition and causation in human behavior and its therapy. Amer. Psychol. 23, 437–446.
Wolpe, J. & Lazarus, A. A. (1966). Behavior therapy techniques: A guide to the treatment of neuroses. London.
Wolpe, J. & Rachman, S. (1960). Psychoanalytic "evidence": A critique based on Freud's case of little Hans. J. Nerv. Ment. Dis. 131, 135–148.
Wolpe, J., Salter, A. & Reyna, L. J. (1964). The conditioning therapies. The challenge in psychotherapy. New York, 1–2.
Woolfolk, R. L. & Lazarus, A. A. (1979). Between laboratory and clinic: Paving the two-way street. Cogn. Ther. & Res. 3, 239–244.
Woodworth, R. S. (1922). Review: Mysticism, Freudianism and scientific psychology. By K. Dunlap. J. Phil. Psychol., etc. 19, 101–109.
Woodworth, R. S. (1924). Four varieties of behaviorism. Psychol. Rev. 31, 1924.
Woodworth, R. S. (1931). Contemporary schools of psychology. New York.
Woolfolk, R. L. & Lazarus, A. A. (1979). Between laboratory and clinic: Paving the two-way street. Cogn. Ther. & Res. 3, 239–244.
Wyatt, F. (1948). Clinical psychology and orthopsychiatry. In: Lowrey, L. G. (Ed.) 1948, 217–230.
Wyatt v. Stickney, 344 F. Supp. 373 (M. D. Ala. 1972), (Bryce and Searcy Hospitals).
Yamagami, T., Okuma, H., Morinaga, Y. & Nakao, H. (1982). Practice of behavior therapy in Japan. J. Behav. Ther. & Exp. Psychiat. 13, 21–26.
Yates, A. J. (1956). The rotation of drawings by brain-damaged patients. J. Abn. Psychol. 53, 178–181.
Yates, A. J. (1958a). The application of learning theory to the treatment of tics. J. Abn. Soc. Psychol. 56, 175–182.
Yates, A. J. (1958b). Symptoms and symptom substitution. Psychol. Rev. 65, 371–374.
Yates, A. J. (1962). A comment on Bookbinder's critique of "symptoms and symptom substitution". Psychol. Rep. 11, 102.
Yates, A. J. (1970a). Misconceptions about behavior therapy: A point of view. Behav. Ther. 1, 92–107.
Yates, A. J. (1970b). Behavior Therapy. New York.
Yerkes, R. M. (1913). Comparative psychology in relation to medicine. Bost. Med. Surg. J. 169, 779–781.
Yerkes, R. M. (1925). Foreword. In: Hamilton, G. V., 1925, St. Louis.
Yerkes, R. M. (1948). Chimpanzees. A laboratory colony. New Haven. Darin: Epilogue: The story of an idea, 289–301.
Yerkes, R. M. & Berry, C. S. (1909). The association reaction method of mental diagnosis. Amer. J. Psychol. 20, 22–37.
Yerkes, R. M. & Morgulis, S. (1909). The method of Pavlov in animal psychology. Psychol. Bull. 6, 257–273.
Yerkes, R. M. & Watson, J. B. (1912). Methods of studying vision in animals. Behav. Monogr. I. No. 2.
Zajonc, R. (1980). Feeling and thinking. Amer. Psychol. 35, 151–175.
Zappert, I. (1923). Über Neurosen im Kindesalter. Arch. F. Kinderheilkunde 73, 108–126.
Zappert. I. (1924). Zur Neurosenfrage im Kindesalter. Zeitschr. f. Kinderheilkunde 38, 132–145.
Zappert, I. (1927a). Das „nervöse“ Kind. Wiener medizinische Wochenschrift 77, 411–414.
Zappert, I. (1927b). Über Gewohnheitsneurosen. Fortschr. d. Med. 45, 523–526.

Zeier, H. (Hg., 1977). Psychologie des 20. Jds., Bd. IV: Pawlow und die Folgen. Von der klassischen Konditionierung bis zur Verhaltenstherapie. Weinheim.

Zeisset, R. M. (1968). Desensitization and relaxation in the modification of psychiatric patients' interview behavior. J. Abn. Psychol. 73, 18–24.

Zinn, E. F. (1924). History, purpose, and policy of the National Research Council's committee for research on sex problems. Ment. Hyg. 8, 94–105.

Zubin, D. & Zubin, J. (1977). From speculation to empiricism in the study of mental disorder: Research at the New York State Psychiatric Institute in the first half of the twentieth century. In: Rieber, R. W. & Salzinger, K. (Eds.). The roots of American psychology: Historical influences and implications for the future. 104–135, New York.

D'Zurilla, T. J. & Goldfried, M. R. (1971). Problem solving and behavior modification. J. Abn. Psychol. 78, 107–126.

Personenregister

Foto-Quellennachweise

Umschlagfotos:

Mitte – I. P. Pavlov und Walter B. Cannon, Boston 1929; Yale Medical Library, New Haven;

links oben – Vladimir Michailovič Bechterev (1857–1927; State Central Scientific Medical Library, Moskau;

links Mitte – John B. Watson (1878–1958); Archives of the History of American Psychology, Akron, Ohio;

links unten – Mary Cover Jones (geb. 1896); aus der Privatsammlung Cedric Larsons, New York;

untere Reihe, Mitte links – Gilbert V. Hamilton (1877–1943); aus der Privatsammlung Cedric Larsons, New York;

untere Reihe, Mitte – Joseph Wolpe (geb. 1915); aus Privatbesitz;

untere Reihe, Mitte rechts – Albert Bandura (geb. 1925); aus Privatbesitz;

rechts unten – Hans J. Eysenck (geb. 1916); aus Privatbesitz;

rechts Mitte – H. Gwynne Jones; aus Privatbesitz;

rechts oben – Ogden R. Lindsley (geb. 1922); aus Psychology Privatbesitz.

S. 38
- I. P. Pavlov (1849–1936); Sämtliche Werke, Band I
- Vladimir Michailovič Bechterev (1857–1927); State Central Scientific Medical Library, Moskau;
- Clark University 1909: A. A. Brill, Ernest Jones, Sandor Ferenczi, Sigmund Freud, G. Stanley Hall, C. G. Jung; Culver Pictures.

S. 50
- Die Primatenstation G. V. Hamiltons in Kalifornien; Yale Medical Library, New Haven;
- Robert Mearns Yerkes 1915 in Montecito, Kalifornien; Yale

S. 51 Untersuchungsraum in der Phipps Psychiatric Clinic; Medical Archives, Johns Hopkins University, Baltimore.

S. 52 John B. Watson und Rosalie Rayner; Ausschnitte aus dem Film „Experimental Investigation of Babies"; Ben Harris, Vassar College, Poughkeepsie, New York.

S. 53 und S. 54 Albert im Experiment; Ausschnitte aus dem Film „Experimental Investigation of Babies"; Ben Harris, Vassar College, Poughkeepsie, New York.

S. 66 Rosalie Rayner Watson 1919; aus der Privatsammlung Cedric Larsons, New York.

67 Mary Cover Jones 1919; aus der Privatsammlung Cedric Larsons, New York.

S. 68 Harold Ellis Jones (1894–1960); aus Privatbesitz.

S. 69 Untersuchungen von Jones u. Jones zur Furchtentwicklung und zum Furchtabbau; aus *Childhood Education,* 1928.

S. 74 John B. Watson und Clarence Darrow (1857–1938); aus der Privatsammlung Cedric Larsons, New York.

S. 75 „Psychology Settles a Point". Karikatur aus *Public Affairs,* April 1924; aus der Privatsammlung Cedric Larsons, New York.

S. 76
- John B. Watson vor seinem Farmhaus in Weston, Connecticut; aus der Privatsammlung Cedric Larsons;
- „Treat them as though they were young adults, ... Shake hands with them in the morning." Karikatur aus *Life,* 25. 6. 1950.

S. 77 Aufnahme von William Albert Watson (1921–1962) und James Broadus Watson (geb. 1924); aus der Privatsammlung Cedric Larsons, New York

S. 89 Gilbert V. Hamilton (1877–1943); aus der Privatsammlung Cedric Larsons, New York.

S. 90 I. P. Pavlov und Walter B. Cannon, Boston 1929; Yale Medical Library, New Haven.

S. 91 Gheorghe Marinescu (1863–1938); Biblioteca Centrale Universitara, Bukarest.

S. 115
- Gruppenphoto der Mitglieder des Exekutivkomitees des *Instituts of Human Relations,* Yale; Yale Medical Library, New Haven;
- Neal E. Miller (geb. 1909); aus Privatbesitz.

S. 116
- O. Hobart Mowrer (geb. 1907); Yale Medical Library, New Haven;
- Knight Dunlap (1875–1945); Archives of the History of American Psychology, Akron, Ohio.

S. 117 „Practice Makes Perfect". Karikatur, Knight Dunlap Collection, Archives of the History, of American Psychology, Akron, Ohio.

S. 149
- Laurence F. Shaffer (1903–1970); Archives of the History of American Psychology, Akron, Ohio;
- Andrew Salter in seiner New Yorker Praxis; Photo von Stella Kupferberg;
- E. Lakin Phillips (geb. 1915); aus Privatbesitz;
- Albert Ellis (geb. 1913); aus Privatbesitz.

S. 163
- Joseph Wolpe (geb. 1915); aus Privatbesitz;
- M. B. Shapiro, London; aus Privatbesitz;
- H. Gwynne Jones, Swansea; aus Privatbesitz;
- Hans J. Eysenck (geb. 1916); aus Privatbesitz.

S. 182
- B. F. Skinner (geb. 1904); aus Privatbesitz;
- Ogden R. Lindsley (geb. 1922); aus *Psychology Today,* 1972;
- Experimentelle Apparatur Lindsleys zur freien operanten Konditionierung bei Psychotikern; *Diseases of the Nervous System,* 1960.

S. 183 Freie operante Konditionierung bei Psychotikern; *Diseases of the Nervous System,* 1960.

S. 209 Joseph Wolpe und seine Schüler, Medical School of Virginia, 1965; aus Privatbesitz.

S. 211
- Isaac M. Marks, Institute of Psychiatry, London; aus Privatbesitz;
- Victor Meyer, Middlesex-Hospital, London; aus Privatbesitz.

S. 229
- Charles Ferster (1922–1981); aus *Psychology Today,* 1972;
- O. Ivar Lovaas (geb. 1927); aus *Psychology Today,* 1972;
- Nathan H. Azrin (geb. 1930); aus *Psychology Today,* 1972;
- Teodoro Ayllon (geb. 1929); aus *Psychology Today,* 1972;

S. 230 Staatliche Nervenklinik in Anna, Illinois; Department of Mental Health and Developmental Disabilities, Anna, Illinois.

S. 249
- Joseph R. Cautela (geb. 1927); aus Privatbesitz;
- Arnold A. Lazarus (geb. 1932); aus Privatbesitz;
- Dorothy Susskind; aus Privatbesitz;
- Cyril M. Franks (geb. 1923); aus Privatbesitz.

S. 255
- Gerald C. Davidson (geb. 1939); aus Privatbesitz.
- Perry London (geb. 1931); aus Privatbesitz.
- Donald M. Baer (geb. 1931); aus *Psychology Today,* 1972;
- Montrose M. Wolf (geb. 1935); aus *Psychology Today,* 1972;

S. 273 Aaron T. Beck und Raymond P. Harrison, University of Pennsylvania 1983; aus Privatbesitz.
- Albert Bandura (geb. 1925); aus Privatbesitz;
- Michael J. Mahoney (geb. 1946); aus Privatbesitz.

S. 289
- G. Terence Wilson (geb. 1944); aus Privatbesitz;
- Paul Wachtel (geb. 1940); aus Privatbesitz;
- Johannes C. Brengelmann (geb. 1920); aus Privatbesitz.